Bruno Martin **Das Lexikon der Spiritualität**

Bruno Martin

Das Lexikon der Spiritualität

Lehren, Meister, Traditionen

atmosphären

Originalausgabe

Der Atmosphären Verlag und der AT Verlag sind Unternehmen der AZ Medien Gruppe

Umschlaggestaltung: Greenstuff, Iris & Jochen Grün, München
Lektorat: Barbara Imgrund, Heidelberg
Satz: AT Verlag / AZ Fachverlage, Baden, Schweiz
Druck und Bindearbeiten: Kösel, Krugzell
Printed in Germany

ISBN 3-86533-018-5

www.atmosphaeren-verlag.de
www.at-verlag.ch

Inhalt

Wenn die Pforten der Wahrnehmung geläutert würden, würde jedes Ding dem Menschen erscheinen, wie es ist, unendlich. Denn der Mensch hat sich selbst eingeschlossen, bis er alle Dinge nur mehr durch schmale Ritzen seiner Höhle sieht.

William Blake (1757–1827)

Einleitung

Wir befinden uns heute, im beginnenden 21. Jh., in einer einzigartigen Situation: Noch nie hat die Menschheit einen so umfassenden globalen Überblick über alle Ebenen menschlicher Aktivitäten gehabt, seien es nun soziologisch-politische, historische, religiöse oder spirituelle Ereignisse. Räumlich wie zeitlich stehen wir in einem Koordinatenkreuz unterschiedlichster Einflüsse und Informationen. Das »Lexikon der Spiritualität« ist deshalb als Überblick zu den kaum noch überschaubaren Lehren, Richtungen und Techniken im spirituellen Bereich ein notwendiges Nachschlagewerk.

Ein »Lexikon der Spiritualität« beschäftigt sich mit »spirituellen« Philosophien und Methoden, also nicht mit Religionen, Religionswissenschaft oder Theologie. Es grenzt sich in vieler Hinsicht auch ab vom »Okkultismus«, den so genannten Geheimwissenschaften, und auch dem, was heute unter dem Populärbegriff der »Esoterik« bis in die Wellness-Magazine Eingang gefunden hat. Selbstverständlich kann es hier keine klaren Abgrenzungen geben, weil sich viele dieser Gebiete überlappen. Ein Lexikon der Spiritualität im 21. Jh. sollte aber auch die neueren Entwicklungen der Philosophie, der Geisteswissenschaften, der Psychologie und Neurobiologie berücksichtigen. Seit dem Aufkommen der »neuen Spiritualität«, all der geistigen Strömungen von der Theosophie über die humanistische Psychologie bis hin zu den rasanten Forschungsentwicklungen auf zahlreichen Gebieten, von der Archäologie über die Ethnologie bis hin zur Quantenphysik und Chaostheorie hat sich die Sprache und das Weltbild der Menschen heute, die über den »Sinn des Lebens« nachdenken, grundlegend verändert.

Unsere moderne Zeit enthält in gedrängter Form wie in einem Zeitraffer die Weisheit, Kraft und Entscheidungsproblematik vieler vergangener und zukünftiger Jh. Während noch vor 100 Jahren die westliche Zivilisation, geprägt vom Christentum, alle anderen Religionen oder spirituellen Aspirationen als minderwertig erachtete, wird es heute immer deutlicher, dass dieses Christentum keinerlei übergeordnete Stellung mehr einnimmt, sondern mit vielen anderen spirituellen Lehren, Ideen und Religionen im Wettbewerb steht. Leider wird von manchen leitenden Vertretern christl. Konfessionen dies nicht als fruchtbar und befruchtend angesehen, sondern als etwas »Gefährliches«. Doch nicht nur im Christentum ist das der Fall; es trifft in ähnlicher Weise auf alle institutionalisierten Religionen zu, bei denen der Fundamentalismus eher zu- als abnimmt. Gesellschaft, Wirtschaft, Technologie und Wissenschaft sind in einem extremen Umbruch, sodass die Menschen ihren geistigen Halt lieber in unbeweglichen Glaubenssätzen suchen, anstatt eigene spirituelle Erfahrungen zu machen.

Dennoch bewegt sich etwas, insbesondere in Europa. Viele Menschen sind es leid, in Dogmen gefangen zu sein. Angesichts der Vielfalt an geistigen Strömungen, der Vielfalt an Informationen muss man schon eine sehr eingeschränkte Wahrnehmung haben, um den eigenen Glauben oder die eigene Erfahrung für überragender zu halten als andere. Das ist auch ein Grund für dieses Lexikon, das dazu beitragen möchte, über die vielen Zäune zu blicken, die eine »weltoffene« Sicht behindern – oder die Leserin, den Leser vielleicht sogar anregen, durch manche Tür im Zaun zu gehen.

Aber auch in Zeiten des Internets, in denen unzählige Informationen zu allem, was es gibt, durch einen Mausklick zugänglich sind, kann dieses Lexikon ein wichtiges Nachschlagewerk und eine Hilfe sein, um die eigene Suche zu strukturieren und viele verstreute Dinge in einem größeren Zusammenhang zu sehen. Dazu dienen auch die vielen Querverweise und Stichwörter, die sich wie ein umfangreiches Puzzle zu einer ganzheitlichen Schau zusammenfügen lassen. Dieses Lexikon will jedoch nicht nur eine Kompilation von Information und Wissen darstellen. Gerade wer sich mit spirituellen Ideen und Philosophien beschäftigt, versucht die Dinge tiefer zu ergründen, versucht Verbindungen und Zusammenhänge zu erkennen und Hintergründe zu verstehen, um vielleicht Antworten auf die Frage nach dem Sinn des Lebens im Allgemeinen und zum Sinn des eigenen, persönlichen Lebens im Besonderen zu finden. Daher bieten viele Einträge in diesem Lexikon über die bloße Informationssammlung hinaus Erklärungs- oder Verständnismodelle, die dazu anregen sollen, das jeweilige Thema in vielen Facetten selbst weiter zu ergründen und verstehen zu können.

Einer meiner Lehrer, John G. → Bennett, sagte einmal: »Wenn eine Anzahl ganz verschiedener Ansichten und Meinungen aufrichtig von Menschen vertreten werden, ist es ein Fehler, einige Ansichten für wahr, andere für falsch zu halten. Es ist sogar ein großer Fehler. Es bedeutet gewöhnlich, dass niemand imstande ist, weit genug zu sehen und jeder eine Teilwahrheit für die ganze Wahrheit hält.« Dieser Gedanke ist ein Anlass für dieses Buch. Es soll hier aus unterschiedlichen Wegen und spirituellen Traditionen der Welt eine Auswahl an

Ideen, Informationen und Büchern vorgestellt werden, die dazu beitragen können, das Bewusstsein des Lesers zu erweitern. Lehren, Philosophien, Vorstellungen sind auch Methoden, keine fest gefügten Weltanschauungen oder Dogmatismen. Das griech. Wort, von dem sich »Methode« herleitet, bedeutet etwa »das Nachgehen, der Weg zu etwas hin«. Im Zen sagt man: »Lehren können nur der Finger sein, der auf den Mond deutet, doch er ist nicht der Mond selbst.« In unserem wissenschaftlichen Zeitalter muss, so meine ich, auch die spirituelle Methode einer gewissen kritischen Prüfung standhalten können. Nur weil viele von uns (noch) nicht die Fähigkeit übersinnlicher Wahrnehmung haben, müssen wir alles akzeptieren, was sich mit dem Etikett »spiritueller Weg« oder »esoterische Lehre« schmückt. Selbstverständlich muss man sich ganz auf eine Sache einlassen, ihre Wirkung erfahren, um ein Urteil abgeben zu können. Doch halte ich es nicht mehr für angebracht, die Vernunft an der Eingangstür abzugeben.

Durch das große Angebot an Ideen und geistigen Lehren hindurchzufinden ist selbst für belesene, erfahrene und informierte Menschen schwierig. Gerade das Thema »Spiritualität« oder »andere Wirklichkeiten« ist so komplex und umfangreich und schwer zu beurteilen, weil es in vielen Fällen nicht unmittelbar überprüfbar oder erfahrbar ist. Sehr häufig kommt es auch vor, dass Sie ein Gebiet besonders gut kennen, dafür andere Gebiete bisher nur gestreift oder ganz ausgelassen haben. Mein Rat ist: Das eigene Wissen oder die Sachkenntnis über ein Gebiet kann verbessert und befruchtet werden, wenn man es wagt, über den »Zaun« zu blicken und sich mit Themen zu beschäftigen, die anfangs völlig fremd sind. Ein solcher interdisziplinärer und interkultureller Forschergeist soll durch dieses Lexikon angeregt werden. Ich bin überzeugt, dass es möglich ist, eine Zusammenschau zu erreichen, die einen ideologiefreien Zugang zum Reichtum der geistigen Welt fördert.

Ich bitte Sie, Verständnis dafür aufzubringen, dass bestimmte Lehren, Ideen, geistige Lehrer oder Lehrerinnen, die eine oder andere Richtung, die Sie gerade interessieren, entweder nur kurz, vielleicht nur am Rande oder überhaupt nicht erwähnt werden. Für manche Wege, die heute immer populärer werden – etwa den Buddhismus –, gibt es inzwischen eine große Zahl von Lehrerinnen und Lehrern bzw. spirituelle Führerfiguren. Die Namenseinträge wurden auf Personen beschränkt, die historisch für die Geistesgeschichte der Spiritualität immer noch eine Bedeutung haben, die entweder besondere Philosophien in die Welt gebracht haben oder auf die heute noch bedeutende oder größere Schulen oder Organisationen zurückgehen bzw. noch von ihnen geleitet werden.

Der Grund dafür ist einsichtig: Auf Ihrer spirituellen Suche werden Sie wahrscheinlich zuerst einmal auf diese Namen stoßen und etwas darüber wissen wollen. Wenn eine dieser Personen nicht mehr lebt, aber eine bestimmte Richtung begründet hat, dann erfahren Sie so den geistigen Grund, auf dem einer ihrer Nachfolger steht. Ob dieser die Lehre kreativ weiterentwickelt oder der ursprünglichen Gedankenwelt noch folgt, müssen Sie selbst herausfinden. Es wäre dem Autor dieses Buches auch unmöglich, alle persönlich zu kennen, um ein Urteil abzugeben.

Vollkommenheit ist niemals vollständig, es gibt immer Dinge und Ideen, die dem einen viel bedeuten, dem anderen weniger. Außerdem durfte das Lexikon einen gewissen Umfang nicht überschreiten. Es ist mir wichtig, dass Sie, liebe Leserin, lieber Leser, den Geist der Universalität und Ganzheitlichkeit in diesem Buch spüren, der Sie hoffentlich dafür entschädigt, dass gerade Ihr Lieblingsthema vielleicht nicht die Beachtung erhalten hat, die es verdient hätte.

Ungewöhnlich an diesem Lexikon ist vielleicht auch, dass es über reine Informationen hinaus auch viele Gedanken und Begriffe kommentiert oder auf neue Weise darstellt. Dahinter steht die Absicht, Ihnen die Anregung zu geben, das jeweilige Thema selbst tiefer oder kritischer zu erforschen. Das Lexikon soll über seinen bloßen Gebrauchswert hinaus auch eine Art »Wegweiser« sein, mit dem Sie einen Weg durch das Labyrinth vielfältiger, verwobener spiritueller Ideen finden.

Südergellersen, Januar 2005 Bruno Martin

Benutzerhinweise

Begriffe und Namen, die keinen Eingang in die lexikalischen Einträge gefunden haben, finden Sie wahrscheinlich im Stichwortverzeichnis. Auf diese Weise wird Ihnen die Suche erleichtert und das Lexikon bekommt für Sie einen noch größeren Gebrauchswert.

Kein Lexikon kann eine ganze Bibliothek ersetzen. Deshalb finden Sie am Ende des Buches eine Bibliographie mit weiteren Nachschlagewerken, allgemeiner Literatur und ausgewählter Literatur zu einzelnen Hauptbegriffen des Lexikons für das weiterführende Studium. Zitaten bzw. Autorennamen im Text sind Jahreszahlen beigefügt, damit Sie das entsprechende Buch im Literaturverzeichnis schneller aufspüren können.

Es wurde versucht, lieferbare Titel und die neuesten Ausgaben der Bücher zu listen, dennoch kann es vorkommen, dass Bücher vergriffen sind, da der Buchmarkt immer schneller nach neuen Büchern verlangt und ältere häufig nicht mehr nachgedruckt werden. Eine gute Quelle für vergriffene Bücher ist das »Zentralverzeichnis Antiquarischer Bücher« im Internet: www.zvab.com. Über die Suchmaschinen finden Sie weitere Anbieter.

Abkürzungen im Text

Um das Lexikon lesefreundlich zu gestalten, wurde auf Abkürzungen weitgehend verzichtet. Nur solche, die laufend vorkommen, wie z.B. »hebr.« für »hebräisch« usw., wurden verwendet. Sämtliche Abkürzungen halten sich an die üblichen Schreibweisen der allgemeinen Wörterbücher.

Hier die im Lexikon am häufigsten gebrauchten Abkürzungen:

ahd.	althochdeutsch
altnord.	altnordisch
arab.	arabisch
buddhist.	buddhistisch
chines.	chinesisch
christl.	christlich
dt.	deutsch
engl.	englich
europ.	europäisch
geb.	geboren
german.	germanisch
gest.	gestorben

ggf.	gegebenenfalls
griech.	griechisch
hebr.	hebräisch
hinduist.	hinduistisch
hl.	heilig
idg.	indogermanisch
ital.	italienisch
japan.	japanisch
Jh.	Jahrhundert
kelt.	keltisch
lat.	lateinisch
mhd.	mittelhochdeutsch
n.u.Z.	nach unserer Zeitrechnung (»nach Christus«)
nord.	nordisch (alte nordeuropäische Sprachen)
röm.	römisch
Sk.	Sanskrit
tibet.	tibetisch
türk.	türkisch
u. a.	und andere
v. a.	vor allem
v. u. Z.	vor unserer Zeitrechnung (»vor Christus«)

Hinweis: Die Schreibweise chines. Wörter folgt der heute üblichen Pinyin-Umschrift. Da jedoch häufig noch die Umschrift von Wade-Giles benutzt wird, finden Sie diese in Klammern.

A

A – Alpha (griech., daher zusammen mit dem zweiten Buchstaben B »Alphabet«), Alif (arab.), Aleph (hebr.)

Der erste Buchstabe, der bildhaft »Gott« bedeutet. Die Buchstaben sind wahrscheinlich von den altägyptischen Hieroglyphen (»hl. Zeichen«) abgeleitet (→ Schriften). Für die Ägypter war jede Hieroglyphe ein Bild eines Gotteswortes. Im Gegensatz zu den lat. Buchstaben (→ Schriften), die einfache Elemente sind, sind die hebr. Zeichen Namen, die ausgesprochen werden müssen. Also nicht A, sondern Aleph, das wiederum weitere Namen (ohne Vokale) enthält: Aleph-Lammed-Phay (in Zahlen: 1–30–80, → Kabbala). Um die Interpretation der Bedeutungen der Zeichen und Wörter (Namen) ranken sich die wesentlichen interpretativen Schriften der → Kabbala, wie das »Sefer Jetzirah« (→ Sefiroth), der »Bahir«, der »Sohar« und andere. Eine entsprechende Verwendung findet sich auch im Arab. im → Abjad-Schema des → Sufismus. Nach der Überlieferung gehören Zahl (Reihenfolge), Buchstabe und Bedeutung von Anfang an zusammen. Für Friedrich Weinreb (→ Literatur, Kabbala) sind die »Buchstaben in erster Linie Zahlen, womit sich Verhältnisse (*ratio*) ausdrücken, und erst in zweiter Linie Buchstaben der Laute (Lautbilder), mit deren Hilfe die Worte in dieser Welt gebildet werden«. Im Hebr. sind die Schriftzeichen auch Bilder, vergleichbar mit den chines. Piktogrammen. Wie weiß man, dass im Alphabet das Alpha vor dem Beta kommt, das Gamma vor dem Delta? Die Antwort ist sehr einfach: Weil das griech. Alpha oder hebr. Aleph primär die Ziffer 1 ist, steht das Aleph am ersten Platz. Die Eins ist der ursprüngliche kosmische Zustand. Aleph, die Eins, stellt die lebendige, höchste Energie dar, die Eine, in der auch die Vielheit verborgen ist. Das entspricht allen anderen Aussagen über die Einheit, die Eins, die in allen Zahlen anwesend ist.

Dem Aleph entspricht die nord. Ar-Rune (→ Runen), welche die Bedeutung von Feuer und Licht hat. Die hebr. Vorsilbe al (oder el) bedeutet ebenfalls Licht. Die Nazi-Ideologie leitete aus dem Ar Begriffe wie »Arier«, die »Reinen« oder »Herren« ab. Aar ist auch der alte Name für Adler, der noch heute die dt. Bundesflagge schmückt.

Abidharma (Sk.)

Entstanden 300 v. u. Z.–300 n. u. Z. Die analytische Lehre des *Abidharma*, die buddhist. Psychologie, nimmt im → Buddhismus einen zentralen Platz ein. Dabei geht es darum, die endlosen Egospiele des Schülers aufzudecken, um ihn frei für eine höhere Offenbarung zu machen. Der Abidharma ist der dritte Teil des buddhist. Kanons (»Tripitaka«) und das früheste Kompendium buddhist. Psychologie und Philosophie, in dem die in den Reden des → Buddha und seiner Hauptschüler enthaltenen Lehren und Analysen psychischer und geistiger Phänomene systematisch angeordnet sind.

Abjad-System

Ein Substitutionscode arab. Schriftzeichen in der Geheimlehre des → Sufismus, verbunden mit der Allegorisierung

Feuer	أ 1	هـ 5	ط 9	م 40	ف 80	س / ش 300	ذ 700
Luft	ب 2	و 6	ى 10	ن 50	ض / ص 90	ت 400	ظ / ض 800
Wasser	ج 3	ز 7	ك 20	ص / س 60	ق 100	ث 500	غ / ظ 900
Erde	د 4	ح 8	ل 30	ع 70	ر 200	خ 600	ش / غ 1000

West/Ost

Abjad – System der Sufis.

der verschlüsselten Botschaft ähnlich wie in der → Kabbala. Dieselbe Methode der Kabbalisten heißt hebr. Temura, die Vertauschung von Buchstaben gegen andere nach bestimmten Regeln. Grundsätzlich wird jedoch immer versucht, aufgrund von biblischen Aussagen das neue Wort zu »beweisen«. Das gilt auch für das Abjad-System. Ein Beispiel: Angenommen, es soll einem Buch ein Titel gegeben werden, der andeuten soll, dass es einen verborgenen Inhalt hat, z. B. »Quelle der Aufzeichnungen«, arab. »Umm el Qissa«. Nun werden die ausgewählten Wörter und ihre Bedeutungen betrachtet: *Umm* = »Mutter«, »Matrix«, »Quelle«, »Prinzip«; *el* = »von« oder »der«, »das« (auch »Licht« → E); *qissa* = »Aufzeichnung«, »Geschichte«, »Erzählung«. Nun werden die Buchstaben chiffriert, indem sie durch numerische Entsprechungen nach der Abjad-Liste ersetzt werden. Addiert man sie, so ergibt sich die Zahl 267. Daraus wird dann ein neuer Titel gebildet, der aus derselben Zahl besteht. Man könnte z. B. hebr. *resch* = 200 (Wortbedeutung »Haupt«), *samek* = 60 (Wortbedeutung »Stütze« oder »Wille«), *sajin* = sieben (Wortbedeutung »Waffe, Pfeil«) nehmen. Daraus könnte der Empfänger der Botschaft schließen, dass eine Entschlossenheit oder der Befehl zum Angriff besteht. Das harmlose Wort für »Erzählung« wird so zu einem verschlüsselten Befehl. Solche oder ähnliche Chiffriermethoden wurden auch im Westen benutzt, bevor die Computerverschlüsselung möglich war. Das Wort »Chiffrierung« leitete sich übrigens vom hebr. *sefirah* (→ Sefiroth) her.

Achtfacher Pfad → Buddhismus

Achtsamkeit

Spirituelle Übung im → Buddhismus.

»Achtsamkeit ist Mittel und Ziel zugleich, ist Same und Frucht. Wenn wir Achtsamkeit üben, um Konzentration aufzubauen, dann ist Achtsamkeit der Same. Achtsamkeit bedeutet Leben, sie ist das Lebendige im Gewahrsein. Ist Achtsamkeit vorhanden, so ist da Leben. Somit ist Achtsamkeit auch die Frucht. Achtsamkeit erlöst uns von Unaufmerksamkeit und Zerstreuung. Sie hilft uns, jede Minute unseres Lebens ganz zu leben. Achtsamkeit erst schenkt uns Leben.« (→ Thich Nhat Hanh 1997, 27)

Die buddhist. Einsichtsmeditation (→ Vipassana) schult eine genaue und vollständige Wahrnehmung all dessen, was im Augenblick geschieht. Sie dient dazu, eine unvoreingenommene, uneingeschränkte Erfahrung des Augenblicks zu machen und angemessen darauf zu reagieren. Bei der Einsichtsmeditation ist der Körper entspannt, der Geist aber sehr aktiv. Die Buddhisten lernen sie im ganzheitlichen Rahmen der »fünf spirituellen Fähigkeiten« – Glaube, Anstrengung, Achtsamkeit, Sammlung und Weisheit. Anstrengung ist auf die Entwicklung der Achtsamkeit gerichtet. Die Achtsamkeit hat mehrere Stufen: Achtsamkeit auf den Körper, Achtsamkeit auf die Empfindungen, Achtsamkeit auf die Geistzustände bzw. Gefühle, Achtsamkeit auf den → Dharma, die Lehre (→ Buddhismus). Danach kommt die Sammlung, die bei der Einsichtsmeditation in beständiger → Aufmerksamkeit »auf den Fluss der sich unentwegt verändernden Objekte richtet« (Joseph

Goldstein 1989). Die letzte Stufe ist die Einsicht (Vipassana) oder Weisheit, eine Fähigkeit, die Dinge so zu sehen, wie sie sind. Einsicht ist ein intuitives Verstehen.

»Wenn die Einsicht in die Vergänglichkeit und in das Leiden tiefer wird, taucht der dritte Aspekt der Weisheit auf: Gewahrsein der selbstlosen Natur der Phänomene ... Wir sind dieser sich von Augenblick zu Augenblick verändernde Prozeß. Es gibt niemanden dahinter, dem all dies zustößt.« (Joseph Goldstein 1989)

Advaita-Vedanta → Vedanta

Afrikanische Spiritualität

Durch den weltweiten Austausch von kulturellen Einflüssen gerät auch in Europa die afrikanische Spiritualität immer stärker in unser Blickfeld. Der Journalist Michael Ventura, der sich mit dieser Philosophie beschäftigt hat, versucht der metaphysischen Gedankenwelt näher zu kommen:

»Afrikaner stellen sich nicht vor, dass die andere Welt – die Geisteswelt, die Welt des Göttlichen – über der ihren stünde, auch nicht unter oder neben ihr. Es gibt weder Himmel noch → Hölle, weder Olymp noch Hades (→ Griechen) noch australische → Traumzeit. Für den Afrikaner schneiden sich die Welten. Das Zeichen ist hierfür das → Kreuz (→ Welten). Das hat nichts mit dem christl. Kreuz zu tun, das den Menschen durchbohrt, der diesen Schnittpunkt in hilflosem Dahinsterben erleidet. Das ist die westliche Art, das Kreuz zu sehen. In Afrika besteht das Kreuz aus zwei Straßen, die sich schneiden, um ineinander fließen zu können. Die physische und die geistige Welt treffen sich im rechten Winkel, und alles, was wirklich zählt, passiert in dem Punkt, wo sie sich treffen. Dieser Punkt gehört weder zu der einen noch zu der anderen Welt.« (Michael Ventura 1975)

Eines der wichtigsten Bücher zum Verständnis der neoafrikanischen Kultur ist »Muntu« von Janheinz Jahn, das den Europäern afrikanisches Denken vermitteln wollte, den Afrikanern aber eine Philosophie gab, die ihnen half, ihre kulturelle und geistige Eigenständigkeit zu akzentuieren.

Nachdem durch die Sklaverei viele Afrikaner, v. a. von der Westküste, nach Süd- und Nordamerika verschleppt worden waren, kamen die (puritanischen) Amerikaner mit der afrikanischen Spiritualität in Kontakt, die sie natürlich aufgrund der sich darin äußernden Lebenslust sofort unterdrückten. Den Afrikanern geht es darum, die Welten an ihrer Schnittlinie zu erleben, die Kräfte ihrer Gottheiten im Körper zu empfangen. Angespornt von hl. Trommeln fallen sie tief in einen Zustand der → Trance, indem sie buchstäblich von einem Gott oder einer Göttin durchdrungen werden. Diese so genannten → Voodoo-Kulte kommen v. a. aus der Tradition der nigerianischen Yoruba, die ihren Glauben an die Beseeltheit der Natur und an magisch wirkende Geister mit katholischen Ritualen und Heiligen verschmolzen. Göttinnen oder Götter ergreifen beim Tanz für kurze Zeit Besitz vom Tänzer, was man hier im Westen als → Beses-

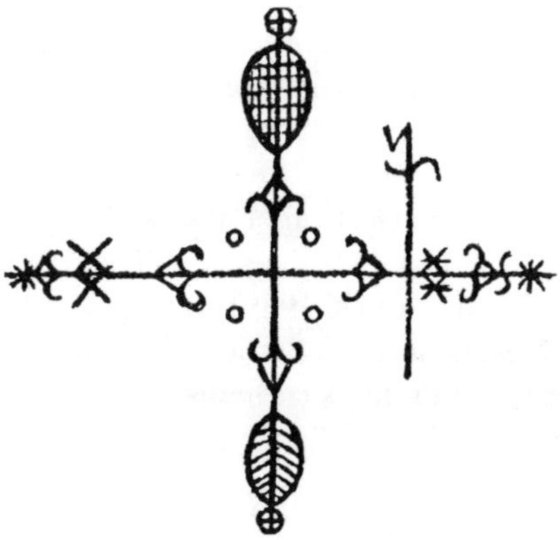

Das Kreuz im haitianischen Voodoo am Beispiel eines Vevers für Legba.
Vever = Symbol, Legba = die androgyne Ureinheit, der Urgrund des Lebens, der alte Mann an der Pforte zwischen den Welten, Gott des Kreuzungswegs.

senheit bezeichnet. »Aber statt sich Besessenheit vorzustellen, ist es richtiger, an ein ›Durchfließen‹ zu denken.« Das Göttliche und das Menschliche vereinen sich. »Wir im Westen fürchten solche Zustände so sehr, dass wir sie, wenn wir sie vereinzelt sehen, für Symptome einer Psychose halten« (Ventura 1991).

Im afrikanischen Abomey (Dahomey) werden die Götter, die aus den Menschen sprechen, *vodun* genannt, was »Geheimnisse« bedeutet. Von diesem Wort stammt das engl. → Voodoo (»Wudu« gesprochen, auch »Wodu« oder »Vodou« geschrieben). Die Yoruba nahmen ihre Götter mit in die Karibik und nach Südamerika, wo diese mit den kelt. und christl. Kollegen zusammentanzten, um Voodoo in Haiti, Santeria in Kuba oder Candomblé in Brasilien hervorzubringen. Man schätzt, dass sich mindestens 50 Millionen Menschen zu afrikanisch-amerikanischen Religionsformen bekennen. Wesentlich später als in Amerika begann die Voodoo-Bewegung in Afrika Fuß zu fassen. Rückgewanderte Afrikaner brachten Voodoo an die afrikanische Westküste, wo er die traditionellen Kulte befruchtete und sogar islamische Elemente aufnahm. »Eine große Religion, die Afrika vor Hunderten von Jahren verlassen hatte, fiel in ihren eigenen Schoß zurück: verfälscht, verdeutet und degeneriert, aber dennoch lebensfähig und voll leidenschaftlicher Dynamik« (Gerd Chesi 1989). Elemente des → Schamanismus in der afrikanischen Spiritualität finden sich heute noch im südafrikanischen → Sangoma.

Akasha-Chronik

Bei Rudolf → Steiner (→ Anthroposophie) Begriff für das Gedächtnis der Welt, aus dem Vergangenheit und Zukunft gelesen werden kann. Entspricht wahrscheinlich den → morphogenetischen Feldern.

Alchemie

»Die Alchemisten betrachten aber, überzeugt davon, unter der Mitwirkung Gottes zu arbeiten, ihr Werk als eine Vervollkommnung der Natur, die von Gott geduldet, wenn nicht gar ermutigt wird … Der abendländische Alchemist führt den letzten Teil jenes sehr alten Programms aus, das vom homo faber an den Tagen begonnen wurde, da er es unternahm, eine Natur zu ändern, die er aus verschiedenen Gründen für heilig oder der Heiligung fähig hielt.« (Mircea Eliade 1980, 207)

Auch wenn die Alchemie als spiritueller Weg heute keine Rolle mehr spielt, kann man ihre Grundideen nicht nur in vielen westlichen spirituellen Wegen finden, sondern auch in manchen Gebieten der Naturwissenschaften, die sich mit geistigen Einsichten und Philosophien überschneiden, sei es nun die Naturheilkunde oder die Quantenphysik. Und der Weg der menschlichen Transformation folgt immer noch verschiedenen Stufen der inneren Umwandlung, die in der Alchemie der Neuzeit formuliert wurden.

Die Alchemie (von arab. *al kimiya*, die Lehre vom inneren Zusammenhang der Stoffe) geht bis auf die Anfänge der Metallbearbeitung zurück. Wir wissen heute, dass es schon vor 6000 Jahren in Thailand und China Bronzeherstellung und nicht viel später auch Verfahren zur Eisengewinnung gab. Die Metallbearbeitung war lange Zeit ein Rätsel, besonders weil es sehr schwierig war, das Metall so zu reinigen und zu schmieden, dass es haltbar und formbar wurde.

»Die späte Entdeckung des Eisens, gefolgt von seinem großen industriellen Erfolg, hat die metallurgischen Riten und Symbole stark beeinflusst. Eine ganze Reihe von Tabus oder magischen Verwendungsweisen des Eisens sind auf seinen Sieg und die Tatsache zurückzuführen, dass es Bronze und Kupfer verdrängte, die andere ›Zeiten‹ und andere Mythologien repräsentierten.« (Mircea Eliade 1980, 29)

Die rituelle Funktion des Schmiedewesens hat einen Doppelcharakter, der sich zwischen der Magie des Feuers und der »Geburtshilfe« bewegt, dem Hervorbringen des Metalls aus dem Schoß der Mutter Erde.

Der Vater der westlichen Alchemie ist Jabir Ibn el-Hayyan, christianisiert Johannes Geber genannt. Von ihm kommt die Lehre der drei Elemente Salz, Schwefel und Quecksilber, die auf die richtige Weise gemischt werden müssen, um das Gold der Philosophen bzw. den Stein der Weisen zu erzeugen. Salz steht für das weibliche Element, die Erde, Schwefel steht für das männliche Element, das Feuer, Quecksilber = Merkur (Hermes, → Hermetik) für das Element der Vereinigung, die »hl. Hochzeit«, das geistige Element. Merkur hat dabei eine »doppelte« Natur, d. h. die Dreiheit der Elemente enthält eine Vierheit (→ Kabbala; → Zahlen, Zahlenmystik). Das alchemistische Symbol des Schmelztiegels, crucible, ist das Kreuz (aus der Wurzel cruse), in Verbindung mit der Rose, einem Symbol für das Rad der Zeit *(rota)*. Aus dem Feuer des Rades entstehen neue → Elemente. Daher auch das Symbol »Rosenkreuz« (→ Rosenkreuzer). Einige Rosen haben die Eigenschaften der Substanz, die der Schöpfer versiegelt hat, den sechszackigen Stern der Magier bzw. das Siegel Salomons. Der Kessel oder das Gefäß (→ Weltzentrum), in dem die Substanz verwandelt wird, ist ein Symbol für den Hl. → Gral, aus der Sprachwurzel *kr(a)* für »Schöpfung« (»Kreativität«, »Kreatur«, die Insel »Kreta« usw. haben dieselbe Wurzel).

Das arab. Wort für »Stein« bedeutet auch »verborgen«. Manchmal wird er auch Asoth genannt, die Quelle des Lebens oder der Jugend, ein Wort, das im → Sufismus *al-dhat* (»dh« wird als scharfes »s« gesprochen, daher Asoth) heißt, die innere Wesenheit. Da sie im Arab. feminin ist, bereitete es → Ibn Arabi keine Probleme, von Gott (Allah) als einer weiblichen Schöpferin zu sprechen. Das Wort Allah entstand auch aus Al-Lat, einer weiblichen Göttin der vorislamischen Araber. Nur die Verschleierung des Geheimwissens mit chemischen Metaphern bewahrte die Alchemie davor, als ketzerisch bekämpft zu werden.

Der »Stein« (→ Artussage) hat drei Komponenten – Körper, Seele und Geist –, die in vier Schritten zu einer Einheit verschmelzen: Sublimation, das Trennen und Reinigen der Substanz, bringt den Geist in den physischen Körper (z. B. wenn nach einer chemischen Sublimation aus dem Dampf, dem gasförmigen Zustand, eine verfeinerte Substanz gewonnen wird); Fermentation bildet das Ferment, den Stoff, der für bestimmte Umwandlungen im Körper notwendig ist (z. B. Enzyme) – alchemistisch die Vereinigung des spirituellen Körpers mit der Seele; Exaltation (Begeisterung), die Fixierung des Steins, hervorgebracht durch die intensive Hitze im »Schmelzkessel«, vereinigt Körper, Seele und Geist; und Multiplikation vereinigt die Seele mit dem Geist, woraus der neue

Vollendung des Lapis, des Steins der Weisen. Aus: Stolcenberg: »Viridarium chymicum«, Frankfurt 1624.

Mensch entsteht (→ Vierter Weg). Vermutlich bezeichnete → Gurdjieff einige seiner Tänze, die auf dem → Enneagramm basieren, als »Multiplikationen« genau wegen dieser Beziehung. Im → Sufismus werden diese vier Verwandlungen als die jeweilige Stufe von *fana* und baqa bezeichnet, Tod und Wiedergeburt (→ Ibn Arabi). Der höchste Aspekt der Alchemie ist die Regeneration des Menschen im Geiste Gottes aus den materiellen Elementen seines physischen Körpers. Das ist das Geheimnis des »Steins der Weisen«. Viele der spirituellen Übungen bezwecken die Transformation der Energien, um diese Umwandlung zu bewirken. Eine Variante dieser Umwandlung, die Herstellung des »Elixiers der Unsterblichkeit« durch die geschlechtliche Vereinigung, lebt im → Tao-Yoga oder indischen → Tantra fort.

Da Heilkunst und die Kunst der inneren Transformation traditionell immer miteinander einhergingen (→ Schamanismus), ist es nicht verwunderlich, dass sich die Alchemie mit der Herstellung von Heilmitteln beschäftigte. Das »Elixier des Lebens« ist ein Beispiel dafür. Die von den Alchemisten gewonnenen Heilmittel stellen z. B. eine Verbesserung, eine Transformation der Ursubstanzen dar. Dabei führen die komplizierten Auszugsmethoden der drei philosophischen Prinzipien (Merkur, Sulfur, Salz) aus Pflanzen stufenweise zu den verschiedenen spagyrischen Essenzen (die höherwertig sind als normale Essenzen aus Pflanzen) und Tinkturen hin. Auch die Homöopathie steht in dieser Tradition: Durch einen Verschüttelungsprozess wird die Materie »vergeistigt« oder »dynamisiert«. Der Alchemist fördert ganz ähnlich in seinen Retorten ein natürliches Wachstum, treibt es voran, wirkt mit am Werk der Natur. Etwas vom Wesen der Alchemie lebt bis in die heutige Zeit: Der Glaube an die Fähigkeit des Menschen, die Natur umzugestalten – allerdings hat die moderne Pharmakologie weitgehend den »Geist« der Alchemie verloren.

Das Prinzip der Substanzverwandlung, das jeder alchemistischen Idee zugrunde liegt, ob es nun um die Herstellung von Gold oder Medikamenten geht, ist die Grundlage moderner Chemie und Physik. Einige bedeutende Naturwissenschaftler, deren Entdeckungen die moderne Wissenschaft lange Zeit getragen haben, wie van Helmont (Entdeckung der Gase), Glauber und Newton, waren nachgewiesenermaßen Alchemisten oder standen mit derartigen Geheimgesellschaften in Verbindung. Die Idee der Substanzverwandlung im Sinne einer möglichen seelischen Transformation des Menschen ist heute noch Inhalt mancher moderner spiritueller Lehren; durch entsprechende intensive innere Arbeit kann diesen Lehren zufolge ein »zweiter Körper« geschaffen werden, eine Konzentration von Energien (→ Energiekörper).

Der Tiefenpsychologe C. G. Jung stellte denn auch fest, dass das Unbewusste Prozesse durchmacht, die in einer alchemistischen Symbolik zum Ausdruck kommen. Sie haben psychische Resultate zum Ziel, die den Resultaten der Prozesse der → Hermetik entsprechen. Seine Entdeckung bewies: In den Tiefen des Unbewussten vollziehen sich Prozesse, die in erstaunlicher Weise den Etappen eines geistigen Werkes gleichen.

Die alchemistischen Ideen wurden in vielfältiger Weise vom späteren westlichen Okkultismus (→ Magie) aufgenommen und entsprechend der jeweiligen Zeit angepasst.

Almaas, Ali Hameed (geb. 1944)

In den USA und auch in Deutschland lehrender, westlich orientierter Sufi (→ Sufismus), der aus Kuwait stammt. Mit 18 Jahren ging Almaas in die USA und studierte an der Universität von Kalifornien in Berkeley Physik und Mathematik. Später widmete er sich mehr den psychologischen und spirituellen Aspekten des Menschen. 1976 gründete er die »Ridhwan-Schule«, die den »Diamantpfad« zur Selbstverwirklichung lehrt, wie Almaas ihn entwickelt hat. Dabei geht es um die immer währende Erforschung der eigenen Erfahrung als Mittel zur Befreiung des menschlichen Wesens von den konditionierten Mustern der Vergangenheit und festen Selbstbildern hin zu einem Einblick ins Wesen der Wirklichkeit. Dieser Prozess wird auch das »Werk« genannt in Anlehnung an G. I. → Gurdjieffs Begriff, der dort auch für den → Vierten Weg gebraucht wird. Er vermittelt die Verbindung von klassischen Sufi-Methoden und moderner Psychologie und einigen Aspekten von → Gurdjieffs Lehre.

Amida-Buddhismus

Oberbegriff für alle Schulen des Buddhismus, die den Buddha Amitabha (Sk., japan. Amida) zum Mittelpunkt ihrer Lehre gemacht haben. Dazu zählen die »Reines-Land-Schule«, Jodo-shinshu und Jodo-shu.

Der Amida-Buddhismus personifiziert das höhere Selbst oder die Buddha-Natur als Buddha Amitabha und lehrt Vertrauen in Amida als Weg zur Befreiung. Amitabha, wörtlich »grenzenloses Licht«, symbolisiert nach dieser Schule Mitgefühl und Weisheit. Der Amida-Buddhismus findet sich in den Ländern des Buddhismus Ostasiens (Japan, China, Taiwan, Korea und Vietnam). Der Amida-Buddhismus ist eine Schule, die zum → Mahayana (Großes Fahrzeug) mit dem Bodhisattva-Ideal gehört.

Amma (geb. 1953)

Auch Ammachi (»Mutti«) wird die indische Meisterin Mata Amritanandamayi, die »Mutter der unsterblichen Glückseligkeit«, von ihren Anhängern genannt. Mata Amritanandamayi wirkt dabei hauptsächlich durch ihre intensive Ausstrahlung. Allein schon ihre Gegenwart soll die besuchende Person (wie bei → Mother Meera) in einen höheren Bewusstseinszustand erheben. Hingeführt zu dieser Erfahrung wird bei einem Treffen meist durch verschiedene, von der Meisterin gedichtete und vorgetragene und von ihren engsten Schülern begleitete *bhajans,* Loblieder zu Ehren einer Gottheit (→ Mantra), und durch eine kurze Meditation. Anwesenheit und Zuwendung von Amma werden dann für den Einzelnen im → Darshan erfahren. Die Teilnehmer werden der Reihe nach zu Mata Amritanandamayi vorgelassen, wo sie sich niederknien und eine innige Umarmung durch die Meisterin empfangen. Die Erfahrung, von Amma in den Arm genommen zu werden, ist für manche Anhänger so wichtig, dass die Leiterin der Veranstaltung immer wieder darauf aufmerksam machen muss, dass Darshan nur einmal pro Tag empfangen werden darf. Amma versteht sich jedoch nicht als Guru, sondern als → Avatar, eine Reinkarnation Vishnus. Entsprechend liegt die Betonung ihrer Lehre auf dem → Bhakti-Yoga, auch wenn das Ziel die Einheit mit dem Göttlichen ist.

Anandamayi Ma (1896–1982)

Die aus Bengalen stammende »Glückselige Mutter« war eine typische Vertreterin des → Bhakti-Yoga. Sie war einer der seltenen Fälle, die – so wird gesagt – bereits von Geburt an im Bewusstsein ihres ewigen Selbst lebten. Die meisten Mystiker müssen vor ihrer Erleuchtung Phasen der Dunkelheit, der Suche und des Kampfes durchmachen, doch Anandamayis Erleuchtung gehörte zu ihrer Natur. Sie sagte: »Ich habe keinen besonderen Weg, alle Wege sind meine Wege«, und empfahl den Suchern, ihre Aufmerksamkeit ununterbrochen auf Gott zu richten, sei es durch Wiederholung seines Namens (→ Mantra), → Meditation, Lektüre religiöser Schriften, Befolgung der Anweisungen eines bereits erwählten → Meisters oder das Aufsuchen von → Heiligen. Auf universelle Weise rät die Heilige jedem Menschen, seinem Meister, seiner → Religion oder seinem ethischen Ideal konsequent zu folgen und sie in lebendige Erfahrung zu verwandeln, um die höchste Verwirklichung zu erreichen. Ähnliches lehrt die in Deutschland lebende → Mother Meera, die sich als → Avatar einer der vielen Ausströmungen des Göttlichen sieht.

Anatman

Die Anatman-Lehre, einer der zentralen Gedanken im → Buddhismus, behauptet, dass kein substanzielles Selbst (Sk. atman) existiert, welches ein unveränderliches oder unabhängiges Sein besitzt. Die Betonung des → Theravada-Buddhismus liegt deshalb auf der Erlösung bzw. Befreiung des Einzelnen (arhat), der erkennt, dass sein Glauben an ein »Ich« eine Täuschung ist. D. T. Suzuki bemerkt dazu:

»Ins → Nirwana einzugehen, ohne dass irgendetwas zurückblieb, das war zweifellos das Ideal der Arhatschaft (des mönchischen Lebens); doch was immer man darunter verstehen mag, es schmälert die Bedeutung der → Erleuchtung nicht, ja ohne die Erleuchtung würde dieses Ideal sich selbst sinnlos machen. Nirwana ist in seinem Wesen eigentlich nichts anderes als Erleuchtung: Erleuchtung ist das Nirwana, das man ›bei lebendigem Leibe‹ erlangt, und ohne Erleuchtung gibt es keinen Zugang zum Nirwana. … Das Nirwana implizierte immer schon den Erleuchtungsgedanken, auch wenn sich die unmittelbaren Schüler des Buddha dessen nicht bewusst waren.« (D. T. Suzuki 1987, 63)

Anirvan, Sri (1886–1977)

Bedeutender Vertreter des → Samkhya. Er hat wesentliche Beiträge zu einer Verbindung mit anderen spirituellen Lehren geleistet. Seine Philosophie gründet auf Erfahrung; sein universalistischer Ausblick lässt ihn Parallelen zwischen der Samkhya- und → Gurdjieff-Philosophie ziehen. Die Auffassung von Sri Anirvan zur Lehrer-Schüler-Beziehung ist sehr fortschrittlich, weil sie jede Abhängigkeit und jeden Zwang ablehnt. Seine Schülerin Lizelle Reymond lehrte bis vor kurzem in der Schweiz.

Anthroposophie

»Soll das religiöse Leben aus den geistigen Bedürfnissen der Gegenwart heraus erneuert werden und eine lebendige Anfachung erfahren, so muss das Geistesleben der Gegenwart vollbewusste imaginative, inspirierte und intuitive Erkenntnis anerkennen« (Rudolf → Steiner). Wie schon ihr Name sagt, kreist die Lehre der Anthroposophie um den Menschen (von griech. anthropos, »Mensch«, und sophie, »Weisheit«), während die → Theosophie eine Wissenschaft des Göttlichen ist. Beide unterscheiden sich im Praktischen aber mehr darin, dass ihr Begründer Rudolf Steiner (1861–1925) ein zutiefst humanes Anliegen hatte. Rudolf Steiner wandte sich von der Theosophischen Gesellschaft ab, als ihm klar wurde, dass der westliche Mensch eine eigenständige Entwicklung zum Ich-Bewusstsein durchmacht und eine andere, praktische Ausrichtung braucht, als es die vom → Buddhismus und → Yoga beeinflusste → Theosophie lehrte. Hinzu kam seine naturwissenschaftliche und philosophische Ausbildung, die er in das anthroposophische Weltbild eingliederte und in Verbindung mit seinen spirituellen Intuitionen zu einer Geisteswissenschaft formte. Diese hat zum Ziel, einen ganzheitlichen Menschen auszubilden, dessen Alltag von einer geistigen Kraft getragen wird. Steiner erklärt es deshalb ausdrücklich zur Aufgabe der Anthroposophie, ein kosmopolitisches Bewusstsein zu pflegen und die Menschen nicht mehr nach äußerlichen Merkmalen wie Rassen- oder Klassenzugehörigkeit zu unterscheiden.

Rudolf Steiners Anthroposophie stellt sich insbesondere mit seinen frühen Werken in die Kontinuität des dt. Idealismus, greift aber zugleich auf die phänomenologischen Aspekte der Goetheschen Naturbetrachtung zurück. Steiners Erkenntnistheorie gründet auf einem ganzheitlichen Ansatz, in dem → Geist (oder auch → Bewusstsein) und Materie nur verschiedene Wahrnehmungen ein und derselben Wirklichkeit sind. → Wahrnehmung und Denken sind deshalb die Grundlagen der Erkenntnis, in deren Zusammenführung eine neue Wirklichkeit entsteht. Diese schöpft ihren Wahrheitsanspruch aus der Gegebenheit des Wahrgenommenen und der Gegebenheit des Gedachten als geistiger Manifestation der Welt, das jenseits von Subjektivität und Objektivität steht, da es diese zuallererst begründet.

Das Denken als beobachtbarer Akt der Wirklichkeit ist der philosophische Ansatz, den Steiner später unter dem Namen Anthroposophie zu einer Lehre von der Wahrnehmung höherer Welten ausbaut. Die Umwendung des Denkens auf den Denkprozess selbst führt nach Steiner zu einer Erweiterung der Wahrnehmungsfähigkeit in eine geistige Dimension, in der die begrifflichen Zusammenhänge nicht nur deduktiv und spekulativ als Gedankenresultate erörtert werden, sondern als geistige Anschauung eine gleichsam empirische Forschung der seelischen und geistigen Wirklichkeit des Menschen und der Welt ermöglichen. Steiner gibt verschiedene Methoden an, wie eine solche Erweiterung der Wahrnehmungsfähigkeit erworben werden kann. Er nennt sie »Schulungswege« und trägt umfangreiche Ergebnisse seiner auf diese Art erforschten geistigen Wirklichkeit vor. Dazu gehören Beschreibungen der Weltentstehung und -entwicklung bis in früheste Zeiten, die Theorien über → Reinkarnation und → Karma und die damit verbundenen Beschreibungen nachtodlicher Vorgänge, die Beschreibung der höheren Wesensglieder des Menschen und ihr Zusammenwirken sowie umfangreiche Ausführungen zur Christologie und Hierarchienlehre. Mit dieser so genannten → Geisteswissenschaft provoziert er aber zugleich heftige Kritik sowohl von Seiten der konventionellen Wissenschaften, die darin → Spiritismus und Scharlatanerie sehen, als auch von Seiten der konfessionellen Christen, die in seinem Anspruch auf erkenntnismäßige Bearbeitung der klassischen religiösen Fragen einen Angriff auf das Fundament des christl. Glaubens entdecken.

Die Gründung der Anthroposophischen Gesellschaft wurde 1913 mit der Einweihung des ersten Goetheanums in Stuttgart vollzogen, das die Nazis später niederbrannten. Die Anthroposophie konnte viele neue gesellschaftliche Impulse setzen, darunter die Waldorfschulen, die Arbeit mit Behinderten, die biologische Landwirtschaft und eine naturheilkundliche Medizin, die auf alchemistischen und homöopathischen Grundlagen basiert. Im Kern jedoch hat sie ein spirituelles Anliegen, das wegen der vielen gesellschaftlichen Aktivitäten von vielen Anhängern oft vernachlässigt wird.

Da Rudolf Steiner während der ersten 24 Jahre des 20. Jh. unzählige Impulse gab und neue Wege wies, hielten sich viele Anthroposophen zu eng an seine Aussagen, was dazu führte, dass der geistige Impuls zu wenig erneuert und unserer Zeit und der menschlichen Entwicklung angepasst wurde. Intern wird hier schon wieder gegen »Ketzer« gekämpft, um die »reine Lehre« zu bewahren. Dabei wird übersehen, dass gerade Rudolf Steiner ein Neuerer war, der ständig weiterging. Selbstverständlich gibt es auch Neuerer in der Anthroposophie, die sich langsam durchsetzen und offen alle Fragen diskutieren.

Steiner ist das Beispiel für eine moderne Psychologie der esoterischen Entwicklung, des Pfades der »Selbsteinweihung« und deren praktischer Anwendungen im Alltagsleben. In seinem Werk »Die Philosophie der Freiheit« wird die Freiheit des Menschen als in seinem Wesen veranlagt philosophisch ausgearbeitet. V. a. die Fähigkeit des Menschen, ein höheres Denken auszubilden (womit eine direkte → Wahrnehmung, eine Erkenntnis jenseits des automatischen Denkens gemeint ist), gibt ihm die Möglichkeit, selbstverantwortlich zu handeln.

Ein Übungsansatz zur Wahrnehmungserweiterung ist die tänzerische → Eurhythmie, die Steiner ab 1912 zusammen mit seiner Frau Marie Steiner-von Sivers (1867–1948) entwickelt hat. Sie wird im musischen Unterricht auch an den Rudolf-Steiner-Schulen gelehrt.

Steiners wesentliche spirituelle Entwicklungslehre findet sich in den Schriften »Geheimwissenschaft im Umriss«, in der »Theosophie« und in »Wie erlangt man Erkenntnisse höherer Welten«. Wenn auch östliche Lehren, die heute nach Westeuropa gelangen, als nicht geeignet für den westlichen Menschen angesehen werden, finden sich bei genauerem Studium von Rudolf Steiners Schriften viele östliche Elemente, z. B. die Lehre von den → Chakras, Atemübungen und → Meditation. Im letztgenannten Werk erläutert Rudolf Steiner die wesentlichen Elemente des Erkenntnisweges, den er als Einweihungsweg beschreibt. Hier wird v. a. die »sichere Urteilskraft« betont, die der Kandidat haben soll, damit er sich bewusst und nicht unbewusst auf den Weg begibt. Steiner beschreibt Übungen, die helfen, den »Seelenleib« zu entwickeln. Hierbei nimmt er Anleihen aus der Lehre der → Chakras, wobei er jedoch betont, dass die Ausbildung der »Lotosblumen« von »oben nach unten« erfolgen soll, nicht, wie beim → Kundalini-Yoga, von »unten nach oben«. Zuerst soll das geistige Zentrum, dann das Herzzentrum entwickelt werden. Ein weiteres bedeutendes Kapitel ist das über den »Hüter der Schwelle«, der darauf achtet, dass kein Kandidat unbefugt in höhere Bereiche eindringt.

Steiners Arbeit ist jedoch tief im Christusgedanken verwurzelt. Steiner hebt die Botschaft Jesu von Nazareth positiv hervor und stellt ihn im Kreis der »Meister der Weisheit und des Zusammenklangs der Menschheitsempfindungen« (→ Meister) an einen herausragenden Platz, weil er der Gottheit seinen Leib zur Verfügung gestellt habe. Die »Christengemeinschaft« als eigenständige Kirche ist deshalb Teil der anthroposophischen Bewegung, was Außenstehende oft nicht wissen. Steiners Vorstellung geht hierbei auf die Ideen der → Rosenkreuzer zurück, die eine Wiederauferstehung von Christus oder dessen »zweite

Wiederkunft« als geistige Auferstehung verstanden. Das ist ein Grund für Steiners Trennung von der Theosophie und seine Opposition gegen die mehr gnostischen und »luziferischen« Ansichten H. P. → Blavatskys, die Christus nicht als höchsten → Avatar ansah. In Steiners weitem und komplexem Szenario der planetaren Evolution wird der Christus-Impuls als Gegenkraft zu abweichenden geistigen Impulsen aus der Astralwelt gedeutet. In gewisser Hinsicht sind hier Elemente der Lehre → Zoroasters enthalten, deren Grundgedanke auf dem Kampf zwischen den Kräften des Lichts und der Dunkelheit (bei Steiner die ahrimanischen und luziferischen Kräfte) basiert (→ Mani).

Architektur, spirituell orientierte

Architektur ist eine wichtige Kunstform (→ Kunst, spirituelle), die dem Menschen zuträglich oder abträglich sein kann. Seit Menschen bauen, haben sie sich mit der Wirkung der Architektur beschäftigt, und sei es auch nur, um optimale Bedingungen zu erhalten, unter denen man in bestimmten Klimazonen leben kann – man denke an die Pueblos in New Mexico oder die Lehmbauten in Mali. Viele Baustile stellen darüber hinaus jedoch auch einen künstlerischen Ausdruck des jeweiligen Volkes dar.

Es wurde immer wieder versucht, bestimmte Kunstformen für Gebäude zu entwickeln, die selbst heute noch den Betrachter in Erstaunen versetzen. Viele gotische Kathedralen, die hauptsächlich im Frankreich des 14. und 15. Jh. entstanden, stehen über ihre Zeit hinaus für eine geniale Bauweise. Eines der berühmteren Beispiele ist die Kathedrale von → Chartres. Zur gleichen Zeit entstanden im Mittleren Osten in der islamischen Welt erstaunliche Moscheen mit freitragenden Kuppeln und einer Ornamentik, die auf einer hoch entwickelten Mathematik basieren. Dem Betrachter ist selten klar, unter welchen Bedingungen all diese Bauwerke entstanden sind. Es gab keinen Stahlbeton, keine Riesenkräne, es gab nichts, was man mit heutiger Technologie erschaffen kann. Man muss sich auch vorstellen, dass die gesamte Handwerker- und Künstlerschaft in relativ bevölkerungsarmen Ländern dafür zuerst angeworben und ausgebildet werden musste. Wenn man dann noch in Betracht zieht, dass innerhalb eines Zeitraums von rund 100 Jahren zahlreiche riesige Bauwerke mit aller Kunstfertigkeit und künstlerischen Gestaltung, die damals zu Gebote standen, und nach bestimmten mathematischen, harmonikalen und geometrischen Grundlagen gebaut wurden, muss man sich fragen: »Wie konnte das alles unter diesen gesellschaftlichen, wirtschaftlichen und technologischen Voraussetzungen geschaffen werden?«

In der zeitgenössischen Architektur gibt es heute wieder neue, interessante Ansätze wie z. B. die Nutzung der »Bionik« – d. h. Bauweisen, die die Formen der Natur nachgestalten und so ganz andere Gefühle bei den Menschen hervorrufen als die übliche viereckige oder vieleckige Architektur. Viele kreative Architekten nutzen auch die Möglichkeiten, die die Glastechnologie bietet, um bestimmte Wirkungen auf die Nutzer der Gebäude zu erreichen. Ob man in diesem Fall jedoch eher von »manipulativer« Gestaltung als von spiritueller »objektiver« → Kunst sprechen sollte, muss jeder im Einzelfall selbst beurteilen.

Artussage

Artus (engl. Arthur, → A) war ein sagenhafter engl. König, der um 500 n. u. Z. gegen die eindringenden Angeln und Sachsen gekämpft haben soll.

Die Geschichten um König Artus und seine Tafelrunde gehen teilweise auf kelt. Märchen und Fabeln zurück, haben aber möglicherweise auch einen historischen Kern.

Populär wird der Mythos 1136 durch ein Manuskript von Geoffrey von Monmouth, die »Historia Regum Britanniae« (»Geschichte der Könige von Britannien«). Einige Gelehrte glauben, dass Geoffrey die Quelle für den mittelalterlichen »Artusboom« war, andere meinen, dass viele der Sagen um Artus eigentlich aus mündlichen bretonischen Überlieferungen stammen, die an den königlichen und adligen Höfen Europas von professionellen Geschichtenerzählern verbreitet wurden. Der französische Epiker Chrétien de Troyes erzählte um 1185 Geschichten aus diesem Sagenkreis in seinem Werk »Perceval«. Darin rief Artus die Ritter der Tafelrunde zusammen (Iwein, Erec, Lancelot, Gawain, Galahad und andere). An seinem Hof, den die britische Überlieferung in Camelot lokalisiert, lebte auch der Zauberer Merlin. Die »Ritter der Tafelrunde« weihten ihr Leben unter anderem heldenhaften Taten, deren spirituell wichtigste die Suche nach dem Hl. → Gral war.

»Diese Tafelrunde ist wahrscheinlich ein sehr altes Symbol, eines von jenen, die immer mit der Idee der geistigen, die Tradition bewahrenden Zentren verbunden wurden. Die Kreisform der Runde steht formal mit dem → Tierkreis in Beziehung, da zwölf Hauptpersonen um diese Tafel gruppiert sind. Diese Besonderheit kehrt bei der Errichtung aller derartigen Zentren wieder.« (René Guénon 1987, 49; → Asgard)

Im Kreis fühlt der Mensch sich nicht nur verbunden mit dem Kreis des Universums, sondern auch mit allen anderen Menschen, die sich mit ihm im Kreis befinden. Im Kreis, im unendlichen Zentrum, hat er teil an der Kraft der anderen Welt.

Robert de Boron fügt in seiner Erzählung »Merlin« (um 1200) für die Entwicklung des Mythos ein wichtiges Element hinzu: den Magier Merlin. Er erzählt zahlreiche Anekdoten über Merlins Fähigkeit der Gestaltverwandlung. Merlins Persönlichkeit wird lebhaft schillernd dargestellt: Er ist gerissen, scharfsinnig, reizbar und mephistophelisch, genauso, wie ihn J. R. R. Tolkien in seiner Figur des Gandalf im »Herrn der Ringe« adaptiert hat. Er hat übernatürliche Kräfte, doch er ist auch gütig und handelt zum Wohle seiner Umgebung und der größeren Gemeinschaft. Ohne seine geschickte Führung würde das Königreich zugrunde gehen. Robert de Boron hatte damit Merlins Charakter in einer Art und Weise akzentuiert, die sich in der Literatur durch die folgenden Jh. kaum veränderte.

Dieses Porträt wird auch in der späteren Geschichte »Le Morte Darthur« (1469/1470) von Thomas Malory (um 1408–1471) benutzt. Malory nahm den ganzen Sagenkreis auf und webte daraus in einer archaischen und dennoch frischen Art einen Teppich aus Wundern. Der Magier Merlin treibt hier die Suche nach dem Gral voran und wird schließlich in Verwicklungen verstrickt, die unentrinnbar tragisch enden müssen. Von ihm erhält Artus den Thron, nachdem er ein Schwert aus einem Stein gezogen hat. Dies kann nur der »wahre König« (auch im spirituellen Sinne) vollbringen, also den angekündigten König und wahren Erben von Uther Pendragon.

Das Schwert im Stein – das berühmte Excalibur – hat esoterisch-symbolische Bedeutung: Der Stein steht für den Hl. Gral, das Schwert entspricht dem Element Feuer, der Lebensenergie, dem Blut des Lebens. In einer anderen Version jedoch heißt es, dass Excalibur

Artus von einer Hand, die aus einem See kam, ausgehändigt wurde. Die Hand steht symbolisch für die Tat und der See für die Seele, während das Schwert als Blutsymbol im Zusammenhang mit der Seele die Suche nach der Wirklichkeit des Seins andeutet.

Die hl. Insel Avalon, auf die Artus nach seinem Tod entrückt wurde und von wo er der Überlieferung zufolge dereinst wiederkehren wird, ist eine andere Form der Vorstellung eines → Weltzentrums. Sie hebt sich mit einem Berg in ihrer Mitte aus dem Meer, in einer unerreichbaren Gegend, hinter der die Sonne aufsteigt. Sie wird zunächst Abalus genannt, später Avalon, die Apfelinsel (Parallelen zur Insel der Hesperiden, jener griech. Sagengestalten, welche die goldenen Äpfel der Erdgöttin Hera bewachen). Die nord. Göttin Iduna bewahrt ebenfalls die goldenen Äpfel auf, die den Göttern ewige Jugend schenken. Dieser Mythos beruht darauf, dass Grönland vor ca. 10 000 Jahren ein »grünes Land« war, die Urheimat des Apfels, während das europ. Festland noch unter einer mächtigen Eisdecke begraben lag. Die hl. Insel ist auch das »Land der Unsterblichkeit«, die »Anderswelt« der kelt. Überlieferung (→ Kelten).

Asanas → Hatha-Yoga, → Samkhya

Asgard

Von der Vorstellung eines Kreises aus, der das → Nichtsein symbolisiert, entwickelte sich die Vorstellung eines → Weltzentrums in der alten nord. Mythologie, des alten Asgard (auch Argard, »Lichtheimat«), der Wohnstatt der Götter. Aus Asgard wurde bei den indischen → Brahmanen Agarttha (Asgarttha), wo der König der Welt residiert.

Der Zwölferkreis der idg. Götter (Asen oder Arer, → Germanen) stand unter einer höheren göttlichen Gewalt. Diese Idee wurde auch von der kelt. Mythologie aufgenommen und floss in die Tafelrunde des Königs → Artus ein. Der zwölfteilige → Tierkreis hat ursprünglich nichts mit Tieren zu tun – sonst gäbe es ja auch keine Zeichen wie »Wassermann« oder »Waage« –, die Bilder des Zodiak sind auf sichtbare Sternkonstellationen projizierte Bilder (→ Astrologie).

Das Wort »Tierkreis« stammt vom Namen des Urgottes Tyr (»Tür«, → T), der später zum griech. Zeus (Tyr – Tiu – Ziu – Zeus) wurde. Hangatyr, der Hängegott, war übrigens lange Zeit der Urgott der Alteuropäer. Seine große Bedeutung bewirkte noch im Römischen Reich jene Kreuzigungen, durch die Jesus als »Gottessohn« zu seiner ursprünglichen Bedeutung als Hängegott kam (»Der Gehängte«, Karte im → Tarot). Als man ihm darüber hinaus mit dem Speer (dem Speer Odins und der Lanze in der → Gralsgeschichte) in die rechte Seite stieß, konnten auch die Nordeuropäer Jesus als Verkörperung des alten Gottes annehmen.

Die Asengötter sind ursprünglich Symbole der höheren Allgewalt, der astrologische Tierkreis (in der europ. → Astrologie) stellt eine Karte der alten Himmelsreligion der Nordeuropäer dar, die noch von den antiken → Griechen »Hyperboreer« (Nordvölker) genannt wurden. Im Norden konnte man deutlich zwölf verschiedene Sterngruppierungen am Himmel unterscheiden. Im Jahr 2002 fand man bei Nebra (Sachsen) die so genannte Himmelsscheibe, die älteste Abbildung des Kosmos weltweit (ca. 3600 Jahre alt) aus der Bronzezeit. Sie ist ein Schlüsselfund für die europ. Vorgeschichte, die Astronomiegeschichte sowie die frühe Religionsgeschichte. Allerdings vermied der Künstler bei der künstlerischen Gestaltung der 25 Sterne (außer Sonne und Mond sowie den Plejaden) offenbar alles, was auch nur im Geringsten an ein Sternbild erinnerte.

Deshalb ist es unklar, ob die »kosmischen« Einflüsse der zwölf Tierkreiszeichen sich auf die Wirkung der Asen-Gottheiten beziehen, die jeder Mensch auf die eine oder andere Weise archetypisch verkörpert. Aber auch der innere Kreis des indischen → Weltzentrums Agarttha hat zwölf Mitglieder, die zwölf Adityas, die Söhne der Aditi, der vedischen Göttin des unbegrenzten Raumes; sie steht auch in Beziehung zu Himmel und Erde in ihrem unbegrenzten Aspekt. Die Adityas repräsentieren die ganze Spanne der Manifestationen der Erscheinungswelt. Ebenso wie die nordeurop. Asen oder die griech. Götter sind die Adityas Sonnengötter wie Savitri, der solare Vishnu (→ Bhakti-Yoga). Sie sind auch die Götter des Feuers *(agni)* und des Windes *(vayu)* und Herrscher über die drei Welten. Die indische Göttertriade Brahma, Vishnu (→ Bhakti-Yoga) und → Shiva (→ Trinität) sowie die christl. Dreifaltigkeit leiten sich aus der alten schamanischen Dreiheit der Welten (→ Schamanismus) ab, ebenso die altnord. Triade der Naturkräfte Odin (Wind, Oberwelt), Hönir (Erde, Mittelwelt) und Loki (Feuer, Unterwelt).

Die Welten Asgard (Oberwelt), Midgard (Mittelwelt) und Utgard (Unterwelt) wurden in christl. Zeit zu Himmel, Erde und Hölle. Der Begriff → Hölle leitet sich ab aus dem Namen der Unterweltsgöttin Hel, der »Hellen«, die später zu Frau → Holle wurde. Sie ist die Göttin der Wiedergeburt, die im Kessel des Lebensblutes rührt (→ Gral); man kommt nur über die drei Nornen des Schicksals (→ Griechen) zu ihr: Urd, Skuld und Werdandi, die Vergangenheit, Gegenwart und Zukunft symbolisieren.

Ashram (Sk.)

Zentrum für spirituelle Studien und Meditation, meist unter Leitung eines Gurus. Es kann ein Heim, ein Landhaus, eine Einsiedelei oder ein Kloster sein. Jeder Versammlungsort spirituell Strebender ist ein Ashram. Ashrams sind in Indien weit verbreitet und werden von vielen spirituell suchenden Menschen oder Anhängern eines Gurus oder einer bestimmten Lehre besucht.

Askese → Sexualität und Spiritualität

Astralkörper

Begriff aus der → Theosophie und verwandten Lehren, der einen zweiten, feinstofflichen Körper bezeichnet. Er ist in dieser Lehre Träger der Lebenskraft. Siehe auch: → Energie, → Energiekörper.

Astrologie

»Im Horoskop wird der Mensch gleichsam zum Träger des Weltganzen, wird mitverantwortlich in gewissem Sinne an der Gestaltung des Allraumes und seiner innerlich lebendigen Harmonie« (Fritz Werle 1962, 15).

Streng genommen ist Astrologie kein »spiritueller Weg«, sie ist vielmehr eine Methode, mit der sich Muster von Zusammenhängen in einem undurchschaubaren Kosmos erkennen lassen (→ Orakel). Astrologie basiert auf der uralten Intuition des Menschen, dass es einen kosmischen Plan gibt, in dem Mensch und Kosmos eine Einheit bilden. Durch die Beobachtung der Sterne, der Bewegungen der Planeten und der Verhaltensweisen von Menschen wurden von den alten Astrologen Zusammenhänge hergestellt, die dem Menschen helfen sollten, in Einklang mit diesen Gegebenheiten zu leben.

Die westliche Astrologie, die auf dem

Werk des ägyptischen Gelehrten Ptolemäus und der Lehre des Hermes Trismegistos (→ Hermetik) basiert, besagt: Das All ist Geist, das Universum ist geistig. Dabei helfen die Gesetze des Universums die Gesetze des Lebens erkennen und umgekehrt: »Wie oben, so unten, wie unten so oben.« Zwischen allen Erscheinungen des irdischen Lebens gibt es eine Entsprechung im Makrokosmos; die Gestirne und das menschliche Leben entsprechen sich ebenfalls. Zu ähnlichen Erkenntnissen kam übrigens auch die moderne Quantenphysik.

So ist die Astrologie die älteste der Wissenschaften, die das Bewusstsein über den Zusammenhang zwischen den zyklischen Bewegungen von Sonne und Mond mit dem Wachstum der Pflanzen und dem Naturgeschehen im Allgemeinen herstellt. Ganz allgemein ausgedrückt, deutet die Astrologie räumliche Verhältnisse und zeitliche Abläufe in unserem Sonnensystem und den Sternensystemen, die mit bloßem Auge zu sehen sind. Sie basiert auf der Grundannahme, dass die sich aus solchen Verhältnissen ergebenden Rhythmen in Zusammenhang stehen mit physikalischen, biologischen und psychischen Abläufen in den Organismen auf der Erde.

Da die Astrologie von alters her kontrovers diskutiert wird, wurden natürlich viele Versuche unternommen, ihre Ergebnisse zu verifizieren. Wir wissen inzwischen, dass viele Tiere und Pflanzen auf die Mondläufe reagieren, Ebbe und Flut sind davon abhängig und auch der Menstruationszyklus der Frau. Man kann jedoch aus diesen Tatsachen nicht daraus schließen, dass die Rhythmen der Planeten Einfluss auf biologische oder seelische Gegebenheiten haben. Der Wechsel der Jahreszeiten und die Jahreszeit, in der ein Kind das Licht der Welt erblickt, prägen sicherlich auch die Wahrnehmung. Wenn Kinder, die im Frühling geboren werden, sich mehr der Natur und dem Spielerischen zuwenden, und Kinder die im Winter geboren werden, sich strenger verhalten oder in sich gekehrter sind, hat das möglicherweise jahreszeitliche Ursachen in dem Sinn, dass die jahreszeitliche »Stimmung« von der noch feinen Seelenwahrnehmung des Kindes aufgenommen wird. Die neueren Erkenntnisse der Chronobiologie bestätigen diese Vermutung. Das Leben ist in jedem Fall eingebettet in kosmische Rhythmen, doch determinieren diese Rhythmen nicht gänzlich all unsere Charakterzüge und Verhaltensweisen.

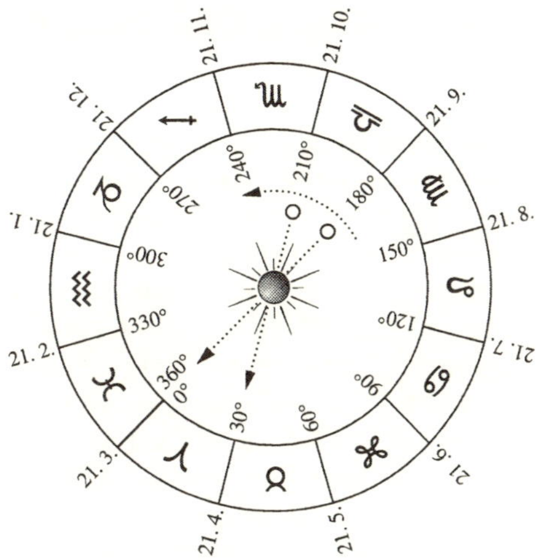

Tierkreis mit Sonne.

Arbeitsgrundlage des Astrologen ist das → Horoskop (»die Stunde sehen«). Fritz Werle sagt dazu: »Das Horoskop ist etwa mit dem Fell zu vergleichen, das über den Paukenkessel gezogen ist, und auf dem der Ton erzeugt wird« (Fritz Werle 1962, 16). Es stellt graphisch die Konstellation der Gestirne unseres Sonnensystems im Moment der Geburt eines Menschen dar. Man könnte es auch als eine Art Himmelskarte bezeichnen, in der die Positionen der Gestirne des Sonnensystems relativ zum Stand des Beobachters – also die geozentrischen Koordinaten – eingetragen sind.

Wir leben so in zwei täglichen Rhythmen: dem Wechsel von Tag und Nacht durch die Rotation der Erde um sich selbst – deshalb sehen wir die Sonne morgens im Osten »aufgehen« – und dem jährlichen Rhythmus durch die Bewegung der Erde um die Sonne. Da der Osten und der Frühlingsanfang traditionell mit der Wiedergeburt des Lebens in Verbindung gebracht werden, beginnt mit dem Frühlingsanfang (im Osten) auch das erste Tierkreiszeichen (Widder).

Die mit den Zahlen eins bis zwölf bezeichneten Kreisabschnitte nennt man Häuser. Sie werden, wie die Tierkreiszeichen, gegen den Uhrzeigersinn gezählt. Das erste Haus ist somit der Aszendent, der von der Zeit als auch dem Ort abhängig ist, da jeder Ort einen anderen Horizont aufweist. Die Stellungen der berechneten Planeten sind im Tierkreis unabhängig von der Rotation der Erde (also für alle Orte gleich), die Stellung der Planeten in den Häusern ist jedoch individueller. Nebenbei gesagt hat sich durch die so genannte Präzession (die mit dem Winkel der Erdachse zur Ekliptik zusammenhängt) der Sternenhimmel im Laufe der Jahrtausende verschoben, was aber für die Interpretation der Tierkreiszeichen keine Rolle spielt – die Berechnungen sind heute dennoch richtig.

Im Horoskop gibt der Tierkreis die Wirkung der Welt auf den Menschen an, d. h. die Richtung verläuft von außen nach innen, während der Häuserkreis eine zwölffältige Einstellung des Menschen zur Welt, also von innen nach außen, kennzeichnet. Die Planeten zeigen Entsprechungen zu den Fähigkeiten des Menschen, sie sind »Wirkkräfte«. Die so genannten Aspekte zeigen die Beziehungen zwischen den Planeten entsprechend dem Winkel, in dem sie zueinander stehen; diese Verhältnisse entsprechen den musikalischen Harmonien von Quinte, Quarte, Septime usw. (→ Oktavengesetz). Eine Opposition zeigt für manche Astrologen einen Wollensaspekt, eine Spannung an, während ein Quadrat ein Gefühlsaspekt oder ein Trigon einen Empfindungsaspekt darstellt.

Die klassische Einteilung des Tierkreises aufgrund der vier → Elemente Feuer, Erde, Wasser, Luft ergibt folgende Entsprechungen zu den individuellen Temperamenten:

- Das Feuerzeichen entspricht dem cholerischen Temperament: ein Wollensaspekt;
- das Erdzeichen entspricht dem melancholischen Temperament: ein Empfindungsaspekt;
- das Luftzeichen entspricht dem sanguinischen Temperament: ein Denkaspekt; und
- das Wasserzeichen entspricht einem phlegmatischen Temperament: ein Gefühlsaspekt.

In Kombination mit den drei Grundkonstanten des Menschen Körper, Seele und Geist, die traditionell als fix (fest, Körper), kardinal (grundlegend, Seele) und labil (beweglich, Geist) bezeichnet werden, ergibt sich durch diese Kombination von 3 x 4 die wesentliche Bedeutung eines Sternzeichens.

Da verschiedene astrologische Schulen und Berechnungsmethoden existieren, kann es vorkommen, dass zwei Astrologen ein und dasselbe Horsokop völlig unterschiedlich interpretieren. Die einen interpretieren psychologisch, andere sehen es als Lebenshilfe, dritte machen Zukunftsvorhersagen (→ Orakel), und vierte bringen die persönlichen Anlagen ins Blickfeld des Fragenden.

Das Gewicht der Frage liegt bei den

meisten Suchenden auf den Fragen »Wer bin ich?« oder »Was kann ich aus meinem Leben machen, wo liegen meine Stärken und Schwächen?«. Insofern kann ein guter Astrologe mit psychologischer Einfühlsamkeit als Lebensberater fungieren. Nicht hilfreich sind dagegen konkrete Voraussagen, weil – wie die meisten ernsthaften Astrologen zugeben – das → Horoskop keine Handlungen und Ereignisse determiniert. Eine grundsätzliche Aussage über eine individuelle Lebensart und mögliche charakterliche Anlagen, die den Menschen Zeit seines Lebens prägen werden, ist durchaus möglich, auch wenn viele andere Faktoren wie Familie, Umfeld, Sozialisation und auch das seelisch-geistige Muster eines Menschen das Ganze wesentlich modifizieren können.

Dennoch bringt die astrologische Klassifizierung in Persönlichkeitstypen große Schwierigkeiten mit sich. Auch wenn der französische Wissenschaftler Michel Gauquelin in akribischer Arbeit herausgefunden hat, dass bestimmte Planetenstellungen mit bestimmten Berufen kongruieren, bleibt immer noch die Frage, was mit dieser Erkenntnis anzufangen ist. Durch Klassifizierungen, Statistiken oder Annahmen findet man kaum etwas über sich selbst heraus – wichtig sind die Handlungen eines Menschen, der selbst sein Leben verwirklichen, seine Talente und Anlagen ausbilden muss.

Es kann natürlich helfen, durch ein Horoskop eine Anlage zu entdecken, doch wenn der entsprechende Mensch – nehmen wir einmal an, er ist Maurer – eine Anlage zum Künstler hat, wird er diese erst entfalten, wenn er daran arbeitet; möglicherweise nicht als Broterwerb, sondern eher in seiner Freizeit. Das Horoskop kann jedoch nicht sagen, ob er Erfolg haben wird, denn vieles unterliegt anderen Gesetzmäßigkeiten und Umständen. Umgekehrt könnte man auch sagen, dass, sofern die künstlerische Anlage in ihm groß genug ist, um ihn anzutreiben, er auf jeden Fall irgendwann in diese Richtung gehen wird. Gleichzeitig kann hier ein Nutzen der Astrologie liegen: Wenn ein Fragender bestimmte Schwächen oder Stärken besser versteht, die möglicherweise auf einer inneren Anlage beruhen, hilft es ihm, im Alltagsleben besser mit Situationen umzugehen, in denen diese Stärken oder Schwächen vielleicht von Vor- oder Nachteil sind. Er kann sie dann vielleicht ausgleichen. Doch dies erfordert eine Willensschulung, die durch einen der psychologischen oder spirituellen Wege angepackt werden muss. Dabei sind die Planeten allerdings keine große Hilfe ...

In diesem Sinne kann die Beschäftigung mit der Astrologie eine Ergänzung zu einem spirituellen Weg sein, um »kosmische« Zusammenhänge zu verstehen und das persönliche Weltbild zu erweitern. Sich jedoch vollständig von astrologischen Berechnungen und Beratungen abhängig zu machen und das Leben danach zu gestalten kann die individuelle Entfaltung einschränken. »Erfahrungsweg und Erkenntnisweg treffen sich, indem tatsächliches Verstehen eine Erfahrung ist, die sich von selbst ins Leben umsetzt und den Menschen wandelt« (Wilhelmine Keyserling 1997, 16).

Atem, Atemtechniken

Einen Teil der Aufmerksamkeit während einer Übung auf den Atem zu konzentrieren ist eine effektive Hilfe bei der → Meditation. Die Atmung reagiert sehr empfindlich und unmittelbar auf psychische und physische Veränderungen. Zugleich ist sie die einzige Körperfunktion, die auch willentlich gesteuert werden kann, obwohl sie ununterbrochen unwillkürlich abläuft. Medizinisch gesehen besteht auch eine Wechselwirkung zwischen Atembewegung und zahlreichen Körperorganen und deren Funktionen. Die Atembewegung hängt eng mit der Herzfunktion und dem Körper- und Lungenkreislauf zusammen. Außerdem wird biochemisch über die Atmung die Sauerstoffversorgung, der Kohlendioxidspiegel, die Ionenkonzentration und damit die gesamte Stoffwechsellage beeinflusst. Die Atmung wirkt sich über nervliche Verflechtungen auch auf die Organe und deren Funktionen aus, es bestehen auch Wirkungen auf die Gehirn- und Bewusstseinsvorgänge des Menschen und damit auf sein Empfindungs- und Gefühlsleben. Es gibt in allen Übungstraditionen verschiedene Atemtechniken mit unterschiedlichem Schwerpunkt und unterschiedlicher Art der Ausführung.

Komplexe Atemübungen, wie das indische Pranayama (→ Raja-Yoga) oder das holotrope Atmen nach Stanislav Grof, das bis zur Hyperventilation geht, sollten auf jeden Fall von einem geübten Lehrer gelernt werden. Langsame Atemübungen, wie sie z. B. zusammen mit den Bewegungen im → Qigong oder → Tai-Chi absolviert werden, sind nicht nur heilsam, wenn sie regelmäßig angewendet werden, sondern auch die wirksamste Methode, um zu einer tiefen Entspannung zu gelangen und auch den → Energiekörper und die → Chakras zu »energetisieren«. Die Atembeobachtung ist auch Grundlage der → Zen-Übung Zazen (→ Meditation), bei der man sich entspannt im Sitzen das Ein- und Ausströmen des Atems vergegenwärtigt. Gezählt wird dabei nur beim Ausatmen von eins bis zehn. Die Schwierigkeit liegt darin, aufmerksam zu bleiben.

Atlantis-Mythos

Während die meisten Mythen (→ Märchen und Mythen) ihre suggestive Macht aus einem geheimnisvollen Ursprung beziehen, verbindet man mit dem Mythos von Atlantis eine tatsächliche, verschwundene Hochkultur. Jedes Jahr zeigt irgendein Bericht im Fernsehen angeblich neue Spuren von Atlantis. Der einzige »Erfinder« dieses Mythos ist jedoch der griech. Philosoph Platon, der Atlantis ganze zwei Passagen in seinen Werken »Timaios« und »Kritias« gewidmet hat.

Diese Werke sind den meisten unbekannt, ebenso wie der Zusammenhang, in dem Platon Atlantis erwähnt. Platons Inselstaat wird nicht als ideale Staatsutopie gezeichnet, sondern eher als ein negativer Gegensatz zum demokratischen Ur-Athen. Aber weil in Platons Geschichte das mächtige Atlantis im Meer unterging, haben anschließend viele Interpreten daraus einen paradiesischen Staat gemacht, der zum Mythos für zahlreiche weitere Glaubensmodelle wurde.

Atman (Sk. »Selbst«, »Ich«) → Vedanta

Aufmerksamkeit

Aufmerksamkeit ist eine Eigenschaft oder direkt zugängliche »Funktion« des → Bewusstseins und des Willens (wie im → Buddhismus »die überpersönliche Kraft des Geistes«) und wird normalerweise von vielen Dingen angezogen. Wie die Aufmerksamkeit konzentriert werden kann, ist eines der »Geheimnisse« vieler spiritueller Lehren. Eine gute Übung ist die Beobachtung, die → Wahrnehmung des eigenen Verhaltens. Sie kann dem Schüler zeigen, wie er von vielen Dingen angezogen oder abgelenkt wird und entsprechend reagiert. Deshalb rufen bestimmte Lernsituationen sehr viele Spannungen hervor, weil der

Schüler mit seinen Identifikationen konfrontiert wird, welche seine spontane Aufmerksamkeit blockieren. Für Wege wie das → Zen hat die Übung der Aufmerksamkeit einen zentralen Stellenwert. Ein Schüler fragte: »Meister, sag mir einige Grundregeln der höchsten Weisheit.« Der Meister antwortete: »Aufmerksamkeit.« – »Ist das alles?«, wunderte sich der Mann. Daraufhin sagte der Meister: »Aufmerksamkeit, Aufmerksamkeit, Aufmerksamkeit.«

Fortgeschrittene Trainingsmethoden erfordern vielseitige Aufmerksamkeit. In sich selbst zentriert zu bleiben und dennoch mit einem Teil der Aufmerksamkeit der äußeren Umwelt gewahr zu sein, ist eine grundlegende Übungspraxis der → Schulen des Augenblicks. Denn für unser normales Denken und Empfinden sind spirituelle Impulse zu schnell. Wir können sie erst im Nachhinein wahrnehmen. Das beste Beispiel ist die Wirkung von Intuition und Kreativität. Wenn Menschen einen »Einfall« haben, der wie aus dem Nichts kommt, also nicht von äußeren Faktoren bedingt ist oder jedenfalls keine unmittelbare Reaktion auf einen äußeren Anlass darstellt, sind sie selten in der Lage, diesen Einfall im Augenblick seines Entstehens zu sehen, vielleicht noch nicht einmal hinterher. Er fließt einfach durch sie hindurch, ohne Spuren zu hinterlassen. Doch wenn der Einfall wichtig ist, sollte der Betreffende in der Lage sein, ihn zu bemerken.

Manche der spirituellen Richtungen, die heute verbreitet sind, sprechen davon, dass man einfach »im kosmischen Strom fließen« soll. Das mag zwar ein sehr angenehmes Gefühl sein, geht aber ganz am Kern der Sache vorbei. Denn die ungebundene Sensitivität sollte nicht einfach erlebt, sondern konzentriert werden, damit die Aufmerksamkeit, das Bewusstsein und die Kreativität, die intensivere »Energien« sind, überhaupt auf eine Basis bzw. ein »Gefäß« im jeweiligen Menschen treffen. Ohne diese Basis sind die Menschen allen möglichen inneren und äußeren Impulsen ausgeliefert, die sie von der »wirklichen« Arbeit an sich selbst ablenken. Sie fühlen sich zwar frei, sind es jedoch nicht; Freiheit ist eine Eigenschaft des Willens und der Aufmerksamkeit, wie etwa G. I. → Gurdjieff oder → Zen lehren. Siehe auch: → Achtsamkeit.

Augenblick

Wie auch die → Aufmerksamkeit ist die »Meisterung des Augenblicks« keine willkürliche Angelegenheit, sondern basiert auf einer gewissen Disziplin des Schülers. Auch eine strukturierte Methode kann viele Augenblicke schaffen, die gemeistert sein wollen. Die Herausforderung ist permanent. Diese Einstimmung in die Situation, in das »größere Ganze«, ist Teil des Trainings für den Augenblick. Jeder Moment ist der einzige, den ein Mensch hat, nicht die Vergangenheit oder die Zukunft (→ Zeit). Doch die Einheit eines gegenwärtigen Augenblicks liegt nicht in der verschwindenden Sekunde eines Zeitablaufs, sondern im Heraustreten in eine andere Zeitdimension, den größeren gegenwärtigen Augenblick. Hier wird eine Sekunde zur Unendlichkeit. Je mehr inneren »Raum« der Lernende erschafft, desto »mehr« Zeit gewinnt er. Das klingt paradox, aber durch die Entfaltung eines inneren Seins, das außerhalb der Zeit ist, wird die Zeit gemeistert. William Blake drückt das so aus: »Die Ewigkeit ist verliebt in die Hervorbringung der Zeit.« Der innere Raum wird frei durch das Abschütteln von jenem »Schrott«, den die Menschen in sich tragen, und durch die bewusste Ausdehnung und Stärkung der inneren Kraft. Dann kann sich der Augenblick erweitern. Siehe auch: → Bewusstsein.

Augenblick, Übung des gegenwärtigen Augenblicks

Der Sufi (→ Sufismus) Hodscha Faghnawi (gest. 1272) lehrte zum ersten Mal die »Übung des gegenwärtigen Augenblicks« *(sikr-i alaniyya)*. Auf die Frage, warum er eine Neuerung einführe, sagte er: »Die Menschen leben in einem Traum, dies soll sie aufwecken.« Die wesentlichen Aspekte dieser Schulung wurden jedoch bereits von Abd al-Khaliq Gudschduwani (gest. 1220) formuliert:

1. Atme jeden Augenblick bewusst. Lass deine Aufmerksamkeit keinen einzigen Atemzug abschweifen. Erinnere dich immer und in allen Situationen an dein Gegenwärtigsein. Diese Anleitungen für die Atemkontrolle werden ergänzt durch den Dhikr (sufische → Mantras).
2. Halte dir deine Absicht bei jedem deiner Schritte vor Augen. Dein Ziel ist die Befreiung, und das solltest du nie vergessen. (Diese Übung ist vergleichbar mit der buddhist. → Vipassana-Meditation.)
3. Erinnere dich, dass dich deine Reise aus der Welt der Erscheinungen in deine Heimat der Welt der Wirklichkeit führen soll.
4. Bleibe bei all deiner äußeren Aktivität innerlich frei. Lerne, dich mit nichts und niemandem zu identifizieren.
5. Erinnere dich an deinen Freund, d. h. Gott. Lass das Gebet der Zunge das deines Herzens sein. Hiermit ist besonders das → Wazifa gemeint, vergleichbar mit dem ostchristl. → Herzensgebet. Hierzu zählt auch die Naqschibandi-Technik der Konzentration des Dhikr auf die → Latifas, die feinstofflichen Zentren.
6. Kehre zu Gott zurück. Es gibt kein anderes Ziel als die Realität.
7. Bleibe wachsam. Kämpfe mit allen fremden Gedanken. Behalte im Geist, was du tust, innerlich wie äußerlich. Werde dir gewahr, was deine Aufmerksamkeit festhält. Die Übung der Selbsterinnerung (→ Gurdjieff).
8. Sammlung. Sei dir andauernd der Qualität der göttlichen Gegenwart gewahr. Der »Verlust des Selbst« (Ego) macht es möglich, an einer größeren Wirklichkeit teilzuhaben.

Aura

Unter diesem Begriff ist die Vorstellung einer feinstofflichen Ausstrahlung des Körpers gemeint, die hellsichtige Menschen auch als Farben sehen können. Die Aura wird in vielen Theorien eng mit der Idee einer universellen Lebensenergie verknüpft (→ Qi). 1972 veröffentlichte der → Parapsychologe Charles T. Tart einen Artikel, in dem er ein theoretisches Konzept zur Erforschung des Aura-Sehens vorstellt. Nach seinem Konzept gibt es vier mögliche Betrachtungsweisen einer menschlichen Aura:

1. Die Aura als physikalisches Phänomen: Die Aura kann als physikalisches Phänomen betrachtet werden, z. B. als das Biophotonenfeld nach Albert Popp. Biophotonen sind Ausstrahlungen der Zellen, d. h. Lichtquanten, die von den Zellen erzeugt werden. Diese Zellstrahlung wird auch »mitogenetische Strahlung« oder »ultraschwache Zellstrahlung« genannt; ihre Existenz ist unbestritten. Ein weiteres Phänomen ist die Kirlian-Aura nach dem russischen Physiker, der die so genannte Kirlian-Fotografie entwickelt hat, um Veränderungen bei Pflanzen und Menschen durch mechanische Einwirkungen wie Operationen fotografisch zu dokumentieren. Es gibt weitere chemische, biochemische und physikalische Phänomene der Aura. Die biophysikalische Aura existiert tatsächlich und ist daher mit bekannten physikalischen Instrumenten zu messen.

Die Frage ist allerdings, ob ein sensitiv begabter Mensch in der Lage ist, diese physikalische Aura wahrzunehmen. Trotz einiger Versuchsreihen ist diese Frage noch nicht ausreichend geklärt.

2. Die Aura als psychologisches Phänomen: Diese Aura könnte auch die phänomenologische Aura genannt werden. Sie ist der subjektive Eindruck, den man von einer anderen Person hat. Diese Aura ist gemeint, wenn man umgangssprachlich von der »Ausstrahlung« einer Person spricht. Sie existiert aber nicht real, sondern nur in der Vorstellung und ist daher nicht mit physikalischen Geräten zu messen.

3. Die Aura als feinstoffliches Phänomen: Hiermit ist die Aura-Vorstellung der → Esoterik gemeint. Im Gegensatz zur psychologischen Aura existiert diese Aura ebenso wie die physikalische Aura zwar »real«, ist aber nicht mit physikalischen Messgeräten zu fassen, da sie nicht aus grobstofflich-physikalischen, sondern aus so genannten feinstofflichen Elementen zusammengesetzt ist.

4. Die Aura als Projektion: Diese Aura existiert wie die psychologische Aura nur in der Vorstellung einer Person und wird nach außen projiziert. Aber es handelt sich dabei keineswegs um eine → Halluzination, denn sie beruht auf Informationen, welche der Aurasichtige über verschiedene Wahrnehmungskanäle erhält. Bei einer Aura-Lesung werden z. B. physische Eigenarten und Verhaltenscharakteristiken der Person wahrgenommen. Diese unterschiedlichen Informationen werden nun unbewusst verarbeitet und in Form eines mentalen Abbildes als Aura nach außen projiziert.

In der Esoterik wird die Aura als Verbindungsglied oder Übergangsbereich zwischen der materiellen, grobstofflichen Welt und der feinstofflichen Welt verstanden und ist damit ein zentrales Element, um Medialität oder Sensitivität zu verstehen. Denn Sensitive verstehen sich ja als Vermittler zwischen diesen Welten, indem sie z. B. als Medium (→ Channeling) Informationen aus dem feinstofflichen Bereich, etwa dem Jenseits oder einer höheren geistigen Ebene, übermitteln oder wenn sie wie z. B. bei der → Geistheilung feinstoffliche Energien übertragen oder diese Energien als Aura um den menschlichen Körper herum wahrnehmen können (→ Energiekörper).

Aurobindo, Sri (1872–1950)

Brachte in Anlehnung und als Ausdeutung der Veden und → Upanischaden und unter Einbeziehung der → Samkhya-Philosophie ein völlig neues Konzept in die neuere indische spirituelle Philosophie, das von Inhalt und Anspruch her durchaus als Integration oder Synthese der verschiedenen Yogas gewertet werden kann. Dieses Konzept nennt er »integraler Yoga«: »Die von uns erstrebte Synthese ... können wir nur dadurch bewirken, dass wir die Formen und Äußerlichkeiten der Yoga-Disziplinen beiseite lassen und stattdessen ein einziges, allen gemeinsames zentrales Prinzip herausgreifen« (Sri Aurobindo 1976). Da er die menschliche und kosmische Evolution in sein Yoga einbezieht, kann seine Philosophie aber eher dem → Samkhya zugeordnet werden. Sein Ziel ist die vollständige geistige und genetische Umwandlung des Menschen durch die Vereinigung mit einer herabkommenden supramentalen Kraft.

»Ein Göttliches Leben ist also in der irdischen Manifestation nicht nur möglich als das hohe Ergebnis und Lösegeld für unser gegenwärtiges Leben in der Unwissenheit. Vielmehr ist es, wenn die Dinge so liegen, wie wir sie gesehen haben, das unvermeidliche Ergebnis und die höchste Erfüllung des evolutionären Bemühens der Natur.« (Sri Aurobindo 1974)

Das bedeutet für Aurobindo:

»Da der integrale Yoga nicht den Verzicht auf Wirken beabsichtigt, vielmehr den Vollzug alles Wirkens aus göttlichem Bewusstsein und unter Leitung des Höchsten will, müssen die charakteristischen Mächte der Instrumente – Mental, Vital und Körper – nicht nur von ihren Mängeln geläutert, sondern so erhoben werden, dass sie zu dieser höheren Art des Wirkens fähig sind. Sie müssen sich letzten Endes einer spirituellen und supramentalen Umgestaltung unterziehen.« (Sri Aurobindo 1974)

Die Grenze zwischen Gott und Mensch ist fließend. Die individuelle Seele erreicht im Verlaufe der persönlichen Evolution das höchste Selbst und wird vergöttlicht. Der → Ashram Aurobindos wurde nach dessen Tod geleitet von Mira Richard (1878–1973), allgemein nur »Die → Mutter« genannt. Anfänglich nur eine Anhängerin Aurobindos, wurde sie nach dem Tod seiner erster Frau seine Lebensgefährtin. Nach Aurobindos Tod führte sie den Ashram viele Jahre weiter und gründete das spirituelle Zentrum Mirapuri, in dem Menschen aus aller Welt zusammenleben.

Außerkörperliche Erfahrungen

Eine außerkörperliche Erfahrung (AKE) besteht dann, wenn eine Person das Gefühl hat, sie beobachte ihre Umwelt von einer Position außerhalb oder oberhalb des Körpers. Gewöhnlich ereignet sich eine AKE während einer Krankheit oder körperlichen Unbeweglichkeit wie während des Komas, manchmal aber auch in tiefer Entspannung. EEG-Messungen zeigen, dass die AKE einige Merkmale des Traums aufweist, jedoch keine schnellen Augenbewegungen wie in der REM-Traumphase (→ Traum). Außerdem können in einer AKE Dinge willentlich getan werden, z. B. auf Wunsch den Ort zu wechseln. Ein weiteres Kennzeichen ist die Wahrnehmungsqualität, die im außerkörperlich Reisenden so klar und scharf umrissen ist, als befinde er sich im normalen Wachzustand.

Der Jungsche Analytiker Arnold Mindell schreibt in seinem Buch »Schlüssel zum Erwachen« über seine Arbeit mit Koma-Patienten. Er versteht Koma als inneren Prozess, der eine Selbsterkenntnis zu vertiefen versucht, als Traum, der den Körper ergriffen hat:

»Vielleicht ist das Koma gar nicht dieses ›tiefe Loch im Leben‹, wie die meisten Ärzte meinen. Das Koma und all die körperlichen Symptome, alle schrecklichen pathologischen Dinge, die uns zustoßen, können Tore sein. Je schlimmer das Symptom, umso kraftvoller die Erleuchtung. Solche Fälle haben mich auf die Idee gebracht, dass das Bewusstsein auch außerhalb des physischen Körpers lokalisiert werden kann.« (Arnold Mindell)

Echte außerkörperliche Erfahrungen sind reale Erfahrungen, die weit lebhafter und intensiver sein können als Erfahrungen in der Körperwelt. Einer der bekanntesten Forscher auf diesem Gebiet ist Robert Monroe. Er behauptet, viele hundert AKEs erlebt zu haben. Er machte auch Blindversuche, indem er zu Menschen »reiste«, deren Konversationen mit anhörte oder deren Tätigkeit beobachtete, was später angeblich verifiziert werden konnte. Er spricht inzwischen von mehreren »Schichten« der außerkörperlichen Welt, die er jeweils als »Locale« (Ort) bezeichnet. Einer dieser Orte (Locale II) wird von entkörperten Wesen und Gedankenformen der Lebenden bevölkert (→ Astralkörper), ungefähr vergleichbar mit einer Art Traum- und Fantasiedimension ohne Zeitbegrenzungen. »Locale II ist die natürliche Umgebung des zweiten Körpers«, schreibt Monroe.

Es gibt unterschiedliche Erklärungen für außerkörperliche Erfahrungen. Einige Forscher halten diese Zustände für

→ Halluzinationen, Projektionen einer mentalen Welt. Dr. Jan Ehrenwald sagt, dass die AKE »eine Halluzination ist, in der der Erfahrende sich selbst Unsterblichkeit beweist«. Auch wenn die Halluzinationshypothese in vielen Fällen zutreffen mag – denn wie im Traum können sich Gedächtnisspuren mit tatsächlichen und eingebildeten Ereignissen vermischen –, widerspricht ihr der Umstand, dass im Gegensatz zu Halluzinationen, die ja nur flüchtige Erfahrungen sind, die AKE im Wesentlichen stabil und real erscheint.

Dr. Peter Bicknell von der Monash-Universität in Melbourne, Australien, sammelte über 200 Fallbeispiele und analysierte sie. Er konnte bestätigen, dass die Personen sich willentlich in ihren Zustand zu versetzen in der Lage sind und die gemeinsame Empfindung der wirklichen AKE die Bewusstheit ist, sich außerhalb des Körpers mit beinahe größter Unabhängigkeit bewegen zu können. Am meisten Beweiskraft für einen Wissenschaftler hat jedoch die »doppelte Bewusstheit«, d.h. die Menschen, die eine derartige Erfahrung machen, nehmen die Welt aus einer veränderten Position wahr. Über 81% der untersuchten Personen sahen sich so, »wie andere sie sehen könnten«, also nicht spiegelbildlich, denn in Träumen sehen wir uns wie im Spiegel. Interessant ist noch, dass in vielen Fällen die »Tunnelerfahrung« auftritt, d.h. wie bei einer → Nahtoderfahrung oder einer schamanischen Reise (→ Schamanismus) tritt die betroffene Person wie durch einen Tunnel in eine andere Welt ein.

Möglicherweise reist jedoch ein Teil des persönlichen → Bewusstseins durch die »Welt des Bewusstseins«, ohne letztlich die Verbindung mit dem physischen Körper komplett zu verlieren. Offenbar ist es dabei wichtig, dass der → Energiekörper einigermaßen gefestigt ist. Sonst kann es leicht geschehen, dass sich ein Bewusstseinsanteil »verirrt« und der Mensch psychisch krank wird, z. B. in eine schizophrene Phase gerät, bei der er die Realität des gewöhnlichen Wachzustandes mit der Realität seiner Bewusstseinsreise vermischt (→ Seelenreise, Seelenrückführung). Bei Schamanen kann man deutlich beobachten, dass sie im Körper präsent sind, wenn sie »reisen«, und sie auch sofort wieder im → Wachbewusstseinszustand körperlich funktionieren.

Avatar (Sk.)

Wörtlich »Herabkommen einer geistigen Kraft«, um einen Menschen zu erleuchten. Auch: göttliche Inkarnation in einem Menschen, d. h. eine göttliche Kraft geht in die Seele eines Menschen ein. Im → Hinduismus sind es meistens Inkarnationen verschiedener Aspekte von Vishnu, Krishna oder Rama (→ Bhakti-Yoga). In der verbreitetsten Überlieferung fehlt noch der zehnte Avatar Vishnus. Eine in Deutschland lebende Inderin, Mother Meera, die sich als Avatar bezeichnet, erklärt den Begriff so:

»Avatare kommen aus dem Göttlichen, während selbstverwirklichte Menschen zum Göttlichen gehen. Avatare gehen immer mit Gott und verlieren nie das Bewusstsein von Gott, im Gegensatz zu Gurus, die unwissend begannen. Sie verwirklichen sich selbst durch spirituelle Praxis und ernten die Früchte. Da sie hart gearbeitet haben, erwarten sie dies auch von anderen. Sie haben nicht so viel Geduld wie göttliche Menschen.« (Mother Meera)

Avatar, Organisation

An die hinduist. Tradition knüpft auch der 1944 geb. Harry Palmer an, der sein 1987 begründetes Kurssystem »Avatar« danach benannt hat. Vor der Gründung war er längere Zeit Mitglied von Scientology. Entsprechend beeinflusst ist auch die Sciencefiction-Sprache. Ziel seiner ca. neuntägigen Kurse ist eine Selbstentwicklung, die auf den von ihm postulierten Bewusstseinsprinzipien beruht und es ermöglichen soll, das Leben im Einklang mit dem persönlichen, selbst geschaffenen Lebensplan zu gestalten. »Avatar« soll im Sinne einer Inkarnation dafür stehen, in reiner Aufmerksamkeit »auf den Boden« zu kommen, die Stürme des Geistes zu beruhigen, sich mit der Welt akzeptierend zu vereinen und als schöpferische Wesen sich selbst in Facetten eigener Kreationen verkörpern zu können (Harry Palmer 1991). Im Gegensatz zu Scientology ist Avatar ein freies System, keine → Sekte. Die mit bewusstseinsverändernden Techniken, Psychotherapie und indischen Yoga-Systemen vermischte, synkretistische Lehre kann natürlich wie andere organisierte Wege auch zu verengten Ansichten führen, insbesondere da viele Begriffe unscharf sind oder urspüngliche Begriffe verwässert und neu definiert sind, sodass für die Teilnehmer der Kurse ein neues »geschlossenes« Weltbild entstehen kann.

Avatar, als virtuelle Person

Der Begriff wird heute auch in der Computersprache für virtuelle Personen benutzt, die jedoch nicht nur ein bestimmtes Aussehen, sondern auch eigene »Persönlichkeiten« haben. Avatare sind meist dafür geschaffen, dass sich der Mensch in der virtuellen Umgebung leichter zurechtfinden kann. Das bekannteste Beispiel eines Avatars ist Lara Croft, die Heldin aus dem Computerspiel »Tomb Raider«.

Avebury

Eine der bedeutendsten Steinkreisanlagen Europas (→ Megalithbauten) liegt in Avebury (England) etwa 8 Kilometer westlich von Marlborough. Die Anlage ist so groß, dass das heutige Dorf Avebury bequem darin Platz findet. Sie besteht aus drei in sich gestaffelten Kreisen großer Menhire (»Hinkelsteine«, → Carnac) und ist von einem 15 Meter hohen Erdwall sowie einem Graben umgeben. Der Gesamtdurchmesser beträgt 365 Meter. Ursprünglich bestand die Anlage aus 100 Menhiren, von denen jedoch nur 27 erhalten geblieben sind.

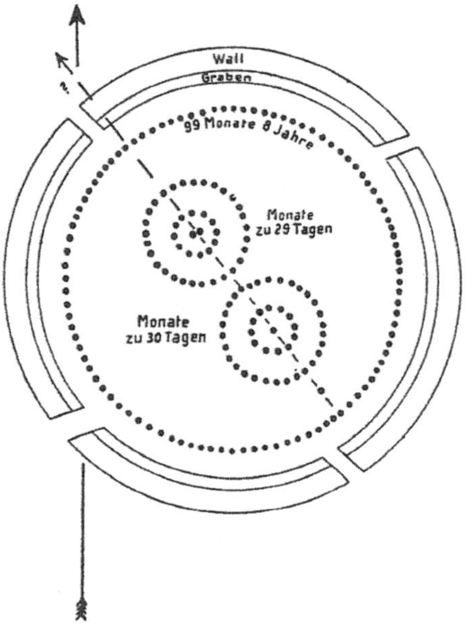

Die Steinkreisanlage von Avebury nach einem Plan von 1724, Durchmesser ca. 400–500 Meter.

Ayahuasca (psychoaktiver Trank) →

Psychoaktive Pflanzen

B

B – Bayit oder Beth (hebr. »Behältnis«)
Deshalb heißt es im »Bahir« (einem bedeutenden Werk der → Kabbala): »Lies nicht beth, sondern bayit (›Haus‹).« Das Zeichen geht aus → Aleph (der Eins) hervor. Der zweite Buchstabe (und gleichzeitig die Ziffer zwei) im hebr. Alphabet. In der Kabbala stellt die Zwei die Phase oder den Zustand dar, der nach der Eins kommt. Dies gilt für die ganze Reihenfolge der Buchstaben. Die Buchstaben drücken Verhältnisse aus, sind Zahlen. Weil die Vielheit eine eigene Rangordnung hat, gibt es auch eine Reihenfolge der Buchstaben.

Baal (hebr. »Herr« bzw. »Gott«) → Beelzebub

Bailey, Alice Ann (1880–1949)
Gründerin der Arkanschule und des Lucis-Trust. Ab 1919 empfing sie »Durchsagen« (→ Channeling) des unsichtbaren Meisters Djawal Khul, der ihr im Laufe der folgenden Jahre eine neue → Theosophie verkündete und eine große Zahl von Büchern »diktierte«. Diese Bücher übten im weitesten Sinne großen Einfluss auf die so genannte → New-Age-Bewegung in den sechziger Jahren des 20. Jh. aus.

Baker Roshi, Richard (geb. 1936)
Seit dem Tod von Shunryu Suzuki Roshi führt er dessen Traditionslinie des → Zen fort. Nach einem Studium an der Harvard-Universität und der Universität von Kalifornien in Berkeley lernte er 1961 in San Francisco seinen Lehrer Shunryu Suzuki kennen, der ihn später nach Kyoto (Japan) in ein Zen-Kloster schickte, um seine Praxis zu vertiefen. Als einer der wenigen Westler erhielt er die Ordination als Mönch. Er gründete 1987 das Crestone Mountain Zen Center in Colorado, das sich eng an die traditionellen klösterlichen Strukturen des Soto-Zen anlehnt. Viele Vortragsreisen in alle Welt machten ihn bekannt. In Deutschland gründete er 1996 ein buddhist. Studienzentrum.

Balsekar, Ramesh S. (geb. 1917)
Einer der bedeutendsten lebenden Lehrer der indischen Advaita-Vedanta-Tradition. Er fand Mitte der vierziger Jahre die Bücher von → Ramana Maharshi. Etwa 20 Jahre später traf er seinen Lehrer und Guru → Nisargadatta Maharaj, bei welchem er »Erleuchtung erlangte« bzw. »erwachte«. Balsekar lebt in Indien und empfängt dort Sucher aus der ganzen Welt. Seit 1998 kommt er jährlich im Sommer nach Deutschland.

Baraka (arab. »Charisma«)
Ein Modus der Anwesenheit des Göttlichen in der Welt, sein »Segen«. Entweder hat der Meister *baraka,* eine besondere Ausstrahlung, oder die Linie der Überlieferung hat *baraka* (→ Sufismus, Sufi-Orden). Manchmal bekommt auch eine neue Linie der Arbeit den universalen »Segen«, unabhängig von einer traditionellen Form der Arbeit.

Bardo (tibet. »Zwischenzustand«)
Im → tibetischen Buddhismus ein Zustand zwischen → Tod und Wiedergeburt oder dem Übergang ins klare Licht

des Bewusstseins. Dieses Konzept wurde in den Lehren des → Vajrayana weiter ausgebaut. Im »Tibetischen Totenbuch« (»Bardo Thödol«) gibt es sechs Arten des Zwischenzustands: 1. Bardo der Geburt; 2. Bardo der Täuschung; 3. Bardo der Versenkung (→ Dhyana); 4. Bardo des Augenblicks des Todes; 5. Bardo der höchsten Wirklichkeit; 6. Bardo des Werdens. Während die ersten drei Bardos das diesseitige Leben als Phase der Reinigung charakterisieren, umfassen die drei übrigen Bardos den 49 Tage dauernden Prozess von Tod und Wiedergeburt.

Basho, Matsuo (1644–1694)

Begründer der klassischen japan. Haiku-Dichtung im Sinne des → Zen. Sein Lebensmotto: »Suchet nicht das Wissen der alten Weisen, sondern das, was sie selbst gesucht haben.« Eines seiner Haikus lautet: »Kommt! Lasst uns den Schnee betrachten, bis auch wir zu Boden fallen.«

Bauhütte

Die Bauhütte als Institution entstand gegen Ende des 12. Jh. Steinmetzen und Maurer samt Gesellen und Lehrlingen waren an eine Hüttenordnung und die Geheimhaltung der Kunstregeln gebunden, aber frei von allen Verpflichtungen gegenüber der jeweiligen Kirchengemeinde. Es gibt Hinweise darauf, dass bestimmte Bauhütten und Kunstschulen das Wissen um »objektive« oder spirituelle Qualitäten der → Kunst kannten und entsprechend einsetzten.

In der Kunstform der Kathedrale kann man die bewusste Absicht der Erbauer sichtbar erfahren. Im 12. und 13. Jh. wurden in Frankreich über 100 gotische Kathedralen von solchen Bauhütten gebaut – angesichts der notwendigen Ressourcen an Menschen und Material und der technologischen Herausforderungen eine erstaunliche Leistung. Doch beim Bau der Kathedralen ging es nicht nur um die Wirkung nach außen, auf die Rezipienten, sondern auch um die Wirkung auf die Beteiligten selbst, die Künstler und Handwerker, die durch ihre Arbeit an diesem Projekt einen Transformationsprozess durchliefen. Bestimmte Bauhütten und Kunstschulen waren tatsächlich »spirituelle Schullaboratorien«. Die großen Kunstschulen vermittelten nicht nur Techniken der Kunst, sondern auch Wissen von universeller Gültigkeit. Die Schüler wurden dazu angeleitet, ihre Möglichkeiten wahrzunehmen und die Fähigkeiten zu entfalten, ihre Einsichten in Kunstwerke einzubringen.

Ein solches Kunstverständnis ist in der westlichen Kultur inzwischen weitgehend verloren gegangen. Im 20. Jh. ist noch die Schule des »Bauhauses« erwähnenswert, deren Wirkungen bis heute ausstrahlen, weil einige der beteiligten Künstler Mitglieder geistiger Schulen waren und mit der Kunst auch eine spirituelle Absicht verbanden. Dieser Hintergrund lieferte auch den Schlüssel zum Wissen, aus dem diese Kunstwerke erschaffen wurden. Einige Logen der → Freimaurer nennen sich heute noch Bauhütte (manchmal verschlüsselt »B.«), obwohl sie nichts mehr mit dieser Schule zu tun haben.

Beelzebub (hebr. »Herr der Fliegen«)

Ursprünglich war Baal, der bei uns auch als Beelzebub bezeichnet wurde, eine → demiurgische Gottheit, die im Judentum wie alle alten Götter als → Dämon (griech. daimon), d. h. eine geisterhafte, unheimliche Macht, verteufelt wurde. In »Beelzebubs Erzählungen für seinen Enkel«, dem Opus magnum von G. I. → Gurdjieff, wird der Begriff absichtlich gebraucht, um eine vielschichtige und undogmatische Denkweise anzuregen.

Bektasch, Hadschi; Bektaschi-Orden → Sufismus, Sufi-Orden

Bennett, John Godolphin (1897–1974)
Britischer Mathematiker und bedeutender Schüler von G. I. → Gurdjieff. Nachdem er diesen in den zwanziger Jahren kennen gelernt hatte, schloss er sich in England zunächst dem eigenständig lehrenden Gurdjieff-Schüler P. D. → Ouspensky an. Durch die Wirren des Zweiten Weltkriegs und Ouspenskys ambivalente Ablehnung gegenüber Gurdjieff verlor Bennett den Kontakt zu Gurdjieff, den er jedoch nach dem Krieg wieder in Paris aufsuchte, um an seinen Gruppen teilzunehmen. Nach Gurdjieffs Tod bildete Bennett eigene Gruppen in London.

Gurdjieff hatte Bennett dazu inspiriert, nach dem inneren Muster der → Spiritualität zu suchen und nach dem wirklichen Wissen aus den Quellen. Deshalb unternahm er einige Forschungen zur Herkunft von Gurdjieffs Lehren und lernte verschiedene westliche und östliche Meister kennen, die ihm bei seiner Suche halfen. Auf diese Weise assimilierte Bennett wesentliche Einflüsse aus traditionellen Lehren, moderner Psychologie und zeitgenössischen physikalisch-wissenschaftlichen Erkenntnissen. Aufgrund seines wissenschaftlichen Hintergrunds verstand es Bennett wie kaum ein anderer, wissenschaftliches Denken und Philosophie mit Metaphysik und spiritueller Philosophie und Praxis auf systemische Weise zu verschmelzen und so eine zeitgemäße → spirituelle Schule zu entwickeln.

Einen wichtigen Hintergrund für Bennetts spirituelle Arbeit und Weiterentwicklung der Lehren von Gurdjieff bildete sein Beruf als Mathematiker. Durch seine frühe → Nahtoderfahrung versuchte er immer wieder zu ergründen, was es mit den anderen, unsichtbaren Bereichen der Wirklichkeit auf sich hat und wie diese in unser physikalisch geprägtes Verständnis einer Welt aus drei Raum- und einer Zeitdimension passen. Er kam zu der Erkenntnis, dass es außer der gewöhnlichen Zeitdimension auch eine fünfte Zeitdimension geben müsse, und entwickelte ein mathematisches Modell dafür. In einfachen Worten: Während → Zeit die Verwirklichung von Potenzialen ermöglicht, enthält die fünfte Zeitdimension, die er → Ewigkeit nennt, bereits diese Potenziale. Ewigkeit ist die »Fähigkeit zu sein«, der gegenwärtige → Augenblick des Lebens in seiner Fülle. In seinen Visionen überschritt er auch diese Dimension, denn die Fähigkeit zu tun, die Welt des kreativen Willens, ist eine weitere, die sechste Dimension, die jenseits unseres Bewusstseins wirkt.

Diese Arbeit fand ihre praktische Umsetzung in → »Systematics«, einer MetZhode, die gleichermaßen für unternehmerische Organisation wie für das philosophische Verständnis von Qualitäten und Prozessen brauchbar ist, welche sich nicht mit quantiativen mathematischen Analysen verstehen lassen (→ Zahlen, Zahlenmystik). Das → Enneagramm ist Teil dieser Methode. Diese Erkenntnisse vermittelte er in dem intellektuell anspruchsvollen vierbändigen Werk »The Dramatic Universe« (1956/66).

Bennett gründete 1971 die International Academy for Continous Education im englischen Sherborne, die er bis zu seinem Tod 1974 leitete. Einige seiner Schüler leiten heute noch Gruppen in Europa und den USA.

Besant, Annie (1847–1933)

Eine der bekanntesten Persönlichkeiten der Adyar-Theosophie (Adyar in Indien ist heute noch das Zentrum der Theosophischen Gesellschaft, TG; → Theosophie). Von 1907 bis zu ihrem Tod 1933 war Besant Präsidentin der TG. Während dieser Zeit veröffentlichte sie mehr als 300 Bücher und Broschüren. Als sie 1912 Jiddu → Krishnamurti als neuen Messias verkündete, spaltete sich die TG auf. Rudolf → Steiner gründete daraufhin eine eigene Gesellschaft unter dem Namen Anthroposophische Gesellschaft (→ Anthroposophie).

Beschwörung

Anrufung von → Geistern mit rituellen Formeln, Machtworten, → Mantras oder Gebeten. In der rituellen → Magie werden die Geister dazu gebracht, sich auf irgendeine Weise zu manifestieren. Im → Schamanismus ruft man Geister an, um mit ihnen durch rituelle Formeln zu kommunizieren. So will man evtl. Informationen über die Ursachen von Krankheiten oder Heilverfahren erhalten. Siehe auch: → Ritual, → Opfer.

Besessenheit

Fast alle Glaubenssysteme kennen Zustände der Besessenheit, Zustände, in denen ein Mensch neben seiner eigenen Seele von einem anderen, übernatürlichen Geistwesen besessen sein kann. Kultiviert wird dieser Zustand unter anderen von der evangelistischen Pfingstgemeinde (in der Form des Zungensprechens, der Glossolalie), die es nicht nur in Amerika, sondern auch in Südafrika gibt, dem haitianischen Vodun und dem westafrikanischen Vodou (→ Voodoo) sowie dem brasilianischen Candomblé. Besessenheit kommt auch im nepalesischen und mongolischen → Schamanismus, dem japan. Shintoismus und in fast allen Stammeskulturen vor. Die katholische Kirche vergibt bis heute das Amt des Exorzisten, da sie Besessenheit nach wie vor als realen Zustand akzeptiert.

Besessenheit ist ein Zustand der → Trance, in dem ein Medium die Energie oder Kraft eines nicht verkörperten Geistes in sich aufnimmt. Bei dem Trancezustand, in dem Besessenheit auftritt, handelt es sich nicht um den Verlust des → Bewusstseins – auch nicht bei anschließender Amnesie –, sondern vielmehr um eine neue, anders geartete Form des Bewusstseins. Man kann es vielleicht so formulieren: Eine veränderte Gehirnkarte taucht auf und verschwindet wieder.

Bei schamanischen Heilritualen in Zentralnepal kann während des Heilrituals beim Schamanen sowie beim Patienten Besessenheit auftreten. Durch die Besessenheit kann auf sozial sanktionierte Weise ausgedrückt werden, was nicht in Ordnung ist. Bei dieser gemeinschaftlichen Arbeit von Schamane und Patient wird versucht, das soziale Gleichgewicht und die Harmonie mit der spirituellen Welt wiederherzustellen.

Die Anthropologin Dr. Felicitas Goodman (→ Trance) untersuchte den Vorgang des → Channeling, der spiritistischen Durchsage (→ Spiritismus), die eine Form der Besessenheit ist, 1998 erstmals im Labor. In dieser Untersuchung standen die neurophysiologischen Veränderungen im Mittelpunkt, die während einer Trance-Erfahrung gemessen werden konnten. Die untersuchten Erfahrungen waren »rituelle Körperhaltungen und ekstatische Trance« und »Channeling«. Im Gegensatz zu der früher vorherrschenden Meinung, die hauptsächlich auf Beobachtung basiert, zeigen die Labortests bestimmte Unterschiede, die darauf hinweisen, dass wir es mit zwei verschiedenen und dennoch eng verwandten veränderten → Bewusstseinszuständen (VBZ) zu tun haben.

In der rituellen Besessenheitstrance, wie sie z. B. im Candomblé (→ Voodoo) vorkommt, lädt der Gläubige ein »Wesen« aus einer anderen Realität ein, das selbst keinen Körper besitzt, für die Dauer des Rituals in seinen Körper einzudringen und ihn nach seinem Willen zu benutzen.

Im Allgemeinen läuft die rituelle Besessenheit in folgenden Phasen ab: 1. Vorbereitungsrituale (z. B. Opfergaben, Waschungen, Isolierung, Prozession, Diät); 2. Induktion (z. B. Tanz, Bewegungsmuster, Musik, Einnahme psychoaktiver Substanzen); 3. tiefer Trancezustand (partieller Realitätsverlust, ekstatische Gefühle); 4. Besessenheit durch den Geist, Veränderung des Gesamtverhaltens, der Mimik, Gestik, Stimmlage; 5. Verschwinden des Geistes, Erschöpfung und häufig Amnesie.

Welcher Art die Wesen und Geister aus der anderen Wirklichkeit sind, ist abhängig von der geistigen Wirklichkeit der jeweiligen Gesellschaft. Interessant ist, dass *daimones*, → Dämonen, im Griech. ursprünglich die Bezeichnung für Götter war, später für Mittelwesen zwischen Göttern und Menschen, die menschliche Schicksale und kosmische Vorgänge beeinflussen konnten. Die Griechen hielten sie für den göttlichen Teil oder die göttliche Stimme im Menschen. Die rituelle Besessenheit im religiösen Kontext stellt ein gelerntes Verhalten dar. Auch die Priesterinnen des → Orakels zu → Delphi wurden in induzierter Besessenheit geschult.

Nur selten kommt es zu einer unvorbereiteten Trance mit Besessenheitsphänomen. Bei solchen Besessenen handelt es sich immer um Personen, die an die Existenz von → Geistern (oder auch »bösen Geistern« oder → »Teufeln«) glauben und in deren Umfeld dieser Glaube verankert ist.

Bewusstsein

Wesentlicher Begriff für das Verstehen des menschlichen Geistes. Je nach Lehre und Weltbild gibt es unterschiedliche Bewusstseinsmodelle. Heute treffen sich naturwissenschaftliche und spirituelle Modelle und verbinden sich. Modelle sind jedoch immer hypothetisch, sind Bilder oder erste Vermutungen. Je nach geistigem Hintergrund interpretiert jeder Mensch seine Einsichten und Erfahrungen auf seine Weise. Dennoch sind Modelle nützlich, um individuelle Erfahrungen und auch veränderte → Bewusstseinszustände verstehen und einordnen zu können.

Die wesentlichsten Bewusstseinsmodelle:

1. Das materialistische Modell: In der Neurophysiologie bzw. Gehirnforschung wird Bewusstsein als Gehirnfunktion beschrieben. Das klassische Modell beruht auf Kausalität: Stimuli der Umwelt ⇒ Sinnesorgane ⇒ Gehirn und Wahrnehmungsverarbeitung ⇒ Reaktion, Reflexion, Repräsentation ⇒ Entscheidung. Aufgrund von Experimenten wurde nachgewiesen, dass dem bewussten Willensakt eine messbare physiologisch-neuronale Veränderung vorausgeht und diese folglich nicht als Reaktion auf eine willentliche Entscheidung angesehen werden kann (→ Wille, freier). Biochemie, Gehirnelektrizität und neurophysiologische Abläufe wirken zusammen und verbinden sich mit den psychologischen Funktionen.

2. Das psychologische Modell: Wahrnehmungen, Erinnerungen, Handlungen, Gefühle und Gedanken bilden innere Muster im Gehirn, die wiederum wechselseitig aufeinander wirken und in bestimmten Abläufen fein ineinander

greifen. Zusammen mit den neurologischen Funktionen ergibt dies hoch komplexe Aktivitätsmuster.

3. Das energetische Modell: Vorstellung, dass es »Bewusstseinsquanten« gibt, die den ganzen Körper durchdringen. Die Wirksamkeit dieser Quanten ruft alle Aktivitäten hervor, die das Leben ausmachen. Der Physiker Fred Alan Wolf stellt ein Modell vor, nach dem es ein Überbewusstsein gibt, das den Inhalt zahlreicher »Teilbewusstseine« umfasst und integriert. Die Teilbewusstseine wählen ihrerseits mittels des Beobachtereffekts aus einem ungeheuren Meer von Möglichkeiten bestimmte Wirklichkeiten aus. Prof. Fritz-Albert Popp zeigte, dass ein enger Zusammenhang aller Vitalfunktionen mit der Speicherung und Abstrahlung von Licht (den Biophotonen) der Zellen besteht (→ Aura). Das eröffnet die Möglichkeit für ein Bewusstseinsmodell, dem zufolge Informationen des Körpers mit Informationen außerhalb des Körpers in Wechselwirkung stehen können.

4. Das spirituelle Modell: Bewusstsein ist vom Gehirn unabhängig und bildet eine eigene Sphäre oder ein eigenes → Bewusstseinsfeld, vergleichbar mit der Atmosphäre, vielleicht sogar mit dem Raum-Zeit-Kontinuum des Universums. Dieses Bewusstseinsfeld steht in einer Wechselwirkung mit dem individuellen Bewusstsein des Einzelnen, wobei die Gehirnfunktionen ähnlich wie ein Radioapparat als Transmitterstationen wirken. Das Bewusstseinsfeld, in welches das individuelle menschliche Bewusstsein eingebettet ist, kann Informationen aus dem Gesamtfeld der immer währenden, kreativen Neuerschaffung des ganzen Universums aufnehmen und speichern – und wiederum über das Gehirn als Transmitterstation in das menschliche Leben fließen lassen. In diesem Modell werden – im Gegensatz zum materialistischen Modell – willentliche Entscheidungen nicht im Gehirn getroffen, sondern kommen aus dem kreativen Bewusstseinsfeld. In diesem Fall wirkt ein Akt des freien → Willens auf die neurophysiologischen Veränderungen ein, bevor es zu einer Handlung kommt. Ob das Zusammenspiel zwischen → Geist und Materie allerdings tatsächlich auf Kausalität beruht, ist eine Frage, die schwer gelöst werden kann.

Die Grenzen zwischen verschiedenen Erlebnisdimensionen sind jedoch unscharf. Bei jedem veränderten Bewusstseinszustand lassen sich biochemische oder neurologische Wirkungsweisen feststellen. Physiker, Biologen oder Gehirnforscher machen es sich zu einfach, wenn sie daraus schließen, Bewusstsein sei nur eine Gehirnfunktion, und veränderte Zustände würden keine »geistige« Welt außerhalb unserer physischen Wahrnehmungsfähigkeit beweisen. Selbst physikalische Modelle, die versuchen, → paranormale Erfahrungen zu verstehen oder mit einem erweiterten Physikbegriff zu arbeiten, bleiben letztlich auf der Ebene »materialistischer« Interpretation. Auch die Wechselwirkungen von Materie, Energie und Information sind für Physiker kein Beweis geistiger, nichtmaterieller Welten. Immerhin gehen manche Physiker inzwischen so weit zu sagen, »das Universum habe ein Bewusstsein« und das Gehirn sei deshalb sein Abbild. Wenn das Gehirn so aufgebaut ist wie die Welt, dann ist die Welt auch so aufgebaut wie das Gehirn, das immerhin mit seinen 10^{19} Zellen (100 Milliarden x 10 Millionen) eine ähnliche Dimension hat wie der Kosmos Sterne.

Die neurologischen Aktivitäten des Gehirns verarbeiten zwar die Eindrücke aus der Sinneswelt und erschaffen Daten, die den Menschen befähigen, mit der Außenwelt zurechtzukommen, doch allein diese Fähigkeit des Gehirns kann noch nicht als Bewusstsein bezeichnet werden. Ein Mensch kann durchaus leben und agieren, ohne irgendein »Bewusstsein« zu haben, sozusagen wie ein lebendiger Roboter. Daraus kann geschlossen werden, dass die Qualität des Bewusstseins nichts mit dem Leben zu tun hat.

Was aber ist dann Bewusstsein? Man könnte es als bestehend aus »intelligenten Informationsquanten« definieren, die die Fähigkeit haben, die Dinge »im Innersten« zusammenzuhalten und zu informieren. Ähnlich wie Licht und Luft ist diese intelligente Energie in allem anwesend, doch wir bemerken sie meistens nicht. Man könnte sogar sagen, dass Bewusst-Sein, also wissendes, intelligentes Sein, alles Existierende umschließt oder in allem ist und mit dem schöpferischen → Willen verbindet.

Bewusstseinsevolution

Die Geschichte der menschlichen Kultur ist auch eine Geschichte der Evolution des Bewusstseins. Insbesondere der Philosoph Jean Gebser (1905–1973) versuchte in seinem Werk »Ursprung und Gegenwart« eine Geschichte der Bewusstseinsevolution zu entwerfen.

Eine Stufenfolge birgt natürlich Probleme in sich, weil sie auch bedeutet, dass frühere Stufen als »niedriger« angesehen werden als spätere. Wenn man die verschiedenen Bewusstseinsformen in diesem Sinne unbewertet betrachtet, kann Gebsers Theorie indes eine interessante Hypothese sein. Daran wird auch deutlich, dass diese Stufenfolge am meisten auf die europ. Bewusstseinsentwicklung zutrifft. Die folgende Auflistung enthält eigene Interpretationsanteile.

- Archaische Struktur: Urmenschen (ab ca. 400 000 v. u. Z.). Jagen und Sammeln, Entwicklung handwerklicher und künstlerischer Fähigkeiten, Sprachentwicklung, Zeit der Ganzheitlichkeit, der Identität mit dem Ganzen, Zustand vor der → Zeit. Lebendige Verbindung mit den Ahnen und → Geistern.
- Magische Struktur: Frühmensch (ab ca. 100 000 v. u. Z., über Altsteinzeit bis Jungsteinzeit). Naturbezogene Stammeswelt und Stammesgemeinschaften, Zeit der → Magie, des → Schamanismus, Kontakt mit Geistwesen (→ Geisttieren) und Ahnen. Verflochtenheit mit allem Lebendigen, »vorrational«.
- Mythische Struktur: Ackerbaugesellschaften (ab ca. 10 000 v. u. Z.). Zeit der Göttinnen und später Götter, vergangenheitsbezogen, Ahnenkulte, Bilderwelten, → Mystik und Mysterien, Prophezeiungen, → Orakel, Hören von Götterstimmen, Besessenheit. Noch Vermischung von Traum und Wirklichkeit. Entwicklung der Rationalität.
- Logische Struktur: Mit Beginn der griech. Antike (ca. 1000 v. u. Z.) lösen Sprechen und Schreiben die Mythen ab. Entstehung des individuellen Bewusstseins und der Wertschätzung menschlicher Individualität, Ablösung der matriarchalischen Kultur durch eine patriarchalische, zukunftsgerichtet mit Zweck und Ziel, Monotheismus, kultisch, Dogmen, Formeln, lineare Zeitvorstellung, Ordnungs- und Machtstrukturen, rational und kausal. Beginn des ethischen Verständnisses menschlichen Zusammenlebens.
- Integrale Struktur: Neuzeit, Moderne, Postmoderne (ab 1700). Ablösung von dogmatischen Religionsformen, Wissenschaftlichkeit, Evolution von Werten und Freiheitswünschen, Selbstbestimmung, freie Spiritualität, offenes geistiges Weltbild, Demokratie, Entfaltung aller menschlichen Möglichkeiten, bewusster Geist, neue Art der Ganzheit-

lichkeit, die sich wieder – aber auf »rationale« Art und Weise – mit der archaischen Struktur verbindet. Überwindung der Linearität, vernetztes Erkennen.

Bewusstseinsfeld

Neuer Begriff für Energiefelder, die Information (→ Geist) übertragen, vergleichbar mit der die unsere Erde umgebende Atmosphäre (aber nicht identisch mit dieser). Von einigen fortschrittlichen Wissenschaftlern wird angenommen, dass das Bewusstseinsfeld Träger der Information aller notwendigen Lebensprozesse ist. Vielleicht entspricht es auch dem → morphogenetischen Feld, das als ein Bereich des gesamten Bewusstseinsfeldes angenommen wird.

Für alles Lebendige ist die Empfänglichkeit für Information aus diesem Feld eine wichtige Voraussetzung für die jeder Lebensform entsprechende harmonische Entwicklung (→ Bewusstsein). Alles Leben befindet sich in ständiger Transformation und Wechselwirkung mit anderen Feldern. Physikalisch wird dies durch das Gesetz der Energieerhaltung ausgedrückt. Wir Menschen erhalten etwas vom Leben und geben auch etwas zurück. Selbstverständlich geben Menschen durch Transformationen der Lebensenergie auch etwas an das Bewusstseinsfeld zurück – es ist immer eine »gegenseitige Erhaltung«. Menschen, die alles nur unter materialistischen Gesichtspunkten sehen, haben es natürlich schwer, diese Tatsache zu akzeptieren, insbesondere da sie sich nicht mit den üblichen wissenschaftlichen Methoden beweisen lässt.

Bewusstseinszustände

»Ein Bewusstseinszustand ist etwas Dynamisches. In Einzelheiten verändert er sich ständig, wobei das übergreifende Muster aber immer erkennbar bleibt. ... Ein Bewusstseinszustand ist dann ein veränderter Bewusstseinszustand, wenn er sich deutlich von einem Normalzustand unterscheidet« (Charles Tart 1988, 21).

Die traditionelle Sichtweise der Psychologie vertritt die Auffassung, dass nur ein begrenztes Spektrum von Zuständen existiert wie Wachen, Schlafen, Träumen (→ Traum) und Intoxikation (→ Halluzination). Sie betrachtet nahezu alle veränderten Zustände als schädlich, wobei die so genannte Normalität als optimal gilt (diese Auffassung kommt aus der Psychiatrie, die hauptsächlich mit krankhaften Zuständen wie Psychosen zu tun hat). Demgegenüber gehen die → transpersonale Psychologie und die (progressive) Gehirnforschung davon aus, dass ein breites Spektrum veränderter Bewusstseinszustände existiert, und halten einige Zustände für »potenziell nützlich«. Für spirituelle Denkansätze ist das Erlangen veränderter Bewusstseinszustände über das alltägliche Wachbewusstsein hinaus – wenigstens zeitweise – durchaus ein Erfahrungswert mit weit reichenden Konsequenzen für das ganze Leben.

Bewusstseinserweiterung bezeichnet den Vorgang, den Zugang zum Potenzial des eigenen Bewusstseins zu erweitern. Die Filter, die notwendig sind, um im Alltagsleben bestehen zu können, werden verschoben, um einen neuen Blickwinkel zu erhalten, der es ermöglicht, andere Bereiche des Bewusstseinsfeldes zu betreten.

Nach der Auffassung einiger Forscher ist das Bewusstsein nicht außerhalb des Menschen: Er ist im Bewusstsein, und das Bewusstsein ist in ihm. Die Art des Seins findet auch ihren Ausdruck im jeweiligen → Bewusstseinsfeld des Menschen. Das, was ein Mensch erfährt und erkennt, wenn er die nicht alltäglichen

Welten des Bewusstseins betritt, steht immer in Beziehung zu ihm, ist ein Teil seiner selbst. Dieses Wissen ist nicht nur in schamanischen Kulturen verankert, sondern bildet auch einen Teil des abendländischen Kulturerbes jüngerer Zeit: Schon Johann Wolfgang von Goethe erkannte: »Wäre nicht das Auge sonnenhaft, wie könnten wir das Licht erblicken?« Goethe verdanken wir auch die uns heute sehr geläufige, fast lapidar anmutende Erkenntnis: »Wie innen, so außen, wie außen so innen.«

Die heute noch im Kontext des → Schamanismus lebenden Gemeinschaften bewahren das Wissen um das Prinzip der gegenseitigen Erhaltung innerhalb der Vernetzung der Welten, der Verbundenheit des Innen mit dem Außen.

Bewusstseinsverändernde Techniken in schamanischen → Ritualen dienen der fortwährenden Erneuerung und Belebung dieser Vernetzung der Welten. So ist es möglich, Erkenntnisse aus den Welten des nichtalltäglichen Bewusstseins ins alltägliche Bewusstsein willentlich zu integrieren. Die Welten sind dort nicht voneinander getrennt, werden aber als voneinander verschieden erkannt und behandelt.

Mehrere Bewusstseinszustände lassen sich unterscheiden und voneinander abgrenzen:

1. Schlafzustand, Tiefschlaf. Gehirnwellenmessungen zeichnen dabei Deltawellen (1–3 Hz) auf.
2. → Wachbewusstseinszustand. Notwendig für alltägliche Routineaktivitäten, relativ automatisiert. Ausdruck in Betawellen (16–32 Hz) oder in entspanntem Zustand in Alphawellen (8–16 Hz), die auch während einer → Hypnose auftreten.
3. Verändertes Wachbewusstsein. Dazu zählen: a) Traumzustand (→ Traum) mit lebhaften Gehirnaktivitäten, REM-Phasen, meistens Thetawellen (3–8 Hz); b) → außerkörperliche Erfahrung (AKE); c) → Nahtoderfahrung; d) → Visionserfahrung und → Trance (→ Schamanismus); e) → psychedelische Erfahrung (die auch zur überbewussten Erfahrung werden kann).
4. Überbewusste Erfahrungen. Dazu zählen: mystische Zustände (→ Mystik), → kosmisches Bewusstsein, → Satori, → Samadhi. Gammawellen (30–80 Hz).

Bewusstseinszustände sind in einigen, eher asketischen spirituellen Philosophien »Gnaden« oder »Geschenke«, die den Menschen für den weiteren Weg motivieren, sie sind jedoch nicht das Ziel der Arbeit oder eines Weges. Besonders der → Sufismus unterscheidet sich hier von anderen mystischen Lehren. »Die Stufe *(makam)* ist ein Grad bleibenden Wissens von der Wahrheit«, bemerkt Idries → Shah dazu. »Der mystische Zustand (Ekstase, *hal)* kann ein Mittel sein, *makam* zu erzeugen. *Hal* ist ein Geschenk, *makam* eine Errungenschaft« (Idries Shah 1976, 228).

Man sollte allerdings nicht so weit gehen, einen höheren Bewusstseinszustand, kosmisches Bewusstsein usw. gänzlich zu vernachlässigen, wie es manche spirituelle Lehren vertreten. Im indischen Denken ist es sogar das Ziel, eine Transformation zu vollziehen, durch die ein Mensch dauerhaft in diesem spiritualisierten Zustand verweilen kann. Dennoch: Auch dieser Mensch unterliegt materiellen Bedingungen und schwankenden Bewusstseinszuständen, seine Verwirklichung als »geistiger« Mensch, die Manifestation des kosmischen Willens durch seine → Seele kann jedoch ständig fließen. In diesem Falle ist sein Körper durch die »supramentale« Kraft (Sri → Aurobindo) spiritualisiert und »auf eine höhere Seinsebene gehoben«.

Bewusstsein, kosmisches

Dieser Begriff wurde 1894 von dem amerikanischen Arzt Richard Maurice Bucke geprägt. Das kosmische Bewusstsein befähigt den Menschen, den Kosmos als Ganzheit zu begreifen.

»Das kosmische Bewusstsein ist das Ergebnis einer Erfahrung, die man als das plötzliche Erwachen eines neuen, nämlich des kosmischen Sinnes begreifen kann. In diesem Erwachen erfährt der Mensch eine Intensivierung aller seiner Verstandeskräfte, die in sich schon genügt, ihn auf eine seinem gewöhnlichen Ichbewusstsein überlegene Bewusstseinsstufe zu heben. Darüber hinaus erlebt er in einer oft als unbeschreiblich beschriebenen Freude und Seligkeit eine allgemeine geistige Erleuchtung, die dem inneren Auge völlig neue Dimensionen öffnet. Das wichtigste Merkmal des kosmischen Bewusstseins aber ist das Erkennen der ewigen kosmischen Gesetze wie auch das Wissen, dass der Mensch unsterblich, nicht war oder sein wird, sondern ist.« (Richard M. Bucke 1987, 19)

Dieses Erleben ist auch aus der Erfahrung mit → psychoaktiven Pflanzen bekannt. G. I. → Gurdjieff nennt diesen Zustand »Zustand des objektiven Bewusstseins« (Bruno Martin 2000, 105).

Bhagavadgita (Sk. »Gesang des Erhabenen«)

Philosophisches Lehrgedicht, das als das »Evangelium« des → Hinduismus gilt. Die Bhagavadgita wurde schon 1785 durch die engl. Übersetzung von Charles Wilkins bekannt. Sie ist ein Teil des zwischen dem 5. Jh. vor und 2. Jh. n. u. Z. entstandenen indischen Nationalepos Mahabharata. Die Gelehrten nehmen stark an, dass die Bhagavadgita später diesem Volksepos hinzugefügt wurde, um den Krishna-Kult zu verstärken. In einem Dialog zwischen dem Kriegsheld Arjuna und seinem göttlichen Wagenlenker Krishna erhält dieser spirituelle Unterweisungen in den Wegen der Erkenntnis (Jnana-Yoga), Gottesliebe (→ Bhakti-Yoga), selbstlosem Tun und Handeln (→ Karma-Yoga) und der → Meditation (→ Raja-Yoga). Dies sind die klassischen Hauptwege des Yoga. Das Werk vereinigt die Lehren der Philosophiesysteme des → Samkhya, → Yoga und → Vedanta.

Bhagwan, auch Bhagavan (Sk. »der Erhabene«)

Auch Name für Gott, wenn ein Gottesverehrer den persönlichen Gott anspricht.

Bhagwan Shree Rajneesh → Osho

Bhakti-Yoga

Ein typisches Beispiel der Vermischung von → Yoga und Volksreligiosität ist der Bhakti-Yoga, der durch betonte Hingabe und Liebe zu dem einen Gott, dem Erhabenen und Allmächtigen, bestimmt ist.

»Die Betonung auf hingebungsvoller Annäherung an die Gottheit und die monotheistische Idee vom Ziel der Verehrung sind somit die beiden wichtigsten und charakteristischsten Elemente des Bhakti-Weges ... Diese Art der Annäherung an die Gottheit ist grundsätzlich verschieden von der vedischen oder brahmanischen Tradition [→ Brahmanismus], die sich die höchsten Ziele der Religion in Gestalt vieler Götter und Göttinnen vorstellte und versuchte, diese durch Opfer oder *yajna* zu erreichen.« (Azad Faruqi 1990)

Bhakti, die Hingabe und Liebe an eine Gottheit, wurde volkstümlich durch die Lehre vom → Avatar. Damit wird die Idee einer Erscheinung Gottes in körperlicher Gestalt ausgedrückt. Mit Beginn der epischen Literatur dürften alle bekannten Avatare, die in Tiergestalt auftraten, Vishnu zugeordnet werden. Der Liste wurden einige in menschlicher Gestalt hinzugefügt. Im Mahabharata und besonders in der → Bhagavadgita wird Krishna als Haupt-Avatar von Vishnu herausgestellt. Bhakti wurde schließlich zur populärsten Religion in ganz Indien. Die Avatare Vishnus sind: Matsya (Fisch), Kurma (Schildkröte), Varaha (Eber), Narsimha (Mensch-Löwe), Vamana (Zwerg), Rama-Bhargava, Rama-Dasrathi, Rama-Haldara, Buddha, Krishna und Kalki (der noch erscheinen soll).

Die Vaishnava verehren Krishna-Vishnu, und da Vishnu den erhaltenden, rezeptiven Aspekt dieser → Trinität verkörpert, liegt das Schwergewicht dieser Richtung auf liebender Anbetung und Verehrung Gottes und der Schöpfung. Das → Sadhana, die Übung der Vaishnava, besteht im Wesentlichen in der Hingabe und dem Singen von Kirtans (mantrischen Gesängen) und → Mantras zur Verehrung des Gottes. Einer der bedeutendsten historischen Bhakti-Yogis war Krishna Caitanya (1486–1534), auf den sich in den siebziger Jahren des 20. Jh. die »Hare-Krishna«-Bewegung berief (→ Hare), deren Begründer Swami Prabhupada Bhaktivedanta ist. Wie die → christliche Mystik dieser Zeit rief er eine neue Bewegung ins Leben, die sich ausschließlich der liebenden Verehrung des Gottes Vishnu und besonders seiner Inkarnation Krishna widmete, welcher dabei sogar einen höheren Rang einnahm als Vishnu selbst (ähnlich dem Christentum, wo Jesus häufig höher geschätzt wird als Gott selbst). Die Lehre stützt sich auf den Bhakti-Aspekt der Bhagavadgita, wo es heißt: »Von allen Yogis ist derjenige am engsten mit Mir in Yoga vereint, der immer mit festem Vertrauen in Mir weilt und Mich im transzendentalen liebevollen Dienst verehrt. Er ist der größte von allen.« Die Internationale Krishna-Gesellschaft ist auch in Deutschland weit verbreitet.

Um die verehrten Hauptgottheiten haben sich im Laufe der Zeit verschiedene Gruppierungen gebildet, von denen jede eine andere Form des Gottesdienstes entwickelte. Im Bhakti-Hinduismus ist es oft üblich, mehr als einen Gott zu verehren. Jede Gemeinschaft hat eigene Gottheiten, manchmal sogar jede Familie.

Große Verehrung genießen viele weibliche Göttinnen, die sich genauso voneinander unterscheiden wie die männlichen. Einige haben stark mütterliche Aspekte (Sri-Lakshmi, Vishnus Begleiterin). Manche haben starke, unabhängige Wesen, sind wild und ungezähmt (→ Kali) und große Kriegerinnen (Durga), andere sind zuständig für Kunst und Kultur (Sarasvati, Brahmas Gefährtin). Parvati, → Shivas Begleiterin, wird im Gegensatz zu seinem asketischen Hang als eine Figur dargestellt, die Schönheit und Attraktivität des weltlichen, sexuellen Lebens symbolisiert und Haus und Gesellschaft pflegt. Noch enger mit einer der männlichen Gottheiten verbunden ist Sita, Vishnu-Ramas Frau.

Blavatsky, Helena Petrowna (1831–1891)

Begründete 1875 zusammen mit Henry S. Olcott die → Theosophische Gesellschaft (TG) in New York. Bei der Gründung hatte man es sich zum Ziel gesetzt, die alten Praktiken und Lehren der → Magie zu erforschen. Aus den ersten Studien dieser Praktiken resultierte das Werk »Entschleierte Isis«. Erst später wurden buddhist. und hinduist. Ideen integriert, Begriffe wie → Karma und → Reinkarnation eingeführt, die jedoch in vieler Hinsicht wenig mit den ursprünglichen Quellen gemein haben. Nach vielen Anfeindungen flüchtete sie nach Indien, wo sie zusammen mit Olcott zum Buddhismus übertrat.

»Madame« Blavatsky war eine schillernde und starke Persönlichkeit und ein begabtes Medium. Spiritistische Durchsagen (→ Spiritismus) führten schließlich zu der Lehre von der »Großen Weißen Bruderschaft von Tibet«, den verborgenen → Meistern. Die TG hat heute längst ihre ursprüngliche Bedeutung verloren. Man kann jedoch sagen, dass ihr Weltbild und ihre Begriffe von der → New-Age-Bewegung in ihren verschiedensten Zweigen geradezu aufgesaugt wurden. Ihre »Geheimlehre« und »Der Schlüssel zur Theosophie« sind die grundlegenden Werke für das theosophische Weltbild, einer Mischung aus gnostischem, hinduist. und buddhist. Gedankengut. Die »Geheimlehre« beschäftigt sich hauptsächlich mit der Entwicklung der Weltalter *(yugas)* und Wurzelrassen (→ Atlantis-Mythos), der Karmalehre und anderen »esoterischen« Elementen, von denen sie später behauptete, sie hätte sie als Medium (→ Channeling) von einem unsichtbaren Meister empfangen.

Bei näherer Analyse lässt sich jedoch feststellen, dass vieles aus damals gängigen esoterischen Werken stammt. Eine weitere Quelle der Theosophie waren die Mahatma-Briefe von A. P. Sinnett. Das Buch ist einer der klassischen Texte aus der Anfangszeit der TG und wird häufig als »esoterischer Buddhismus« bezeichnet (unter diesem Titel kursierte es auch anfänglich). Die drei Bände enthalten die von den tibet. Eingeweihten Mahatma M. und K. H. an den Journalisten Sinnett und an den Begründer des indischen Nationalkongresses A. O. Hume gerichteten Briefe. Die Briefe sprechen viel über die → Vajrayana-Lehren (→ tibetischer Buddhismus).

Bodhisattva (Sk. »Erleuchtungswesen«)

Im → Mahayana ein Mensch, der durch die systematische Ausübung der buddhist. Meditationspraxis und der Vervollkommnung seiner Tugenden (Paramita) die Buddhaschaft anstrebt, jedoch so lange auf das Eingehen ins vollständige → Nirwana verzichtet, bis alle anderen Wesen erlöst sind.

Ein Bodhisattva leistet tätige Hilfe und ist bereit, das Leid aller Wesen auf sich zu nehmen und »karmische« (→ Karma) Verdienste auf andere Wesen zu übertragen.

Bodhidharma (um 470–543)

Sohn eines südindischen Brahmanenkönigs, der im Alter von 60 Jahren nach China reiste und dort den Ch'an-Buddhismus begründete, eine Mischung aus Taoismus und Buddhismus, die später zum → Zen-Buddhismus in Japan wurde. In China wurde er von dem damals herrschenden Kaiser Wu nach Nanking eingeladen. »Was ist der höchste Sinn der hl. Wahrheit?«, also der Kern des → Buddhismus, soll der Kaiser gefragt haben. Bodhidharma antwortete: »Leere Weite – nichts Heiliges.«

Bodhidharma zog weiter nach Nordchina, wo er sich in dem legendären Kloster Shaolin niederließ. Die Form der meditativen Praxis, die er lehrte, basierte stark auf dem indischen Buddhismus. Seine Unterweisungen beruhten auf den traditionellen Lehrreden insbe-

Bodhidharma.

sondere des »Lankvatara-Sutra«. Um die körperliche Verfassung der Mönche für die Meditation zu stärken und ihrer Trägheit entgegenzuwirken, verordnete er auch Körperübungen und die Übung des → Atems (→ Qigong). Man entdeckte dabei, dass körperliche Bewegung und Geschicklichkeit auch die innere Konzentration und Aufmerksamkeit schulen.

Die Kampftechnik des Kung-Fu (→ Kampfsport) entstand vermutlich, als das Kloster wiederholt von Soldaten und Räubern angegriffen wurde. Da der Buddhismus es eigentlich nicht erlaubt, mit Waffen zu kämpfen, entwickelte sich die Kunst, ohne Waffen zu kämpfen.

Bogenschießen als → Zen-Disziplin

Zen lehrt, Leben und Tod nicht getrennt zu sehen. Zen ist die Lehre der Nichtunterscheidung. Beim Bogenschießen wie bei anderen Kampftechniken innerhalb des Zen wie → Kendo oder Kung-Fu (→ Kampfsport) geht es um das Wesen der Meisterung einer Methode, den *do,* den spirituellen Weg, der körperliche Geschicklichkeit mit geradliniger Entschlossenheit und Entscheidungskraft verbindet. Die damit verbundenen Übungen sind Teil des spirituellen Weges, sie haben nichts mit Sport oder Spiel zu tun. Ziel ist die innere Zentrierung, der freie Geist, die vollkommen intuitive Bewegung. → Zen ist eine Schule des → Augenblicks. Wer seinen Geist erfasst hat, braucht noch nicht einmal zu kämpfen.

Böhme, Jakob (1575–1624)

Protestantischer Mystiker. Er wurde bekannt durch seine Schrift »Die Morgenröte im Aufgang«, später »Aurora« genannt, in der er der in Natur und Kosmos ausgebreiteten Gottesweisheit näher kommen wollte, um die »Signaturen« zu entziffern, die allem Sichtbaren anhaften. Darin folgt er Paracelsus (→ Gnosis, → Magie). Böhme beschreibt seine Erfahrung als Theosophie, als Weisheit des Göttlichen. In seiner Menschenkunde beschäftigt er sich mit dem Mysterium der Androgynie, dem Geheimnis der männlich-weiblichen Urgestalt des Menschen.

Bön (tibet. »Herbeirufen«)

Alte schamanische Lehre (→ Schamanismus), die vor dem Aufkommen des Buddhismus in Tibet existierte und später in den tibet. Buddhismus insbesondere in die Lehren der Nyingmapas (→ tibetischer Buddhismus) integriert und transformiert wurde. Wie bei anderen schamanischen Methoden geht es dem Bön unter anderem darum, die Geister herbeizurufen, sie zu zähmen oder durch Opfer willig zu machen.

Brahma, Brahman

Im frühen vedischen → Brahmanismus wurde das letztendlich Göttliche, *brahman,* ohne Qualitäten *(nirguna)* gesehen und daher jenseits menschlichen Denkens und war durch keine persönliche Verehrung erreichbar. Die upanischadische Präsentation (→ Upanischaden) von Brahma als mentalem Vorstellungsbild des abstrakten Brahman löste vorübergehend ein Problem der monotheistischen Theorie, doch durch die Kulte um Vishnu (→ Bhakti-Yoga) und → Shiva musste eine neue theologische Anpassung vorgenommen werden.

In der → Trinität Brahma-Shiva-Vishnu als dreier Aspekte des *brahman* fand man eine Lösung dieses Problems. Brahma bekam eine neue Rolle als ausgleichende Kraft (Rajas) zwischen den beiden anderen. Vishnu stellt den Erhalter oder den Erneuerer dar, er steht für das Wohlergehen von Mensch und Tier.

→ Shiva wird als Zerstörer und Vernichter dargestellt. Die Epen und Puranas dienen als Erzählungen der großen Abenteuer der göttlichen Wesen. Aus der Verehrung dieser Gottheiten entstand der frühe → Bhakti-Hinduismus, und damit war die Grundlage für die theistische Verehrung innerhalb der vedisch-brahmanischen Tradition gelegt.

Brahmane

Im Hinduismus ein Priester bzw. Angehöriger der Priesterkaste. Der Begriff → Brahman bezeichnet einen Zustand der Transzendenz, ebenso auch das Ewige und Absolute, die höchste, nichtduale Wirklichkeit (→ Nichtsein).

Brahmanismus

Die fundamentalen Aspekte der brahmanischen Religion des → Hinduismus entstanden im 1. Jahrtausend v. u. Z. aus einer Reihe von priesterlichen Kommentaren zu den Veden. Veda bedeutet »Wissen«, ein Begriff, der sich insbesondere auf das höchste hl. Wissen bezieht, das in den vier Sammlungen (»Samhitas«), die Veden genannt werden, zusammengefasst ist. Die Veden sind Hymnen *(mantras,* → Mantra), die die Schöpfungsgeschichte, Rituale und Mythen enthalten und bei der Rezitation eine ungewöhnliche Kraft auf die Zuhörer ausüben sollen, was ja auch von der Rezitation des islamischen Koran gesagt wird.

Die Veden sind älter als andere »offenbarte« Schriften; ihre Offenbarung beruht vermutlich auf dem »mystischen« Wein der Soma-Pflanze, die von einigen Forschern als psychedelische Pflanze identifiziert wurde. »Soma ist der Herr des Weins der Wonne, des Weins der Unsterblichkeit. Wie Agni findet er sich in den Pflanzen, im Wachstum auf der Erde und in den Wassern. Der Soma-Wein, der beim äußeren Opfer gebraucht wird, ist das Symbol für diesen Wein der Wonne«, erklärt Sri → Aurobindo die Textstelle im »Rigveda«. Nach Einschätzung vieler Gelehrter ist dieser Veda der einzige und wahre Veda. Die drei weiteren Samhitas sind: »Samaveda«, »Yajurveda« und »Atharvaveda«.

Der Yogi-Gelehrte Sri Aurobindo stellte die Hypothese auf, dass der »Rigveda« ein beachtliches Dokument ist und die historischen Eleusinischen und orphischen Mysterien (→ Mystik) seine »verblassenden Überbleibsel« sind, da das spirituelle und psychologische Wissen »verhüllt wurde durch einen Schleier konkreter materieller Formen und Symbole, die dem Profanen den Sinn verdeckten, dem Eingeweihten aber offenbarten.«

Später kamen die *brahmanas* hinzu, ausgefeilte ritualistische Abhandlungen über die Kultformen und Lebensregeln. Wie ihr Name schon sagt, wurden sie von den aryanischen Priestern (→ Brahmanen) entwickelt. Auch die → Upanischaden, die von den Rishis, den visionären Sehern, geschaffen wurden und die das Wissen der Veden neu interpretieren, werden zum Veda gezählt. Der Brahmanismus wurde im Laufe der Zeit zu einem »institutionalisierten → Hinduismus« mit einer machtvollen Orthodoxie. Dennoch bilden viele seiner Ausprägungen eigenständige spirituelle Wege. Diese werden in den einzelnen Stichworten ausführlich behandelt.

Die brahmanische Religion der aryanischen Priester (→ Asgard) betont die Rolle der Gesellschaft und des Individuums für die Erhaltung der kosmischen Ordnung *(rta,* unser Begriff → »Ritual«). Diese Ordnung wird gestärkt und erhalten durch genaue Einhaltung der richtigen → Opfer. Später wurde dieses Konzept erweitert, indem die gesamte menschliche Aktivität, die den kosmischen Gesetzen *(dharma)* folgt, einbezogen wurde. Nach dem »Rigveda« ist Hitze *(tapas)* das grundlegende Element der Schöpferkraft. Die ursprünglichen Opferrituale wurden schließlich auch auf den Menschen bezogen, der sich durch Selbstopfer, z. B. Askese (→ Sexualität), über die menschlichen Begrenzungen hinaus entwickeln konnte.

Ein weiteres Konzept des brahmanischen Hinduismus ist die Wiedergeburtslehre *(karma-samsara,* → Reinkarnation). Danach durchläuft die individuelle Seele vom Anfang der Zeiten immer neue Formen der Existenz. Die Umstände der Wiedergeburt hängen von den Verdiensten aus den Handlungen (→ Karma) des Einzelnen ab, die er im vorhergegangenen Leben erworben hat. Das Ziel ist, die Seele aus der Verhaftung dieser Existenz zu befreien und Segen durch das Wissen und die rituellen Opfer zu erreichen, die in den *brahmanas* ausgeführt werden (→ Karma).

Während die brahmanische Auslegung der Veden in einem starken Ritualismus besteht, entwickelten die Rishis in den → Upanischaden die → Yoga-Lehre.

»Wenn es auch schwierig ist, in einer einzigen Formulierung alle Bedeutungen zusammenzufassen, die *brahman* in den vedischen und nachvedischen Texten angenommen hat, so lässt sich doch mit Sicherheit sagen: es war der Ausdruck für die letzte, ungreifbare Realität, der Grund aller kosmischen Manifestationen und aller Erfahrung, und damit die Kraft jeder Schöpfung kosmologischer (Universum) oder auch nur ritueller Art (Opfer).« (Mircea Eliade 1977, 123)

Aus den brahmanischen Lehren des Opfers und der Weltentsagung hat sich letztlich eine universale Religion entwickelt, die den Zweck des Lebens darin sieht, das einzige, unteilbare Göttliche in der Welt zu manifestieren. Die → Vedanta-Lehren empfehlen dazu die drei Yogas, die auch in der Bhagavadgita genannt werden: den Jnana-Yoga als Weg zur Erkenntnis, den → Karma-Yoga als Weg des selbstlosen Handelns und den → Bhakti-Yoga als Weg der Hingabe und Liebe.

Ramanuja (um 1000), der Hauptvertreter eines differenzierteren Monismus, leugnet zwar nicht, dass man »durch die Kraft der yogischen Erkenntnis ... alles, was sich in den drei Welten zuträgt«, wissen und sogar zur direkten Intuition Brahmans gelangen kann, behauptet jedoch, dass die »mystische Konzentration des Geistes« durch *bhakti* (Hingabe) unterstützt werden muss, ganz wie in der Bhagavadgita (Mircea Eliade 1982, 153). Auf diese und ähnliche Weise wurde Platz für verehrungswürdige Inkarnationen des Unendlichen in einem abstrakten Lehrgebäude geschaffen. Sie wurden zu einzelnen Aspekten des Einen erklärt. Durch Anrufung der Namen und Identifizierung mit ihrer Kraft konnte die Allgemeinheit an einem geistigen Entwicklungsprozess teilhaben.

Im frühen vedischen → Brahmanismus wurde das letztendlich Göttliche, *brahman,* ohne Qualitäten *(nirguna)* gesehen und daher jenseits menschlichen Denkens und war durch keine persönliche Verehrung erreichbar. Die upanischadische Präsentation (→ Upanischaden) von Brahma als mentalem Vorstellungsbild des abstrakten Brahman löste vorübergehend ein Problem der monotheistischen Theorie, doch durch die Kulte um Vishnu (→ Bhakti-Yoga) und → Shiva musste eine neue theologische Anpassung vorgenommen werden.

In der → Trinität Brahma-Shiva-Vishnu als dreier Aspekte des *brahman* fand man eine Lösung dieses Problems. Brahma bekam eine neue Rolle als ausgleichende Kraft (Rajas) zwischen den beiden anderen. Vishnu stellt den Erhalter oder den Erneuerer dar, er steht für das Wohlergehen von Mensch und Tier. → Shiva wird als Zerstörer und Vernichter dargestellt. Die Epen und Puranas dienen als Erzählungen der großen Abenteuer der göttlichen Wesen. Aus der Verehrung dieser Gottheiten entstand der frühe → Bhakti-Hinduismus, und damit war die Grundlage für die theistische Verehrung innerhalb der vedisch-brahmanischen Tradition gelegt.

Auch wenn der theistische Gottesdienst neue Formen wie den Shaivaismus (→ Shiva) und Vaishnaismus (→ Bhakti) annahm, zielen die yogischen Techniken und die Meditation letztlich immer auf das Erreichen des Atman, des höheren Selbst oder des spirituellen Wesens im Menschen, als Mittel zur direkten Erkenntnis und spiritueller Befreiung ab. Auf diese Weise wurden → Meditation (→ Dhyana, → Samkhya), Askese *(tapas)* und Wissen *(vidya)* zu den Grundpfeilern des brahmanischen Hinduismus.

Buddha (Sk. »der Erleuchtete«) (um 560–480 v. u. Z.)

Geburtsname Siddharta Gautama, geboren in Kapilavatthu (Nepal), gestorben in Beluva. Begründer des nach ihm benannten Weges. Ursprünglich keine Religion. Er war Sohn eines Königs, verheiratet und hatte einen Sohn und verließ mit 29 Jahren (so die Überlieferung) Haus und Heim auf der Suche nach Erkenntnis. Seine vollkommene → Erleuchtung fand er schließlich unter dem »Boddhi-Baum« im heutigen Buddh-Gaya. Es folgten 45 Jahre unermüdlicher Lehrtätigkeit. Seine Schüler trugen seine Lehren zusammen und gaben sie weiter. Der größte Teil seiner Lehren ist im so genannten Pali-Kanon zusammengefasst, aufgeschrieben von Mönchen in der Pali-Sprache, eine Literatursprache.

Buddhismus

Geht als »Religion der Vernunft« und Meditation auf den so genannten »historischen → Buddha« Siddharta Gautama zurück, auch Shakyamuni genannt, der ca. 500 v. u. Z. lebte. Der Buddhismus ist im ganzen Fernen Osten noch heute verbreitet und gewinnt neuerdings auch immer mehr Anhänger in Europa und den USA. Was an ihm so anziehend wirkt, ist jedoch mehr die esoterische, spirituelle Seite, weniger die organisierte Religion mit üblicher priesterlicher Orthodoxie – immerhin war der Buddhismus ursprünglich eine Gegenbewegung zum → Brahmanismus, der hinduist. Orthodoxie und ihren Auswüchsen.

Buddha erklärte, dass die scheinbare Individualität des Einzelnen, sein Selbst, nicht wirklich sei, sondern nur eine Abfolge von Bewusstseinsmomenten. Der Weg zur → Erleuchtung ist nach Buddha der Weg, sich vom Leiden zu befreien, das mit der körperlichen Existenz verknüpft ist.

Die Grundzüge der Lehre lassen sich in wenigen Sätzen umreißen:

- Das Dasein in allen Existenzformen ist Leiden, denn alles, was lebt, ist dem Schmerz, der Vergänglichkeit, dem Verlust und der Trennung unterworfen (die Vier Edlen Wahrheiten).
- »Wahrhaft tiefgründig ist dieses Gesetz von der Verursachung, und tief gründend ist dieses Gesetz von der Verursachung, und tief gründend erscheint es auch. Es ist durch Nichtwissen, durch Nichtverstehen, durch Nichtergründen dieser Lehre, dass diese Welt der Menschen verworren ist wie ein Knäuel Garn ... und unfähig ist, hinauszugelangen über das Verhängnis der Öde, den Weg des Jammers, den Fall und den endlosen Kreislauf der Wiedergeburt.« (Gautama Buddha)

• Sie vertritt die Doktrin der → Wiedergeburt, nach der das Leiden nicht mit dem Tod aufhört, sondern sich im nächsten Leben fortsetzt.

• Da es keine den Körper überdauernde → Seele gibt, vollzieht sich die Wiedergeburt nicht als Seelenwanderung, sondern mehr als kollektive Geburt, d. h. die Menschen tragen zur Erlösung der Menschheit durch die eigene Befreiung bei.

• Der ursprüngliche Buddhismus kennt keine Kosmologie und Engelslehre, keine Götter, sondern ist mehr eine psychologische Philosophie als eine Religion (da er in Indien auf den Grundlagen des → Hinduismus entstanden ist, zählen manche Hindus den Buddhismus zu den heterodoxen Anschauungen (→ Darshanas) der indischen Philosophie).

• Die Triebkräfte, die das Leben aufrechterhalten, sind demgemäß psychologische, wie Gier, Hass und Unwissenheit.

• Der Weg, sich aus dem Leiden zu befreien, ist ein »mittlerer« Weg zwischen Askese und Lebensbejahung und wird der Achtfache Pfad genannt:

– Rechtes Verstehen (oder richtiges »Sehen«)
– Rechter Zweck (oder rechtes Streben)
– Rechte Rede
– Rechtes Verhalten
– Rechter Lebensunterhalt (oder Genügsamkeit)
– Rechte Anstrengung
– Rechte Art der Achtsamkeit (oder Gedankenkontrolle)
– Rechte Konzentration (auf das Ziel) oder Meditation.

• In einer anderen, kompakteren Form wird der Weg dreigliedrig dargestellt:

1. Ethik *(síla)*: Hierunter fallen Rechte Rede, Rechte Handlung sowie Rechter Lebenserwerb.
2. Sammlung (→ Samadhi, → Dhyana): Hierunter fallen Rechte Anstrengung, Rechte Achtsamkeit sowie Rechte Konzentration.
3. Weisheit *(panna, prajna)*: Hierunter fallen Rechtes Streben sowie Rechtes Verstehen (Einsicht).

Das sind in der Praxis recht schwierige Übungen; sie haben eine gewisse Ähnlichkeit mit den acht Aspekten der → Yoga-Philosophie Patanjalis (→ Raja-Yoga).

Buddha hat in vielen Reden ausgeführt, was er meint, und eine detaillierte Psychologie und Hinweise zur Selbstbeobachtung entworfen. Wenn die letztliche Freiheit von jeder Art egozentrischem Denken und Wünschen erreicht ist, hat der Aspirant das Rad des Leidens und der Wiedergeburt überwunden und → Nirwana erreicht: einen selbstlosen Frieden, der jedes Verstehen übersteigt. Die Grundgedanken des Buddhismus finden sich in allen Schulen wieder, werden aber unterschiedlich interpretiert. Sie bilden die Basis für komplexe philosophische Systeme.

Im Unterschied zur jüdisch-christl. Überlieferung gibt es im Buddhismus keinen → Gott, der der Geschichte ein Ziel gibt. Im Gegensatz dazu hält die buddhist. Auffassung an einem kollektiven → Karma der Menschheit fest. Karma bedeutet Aktion, aber auch Kraft. Da eine Aktion immer eine bestimmte Kraft auslöst und diese Kraft dann wieder weitere Aktionen hervorruft, ist Karma wesentlich eine Lehre der komplizierten Wechselwirkungen zwischen Kräften und Aktionen, die das sich drehende Rad des → Samsara antreiben.

Im Buddhismus haben sich drei wesentliche Schulen der Lehre herausgebildet, die jedoch in gewisser Hinsicht auch eine Einheit bilden: → Theravada, → Mahayana (dazu zählen auch → Zen-Buddhismus, → Vajrayana bzw. → tibetischer Buddhismus oder Tibet-Tantra), →

Amida. In Deutschland gibt es inzwischen rund 460 buddhist. Zentren verschiedenster Richtungen. Die meisten Anhänger haben der tibet. Buddhismus und der Zen-Buddhismus.

Buddhi (Sk. »Intelligenz, universaler Geist«)

Instanz im Menschen, die durch Unterscheidungsvermögen alle Sinneseindrücke klassifizieren kann. Als Instrument des Geistes »leiht« sie sich die Intelligenz und das Bewusstsein des Atman (»Selbst«, »Ich«) und entfaltet alle Fähigkeiten des Menschen bis hin zur Intuition. In der → Theosophie, insbesondere bei Annie → Besant, ist es die vierte Bewusstseinsebene, die Ebene des spirituellen Körpers, der Glückseligkeit, auch Turya oder Sushupti genannt (→ Shunyata).

C

C – Chi (griech.)

Entspricht dem griech. Buchstaben Chi (C), hat aber keinen entsprechenden hebr. Buchstaben; von der Schreibweise kommt es der Rune → Ka in einer Abwandlung am nächsten, die aber auch dem → G entspricht. Dieses ist im Griech. Gamma und im Hebr. das Gimel.

Cantor, Georg (1845–1918)

Mathematiker, Begründer der Mengenlehre. In den siebziger Jahren wurde die Mengenlehre unter den Namen »Neue Mathematik« im Unterricht der Grundschulen eingeführt. Ziel war es, neben der Vermittlung von Rechenfertigkeiten auch Denkfähigkeit und Abstraktionsvermögen der Kinder zu fördern. Die wissenschaftlich formalisierte Mengenlehre entsprach jedoch nicht dem pädagogischen Anspruch, kindgerecht zu sein. So beschränkte sich die Mengenlehre an den Schulen meist darauf, bunte Plastikplättchen zu legen. Zudem waren sowohl Lehrer als auch Eltern damit vollkommen überfordert.

Das verwundert nicht, denn der Erfinder der Mengenlehre war eine Art wissenschaftlicher → »Mystiker«. Vielleicht oder gerade deshalb war Georg Cantor eines der größten mathematischen Genies aller Zeiten. Er verbrachte einige Zeit seines Lebens in der Psychiatrie und ging mit seinem → Bewusstsein in eine andere Welt über. Als er zurückkam, entwarf er eine Mathematik, die sich vor ihm keiner vorstellen konnte, und sah Dinge, die er kaum in Worten ausdrücken konnte.

Seine Mathematik setzt eine völlig andere Vorstellungskraft voraus als die, die gewöhnlich an Schulen oder Universitäten gefordert wird. Die Vorstellung, dass es nicht nur finite, d.h. endliche, und infinite, unendliche → Zahlen, sondern auch transfinite Zahlen geben muss, geht über unser Vorstellungsvermögen hinaus. Eine transfinite Zahl bezeichnet die Einzigartigkeit von infiniten Zahlen, eine mathematische Grundlage der spirituellen Idee des → Nichtseins.

Carnac

Liegt an der Südküste der Bretagne im Gebiet Morbihan. Carnacs Ruhm beruht in erster Linie darauf, dass sich hier die größte Ansammlung von Menhiren (»Hinkelsteinen«) der Welt befindet. Die größte Gruppe findet sich nahe dem kleinen Dorf Le Ménec bei Carnac, wo ein Halbkreis von dicht beieinander stehenden Menhiren durch die Häuser der Ortschaft halb verdeckt wird. Er wird von 70 Menhiren mit einer durchschnittlichen Höhe von 1,20 Meter gebildet und hat einen Durchmesser von ca. 100 Me-

Eine historische Zeichnung der Steinreihen von Carnac.

tern – fast klein im Vergleich zu den anschließenden, kilometerlangen gigantischen Straßen von → Megalithen. Man weiß bis heute nicht, welche Bedeutung diese Megalithen für die Steinzeitmenschen hatten; manche vermuten astronomische oder astrologische Zwecke, andere sehen darin druidische Kultplätze (→ Kraftorte, → Karnak, → Avebury, → Stonehenge).

Castaneda, Carlos (1925–1998)

Amerikanischer Anthropologe und Schriftsteller. Er behauptete, dass er bei seinen Feldforschungen in Mexiko den Medizinmann und Zauberer Juan Matus kennen gelernt habe. Die Veröffentlichung seines Buches »Die Lehren des Don Juan«, das diese erste Begegnung schildert und auch als Dissertation vorgelegt wurde, hatte großen Einfluss auf die Hippiebewegung Ende der sechziger Jahre. Im Laufe der Zeit entstanden weitere Bücher über die Lehren des Don Juan, die weltweit mit Begeisterung aufgenommen wurden.

Der Inhalt der Bücher beschreibt die Versuche Castanedas, sich das Wissen Don Juans anzueignen und seinen eigenen Weg des Wissens zu finden. Don Juan lehrt den »Weg des Kriegers« durch sokratische Gespräche, magische Manipulationen, Wahrnehmungsveränderungen (→ Bewusstseinszustände) und auch durch die Einnahme von Peyotl, einen psychoaktiven Kaktus (→ psychoaktive Pflanzen). Die Schilderung dieser Erfahrungen und die Beschreibung einer magischen Zaubererwelt trug wahrscheinlich zu seiner Popularität bei. Die Pflanze spielt dabei nur anfangs eine Rolle, um das Bewusstsein für einen größeren Raum zu öffnen. Durch unglaubliche Klarheit und Präzision zwingen Don Juan Matus und Don Genaro, der sein späterer Lehrer wird, Castaneda immer wieder dazu, alte Muster aufzugeben.

Das Wissen Don Juans kann dem südamerikanischen → Schamanismus zugeordnet werden. Vermutlich schöpfte Castaneda jedoch aus unterschiedlichen Quellen. Castaneda entwickelte auch ein System von körperbezogenen Energieübungen, »Tensegrity« genannt, das in vielen Ländern in kommerziellen Workshops gelehrt wird. Es wurde aber auch auf DVD veröffentlicht und kann im Selbststudium erlernt werden.

Caterina da Siena, Katharina von Siena (1347–1380)

Die hl. Caterina erblickte als 23. Kind ihrer Eltern im ital. Siena das Licht der Welt und hatte bereits mit sieben Jahren ihre erste Vision der ihr zulächelnden Gestalt des Erlösers. In ihren mystischen Schauungen (→ christliche Mystik) erfuhr sie eine innige Lebensgemeinschaft mit Christus, die ihr die Kraft verlieh, sich auf zahlreichen Reisen und in reger Korrespondenz tatkräftig für die Reform der damals zerrissenen Kirche einzusetzen.

Chakra (Sk. »Kreis«, »Wirbel«)

Energiezentrum in der »Subtilphysiologie« des → Tantra. Allerdings waren Energiezentren bereits lange vor der indischen tantrischen Lehre im chines. → Tao-Yoga bekannt. Die Entdeckung von Energiezentren und den damit verbundenen Energiebahnen ging wahrscheinlich mit asketischen, ekstatischen und kontemplativen Erlebnissen einher. Die Yogis experimentierten viel und entdeckten durch veränderte → Bewusstseinszustände analog zur reinen Physiologie eine Art → Energiekörper, der ebenso wie der physische Körper von Kanälen und Fasern aus »Licht« durchzogen ist. Die Chinesen nannten diese (übersetzt)

»Meridiane«, die Inder »Nadis«. Besondere Energiekonzentrationen heißen Chakras.

Die Energiezentren werden durch »Lichtfasern« miteinander verbunden, sodass die Energie durch den gesamten Energiekörper fließen kann, genauso wie das Blut durch die Adern unseres physischen Körpers fließt. Gibt es Blockaden, Stockungen oder Verunreinigungen, so entstehen Krankheiten. Denn Leben ist Bewegung, Leben ist ständig im Fluss.

Die Lage der Chakras entspricht den Geflechten des vegetativen Nervensystems. Dieses Nervensystem, auch Parasympathikus genannt, regelt v. a. die Vitalfunktionen (Atmung, Verdauung, Stoffwechsel, Sekretion, Wasserhaushalt u. a.) und gewährleistet das Zusammenwirken der inneren Organe. Das vegetative Nervensystem bildet mit dem System der endokrinen Drüsen und den Körperflüssigkeiten eine funktionelle Einheit. Außerdem bestehen Wechselbeziehungen zwischen dem vegetativen und zerebrospinalen Nervensystem, dem Sympathikus, aber auch zwischen vegetativen und psychischen Vorgängen, dem Immunsystem, das durch Hormone gesteuert wird.

Deshalb ist es nicht verwunderlich, dass die alten Tao-Yogis und chines. Heilkundigen auch ohne die heutigen medizinischen Kenntnisse durch ihre Übungen die so genannten Chakras entdeckten. Allerdings werden die Kanäle, durch die die Energien des subtilen Körpers fließen, die Nadis, und ihre zentralen Konzentrationen, die Chakras, nicht als physische Linien und Punkte, sondern als Konzentrationen im subtilen Energiekörper erfahrbar. Im Tantra sind diesen Konzentrationen Farben und Töne zugeordnet, die jeweils eine Wirkung ausüben sollen – und von hellsichtigen Menschen gesehen werden. Ihre Wirkung macht sich in den Nervenbahnen und Ganglien bemerkbar und wirkt über diese auf den physischen Körper. Die Arbeit mit den Chakras kann aus diesem Grunde auch eine gesundheitsfördernde Wirkung haben.

Doch diese Wirkung ist sekundär, wenn es um die Stärkung und Festigung des Energiekörpers geht. Denn wenn man die klassischen Texte aufmerksam liest, wird klar, »dass es sich hier um transphysiologische Erlebnisse handelt, dass alle diese ›Zentren‹ ›yogische Zustände‹ repräsentieren« (Mircea Eliade 1977, 244).

Die physiologischen Angaben in der folgenden Liste geben nur einen Hinweis auf den Bereich, je nach Schule werden weitere Entsprechungen angegeben. Die Symbole werden kurz dargestellt, in detaillierteren Abbildungen enthalten sie eine größere Zahl weiterer Symboldarstellungen.

Die einzelnen Chakras

Wurzelchakra (indisch *muladhara*): am Perineum und in der Kreuzbeingeflechtregion (direkte Verbindung mit dem Sympathikus), Ausstrahlung auf Nebennierengebiet, Prostata.

Es hat die Form eines roten Lotos mit vier Blättern; in der Mitte befindet sich ein Quadrat, Symbol für das → Element Erde, das in sich ein Dreieck mit der Spitze nach unten trägt (Symbol der Yoni, der weiblichen Kraft, → Shakti). Im Muladhara-Chakra ruht die → Kundalini, die als zusammengerollte Schlange dargestellt wird. Das → Mantra zur Aktivierung ist LAM.

Sakralchakra (*svadhisthana*): Beckengeflechte, Keimdrüsen. An der Basis des männlichen Geschlechtsorgans gelegen. Die Bauchgeflechte setzen sich ins

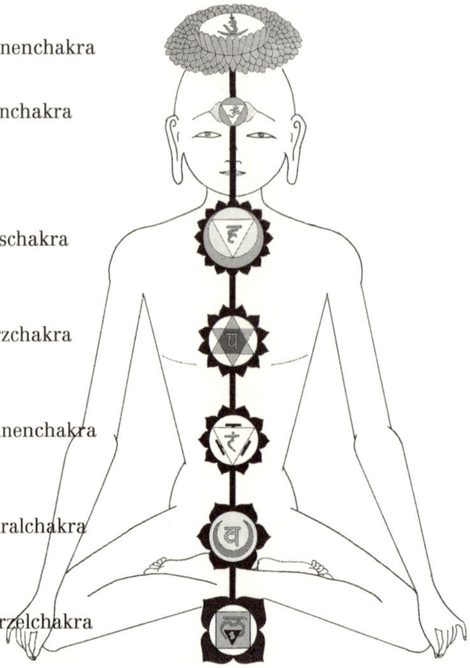

Die Chakras mit ihren Symbolen.

Beckengeflecht fort, in welches die parasympathischen Eingeweidenerven und Sympathikusfasern eintreten. Es versorgt den absteigenden Dickdarm, den Mastdarm, die Geschlechtsorgane und die Harnblase.

Beim chines. Tao-Yoga liegt noch das **Nabelchakra *(tan tien,* japan. *hara)*** zwischen Sakralchakra und Sonnenchakra. In manchen tantrischen Darstellungen wird das nächste, das Manipura-Chakra, auch dem Nabelgebiet zugeordnet.

Symbol: Ein Lotos mit sechs rotorangefarbenen Blütenblättern. In der Mitte ist ein weißer Halbmond, der in mystischer Beziehung zu Varuna steht. Element: Wasser, Mantra: VAM.

Sonnenchakra *(manipura)*: Sonnengeflecht (Solarplexus), Bauchspeicheldrüse, Leber u. a. Vom Sonnengeflecht führen Geflechte zu Magen, Leber, Milz, Bauchspeicheldrüse, Nebennieren, Nieren, Geschlechtsdrüsen, Dünn- und Dickdarm. Es besteht auch eine Verbindung zum Vagusnerv.

Symbol: Ein blauer Lotos mit zehn Blättern. In der Mitte des Lotos ist ein rotes Dreieck und auf dem Dreieck der Gott Maharudra auf einem Stier sitzend dargestellt. Element: Feuer, Mantra: RAM.

Herzchakra *(anahata)*: Plexus cardiacus, Blutkreislauf, Thymusdrüse. Die Thymusdrüse liegt direkt vor dem Herzbeutel und schüttet wichtige Immunzellen aus. Manche Heiler halten das Thymuschakra für ein eigenständiges Chakra zwischen Herz und Halschakra.

Symbol: ein Lotos mit zwölf goldenen Blättern. In der Mitte zwei verschlungene Dreiecke, weiter im Zentrum ein goldenes Dreieck, das ein glänzendes Lingam (Geschlechtssymbol von → Shiva) einschließt. Element: Luft, Mantra: YAM.

Halschakra *(visuddha)*: Atemsystem, Mund, Schilddrüsen, Verbindung zur Hypophyse.

Symbol: ein Lotos mit 16 Blättern von der Farbe roter Asche. In dem Lotos ist ein blauer Raum als Symbol des Elements Äther (oder Raum) und ein weißer Kreis in der Mitte dargestellt. Mantra: HAM.

Stirnchakra *(ajna,* »drittes Auge«): Hirnanhangdrüse (Hypophyse), Zirbeldrüse.

Symbol: ein weißer Lotos mit zwei Blättern, Sitz der Erkenntniskräfte *(buddhi)*. Auf dem Lotos ist ein weißes Dreieck eingezeichnet mit der Spitze nach unten. Mantra: → OM.

Kronenchakra *(sahasrara)*: Thalamus und Hypothalamus, Zwischenhirn, autonomes Nervensystem.

Symbol: umgekehrter Lotos mit tausend Blütenblättern. Die Blätter tragen alle 50 Laute des Sk.-Alphabets. In den Lotosblüten der anderen sechs Chakras sind entsprechend der Zahl der Blütenblätter unterschiedliche Buchstaben der 50 Laute eingeschrieben, als vier, sechs, zehn, zwölf, 16, zwei. Jedes Chakra enthält noch ein Tiersymbol, das auf psychologisch-mentale Entwicklungsstadien hinweist.

Aktiviert werden die Chakras entweder durch die Schwingungen der → Mantras, durch → Visualisation, durch besondere Atemübungen (→ Atem, Atemtechniken), durch Farben oder alles zusammen. Manche Chakra-Übungen konzentrieren sich auf das entsprechende Chakra (beginnend beim Wurzelchakra *muladhara)* und gehen nach Anhalten des Atems zum nächsten Chakra weiter nach oben. Andere Übungen beginnen mit dem Scheitelchakra, schreiten über die Mitte des Körpers zum Wurzelchakra fort und ziehen die Energie mit Hilfe des Atems dann in der Wirbelsäule zum Sahasrara (→ R) oberhalb des Scheitels nach oben, wo sich die Shakti-Energie mit der Shiva-Energie vereinigt.

Das Stirnchakra wird außer der Hypophyse mit der Zirbeldrüse in Verbindung gebracht und gilt als »drittes Auge«, weil die → Zirbeldrüse stark auf Lichtimpulse reagiert. Bei einer Konzentration (mit geschlossenen Augen) auf dieses Chakra entstehen starke Lichtempfindungen. Das Zentrum oberhalb der Mitte des Kopfes, Sahasrara, wurde ursprünglich nicht als Chakra angesehen. Wahrscheinlich beeinflusst es das Zwischenhirn mit Thalamus und Hypothalamus, die Schaltstelle für Sensibilität und Gemüt. Wenn die so genannte → Kundalini-Energie durch die *sushumna* (den Energie-Nerven-Kanal in der Wirbelsäule) zu diesem Punkt hochsteigt, entsteht tatsächlich eine intensive Empfindung an dieser Stelle, als ob die konzentrierte Energie hier hinaus möchte.

Die grundlegende Idee wird von Nik Douglas und Penny Slinger formuliert:

»Esoterische Lehren behaupten: Wenn jemand wahrhaftig wünscht, spirituell voranzukommen, dann muss er bewusst daran arbeiten, den Subtilen Körper zu aktivieren. Zwar sind die grundlegenden Ingredienzen und rohen Energien bei jedem vorhanden, aber sie müssen bewusst konzentriert und geleitet werden. Der Körper, die Emotionen, der Geist ... das alles sollte gemeinsam eingesetzt werden, um einen allmächtigen Subtilen Körper zu manifestieren, der dann als eine Quelle für Kraft, Intelligenz und → Transzendenz dienen kann. Dies ist eines der wichtigsten Geheimnisse der tantrischen Tradition.« (Nik Douglas/Penny Slinger 1985)

Und das »Kaula-Tantra« sagt: »Der Subtile Körper verbindet diese Welt mit der nächsten. Es gibt keinen einzigen Gegenstand oder keine Lehre, die so wichtig und dauerhaft ist wie der Subtile Körper, der einen ständigen Zugang zur Befreiung bietet« (Kaula-Tantra, Nik Douglas/Penny Slinger 1985).

Channeling, Funktionsweise

Channeling ist ein umstrittenes Phänomen. Manche Parapsychologen (→ Paranormal, Parapsychologie) und Wissenschaftler behaupten, dass die Botschaften aus dem Unterbewusstsein kommen, andere sagen, von einem höheren Bewusstsein, wiederum andere sprechen von »unverkörperten« Wesenheiten. Für die Findhorn-Mitbegründerin Dorothy Maclean sind es Geistwesen, die über ein eingestimmtes höheres Selbst mit dem Medium kommunizieren: »Ja ich spreche mit → Engeln, hohen Wesen, deren Leben die gesamte Natur erfüllt und erschafft« (Dorothy Maclean 1984). Aber sie betonte später, dass jeder, »der sich auf sein höheres Selbst einstimmt, sich damit auch auf die Engel einstimmt«. Alice → Bailey versetzte sich »in einen

Zustand gespannter, unbedingter Aufmerksamkeit. Ich bleibe im Besitz meiner Sinne, und es ist nichts Automatisches an meiner Tätigkeit. Ich höre einfach zu und notiere die Worte, die ich höre, und zeichne meine Gedanken auf, die einer nach dem anderen in mein Gehirn fallen gelassen werden« (Alice Bailey).

Die gängige parapsychologische Theorie, inhaltlich zutreffende und genau gechannelte Botschaften zu erklären, lautet, dass das Medium die entsprechenden Informationen durch unbewusste Telepathie oder außersinnliche Wahrnehmung dem Unbewussten anderer lebender Menschen entnimmt. In der Regel handelt es sich dabei um den Teilnehmer, der sich um Kontakt mit dem Verstorbenen bemüht (→ Magie). Es gibt aber auch Fälle, die schwieriger zu erklären sind. Eine andere Theorie ist die der gespaltenen Persönlichkeit. Allerdings können die meisten Medien im Gegensatz zu Schizophrenen besser damit umgehen.

Im psychologischen Modell von C. G. Jung taucht der Begriff des »kollektiven Unbewussten« auf. Jung geht davon aus, dass es eine »veräußerlichte Wirkung unbewusster Komplexe« darstellt. Dabei hat das Medium die bewundernswerte Fähigkeit, ohne Zensur (oder assoziatives Denken) in tiefere Schichten des eigenen Unterbewusstseins vorzudringen. Es stößt dort auf abgespaltenes Material, das nach oben ins Bewusstsein drängt. Je fähiger ein Medium, desto tiefer kann es in sein eigenes Unterbewusstes vordringen und an die Schicht des kollektiven Unbewussten gelangen. Auf dieser Ebene sollen alle kollektiven Erfahrungen der Menschheit gelagert sein.

Ein weiteres Modell besagt, dass das Gehirn eine Empfangsstation für Informationen aus dem → morphogenetischen Feld (Rupert Sheldrake) ist. Dieses Form gebende Feld speichert und übermittelt nicht nur Wissen, sondern auch biologische Urbilder (→ Akasha-Chronik). Für Ken Wilber, einen der führenden Köpfe der Bewusstseinsforschung und → transpersonalen Psychologie, kommt indes alles aus dem höheren → Selbst des Menschen:

»Ich glaube, wenn ein Mensch beginnt, auf dieses Selbst zuzuwachsen, empfängt er von ihm Hinweise und Inspirationen. Wenn man allmählich einen ersten Einblick in das höhere Selbst gewinnt, ist es ein direktes, unmittelbares Wissen. Es kommt aber nicht in pseudowissenschaftlichen Ausdrücken daher. Es ist schlicht ein Erkennen des eigenen Geistes.« (Ken Wilber 1991)

Nicht alle Durchsagen rühren vom höheren Selbst her. Der Psychiater Ralph B. Allison sagt darüber: Das höhere Selbst »ist jedem zugänglich. Wir brauchen dazu niemanden, der sich auf einer Bühne in Szene setzt (das Medium). Wir können es auf eigene Faust, in aller Stille erreichen« (Ralph B. Allison). Ganz abgesehen von wissenschaftlichen Erklärungen ist dieses Kriterium von Bedeutung, weil das »gechannelte« Material selten den Qualitätskriterien entspricht, die auch an »normal« erarbeitete denkerische oder künstlerische Leistungen angelegt werden.

Die meisten gechannelten Quellen berufen sich auf entkörperte menschliche Geistwesen. Diese sind natürlich genauso verschieden wie wir Menschen auf der Erde. Der Psychologe Charles Tart bringt es auf den Punkt: »Sterben macht nicht unbedingt gescheiter« (Charles Tart). Die meisten verstorbenen Menschen kommen angeblich in irgendeine untere oder mittlere Ebene des »Astralreichs«. Die unteren »Astralgeister« (→ Geister) sollen von allen entkörperten Wesenheiten diejenigen sein, die am stärksten vom physischen Leben angezogen werden. Solche Wesenheiten sind problematisch, denn ihre Äußerungen verraten, dass sie oft nach dem Tod glauben, noch auf der physischen Ebene zu leben; sie reagieren infolgedessen frustriert oder gereizt und aggressiv auf die bestehenden Umstände.

Neuere Erkenntnisse durch Forschungen im Bereich der Anästhesie (mit dem Anästhetikum Ketamin) und wissenschaftlich ausgewertete Nahtoderfahrungen sprechen jedoch deutlich gegen die Möglichkeit eines Kontakts mit Verstorbenen. Entkörperte Wesen haben es auf jeden Fall schwer – wenn überhaupt – mit Lebenden zu kommunizieren, da sie auf eine andere Wellenlänge des Bewusstseins eingestimmt sind als lebende Menschen. Viele Channels geben sich natürlich nicht mit Verstorbenen ab, sondern channeln vermeintlich höhere Geistwesen, die angeblich die Menschheit führen sollen. Hier tritt das Problem der Autorität auf, wenn rigide Geisteshaltungen vertreten werden.

Die verbreitetste Technik des Channeling ist die → Trance. Das Medium verliert dabei das Wachbewusstsein, und jemand oder etwas anderes scheint das Gehirn und den Körper des Mediums in Besitz zu nehmen und sich seiner zu bedienen, um zu sprechen, zu träumen, zu schreiben oder sich sogar zu bewegen (→ Besessenheit). Dies erinnert an Hypnosezustände, bei denen allerdings der Therapeut von außen mit dem Klienten kommuniziert. Meistens kann sich das Medium später an nichts mehr erinnern. Während der Trance-Sitzung hat das Medium in der Regel einen deutlich anderen Tonfall als im Normalbewusstsein. Die meisten bekannten Medien haben mit Trance-Stimme gechannelt. Beim Channeling in leichter Trance hat die Person ein teilweises oder volles Bewusstsein dessen, was in der Umgebung und im Inneren vor sich geht. Das hellhörende und hellsehende (→ Hellsehen) Channeling wird auch unter → Magie erwähnt. Im Spiel sind hier wahrscheinlich erweiterte und geübte Fähigkeiten des Gehirns des Mediums. Channeling gibt es auch im Schlaf und im Traum. Ein Medium, das in Trance geht, ähnelt in mancherlei Hinsicht einem normalen Menschen, der träumt. Die schnellen Augenbewegungen sind in der Trance allerdings nicht vorhanden und willkürliche Muskelbewegungen eingeschränkt oder ganz eingestellt. Man kann sagen, »Channeling« ist eine Trance, in der → Besessenheit auftritt.

Menschen, die gechannelte Bücher lesen, aber auch diejenigen, die selbst channeln, vertrauen ihrer eigenen Autorität wenig, denn sie berufen sich auf höhere Wesen. Dadurch geben sie die Verantwortung für die Botschaften ab. Jede Kritik an diesen Aussagen und jede kritische Diskussion muss fruchtlos bleiben, denn wie können wir sterbliche, materielle Wesen die hohen Weisheiten der Geistwesen (→ Geister, Geistwesen), → Engel, Weisen, Gottheiten in Frage stellen? In vielen Channeling-Büchern drückt sich eine autoritäre Geisteshaltung aus, und alte Weisheiten, die in vielen Büchern zu finden sind, bekommen dadurch einen anderen Impuls.

»Die Propheten Jesaja und Hesekiel speisten mit mir, und ich fragte sie, wie sie es wagen konnten, so rundheraus zu verkünden, dass Gott zu ihnen gesprochen habe, und ob sie damals nicht daran gedacht hätten, dass sie missverstanden und ihre Lehren somit missbraucht werden könnten. Jesaja antwortete: ›Ich sah keinen Gott noch hörte ich einen in einer endlich begrenzten Wahrnehmung meiner Organe: aber meine Sinne entdeckten das Unendliche in Allem, und wie ich dann die Überzeugung gewann und in ihr bestätigt blieb, dass die Stimme der aufrichtigen Empörung die Stimme Gottes ist.‹« (William Blake 1996, 225)

Channeling, Spiritismus

Der Begriff »Channeling« kommt aus dem Amerikanischen und bedeutet »kanalisieren«, »Sprachrohr für Wesenheiten aus einer fünften Dimension sein«. Er wird als ein erweitertes Verständnis des Phänomens → Spiritismus verstanden. Im 20. Jh. führten Alice A. → Bailey, die mit gechanneltem Wissen eines »Tibeters« die → New-Age-Bewegung dieses Jh. begründete (→ Theosophie), und Robert Cayce (1877–1945), der unter seinen Anhängern als Prophet gilt, den Spiritismus weiter. In → Trance soll er unter anderem den Tod zweier amerikanischer Präsidenten, vorausgesehen haben. Zahlreiche Vorhersagen, die ebenfalls nachgeprüft wurden, stimmen allerdings nicht. In den sechziger Jahren des 20. Jh. wurde aus dem klassischen Spiritismus das Channeling. 1963 hatte die 34-jährige Jane Roberts ihre erste Begegnung mit dem Channeling. Bis zu ihrem Tod im Jahre 1984 sollte es ihr Leben bestimmen. Sie übermittelte z. B. die weltweit erfolgreichen »Seth«-Bücher.

In der New-Age-Szene richtig populär wurde das Channeling durch den Findhorn-Kreis. 1962 parkten die Theosophen Eileen und Peter Caddy ihren Wohnwagen auf einem verlassenen Stützpunkt der britischen Luftwaffe in den Dünen von Findhorn (Schottland). Später gesellten sich weitere Freunde, darunter Dorothy Maclean und David Spangler, zu ihnen. Sie begannen in den Sanddünen Gemüsegärten anzulegen, die nach einigen Rückschlägen schließlich Früchte trugen, und behaupteten, Naturgeister (→ Geister) würden mit ihnen kommunizieren und ihnen helfen. Was die Findhorn-Erfahrung so besonders machte, war die Kommunikation und Zusammenarbeit mit den Wesen der Naturwelt. Immer mehr Menschen scharten sich deshalb um die Gruppe, die zeitweise eine der größten spirituellen Gemeinschaften des → New Age war. Weitere heute weltbekannte Medien sind Helen Cohn Schucman, die »A Course in Miracles« (»Ein Kurs in Wundern«) auf über 1200 Buchseiten channelte, J. Z. Knight, die »Ramtha« channelt, Kevin Ryerson, Ken Carey, Rhea Powers, die auch in Deutschland Vorträge halten, und viele andere. In neuerer Zeit wurde Neale Donald Walsch berühmt durch seine »Gespräche mit Gott«. Ob diese tatsächlich »gechannelt« sind, ist allerdings fraglich.

Chartres, Kathedrale Notre-Dame de Chartres

Eines der berühmteren Beispiele für »objektive« → Architektur ist die Kathedrale von Chartres. Sie steht auf einer Höhle, die ursprünglich eine Dolmenkammer war. Dolmengräber wurden in der Kultur der → Megalithbauten (Jungsteinzeit, ca. 2500 v. u. Z.) aus mehreren steinernen Stützen mit einer Deckplatte aus einem großen flachen Felsstein errichtet, der meist mit einem Erdhügel überwölbt war. Höhlen waren seit der Vorzeit häufig Ritual- und Kultplätze (z. B. die Höhle von Lascaux, 20 000 Jahre alt, → Kunst). In Andalusien hat man eine Dolmenplatte gefunden, die 30 Meter lang und breit war, eine erstaunliche Größe, insbesondere wenn man an den Transport denkt.

Später wurden mit Hilfe von Kuppel und Rundbogen eine Art »künstliche Höhle« über der Erde errichtet: die romanischen Kathedralen. Ende des 11. Jh. entdeckte man den Spitzbogen und seine physiologische Wirkung auf den Menschen: unter dem Spitzbogen richtet sich der Mensch auf, er errichtet sich. Damit erwachte der Mensch zum Bewusstsein seiner Individualität. Noch bemerkenswerter ist indes die spirituelle

Absicht dahinter. Durch die innere wie äußere Aufrichtung stellt sich der Mensch so zwischen Himmel und Erde, dass er im Einflussbereich beider Sphären steht.

Durch den Einbezug der Höhle in das Bauwerk wurde die Schwingung beider Bauwerke verdoppelt. Das Gewölbe der Kathedrale ist genauso hoch (37 Meter) wie die Höhle unter der Kathedrale und steht mit dieser in Resonanz.

»Das gotische Bauwerk erfordert, um überhaupt bestehen zu können, dass Schub und Gewicht genau aufeinander abgestimmt sind. Das Gewicht des Gewölbes, das den Seitendruck erzeugt, wird durch die Form des Gewölbes aufgehoben. Die steinerne Sprungfeder befindet sich also in fortwährender Spannung, die durch die Kunst des Baumeisters ›gestimmt‹ werden kann, nicht anders als man eine Harfensaite stimmt. Dass die Kathedrale ein Musikinstrument sei, ist nicht nur ein schöner Vergleich, sie ist es tatsächlich.« (Louis Charpentier 1972, 39)

Der Spitzbogen von Chartres ist über einem Fünfstern (Pentagramm, → Zahlen, Zahlenmystik) errichtet, dem traditionellen Symbol für den Menschen. Das hat die Wirkung, dass ein aufmerksamer Mensch, der den Weg vom Eingang bis zum Altar durchschreitet, bestimmte innerseelische Prozesse wahrzunehmen vermag. Wer die Kathedrale betritt, geht nicht nur durch ein klassisches → Labyrinth, das symbolisch seinen Lebensweg nachzeichnet, sondern kommt sich am Anfang dieses Weges als Mensch auch sehr winzig vor. Beim weiteren Fortschreiten fühlt sich der achtsame Mensch innerlich nach und nach »erhoben« und hat das Gefühl, zur vollen »menschlichen Größe« zu wachsen. Übrigens lässt sich auch in anderen Kunstformen der Kathedrale die bewusste Absicht der Erbauer erfahren (→ Bauhütte).

Es gibt noch weitere bedeutende geometrische Eigenschaften, welche die besondere Konstruktion dieser und anderer Marienkathedralen im Umkreis von Chartres ausmacht. Klassische Kathedralen bestehen in der Regel aus einem Langhaus mit erhöhtem Mittelschiff und niedrigeren Seitenschiffen, einem das Langhaus durchdringenden, ebenfalls dreischiffigen Querhaus sowie einem ebenso gestalteten Chor, dessen Mittelschiff in einem Polygon aus sieben Seiten eines Zwölfecks endet. Auch der Aufriss im Inneren ist meistens dreiteilig.

Über dem Grundriss der Kathedrale von Chartres wurde indes ein Siebenstern gelegt, auf dem der ganze Bau basiert:

»Der Baumeister hatte mit der Konstruktion des Siebensterns zu beginnen. Daraus ergaben sich dann der halbrunde Abschluss der rechteckigen Tafel (das Langhaus), die Breite des gesamten Chors, Länge und Breite der Querschiffe, die Länge der Kathedrale und ihr Umfang und endlich auch die Möglichkeit, die mit der rechteckigen und der quadratischen Tafel flächengleiche runde Tafel zu konstruieren. Vermutlich diente der Siebenstern auch noch als Ausgangsfigur für andere, weniger offensichtliche Gestaltungen.« (Louis Charpentier 1972, 91)

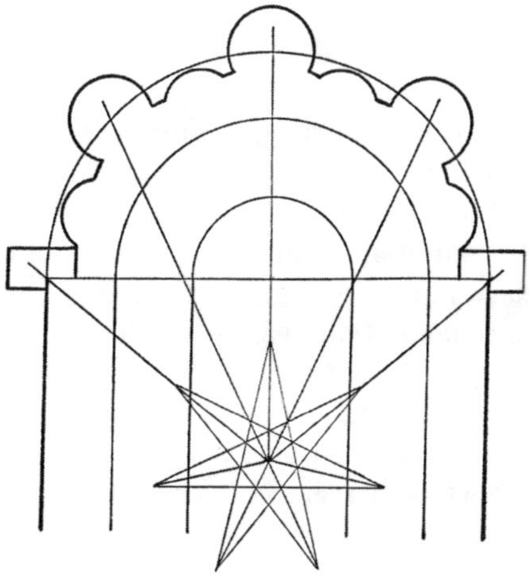

Die Konstruktion der Chor-Apsis der Kathedrale von Chartres über dem Siebenstern.

Chassidismus (hebr. »Frömmigkeit«)

Darunter versteht man drei Bewegungen innerhalb des Judentums: 1. die so genannten Frommen, die zusammen mit den Makkabäern gegen die Überfremdung durch die Griechen kämpften; 2. den dt. Chassidismus als mystische Strömung des Judentums zwischen 1150 und 1250; 3. die geistige Strömung, die Baal Shem Tow (1700–1760) begründete und die in der zweiten Hälfte des 18. Jh. in Osteuropa viele Anhänger hatte. Der jüdische Gelehrte Martin Buber schrieb über Baal Shem Tow und versuchte die Bewegung neu zu beleben. In mancher Hinsicht vergleichbar dem → Bhakti-Yoga.

Chinmoy Kumar Ghose, Sri (geb. 1931)

Langjähriger Schüler von Sri → Aurobindo; lehrt heute in aller Welt. Mit elf Jahren verliert der Junge seinen Vater und mit zwölf Jahren seine Mutter, worauf die Geschwister in den Ashram von Sri Aurobindo nach Pondicherry gebracht werden; Chinmoys ältester Bruder hatte schon vorher mit dem Ashram in Kontakt gestanden. Bis 1964, also 20 Jahre lang, bleibt Chinmoy im Ashram, eine ungewöhnlich lange Zeit, die ihn nachhaltig geprägt haben dürfte.

Den »integralen Yoga« hat Chinmoy in seine Lehre mit einigen Änderungen aufgenommen. 1965 verließ er den Ashram und begann ab 1967 öffentlich aufzutreten und erste Schüler um sich zu sammeln. Chinmoy ist geprägt von indischer Spiritualität (mit allen wesentlichen Elementen indischer Philosophie wie → Reinkarnation, → Karma-Lehre und Verständnis des Gurus als personifizierter Erleuchtung). Das »Sri« in seinem Namen bedeutet in etwa »Göttlicher« oder »Majestät«. Viele indische Gurus führen diesen Beinamen.

Sri Chinmoy lehrt nach eigenen Angaben »einen modernen, ganzheitlichen Yoga, der viele Aspekte des menschlichen Wesens und westlichen Lebens mit einbezieht« und seine Wurzeln im → Hinduismus hat. Die tägliche, regelmäßige Meditation auf das Herzzentrum hin (→ Bhakti-Yoga) bildet den Hauptinhalt der Lehre und soll als »Weg des Herzens inneren Frieden, Freude, Licht und Liebe« vermitteln. Dem Schüler soll es so gelingen, zu einer tiefen, befreienden Erfahrung zu gelangen, zum Einssein mit Gott. Der »Supreme« (in der Bewegung Name für Gott) kann durch regelmäßige Meditation verinnerlicht werden.

Hier wird der Einfluss Aurobindos mit seinem Gedanken der »religiösen Evolution« deutlich: Die individuelle Seele kann durch stete Übung aufsteigen und sich immer näher zu Gott hin entwickeln. Die → Meditation, wie Chinmoy sie lehrt, ist Teil eines dreifachen Yoga, der aus Konzentration, Meditation und Kontemplation besteht. Alle drei Elemente sollen täglich geübt werden und den Schüler zu einem bewussteren und erfüllteren Leben führen. Am Anfang steht jeweils die Konzentration, die aus Atemübungen (→ Atem, Atemtechniken), der richtigen Körperhaltung und der Rezitation von → Mantras besteht. Kritisch zu sehen ist die starke Betonung der Hingabe an den »Guru«.

Chisti-Orden → Khan, Hazrat

Christliche Mystik

Das Wort → »Mystik« bezeichnet in Bezug auf das Christentum einen Weg zu unmittelbarer Gotteserfahrung und im wahrsten Sinne ein Leben aus solcher Gotteserfahrung. Die christl. Mystik ist in dieser Bedeutung ein Weg zur *unio mystica*. Jede persönliche und unabhängige Erfahrung der Gottheit, die sich durch eine ungeheure emotionale Kraft auszeichnet, ist eine mystische Erfahrung. Der Kern mystischer Erfahrung ist existenziell, jenseits von Emotionen. Je nach Typ kann eine solche Erfahrung auch eine starke emotionale Auswirkung haben, muss aber nicht. Eine solche Erfahrung erfasst die Ganzheit des Menschen (körperlich, emotional und mental) und hat eine transformierende Wirkung. Das, was der betreffende Mensch ist, wird gleichsam »an einen Starkstrom angeschlossen«. Sie ist ein Wissen durch → Erleuchtung oder »Offenbarung des Geistes«.

Die christl. Mystik unterscheidet sich nur insofern von anderen mystischen Erfahrungen, als im Christentum die Benennung der Erfahrung personifiziert und mit christl. Vorstellungen durchsetzt ist. Der Inhalt kann nichts anderes sein als die verschiedene Stufen und Aspekte der einen Wirklichkeit.

In der christl. Mystik wird von zwei Arten der Erfahrung gesprochen: Der *transzendenten* und der *immanenten* Erfahrung. → Transzendenz bedeutet in diesem Zusammenhang: → Gott als Einheit zu erfahren, jenseits aller möglichen Erscheinungen und Bezeichnungen und gleichzeitig das Erscheinende beinhaltend – der Begriff Gottes als »der unaussprechliche Name«, Gott als transzendente Qualität, die für den Menschen in keiner Weise fassbar ist. Immanenz heißt: Gott als in allem innewohnend zu erfahren, zu erkennen, dass alles Erschaffene durch Gott belebt ist, und es, obwohl die Formen unterschiedlich sind, keine Trennung gibt. Alles ist durch das Sein in Einheit verbunden.

Der mystische christl. Weg geht bis auf die so genannten Wüstenväter zurück, Einsiedler, die sich bald nach der Verbreitung des Christentums in die Einsamkeit zurückzogen, um ihr Leben einzig Gott zu widmen (→ Kloster). In gewisser Weise sind diese Mystiker den indischen Yogis vergleichbar, die in einer Einsiedelei in den Bergen meditierend sich nur der Erfahrung des Geistigen hingeben und alle weltlichen Bezüge und Beziehungen abgebrochen haben. »Ich aber sage: Gott ist weder Sein noch vernünftiges Sein, noch erkennt er dies oder das. Darum ist Gott ledig aller Dinge – und darum ist er alle Dinge« (Meister → Eckhart).

Der Wort »Mystik« wurde in der abendländischen Kultur ursprünglich von → Dionysios Areopagita eingeführt, wobei er den Begriff von den Mysterienschulen der Griechen und Römer ableitete (→ Mystik). Die christl.-mystische Erfahrung ist spontan, logisch nicht erklärbar oder ableitbar, weshalb meistens von »göttlicher Gnade« gesprochen wird, wenn der mystische Bewusstseinszustand den Kontemplativen überkommt. Man darf jedoch nicht außer Acht lassen, dass die Klosterarbeit mit ihren vielfältigen Gebeten (→ Herzensgebet), Gesängen (→ mantrische Gesänge), Fastenzeiten, → Ritualen und körperlicher Arbeit, → Meditationen und regelmäßigen Selbstzüchtigungen ein intensives Training ist, das für eine mystische Erfahrung – selbst wenn diese dann eine begnadete ist – die Grundlagen schafft. Die körperlichen Aspekte sind sicherlich von herausragender Bedeutung, denn sie verhindern ein Abgleiten in die Psychose, die in gewissem Sinne eine psychisch-geistige Erfahrung ist, aber vom Betroffenen weder geistig noch körperlich verarbeitet werden kann. Es soll jedoch nicht unerwähnt bleiben, dass Mystiker immer wieder betonen – oft nachträglich – dass Selbstkasteiungen kontraproduktiv sind.

In der christl. Mystik wird im Allgemeinen von zwei Wegen zur Gotteserfahrung gesprochen: dem »positiven Weg« und dem »negativen Weg«.

Der positive Weg *(via positiva*, auch *kataphatisch* genannt) versucht Gott bzw. die Gottheit als die höchste aller geschaffenen Vollkommenheiten anzusehen und Gott aktiv zu verstehen, indem bestimmte Qualitäten wie Schönheit, Güte, Liebe usw. in den erschaffenen Dingen gesehen werden. Auf diese Weise gelangt der Mystiker zur Quelle dieser Qualitäten. Der negative Weg *(via negativa*, auch *apophatisch* genannt) beharrt darauf, dass der Mensch Gott niemals erfahren oder kennen kann, wenn Gott sich nicht selbst offenbart. Beispielhaft dafür ist die »Mystische Theologie« des → Dionysios Areopagita, die gnostischen Ursprungs ist (→ Gnosis). Anhand eines einfachen Beispiels für den negativen Weg kann man sagen, dass die Aussage: »Gott ist gut« irreführend ist, weil es nicht möglich ist, die wirkliche Qualität der Güte erfahren zu können.

Zur mystischen Praxis gehört immer eine Form der Wiederholung. Vieles wird wiederholt: Gesänge, Gebete, Rezitationen, Arbeitsablauf (→ Mantra). Und nicht nur das: Alles wird täglich, wöchentlich, monatlich, jährlich und so fort wiederholt. Darauf basiert die »Methode« christl., klösterlicher Mystik. Das gilt natürlich nicht ausschließlich. Viele der großen Mystiker waren in der Welt sehr aktiv, nahmen z. B. die sozialen und spirituellen Bedürfnisse der Menschen in ihrem Umfeld wahr und kümmerten sich um Klosterreform, Krankenpflege, Seelsorge und Predigten. Außerdem wurde in den → Klöstern nicht nur das Studium der Bücher gepflegt, viele Mystiker verfassten auch selbst Bücher und nahmen so großen Einfluss auch auf die weltliche Geistesentwicklung.

Die spanischen Klöster des Mittelalters etwa brachten eine große Anzahl Mystiker hervor, die bedeutende mystische Werke schrieben, welche in die Weltliteratur eingingen. Ihre Mystik ist insbesondere eine Liebesmystik, vergleichbar den Erfahrungen der Sufi-Mystiker (→ Sufismus, Mystik) oder → Bhakti-Yogis der gleichen Zeit, so etwa → Caterina von Siena, → Theresia von Ávila, → Johannes vom Kreuz. In Deutschland waren die Mystiker mehr den höchsten intellektuellen Intuitionen zugeneigt (Meister → Eckhart, → Hildegard von Bingen, Jakob → Böhme).

Weitere bedeutende christl. Mystiker des Mittelalters waren: Dionysus der Kartäuser, Gertrud die Große, Mechthild von Magdeburg, Thomas von Kempen, Johannes Ruysbroeck, Heinrich Seuse, Johannes Tauler, Franz von Assisi, Ramon Llull, Gardia de Cismeros, Ignatius von Loyola, Peter von Alcantara.

Viele der Mystiker hatten es nicht leicht, von der offiziellen Kirche anerkannt zu werden; viele wurde verfolgt oder mit Gefängnis bestraft, weil die katholische Kirche im Kern antimystisch ist, wie jede institutionalisierte Religion; dennoch wurden viele christl. Mystiker später als »Heilige« anerkannt.

Russisch-orthodoxe Mystik: Nachdem Russland im 10. Jh. christianisiert worden war, entstanden zahlreiche Klöster, in denen Männer und Frauen sich dem Gebet widmeten. Im Gegensatz zum Westen waren es reine Gebetsgemeinschaften. Die Mönche arbeiteten für ihren Lebensunterhalt und beteten. Es war ein Leben in härtester Askese, im immer währenden → Herzensgebet *(gospodi pamiloi*, »Herr, erbarme Dich meiner«) und in der täglichen Arbeit. Aus dem Mönchtum gingen die späteren Geistlichen der russisch-orthodoxen Kirche hervor.

Eine typische geistliche Erscheinung im russischen religiösen Leben war das

Starzentum. Starze bedeutet »der Alte«. Die Starzen waren nicht immer Mönche, sie waren Asketen und Gottsucher, die ihren gesamten Besitz aufgaben und sich auf Wanderschaft begaben, vergleichbar den hinduist. Sannyasins oder dem buddhist. Wandermönch. Auf der Suche nach dem geistigen Meister wanderten sie von einem Kloster zum anderen; im Volk wurden sie als Heilige verehrt. Im 18. Jh. erschien in Russland ein Buch, das die mystische Bewegung der Gottessucher neu belebte, die »Philokalia«. Dieses Buch ist eine Sammlung von Geschichten und Belehrungen, das viele Anregungen und Hinweise für ein christl., kontemplatives Leben gab. Noch heute wird es als Sammlung spiritueller Belehrungen geschätzt. Nach der Auflösung der Sowjetunion ist heute wieder eine neue Renaissance der russischen Mystik zu beobachten. Im Westen wurde das Kloster auf dem Berg Athos in Griechenland berühmt, wo heute noch Mönche das Leben der Wüstenväter, der frühen christl. Asketen, praktizieren. Das Kloster wurde vor rund 20 Jahren neu belebt.

Christliche Mystik in der Neuzeit: Die christl. Mystik hat eine ungebrochene Tradition. Für die Neuzeit zu nennen sind hier Theresia von Lisieux (1873–1897), Maximilian Kolbe (1894–1941), Teilhard de Chardin (1881–1955), der große Prophet der göttlichen Evolution, Thomas Merton (1915–1968), dessen Klassiker »Meditationen eines Einsiedlers« auch nichtchristl. Mystiker anspricht.

Eine Heilige der katholischen Kirche ist die Mystikerin Edith Stein (1891–1942), die im KZ Auschwitz vergast wurde. Ein Ausspruch von ihr sagt viel über ihr geistiges Erleben aus: »Es gibt nur wenige Seelen, die in ihrem Innersten von ihrem Innersten aus leben; und noch viel weniger, die dauernd darin und von ihm aus leben.« Siehe auch: Simone → Weil, David → Steindl-Rast, → Bede Griffiths, Willigis → Jäger, Anselm → Grün.

Durch den Einfluss vieler neuer spiritueller Strömungen aus Asien verstärkt sich innerhalb der Kirchen heute wieder eine Hinwendung zu den ureigensten christl. mystischen Zielen und Methoden. Der bekannte Theologe und Buchautor Josef Sudbrack bringt deutliche Argumente in der christl. Auseinandersetzung mit dem neuen spirituellen Trend:

»Man hat das ostkirchliche Jesus-Gebet wieder entdeckt, aber dabei übersehen, dass der katholische Rosenkranz und das Beten von Litaneien die gleiche meditative Struktur haben. Wer weiß, dass → Theresia von Ávila mit ihren Schwestern schon zur Zeit der Reformation im Diamant-Sitz »meditierte«, also in der Haltung, die der → Zen-Buddhismus heutzutage wieder bekannt macht? ... Es wäre Zeit, über den Sinn der asketischen Praktiken zu reflektieren, mit denen die Gläubigen vergangener Zeiten sich auf Erfahrung von Tiefe und religiösem Sinn vorbereiteten. Wie konnte es geschehen, dass kontemplative Klöster zwischen Meditation und Liturgie trennen, wo doch letztere einmal eine Hochform des meditativen Betens war?« (Josef Sudbrack)

Crowley, Aleister (1875–1947)

Crowley war einer der bekanntesten europ. »Magier« des 20. Jh. (→ Magie). 1898 schloss er sich dem Orden des Golden Dawn an, der unter der Leitung von Gregor Mathers stand. Während eines Aufenthalts in Kairo 1904 empfing er eine »Offenbarung« von Aiwaz, einem Abgesandten des ägyptischen Gottes Ra-Hoor-Khuit.

In seinem »Buch der Gesetze« (»Liber al vel legis«) sind diese mediumistischen »Offenbarungen« (→ Channeling) zusammengefasst. Die alten Religionen und die herrschende Moral sind darin beseitigt. Von nun an gilt: Jeder Mann und jede Frau sind ein Stern, und: »Tu, was Du willst, sei das ganze Gesetz. Liebe ist das Gesetz, Liebe unter Willen.« Mit diesem so genannten Gesetz von *Thelema* (griech. »Wille«) ist selbstverständlich nicht gemeint, dass jeder nach egoistischen Maßgaben handelt, sondern seinen inneren Willen, den es zu wecken gilt, ausübt. Gleichzeitig wird die Handlung ja dadurch relativiert, dass jeder Mensch ein Stern ist, mit dem ein anderer Stern nicht kollidieren soll. Mit seinen Anhängern gründete Crowley 1920 in Cefalù auf Sizilien die Abtei Thelema, wo er das Gesetz von Thelema, die neue Religion verkündete.

Ein Leitfaden für seine praktische Arbeit war für Crowley stets die → Kabbala, speziell die Gematria (die auch von den → Freimaurern gepflegt wird). Mit Hilfe der zahlenmystischen Analyse (→ Zahlen, Zahlenmystik) kann der Magier die in der Trance geschauten Symbole, Namen, Codeworte und Formeln genau einordnen. Damit erkennt er, mit welcher Kraft er es zu tun hat. Crowley benutzte meistens Frauen als spiritistische Medien (→ Channeling), um seine Erkenntnisse zu überprüfen.

Da Crowley auch ein ausgesprochener Liebhaber des weiblichen Geschlechts war und sadomasochistische Neigungen hatte, lag es nahe, dass er auch sexualmagische Riten durchführte, die heute durch das → Tantra weit verbreitet sind. Denn die sexuelle → Trance kann wie → psychoaktive Substanzen durchaus einen Zugang zu einem anderen Bewusstsein öffnen. Schon Anfang des 20. Jh. experimentierte Crowley deshalb auch mit psychoaktiven Substanzen, die damals noch legal waren. Kokain, Haschisch, Peyote benutze er als Vehikel zur Erfahrung anderer Wirklichkeiten. Insofern ist er auch Wegbereiter der psychedelischen Bewegung der sechziger Jahre. Ans Heroin geriet er wegen seines Asthmas, da es Anfang der zwanziger Jahre noch als wirkungsvollstes »Heilmittel« galt. Als er weder mit Magie noch Disziplin seine Abhängigkeit in den Griff bekam, suchte er 1922 Hilfe in Fontainebleau bei Paris, wo G. I. → Gurdjieff eine »Schule für die Harmonische Entwicklung des Menschen« leitete; Gurdjieff war dafür bekannt, dass er Drogenabhängigen helfen konnte. Indes, Crowley blieb nicht lange dort, vermutlich gemäß dem Sufi-Sprichwort, das besagt, dass zehn Derwische unter einer Decke schlafen können, aber keine zwei Meister in einem Haus.

Skandalträchtige und spektakuläre Aktionen brachten ihn und seine Gruppe immer wieder in Verruf, sodass er auf Anordnung Mussolinis die Abtei Thelema auf Sizilien verlassen musste. 1944 entwickelte er zusammen mit der Künstlerin Frieda Harris in Anlehnung an die Symbolik des O. T .O einen → Tarot-Kartensatz, der sich heute großer Beliebtheit erfreut.

Tarotkarte »Das Universum« aus dem Set von Aleister Crowley und Frieda Harris.

D

D – Delta (griech.), Dal (arab.), Daleth (hebr.)
Zahlenwert vier, im spirituellen Sinne die Tür zu einer anderen Welt. Während die Zwei, das Beth, ein Haus darstellt, stellt die Verdoppelung der Zwei eine Tür dar. Weinreb (1979) interpretiert das so: Wenn des Menschen Welt, das wesentliche Haus, keine Tür besitzt, dann mangelt es seinen Bewohnern an Begegnungen, die ihr Leben wieder anregen. Ein Mensch, der sich auf eine bewusste → Wahrnehmung einlässt, findet seinen Weg zum Baum des Lebens. Die Dag-Rune, Rune der Erdmutter (→ Holle), wurde häufig über die Türen eines Hauses gemalt, sie entspricht auch der Othil- bzw. Odal-Rune, der Rune Odins, des Schamanen mit einem Auge, der für seine Visionssuche neun Tage Kopf über an einem Bein am Baum hing (im → Tarot die Karte »Der Gehängte«).

Dalai Lama
Der höchste → Lama, das geistliche Oberhaupt des → tibetischen Buddhismus. Die Tibeter glauben, dass der Dalai Lama (zurzeit ist es der 14.) eine Reinkarnation (→ Tulku) der vierarmigen Gottheit Chenresi ist. Wenn er stirbt, gehen die anderen Lamas auf die Suche nach einem neugeborenen Kind, das die erhabene Seele des spirituellen Oberhaupts in sich aufgenommen hat.

Dämon (griech. daimon)
Meist gedeutet als böser Geist oder → Teufel. Als Dämonen wurden von den Gnostikern (→ Gnosis) Wesen bezeichnet, die auf einer Mittelstufe zwischen Gott und den Menschen agieren. Plutarch und andere griech. Autoren bezeichnen häufig lokale Naturgottheiten wie Pan als Dämonen, die teils gut, teil böse sind. Daneben gibt es auch → Geister, die Macht über den menschlichen Körper und seine Funktionen ausüben können. Das Wort wird auch im guten Sinne von »schöpferische Intelligenz« gebraucht (→ Demiurg).

Dao (chin. »Weg«, »Sinn«) → Tao, → Tao-Yoga

Darshan (Sk. »Anblick«, »Anschauen«)
Bedeutet, einem Heiligen oder → Avatar Ehrerbietung zu erweisen, um durch seinen Anblick Segnung und Heilung zu erfahren. Jede Begegnung mit einem → Guru oder → Heiligen kann als Darshan betrachtet werden.

Darshana (Sk.), »Weltanschauung«
Philosophie. Bezeichnung für die sechs Schulen der → indischen Philosophie.

Dattatreya (Sk.)
Gilt der indischen Überlieferung nach als Sadguru, als höchster Lehrer, als göttliche Essenz der Weisheit. Seine Lehren gelten als Grundlage für alle → Heiligen und Schriften aller → Religionen. Den spärlichen indischen Quellen zufolge gilt er sogar als die Quelle des Göttlichen, als sichtbare Form des Wissens. Die Hindu-Mythologie und Ikonografie (→ Ikonen) hat Dattatreya als ein Wesen mit drei Gesichtern dargestellt. Das eine Gesicht stellt → Brahma dar, das schöpferische Prinzip, das andere → Vishnu, das be-

Dattatreya mit allen seinen Symbolzuordnungen.

wahrende Prinzip, und das dritte → Shiva, das zerstörende oder auch transzendente Prinzip (→ Trinität). Die Dreiheit, *trimurti,* die aus der Einheit, *ekam sat,* strömt, weist auf die ganzheitliche Vision der Einheit der Dinge hin, die die indische Philosophie über Jahrtausende am Leben erhielt. Die vier Hunde, die immer zu Füßen Dattatreyas sitzen, repräsentieren die vier Veden, die dem Herrn wie die Jagdhunde des Himmels und als Wachhunde folgen. Sie gehören zu Dattatreya, dem großen Jäger der Menschenseelen. Die ockerfarbene Kleidung symbolisiert Sannyasa (→ Sannyasin), den Geist der inneren Loslösung, ohne welche die Erkenntnis der ewigen Wahrheit – *sanatana dharma* – nur eine halbherzige Anstrengung wäre (→ Dharma). Westliche Anhänger behaupten, dass Dattatreya sich seit 2000 Jahren immer wieder in Heiligen und Yogis inkarniert habe und sich heute im Osten wie im Westen manifestiere, gerade weil seine nichtdualistische Lehre eine solch breite Vision hat. Die Lehre kreist um die endgültige Realität, die höchste Intelligenz, die selbst erleuchtete Wahrheit des ungeteilten Selbst. Dennoch wird die Realität der Welt nicht abgelehnt. Der Kosmos ist eine Manifestation des höchsten Selbst, und das befreite Bewusstsein ist eins mit dem Kosmos.

Diese Idee floss wahrscheinlich über die Gnostiker (→ Gnosis) in die christl. Dreifaltigkeit von Vater, Sohn und Hl. Geist ein (→ Trinität). Die indische Vorstellung der Dreigestaltigkeit Gottes, *trimurti,* hat ihre Entsprechung in der buddhist. → Trikaya-Lehre von den drei Körpern Buddhas. Diese lehrt, dass der → Buddha eins ist mit dem Absoluten, → Brahman, sich aber auch in der Welt des Relativen manifestiert, um sich aktiv für das Heil aller Wesen einzusetzen. Siehe auch: → Ganapati.

Delphi

Die Visionen des Orakels von Delphi wurden offenbar durch Dämpfe aus dem Erdinneren hervorgerufen. Man vermutete daher eine Quelle mit ethenhaltigen Gasen als Ursache für die → Trance. Amerikanische Wissenschaftler entdeckten denn auch tatsächlich die lang gesuchte Erdspalte unter dem Orakel von Delphi.

Bei Griechen und Römern war die Pythia, die Priesterin in Delphi, eine kulturelle Institution. Über 2000 Jahre pilgerte man nach Delphi, um Ratschläge beim Orakel einzuholen. Immer wieder berichteten antike Autoren, dass die Weissagungen von einer Frau stammten, die in einer engen Kammer in eine Art Trancezustand fiel.

Bereits Plutarch vermutete als Auslöser der Trance süßlich duftende Dämpfe aus dem Inneren des Erdgesteins. Bislang war es allerdings niemandem gelungen, eine Erdspalte auszumachen, aus der solche Dämpfe hätten entweichen können. Doch nun wurden Jelle de Boer von der Wesleyan University in Connecticut und seine Kollegen fündig. Laut einem Bericht in der Zeitschrift »Geology« konnten die beiden Geologen zwei sich kreuzende Erdspalten direkt unter dem Orakel lokalisieren. Seismische Aktivität könnte den bitumenhaltigen Untergrund in der Umgebung dieser Spalten aufgeheizt und durchlässig für Gase gemacht haben, so die Vermutung der Forscher. Entlang einer der Erdspalten entdeckten sie eine Kette von teils versiegten, teils noch sprudelnden Quellen. Und im Wasser einer dieser Quellen fanden sie neben Methan auch Spuren des Gases Ethen. Bei diesem Ethen, auch bekannt als Ethylen, könnte es sich um ebenjenes Gas handeln, das die Pythia in »Stimmung« für ihre Weissagungen versetzte. Siehe auch: → Orakel.

Demiurg (griech.): Intelligente Schöpferkraft

Im antiken Athen bezeichnete der Begriff »Arbeiter für das Volk«, d. h. den Handwerker und Künstler, der den *demos,* den Bürgern von Athen, mit den Geräten des Wohlergehens und der Kultur versorgte (→ Griechen). Aristoteles übernahm den Begriff für den »Großen Handwerker«, die Macht, die das Leben auf der Erde erschafft und erhält. Zu seiner Zeit stellte man sich den großen Handwerker und Künstler als den ersten Beweger vor, die transzendente Quelle, der die gesamte Existenz entströmt. Da sich dieser Beweger auf vielfältige Weise darstellte und man sich nicht einen einzigen »Gott« vorstellen konnte, wurden die Götter mit demiurgischen Intelligenzen gleichgesetzt.

Eine der Grundüberzeugungen der Gnostiker war, dass der Schöpfer dieser Welt und Beherrscher des Kosmos nicht derselbe sei wie die höchste Gottheit (vergleichbar mit → Brahman). Der Schöpfergott, der ursprünglich den Namen Satanel (→ Gnosis, Philosophie) trug, war der oberste der Äonen (→ Engel). Aufgrund der gnostischen Vorstellung, dass durch die Ausübung des freien Willens der → Engel viele Unwägbarkeiten und sogar Fehlentwicklungen in der Natur und dem Menschen auftraten, dachten manche Gnostiker, dass die Schöpfung, d. h. Kosmos und Menschheit, als gescheitert zu betrachten sei. Man ging sogar so weit, die Welt des Demiurgen als »nachgemacht« oder verfälscht anzusehen, denn nach einer Version formte der Demiurg (in diesem Falle Satanel) aus der verzerrten Abspiegelung am himmlischen Schleier ein physisches Bild *(plasma)* des Menschen und schenkte ihm durch Anhauchung das Leben. Da dem Menschen zum Leben etwas fehlte, lockte Satan aus den himmlischen Reichen einen Lichtfunken in seine seelenlose Welt und sperrte ihn in den Körper Adams.

Von den Gnostikern wurde der Demiurg gleichgesetzt mit dem Gott des Alten Testaments, Jahwe. Denn im Gegensatz zum höchsten himmlischen Vater, der ein liebender Gott ist, ist Jahwe eifersüchtig, zornig, rachsüchtig im Sinne einer strengen Anwendung des Gesetzes ohne jegliche Güte, Nachsicht oder Liebe. Eine andere Lesart ist, dass die ersten Menschen den schöpferischen Funken von den Demiurgen erhielten, um so die Schöpfung verantwortlich weiter zu entfalten.

Derwische, freie (persisch, türk. »Bettler«)

Das Wort »Derwisch« folgt der Idee von den »Armen im Geiste«, was natürlich nicht »dumm«, sondern vielmehr »offen für spirituelle Einsichten« bedeutet. Die Mehrheit der Sufis und Derwische gehört zu den großen, wohl organisierten und orthodox geprägten Bruderschaften (→ Sufi-Orden). Eine Minderheit, die sich von den Zwängen und der Strenggläubigkeit der islamischen Orthodoxie gelöst hat, sind die »freien« Derwische und Ekstatiker, die auch Fakire genannt werden (von arab. *faqr*, »Armut«). Sie führen ein freies, ungebundenes Leben, genießen häufig → psychoaktive Pflanzen wie Haschisch und suchen durch Musik, Tanz usw. die Ekstase. Viele von ihnen ziehen als wandernde Derwische und Bettler durch die Länder.

Im Arab. werden sie auch als *bi-shar* (»ohne das Gesetz«) bezeichnet. Anders als der orthodoxe Gläubige oder Angehörige eines der Derwischorden lebt der *bishar* meist ohne familiäre Bindungen und festen Wohnsitz. Diese besondere Form des Sufismus hat sich hauptsächlich in Pakistan und Indien entwickelt, es gibt sie aber auch bei südlichen Sufis. Auf dem indischen Kontinent hat sie starke Verbindungen zum hinduist. → Sannyasin und dessen spirituellem Verständnis. Von dort wurden Atemtechniken und Yoga-Übungen sowie volkstümliche Formen der Verehrung (→ Bhakti-Yoga) und sogar magische Praktiken übernommen. Besonders bei den umherziehenden *qalandaris* zeigt sich der Einfluss des verbreiteten shivaistischen → Nath-Kultes (→ Malamati). Siehe auch: → Sufismus.

Dharma (Sk. »tragen«, »halten«)

Umfassender Begriff für das, was unser Wesen ausmacht. Das Dharma des Menschen ist sein »geistiges Muster«. Im → Buddhismus gilt es auch als Grundlage der menschlichen Moral und Ethik, als Ordnung des Universums. Die Lehre Buddhas wird auch als Dharma bezeichnet, weil er dieses »Gesetz« erkannt und als die Lehre der universellen Wahrheit formuliert hat. Manchmal werden auch die Ideen, Denkobjekte, die Manifestationen der Wirklichkeit mit Dharma bezeichnet. Der → Hinduismus wird von seinen Anhänger auch Sanatana-Dharma genannt, die »ewige Religion«.

Dhikr

Im → Sufismus gibt es zwei Arten von → Mantras: den Dhikr und das → Wazifa. Dhikr ist eine rhythmische Rezitation, meist mit dem Namen Allahs oder Lobpreisungen Allahs wie *la illaha il allah* oder *bismillah ir rahman ir rahim*. Die Beteiligten an der religiösen Versammlung *hadra* stehen dabei meist im Kreis, in manchen Gruppen umfassen sie die Schultern des Nebenmannes mit dem Arm und schwingen dabei zum rhythmischen Gesang eines dieser hl. Wörter in einen → Trancezustand. Diese Übung kann Stunden dauern.

Im Allgemeinen gibt es mehrere Arten von Dhikrs: das »Gedenken mit der Zunge«, wobei die verschiedenen Gebetsformeln oder Gottesnamen laut und rhythmisch gesungen werden, und das »Gedenken mit dem Herzen«, der leise Dhikr (→ Naqschibandi). Der laute Dhikr spielt eine wichtige Rolle im gemein-

Dhikr als arabische Kalligraphie.

schaftlichen → Ritual *(hadra)* der → Derwische. Eine weitere Form ist *habs-i dam,* d. h. das Anhalten des Atems über eine längere Zeit nach einer bestimmten Anzahl von Atemstößen (mit oder ohne Worte), eine Art des yogischen Pranayama (→ Raja-Yoga, → Atem).

Dhyana (Sk. »Meditation«) → Zazen, → Raja-Yoga

Dionysios Areopagita

Von der Philosophiegeschichte nun als Pseudo-Dionysios Areopagita bezeichnet, gilt er als Vater der östlichen wie westlichen → Mystik. Eine Forschungsgruppe hat nachgewiesen, dass die ihm zugeschriebenen Texte nicht auf Dionysios zurückgehen. Lange Zeit wurde der angebliche Verfasser von neuplatonischen Schriften (→ Neuplatoniker), die angeblich im 6. Jh. auftauchten und ihn zum Heiligen der Kirche machten, mit dem von Paulus auf dem Areopag bekehrten Ratsherrn gleichgesetzt. Die Forscher fanden indes in akribischer Arbeit heraus, dass Dionysios' Texte von einem Abt Hilduin um 830 »zur größeren Ehre seines Klosters« geschrieben wurden. Er fixierte damit eine Legende von einzigartiger Wirkung. Kurt Flasch schreibt dazu:

»Die Schriften des Dionysios bilden ein relativ einheitliches Chorus, zusammengehalten von einer formelreich-geheimnisvollen Diktion und von dem Versuch einer Philosophie des Christentums. Diese Philosophie läuft darauf hinaus, alles Irdische als Bild des Unbildlichen zu sehen und zuletzt jeden positiven Inhalt und jede bejahende Aussage abzustreifen. Sie leitet an, durch Nichterkennen zu erkennen – den ›überseienden Strahl des göttlichen Dunkels‹ ...« (Kurt Flasch in der FAZ vom 8.2.1992)

Die Schriften zeigten sich als Adaption der Philosophie des nichtchristl. Denkers Proklos an Vorstellungen und Lebensformen des östlichen Christentums, besonders syrischer Zirkel in Byzanz.

»Es war kein Zufall, dass Hilduin den Heiligen mit den → Engeln in Verbindung brachte. Denn außer den Mönchen von St. Denis (der Kirche auf Montmartre in Paris) ist ihm niemand so zu Dank verpflichtet wie die Engel. Er hat sie als erster zu reinen Geistern erhoben – bei Augustinus besaßen sie noch einen Körper, freilich einen von besonderer Feinheit –, und er hat sie als erster in eine übersichtliche Reihung gebracht. Seitdem gibt es, bis hin zu Rilke, den ›Engel der Ordnungen‹. Genau genommen teilte Dionysios die unübersehbaren Heerscharen ein in drei Ränge mit je drei Ordnungen. Seitdem gibt es die ›Hierarchie‹.« (Kurt Flasch in der FAZ vom 8.2.1992)

Der Begriff wanderte nicht nur durch die Kirchengeschichte, sondern wurde auch von der neuzeitlichen → Theosophie aufgenommen, die von einer »Hierarchie der Meister« spricht. Die Theosophen übernahmen übrigens auch die gnostische Vorstellung der Aufeinanderfolge der Generationen, durch die sich die Seele im Menschen nach und nach vervollkommnet (was in eine Rassentheorie mündete).

Die »Mystische Theologie« des Dionysios hebt wie die → Gnosis die Andersartigkeit Gottes hervor und stellt ihn jenseits des Guten und des Seins. Dieser Gott wird im »lichten Dunkel« geehrt, einfach und unwandelbar bleibt er im Schweigen verborgen. Der Mensch kann sich mit ihm vereinen, indem er sich von allen Bildern, Wörtern und Begriffen löst. Gott wird erkannt durch Nichterkennen. Einswerden heißt verstummen. Die Philosophie des Pseudo-Dionysios beeinflusste das ganze christl. Mittelalter und Generationen von Theologen und Philosophen.

»Im 13. Jahrhundert kamen Aristoteles und die arabischen Philosophen auf, und in diese so andersgeartete Welt wirkte Dionysios als Korrektur und Anreiz. Gerade hatte man sich den Aristoteles und seine arabischen Erklärer angeeignet, da ereignete sich auch eine Renaissance des Dionysios und Proklos. Dies löste eine dramatische Entwicklung aus. Das mittelalterliche Denken wurde eine faszinierende Szenenfolge mit dem Thema: die Vernunft und ihre Grenzen. Wie sollte man es denken: das Unbestimmbare als der Grund alles Bestimmten? Die wichtigsten Namen treten in diesem Schauspiel auf: Robert Grosseste, Albertus Magnus, Thomas von Aquino, Meister → Eckhart, Berthold von Moosburg, Nikolaus von → Kues, Ambrogio Traversari und Marsilio Ficino.« (Kurt Flasch)

Dualismus

Der zoroastrische Dualismus (→ Zoroaster) drang in alle westlichen Glaubenssysteme ein. Es ist der Kampf zwischen den »bösen Kräften«, den Kräften der Finsternis, und den »guten« Kräften des Lichts. Der Dualismus findet sich auch im chines. Denken von → Yin und Yang. Die Unterscheidung von Geist und Materie – der klassische europ. Dualismus – wurde angesichts der Erkenntnis von der Vielfalt in der Einheit und des Pluralismus von Konzepten und Modellen, die sich mit vernetzten Strukturen unterschiedlicher Zahlensysteme (→ Zahlen, Zahlenmystik) beschäftigen, zu einer denkerischen Sackgasse. Seit Einstein ist bekannt, dass Materie nur eine andere Form der → Energie ist und umgekehrt. Manche Physiker haben bereits das dritte Element eingeführt: die Information im Sinne einer Kraft, die die Prozesse in der Materie und Energie »informiert«, also die »Software« dafür liefert, wie die Welt sich gestaltet (→ Geist). Alle drei Kräfte sind ineinander verwandelbar und wirken zusammen. Je nachdem, mit welchem Auge wir schauen, sehen wir Teilchen oder Wellen. Die Information, die ihre Bahnen lenkt, bleibt unsichtbar. Alle drei Kräfte sind aber offenbar auf jeder Ebene notwendig, sonst gäbe es weder die Einheit, noch gäbe es die Vielheit. Die Einheit ist in jeder Vielheit enthalten wie umgekehrt, die ganze Vielheit in der Einheit geborgen ist.

In einer pluralistischen Gesellschaft mit pluralistischen Denkschulen kann niemand mehr Werte, Handlungsanweisungen oder Philosophien entwerfen, die »endgültige« Wahrheiten suggerieren. Nur weil der Monismus des → Vedanta so »einfach« ist, muss er nicht wahr sein ... Vielleicht fügen die Menschen der nächsten 100 Jahre der großen Symphonie des kosmischen Flötenspielers neue Melodien hinzu?

Dürckheim, Karlfried Graf (1886–1988)

Der Schriftsteller und Psychotherapeut hielt sich 1938 bis 1948 in Japan auf und lernte die japan. Geisteskultur kennen. Er machte dabei auch intensive Erfahrungen mit dem → Zen-Buddhismus, u. a. in Form der Kunst des Bogenschießens, der Tee-Zeremonie, von Ikebana und Kalligraphie. Nach seiner Rückkehr nach Deutschland gründete er 1952 mit seiner späteren Frau, Dr. Maria Hippius, die Existential-Psychologische Bildungs- und Begegnungsstätte, Schule für Initiatische Therapie in Todtmoos-Rütte im Schwarzwald. Beide entwickelten dort die »Initiatische Therapie«, eine Variante der → transpersonalen Psychotherapie (→ Initiation). Maria Hippius entwickelte aus der Graphologie heraus das »Geführte Zeichnen«, eines der beiden Hauptmedien der Initiatischen Therapie. Graf Dürckheim, der inspiriert durch seine intensive Auseinandersetzung mit dem Zen-Buddhismus viele Bücher verfasste, unter anderen »Hara – Die Erdmitte des Menschen«, entwickelte die »Personale Leibtherapie«, heute vielfach »Initiatische Leibtherapie« genannt, als zweites Hauptmedium der Initiatischen Therapie.

Die Initiatische Therapie findet vielerorts innerhalb Deutschlands wie auch im näheren Ausland in Zweigstellen und Einzelpraxen Anwendung. Durch seine profunden Kenntnisse des Zen-Buddhismus trug er viel zu der heutigen Beliebtheit des → Zazen (→ Meditation, → Zen) in Europa bei. Die Initiatische Therapie ist jedoch nicht nur durch Zen, sondern auch maßgeblich durch die Tiefenpsychologie von C. G. Jung und E. Neumann inspiriert. Außerdem fließen Elemente der westlichen → Mystik und der Ganzheits- und Gestaltpsychologie mit ein.

Eine der Grundvorstellungen ist, dass eine initiatische oder Seinserfahrung einen inneren Prozess auslösen kann, »den initiatischen Weg«. In einer Seinserfahrung ergibt sich eine Durchlässigkeit für die immanente → Transzendenz. Das Ziel des initiatischen Weges ist die Verwirklichung eines dauerhafteren »Bezugs zur Transzendenz« mittels einer »Bereinigung des Unbewussten«. Das therapeutische Angebot in Einzel- und Gruppenstunden wird aus diesem Grunde mit »Exercitiae ad integrum« ergänzt, wie z. B. Aikido, → Tai-Chi, → Yoga, Übungen mit dem Schwert (→ Kendo) und → Zazen. Außerdem wird der Alltag als Übungsfeld mit einbezogen.

E

E – Epsilon (griech.), entspricht dem hebr. → He

Das hebr. Wort *heva* für »Frau«, »Trägerin des Lebens«, wird in lat. Buchstaben »Eva« geschrieben. Die Eh-Rune schreibt sich manchmal wie ein M und ist mit »Ehe«, der idealen Liebe, verbunden. Das hebr. Wort *elohim*, das in der Genesis vorkommt und mit »die Geister schwebten über dem Wasser« übersetzt wird, enthält noch das *el*, eine Bezeichnung für »Licht« (siehe auch → Engel).

Eckhart, Meister (1260–1327)

Der größte Vertreter dt. → christlicher Mystik. Nachdem er mit 18 Jahren in den Dominikanerorden eingetreten war und dort seine Ausbildung beendet hatte, trat er eine Laufbahn als glänzender Prediger und Betreuer mehrerer Nonnenorden an. Aus dieser Zeit stammen seine berühmten Predigten und Erbauungsreden von dem einen Gott, der in der Seele wohnt und von dem Weg zur Vereinigung mit ihm. »Gott ist dasselbe Eine, das ich bin. Gott hat nicht Sein wie alle geschaffenen Dinge, sondern ist selber sein Sein.«

Eckharts Mystik war für die Kirche so kühn, dass es sogar zu einem Inquisitionsverfahren gegen ihn kam. Jedoch ist es gerade sein Drang, alle Dualität zu transzendieren, der seine Botschaft mit allen bedeutenden esoterischen Traditionen verbindet.

Ekstase (griech.-lat.)

»Aus-sich-herausgetreten-Sein«, Verzückung, rauschhafter Zustand, meist in Verbindung mit → Trance und Sexualität (→ Tantra, → Sexualität und Spiritualität) gebraucht.

Ekstasetechniken

Es gibt eine Fülle von Trance-Techniken (→ Trance): darunter schmerzvolle Methoden wie Selbstgeißelungen, psychologischer Stress wie Sinnesdeprivation, Schlafentzug, Fasten, Belastung durch extreme Hitze oder Kälte; lustvolle Veränderungen durch Trance-Tanz, Trommeln, Singen (→ mantrische Gesänge), ekstatische Trance, Atemtechniken (→ Atem, Atemtechniken), ritueller Geschlechtsverkehr (→ Tantra), sexueller Orgasmus. Auch mit Lust und Schmerzen verbundene Methoden, wie sie im rituellen Sadomasochismus praktiziert werden, können ekstatische Zustände hervorrufen. Siehe auch: → Bewusstseinszustände.

Elemente

Die vier ursprünglichen Grundstoffe Erde, Wasser, Feuer und Luft, in die auch die → Alchemie die manifestierte Welt einteilte. In der späteren Chemie wurden daraus die vier Grundelemente Kohlenstoff, Wasserstoff, Stickstoff und Sauerstoff. Ähnlich wie in der Alchemie benutzte → Gurdjieff diese vier Stoffe für seine so genannte Wasserstofftabelle, in der die Triade (→ Trinität, Triade) C (Carbon, Kohlenstoff), N (Nitrogen, Stickstoff) und O (Oxygen, Sauerstoff) das vierte Element H (Hydrogen, Wasserstoff) ergeben, das »Molekül der Wahrnehmung«. Die Elemente-Unterteilung findet sich esoterisch gesehen noch in den vier Farben des konventionellen

Kartenspiels (Skat usw.) und v. a. in den Kleinen Arkana des → Tarot: Schwerter werden dem Feuer zugeordnet, Kelche dem Wasser, Münzen der Erde und Stäbe der Luft. Auch in der → Astrologie teilt man jedes Tierkreiszeichen einem dieser Elemente zu, die auch den psychologischen Temperamenten des Hippokrates entsprechen: der Melancholiker dem Erdelement, der Sanguiniker dem Luftelement, der Phlegmatiker dem Wasserelement und der Choleriker dem Feuerelement.

Die alten Griechen kannten noch einen fünften Stoff, den Äther. Die Symbolik des → Tantra enthält ebenfalls dieses fünfte Element, den Äther, der auch als Raum oder Geist bezeichnet wird. Seit Einstein wurde der Äther als Grundsubstanz des Raums im Weltall verworfen, aber es gibt heute noch Wissenschaftler, die den Ätherbegriff durchaus für eine Komponente des Universums halten, weil immer noch ungeklärt ist, wie sich die Lichtwellen im Raum ohne einen Träger fortsetzen sollen.

Die fünf »Elemente« Wasser, Erde, Holz, Feuer, Metall in der traditionellen chines. Medizin und im → Feng Shui sind keine Elemente im herkömmlichen Sinn, sondern Energiezustände oder Wandlungsphasen, die mit zwölf Funktionskreisen (Meridiane im Körper) verbunden sind.

Eleusis, Mysterienkulte → Mysterien

Energie

Der Begriff »Energie« wird in spirituellen Zusammenhängen häufig sehr undifferenziert gebraucht. Meistens sind »Schwingungen« gemeint (→ Aura), die besondere Ausstrahlung einer Person. »Energie« an sich heißt nichts anderes als die »Kraft, eine Arbeit auszuführen«. So ist in der aristotelischen Philosophie *energeia* die Tatkraft. Wir wissen, dass jede Aktivität, jede Arbeit den Aufwand von Energie erfordert. Im Verlauf einer Arbeit wird Energie von einer Form in eine andere umgewandelt, so z. B. die chemische Energie des Kraftstoffs eines Autos in kinetische Energie, sodass es fährt.

Weniger bekannt ist, dass an unterschiedlichen Prozessen unterschiedliche Energien beteiligt sind. Die Energie, die der Organismus aus der Nahrung bezieht, ist nicht der alleinige Antriebsfaktor für das Leben. Sinneseindrücke sind ebenfalls eine Antriebsenergie für den Menschen. Ein Mangel an Sinneseindrücken (z. B. bei Gefangenschaft in einem dunklen Raum) kann sogar zum Tod führen.

Wie werden Sinneseindrücke im Gehirn verarbeitet? Wie entstehen Gefühle und Gedanken? Es muss eine Energieumwandlung im Körper geschehen, damit ein Eindruck, ein Bild, ein Wort, eine Begegnung innerlich verarbeitet werden kann. Eindrücke einer bestimmten Intensität haben eine besondere Kraft und können zu körperlichen Reaktionen führen. Gleichzeitig wirken sie wieder auf unser Verhalten und die körperliche Aktivität zurück.

Jeder Prozess benötigt offenbar eine unterschiedliche Form der Energie, doch dieser Tatbestand wurde bisher weder in der Biologie noch der Physik thematisiert. Der Körper eines Menschen hat eine physikalische, chemische und biologische Zusammensetzung. Aus diesem Grund ist der menschliche Körper auch ein »Apparat« für die Energietransformation. Jede materielle Erscheinungsform besteht zugleich aus Energie, lehrt die Physik. Materie kann in Energie umgewandelt werden und Energie in Materie. Damit diese Prozesse jedoch »richtig« funktionieren, muss irgendeine Art der Information beteiligt sein. Woher würde eine materielle Gestaltung sonst ihren inneren Zusammenhalt beziehen? Das → Selbst des Menschen hat aus diesem Grunde nicht nur eine körperliche Existenz, sondern auch eine virtuelle und energetische. Jeder Mensch kennt die Erfahrung, dass in bestimmten Lebenssituationen eine erhöhte und intensivere Energie vorherrscht, er fühlt sich »energiegeladen«. Ebenso macht jeder von uns mehr als einmal im Leben die Erfahrung eines veränderten → Bewusstseinszustands, sei es durch Sport, Sex, Alkohol oder andere Einflüsse. Man kann diese Veränderungen der → Wahrnehmung natürlich auf biochemische Prozesse im Gehirn zurückführen. Dennoch hat die veränderte Wahrnehmung zugleich eine eigene Qualität, auch wenn es eine materielle Ursache dafür gibt. Man kann sich leicht vorstellen, dass eine Elektrode im Lust- oder Schmerzzentrum des Gehirns eine andere Wahrnehmungsqualität auslöst als ein rein körperliches Lustempfinden oder ein körperlicher Schmerz. An einer Erfahrung sind also viele Faktoren beteiligt, die sich gegenseitig bedingen.

Die Energien im Körper sind nicht nur biochemischer Natur, es gibt auch eine Körperelektrizität. Der Mediziner Prof. Robert O. Becker hat nachgewiesen, dass der Körper elektromagnetische Felder besitzt, die sich auch beeinflussen lassen. Es bestehen Wechselwirkungen zwischen den biologischen Regulationsebenen, den elektromagnetischen Feldern des Organismus und den feineren Informationsebenen wie denen des »nichtlokalen« Bewusstseinsfeldes (Robert O. Becker 1991).

Hinzu kommen neuere Begriffe wie Biophotonen (→ Aura) oder Tachyonen, die eine physikalische Rolle spielen. Seit langem bekannt ist der »animalische Magnetismus«, den Dr. Franz Friedrich Anton Mesmer (1734–1815) erforscht und zur Methode der Hypnose weiterentwickelt hat. Einen Begriff für die Lebensenergie hat der Psychoanalytiker Wilhelm Reich (1897–1957) mit dem »Orgon« geprägt, einer Art Bioplasma, das therapeutisch angewandt werden könne.

Ein Arbeitsmodell, das J. G. → Bennett (1982) entworfen hat, kann den Gebrauch des Begriffs »Energie« klarer definieren, weil dieser v. a. die persönliche Erfahrung berücksichtigt, ohne dass eine biologisch-physikalische Beweisführung nötig wird. Subjektive Erfahrungen mit Energie lassen sich physikalisch bisher nicht messen, höchstens über Wirkungen im Körper, z. B. durch Biofeedback.

Die körperlichen Aktivitäten werden von der *vitalen Energie* gesteuert, die wir mit der Nahrung aufnehmen. Diese wird auf biochemischem Weg in Proteine, Enzyme, Vitamine, Mineralstoffe usw. umgewandelt. Die Energie für körperliche Aktivitäten bezeichnet Bennett als *automatische* oder *Bewegungsenergie*. Der Begriff »automatische Energie« macht Sinn, denn die meisten Bewegungen, die der Körper macht, geschehen wie automatisch, d. h. es wird erst hinterher bemerkt, dass sich etwas im Körper oder der Körper selbst bewegt hat. Eine absichtsvolle Bewegung erfordert eine höhere Energiekonzentration und eine andere Energiequalität. Die Umwandlung der vitalen Energie in Bewegungsenergie geschieht durch eine weitere Transformation der Nahrung in feinere Substanzen, die durch innerkörperliche Prozesse in Antriebsenergie umgewandelt werden. Dieser Prozess geht automatisch vor sich. Die Bewegungsenergie wird für alle körperabhängigen Funktionen wie Bewegung und

Koordination, Sprechen und Kommunikation, Denken und Lernen, Reaktionen und Sinneswahrnehmungen gebraucht.

Die eigentliche *Lebensenergie oder sensitive Energie* (im chines. Denken Qi, → Qigong), die der Psychoanalytiker Wilhelm Reich wahrscheinlich mit Orgon meint, wird für die Verarbeitung von → Wahrnehmungen, Eindrücken, Sinnesimpulsen und Erfahrungen benötigt. Erst diese Energie ermöglicht Emotionen, Einfühlung, Urteilen und Unterscheiden. Es ist die Energie der Natur und das Lebens, die den Menschen spüren lässt, dass er lebt und kein »Androide«, kein Mensch-Roboter ist. Diese Energie wird aus der Biosphäre und der Lebensenergie der Pflanzen, durch Luft und Sinneseindrücke aufgenommen. Atemtechniken (→ Atem, Atemtechniken) können diese Energie verstärken, sodass nach einer Übung das subjektive Empfinden vorherrscht, man sei »lebendiger«. Sinnliche Energie hat eindeutig eine andere Qualität als Bewegungsenergie oder die vitale Energie. Diese Energie macht es möglich, dass Pflanzen, Tiere und Menschen miteinander kommunizieren können.

Durch Einwirkung von bewusster Energie, den »Bewusstseinsquanten« aus dem → Bewusstseinsfeld der Erde, können Menschen sensitive Energie in weitere Bewusstseinsenergie umwandeln, die für Konzentration und Aufmerksamkeit benötigt wird, aber auch für die Aufrechterhaltung des Wachbewusstseins, das nicht automatisch entsteht. Ebenso hängen von dieser Energie intensive Gefühlszustände ab. Sie wird auch benötigt, um Vorstellungen zu formen, Zusammenhänge zu erkennen und zu verstehen, in die Zukunft zu blicken, über das menschliche Sein nachzudenken und Lebensvisionen zu entwickeln. Dieser Prozess der Transformation von Lebensenergie in bewusste Energie ist vergleichbar mit der Photosynthese bei Pflanzen, die Licht (Photonen) in Chlorophyll umwandeln, ohne welches pflanzliches und somit auch menschliches Leben nicht möglich wäre. Menschen können sich zwar nicht direkt von Licht ernähren, nehmen aber durch natürliche Nahrung über Pflanzen und Tiere Licht auf. Bewusste Energie ist keine reine physikalische »Lichtenergie«, sondern wird als »Information« aufgenommen.

Eine vierte Energieform, die für das menschliche Sein eine wichtige Rolle spielt, ist die *kreative Energie*. Schöpferische Intelligenz, der → Wille, etwas in die Welt zu bringen, künstlerische und wissenschaftliche Einfälle und Entwicklungen zu gestalten, werden von kreativer Energie gespeist. Dazu gehört auch die sexuelle Energie. Möglicherweise bildet die kreative Energie ebenfalls ein Feld vergleichbar der Atmosphäre der Erde und dem Bewusstseinsfeld.

Energiekörper

Der Mensch bewegt sich mit einem materiellen Körper, der von verschiedenen → Energien angetrieben wird, in einer materiellen und natürlichen Welt. Ohne diese Körperlichkeit wäre er nicht in der Lage, Erfahrungen in dieser Welt zu machen. Hätte er indes nur einen Energiekörper, so würden völlig andere Gesetzmäßigkeiten gelten, wir Menschen würden die materielle Welt nur in Form von Energien wahrnehmen. → Engel können sich möglicherweise nicht vorstellen, wie es ist, einen physischen Körper zu haben. Ein bildhaftes Beispiel ist die Idee, dass eine Kugel für »Flächenwesen« (also zweidimensionale Wesen) als unbegreifliches Phänomen betrachtet wird.

Das lässt analog den Schluss zu, dass

der Mensch einen »Energiekörper« benötigt, um in die zweite Welt, die Welt der → Energien (siehe auch → Geist, → tibetischer Buddhismus) einzutauchen und sich in ihr zu bewegen. Wenn man diese Energiewelt als → Bewusstseinsfeld versteht, würde der Mensch einen »Körper« aus Bewusstseinsenergie benötigen, der eine gewisse Konzentration aufweist, damit er nicht vollständig mit dieser Welt verschmilzt oder sich darin auflöst und immer noch individuelle Erfahrungen zulässt. Dieser Umstand ist vergleichbar mit der Eigenart des physischen Körpers, der an das biologische Leben gebunden und davon abhängig ist und dennoch eine eigene Form hat, die zumindest in der normalen → Wahrnehmung von anderen Lebewesen oder Dingen getrennt erscheint.

Der Energiekörper ist jedoch mit dem physischen Körper eng verbunden. Manche Lehren betonen, dass ohne einen energetisch substanziellen »zweiten« Körper Erfahrungen durch veränderte → Bewusstseinszustände flüchtige Traumbilder bleiben. Es werden zwar andere Dinge in einem veränderten Zustand erlebt, doch diese Erfahrungen verschwinden, sobald der Mensch wieder in den normalen Wachbewusstseinszustand zurückgekehrt ist.

In einigen spirituellen Lehren wird von Transformationen der physischen → Energien im physischen Körper zu einem »Energiekörper« gesprochen. Die Alchemisten sprechen von der Transmutation der Materie, in anderen Lehren geht es um die Transformation des Menschen oder die Transformation materieller Energien in feinstoffliche Energien. In jedem Fall scheint das Wissen vorhanden zu sein, das auf die Notwendigkeit hinweist, einen »Energiekörper« als Vehikel für die zweite Welt zu erschaffen.

In einigen theosophischen Darstellungen wird diese zweite Welt als »Astralwelt« bezeichnet. In der Darstellung von Charles W. Leadbeater (→ Theosophie) entspricht die Astralwelt den Gefühlen, Leidenschaften und Gemütsbewegungen. Sie ist aber feiner als die physische Welt und stellt den Bereich der »niederen → Geister« dar. Die »Mentalwelt« entspricht in diesem Konzept dem Intellekt, ist aber eine höhere Ebene der Astralwelt. Die »Kausalwelt« korrespondiert mit dem höheren Teil der Mentalwelt, also der Intuition und Intelligenz. Dort kann das Bewusstsein den → Engeln begegnen. Die Ebene darüber ist das höhere → Selbst, das dem buddhist. Bewusstsein entspricht, in dem die Dualitäten aufgehoben sind. Zu den Ebenen bestehen auch entsprechende »Körper« im Menschen.

Diese Differenzierung der Energiekörper beschreibt vermutlich keine einzelnen Körper, sondern mehrere Wahrnehmungsorgane, vielleicht auch die jeweils höhere Schwingungsebene, die den → Chakras entspricht. Ein Energiekörper unterscheidet sich in vielen Lehren vom Konzept der → Seele.

Die theosophische und anthroposophische Differenzierung der verschiedenen Körper und Seelen ist verwirrend und zum größten Teil auch unsystematisch dargestellt. Die Einteilung in meist drei Körper – physischer Körper, Energiekörper, reiner → Geist (die eigentliche → Seele) –, die lange davor üblich war, reicht eigentlich für ein spirituelles Modell aus. Die → Kabbala unterscheidet zwischen physischem Körper, Urteilskörper (zweitem Körper) und göttlichem Prinzip oder Seele. Paracelsus spricht von Elementarkörper, Astralmensch und spiritueller Seele. Ähnliche Konzepte gibt es bei den alten Ägyptern, den alten → Griechen und bei → Zoroaster.

Engel (von griech. angelos, »Bote«)

Im Judentum, Christentum und auch im Islam sind Engel unsterbliche Wesen, die als Mittler zwischen Gott und den Menschen fungieren. In zwei grundlegenden Werken, der »Himmlischen Hierarchie« des → Dionysios Areopagita und der »Summa Theologica« des Thomas von Aquin, ist die Rede von neun himmlischen Klassen oder Ständen, die in hierarchischer Ordnung den Thron Gottes umkreisen wie die Planeten die Sonne. Die Hierarchie wird in drei Gruppen unterteilt, die sehr stark an die → Sefiroth erinnern. In der oberen Triade kreisen die Seraphim, Cherubim und Throne, in der mittleren Triade die Herren, Mächte und Gewalten, in der untersten Triade bewegen sich die Fürstentümer, Erzengel und gewöhnlichen Engel.

Die Engelsvorstellung entstammt dem gnostischen Weltbild, das dann von den davon beeinflussten Religionen übernommen wurde. Die gnostische Idee basiert auf der Emanation, dem Herausschleudern oder Ausströmen von Eigenschaften aus der göttlichen Einheit. Die göttlichen Attribute und Qualitäten wie Liebe, Macht, Wille, Barmherzigkeit usw. entsprangen damit der Quelle. Nachdem diese Qualitäten manifest wurden, nahmen sie eigene Identitäten an und wurden zu unabhängigen Wesenheiten. Die Wesenheiten, die aus diesem Prozess hervorgingen, wurden ursprünglich als Äonen bezeichnet, eine Klasse himmlischer Wesen mit unterschiedlichen Eigenschaften und Machtbefugnissen. Die Äonen, die göttliche Qualitäten und deren Erscheinung, Form und Fähigkeit repräsentieren, wurden unter dem Gattungsnamen »Engel« zusammengefasst und hierarchisch geordnet. Auf allen drei Ebenen gibt es nicht nur die anfangs genannten Gattungen, sondern innerhalb dieser Gattungen eine Vielzahl verschiedener Engelwesen. Henoch hat die obersten sieben Erzengel benannt: Uriel, Raphael, Ragiel, Michael, Zerachiel, Gabriel und Remiel. *El* bedeutet im Hebr. »Licht«. Gabriel verkündigte nicht nur Maria die Geburt Jesu, sondern übermittelte auch dem Propheten Mohammed den Koran.

Einer gnostischen Theorie zufolge steht es eigentlich in Gottes Macht, vollkommene Wesen zu erschaffen; doch dann hätten diese keinen → Willen, sie wären Marionetten, die nicht die Seligkeit erfahren könnten, welche der Lohn von Erkenntnis *(gnosis)* und Anstrengung sei. Deshalb heißt es, dass Gott als letzte Geste auf die Ausübung seines Willens (*thelema*, → Crowley) über die Äonen verzichtete und sie mit dem Geschenk des freien Willens ausstattete.

Der freie Wille braucht aber einen Ort – die materielle Welt – an dem er etwas bewirken kann, sodass diese Entschei-

Michael und der Drache, Radierung von Martin Schongauer, 1470.

dung katastrophale Auswirkungen hatte. Denn da, wo sich der Wille Gottes zurückzog, herrschte der Wille seiner Widersacher, der Archonten. Die biblischen Begriffe wie »Herr« »Herrscher« oder »Fürst« sind Übersetzungen des Wortes *archon*. Meist werden die Archonten mit dem Bösen gleichgesetzt. Die Anbetung und Zuhilfenahme von guten Engeln und Schutzengeln kam erst einige Jh. später auf (→ Dionysios Areopagita).

Das Urbild unserer Engelvorstellung mit weißen, gefiederten Flügeln stammt vermutlich aus den alten schamanisch geprägten Kulturen, die es auch in Europa gab. In diesen Vorstellungen erhebt sich eine Schlange aus der unteren Welt und durchfliegt als »gefiederte Schlange« die drei Welten, die sie so verbindet. Hinweise in alten Überlieferungen lassen den Schluss zu, dass die Erdmutter »Frau → Holle« ihren schamanischen Flug durch die Welten als Gans oder mit einer Gans bewältigte. In vielen → Mythen ist es die Gans, die das goldene Ei legt, aus dem die Sonne geboren wird. Einige ägyptische Überlieferungen bezeichnen die Gans sogar als Schöpferin der Welt, weil sie das gesamte Universum in einem Ur-Weltei erschuf. In Ägypten wurde die Nilgans auch gleichzeitig als Mutter Hathor verehrt, die Patin und Beschützerin aller Kinder.

Enneagramm

»Zu den Symbolen, die zur Überlieferung der Ideen des objektiven Wissens dienen, gehören die Diagramme der Grundgesetze des Weltalls, und sie überliefern nicht nur das Wissen selbst, sondern zeigen auch den Weg dazu« (G. I. Gurdjieff, in: P. D. Ouspensky 1966, 412). In allen esoterischen und okkulten Denkmodellen haben außer der Eins als Symbol der Einheit immer die ungeraden → Zahlen fasziniert: die Dreiheit in Form der drei Gottheiten → Brahma, → Vishnu und → Shiva oder die Dynamik der Schöpfung in Form der drei Gunas Sattva, Tattva und Rajas (→ Trinität) wie im hinduist. Weltbild, die christl. → Trinität von Vater, Sohn und Hl. Geist, die drei Welten im → Schamanismus (Unterwelt, Mittelwelt, Oberwelt) usw. Die Fünfheit dominierte in Form des Pentagramms die okkult-magischen Systeme (→ Magie), und die Siebenheit erscheint überall als das esoterische System jeder Entwicklung, insbesondere in der → Astrologie mit den ursprünglich sieben Planetensphären um die Sonne (die sechs früh bekannten Planeten und der Mond) und Siebenjahresschritten im Tierkreis oder als → »Oktavengesetz« der Transformation. In den westlichen Systemen des Okkultismus gibt es die »theosophische Addition«, bei der durch die Quersumme von Ziffern eine neue Bedeutung entsteht.

Auch die Neunheit (→ Welten, neun), die durch Multiplikation der Drei mit sich selbst entsteht oder im Dezimalsystem die höchste Teilbarkeit der Eins als

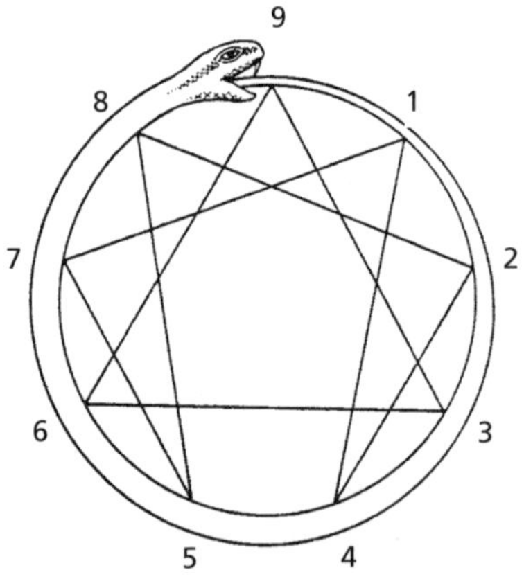

Enneagramm – Darstellung mit der Schlange Uroboros, dem Symbol für den Kreislauf der Zeit.

0,9999... ausdrückt, spielt in vielen Weltbildern eine Rolle. Denn immer hat man die Symbolik der Zahlen mit bestimmten geometrischen Figuren verknüpft, die sich gegenseitig ergänzen. Möglicherweise gibt es eine Verbindung des Enneagrammsymbols mit der ursprünglichen kabbalistischen Vorstellung von der Idee der Himmel oder Sphären, durch die die Seele in ihre Urheimat aufsteigt (→ Sefiroth). So wird das Enneagramm auch aus der Verzahnung der beiden »hl. kosmischen Grundgesetze« der Dreifältigkeit und der Siebenfältigkeit gebildet.

Der Philosoph und Lebenslehrer G. I. → Gurdjieff stellte das Enneagramm (griech. *ennea*, »neun«, und *gramm*, »schreiben«, also Symbol der Neun) 1915 in Russland einer Gruppe von »Suchern nach der Wahrheit« vor. Das Symbol des Enneagramms war bis dahin in keiner »esoterischen« Schule – weder im Westen noch im Osten – bekannt. Bis heute weiß man nicht, wo er es gefunden oder ob er es selbst entwickelt hat. Gurdjieff behauptet, dass er bei einem seiner vielen Forschungsabenteuer im Mittleren Osten auf dieses universale Symbol bei der Sarman-Bruderschaft gestoßen sei, die als »Hüter der Tradition« seit über 4000 Jahren gewirkt haben soll (→ Sufismus).

Das Enneagramm ist ein faszinierendes und ungewöhnliches Symbol, weil es nicht den üblichen symmetrischen Symboldarstellungen folgt. P. D. → Ouspensky schreibt in seinem Buch »Auf der Suche nach dem Wunderbaren«:

»→ Gurdjieff kam oft und in vielen Zusammenhängen auf das Enneagramm zurück. ›Jedes vollständige Ganze, jeder Kosmos, jeder Organismus, jede Pflanze ist ein Enneagramm‹, sagte er ... ›Allgemein gesprochen, muss man verstehen, dass das Enneagramm ein universales Symbol ist. Alles Wissen kann im Enneagramm zusammengefasst und mit seiner Hilfe gedeutet werden. Und so kann man sagen, dass man nur das weiß bzw. versteht, was man in das Enneagramm einfügen kann.‹« (P. D. Ouspensky 1966, 432)

Die Hochschätzung der ungeraden Zahlen ist pythagoreisches Gedankengut (→ Pythagoras) und war in der Antike weit verbreitet. Der Enneagrammforscher und Physiker Anthony Blake merkt an, dass wegen der Zahlenverhältnisse das Enneagramm erst mit der Einführung des Dezimalsystems (um 1000) entstanden sein kann.

Eine andere Linie kann man in den Arbeiten des mallorquinischen Philosophen Ramon → Llull (1235–1315) finden. Er entwickelte eine *ars universalis*, bei der mit Hilfe von drei drehbaren Dreiecken sämtliches Wissen in immer neuen Zusammenhängen kombiniert werden konnte. Hier finden wir den Ursprung von Oscar Ichazos (geb. 1931) »Neuerfindung« des Enneagramms um 1970 als Typologie, auf der alle späteren Darstellungen von Claudio Naranjo, Helen Palmer u. v. a. beruhen (→ Enneagramm, Typenlehre).

Das Symbol des Enneagramms besteht aus der Verbindung und Bedeutung der Kombination von drei Systemen – Kreis, Dreieck und unregelmäßiges Sechseck. Das unregelmäßige Sechseck entsteht durch die selten vorkommende gleichartige Dezimale von 1/7, also 0,142857142857..., die auch die Verlaufsrichtung eines inneren Prozesses und die Verknüpfung von Bedeutungen der einzelnen Punkte vorgibt. Es gibt noch mehr Mathematik im Enneagramm: Wenn man die Divisionen 1/7, 2/7 usw. durchrechnet (die immer wieder andere Kombinationen derselben Zahlenfolge ergeben, also 2/7 = 0,241758..., 3/7 = 0,428571), landet man bei der Teilung von 7 durch 7 beim Ergebnis von 0,999999 ... und nicht 1. Die Eins ist eine mathematische Zahl, die es in der Bruchrechnung eigentlich nicht gibt.

Dadurch erhält das Enneagramm die Besonderheit, dass die Siebenerteilung nur sechs Ziffern für das innere, unregelmäßige Sechseck hervorbringt und die siebte Ziffer, die Neun, sich am Apex des Dreiecks damit vernetzt. Nun fehlen noch die Ziffern drei, sechs und neun, die natürlich durch die Division von 1/3, 2/3 und 3/3 entstehen, wobei letztere wiederum der angesprochenen Teilung von 7/7 entspricht.

Da jedoch die zwei Punkte drei und sechs im Enneagramm durch die Verwendung des Dreiecks »eingefügt« sind, spricht Gurdjieff von »Öffnungen«. Das Enneagramm ist also ein offenes System, dessen Prozess im Zeitablauf entlang des Kreises (eins, zwei, drei, vier, usw.) durch Einflüsse von außen erst seine Richtung behält oder verändert. Gurdjieff vergleicht dies mit dem → Oktavengesetz, denn eine musikalische Oktave kann sich nur »harmonisch« entwickeln, wenn zwei Halbtonschritte vorgenommen werden. Diese sind der Hinweis auf die Öffnungen oder »Schocks« an Punkt drei und sechs im Enneagramm. Er erklärt das anhand der Musikoktave:

»Die sieben Grundtöne zusammen mit den zwei ›Intervallen‹ und den zusätzlichen ›Schocks‹ ergeben neun Stufen. Durch Einschluss des DO (die alte Schreibweise der Note C, → Oktavengesetz) der nächsten Oktave erhalten wir zehn Stufen. Die letzte, zehnte Stufe, ist das Ende des vorigen und der Beginn eines neuen Kreislaufs. Auf diese Weise schließt das Oktavengesetz und der Entwicklungsvorgang, den es ausdrückt, die Zahlen von eins bis zehn ein.« (G. I. Gurdjieff, in: P. D. Ouspensky 1966, 416)

In einer Darstellung von Athanasius Kircher (1602–1680) von 1665 wird der Zusammenklang der Oktave vom ersten Beweger *(primum mobile)* dirigiert. Die neun Sphären sind durchflossen von der ägyptischen Schlange der Lebenskraft. Ihre drei Köpfe vertreten die göttliche → Trinität in den drei Dimensionen des Raumes und den drei Aspekten der → Zeit.

Das Enneagramm stellt in Gurdjieffs Philosophie einen Entwicklungsweg dar, einen vernetzten Prozess, der mehrere unterschiedliche Aspekte berücksichtigt. Ein wesentliches, nicht zu unterschätzendes Element des Enneagramms ist der Kreis um die geometrische Figur. Im → Sufismus und in anderen Lehren steht der Kreis traditionell für die Idee der Vollkommenheit. Seine Form repräsentiert vollendete Integrität. Gurdjieff (in: P. D. Ouspensky 1966, 423) beschreibt dies so: Der Kreis »enthält, von seiner Umgebung abgesondert, in sich alles für das eigene Dasein Notwendige« (→ Weltzentrum). Hinzu kommt ein zweiter Aspekt: Der Kreis ist für Gurdjieff das Sinnbild »eines ewig wiederkehrenden und ununterbrochen fließenden Vorgangs«. Er ist ein Symbol zyklischen, nichtlinearen Denkens (→ Ritual). Er veranschaulicht die Prozesshaftigkeit der Wirklichkeit, die Gurdjieff immer wieder gegen die dualistische, lineare Weltanschauung der modernen Wissenschaft stellt. Zwar gibt es auch in Gurdjieffs Weltbild Fortschritt und Entwicklung. Das Enneagramm jedoch soll verdeutlichen, wie echte Entwicklung trotz der gesetzmäßigen »Kraftablenkung« möglich ist.

Dieser Fortschritt indes beschreibt den Weg einer Spirale. Es ist der Fortschritt von einer Stufe zu ihrer nächsthöheren Oktave und von dieser wiederum zur nächsten usw.

»Das Enneagramm ist dauernde Bewegung, das gleiche *perpetuum mobile,* das die Menschen seit dem ältesten Altertum gesucht und niemals gefunden haben. Und es ist klar, warum sie das perpetuum mobile nicht finden können. Sie suchten außerhalb von sich, was in ihnen war; und sie versuchten dauernde Bewegung zu konstruieren, wie man eine Maschine konstruiert, *während die wirkliche dauernde Bewegung ein Teil einer anderen Bewegung* ist und nicht losgetrennt von ihr erzeugt werden kann. Das Enneagramm ist ein schematisches Diagramm der dauernden Bewegung. ... Um das Enneagramm zu verstehen, muss man es sich bewegt vorstellen. Ein sich nicht bewegendes Enneagramm ist ein totes Symbol; das lebendige Symbol ist die Bewegung.« (G. I. Gurdjieff, in: P. D. Ouspensky 1966, 433)

Enneagramm, Typenlehre

Die inzwischen bekannteste Form des Enneagramms als psychologische Typenlehre geht auf Oscar Ichazo (geb. 1931) zurück, einen Chilenen, der seit 1971 in New York lehrt. Ichazo behauptet, seine Form der Anwendung von afghanischen Sufi-Meistern gelernt zu haben, bevor er → Gurdjieffs System kennen lernte; einen Beweis dafür blieb er bisher schuldig. Denn Gurdjieff hatte dieses Symbol bereits Anfang des 20. Jh., also lange vor Ichazos Geburt, zu einer der Grundlagen seiner Lehre gemacht. Tatsächlich war der erste, der bereits 1954 Typenentsprechungen dem Enneagramm zuordnete, der → Ouspensky-Schüler Rodney Collin Smith. Er stützte sich dabei auf die klassisch-griech. Typologie der Planeten wie Marstyp (kämpferisch), Saturntyp (dominant), Jupitertyp (jovial) usw., die auch dem jeweiligen Typ entsprechende körperbezogene Charakteristika aufweisen.

In vieler Hinsicht kann die Typenlehre des Enneagramms auf die Arbeiten des mallorquinischen Philosophen Ramon → Llull (1235–1315) zurückgeführt werden. Er entwickelte eine *ars universalis* (»universale Kunst«), bei der mit Hilfe von drei drehbaren Dreiecken sämtliches Wissen in immer neuen Zusammenhängen kombiniert werden konnte. Vermutlich adaptierte Oscar Ichazo die neunfältige Struktur aus drei Dreiecken, denen Ramon Llull symbolisch Buchstaben zuordnete (B, C, D ...), die wiederum mit Bedeutungen verbunden waren. Hier finden wir die *Tugenden* wie Güte, Größe, Dauerhaftigkeit, Kraft, Klugheit, freier Wille, Tugend, Aufrichtigkeit und Ehre, aber auch die *Laster* wie Habsucht, Genusssucht, Verschwendung, Hochmut, Verzagtheit, Neid, Zorn, Lügenhaftigkeit und Unbeständigkeit.

Die Tugenden, Ideen, Fixierungen, Leidenschaften hat Oscar Ichazo dann in entsprechenden »Enneagonen« (wie er es nennt) den neun Punkten zugeordnet. Inzwischen werden in der heutigen Anwendung der Enneagrammtypologie die Querverbindungen der Linien mit berücksichtigt, wenn auch nicht in der Dynamik des prozessorientierten → Enneagramms.

Anfang der siebziger Jahre befassten sich auch bekannte amerikanische Psychologen wie Claudio Naranjo oder Charles Tart mit dem Enneagramm. Durch sie kamen amerikanische Jesuiten, v. a. Pater Robert Ochs, damit in Berührung – ein interessanter Umstand, da ihre heute bekannte Typenlehre ein geeignetes Modell ist, das katholische Glaubensverständnis mit einer spirituellen Psychologie zu verbinden. In Deutschland wurde das Buch »Das Enneagramm« von Richard Rohr, einem amerikanischen Franziskaner, und Andreas Ebert, einem bayrisch-lutherischen Pfarrer, zum Bestseller.

Die Enneagramm-Typologie basiert darauf, dass jeder Mensch unterschiedliche Schwerpunkte hat:

»Für jeden der neun Enneagramm-Typen sieht die Welt anders aus, und durch das Nachempfinden der Gefühle eines jeden können sie von Ihrem Standpunkt abstrahieren und verstehen, wer die Menschen in Ihrem

Leben wirklich sind, statt bei ihrer Beurteilung nur Ihren eigenen Vorstellungen zu folgen. Wenn Sie sich für die Eigenheiten anderer öffnen, entwickeln Sie Mitgefühl für ihre Situation, Empathie; und wenn Sie die Welt aus der Sicht anderer Denk- und Empfindungsweisen betrachten, wird Ihnen sofort bewusst, dass jeder durch eine typische Befangenheit begrenzt ist.« (Helen Palmer 1991, 25)

In diesem Sinne kann man sagen, dass die Enneagramm-Typologie die selektive Wahrnehmung eines Menschen beschreibt. Diese selektive Wahrnehmung wird durch eine der neun Leidenschaften motiviert und gesteuert. Hierbei spielt die → Zahl drei, auch 3 x 3, eine Rolle. Die drei Triaden entwickeln unterschiedliche »Bewusstseinsradare«, ebenfalls durch die Leidenschaften gesteuert. Mit »Leidenschaften« sind »negative« Charaktereigenschaften wie Gier, Neid, Zorn, Übermaß, Hochmut usw. gemeint. Manche Autoren sagen, dies seien selektive Wahrnehmungen, jedoch keine »moralischen« Beurteilungen oder reinen Triebenergien, sondern vielmehr eine komplexe Ausdrucksform der Lebensenergie. Man kann sich das so vorstellen: Wenn die reine Lebensenergie z. B. durch einen roten Filter geleitet wird, wird alles, was ein Mensch sieht, hört, riecht, schmeckt, spürt, alle Gedanken, Gefühle und Verhaltensweisen, die daraus resultieren, rot gefärbt. Würde man jeder Leidenschaft eine Farbe zuordnen, so entstünde ein Regenbogen verschiedener Typen.

Darüber hinaus werden die jeweiligen Typen dem Schwerpunkt ihrer Wahrnehmung entsprechend in Kopftypen, Herztypen und Körpertypen unterteilt, die ebenfalls unterschiedlich selektieren. Die persönlichen, immer wiederkehrenden Themen eines Menschen weisen auf verlorene Qualitäten des Wesenskerns hin, die einfach das Gegenteil der Mängel darstellen: nämlich seine Stärken. Die Vorstellung, dass die meisten Menschen für einen Großteil ihres Charakters blind sind, wird in der Psychologie heute weitgehend anerkannt. Die blinden Flecken, Abwehrmechanismen, Verdrängungen und Widersprüche sind Hindernisse auf dem Weg der Entfaltung. Die dem Enneagramm zugeordneten Persönlichkeitstypen sind auch Sprungbretter zur weiteren Entwicklung. Das Schwergewicht der Beobachtung sollte dabei auf den Entfaltungsmöglichkeiten liegen, nicht auf den krankhaften Aspekten.

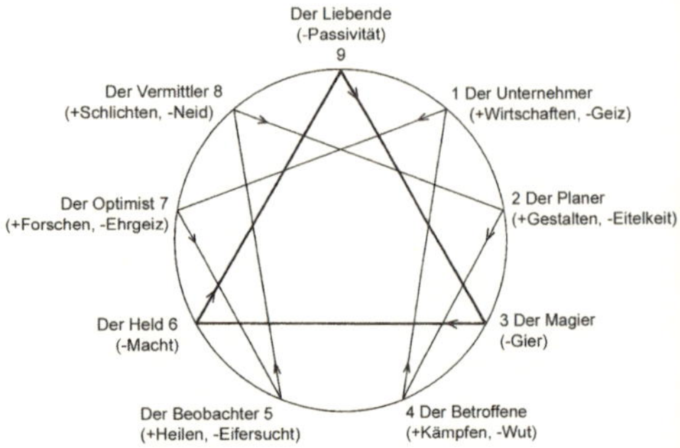

Eine der vielen Zuordnungen von Persönlichkeitstypen.

Erleuchtung

Auch auf dem spirituellen Weg verbindet jeder Mensch seine persönlichen Wünsche und Vorstellungen mit persönlicher Heilung an Körper und Seele, Erlösung, Erleuchtung, vielleicht sogar Unsterblichkeit. Die meisten Lehren betonen jedoch, dass Persönliches im Zusammenhang mit einem spirituellen Weg eine zu begrenzte und lineare Sicht der Dinge sei und der »Sinn des Lebens« womöglich kein Selbstzweck sei, sondern eingebunden in einen umfassenderen Sinn. Ohne Loslassen persönlicher Egozentriertheit ist Erleuchtung nicht möglich.

Es wird auch gelehrt, dass sich der Mensch inmitten einer kosmischen Dramatik, Dynamik und Vernetzung befindet, die vom Einzelnen mehr verlangt als individuelle Vervollkommnung oder persönliches Wachstum. Ganzheit ist ein dynamischer, kein statischer Prozess und eigentlich nie vollendet. Das gilt auch für das Konzept der Erleuchtung. Erleuchtung ist nicht das Ende, sondern der Anfang einer Entwicklung. Der japan. Begriff → »Satori« bedeutet nicht, wie manchmal übersetzt »Erleuchtung«, sondern »Öffnung des geistigen Auges«.

Erleuchtung kann eine überwältigende Erfahrung sein, die den Sucher an die Grenzen des Geistes bringt. Geschieht dies in einer Gruppe oder in Anwesenheit eines Lehrers, so ist der Sucher schnell bereit, seine Erfahrung kausal auf diese Gruppe oder den Lehrer zu beziehen, was in vielen Fällen zu unnötiger Abhängigkeit führt. Wenn der Sucher hier anhält, begrenzt er seinen Horizont und geht möglicherweise nur einen Teil der Wegstrecke. Sri Aurobindo, der selbst viele Erleuchtungserfahrungen gemacht hat, betont immer wieder, dass dies nicht das Ende des Weges sei. Vielmehr sei die Erleuchtung eine Erfahrung der Loslösung von den Bewegungen und Verhaftungen der »niederen Natur« des Menschen.

In Sri Aurobindos Lehre und auch der anderer Erleuchteter kommt die Erkenntnis zum Ausdruck, dass es nicht darum geht, den Menschen von der Erde in einen Bereich des → Nirwana emporzuheben, von dem er nicht zurückkehrt. Das Ziel der Schöpfung und Evolution, wofür die Natur Jahrmillionen gearbeitet hat, war es sicherlich nicht, dass sich der Mensch einfach davon zurückzieht, sondern sich seiner Mitverantwortung am Prozess der → Bewusstseinsevolution stellt.

Es gibt viele Berichte von Erleuchteten, die sich aus den Verstrickungen der Welt zurückzogen. Sri Aurobindo hat dies auch getan. Möglicherweise erfüllen diese besonderen Menschen eine wichtige Aufgabe für die Entwicklung des Bewusstseinsfeldes der Erde und unseres Sonnensystems – »sie halten die Sterne auf ihrer Bahn«, wie ein Weiser es ausdrückte. Für die meisten Menschen unserer westlichen Welt jedoch liegt die kreative Herausforderung darin, in der Welt zu sein und dennoch an der inneren Entfaltung zu arbeiten. Wenn diese Spannung zwischen Außen- und Innenwelt gemeistert wird, erzeugt dies ungeahnte Energie für das seelische Wachstum. Erleuchtungserfahrungen sind immer wieder neue Impulse, um den Weg der harmonischen Entfaltung fortzusetzen und nicht stehen zu bleiben.

Esoterik

Bedeutet im ursprünglichen Sinne »innerer Kreis«. Damit bezeichneten die Pythagoräer, d. h. die Schüler des → Pythagoras (ca. 600 v. u. Z.), den inneren Kreis der Forschungs- und Glaubensgemeinschaft um den Philosophen. Der innere Kreis bestand aus Menschen, die in die Geheimnisse seiner Lehre eingeweiht waren und sich ständig in seinem Umfeld aufhielten. Dabei beschäftigte sich Pythagoras mit Philosophie, den Gesetzen der Musik und Mathematik. Jedem Schüler ist heute noch der pythagoreische Lehrsatz über die Hypotenuse ein Begriff.

Die Exoteriker hingegen waren diejenigen, die diese Mysterienschule (→ Mysterien) gelegentlich besuchten, aber sonst im Alltagsleben standen und vermutlich nicht in alle Lehren eingeweiht waren. Heute wird der Begriff wahllos für alle Strömungen gebraucht, die sich mit religiösen, spirituellen oder paranormalen Phänomenen bzw. Wegen beschäftigen.

Eurhythmie

Die tänzerische Eurhythmie wurde von Rudolf → Steiner ab 1912 zusammen mit seiner Frau Marie Steiner-von Sivers (1867–1948) entwickelt. Sie wird im musischen Unterricht auch in den Rudolf-Steiner-Schulen gelehrt. Die fließenden Körperbewegungen lehnen sich an den Ausdruckstanz der damaligen Zeit an. Die Eurhythmie sollte allerdings nicht verwechselt werden mit der Rhythmik, die zur gleichen Zeit von dem Schweizer Musikpädagogen Émile Jaques-Dalcroze entwickelt wurde.

Die Ursprungsidee der Eurhythmie war es, in Verbindung mit dem Drama, dem Mysterienspiel, das Hereinwirken des Übersinnlichen zu ermöglichen. Siehe auch: → Anthroposophie.

Europa

In der griech. Sage Tochter des phönizischen Königs Agenor und Geliebte des Zeus, der sie in Gestalt eines Stiers nach Kreta entführte. Der phönizische Stiergott wurde auch als Vater der Menschen bezeichnet. Im vorbiblischen semitischen Himmel wurde El (→ E), auch eine Bezeichnung für Stier, neben den lokalen Gottheiten wie → Baal verehrt. Fast jeder Gott der antiken Welt inkarnierte sich in einem Stier. Im persischen Mithraskult wurde dem Stierblut die Macht zugeschrieben, alle Lebewesen zu erzeugen.

Europa, Spiritualität

Die spirituellen Traditionen alteurop. Völker gehen weit in die Vergangenheit, bis in die Frühzeit der Menschen, zurück. Sie haben sich aus dem frühen → Schamanismus entwickelt, dessen Spuren sich bis in die Frühzeit der Menschheit zurückverfolgen lassen. Die vielen Völker Europas, darunter → Griechen, → Iberer, → Kelten und → Germanen, hatten unterschiedliche, aber im Kern ähnliche Weltbilder und Glaubensvorstellungen (→ Weltenbaum, → Asgard). Gemeinsam war ihnen von der Steinzeit bis zur Bronzezeit die Nutzung von Höhlen und Quellen als Ritualplätze und Kultstätten. Felszeichnungen und Funde von Musikinstrumenten wie Trommeln, Rasseln aus Ton, Flöten aus Knochen zeugen vom geistigen Leben der Frühmenschen in Europa.

Europa, Sprache

Bei der Bildung des Begriffs »indogermanisch« im 19. Jh. bezogen sich die Sprachforscher auf die beiden damals räumlich am weitesten auseinander liegenden Sprachgruppen, der indischen und der german. Sprache. Diese Bezeichnung wurde im dt. Sprachraum, der in dieser Forschungsdisziplin weltweit immer noch führend ist, beibehalten und hat nichts mit irgendeiner Überlegenheit der Germanen in Europa oder der Inder in Asien zu tun. Viele andere Sprachen verwenden hingegen Bezeichnungen des indoeurop. Typs. Ungefähr die Hälfte der Menschheit hat eine idg. Muttersprache.

Die schon Anfang des 20. Jh. von vielen Linguisten geäußerte Vermutung, die Urheimat der indoeurop. Sprachen liege in den Steppen nördlich des Schwarzen Meeres, wird auch heute noch von der Mehrheit der Sprachwissenschaftler favorisiert. Man suchte den archäologischen Beweis dafür. Die in Südrussland, der Ukraine und Moldawien zu findenden Kulturen nördlich und östlich des Schwarzen Meeres und an der unteren Wolga wurden von Marija Gimbutas in den fünfziger Jahren des 20. Jh. nach einer charakteristischen Grabhügelform

(Kurgan) zur Kurgankultur zusammengefasst. Diese Klassifizierung ist heute archäologisch nicht mehr unumstritten.

Die Proto-Indoeuropäer waren nach Meinung vieler Sprachwissenschaftler aufgrund der vorhandenen Wörter eine in erster Linie patriarchalisch organisierte Hirtengesellschaft, die den Pflug kannte, das Pferd als Reittier nutzte und mit Sicherheit nicht am Meer lebte. All dies korrespondiert mit den archäologischen Funden der Kurgankultur. Dieser Hypothese zufolge lebten die Indogermanen im 5. Jahrtausend v. u. Z. als kriegerisches Hirtenvolk in Südrussland; einige Archäologen identifizieren sie mit dem Kurganvolk. Sie sollen nach Klimaverschlechterungen (Kälte) zwischen 4400 und 2200 v. u. Z. in mehreren Wanderungen west-, süd- und ostwärts gezogen sein. Die »Streitaxtleute« bzw. »Schnurkeramiker«, die ebenfalls zum Kurganvolk gezählt werden, sollen auf diesen Wanderungen auch Mitteleuropa erreicht und sich mit den dort ansässigen Menschen (Bandkeramiker, → Megalithbauten) vermischt haben.

Aus der Vermischung von Indogermanen und nichtidg. Urbevölkerung sowie durch Zersiedelung erklären sich die verschiedenen idg. Volks- und Sprachgruppen, zu denen Kelten, Germanen, Slawen, Romanen, Griechen, Iraner, Inder, Balten, Armenier, Hethiter, Thraker u. a. gehören.

Ewigkeit

Zeitbegriff für eine unvergängliche → Zeit (auch → Nirwana). Die → Mystik spricht gelegentlich von einer »ewigen Wahrheit« oder »ewigen Freude«. »Wer eine Welt erblickt im Körnchen Sand und den Himmel in dem Blumengrunde, / schließt die Unendlichkeit in seine Hand und Ewigkeit in eine Stunde« (William Blake).

Für den Mathematiker John G. → Bennett ist Ewigkeit eine zweite Zeitdimension, die eine andere Qualität als die lineare Zeit hat. Sie könnte auch als »Bewusstseinszeit« bezeichnet werden. Er unterscheidet dabei zwischen Möglichkeiten, Potenzialitäten und Tatsächlichkeiten.

»Potenzialität wird in der Physik als der Teil der Energie eines Systems definiert, die gerade untätig ist. Potenzielle Energie ist ein überaus wichtiger Begriff, und dennoch hat ihn bisher niemand direkt *beobachtet,* denn was wir beobachten können, sind ja nur die Vorgänge der Änderung, wenn → Energie eine Arbeit leistet. Potenzielle Energie ist ein hervorragendes Beispiel für das, was die Scholastiker *ens rationis* oder Gedankengebäude nannten. Sie ist aber ebenso wirklich wie ›sichtbare Energie‹, wie z. B. Wärme- oder Bewegungsenergie. Es steht auch fest, dass es für potenzielle Energie keinen Platz in der Raum-Zeit-Welt gibt. Einstein versuchte dreißig Jahre seines Lebens, einen Platz dafür zu finden, und es gelang ihm nicht. Andere bedeutende Physiker wie Fürst Louis de Broglie und Sir Arthur Eddington schlugen schon 1928 vor, man solle eine fünfte Dimension einführen, um einen Platz für potenzielle Energie zu finden. Ich war schon 1920 zum gleichen Schluss gekommen und gewann die Überzeugung, dass dies nicht nur eine praktische Methode ist, die Welt darzustellen – wie Eddington dachte –, sondern einfach eine unumgängliche Bedingung für ihre Existenz selbst.« (John G. Bennett 2004, 127)

»Potenzialitäten beschränken sich nicht nur auf physische Energie: sie kommen überall vor, wo etwas existiert. Wenn ich Geld in meiner Tasche habe und es nicht ausgebe, dann bleibt sein Potenzial bestehen, vorausgesetzt, die Kaufkraft des Geldes im Allgemeinen steigt oder fällt nicht. Diese einfache Illustration sagt uns beinahe alles, was darüber zu sagen ist. Potenzialitäten und Tatsächlichkeiten können nebeneinander her bestehen. … Potenzialitäten sind keineswegs nichts. Sie wechseln den Platz mit Verwirklichungen in so ungezwungener Weise, dass sie ein Teil der existierenden Welt sein müssen. Wenn Potenzialitäten abgeschafft würden, dann würde die Welt im Augenblick zu Ende sein. Dennoch sind Potenzialitäten verschwindend klein im Vergleich zu all den Möglichkeiten, die sich sozusagen nicht in die Schlange einreihen können, wo sie eine Chance haben, wirklich zu werden. Sie sind begrenzt und sie bestimmen, was in jeder gegebenen Situation möglicherweise geschehen könnte.« (John G. Bennett 2004, 128)

Wie lassen sich diese Erklärungen mit dem üblichen Begriff von »Ewigkeit« zusammenbringen, der meistens als eine unendliche Zeitspanne definiert wird? Vielleicht könnte man sagen, dass die Potenziale, die im → Bewusstseinsfeld angelegt sind, ruhende potenzielle Energien sind. Auch die Idee der → Synchronizität ist möglicherweise damit verbunden. Wenn Menschen in einen veränderten → Bewusstseinszustand geraten, haben sie zumindest subjektiv das Gefühl, dass sich die Zeit ausdehnt oder eine kurze Zeitspanne auf der Uhr in der persönlichen Erfahrung wesentlich länger andauert. Möglicherweise hat das damit zu tun, dass die individuelle → Wahrnehmung von Zeit gedehnt werden kann, während die »fließende« Zeit weiterläuft. Das entspricht auch der → buddhist. Vorstellung von → Nirwana, das erreicht wird, wenn der Mensch in der Zeit bis zum Ursprung zurückgeht, zum Beginn der Zeit, zur Nichtzeit, dem ewigen Gegenwärtigen (→ Reinkarnation).

Exoterik

Der »äußere Kreis«. Als Exoteriker wurden ursprünglich die Schüler des → Pythagoras (600 v. u. Z.) bezeichnet, die nicht in seinem Zentrum in Crotona (Italien) lebten, sondern in den umliegenden Orten, und nur gelegentlich seine Schule besuchten. Ihnen wurden nicht alle Lehren offenbart, weil vieles davon dem inneren Zirkel (→ Esoterik) vorbehalten war.

Externsteine

Die Externsteine sind ein außergewöhnliches Naturdenkmal und werden heute noch als → Kraftort betrachtet. Die Felsgruppe, zwischen Detmold und Paderborn in Westfalen gelegen, ist für Forscher heute noch ein Rätsel. Durch natürliche Erosion entstand eine Gruppe von 13 Sandsteinfelsen, die wild zerklüftet eine Höhe von bis zu 37 Metern erreichen. Natürliche Steinformationen mischen sich hier mit später künstlich angelegten Grotten und zahlreichen Felsspalten, die von vielen Generationen nach und nach erweitert wurden. Während einige spätere Bauten wie z. B. die Kapelle erkennbaren Zwecken dienten, bleiben andere ein Rätsel. Es gibt Stufen, die heute ins Leere führen, es gibt Plattformen, Rillen, Nischen, kleine runde Löcher und große Öffnungen im Fels.

In der gewaltigsten Felssäule befindet sich eine Kammer mit zwei Eingängen. Man vermutet vorchristl. kultische Nutzungen, weil der nordöstliche Eingang und beide Fenster des Raumes so ausgerichtet sind, dass die aufgehende Mittsommersonne hereinstrahlt. Das berühmte Sonnenloch, durch das genau zur Sommersonnenwende der erste Sonnenstrahl des Tages fällt, wird ebenfalls als Argument angeführt. Deshalb haben Anhänger der »neuheidnischen« Szene (→ Hexen, → Magie) in den vergangenen Jahren die Externsteine als Kultplatz wiederbelebt.

Funde wie Feuersteinwerkzeuge, Stielspitzen, Klingen und Steinschlagplätze aus der späten Altsteinzeit sollen jedoch beweisen, dass sich Menschen am Fuß der Felsen bereits um etwa 10000 v. u. Z. aufgehalten haben. Auch von den Jägern und Sammlern der Mittelsteinzeit um 8000 bis 4000 v. u. Z. gibt es Belegfunde. Andere Forscher behaupten, dass die

Externsteine erst in christl. Zeit, nämlich um 1100, kultisch genutzt wurden. Da die Externsteine von den Nazis als alter german. Kraftort propagiert und für ihre Zwecke genutzt wurden, werden viele Forschungsvorhaben heute noch nicht gern gesehen. Doch nun versucht man mit modernen wissenschaftlichen Verfahren, das Alter der Felsformation zu bestimmen.

F

F – Fa (nord.), Phi (griech.), Fa (arab.), Phé (hebr.)

Fa-Rune mit der Zahl eins; die Zeugungsrune »Fater« (Vater). Die Rune des Urfeuers, Fyr, auch Pyr (griech. Pyro), griech. Buchstabe Phi, arab. Fa, hebr. Phé (Zahlenwert 80) mit dem Bild »Mund« und geistigen Sinn von offenbartem Wort oder Offenbarung. Auch im Griech. der erste Buchstabe unter anderem des Wortes Philosophie. Das hebr. Zeichen besteht aus dem Kaph, Zahlenwert 20, mit dem Zeichen Jod (10) in der Mitte.

Familienstellen, Familienaufstellung

Eine Form der Psychotherapie nach Bert Hellinger (geb. 1925). Die von Hellinger entwickelte Kurztherapie des Familienstellens hat Gemeinsamkeiten mit schamanischen Heilzeremonien (→ Schamanismus). Bei beiden wirkt eine Kraft, die der nichtalltäglichen Wirklichkeit angehört, die jedoch wahrnehmbar ist und sichtbar gemacht werden kann. Der Leiter einer Familienaufstellung wie auch der Leiter einer schamanischen Heilzeremonie muss sich dieser Kraft hingeben und dem Wissen, das im Moment auftaucht, vertrauen. Es ist die Kraft, nicht der Leiter, die heilt.

Bert Hellinger nennt diese Kraft, die beim Familienstellen wirkt, das »wissende Feld«. Ein Kursteilnehmer wählt aus einer Gruppe von Menschen Stellvertreter für seine Familienmitglieder aus und stellt sie nach seinem inneren Bild im Raum auf. Die Stellvertreter erfahren nun die Gefühle der Personen, die sie vertreten, und welche Beziehungen sie zu anderen Familienmitgliedern haben. Das so sichtbar Gemachte zeigt Spannungen und Verstrickungen auf, die in der Familie des aufstellenden Kursteilnehmers wirken.

Beim Familienstellen werden Verstrickungen gelöst und falsch übernommene Verantwortung dort belassen, wo sie hingehört; ausgeschlossene und vergessene Familienmitglieder bekommen wieder einen Platz im Familiensystem. Die Ordnungen und Gesetzmäßigkeiten, die in einer Familie oder weiter gefasst der größeren Familie mit allen Vorfahren wirken, werden wiederhergestellt. Für jeden Stellvertreter wird mit Hilfe des »wissenden Feldes« ein guter Platz erarbeitet, an dem es ihm wohl ist. Es entsteht ein neues inneres Bild der Familie. Dieses Bild trägt der Teilnehmer in seiner Seele und lässt es seine heilende Wirkung tun. Über lange Zeit erinnert er es immer wieder, fühlt die lösende Ordnung in sich und die Kraft, die ihm daraus zufließt.

Diese Therapieform hat Ähnlichkeiten mit dem → Voodoo und dem → Channeling, weil sie bewusst die Ebene oder das Bewusstseinsfeld der verstorbenen Ahnen berührt und mit einbezieht, auch wenn die Teilnehmer keine geschulten Medien sind. Siehe auch: → Besessenheit, → Reinkarnation.

Fana (arab. »Auslöschung«)

Auf dem Weg durch die Bewusstseinswelten stirbt *(fana)* ein Teil unserer Zuwendung zur jeweiligen Welt, und wir werden in einer neuen Qualität wiedergeboren *(baqa)*. Siehe auch → Ibn Arabi.

Farbe

Form kann eigentlich immer nur als Farbe wahrgenommen werden (→ Wahrnehmung). Es ist von der menschlichen Anlage her praktisch nicht möglich, eine Form, eine Gestalt, einen Gegenstand von dem zu trennen, was als Farbe gesehen wird. Denn allein durch die Farbe reagiert die Form eines Gegenstands auf die Lichtwellen, durch die er überhaupt wahrgenommen werden kann. Farbe ist einerseits der Oberflächenaspekt der Form, doch spirituell gesehen auch eine Qualität, die sich mit einem Gegenstand bzw. einer materiellen Form verbunden hat.

Farbe wirkt unmittelbar auf die Sinne. Es ist sogar möglich, eine Beziehung zwischen den verschiedenen Farben und den menschlichen Gefühlen herzustellen: So entspricht Rot dem Feurigen, also Ärger und Zorn, Gelb der Freude, Blau der Sehnsucht. Vermutlich hat diese Zuordnung auch mit sozialen Prägungen zu tun. Physiologische Erklärungen besagen, dass die Frequenz der Lichtwellen entsprechende Gefühle im Gehirn auslösen, sodass bei bestimmten Farben entsprechend angenehme oder unangenehme Gefühle geweckt werden.

In der Kunst haben solche Assoziationen nichts mit dem ästhetischen Wert einer Farbe zu tun, obwohl sie die Reaktion eines Menschen auf das Kunstwerk beeinflussen können. Mit der ästhetischen Erfahrung spürt ein Mensch intuitiv die Tiefe und das Wesen der Farbe. Tiefe, Wärme oder Klang einer Farbe sind dabei gewissermaßen objektive Qualitäten (→ Kunst), die über Gefühlsregungen hinausgehen.

Johann Wolfgang von Goethe (1749–1832) erkannte in einer spirituellen → Vision darüber hinaus:

»Farben sind Taten des Lichts, Taten und Leiden. In diesem Sinne können wir von denselben Aufschlüsse über das Licht erwarten. Farben und Licht stehen zwar untereinander in dem genausten Verhältnis, aber wir müssen uns beide als der ganzen Natur zugehörig denken; denn sie ist des ganz, die sich dadurch dem Sinne des Auges besonders offenbaren will. ... So spricht die Natur hinabwärts zu den anderen Sinnen, zu bekannten, verkannten, unbekannten Sinnen; so spricht sie mit sich selbst und zu uns durch tausend Erscheinungen. Dem Aufmerksamen ist sie nirgends tot noch stumm ...« (Johann Wolfgang von Goethe 1970, 6)

Goethe erkannte mit seiner Aussage, dass Farbe »Taten und Leiden des Lichts« sind, intuitiv die spätere physikalische Zweiteilung des Photons in Teilchen (Quant) und Welle (Schwingung). In dieser Hinsicht gibt es keinen Widerspruch zwischen der physikalischen Erkenntnis Isaac Newtons (1643–1727), dass Licht aus Farben besteht (spektrale Zusammensetzung), und Goethes Erkenntnis, dass die Farben durch die Brechungen zwischen Licht und Dunkelheit im Auge des Betrachters entstehen. Es sind einfach unterschiedliche Ansätze und → Wahrnehmungen.

Farbe in mythischen und kultischen Zusammenhängen: Die Farben der dreifältigen Großen → Göttin, der Erdmutter, geben die drei Aspekte des Lebens wieder:

- Die weiße Göttin in Gestalt der Jungfrau, Geburt und Wachstum: der zunehmende Mond
- Die rote Göttin als das Weib in seiner Stärke und Blüte, Kampf und Liebe: der Vollmond
- Die schwarze Göttin von Tod und Weisheit: der abnehmende Mond, Schwarzmond. Auf den britischen Inseln wurde Schwarz oft durch Dunkelblau ersetzt.

Rot ist auch die Farbe der röm. Göttin der Morgenröte, Aurora, die bei den

Griechen Eos hieß und verwandt ist mit der germanischen Frühlingsgöttin (→ Germanen) Eostre (Ostara) und damit auch mit Ostern. Besonders in Osteuropa wurden Ostereier rot gefärbt, denn Rot galt als die Farbe des Lebens.

Im Hypogäum von Hal Saflieni auf Malta, einem riesigen unterirdischen → Labyrinth mit mehreren eiförmigen Räumen, sind die Decken und einige Wände in Rot bemalt. Vasen und andere Gegenstände in den ovalen Grabkammern zeigen rote Eier. In Russland gab es ein Auferstehungsritual, das darin bestand, rote Ostereier auf Gräber zu legen. In Griechenland werden heute noch Osterbrote mit roten Eiern gebacken.

Im Hebr. haben die Schriftzeichen für Blut, DM (Daleth-Mem), und Rot, DOM, dieselbe Wurzel. Von Leben und Zerstörung ist es nur ein kleiner Schritt, und so wird mit Rot auch Macht assoziiert. Wertvolle Güter wie Purpur und Rubin wurden zu Insignien der Cäsaren, Könige und Bischöfe. Rot gilt auch als die Farbe der Märtyrer, die ihr Blut für Christus vergossen, während die Kardinäle durch das Tragen der roten Farbe ihre grundsätzliche Bereitschaft bekunden, dem Beispiel der Märtyrer zu folgen. Rot ist auch die Farbe für das Reich Gottes.

Schwarz ist das uralte Symbol der Kirche für Bußfertigkeit und die Leiden Christi. Es ist im Christentum die Farbe der Absage an die Welt, der Weltentsagung, Buße und Askese sowie die Farbe vieler Mönchs- und Asketengewänder (→ Katharer).

Die wichtigsten Götter der → hinduist. und schamanistischen (→ Schamanismus) Welt Nepals sind in ihren herausragenden Qualitäten durch Farbzuschreibung gekennzeichnet: Der verschlingende, zornvolle, vernichtende Aspekt → Shivas ist »der große schwarze« Mahakala und Kal Bhairap. Die grimmige Erscheinung der Göttin → Kali in ihren sieben Aspekten wird vorrangig als schwarze Kali verehrt. Bevorzugte Opferfarbe ist Rot.

Grün: Die Stirnbänder und Geisterdolche *(furba)* nepalesischer Schamanen symbolisieren in ihren Farben die drei Welten. Je nach Volkszugehörigkeit sind die Stirnbänder weiß, rot, blau oder weiß, rot, grün gefärbt. Blau symbolisiert die Oberwelt, den Himmel, Grün die Pflanzenkraft, Weiß die Mittelwelt und Rot die Unterwelt (→ Weltenbaum). In Europa gilt die Gestalt des »Grünen Mannes«, des »Blattgesichts«, als Verkörperung der Pflanzenkraft, die noch Hinweise auf die schamanischen Wurzeln Europas gibt und mit dem Gründonnerstag vor dem Karfreitag in die christl. Liturgie integriert wurde. Auch im Alten Testament wird Grün als die Farbe des Wachstums erwähnt.

Im Christentum ist Grün die Farbe des Paradieses. Die Künstler des Mittelalters malten das Kreuz Christi grün, als das Werkzeug der Erneuerung des Menschengeschlechts, die durch das Opfer Christi vollbracht wurde. Der Thron Gottes besteht nach der Offenbarung des Johannes (4, 3) aus grünem Jaspis. Smaragdgrün ist die Farbe des → Grals. Grün ist meistens Ausdruck der Hoffnung auf das ewige Leben.

Mit der Farbe *Weiß* verbinden sich in den Vorstellungen der christl., hebr. und islamischen → Religion vollkommene Reinheit, Verklärung, ewige Herrlichkeit. Es ist das besondere Vorrecht des Papstes, einen weißseidenen Talar zu tragen. Weiß symbolisiert Jesus als das »Licht der Welt«.

Feng Shui (chines.)

Alte asiatische geomantische Lehre (→ Geomantie), die den Zusammenhang zwischen umgebendem Lebensraum und dem Wohlbefinden der Menschen in diesem Lebensraum beschreibt. Die ältesten bekannten Schriften sind 3000 Jahre alt.

Feng Shui bedeutet »Wind und Wasser« und steht im Chines. sinnbildlich für alles, was sich bewegt, fließt und strömt. Nach der Harmonielehre des Feng Shui wird durch Energie (→ Qi) bzw. den Fluss dieser Energie ein Wohlbefinden vermittelt. Nach der traditionellen Deutung soll man mit Feng Shui »die Geister der Luft und des Wassers geneigt« machen. Feng Shui hat z. B. die chines. Gartenkunst maßgeblich geprägt. Die Prinzipien des Feng Shui werden auch bei Zimmereinrichtungen, Hausarchitektur und Landschaftsgestaltung berücksichtigt. Die Raumgestaltung erfolgt aufgrund verschiedener Regeln, welche sicherstellen sollen, dass sich so genannte unerwünschte Energien nicht in diesen Räumen festsetzen können. So werden z. B. harte Kanten vermieden, und man achtet generell auf symmetrische Anordnungen.

Der Grundgedanke Feng Shui ist: Der Mensch hat Einfluss auf seine Umgebung, aber die Umgebung hat auch einen Einfluss auf den Menschen. Nach der Feng-Shui-Lehre ist z.B. die günstigste Lage eines Wohnhauses auf halber Höhe eines Berges/Hügels, an einem Südhang, mit Aussicht auf Wasser.

Eine wichtige Rolle spielen im Feng Shui die Lehre von → Yin und Yang, die Berücksichtung der Himmelsrichtungen und die Fünf-Elemente-Lehre (→ Elemente). Feng Shui ist im modernen China noch immer weit verbreitet: Praktisch jedes größere Bauvorhaben wird von einem Feng-Shui-Meister begleitet. Seit einigen Jahren stoßen die Lehren des Feng Shui auch in der westlichen Architektur und Innenarchitektur auf zunehmendes Interesse.

Durch wissenschaftliche Methoden ist die Idee eines Energieflusses (→ Qi), der durch die räumliche Anordnung von Möbeln oder die Hausarchitektur gelenkt werden kann und Wohlstand und Glück anzieht oder abhält, nicht beweisbar. Feng Shui beinhaltet jedoch nachvollziehbare Aspekte der Harmonielehre: So sitzt man generell nicht gern mit dem Rücken zur Tür, bevorzugt in Restaurants Tische am Rand (oder noch besser in der Ecke), empfindet bestimmte Farben, Formen oder Materialien als harmonisch und angenehm oder als unangenehm.

Findhorn → Channeling, → New Age

Freimaurer

Die moderne Form der Freimaurerorganisation entstand im Jahre 1717, als sich die engl. Logen zur United Grand Lodge of England vereinigten. Die Logen gehen wahrscheinlich auf die → Bauhütten der Kathedralen zurück (die vom → Templerorden organisiert und finanziert wurden) und bewahren eine gewisse Symbolik der Einweihung.

Die Baumeister verfügten ursprünglich über erstaunliche Kenntnisse. Louis Charpentier betont in seinem Werk »Die Geheimnisse der Kathedralen«:

> »Man vergisst gewöhnlich, dass der Bau – im großen wie im kleinen – von Menschen geschaffen wurde, die wussten, was sie taten. Weil man sie nicht kennt, nicht weiß, woher ihnen ihr Wissen kam, fügt sich Geheimnis an Geheimnis. Ihr Wissen aber muss beträchtlich gewesen sein. Notre-Dame von Chartres ist siebenhundert Jahre alt; sie hat neben den unvermeidlichen Verwitterungserscheinungen mindestens einem heftigen Brand getrotzt ... Wir aber wissen von den hervorragenden Architekten, die den Bau erdachten, von den Baumeistern, die ihn ausführten, so gut wie nichts.« (Louis Charpentier 1972, 12)

Die Baumeister schufen das »breiteste gotische Gewölbe, das wir kennen, und eines der höchsten zugleich«. Woher kam das Wissen, das dazu nötig war? Als die Kathedrale von Chartres entstand, waren allein in Nordfrankreich an die 20 Kathedralen im Bau. Wer gab das Geld dafür? Und wie rekrutierte man so viele Zimmerleute, Maurer, Steinmetze und Bildhauer, deren Kenntnis und Anzahl ausreichte, steinerne Kirchenschiffe von so ungeheurer Größe zu bauen? Charpentier: »Dieses Aufsprossen von Kathedralen war *gewollt*. Es war *gewollt* von einer Organisation, die das nötige Wissen besaß, die fachkundige Baumeister zur Verfügung hatte und außerdem die Mittel, jene zu bezahlen« (Louis Charpentier 1972, 13).

Die ersten Freimaurer waren keine Baumeister mehr, Geistliche und Edelleute schlossen sich zu einer aufklärerischen, humanitären Gemeinschaft zusammen. Unter »Arbeit« versteht der Freimaurer v. a. die Betätigung in den Logen. Grade, Rituale und Symbole bestimmen die maurerische Arbeit. Die Grade bezeichnen die Lehrstufen der Einweihung. Im Grunde geht es hier wie bei den mittelalterlichen Zünften um die Stufen Lehrling, Geselle und Meister (bei den heutigen Freimaurern im geistigen Sinne verstanden). Die Zahlen sind teilweise symbolisch zu verstehen. Der 33. Grad des Schottischen Ritus etwa ergibt sich aus einer kabbalistisch-sufischen Verschlüsselung (→ Abjad) für den Namen Mohammed (Zahlenwert 132 oder 32 + 1). Die Zahl 33 wird von den Baumeistern in ein Pentagramm, manchmal auch in den sechszackigen Stern Salomons eingeschrieben.

Die ägyptische Herkunft bedeutet nicht, dass die Freimaurer auf ägyptische Überlieferungen zurückgehen, sondern Ägypten steht verschlüsselt für die schwarze Kunst, die Kunst des Erkennens, die auch in der Alchemie praktiziert wurde. Kabbalistische Einflüsse zeigen sich wiederum in der Ausstattung des Freimaurertempels. Selbstverständlich ist der »behauene Stein« ein eindeutig alchemistisches Symbol – Stein der Weisheit –, wobei der Quaderstein auf die quaderförmige Kaaba, den islamischen Tempel von Mekka, hinweist; der Omphalos-Stein als Nabel der Welt ist eine noch ältere Überlieferung (→ Weltzentrum). Bei ihren Ritualen lesen die Freimaurer denn auch interreligiös aus allen Büchern der Weltreligionen, der Bibel, des Korans und anderen.

Die verschiedenen Freimaurerorden hatten großen politischen Einfluss. So trägt etwa die amerikanische Dollarnote noch heute ein freimaurerisches Symbol. Der größte Teil der Unterzeichner der amerikanischen Unabhängigkeitserklärung und auch die ersten amerikanischen Präsidenten wie Thomas Jefferson und George Washington waren Freimaurer. Da der Freimaurerei die Urheberschaft an der Französischen Revolution nachgesagt wurde, wurden die Orden im 19. Jh. verfolgt. Ganz sicher haben die maurerischen Ideale »Gleichheit, Freiheit, Brüderlichkeit« an den geistigen Grundlagen der Revolution ihren Anteil. Auch im Dritten Reich stellte man den Freimaurer nach. Schuld daran war die Verknüpfung von Antisemitismus und Freimaurerfeindschaft, die auf die Legende einer Weltverschwörung von Zionismus und Freimaurern zurückgeht. Inzwischen ist belegt, dass die Dokumente des Ordens von Zion, der diese angebliche Verschwörung in die Welt gesetzt hat, eine Fälschung sind.

Selbstverständlich haben Freimaurer gesellschaftlichen Einfluss, weil sie sich meistens aus vermögenden Schichten rekrutieren. Doch wahrscheinlich ist die

Verschwörungstheorie, die immer wieder kursiert, auf Menschen zurückzuführen, die ihren mangelnden Einfluss auf die Geschehnisse der Welt neidisch auf Menschen projizieren, die versuchen, ihre freigeistigen Ideale im gesellschaftlichen Leben umzusetzen. Den Freimaurergemeinschaften gehörten immer wieder große Architekten, Ärzte und Wissenschaftler an, weil sie dort ein gesellschaftliches und rituelles Forum für ihre geistigen Ideale fanden.

Es gibt eine Reihe von Gruppierungen, die mit den Freimaurern in Verbindung gebracht werden, doch nichts mit ihnen zu tun haben. Dies sind sowohl geschäftliche Verbindungen mit sozialen, humanitären Zielen wie die Rotarier oder der Lions-Club oder gnostische Abkömmlinge wie die Rosenkreuzergruppe AMORC, der Druiden-Orden, die Psychosophische Gesellschaft und andere.

G

G – Gamma (griech.), Ghim (arab.), Gimel (hebr., gesprochen wie djimel)

Zahlenwert drei. Ursprünglich auch *gam, gamal,* »reifen lassen«, oder *gamul,* »Vollendung«. Die Endung *-el* oder *-al* hat mit Licht zu tun, wie in All oder Allah. Gimel ist »Bewegung«, »Tat« und entspricht der Gibor-Rune (→ Runen), die häufig wie ein X geritzt wurde, ein Symbol der Vereinigung des Zeugergottes mit Gea, der Erdmutter (→ Göttin). Gibur ist ein alter Name für »Allvater«, Ur-Zeugung, Schöpfung.

Ganapati Saccidananda Swamiji, Shri (geb. 1942)

Gilt als Vertreter der Linie → Dattatreyas. Die Einweihung *(upadesa)* soll er von seiner frommen und weisen Mutter Jayalakshmi kurz vor ihrem Tod 1951 erhalten haben. Als junger Mann verschwand er für zwei Jahre und tauchte 1963 als *avadhuta* (Erleuchteter, welcher der Welt entsagt hat) mit dem Namen Ganapati Saccidananda Svamiji in Mysore wieder auf. 1966 gründete er einen → Ashram im südindischen Mysore, der heute der Hauptsitz des Sri Ganapati Saccidananda Trust mit 50 Zentren in verschiedenen Ländern und einigen sozialen Projekten ist.

Seine Anhänger verehren Ganapati als → Avatar, als Verkörperung göttlicher Energie, als Inkarnation Dattatreyas. Seine Aufgabe sieht er in der Wiederbelebung und der der Zeit angepassten Neuinterpretation der Hindu-Tradition *(sanatana* → Dharma). Er betont aber gleichzeitig, seine Lehren und die hinduist. Veden seien eigentlich universal (→ Brahmanismus). Dabei geht es ihm weniger um ein philosophisches System als um praktische Wahrheiten. Wichtig ist die Erkenntnis Gottes, die Erfahrung. Diese wird gefördert durch die Disziplinierung des Ich und die Hilfe eines Guru. Selbstloses Handeln, → Bhakti, Musik (→ mantrische Gesänge), Yogaübungen (→ Hatha-Yoga) und → Meditation zu früher Morgenstunde spiritualisieren den Alltag. Die Sexualität soll nicht unterdrückt, aber kontrolliert werden. *Brahmacarya* (Enthaltsamkeit) soll von Vorteil sein, da das Zurückhalten des männlichen Samens angeblich das Erwachen der → Kundalini-Kraft fördert und die Entfaltung der menschlichen Gottnatur. Sein → Mantra, das die Menschen zur göttlichen Erkenntnis führen soll, ist HARI OM TATSAT JAI GURU DATTA (→ HARI OM = »Anrufung Gottes«, TAT = »das unergründliche Geheimnis«, SAT = »Ewiges Sein«, GURU DATTA = → Dattatreya).

Gandhi, Mahatma (1869–1948)

Typischer Vertreter des → Karma-Yoga, das er als zentrale Lehre der Gita betrachtete:

> »Wer nicht handelt, wird erniedrigt. Wer auf die Belohnung verzichtet, wird erhöht. Aber Verzicht auf Lohn bedeutet keinesfalls Gleichgültigkeit gegenüber dem Ergebnis. Bei jeder Handlung muss man das erwartete Ergebnis kennen, die Mittel dazu und die eigenen Fähigkeiten. Jemand, der dazu fähig ist, der sich nicht nach dem Ergebnis sehnt und der sich völlig der vor ihm liegenden Aufgabe widmet, über den kann man sagen, er habe auf den Lohn seines Handelns verzichtet.« (Mahatma Gandhi, in: Michael Blume 1987)

Die Grundsätze von Gandhis Lebensphilosophie sind: Selbstauferlegte körperliche Zurückhaltung ist eine Bedingung, die der geistigen Zurückhaltung vorangeht. Körperbeherrschung sollte vollkommen freiwillig sein. Karma-Yoga ist der → Yoga, der das → Selbst von der Bindung durch den Körper befreit, und dabei ist kein Platz für Nachlässigkeit gegenüber sich selbst. »Erfülle die dir zugewiesene Aufgabe, denn Handeln ist höher als Nichthandeln. Mit Nichthandeln ist selbst der normale Lauf des Lebens nicht möglich« (zitiert in Michael Blume 1987).

Sein Verhältnis zur Arbeit stellte Gandhi so dar: »Vor Gott wird die Arbeit des Menschen nach dem Geist beurteilt, in dem sie ausgeführt worden ist, nicht nach der Art der Arbeit, wie auch immer diese sein mag. Wer auch immer in einem Geist der Hingabe handelt, qualifiziert sich selbst für die Erlösung« (zitiert in Micheal Blume 1987).

Blume fasst Gandhis Karma-Yoga folgendermaßen zusammen:

»Auf praktische Erfahrung in seinen Experimenten mit der Wahrheit, die Vernunft und seine innere Stimme gestützt, entwickelte er im Laufe seines Lebens schrittweise sein eigenes → *darshana*, seinen eigenen Weg der Selbstverwirklichung: Um das Ziel, *moksha*, zu erreichen, muss ich getreu meinem eigenen Weg, meiner eigenen Pflicht, *svadharma*, folgen. Der *svadharma* besteht aus *anasaktiyoga*, selbstlosem Handeln, der das höchste Opfer, *yajna*, für das Wohl der gesamten Welt, *lokasamgraha* oder *sarvodaya*, ist. Anasaktiyoga ist nur möglich durch Handeln und ist deshalb die höchste Form des *karmayoga*. Selbstloses Handeln im Dienst an der Schöpfung Gottes ist notwendigerweise mit dem Befolgen von *satya*, Wahrhaftigkeit, und *ahimsa*, Gewaltfreiheit, verbunden, ja setzt beide voraus und wird dadurch zu *satyagraha*. Um diesen äußerst schwierigen und schmalen Weg zu beschreiten, ist Hilfe durch Selbstdisziplin notwendig. Sie bieten → *bhakti*, *tapas* und *brahmacharya*: Gottesliebe, Askese und Selbstbeherrschung.« (Michael Blume 1987)

In der Verbindung von individueller Heilsuche und sozialrevolutionärem Engagement zur Veränderung der Gesellschaft hat Gandhi eine neue Interpretation des Karma-Yoga hervorgebracht, die sicherlich in vielerlei Hinsicht für die heutige Zeit von größerer Bedeutung ist als die alte Interpretation der Kriegerkaste, bei der es nur um Pflichterfüllung ging.

Gandhi reiht sich daher ein in eine Reihe bedeutender neohinduist. Persönlichkeiten wie Mohan Roy, Tagore, Ramakrishna, Sri → Aurobindo und Radhakrishnan. Alle zeichnen sich darüber hinaus dadurch aus, dass sie die althergebrachte → brahmanische Kastenordnung überwinden wollten.

Ganesha (Sk.)

Auch Ganapati (Sk.), der elefantenköpfige Sohn → Shivas und Parvatis (ein weiterer Name für die göttliche Mutter, → Shakti). Er ist der Gott der Weisheit und Lehre und Beseitiger aller Hindernisse. Seinen Verehrern gewährt er im weltlichen wie spirituellen Leben Erfolg.

Ganesha in der Tanzform des Shiva dargestellt.

Ganesha hat in einer Version des Mythos deshalb einen Elefantenkopf, weil Shiva lange Zeit unterwegs war, und als er zu Parvati zurückkehrte, stand ein hübscher Junge vor dem Haus. Aus Eifersucht schlug er ihm den Kopf ab. Parvati weinte bitterlich und bedeutete ihm, dass der Junge von ihm sei. Da sagte Shiva, dass er ihm sofort wieder einen Kopf geben würde, und zwar vom Nächsten, der vorbeikäme. Das war ein Elefant ...

Gebet

Das Anrufen einer Gottheit, eines → Gottes oder → Geistes, oft in Form einer Lobpreisung, einer Bitte oder eines → mantrischen Gesangs. Häufig werden dazu auch bestimmte Handhaltungen (→ Mudras) benutzt. Siehe auch: → Herzensgebet.

Geist

»Ein Mönch fragt: ›Was ist eigentlich Geist?‹ – ›Geist‹, lautet die Antwort des Meisters. ›Ich verstehe nicht‹, forscht der Mönch weiter. ›Ich auch nicht‹, erwidert ohne zu zögern der Meister (frei nach D. T. Suzuki 2003).

Der Begriff wird im allgemeinen dt. Sprachgebrauch mit → Bewusstsein oder Denken gleichgesetzt. Gemäß der heute weithin akzeptierten naturwissenschaftlichen Dreiteilung und Wechselwirkung von Materie, Energie und Information können diese zur klassischen spirituellen Dreiteilung des Menschen in Körper, Seele und Geist in Entsprechung gesetzt werden. Ein ergänzendes Modell beruht auf der Annahme, dass es analog dazu drei Dimensionen gibt, die im Wesentlichen durch unterschiedliche → Bewusstseinszustände erfahren werden können. Alle diese drei Aspekte bilden eine Einheit, sie sind systemisch miteinander »vernetzt«, denn jede dieser drei → Welten macht unterschiedliche Formen der Erfahrung und Erfahrungszustände möglich und ist nur durch unterschiedliche Bewusstseinszustände bzw. Wahrnehmungszustände erfahrbar.

Um dem Konzept von »Geist«, d. h. auch der → Spiritualität näher zu kommen, ist es daher hilfreich, die Begriffe Materie, Energie und Information deutlich zu unterscheiden. Wenn diese drei naturwissenschaftlich definierten »Wirklichkeitsdimensionen« unter dem metaphysischen Aspekt und auch dem Aspekt der menschlichen Wahrnehmungsfähigkeit gesehen werden, kann eine Einteilung in Dimension der Materie, Körper und Sinne, Dimension der Energie, Bewusstsein und Wahrnehmung und Dimension der Information, Intelligenz, Kreativität, Geist vorgenommen werden. Im Einzelnen:

1. Dimension der Materie: Im Allgemeinen betrachtet die menschliche → Wahrnehmung Materie als eine feste Substanz. Tatsächlich besteht jede materielle Form aus energetischen Quantenzuständen, die jedoch nicht wahrgenommen werden können. Aber auch die materielle Welt wird nur indirekt wahrgenommen, über die Sinnesimpulse und das Nervensystem, mit denen die gegenständliche, sichtbare und natürliche Lebenswelt gesehen und gespürt wird. Dasselbe gilt auch für die Erforschung von mikroskopisch kleinen Strukturen. Dafür werden jedoch materielle Instrumente benötigt, mit denen unsichtbare Quantenfelder, atomare Teilchen, chemische Elemente und die Energiezustände des Kosmos »gesehen« werden können, jedoch mit Hilfe der Sinnesorgane und des Gehirns interpretiert werden müssen. Die menschliche Körperlichkeit mit ihren elektrischen und biochemischen Strukturen ist dabei in der Lage, diese → Wahrnehmungen zu sinnvollen, lebensfähigen Gedanken und Handlungen umzusetzen.

Die natürliche Welt ist normalerweise so erfahrungsreich, dass sie die meisten Menschen völlig zufrieden stellt, weil sie das Gehirn ständig mit einem Fluss an Informationen und Impulsen versorgt. Dieser Fluss, der zusätzlich auch Informationen und Impulse aus den anderen Dimensionen enthält, wird vom Alltagsbewusstsein meistens nur gefiltert durchgelassen oder von den Milliarden Neuronen im Gehirn interpretiert.

2. Dimension der Energien: Die Grenzen zwischen der materiellen und natürlichen, der sichtbaren und fassbaren Welt und der Welt der → Energien sind aus diesem Grund naturgemäß unscharf. Eine sinnliche Erfahrung, eine körperliche Berührung, Hören, Sehen, Schmecken wird im Wesentlichen durch energetische Impulse ausgelöst. Das menschliche Gehirn fungiert dabei als Transformationsstation, die diese Impulse in Wahrnehmungen umsetzt. Dabei sind die Menschen »in der Erfahrung« und nehmen deshalb die Schwingungen der Energien nicht wahr, sondern nur ihr Ergebnis. In einem erhöhten oder veränderten → Bewusstseinszustand können auch diese Schwingungen wahrgenommen werden, sogar bis zu der Erfahrung, die Schwingungen der Energien zu »sehen«. Materielle Gegenstände und der eigene Körper werden dabei weiterhin als solche wahrgenommen, d. h. ein Mensch kann nicht durch Wände gehen, dennoch kann ein Mensch in diesem veränderten Wachbewusstseinszustand die energetische Schwingung »ungefiltert« wahrnehmen.

Die Welt der Energien ist umfassender als die körperliche, materielle Welt. Energie ist eine Form der Materie bzw. Materie ist ein bestimmter Zustand von Energie. Alles ist in energetischer Schwingung mit unterschiedlichem Verdichtungsgrad. Auf der mikroskopischen Ebene schwingt die Materie in Quantenzuständen, bildet elektromagnetische Felder, strahlt als Licht oder Elektrizität. Wie sich diese Quantenzustände organisieren, hängt von der ihr inhärenten Information oder besser gesagt »Intelligenz« ab. Das gilt auch für die Organisation biologischer Informationen, die durch biochemischen und biophysikalischen Informationsaustausch gesteuert wird.

Der Mensch kann Energien nur durch seine körperlichen Wahrnehmungsorgane – Sinne und Gehirn – wahrnehmen und erfahren. Das geschieht zumeist unbewusst, kann aber auch bewusst gemacht werden (→ Aura). Die Wahrnehmung von energetischen Prozessen vermittelt eine andere Erfahrungsqualität. Wenn sich die → Aufmerksamkeit nach außen in die natürliche Welt richtet, nimmt sie die körperliche und natürliche Welt wahr. Wird die Aufmerksamkeit nach innen in die Bewusstseinswelt gerichtet, werden → Bewusstseinszustände erfahren. Es kann auch beides gleichzeitig geschehen: Bei verstärkter sinnlicher und emotionaler Erfahrung zeigt sich die natürliche Welt lebendiger, deshalb fühlen sich Menschen während dieser Erfahrung viel direkter, d. h. sinnlicher oder bewusster mit ihr verbunden. Es ist ein Zustand des Selbstgewahrseins, der einhergeht mit einem veränderten körperlichen Zustand. Manchmal sind Menschen für kurze Momente von diesem intensiven Erleben ergriffen, nehmen aber nicht wahr, dass sie Kontakt mit dieser anderen Welt haben. Kontakt mit der zweiten Welt können Menschen manchmal unabsichtlich in → Träumen, durch Stress oder andere Auslöser haben, manchmal auch in absichtlich veränderten → Bewusstseinszuständen durch verschiedene Übungsmethoden wie z. B. → Meditation oder die Einnahme von → psychoaktiven Pflanzen bzw. Substanzen.

3. Dimension der Information: Der Begriff der Information, wie er von Physikern gebraucht wird, hat selbstverständlich seinen Hintergrund in der materiellen Welt, der Welt der Fakten. Der Begriff kann jedoch analog auf eine dritte Dimension, die Welt des Geistes, übertragen werden. Denn eine Information ist nicht nur eine Mitteilung oder ein bestimmtes Wissen, sondern auch der Gehalt einer Nachricht. Information wird nur wirksam, wenn sie auf einen Empfänger trifft und bestimmte Aktionen auslöst. »Informationen bestehen aus Unterschieden, die einen Unterschied machen« (Gregory Bateson 1984, 123). Sie kann zwar als Code gespeichert werden, doch auch dieser Code muss von einer geeigneten Quelle, z. B. durch Abtastung durch einen Laserstrahl, aufgeschlüsselt und transformiert werden. Dieser Vorgang ist vergleichbar mit der Entschlüsselung der Impulse aus der Sinneswelt oder geistiger Impulse aus der Dimension des Geistes. Das menschliche Bewusstsein, das mit den materiellen, neurologischen Funktionen und so mit der Dimension der energetischen Welt vernetzt ist, transformiert geistige, nichtsinnliche Information in ein bewusstes Verstehen.

In diesem Sinne ist die eigentliche spirituelle Welt eine Welt der »Qualität«, die im Grunde keinem der menschlichen Existenzzustände entspricht. Raum und Zeit spielen hier keine Rolle, es ist die Welt der Möglichkeit, der Intelligenz und Kreativität. In religiösen Theologien wird Geist meist mit → Gott gleichgesetzt. Sowohl Information als auch Geist sind weder materiell bzw. substanziell noch energetisch. Es ist eine Qualität, die Wirkungen hat. Diese könnte auch als »Welt der schöpferischen Intelligenz« bezeichnet werden, als eine transfinite Welt (im Sinne von Georg → Cantors transfiniten Zahlen) ohne Substanz. Die Einflüsse oder Impulse aus dieser Welt werden von Menschen nur indirekt über die körperlichen Funktionen wahrgenommen.

Geister, Geistwesen

»Geister sind Teil der Wirklichkeit. Sie lassen sich hören und sehen, manchmal auch riechen, und visualisieren sich gegebenenfalls in zeitgemäß adäquater Weise« (Klaus E. Müller 2004, 94).

Nicht nur in vielen Religionsformen werden Geister bzw. Geistwesen für real gehalten; manche spirituellen Praktiken, wie z. B. im → Schamanismus oder → Voodoo, gehen explizit von ihrer Existenz aus. Mit Geistern wird kommuniziert, geschimpft, man besänftigt sie oder bittet um Hilfe. Wenn sich die Mitglieder einer sozialen Gruppe im Bestehen von bestimmten Phänomenen wie den Geistern einig sind – so haben viele Ethnologen deutlich gemacht –, dann ist dieses Phänomen auch existent und wirklich.

Auch in der westlichen → Magie hat die Anrufung von Geistern Tradition. Im → Spiritismus werden die Seelen der Verstorbenen für Geistwesen gehalten, in der → Theosophie nennt man sie auch Astralwesen. Diese Wesenheiten können unter bestimmten Voraussetzungen mit den Lebenden Kontakt aufnehmen. In der afrikanischen Spiritualität (→ Voodoo, → Sangoma) bildet man bestimmte Menschen regelrecht dafür aus, von Göttern (die in gewisser Hinsicht auch als Geister oder → Energien verstanden werden) »besetzt« zu werden. Im christl. Glauben gibt es seit der → Gnosis eine Heerschar von gefallenen, gutmütigen und hilfreichen → Engeln.

Die Gattung der Naturgeister, die »kleinen Völker« wie Alben, Elfen, Feen, Kobolde, Trolle, Zwerge u. a. (→ Germanen), leben in der Natur und manifestieren sich gern sensitiv begabten Besuchern dieser Orte. Natur- und Elementarwesen halten sich nicht an die menschlichen Vorstellungen von Naturgesetzen und Kausalität. Darunter gibt es menschen-, pflanzen- und tierähnliche Wesen. Im Allgemeinen gelten diese Naturgeister als gutmütig und hilfreich, aber manchmal auch als koboldhaft. Selten sind sie indes richtig »böse«.

Die Geister der Zwischenreiche, in der → Theosophie als Astralwelt bezeichnet, können sich auf jede sichtbare Weise verkörpern. Im christl. Glauben werden diese Geistwesen als Dämonen angesehen (→ Teufel). In schamanischen Gesellschaften treten sie überwiegend als Tiergestalten auf (→ Geisttiere). In der Vorstellung mancher dieser Gemeinschaften können die Tiergeister auch die menschliche Seele in Besitz nehmen:

»Entschieden gefürchteter jedoch waren Geister, die den Menschen in ihrer, aber auch dann zumeist irgendwie abgewandelter Gestalt gegenübertraten. … Geister sind Teil der Wirklichkeit. Sie lassen sich hören und sehen, manchmal auch riechen, und visualisieren sich gegebenenfalls in zeitgemäß adäquater Weise. Sie zeigten sich in den absonderlichsten – und vor allem schreckenerregenden – Gestalten, halb Mensch, halb Tier, mit dicht behaart, mit Rettigkopf, tellergroßen feurigen Augen, grünem, zottigem Haar, kupfernen Krallen und rückwärts gewandten Füßen, die Frau mit überlangen, über die Schultern geworfenen Brüsten, mal als bucklige Zwerge … mal als grobschlächtige Riesen …« (Klaus E. Müller 2004, 93).

Der dt. Begriff »Gespenst« für Geistererscheinungen ist meistens angstbesetzt, weil Geister oder Geistwesen, die sich zeitweise materialisieren oder sichtbar machen, die Ordnung der menschlichen Wahrnehmung durcheinander bringen können. Geister können jedem Menschen erscheinen, zu allen Tages- und Nachtzeiten, und machen sich oft durch Pfeifgeräusche bemerkbar. Die Forschungsergebnisse sind auf diesem Gebiet noch sehr dürftig, trotz jahrzehntelanger Beschäftigung der → Parapsychologie mit diesem Phänomen. Angesichts der unzähligen Fälle von Geistererscheinungen kann das Phänomen auch naturwissenschaftlich nicht als → Halluzination abgetan werden. Viele spirituelle Lehrer raten Menschen auf dem spirituellen Weg dazu, sich erst dann auf Geistwesen einzulassen bzw. mit ihnen in Verbindung zu treten, wenn ihr Bewusstsein gefestigt und in der spirituellen Welt verankert ist. Siehe auch: → Ritual.

Geisteswissenschaft

Der dt. Philosoph Wilhelm Dilthey (1833–1911) erstrebte als Erster eine erkenntnistheoretische Begründung der Geisteswissenschaften, deren Methodik er gegen die Naturwissenschaften abzugrenzen trachtete. In den Geisteswissenschaften geht es darum, Lebensäußerungen durch Nacherleben von innen her zu verstehen. So ergibt sich bei Dilthey der Begriff einer Lebensphilosophie, die im Gegensatz zur Metaphysik steht.

Bei Rudolf → Steiner wird der Begriff synonym mit dem des Okkultismus und der Geistesforschung im spirituellen Sinne gebraucht. Im Gegensatz zu Dilthey strebte Steiner eine Geistforschung als Erkenntnis durch Öffnung der bewussten → Wahrnehmung an. Heute wird der Begriff »Geisteswissenschaften« für alle nichtnaturwissenschaftlichen Fächer wie Philosophie, Psychologie, Theologie usw. gebraucht.

Geistheilung

Unter christl. Vorzeichen ist dies eine Heilung durch den Geist Gottes oder den

Glauben an Christus. Geistheilung wird heute auch mit Energieheilung gleichgesetzt, und auch Fernheilung gehört dazu. Geistheiler behaupten, dass sie »Kanäle« für göttliche Energie seien (→ Channeling). Handauflegen, Reiki und andere zeitgenössische Methoden werden ebenfalls als Geistheilung bezeichnet. Auch schamanisches Heilen (→ Schamanismus) kann als solche bezeichnet werden, da Schamanen mit geistigen Kräften arbeiten. Geistheilung wird auch von vielen Schulmedizinern akzeptiert; so gibt es Kliniken in der Schweiz und in England, in denen Geistheiler bzw. Geistheilerinnen bei manchen Patienten hinzugezogen werden und die normale medizinische Behandlung unterstützen, häufig mit guten Erfolgen.

Wirkung und Hintergrund dieses Phänomens sind noch wenig erforscht. Immer wieder behaupten Geistheiler, so gut wie alle Leiden, sogar schwere organische Krankheiten wie Krebs, Multiple Sklerose oder Parkinson, durch pures Handauflegen kurieren zu können. Es existieren jedoch bisher kaum wissenschaftliche Nachweise für Heilungserfolge – außer dem subjektiven Gefühl der Linderung. Der Dachverband der Geistheiler (DGH) hat 1995 eine Dokumentationsstelle eingerichtet, aber bisher nicht eine einzige nachweisbare Heilung belegen können. Das muss jedoch nicht bedeuten, dass Geistheilung nicht wirkt. Auch eine »psychosomatische« Wirkung bzw. eine schrittweise Genesung, die sich nicht unmittelbar als »Wunderheilung« manifestiert, kann auf den Einfluss eines Geistheilers zurückgehen.

Ein Urteil des Bundesverfassungsgerichts (2.3.2004) besagt, dass ein Geistheiler, der keine Heilung verspricht und keine Diagnosen stellt, auch keine Zulassung als Heilpraktiker benötigt. Dieses Urteil wurde von manchen Interessengruppen so ausgelegt, dass Geistheiler anerkannt wären. Tatsächlich bedeutet das Urteil aber, dass Geistheiler ihre Arbeit als Gewerbe anmelden können; dem Klienten muss jedoch klar sein, dass keinerlei Heilmethode praktiziert, sondern »nur« eine spirituelle Heilung angeboten wird. Auf → Reiki ist das Urteil nicht anwendbar. In Südafrika müssen → Sangoma-Heiler inzwischen ihre Fähigkeiten staatlicherseits prüfen lassen, wenn sie eine offizielle Zulassung erhalten möchten.

Geisttiere im → Schamanismus

Ein Geisttier trägt im Schamanismus nicht nur die Information des Geistes der Gattung Tier mit sich, in der es erscheint. Es verfügt auch über das ganze Wissen der Kosmologie des Schamanen. Das Geisttier ist im traditionellen Schamanismus geistiger Berater und Gefährte des Schamanen. Der Schamane kommt während seiner Lehrzeit durch Techniken wie Rückzug, Fasten/Diät, Visionen usw. in Kontakt mit einer besonderen Energie, die sich ihm als Tier zeigt, zu ihm spricht, ihn lehrt und in seiner Arbeit für die Gemeinschaft unterstützt.

Im Unterschied dazu bezieht sich der »Geist des Tieres« auf die Besonderheit der Information (die Bedeutung, den Ausdruck), die eine Tiergattung trägt. Die Information braucht die Verbindung mit einer Lebensenergie, einer Kraft, mit der sie sich aus dem → Bewusstseinsfeld heraus in der natürlichen Weltwirklichkeit materialisieren kann, sodass wir diese Information erfahren können (→ Geist).

Vielleicht sind Menschen nicht in der Lage, mit den Informationen im geistigen Feld anders kommunizieren zu können als durch die Vorstellung einer ihnen bekannten Form. Vielleicht zeigen sich geistige Kräfte deshalb auch in Gestalten, die dem Mensch vertraut sind, z. B. in Tieren. Ein Beispiel: Die Tiergattung Bär ist im Schamanismus der Informationsträger eines Aspekts des Großen Geistes, der Weltseele, der Großen Mutter, der universellen Schöpferkraft. Dieser Aspekt umfasst: Fruchtbarkeit, sexuelle Kraft, Heilkraft, kämpferische Kraft. Durch die Gattung Bär werden diese Aspekte des Geistes, aus dem sich das Leben erschafft, in unsere Welt getragen. Dieser bestimmte Aspekt von Geist kann aber nur in der Menschenwelt wirken, wenn er von Menschen erfahren wird. Erst dann kann sich der »Geist des Bären« manifestieren, und zwar durch das Handeln des Menschen. Eine Erfahrung des Geistes kann zuteil werden durch eine Annäherung des Menschen an das »geistige Feld des Bären. Dazu reicht die Beobachtung eines natürlichen Tieres nicht aus. Das Erkennen der Wirklichkeit des Geistes des Bären bedarf eines veränderten Blicks (→ Wahrnehmung). Um diese »wahre Wirklichkeit« zu sehen, gibt es zahlreiche Techniken (→ Schamanismus, → Trance).

Im Unterschied zum Geist des Tieres ist ein Tiergeist der »Geist von etwas«, das als Tier erscheint, oft verborgen hinter einer Tiermaske. Es kann z. B. ein Ahnengeist sein, ein Naturgeist (→ Geister), eine Naturkraft oder Gottheit. Bei rituellen Tiertänzen tragen die Tänzer Tiermasken und ahmen die Bewegungen des Tieres nach. Ist ihr Tanz »gut«, so ist es der Tiergeist, der diesen Tanz tanzt, der Bär selbst, mit der Bewegung und Ausstrahlung des natürlichen Tieres.

Geomantie und Geometrie

Die Geomantie (griech. »Befragung/ Wahrsagung der Erde«) ist die Kunst, die Erde an einem bestimmten Ort zu »befragen« und energetische Standortqualitäten festzustellen (→ Kraftorte). Solche Qualitäten sind im Allgemeinen sehr unterschiedlich in Stärke, Intensität, polarer Gegebenheit und v. a. in ihren Auswirkungen auf den Menschen und seine Umgebung. Auch alle Bezüge und Einflüsse der näheren oder weiteren Umgebung müssen berücksichtigt werden. Diese vielfältigen Energien kann der Geomant mit Wünschelrute, Biotensor, Pendel oder feinfühliger Wahrnehmung feststellen (→ Radiästhesie).

Ein weiterer, nicht minder wichtiger Bereich der Geomantie ist die mathematische Zahlen- und Proportionslehre. Nicht erst seit → Pythagoras werden die mathematischen Zusammenhänge von geometrischen Beziehungen immer wieder (und weiter) untersucht. In Zurückführung auf die fundamentalen und einfachsten geometrischen Formen schenkte uns Plato seine »fünf platonischen Körper«: Würfel – Ikosaeder – Tetraeder – Dodekaeder – Oktaeder. Auch das Fünfeck, dem man einen gleichmäßigen Fünfstern einschreiben kann, ist überaus bemerkenswert: Neben vielen anderen Beziehungen schneiden z. B. die Sternseiten einander genau im »Goldenen Schnitt«. Dieser hat besonders in der → Architektur etliche Epochen eine große Rolle gespielt und bezeichnet ein bestimmtes Maßverhältnis zwischen zwei Strecken – wobei das Besondere daran ist, dass immer die kürzere Strecke sich zur größeren so verhält, wie die größere Strecke zur Summe der beiden Strecken. Dieses Proportionsverhältnis steht exemplarisch für eine große Anzahl an erstaunlichen Zusammenhängen und Gegebenheiten der »hl. Geometrie«. Alle diese geometrischen Zusammenhänge können für Entwürfe in der Architektur und Gartengestaltung und besonders für geomantische Heilungsmaßnahmen bewusst eingesetzt werden (→ Feng Shui).

Germanen (lat. germanus)

Die Bedeutung des Wortes »Germanen« ist unklar, der Begriff kommt wahrscheinlich aus dem Keltischen. Er ist ein Sammelbegriff für die indoeurop. Völker, die um die Zeitenwende in Nord- und Mitteleuropa lebten. Einige Belege und Vermutungen legen nahe, dass bereits vor über 10 000 Jahren Nordvölker auf Grönland lebten, als dieses eisfrei war (daher der Name: »grünes Land«). Die alten → Griechen nannten sie Hyperboreer. Den Namen »Germanen« hat der griech. Geschichtsschreiber Poseidonios im Jahre 80 v. u. Z. erstmals genannt. Er reiste zu den → Kelten nach Großbritannien und kam auf seinem Rückweg auch nach Kontinentaleuropa. Der röm. Geschichtsschreiber Tacitus benutzte und popularisierte diesen Begriff um ca. 80 n. u. Z. in seiner Geschichte der Frühzeit, der »Germania«, wieder und übertrug ihn auf alle Ethnien nördlich des Mains.

Die german. Völker entwickelten sich etwa um 1000 v. u. Z. in Südskandinavien, Dänemark und Norddeutschland aus der bronzezeitlichen Kultur des nord. Kreises, die wiederum auf die Ackerbau treibenden Trägern der Trichterbecherkultur (einer Kultur, die → Megalithbauten schuf) und idg. Streitaxtleute (auch Schnurkeramiker genannt) zurückging, welche als Reitervolk aus dem Osten aus dem Raum der Kurgankultur gekommen waren.

Um 500 v. u. Z. bildete sich aus einem idg. Urdialekt durch die german. Lautverschiebung die german. Ursprache, aus der später die idg. Sprachen (heute auch indoeurop. genannt, → Europa, Sprache) wie Deutsch, Englisch Norwegisch usw. entstanden.

Zu den Nordgermanen zählen die skandinavischen Stämme. Aus ihnen gingen später die Dänen, Schweden, Norweger und Isländer hervor. Zu den Westgermanen zählen die elbgerman. Stämme (Sueben), die Markomannen, Semnonen, Langobarden u. a. Nordseegerman. Stämme waren die Angeln, Warnen, Friesen und Sachsen. Zu den Rhein-Weser-Stämmen gehören Cherusker, Bataver, Chatten, Ubier u. a., und zu den Ostgermanen südlich der Ostsee ursprünglich die Goten, Wandalen, Burgunder u. v. a. Durch den Einfall der Hunnen aus den Steppen Asiens und die verstärkte Ausbreitung der slawischen Völker aus der osteurop. Tiefebene wurden die Ostgermanen immer weiter gen Süden und Westen gedrängt, wo sie in Konflikt mit den dort ansässigen Stämmen gerieten.

Wie die südlichen und westlichen Keltenvölker hatten diese Völker keine eigene Schrift; diese entwickelte sich erst um ca. 100 v. u. Z. in Form des Runenalphabets (→ Runen). Ein einiges »german. Volk« gab es nicht, und so ist auch das so genannte »dt.« Volk, das sich über die Jh. entwickelte, genetisch durchmischt mit allen möglichen Völkern aus verschiedenen Gebieten.

Auch die german. Glaubensformen waren nicht einheitlich; dennoch ging es stets um die Verehrung von Naturkräften an besonderen Orten in der Natur (z. B. Quellopfer, Eichen, → heilige Orte). So ist die Mythologie der Nordeuropäer durchsetzt von Riesen (Trollen), Elfen, Zwergen, Feen und anderen Naturgeistformen, die auch als personifizierte Gottheiten betrachtet wurden (→ Geister).

Felsbilder aus der Zeit ab 1000 v. u. Z. geben Alltägliches wie Wagen, Pflüge, Rinder, Fischfang und Jagd wieder. Aber auch kultische Zusammenhänge wie der → Tanz um einen »Pfahl mit Bändern«, Lurenbläser und Prozessionen sind auf Felsen eingeritzt. Funde in Mooren, Seen, Brunnen und Quellen, Reste von hl. Hainen und Steinkreisen (→ heilige

Orte, → Stonehenge) bezeugen die starke Verbindung der Menschen jener Zeit zu Naturkräften und Naturgeistern. Die Gottheiten wohnten in den Wäldern und Gewässern, nicht in Gebäuden oder Tempeln. Besondere Bedeutung hatten Quellen als die Orte, an denen das Leben spendende Wasser dem Schoß der Erdmutter entsprang (→ Holle, → Göttin). Funde von rituellen Mahlzeiten und vielfältigen Opfergaben (→ Opfer) bezeugen das. Auch Tier- und Menschenopfer sind nachgewiesen.

Wichtigster Bezugspunkt im weltlichen wie im geistigen Leben war die Sonne. Das bestimmende »Drama« im Leben der Nordvölker war das Verschwinden der Sonne im Winter, die mythologisch als Gefangenschaft gedeutet wurde. Durch → Opfer und → Rituale konnte die Sonne befreit werden. Ihre Wiederkehr wurde mit einem großen Fest gefeiert, bei dem das Feuer eine wichtige Rolle spielte (Wintersonnenwende, → Hexen). Der Verehrung der Sonne liegt kein personifizierter → Sonnenkult um einen spezifischen »Sonnengott« zugrunde.

Sonnenstein von Horsten, Friesland, ca. 1000 v. u. Z.

In der Kosmologie der nordgerman. Völker entstanden die Götter aus Licht, Dunkelheit, Wärme und Kälte und spiegelten damit die schwierigen Lebensbedingungen in Nordeuropa wider (→ Götterdämmerung). Aus dem Körper des von diesen ersten Göttern geschaffenen Riesen Ymir entstand die geordnete, dreigeteilte Welt mit der Welteneschе Yggdrasil als Zentrum (→ Weltenbaum). Die »Ordnung des Himmels« bei den nord. Völkern ist achtfältig: Der Ursprung der Welt liegt im Osten, wird Alfadur, Gott des Urlichts, genannt und ist erfahrbar als »innere Sonne«. Diesem Urlicht entströmen (emanieren, → Gnosis) die drei Kräfte von Odin (Wotan), Wili und We (die mit den drei hinduist. Göttern → Shiva, → Vishnu und → Brahma vergleichbar sind); ihr Wohnort ist → Asgard. Odin wurde um Weisheit angerufen, Wili um Liebe und We um die Fähigkeit zur Unterscheidung zwischen Licht und Dunkelheit, entsprechend dem chines. → Yin und Yang.

Helheim im Westen ist die Heimat von Hel mit ihren drei Nornen (→ Holle). Im Norden ist die Welt der → Geisttiere und im Süden die Welt der Pflanzengeister angesiedelt. Die Naturgeister (→ Geister) leben in den Zwischenwelten. Im Südosten liegt Niflheim, der Ort der Zwerge, die zur Entwicklung von Kultur und Technologie bei den Menschen beitragen. Im Nordosten wiederum liegt Jotunheim, die Welt der Riesen und Trolle, die verantwortlich für den Zusammenhalt der Naturkräfte, der Harmonie von Wind, Wasser und Vulkanen sind. Im Südwesten findet man Wanaheim, wo die Feen und Riesengestalten wohnen, die auf unmäßige Wünsche eingehen; im Nordwesten, in Muspelheim, leben die Elfen, weibliche, kleine Wesen der Nacht, die für Freude und Lust sorgen.

Odin, Herr der Asen, Detail eines Bronzeportals in Stockholm.

In der Mitte dieses spirituellen Kosmos liegt die Midgardschlange aufgerollt, die Heimat des Menschen in seiner irdischen Form, der zwischen den Tiergeistern und den Pflanzengeistern lebt und diese vereinen muss. Die aufgerollte Schlange steht in vielen Kulturen als Sinnbild für Fruchtbarkeit und Lebenskraft, griech. → Ouroboros genannt. Der Zutritt zum Wissen der Anderswelten erfolgt durch veränderte → Bewusstseinszustände, die von den nord. Völkern nicht nur durch alkoholische Getränke, sondern auch durch → psychoaktive Pflanzen wie Fliegenpilze und psilocybinhaltige Pilze erlangt wurden. Besonders der Fliegenpilz soll die Wahrnehmung der »kleinen Leute« erleichtern.

Gnosis (griech. »Erkenntnis des Übersinnlichen«)

Entstand am Schnittpunkt vieler alter Mittelmeerkulturen, zu einer Zeit, die das Ende der vorchristl. Religionen kennzeichnet (um 250 v. u. Z.). Ihre Stärke erwuchs aus der Verschmelzung von Vergangenheit und Zukunft, von Altem und Neuem, Ost und West.

»Die bleibende Faszination, die Gnosis und Gnostizismus bis heute auf das gebildete Publikum ausüben, dürfte nicht zuletzt darin begründet sein, dass sie – jenseits aller Exotik – innerhalb des abendländischen Weltbildes einen alternativen Entwicklungspfad verkörpern, ... der zwar mit Aufklärung und Monotheismus die Überwindung des Mythos [→ Bewusstseinsevolution] zu teilen scheint, dann aber eine immanente Kritik am biblischen Denken notgedrungen wieder in Bildern denken und dem Diesseits seine Anerkennung verweigern muss ... Es ist historisch *kein Zufall,* dass Antijudaismus und Antisemitismus bis heute von gnostischem Denken zehren. Das ändert nichts an dem Umstand, dass die Gnosis wahrscheinlich im Schoß jüdischer Sekten entstanden ist und dass im Judentum selbst, in → Kabbala und → Chassidismus, gnostische Tendenzen einen erheblichen Raum einnahmen.« (Micha Brumlik 1992, 20)

Wenn man den Einfluss gnostischer Gedanken verfolgt, kann man sogar behaupten, dass gnostische Ideen nicht nur das Christentum selbst, sondern die meisten mystischen Strömungen in Afrika und Europa in vielfältiger Weise beeinflusst haben. Darüber hinaus hat die Gnosis die politische und religiöse Philosophie bis in unsere Zeit durchtränkt. Viele der heutigen Philosophien und Bewegungen des → New Age enthalten gnostisches Gedankengut (siehe auch → Theosophie, → Anthroposophie, → Magie). Deshalb sind die Gnosis und ihr Weltbild nach wie vor ganz lebendig und aktuell, auch wenn es keine explizit gnostische Kirche, Gruppe oder Richtung gibt.

Wahrscheinlich sind die gnostischen Glaubensvorstellungen auch deshalb so interessant, weil sie aus vielen Quellen schöpfen: Die Gnosis beerbte die rationale Tradition der klassischen Welt und die → Mystik der orientalischen Kulte des Altertums, die ägyptische Mythologie (darunter die → Trinität von Isis, Osiris und Horus), den Mithraskult mit Tod und Auferstehung des Sonnengottes (→ Sonnenkult), die griech. Mysterien (→ Mystik), den zoroastrischen (→ Zoroaster) → Dualismus (den die jüdische Täufersekte der Essener wieder aufnahm) und die hebr. Schöpfungsgeschichte (→ Kabbala). Aus den babylonischen und chaldäischen Zivilisationen Mesopotamiens kamen der Sternenglaube und die Zahlenmystik (→ Zahlen, Zahlenmystik), die eine große Rolle in der Gnostik spielten. Auch die damalige → Alchemie, die auf ägyptischen Quellen beruht, bildete einen Teil des gnostischen Gedankenguts.

Wesentliche Anteile der Gnostik entwickelten sich jedoch hauptsächlich als ein zeitgenössisch christl. und nachchristl. Phänomen (also um die Zeit 50 v.–300 n. u. Z.) und sind nur in diesem Kontext zu verstehen. Viele Texte setzen sich mit dem frühchristl. Glaubenssystem auseinander. Bis das Christentum im 4. Jh. zur Staatsreligion wurde, gab es einen regen Wettbewerb zwischen jüdisch-gnostischen, christl.-gnostischen und anderen gnostischen Weltbildern. Das erste Konzil von Nicäa (325) schloss alle gnostischen und apokryphen (»verborgenen«, d. h. nicht in den christl. Kanon aufgenommene) Texte aus dem christl. Glaubenssystem aus (obwohl einige gnostische Schriften wie das Johannes-Evangelium ein Teil des christl. Kanons wurden). Der Gnostizismus wurde schließlich verfolgt und verschwand im Untergrund.

Die Hauptstadt der christl. Gnosis war das hellenistische Kulturzentrum Alexandria in Unterägypten, wo in der weltberühmten Bibliothek Hunderttausende von Schriftrollen lagerten, bevor sie von dem Christen Theophilus im Jahre 390 in Brand gesteckt wurde. Dadurch gingen unzählige Schriften aus dem Altertum verloren. Nur durch einige wenige überlieferte Schriften wie die »Pistis Sophia«, das »Buch Enoch« und einige andere apokryphe Texte sowie Schriften des → Mani (siehe auch → Katharer) war es möglich, eine erste unabhängige Bewertung des gnostischen Weltbildes vorzunehmen, das die Forscher bisher nur aus den (feindlich gesonnenen) Schriften der Kirchenväter kannten. 1945 wurden die Qumran-Rollen der Essener-Bruderschaft gefunden; ihnen liegt ein dualistisches Weltbild zugrunde, dessen Quelle wiederum im persischen → Zoroastrismus zu finden ist. Aus der Qumran-Gemeinde der Essener sollen die wesentlichen Begründer des Christentums – Jesus, Johannes und deren Schüler sowie Paulus – hervorgegangen sein. Aber v.a. durch die Schriftrollen von Nag Hammadi (Ägypten), die man 1947 fand, wurde die moderne Forschung in die Lage versetzt, einige wesentliche Bausteine der Gnosis zu rekonstruieren. Durch viele Verzögerungen weiß die Öffentlichkeit erst seit den siebziger Jahren Genaueres über die Vielfältigkeit der gnostischen Strömungen.

Gnosis, Philosophie und Weltbild

»Die gnostischen Schriften führen den Ursprung aller Dinge auf ein erstes Prinzip zurück, eine reine vollkommene und höchste Macht, die ewig, unendlich und absolut ist« (Benjamin Walker 1992, 36). Dieses unendliche → Nichtsein, ohne Raum und Zeit, ohne Qualität und Quantität, ist unbegreiflich und unaussprechbar: »Selbst der Begriff des Daseins, wie wir ihn verstehen, hat so wenig mit dem Dasein zu tun, das man ihr [der Gottheit] zuschreiben könnte, dass man mit Recht sagen könnte, die Gottheit existiere nicht. Sie ist Nichts, nicht ein Seiendes« (Benjamin Walker 1992, 37). Diese Idee stammt vermutlich aus dem indisch-vedischen Weltbild, in dem → Brahman das höchste, absolute Nichts-Seiende ist (→ Brahmanismus).

Die gnostische → Kosmogonie (Lehre von der Entstehung der Welt) versucht nun eine nichtseiende Gottheit und einen nichtseienden Kosmos mit dem Erscheinen der Welt in Einklang zu bringen. Es gibt verschiedene Theorien darüber, wie die manifestierte Welt entstand. Eine der gnostischen Erklärungen dafür finden wir später in einer Aussage *(hadith)* des Propheten Mohammed: »Ich war ein verborgener Schatz und sehnte mich danach, erkannt zu werden; deshalb erschuf ich die Welt, damit ich erkannt werde.« Die scheinbare Trennung oder Dualität ist notwendig, damit sich ein kreativer Prozess entfalten kann – eine weitere gnostische Vorstellung und eine Idee, die wir nicht nur im Islam, sondern auch beim Sufi-Mystiker → Ibn Arabi wieder finden.

»Die vorherrschende Theorie lautet, dass die Gottheit unendliches und ewiges Licht und unendliche und ewige Liebe ist. Die Liebe verlangt nach Ausdruck und einem Objekt, das sie lieben kann. Deshalb schuf die Gottheit die Bedingungen für das Erscheinen anderer Wesen, die seine Liebe empfangen und an seiner Wonne teilhaben könnten« (Benjamin Walker 1992, 38).

Nachdem nun der Einheit die Schöpfung entströmt ist, manifestiert sich die Gottheit als ursprüngliche → Trinität, die im christl. Glauben als Vater, Sohn und Hl. Geist dargestellt wird. Im »Apokryphon Johannis«, das in Nag Hammadi gefunden wurde, heißt es jedoch: »Ich bin der Vater, ich bin die Mutter, ich bin der Sohn.« Dem christl. Heiligen Geist wird von vielen Gnostikern oft eine weibliche Eigenschaft zugeschrieben. Das erklärt sich sehr leicht daraus, dass in griech. Texten »Hl. Geist« als Neutrum, *pneuma*, übersetzt wird, während hebr. Texte von *ruach*, einem weiblichen Wort, sprechen.

»Zum ewigen mystischen Schweigen und dem Heiligen Geist setzen gewisse Gnostiker noch eine dritte Charakterisierung der göttlichen Mutter: als Weisheit. Mit dem griech. femininen Wort für ›Weisheit‹, *sophia*, wird ein hebr. feminines Wort, *hokhmah*, übersetzt ... Weisheit trägt daher in den gnostischen Quellen verschiedene Konnotationen. Nicht nur, dass sie der ›erste universale Schöpfer‹ ist, der alle Geschöpfe hervorbringt, sie erleuchtet auch die Menschen und macht sie weise.« (Elaine Pagels 1987, 99f.)

In der → Kabbala finden wir Weisheit und Bewusstsein in der obersten Dreiheit des → Lebensbaumes (→ Sefiroth) – vermutlich eine Reminiszenz an die drei Welten der nordeurop. (→ Germanen) und → schamanischen Vorstellungen.

Viele gnostische Schulen stellen sich die Manifestation des Urprinzips (Ain Sof der → Kabbala) als Emanation (Ausstrahlung) aus sich heraus vor, der dann die Vervielfältigung in unterschiedliche Qualitäten des Seins folgt, welche eine absteigende Hierarchie geistiger Wesen bildet (→ Engel). Die gnostische Kosmogonie spricht hier von zwei unterschiedlichen und unversöhnlichen Welten. Die eine ist die ewige Welt von Gottvater und der himmlischen Hierarchie, die Welt der Fülle *(pleroma)*, der Wirklichkeit und Vollkommenheit, die andere ist die Erscheinungswelt, die Welt der Täuschung und Unvollkommenheit, eine Welt des Mangels. Zwischen diesen beiden Welten, manchmal auch zwischen der geistigen und der materiellen Welt, gibt es eine Zwischenregion (Grenze, *horos)*, die wie auf einer Leinwand die weltlichen Dinge spiegelt – der große Schleier (den die Inder als → Maya bezeichnen), der die geheimen Strukturen aller Dinge in sich trägt (die »Welt der Gestaltung« im → Sufismus, griech.-gnostisch *paradeigmata)*.

Fundamental für viele gnostische Richtungen war der Glaube an einen transzendenten Gott, der barmherzig und gut ist. Er ist der transzendente Gott, der in die obere Lichtwelt gehört, doch völlig entfernt von unserem Kosmos ist oder sich daraus zurückgezogen hat. Mit ihm verbunden ist sein Sohn, *logos*, der auch mit dem kosmischen Christus gleichgesetzt wird. Der Kosmos selbst ist an sich schlecht und nicht das Werk dieses Lichtgottes, sondern wird regiert von einer gegnerischen Gottheit, die als → Demiurg oder Schöpfer bezeichnet wird, Satanel, der ursprünglich einen bevorzugten Platz einnahm, aber durch Gebrauch seines freien Willens hochmütig wurde und in Ungnade fiel. Daher der Name → Satan. Diesem Satan werden schöpferische Kräfte zugeschrieben, man stellt ihn manchmal auch als »Widersacher« dar.

Eine weitere dualistische Vorstellung, die aus dem vorchristl. persischen Zoroastrismus kommt, wo die Kräfte des »guten Gottes« Ahura Mazda mit der Armee der bösen ahrimanischen Kräfte zu kämpfen haben. Hinzu kommt ein regelrechtes Pantheon von himmlischen Wesen, den guten Engeln, die für die obere Welt des Lichts arbeiten, und den bösen Archoniten, die für die niedere Welt, in der wir leben, wirken (→ Engel). Der Mensch ist in diese ursprüngliche Dualität eingebunden. Da er aus der Welt des Lichts fiel, ist er nun gefangen von der Welt der Materie und dem Demiurgen ausgeliefert. In einem Nag-Hammadi-Dokument (in Nag Hammadi wurden viele apokryphe Schriften in einem Tonkrug gefunden) wird die Welt als Illusion *(phantasia)* bezeichnet, und die Verstrickung in die Welt soll zum spirituellen Tod führen. Hin und wieder vernehmen Menschen Hinweise oder Stimmen, die sie zur Wiedererinnerung *(anamnesis)* führen. Wenn der Mensch sich an seinen geistigen Ursprung erinnert, kann er einen Sinneswandel *(metanoia)* erfahren und nun an seiner Rückkehr zum Licht arbeiten. In einer anderen Version hat die Befreiung aus der materiellen Welt nichts mit Moral, guten Taten oder Glauben zu tun, sondern hängt allein vom transzendenten Wissen (Gnosis) über Gottes erlösendes Wirken durch den Logos ab. Die Welt und ihre Gesetze – religiöse, moralische oder soziale – haben für den großen Plan keine Bedeutung.

Manchen Gnostikern zufolge sind Kosmos und Menschheit als gescheitert zu betrachten. Die Welt des Demiurgen ist »nachgemacht«, denn nach einer Version formte der Demiurg (in diesem Falle Satan) aus der verzerrten Abspiegelung am himmlischen Schleier ein physisches Bild *(plasma)* des Menschen und schenkte ihm durch Anhauchung das Leben. Da dem Menschen zum Leben etwas fehlte, lockte Satan aus den himmlischen Reichen einen Lichtfunken in seine seelenlose Welt und sperrte sie in den Körper Adams. Nach gnostischer Auffassung kann die Seele jedoch, weil sie aus der geistigen Sphäre stammt, nicht ohne weiteres in einen physischen Körper eingesperrt werden. Die Seele durchläuft deshalb die Himmelssphären, bevor sie im Körper geboren wird. Bei der Geburt verliert sie die Erinnerung an die himmlische Heimat. Der Mensch ist verwirrt und sinkt in Schlaf. Die Archonten wiederum, die über die Welt wachen, haben kein Interesse daran, dass der Mensch aufwacht und sich aus seinem Körper befreit. Sie bedienen sich deshalb jeder List, damit er betäubt und berauscht bleibt und weiterschläft.

»Die vielleicht erstaunlichste und für viele auch anstößigste Aussage der Gnostiker über den Demiurgen ist die Gleichsetzung mit Jahwe, dem Gott des Alten Testaments. Diese hebr. Gottheit ist ihnen zufolge von Gottvater zu unterscheiden. Jahwe ist dem höchsten Wesen durchaus feindlich gesinnt. Die gnostischen Lehrer wurden nicht müde, Jahwe, Moses und das Gesetz, die Propheten und überhaupt das ganze Alte Testament, die Thora, im wahrsten Sinne des Wortes zu verteufeln. Für manche Kritiker ist der Gnostizismus daher ein metaphysischer Antisemitismus. ... [Denn im] Gegensatz zum himmlischen Vater, der ein liebender Gott ist, ist Jahwe, wie er doch selbst sagt, eifersüchtig, zornig und rachsüchtig und fordert Vergeltung bis ins dritte und vierte Glied.« (Benjamin Walker 1992, 56)

Alles Weitere wissen wir aus der Bibel.

Einflussreiche Gnostiker waren → Valentinus (110–175 n. u. Z.) und Simon Magus (15 v. u. Z.–53 n. u. Z.) und → Mani (215–276). Viele Gnostiker, von denen einige Schriften schon am Anfang unserer Zeitrechnung, zumindest kurz nach dem Tode Jesu in Umlauf kamen, bezweifeln nicht nur die Jungfrauengeburt Jesu, sondern auch seine Kreuzigung oder seinen Tod am Kreuz. In der »Petrusapokalypse«, einem Nag-Hammadi-Text, sieht Petrus, wie jemand, der Jesus zu sein scheint, ergriffen und ans Kreuz geheftet wird, während gleichzeitig eine andere Gestalt über dem Kreuz fröhlich lacht. Auf seine Frage erhält er die Auskunft, dass der Glückliche der lebendige Christus und der Gekreuzigte eine Ersatzperson sei. Eine Spielart dieser gnostischen Vision brachte der griech. Schriftsteller Nikos Kasantsakis vor gut 50 Jahren in seinem Roman »Die letzte Versuchung« in eine dramatische Form, und es verwundert nicht, wenn viele Christen gegen die Verfilmung heftig protestierten, rüttelt diese Darstellung doch an den Grundfesten des Christentums. Hier kann man gut nachvollziehen, warum die gnostischen Strömungen von der Kirche stets als ketzerisch verfolgt wurden (→ Katharer).

Die Auswirkungen des gnostischen Denkens sind im europ. Geistesleben heute noch so umfassend und gegenwärtig, dass ihr gesamtes Ausmaß nur schwer einzuschätzen ist. Insbesondere in der Renaissance (15. Jh.) wurden viele gnostische und kabbalistische Texte übersetzt und neu interpretiert. Auch die exoterische europ. kulturelle Entwicklung wurde in vieler Hinsicht von gnostischen Ideen und Philosophien getragen, man denke hier nur an Blake, Milton, Novalis, Balzac, Tolstoi und andere. Sogar die modernen sozialen und philosophischen Schulen tragen gnostisches Gedankengut in sich, z. B. Kommunismus, Nihilismus und die Psychoanalyse. Ob nun die Einflüsse direkt oder indirekt ihren Weg dahin nahmen, spielt dabei eigentlich keine Rolle.

Die modernen Geheimgesellschaften, Sekten, Orden oder Gemeinschaften haben, nicht anders als die mittelalterlichen Zünfte, ihre »Mysterien«, die Rudimente eindeutig gnostischer Lehren sind. Sie verfügen meistens über einen Kult, Rituale, Symbole und eine gemeinsame esoterische Sprache, die von den Erleuchteten zur Vorbereitung für eine innere seelische Entwicklung verwendet werden. Bestimmte Meditationspraktiken, meditative Musik (→ Meditation), → Rituale, → Tanz, → Trance, Ekstasetechniken (→ Ekstase) u. a. helfen, die innere Schau zu fördern. Manche Gruppen haben Aufnahmeriten, andere nicht.

Heute aktive Gruppierungen mit gnostisch-synkretistischen Ideen kann man im Wesentlichen wie bei den ursprünglichen Gnostikern in zwei Gruppen fassen: in eine asketische und eine libertäre Richtung. Zur asketischen Richtung gehören die → Theosophische Gesellschaft, die → Channeling-Bewegung, die → Rosenkreuzer-Gemeinschaft, Lectorium Rosicrucianum, AMORC u. a., zur libertären Richtung kann man den O.T.O (Orientalischer Tempelorden und Thelema-Orden, → Magie), die Psychosophische Gesellschaft, die Gnostische Tempelbruderschaft und viele andere zählen.

Gnostische Praxis

Die meisten spirituellen Praktiken der Gnostiker sind nicht schriftlich überliefert. »Zostrianus«, der längste Text in der Nag-Hammadi-Bibliothek, erzählt jedoch, wie ein spiritueller Meister seine Erleuchtung erreichte. Er beschreibt ein Übungsprogramm, das aus asketischen Praktiken, Beruhigung des Geistes durch → Meditation und der Erlangung von → Visionen besteht. In anderen Quellen gibt es Hinweise auf → Mantras, die meistens aus dem Singen von Vokalen bestehen. In den Qumran-Schriftrollen der Essener wird von »Kommunionen mit den Engeln« gesprochen, wahrscheinlich rituelle Meditationsübungen.

»Der praktizierte Gnostizismus umspannte die ganze Bandbreite sakramentaler Übung, von den Exzessen der Askese bis hin zu den Exzessen der Ausschweifung, wobei letztere zu kruden Formen abartiger Rituale herabsank, die den Zorn und die Entrüstung der Kirchenväter herausforderten, von denen wir über diese Praktiken wissen.« (Benjamin Walker 1992, 130)

Das Ziel der Gnosis ist jedoch nicht ein moralisches Leben, sondern die direkte mystische Erleuchtung, die geheime Einsicht in die göttlichen Dinge – ein Konzept, das wir in manchen Schulen des Mahayana-Buddhismus (→ Zen) wiederfinden.

Goraknath → Nath

Gott (engl. »God«, schwed. »Gud«, althochdt. »Got«)

Der Ursprung des gemeingerman. Wortes ist nicht sicher geklärt. In der dt. Sprache fasst der Begriff *got* ursprünglich männliche und weibliche Naturkräfte zusammen. Wenn man – wie im idg. Sk. – das Wort wurzelsprachlich klären will, kann man das Wort zusammengesetzt aus der Rune Gibor (→ G), »Geben« oder »Zeugen«, der Rune Othil bzw. Os (→ O), »Wind« bzw. »Atem«, und Tyr bzw. Tiu (→ T), »Anfang« bzw. »Entstehen« betrachten.

Gibor bezeichnet so auch »Gott-Alles«, d.h. die Verbindung von Zeugendem und Empfangendem, die Vermählung von Himmel und Erde, dargestellt durch die Rune X. Das geht auf die alte schamanische Vorstellung des Weltenbaums (→ Lebensbaum, → Schamanismus) zurück, die Weltsäule, die mit ihren Ästen den Himmel stützt (»Oberwelt«) und mit ihren Wurzeln tief in die Erde reicht (»Unterwelt«) und beide durch den Stamm verbindet, die mittlere Welt. Auch das dt. »Gemahl« und »vermählen« drücken noch Ehe und Vereinigung aus. In der hebr. Überlieferung ist der Gott der ersten Genesis der Bibel auch nicht männlich, sondern es sind die Elohim, eine androgyne Kraft (→ Kabbala). Das Wort setzt sich aus *el*, »Licht« (→ E), *he* (→ H), »Leben«, und *mem* (→ M), »Wasser«, zusammen.

Die Kernfigur aller Mythologien und Anbetung der Ackerbaugesellschaften im Nahen Osten (Sumer z.B.) war ursprünglich die freigebig schenkende → Göttin Erde (griech. Gea, Gäa) als Mutter und Nährerin des Lebens und Empfängerin der Toten zur Wiedergeburt. Die nord. Göttin Hel, aus der später Frau → Holle wurde, zeugt noch in unseren Breitengraden von dem »Kessel der Wiedergeburt«. Die Macht der Göttin mit »vielen Gesichtern« wurde erst beim Anbruch der Eisenzeit vor ca. 3500 Jahren von den patriarchalen Kriegerstämmen im Mittelmeerraum durch männliche Gottheiten abgelöst. Erst während der

Christianisierung wurde aus »Gott« eine monotheistische Form des ursprünglichen Begriffs.

Götterdämmerung

Der Begriff »Götterdämmerung« (isländisch *ragna-rök)* in der nord. Mythologie (der »Wöluspa«, der »Seherin Gesicht«) bezieht sich auf eine kommende Katastrophe, die Schlacht am Ende der Zeiten, den Fall der Sterne vom Himmel und die Zerstörung der Erde in Feuer und Blut. Damit ist der unausweichliche Untergang des jeweils Vorhergehenden gemeint, nicht der Übergang von Abend- und Morgendämmerung.

Mit der Dramatik und dem Ausmaß des Kampfes werden aber auch zugleich größere Zyklen beschrieben wie beispielsweise die gewaltigen Klimaveränderungen, die auf der Erde stattgefunden haben. Übergänge zwischen Warm- und Eiszeiten brachten auch regelmäßig Wanderungen von Tieren und Menschen, Kampf und ein gewaltiges Artensterben mit sich.

Die Vorstellung von einem Weltuntergang unter dem Begriff der »Dämmerung« lässt sich auf eine Fehlinterpretation zurückführen, denn gemeint war eine Wesenheit, die Göttin Skadi (Schatten), die wie die indische → Kali die Götter und Menschen verschlang (nach Barbara G. Walker 1994, 170).

Göttin, weibliche Spiritualität

Die Leben schenkende Urmutter ist das Urbild der Schöpferkraft. Die Muttergöttin Eva (Chawwa bzw. Heva, Zahlenwert 19) wird in der Bibel im Zusammenhang mit der Herrschaftsnahme einer männlichen Gottheit (Jahwe) durch eine Umdeutung im Zusammenhang mit der »verführerischen« Schlange am Baum des Lebens entmachtet. Dabei war die Schlange auf der ganzen Welt der Inbegriff des Mysteriums der Wiedergeburt, weil sie die wunderbare Fähigkeit besaß, ihre Haut abzustreifen und so wieder jung zu werden (→ Ouroboros). Der Baum in der Mitte des Paradieses ist natürlich der schamanische Weltenbaum (→ Schamanismus, → Lebensbaum). Das männliche Wesen Adam hat den kabbalistischen Zahlenwert 45 (1–4–40). So ergibt die Verbindung von Eva (19) und Adam (45) die Zahl 64, die Zahl des genetischen Codes, bei dem vier verschieden Basen in linearer Folge zu genau 64 Tripletts (Dreierkombinationen, → Trinität, → Zahlen) zusammentreten. Kabbalistisch (→ Kabbala) gelesen ist die Genesis also eher eine ursprüngliche Vision der Schöpfung der Dreiheit aus der Einheit.

In vielen Traditionen, insbesondere der hinduist. (→ Bhakti-Yoga, → Kali), werden immer noch weibliche Gottheiten verehrt. Die Verehrung der weiblichen Kraft, auch weiblicher → Avatare, meistens »Mutter« genannt, und weiblicher → Heiliger eröffnet immerhin die Möglichkeit, neben der traditionellen weiblichen Rolle auch unabhängig von Männern einen eigenen Weg zu gehen.

Ein Aspekt der Wiederentdeckung weiblicher Spiritualität ist die neuerliche Hinwendung zur jahrhundertelang verdrängten Großen Göttin, die je nach Glaubensrichtung entweder als vorchristl. Göttin Eva, Inanna, Isis oder Mara wiederbelebt wurde oder im christl. Kontext als Hinwendung zu → Maria, der »Mutter Gottes«, erfolgte. Denn in den patriarchalisch beherrschten und definierten Gottesvorstellungen hatte das Weibliche nur eine untergeordnete Stellung. Tatsächlich ist die Vorstellung von einer schöpferischen Göttin eines der ältesten religiösen Bilder überhaupt. In allen Schöpfungsmythen (die nicht von einer patriarchalischen Religion verstümmelt wurden) wurde die Welt von einer weiblichen Gottheit erschaffen, und die »Mütter« waren die Schöpferinnen aus dem Kessel der Erneuerung, so etwa die schamanische Urmutter Hel oder → Holle.

Tatsächlich ist der Gott der ersten Genesis der Bibel nicht männlich, sondern es sind die Elohim, eine androgyne Kraft (→ Gott). Doch die Reinterpretation (und falsche Übersetzung, weil man die Codes nicht kannte) der religiösen Schriften ließ keinen Platz mehr für die Göttin, noch nicht einmal für ein androgynes Gottesbild. »Da Frauen an diesem Weltentwurf keinen aktiven Anteil haben sollen und dürfen, ist nur ihre Anpassung gefragt, die zur sichersten Stütze des Systems wird. Diese patriarchale Fixiertheit wird von der Mehrheit der Frauen bis heute noch nicht durchschaut« (Christa Mulack 1983).

»Die Symbolik der Göttin hat vor allem das Mysterium von Geburt, Tod und Erneuerung des Lebens zum Thema, nicht nur des menschlichen, sondern allen Lebens auf der Erde und im gesamten Kosmos. Symbole und Bilder kreisen um die sich selbst befruchtende Göttin und ihre Grundfunktion als Lebensspenderin, Beherrscherin des Todes und Regeneratrix und um die Mutter Erde, die Fruchtbarkeitsgöttin in Jugend und Alter, die sich mit dem pflanzlichen Leben entfaltet und wieder vergeht. Sie war der Ursprung allen Lebens und bezog ihre Kraft aus den Quellen und Brunnen, aus der Sonne, dem Mond und der feuchten Erde. Die → Zeit in diesem mythischen Symbolsystem ist nicht linear, sondern zyklisch. In der Kunst drückt sich das in den Zeichen dynamischer Bewegung aus: in den Windungen und Krümmungen von Spiralen und Schlangen, in Kreisen, Mondsicheln, Widderhörnern (→ Hörner), keimenden Saaten und Schößlingen. Die Schlange war ein Symbol der Lebenskraft und -erneuerung, kein böses, sondern ein höchst wohltätiges Wesen. ... Die um die Göttin kreisende Kunst, in der kriegerische Bilder und Symbole männlicher Dominanz völlig fehlen, bringt eine Gesellschaftsordnung zum Ausdruck, in deren Mittelpunkt Frauen als Clan-Oberhäupter oder Königin-Priesterinnen standen.« (Marija Gimbutas 1996)

Kretische Schlangengöttin und Aztekische Fruchtbarkeitsgöttin, Beispiele für unzählige Göttinnendarstellungen in aller Welt.

Die Frauen im Westen erschaffen sich ihre Vorbilder anhand der Forschungen über die Göttinnen neu. Barbara G. Walker arbeitet in ihrem Buch »Die Geheimnisse des Tarot« die Kraft der weiblichen Bilder heraus und interpretiert die besonders von Frauen sehr geliebten und häufig benutzten Karten des → Tarot als eine Art »Untergrundbibel« der Göttin. In einem historischen und mythologischen Überblick arbeitet sie die ursprünglichen Formen weiblicher Spiritualität heraus.

»Besonders Frauen hingen an der alten Religion, denn diese gab ihnen den spirituellen Status als Priesterinnen der Göttin. Das nur männlich orientierte Christentum verweigerte ihnen einen solchen Status. Im Gegensatz zu den alten Gesetzen des Mutterrechts machten die mittelalterlichen Kleriker Frauen für das Vorhandensein der Sünden verantwortlich, und sie sprachen Frauen sogar eine Seele ab. Die Frauen hielten an den Riten der Göttin fest, der Mutter Natur, des Mondes, der Erde und der Wasser. Sie behielten sie sogar noch bei, nachdem der theologische Gehalt der Riten verstümmelt oder vergessen war.« (Barbara G. Walker 1994, 18)

Viele der heidnischen Riten (→ Hexen) wurden für das Allgemeinwesen als so wichtig betrachtet, dass sie trotz jeden Versuchs der Unterdrückung fortbestanden; sie mussten sogar später von den Kirchen übernommen oder zumindest teilweise toleriert werden. Dazu gehören nach Barbara G. Walker nicht nur das Frühlingsfest der Göttin Ostara (Eostre oder Astarte im Osten), das im alten Mondkalender ein festes Datum hatte und im später eingeführten Sonnenkalender jedes Jahr das Datum wechselt, sondern auch andere Feste wie der Karneval zu Ehren der Göttin Carna, der Göttin alles Fleisches, das Mittsommerfest, das Erntedankfest und viele andere (→ Hexen). Nach Elisabeth Hämmerling erfüllt die sumerische Mondgöttin Inanna »jede Phase des, den ganzen Zyklus des mondhaft Weiblichen, und schöpft darin alle ihre Möglichkeiten aus, selbstständig und unerschrocken. Damit offenbart sie viele Ausdrucksformen des Weiblichen und heiligt sie« (Elisabeth Hämmerling 1990).

Vor den monotheistischen Religionen gab es eine Vielfalt von Göttinnen. In Indien werden unzählige weibliche Gottheiten verehrt: kriegerische, kämpferische, schöpferische usw. Auch die alten → Griechen kannten ähnliche Göttinnen – so wurde etwa der Mysterienkult von → Eleusis zu Ehren der Fruchtbarkeitsgöttin Demeter veranstaltet. Aphrodite und Artemis, Athene und Persephone stellen unterschiedliche Qualitäten dar, die von der Göttin der Liebe bis zur Göttin des Krieges reichen. Diese Vielfältigkeit der Göttinnen ist deshalb von Bedeutung, weil sie eben nicht nur eine männlich omnipotente Eigenschaft zeigt oder nur die häusliche Gattin eines mächtigen Gottes – also fruchtbar, bewahrend und liebevoll – ist, sondern solche Göttinnen sind auch kämpferisch, zerstörend, dunkel und eigenwillig.
Im Grunde geben solche Bilder natürlich gewissermaßen Archetypen, Urbilder wieder, die jede Frau in sich trägt und ausleben bzw. verkörpern kann. Es sind sicherlich weibliche Fähigkeiten, einen leichteren Zugang zum Unterbewusstsein zu haben, das Dunkle zu spüren, die Mondenergie anzuzapfen, die Empfänglichkeit für Traum und Vision zu wecken und die heilenden Kräfte zu entfalten. Doch das ist nur die eine Seite der Geschichte – und eigentlich ganz auf der Linie, in die man(n) die Frau bisher eingeordnet hat. Diese Linie ist für die Männer nicht gefährlich, sie wird stillschweigend oder offen geduldet.

Die wilde Seite der Frau dagegen, die mächtige, magische → Hexe, die Domina, die Anarchistin, die Hure, die unangepasste und selbstständige Frau, die erfolgreiche Karrierefrau: All diese Seiten werden vom Großteil der Männer gefürchtet. Im Mythos reitet Frau → Holle durch die Raunächte, manchmal fliegt sie auf Gänsen durch die Nacht. Ruth Hoebel schrieb dazu:

»Mit weiblichem Genius meine ich, dass sie nicht so handelt, obwohl sie eine Frau ist, sondern ich sehe mehr das Aufblühen von Erfahrungen von einem besonderen, eigenen Gesichtswinkel eines Individuums, das mutig genug ist, all die schlimmen und freudigen Seiten der ehrfürchtigen Vision des Todes und der Unendlichkeit zu erfahren. Genius und Verrücktheit und Heiligkeit sind alle eng mit der Vision eines Lebens verwoben, das größer als man/frau selbst ist, und wenn wir dieser Vision standhalten und darüber sprechen können, dann ist dies ein geniales Werk.« (Ruth Hoebel)

Den meisten Frauen geht es um ein notwendiges neues Selbstverständnis der Weiblichkeit und der weiblichen Spiritualität, das keine theologischen Verrenkungen benötigt, um von einer toten Kirche etwas zu retten, das seit der Inquisition, der Hexenverfolgung und dem Genozid an mindestens 100 000 Frauen (und Männern) in Europa längst verloren ist. Barbara G. Walker geht deshalb mit dem männlichen Gottesbild nicht gerade sanft um:

»Die Männer fürchteten das urteilende Auge der weisen Frau, sogar wenn diese gesellschaftlich machtlos war. Diese Tatsache ist deshalb die verwundbare Stelle in der Rüstung des patriarchalen Establishments. Wenn viele Frauen gemeinsam Nein sagen und es auch meinen, kann die ganze Struktur zusammenbrechen. Die Frauen, die sich zusammentun, um den männlichen Gott zu verneinen, der ihr Geschlecht heimsuchte, und seine Forderung nach Gehorsam, Verehrung, Dienst und Geld zurückweisen, befreien sich automatisch von einer der stärksten psychologischen Fallen, die ihnen die Männer aufgestellt haben. Ohne einen Gott, der ihnen befehlen kann, misshandelnden Ehemännern zu gehorchen und zu dienen, lösen sich ihre Fesseln auf, und sie können aus dem vermeintlichen Gefängnis heraustreten. Ohne einen Gott, der ihnen befiehlt, Kinder auszutragen, die sie nicht wollen, können sie persönliche Kontrolle über ihre Körper übernehmen. Ohne einen Gott, der sie schuldig spricht, weil sie sexuelles Vergnügen erleben, können sie eine neue Sicherheit und neues Vertrauen in ihre eigene Körperlichkeit gewinnen.« (Barbara G. Walker 1994)

Es kommt nicht von ungefähr, dass in der islamischen Welt (immerhin über 1,3 Milliarden Menschen) islamische Theologen gerade mit der Macht ihres männlichen Gottesbildes *(allah,* »Lebenslicht«, leitet sich übrigens ursprünglich von Al-Lat, einer Göttin, ab) die Frauen wieder in die minderwertige Rolle drängen möchten: So erzwingen manche dieser Männer nicht nur die Wiedereinführung der Verschleierung, sondern sogar unverblümt wieder die Einführung der Klitorisbeschneidung, die eben damit begründet wird, dass die Frau beim Geschlechtsverkehr keine Lust empfinden darf.

Frauen sind sich natürlich im Klaren darüber, dass ihre Macht vorerst noch begrenzt ist. Aber gerade der Ansatz, die dreifältige Göttin wieder einzusetzen, kann für die Männergesellschaft revolutionierend sein. Denn die dreifältige Göttin versinnbildlicht gerade jene gesellschaftlichen Rollen, die am vitalen Angelpunkt der Gesellschaft stehen: die der jungen Frau, auf der die gesamte kapitalträchtige Schönheitsindustrie mit Milliardenumsätzen aufgebaut ist, die der Mutter oder Lebenskraft, deren Kinder die Grundlage der Gesellschaft bilden, und die der alten Weisen und Ärztin, deren heilkundliche Erfahrungen außer im Hebammentum von der pharmazeutischen und medizintechnischen Industrie verdrängt wurden. Die Dreiheit von Erschafferin, Erhalterin und Zerstörerin (im nord. Weltbild Hel, die

Helle, die Göttin der Wiedergeburt, woraus der Begriff → Hölle gemacht wurde) ist die wesentliche Grundlage einer lebendigen und weiblichen Gottesvorstellung, die aber einen unmittelbaren, konkreten Einfluss auf das gesellschaftliche und ökonomische Leben hat, wenn die Frau deren Implikationen versteht.

Spirituell gesehen bringen weibliche Gottesvorstellungen (wenn wir schon nicht in der Lage sind, die schöpferische Intelligenz des Universums unabhängig vom Geschlecht zu sehen) Frauen wie Männer zu einer lebensbejahenden Haltung, die im Sein ruht und nicht faustisch selbstzerstörerisch handelt. Die gesamte Kulturleistung der Frau, die Schöpferin von Medizin, Kunst, Kochen, Töpfern, Kleidung und Religionen war, sind Zeichen für die unverzichtbare Bedeutung weiblicher Weisheit und Intelligenz (die ihr von vielen Männern immer noch abgesprochen und höchstens als ›Intuition‹ anerkannt wird).

Govinda, Lama Anagarika (1898–1985)

Deutschstämmiger buddhist. Gelehrter, der seine Lehre von tibet. Lamas in Tibet erhielt und später im Westen lehrte. Er schrieb mehrere Werke über Theorie und Praxis des → tibetischen Buddhismus, deren bedeutendstes »Grundlagen tibetischer Mystik« ist. Seine Bücher wurden in viele Sprachen übersetzt. Vor seinem Tod gründete er den buddhist. Orden Arya Maitreya Mandala, der heute noch von seinen Schülern geleitet wird.

Gral, Heiliger, Gralsgeschichte

Die Herkunft des Mythos vom Hl. Gral ist vermutlich irischen Ursprungs. Poetisch bearbeitet erscheint die Sage zuerst in Frankreich Mitte des 12. Jh. im Versroman von Robert de Boron »Die Geschichte des heiligen Gral«. In die dt. Dichtung wurde die Sage zuerst von Wolfram von Eschenbach in seinem »Parzival« eingeführt. Wolfram von Eschenbach (um 1170/80 – um/nach 1220) war ein dt. Ritter und Dichter. Die mittelhochdt. Literatur verdankt ihm einige ihrer größten epischen Werke. Wolfram hatte in Südfrankreich Kontakt mit Troubadouren und → Katharern. »Parzival« ist das erste in mittelhochdt. Sprache erhaltene Werk, das sich um den Hl. Gral rankt. Wolfram ließ sich bei der Abfassung wohl von Chrétien de Troyes' »Perceval« inspirieren, schrieb jedoch selbst, dass er dessen Darstellung für falsch halte, und stellte ihr eine eigene Fassung aus einer anderen Quelle gegenüber.

Geschildert wird die Geschichte zweier Helden: Parzivals Leben von seiner Kindheit über die Zeit als Artusritter bis hin zum Gralskönigtum, das von menschlicher Sündhaftigkeit und Gottes Gnadenwirken geprägt wird. Der zweite Held, Gawain, verbleibt im Normgefüge des Artuskreises. Der »Parzival« bricht die Immanenz der höfischen Gesellschaft durch die Projektion auf eine universale Ebene auf. Es ist eine klassische Geschichte der Suche nach geistiger Entwicklung und → Erleuchtung. Der Weg zum Gral ist sehr beschwerlich, denn er führt in die Gralsburg, den Tempel des Grals, die so liegt, dass jeder, der in die Mysterien eingeweiht werden will, zu seiner → Initiation eine Prüfung bestehen muss: nämlich, die Burg erst einmal zu finden. Parzivals Erfahrung ist beispielhaft für viele, die sich unvorbereitet auf den Weg machen und von etwas geblendet werden, das sie nicht verstehen. Um die Gralsgeschichte ranken sich viele andere Mythen und Spekulationen; so baut die britische Sage um König → Artus darauf auf, auch wenn ältere Mythen darin integriert sind.

Der Mythos vom Hl. Gral (wohl von *sang réal,* »königliches Blut«) geht wahrscheinlich auf den archaischen Kessel der Wiedergeburt an der Wurzel des → Weltenbaums zurück. Bei den Schamanen einiger Ethnien Zentralasiens spielt der Kessel bis heute eine wichtige Rolle für die Initiation: Um Schamane zu werden, muss der Mensch von den Geistern seiner Ahnen getötet und in einem magischen Kessel gekocht werden, bis nur noch die blanken Knochen von ihm übrig sind. Neues Fleisch umhüllt dann seine Knochen, und so wird er wiedergeboren aus dem Kessel des kosmischen Ur-Ozeans, aus dem Schoß der Großen Mutter.

Für gewöhnlich wurde der Kessel als Quelle des Lebens, der Weisheit und Inspiration beschrieben. Der blutgefüllte Kessel entspricht dem ursprünglichen Ur-Ozean, der Gebärmutter der Göttin. Bei Kessel, Gral und späteren alchemistischen Gefäßen wie dem Destillierkolben (→ Alchemie) handelt es sich immer um weibliche Symbole. Ihre Dreiheit entspricht den drei Aspekten der späteren Großen → Göttin. So ist die Suche nach dem Hl. Gral eng verbunden mit dem alten Mythos des → Weltzentrums. Außer anderen Elementen der Suche oder der Reise in die Anderswelt ist die Suche nach dem Gral gleichzeitig die Suche nach der Frau und Göttin. Wer sie gefunden hat, findet auch den Gral. Die Vereinigung mit dem Helden, dem jungen Sohn der Mutter, ist die Hochzeit in höchstem Glanz, die → Ekstase, die den Lebenden in dieselbe Dimension führt wie die Toten.

Der Einweihungsweg, den die Gralsgeschichte zeigt, ist ein typisch europ. Weg, der seine Wurzeln wohl in der gemeinsamen Mythologie der nord. Völker hat. In den indischen Vedas (→ Brahmanismus) stahl der Himmelsgott Indra (auch Varuna genannt) das weise Blut aus den drei Kesseln der dreifachen → Kali. Vedische Hymnen nannten es das »Soma« der Götter. Wahrscheinlich sind damit die magischen Pflanzen der Erde gemeint, die bewusstseinsoffenbarenden Pflanzen. So deutet die Suche nach dem Gral tatsächlich die Suche nach dem Saft der Pflanzen der Unsterblichkeit und ihrer Fähigkeit zur Bewusstseinserhellung, der Erleuchtung, an.

Diese Vorstellung ist insofern wichtig, als häufig spätere ritualisierte Formen der → Religion, die viele schamanische Züge aufweisen, als die eigentliche spirituelle Ausdrucksform unserer westlichen Kultur angesehen werden. Es scheint, dass die aktive Suche und das weltlich bezogene Leben, die aus der altsteinzeitlichen Jägerkultur stammen – »der Weg des Helden« –, eine typische nordeurop. Ausprägung ist. Erst mit dem Beginn der Ackerbaukultur kommen die hierarchischen Götterwelten ins Bewusstsein.

Der Weg des Helden ist der große Mythos, der sich durch die europ. Glaubensvorstellungen zieht, im weltlichen wie spirituellen Sinne. Ein typisches Beispiel dafür ist J. R. R. Tolkiens »Herr der Ringe«, in dem nicht nur der alte → Dualismus vom Kampf des Guten gegen das Böse mythisch verklärt dargestellt wird, sondern auch der Weg des Helden in Person des kleinen Hobbit Frodo thematisiert wird. Der Mythenforscher Joseph Campbell weist nach, dass es eine gewisse heldentypische Handlungsabfolge für einen mythischen Helden gibt:

»Im Kern, könnte man sogar sagen, gibt es nur einen einzigen archetypischen mythischen Helden, dessen Leben in vielen Ländern von vielen, vielen Menschen nachgestaltet worden ist. Ein Sagenheld ist meistens der Gründer oder Stifter von etwas, der Gründer eines neuen Zeitalters, der Stifter einer neuen Religion ... Um etwas Neues zu stiften, muss man das Alte verlassen und auf die Suche nach dem Samengedanken gehen, der die Anlage besitzt, dieses Neue hervorzubringen.« (Joseph Campbell 1989, 161)

Griechen, griechische Glaubensvorstellungen

Die griech. Glaubensvorstellungen sind aufgrund der vielfältigen Völker und landschaftlichen Zergliederung des alten Griechenland und auch der vielen Inseln uneinheitlich. Es gab hier eine Vielzahl von Göttern und Kulten (→ Delphi).

Schon früh stellten sich die alten Griechen die Götter anthropomorph vor, d. h. menschengestaltig. Die bedeutendsten Götterfiguren entstanden durch die Verschmelzung der spirituellen Vorstellungen der ägäischen Urbevölkerung und denen der ersten indoeurop. Einwanderer (um 2000 v. u. Z.). In der Blütezeit der mykenischen Kultur entstand auch eine sozial bedingte Verschiedenheit der griech. Glaubensvorstellungen. Dabei wurden die Götter der ritterlichen Herrenschicht angepasst, während die Landbevölkerung weiterhin ihrer alten Naturspiritualität huldigte.

Die Dichtungen Homers und Hesiods haben viel zu den Vorstellungen von der Götterwelt beigetragen. In der homerischen Version ist die Götterwelt hierarchisch geordnet. An der Spitze stehen die auf dem Olymp wohnenden »Zwölfgötter« (→ Asgard) mit dem Hauptgott Zeus, der ein Sohn der Göttermutter Rhea und des Weltherrschers Kronos ist. Den zwölf Hauptgöttern sind viele kleinere Gottheiten untergeordnet – ein ziemlich unübersichtliches Weltbild. Über den Göttern steht indes das Schicksal (Moira) und beschränkt ihre Macht. Es gibt drei Moiren, die wahrscheinlich den drei Nornen des nordeurop. Glaubensbildes entsprechen (→ Asgard). Nach seinem Tod erwartet den Menschen ein Dasein in einer unterirdischen Welt (→ Schamanismus, → Hölle).

Zum Kult gehörten Gebete, besonders Bittgebete, durch die man Kontakt mit der gewünschten Gottheit aufnehmen konnte, sowie → Opfer an die Götter, von denen Gegenleistungen erwartet wurden. Die Götter wurden an verschiedenen Kultstätten verehrt: an geweihten Steinen (→ Weltzentrum) oder Bäumen (→ Weltenbaum) bis hin zu Tempeln mit Kultbildern. Wichtig war auch das → Orakelwesen; hier übte das delphische Spruchorakel (→ Delphi) des Apoll Einfluss auf die ganze griech. Welt aus.

Mangelnde Volkstümlichkeit und die düsteren Jenseitsvorstellungen, die vermutlich von den nordeurop. Völkern herrührten, führten seit dem 7. Jh. v. u. Z. zur Verbreitung des Dionysoskults (mit seinen starken schamanischen Elementen und lebensbejahenden Feiern) sowie des Mysterienwesens (→ Mystik). Dionysos war der Gott der Fruchtbarkeit, des Weines und des Rausches. Es liegt die Vermutung nahe, dass bei den dionysischen Orgien (von griech. *ta orgia,* »in die Glieder fahren«) auch → psychoaktive Pflanzen benutzt wurden.

Griffiths, Bede (1906–2002)

Wurde in einer mittelständischen engl. Familie geboren und studierte in Oxford, wo er ein enger Freund des engl. Mystikers, Sciencefiction- und Kinderbuchautors C. S. Lewis (»Narnia«) und anderer Literaten wurde. Er wurde Katholik und trat in ein Benediktinerkloster ein, um sein Leben Studium und Gebet zu widmen. Seiner Neigung zur indischen Philosophie und Religion folgend, ging er 1955 nach Indien, wo er bis zu seinem Tod im Satchitananda-Ashram lebte, der in Südindien am Ufer des hl. Flusses Cauvery in der Nähe der Stadt Tiruchirapalli liegt.

Grün, Anselm (geb. 1945)

In Deutschland bekannter Benediktinermönch. Trotz seiner kontemplativen Hingabe an die → Mystik und seine Versenkung in die benediktinische Tradition (→ Kloster) steht er als Buchautor von 130 Büchern, Seelsorger und Seminarleiter mitten im weltlichen Leben. »Ich versuche, Menschen aus der Tradition heraus Antworten zu geben, wie Menschsein gelingen kann«, sagt er. Doch trotz seines großen Engagements mit Menschen, ist es sein größter Wunsch, »dass ich immer durchlässiger werde für den Geist Jesu und er nicht so vermischt ist mit meinem Ego« (Anselm Grün).

Gunas → Trinität

Gurdjieff, Georg Iwanowitsch (1866–1949)

Eine der außerordentlichen spirituellen Persönlichkeiten des 20. Jh. Während andere große Lehrer innerhalb einer Tradition standen oder stehen, hat Gurdjieff ähnlich wie Rudolf → Steiner einen eigenen Weg begründet. Im Allgemeinen wird dieser als der → »Vierte Weg« bezeichnet, weil er die Wege des Fakirs (Körper, → Karma-Yoga), des Mönches (→ Seele, → Bhakti-Yoga) und des Yogi (→ Geist, Raja-Yoga, → Samkhya) vereint und somit wie in der alchemistischen Tradition einen vierten, integralen Weg erschafft, vergleichbar mit dem integralen Yoga Sri → Aurobindos. Gurdjieff selbst gründete ein Institut für die harmonische Entwicklung des Menschen.

Gurdjieff absolvierte 1914 die erste Phase seiner Lehrtätigkeit in St. Petersburg und Moskau. Während dieser Zeit stießen später so bedeutende Schüler wie der russische Journalist P. D. → Ouspensky, der Komponist Thomas de → Hartmann und die Pianistin Olga de → Hartmann, der Bühnenbildner Alexandre de Salzmann und die Rhythmiklehrerin Jeanne de → Salzmann zu seiner Gruppe, mit der er 1918 vor der Russischen Revolution floh und sich jeweils kurze Zeit an verschiedenen Orten wie Tiflis und Istanbul niederließ. Die Flucht führte weiter über Deutschland, wo er zuerst in Berlin und dann am Dalcroze-Institut (das heute wieder als Kulturstätte renoviert werden soll; → Eurhythmie) in Hellerau bei Dresden Fuß zu fassen versuchte. Als das nicht gelang, ging es weiter nach Frankreich, wo er 1922 in der Nähe von Fontainebleau bei Paris sein Institut begründete.

Viele berühmte Frauen und Männer aus Kunst und Wissenschaft besuchten das Institut, darunter der britische Mathematiker John G. → Bennett, der Jung-Schüler Maurice Nicoll, der Schriftsteller A. R. Orage oder die Schriftstellerin Katherine Mansfield. Durch sie wurden seine Ideen auf vielfältige Weise besonders in den angelsächsischen Ländern verbreitet und beeinflussten spätere Entwicklungen wie die humanistische und → transpersonale Psychologie. Durch P. D. → Ouspenskys Werk »Auf der Suche nach dem Wunderbaren – Fragmente einer unbekannten Lehre«, das erst nach dessen Tod 1949 veröffentlicht wurde, wurden Gurdjieffs Ideen weltweit bekannt – bekannter als Gurdjieff selbst mit seinem eigenen Hauptwerk »All und Alles – Beelzebubs Erzählungen für seinen Enkel«.

Heute sehr verbreitet und populär ist das Symbol des → Enneagramms, das mit einer Persönlichkeitstypologie verbunden ist, von Gurdjieff jedoch ursprünglich als Prozessmodell zum Verständnis kosmischer Gesetze und den Gesetzen menschlicher Entwicklung eingeführt worden war.

Wie die → gnostische oder → alchemistische Tradition, die in seine Lehre eingeflossen ist, entwickelte er eine eigene Sprache und Ausdrucksform, die heute schon wieder antiquiert erscheint, jedoch mit Absicht gewählt wurde.

»Er pflegte abstrakte Begriffe zu verdinglichen, konkrete Ausdrücke in einem abstrakten Sinne zu gebrauchen, Gesetze und Prinzipien zu personifizieren. Dies erfordert, dass man, wenn man ihn liest, sich bemüht, die Absicht und das Wesentliche zu erfassen, was eine beträchtliche Veränderung unserer Lesegewohnheit verlangt.« (John G. Bennett 1976, 293)

Es war Gurdjieffs wesentlicher Beitrag zur heutigen → Spiritualität, dass er traditionelle Lehren vieler asiatischer Überlieferungen und viele vor 80 Jahren aktuelle psychologische und naturwissenschaftliche Erkenntnisse zu einer eigenständigen Lehre und einem geistigen Weg transformierte. In vieler Hinsicht ist es eine synkretistische Lehre, doch durch tiefe Einsicht in die menschliche Struktur verstand er es, unterschiedliche Methoden und Philosophien, praktische Übungen und psychologisches Know-how zu einem ganzheitlichen »System« zusammenzuführen.

Gurdjieffs Lehre beruht auf mehreren »Transportmitteln«: seinen Schriften, seinen Methoden und Techniken für die »harmonische Entwicklung«, seinen rituellen Tänzen, seiner Musik, dem → Enneagramm und der rituellen Mahlzeit mit den Toasts auf die »Idioten« (Bruno Martin 2000, 245ff.). In Gurdjieffs Lehre gibt es keine Dogmen, er nannte das Wissen, das er vermittelte, einfach »Ideen«. Ideen sind geistige Bilder, die jeder Mensch auf seine Weise verstehen und damit arbeiten kann. Sie sind nicht statisch.

Seine Strategie war es, viele alte spirituelle Ideen in zeitgemäße Interpretationen umzuwandeln, um so mit seinem System die wissenschaftlich geprägten Menschen des 20. Jh. besser zu erreichen. In seiner Methodik und Präsentation neuer Gedanken scheint die → Zen-Philosophie durch, die eine Präsentation immer unvollendet lässt oder paradoxe Ideen aufwirft, an denen ein Schüler längere Zeit arbeiten muss. Auf gleiche Weise arbeitete Gurdjieff mit seinen Schülern (→ Schulen des Augenblicks). Eine langjährige Schülerin, Solange Claustres, bezeichnet ihn in ihren Erinnerungen als »Zen-Meister und Samurai«.

Als »Meister des Augenblicks« experimentierte er ständig mit neuen Übungen und Methoden, aus denen besonders Methoden der Selbstbeobachtung, des Selbststudiums sowie das Training der Aufmerksamkeit hervorstechen. Bedeutend sind seine »alchemistischen« Übungen (→ Tao-Yoga, → Alchemie) für die Energietransformation in Verbindung mit → Atemtechniken und körperlicher Arbeit und v.a. die sehr effektvollen rituellen Tänze.

Die → Tänze, die einfach »Movements« genannt wurden, sind ein zentraler und attraktiver Bestandteil seiner Methode. Die über 150 verschiedenen Choreografien werden als Gruppentänze gelehrt. Sie dienen nicht nur dazu, die verschiedenen Teile des Menschen zu harmonisieren, sie sind auch ein intensives und effektives Training der → Aufmerksamkeit und des → Willens. Im Unterschied zur Ballettchoreografie oder dem Ausdruckstanz, der zur gleichen Zeit entstand, beruhen Gurdjieffs Choreografien auf mathematischen Strukturen, die dem Tänzer »kosmische Gesetzmäßigkeiten« vermitteln sollen. Die Sprache der Körperhaltung und Gestik wird in vielen Übungssystemen als Steuerungssystem für veränderte Wachbewusstseinszustände genutzt (→ Mudras → Tanz, → tibetischer Buddhismus → Trance (dort: rituelle Körperhaltungen).

Gurdjieff hat außer der Musik für die Tänze etwa 200 weitere Musikstücke zusammen mit dem russischen Komponisten Thomas de → Hartmann, einem Schüler Skriabins, komponiert. »Keine dieser Kompositionen ist eine sklavische Nachahmung ethnischer Musik. Gurdjieff verwandelt und integriert die subtile Essenz einer uralten Überlieferung und vermittelt sie dem modernen Menschen als Aufforderung, aufzuwachen, und als Unterstützung seines Strebens nach wirklichem Sein«, schreibt der Gurdjieff-Biograf James Moore (1992, 360).

Emblem von Gurdjieffs » Institut für harmonische Entwicklung des Menschen«.

Gurdjieff, Philosophie und Kosmogonie

Sie basieren auf altem Wissen, das von den Schamanen über die Pythagoräer (→ Pythagoras), → Gnostiker und → Neuplatoniker bis in spirituelle Lehren Innerasiens einfloss. Der Mensch ist eingebunden in einen umfassenden Prozess der gegenseitigen Erhaltung alles Existierenden – nicht nur im Kreislauf und Austausch innerhalb der Biosphäre, sondern auch im gesamten kosmischen Prozess. Wie manche zeitgenössische Physiker sieht Gurdjieff die sich selbst organisierende Intelligenz hinter den materiellen Erscheinungen des Universums und des Lebens als ein Bewusstseinsfeld, in das der Mensch mit seinem individuellen Bewusstsein verwoben ist. In einer Art absteigender Tonleiter der Schöpfung tritt das universale Bewusstsein überströmend aus einem obersten Einen, dem Gütigen, hervor und folgt dabei in seinen Intervallen den harmonikalen Gesetzen der pythagoreischen Musikoktave (→ Oktavengesetz). Der Mensch hat durch seine Entwicklung wiederum die Möglichkeit, sich von der Schwerkraft und Trägheit der Materie zu lösen und die Oktave dieses Schöpfungsstrahls hinaufzusteigen. Indem der Mensch durch eigene Anstrengungen bewusste → Energien (siehe auch → Geist) nicht nur aufnimmt und verbraucht, sondern im Gegenzug auch wieder erzeugt und zurückführt, ist der Kreislauf des Nehmens und Gebens geschlossen. Der Weg der Transformation macht es dem Menschen möglich, nicht nur etwas abzugeben, sondern auch einen Teil der erzeugten Energien für die Entwicklung einer eigenen, unsterblichen Seele, dem »wirklichen Ich«, zu nutzen. Der Mensch erfüllt einen Zweck und gibt seinem Leben darüber hinaus einen individuellen Sinn.

»Die harmonische Entwicklung des Menschen, wie Gurdjieff sie verstand, ist ein außergewöhnlicher Vorgang, der es uns ermöglicht, über die Grenzen unserer gewöhnlichen menschlichen Natur hinauszugehen, in andere Bewusstseinszustände einzudringen, neue Kräfte des Verstehens zu erlangen und über die Bedingtheit unserer irdischen Existenz hinauszugehen.« (John G. Bennett 1976, 257)

Trotz der Entwicklung der Denkfähigkeit und des technologischen Fortschritts haben nach Gurdjieff die anderen Fähigkeiten des Menschen in der Entwicklung nicht Schritt halten können, was zu einem kosmischen Ungleichgewicht führte. »Gurdjieff wurde von einem Gefühl der Dringlichkeit angetrieben; seiner Generation weit voraus, erkannte er, dass die Menschheit bei der Entscheidung über das zukünftige Gleichgewicht der Biosphäre so oder so die Schlüsselrolle spielen würde« (John G. Bennett 1976). Seine Aufgabe sah er darin, die Sensibilität dafür zu wecken, dass der Mensch sich selbst nur durch einen bewussten Dienst an der Schöpfung verwirklichen kann, denn »der Mensch ist in vollem Sinne ein Naturwesen, jedoch hat er auch eine übernatürliche Bestimmung, die er nicht vollenden kann, ohne seine Pflicht der Natur gegenüber zu erfüllen«. Das ist der Kern von Gurdjieffs kosmologischem Entwurf der »gegenseitigen Erhaltung alles Existierenden«, die man auch so verstehen kann, dass die intelligente, sich selbst organisierende Schöpfung (→ Gott) auf die Hilfe und Mitarbeit der Menschen angewiesen ist – dies übrigens eine alte indoeurop. (→ Germanen) und zoroastrische (→ Zoroaster) Vorstellung.

Guru (Sk. »Herr«, »Lehrer«, »Meister«) → Schule, spirituelle

H

H – He (hebr.), Hu (arab.)

Die Zahl fünf, die Zahl des Lebens und der Seele in der → Kabbala. Hu ist der ausgehauchte Laut Gottes am Ende des Wortes Allah. Für die Kabbalisten ist es der Atem Gottes. Dieser geistige Hauch ist das Leben der menschlichen Seele; er erweckt in ihr die Ahnung von der Unzerstörbarkeit des Seins. Die Hagal-Rune (→ Runen) symbolisiert die Vereinigung von Geist und Materie, von Mann und Frau, und das »hl. All«.

Halluzination

Alle Sinne können Halluzinationen hervorbringen. In der Psychologie werden Halluzinationen als Sinnestäuschungen bezeichnet. Es gibt Auditionen (Veränderungen des Hörens), optische, sensorische, olfaktorische und gustatorische Halluzinationen. Allerdings neigen einige fortschrittlichere Wissenschaftler inzwischen dazu, außergewöhnliche → Bewusstseinszustände und Halluzinationen nicht mehr nur als pathologisch einzustufen. Manchmal werden Halluzinationen auch als »Einbildungen« bezeichnet. Auch → Visionen, die Menschen in veränderten Bewusstseinszuständen, z. B. während einer → Trance oder einer → psychedelischen Erfahrung, haben, werden als Halluzination eingestuft.

Sind nun Bewusstseinszustände, die durch die Wirkung bewusstseinserweiternder Techniken oder durch psychedelische Substanzen und Pflanzen hervorgerufen werden, tatsächlich »Halluzinationen«, also Einbildungen? Der Bewusstseinsforscher Dr. Rick Strassman schreibt dazu:

»*Halluzinogen* ist der geläufigste Begriff, der in der Medizin für psychedelische Substanzen verwendet wird. Mit ihm werden die Wirkungen dieser Drogen auf die Wahrnehmung und dabei vor allem auf die visuelle Wahrnehmung hervorgehoben. Während es durchaus üblich ist, dass psychedelische Drogen zu Wahrnehmungsveränderungen führen, sind dies jedoch nicht die einzigen Wirkungen und auch nicht unbedingt von größtem Wert ... Ich ziehe den Begriff psychedelische (bewusstseinsoffenbarende) Substanz dem Begriff halluzinogen vor. Psychedelische Substanzen zeigen uns, was in unserem Bewusstsein enthalten ist und sich dort offenbart; sie legen versteckte, verdrängte, vergessene, aus dem Blickfeld geratene Gedanken und Gefühle frei, die völlig unerwartet hervorkommen können ...« (Rick Strassman 2004, 55)

Hare, Hari (Sk.)

Name für Gott als Vishnu und Krishna (der eine Inkarnation von Vishnu ist). Auch generell benutzt für den persönlichen Gott (Ishvara; → Bhakti-Yoga). Als → Mantra HARI OM Anrufung der Gegenwart Gottes.

Hare-Krishna-Bewegung → Bhakti-Yoga

Hartmann, Thomas de (1886–1956)

Russischer Komponist, der für → Gurdjieffs Arbeit von größter Bedeutung war, weil er es kongenial vermochte, dessen Musik und → Tänze (auch Movements genannt) zu vertonen. Die rituellen Tänze bilden einen wesentlichen Aspekt von Gurdjieffs Methoden der »harmonischen Entwicklung des Menschen«. De Hartmann konnte sie in eine Form bringen, die den Zuhörern und Beteiligten tiefe Gefühlsqualitäten vermittelt. Seine Frau Olga de Hartmann leitete bis in die siebziger Jahre hinein Gruppen in den USA. Nach der Trennung von Gurdjieff 1927 arbeitete de Hartmann an eigenen Kompositionen, die jedoch nie so berühmt wurden wie die Stücke, die er für Gurdjieff schrieb. Nach Gurdjieffs Tod 1949 komponierte de Hartmann weitere 40 Stücke zu den Choreografien der Movements.

Hatha-Yoga

»Yoga ist das zur Ruhe bringen der seelisch-geistigen Bewegungen der Denksubstanz. Dann ruht der Sehende in seinem wahren Wesenskern« (Patanjali, Sutra I, 2–3). Wenn heute von → Yoga als Methode gesprochen wird, ist meistens der Hatha-Yoga gemeint. Darunter versteht man Körperübungen (Asanas) und Körperhaltungen, meist in Verbindung mit Atemtechniken (→ Atem, Atemtechniken), die nicht nur eine tiefe Entspannung herbeiführen, sondern auch – wenn man es nicht übertreibt und berücksichtigt, dass manche Asanas von »Westlern« nur nach langer Übung beherrscht werden können – gute gesundheitliche Wirkungen haben.

Viele der Asanas im Hatha-Yoga beruhen auf Körperhaltungen von Tieren und sind auch danach benannt: *mayurasan,* die Pfauenstellung; *shashankasan,* die Hasenstellung; *bhuangasan,* die Schlangenstellung usw. Menschen legen sich meistens zum Ausruhen hin, Vögel und andere Tiere ruhen sich auf andere Weise aus. Daher bilden die Stellungen, in denen sie stehen oder ruhen, den Schlüssel zum Verständnis der Asanas. Es ist zu vermuten, dass einige der Haltungen schon in schamanischen Gemeinschaften lange vor der hinduist. Kultur in Indien genutzt wurden und dann schließlich zur Technik der Selbstbeherrschung und Konzentration im Yoga einen Rahmen und ausgefeilte Grundlagen fanden.

Hatha-Yoga-Asana »Kerze«.

Asanas sind die dritte Stufe des achtstufigen Yoga-Wegs nach dem Yoga-Philosophen Patanjali (ca. 2. Jh. v. u. Z., → Samkhya). Übersetzt bedeutet *asana* »Hinsetzung« oder »fester stabiler Sitz« (→ Yoga). Auf allen alten Yoga-Abbildungen kann man erkennen, dass damit ein Meditationssitz, der so genannte Lotossitz, gemeint ist, bei dem die Beine gekreuzt sind und die Fußsohlen nach oben schauen. Wie man unschwer an diesen Bildern erkennen kann, ist für diese Sitzhaltung ein gesunder, gelenkiger und sehr beweglicher Körper nötig, um über einen langen Zeitraum still und entspannt sitzen zu können. Somit ist das ursprüngliche Asana eine Meditationshaltung, die dem Körper Stabilität verleihen soll.

Bei den späteren Asanas (siehe auch → Nath) handelt es sich um besondere Körperhaltungen, die über einen gewissen Zeitraum in völliger Konzentration gehalten werden. In der »Hatha-Yoga-Pradipika«, die im 16. Jh. in Indien entstand, sind 84 Übungsgruppen zusammengefasst. Jede dieser Übungen hat eine spezifische Heilwirkung. Einige Asanas lockern die Gelenke, andere Asanas dehnen, strecken und kräftigen die Muskeln. Wieder andere massieren die inneren Organe. Die meisten Übungen haben auch darüber hinaus eine positive Auswirkung auf alle Organsysteme, wie z. B. Atem, Kreislauf, Verdauung, Nerven sowie Hormondrüsen. Auch die Harnwege sowie die Haut als unser größtes Körperorgan werden durch die Asanas stark beeinflusst.

Hierin liegt der wesentliche Unterschied zwischen den Asanas und anderen gymnastischen Übungen. Die Asanas bilden nicht nur ein Hilfsmittel, um den körperlichen Organismus gesund und stark zu erhalten, sondern sie helfen auch unmerklich, von den ergänzenden Atemübungen (→ Atem, Atemtechniken), den Pranayamas (→ Samkhya, → Raja-Yoga) unterstützt, mentale Widerstandskraft gegen Krankheiten aufzubauen. Sie berücksichtigen die verschiedenen Körperteile und bilden in sich ein vollständiges System zur Stärkung des nervlichen Tonus. Yoga dient somit nicht nur als eine optimale Vorbereitung zur Konzentration und Meditation, sondern unterstützt Gesundheit und Vitalität. Mittlerweile hat auch die westliche Schulmedizin die ganzheitliche Heilwirkung der Yogaübungen erkannt, und somit ist es kein Wunder, dass viele Yogaübungen heute die Basis von westlichen Bewegungstherapien und Gymnastikübungen bilden.

Im Westen wird Yoga deshalb leider häufig so vermittelt, als handle es sich dabei um reine Gymnastikübungen, die nur dazu dienen, dem Körper mehr Elastizität zu vermitteln. Unter dem Stichwort → Raja-Yoga lässt sich am achtstufigen Pfad des Patanjali ablesen, dass Yoga als Ganzes indes weitaus mehr ist. Yoga ist ein jahrtausendealtes System, das hilft, eine Harmonie zwischen Körper, Geist und Seele herzustellen. Die Asanas nur ein Teil des Yogaweges.

Das alte Diktum »In einem gesunden Körper wohnt ein gesunder Geist« lässt erahnen, dass in einem gelenkigen und beweglichen Körper auch ein gelenkiger und beweglicher Geist wohnen kann, aber nicht muss. Es kommt immer darauf an, an allen Aspekten zu arbeiten. In dem Wort gelenkig steckt das Wort »lenken« und in der Beweglichkeit »bewegen«. Deshalb kann ein Mensch, der bewusst dafür sorgt, dass sein Körper gelenkig und beweglich ist, seinen eigenen Lebensweg auch bewusst gehen und mehr Einfluss auf Ereignisse und Entwicklungen im eigenen Leben nehmen.

Wer mit der Yogapraxis beginnt, sollte sich die Frage stellen: Habe ich die Dinge unter Kontrolle oder haben die Dinge Kontrolle über mich? Yoga entwickelt unter anderem die Willenskraft. Er entwickelt unseren Körper, zähmt unseren Geist (Verstand) und verhilft uns zu ausgeglichenen Gefühlen. Somit verhilft Yoga nicht nur zu einem gesunden Körper – auch der Geist erfährt Heilung. Die Asanas stellen eine wunderbare Möglichkeit für uns dar, zuerst auf der körperlichen Ebene an uns zu arbeiten. Denn an unserem Körper können wir die positiven Veränderungen durch Yoga als Erstes feststellen. Menschen fangen an, sich zu verändern, wenn sie ihren Körper wieder spüren und wahrnehmen können; wenn sie feststellen, dass sich Selbstwertgefühl, Selbstbewusstsein und Willenskraft stärken und entwickeln.

Es gibt verschiedene Hatha-Yoga-Arten; die bekanntesten darunter sind:

- Iyengar-Yoga: intensive Körperarbeit.
- Ashtanga-Yoga: feste Übungsserien, die dynamisch ausgeführt werden.
- Kriya-Yoga: Körper- und Atemübungen (→ Kriya-Yoga).
- Bikram-Yoga: Eine Abfolge von 26 Übungen, die aus dem Hatha-Yoga entwickelt wurde.

Heiden → Hexen

Heiliger

Ein Heiliger ist eine Frau oder ein Mann, der vollständig und für immer vom Egoismus befreit ist. Wenn so ein Mensch reif ist, dann kann die geistige Kraft ungehindert in seine → Seele einfließen und sich mit ihr vereinigen. In diesem Falle kommt die schöpferische Energie des »wahren → Selbst« ganz unter den Einfluss der spirituellen Kraft. Eine solche Seele kann zum Instrument im Wirken von Wundern und der geistigen Erweckung (John G. Bennett 1977, 160) anderer werden. Im → Buddhismus entspricht dieses Ideal dem → Bodhisattva.

Heilige Orte, heilige Berge, Heiliges Land

Einige spirituelle Überlieferungen sprechen von einer zentralen Quelle der Spiritualität und des Wissens und behaupten, dass die Menschheit von einer höheren Intelligenz zum Ziel der menschlichen Evolution geführt wird. René Guénon untersuchte das Thema in seinem Buch »Der König der Welt«:

> »Nach den Zeugnissen aller Traditionen ergibt sich eine klare Schlussfolgerung: Es ist die Behauptung, es gebe ein ›Heiliges Land‹ an sich, Urbild aller anderen ›Heiligen Länder‹, ein geistiges Zentrum, dem alle anderen Zentren untergeordnet sind. Das ›Heilige Land‹ ist auch das ›Land der Heiligen‹, ... das ›Land der Unsterblichkeit‹ ... Gewöhnlich versetzt man diesen Ort in eine ›unsichtbare Welt‹. Will man aber verstehen, um was es geht, dann darf man nicht vergessen, dass es sich um dasselbe handelt wie bei den ›geistigen Hierarchien‹, von denen gleicherweise alle Traditionen sprechen und die in Wirklichkeit Einweihungsgrade darstellen.« (René Guénon 1987, 87)

Für Guénon sind die verschiedenen Welten genau genommen Zustände (→ Bewusstseinszustände) und nicht Orte

Berg Kailash.

wie der berühmte Pilgerberg Kailash in Westtibet – auch wenn sie symbolisch als solche beschrieben werden können (→ Weltzentrum).

In der säkularisierten Moderne spielen hl. Orte wider Erwarten eine große Rolle: Pilgerfahrten zu hl. Stätten sind nicht nur im Islam und Hinduismus von großer Bedeutung, sondern ziehen auch in der christl. Welt zahlreiche Gläubige und Besucher an (→ Jakobsweg, → Kraftorte). Heilige Orte sind räumliche Verkörperungen numinoser Kräfte und von einer Aura des Nichtalltäglichen umgeben; man begegnet ihnen gleichermaßen mit Ehrfurcht und Furcht. In ihnen überlagern sich Vergangenheit und Gegenwart, Religion, Politik und Ökonomie. Sie reflektieren das Vertrauen der Gläubigen ebenso wie die Machtkämpfe der Mächtigen. Wenn z. B. Israel als »Heiliges Land« bezeichnet wird, dann ist damit auch ein Anspruch auf die Beherrschung des Landes gemeint, unabhängig von einer gewachsenen Bevölkerung. In der Welt der Antike hatte jeder Tempel oder jeder hl. Ort sein Zentrum, seinen → Omphalos. In der freimaurerischen Tradition (→ Freimaurer) der Grundsteinlegung klingt diese Vorstellung noch nach.

Was aber macht einen Ort zu einem hl. Ort, wie ist er zu erkennen? Hat dieser Ort eine bestimmte »Ausstrahlung« oder → Energie, kann er bei Menschen, die sich dort aufhalten, Heilwirkungen auslösen? Wie entstehen hl. Landschaften, wie und von wem werden sie repräsentiert und kontrolliert? Viele Schreine und Tempel sind heute zugleich florierende Wirtschaftsunternehmen. Die Verbindung von Glauben, Verehrung und Kommerz erhält angesichts einer global vernetzten Welt für die Bedeutung dieser Orte nochmals eine andere Dimension (→ Pilgerreise).

Viele prähistorische und alte Kultstätten wurden in Kreisform gebaut (→ Weltzentrum, → Megalithbauten). Sie tragen bestimmte Energien und vermitteln verschlüsselte Informationen für diejenigen, die sie lesen können. Der Geomant (→ Geomantie) Paul Devereux schreibt in seinem Buch »Das Gedächtnis der Erde« dazu:

»Wenn wir nur den Aspekt der Informationen betrachten, wurden diese prähistorischen Kultstätten errichtet, damit sie spezifische Wirkungen auslösten, über die man zur Zeit ihrer Konstruktion Bescheid wusste. Daneben dienten sie auch zur Verschlüsselung von Informationen und hatten die Funktion, solche Informationen aufzuzeichnen ... Informationen und Energien werden somit in diese Monumente hinein gegeben und von ihnen auch wieder abgegeben. Es handelt sich bei ihnen also um offene Systeme.« (Paul Devereux 2000, 44)

Hellsehen

Die außergewöhnliche Fähigkeit der Wahrnehmung von Dingen und Ereignissen, insbesondere der nahen oder fernen Zukunft, die noch niemand kennt. Es gibt wenige Hellseher mit ungewöhnlichen Fähigkeiten. Diese sollen auch schon bei der Untersuchung von Kriminalfällen mitgewirkt haben. Die → Parapsychologie hat Hellsehen und Telepathie (»Gedankenübertragung«) zum Forschungsgegenstand gemacht, da es zweifellos entsprechend begabte Menschen gibt. Wenn ein Hellseher die Begabung nicht willentlich »abstellen« kann, hat er Probleme im Alltag. Menschenkenntnis oder das Vorhersehen von nahen Ereignissen, insbesondere wenn Menschen eine Beziehung dazu haben, hat eher mit Intuition zu tun, aber es ist auch eine Art »hellseherische« Fähigkeit, größere Zusammenhänge durch eine Verbindung mit dem → Bewusstseinsfeld zu erkennen und Konsequenzen von Handlungen einzuschätzen. Siehe auch: → Channeling und → Magie.

Hermetik

Die hermetische Philosophie wird oft gleichbedeutend mit → Esoterik verwendet. Die Hermetiker und → Neuplatoniker können als direkte Abkömmlinge der Lehren der → Gnosis angesehen werden. Die Schriften, die Hermes Trismegistos (ca. 2. Jh. v. u. Z.), der griech. Ausprägung des ägyptischen Gottes der Weisheit, Thoth, zugeschrieben werden, gehen wahrscheinlich auf Zeitgenossen von → Valentinus zurück.

Die neoplatonische Schule, die um Plotinus (gest. 268) entstand, ist von gnostischen Ideen beeinflusst, auch wenn Plotinus selbst einige gnostische Lehren ablehnte. In dieser Philosophie manifestiert sich die Schöpfung in drei Welten durch die Emanationen (»Ausströmungen«) Gottes (→ Oktavengesetz). Aus der Fülle göttlicher Einheit entstehen die reine Intelligenz und daraus die Weltseele. Alles weitere emaniert dann aus dieser göttlichen Triade (→ Trinität, → Gurdjieff). Die menschliche Seele ist von göttlicher Herkunft, jedoch durch den materiellen Körper befleckt, sodass es darum geht, die Seele von ihren Unreinheiten zu säubern.

In einem anderen hermetischen Modell des Universums erschuf Gott die Welt, die Welt erschuf Begriffe von der Zeit, und die → Zeit erschuf die Idee des

»Werdens«. Die → Ewigkeit war ein Bereich Gottes, aber die zeitliche Welt bewegte sich innerhalb der Ewigkeit. Diese Verknüpfung führte zu der Sicht »Alles ist Eins«.

Diese Ideen finden wir in vielen anderen gnostischen Schriften. Weitere Neoplatoniker waren z. B. Jamblicus (gest. 333), Porphyrus (gest. 304) und Proklos (gest. 485), die ein System entwickelten, aus dem viele spätere magische und okkulte Lehren hervorgingen. Es gibt kaum eine unorthodoxe oder häretische Bewegung in der christl. Geschichte, die sich nicht auf gnostische Ursprünge zurückführen ließe. Schließlich fanden gnostische Ideen sogar ihren Weg zurück ins Christentum und verbanden sich durch die Arbeit der platonischen Akademie, die von dem Bankier Cosimo de' Medici begründet wurde, mit christl. Vorstellungen. So wurde während der Renaissance (ab Mitte des 15. Jh.) Florenz zum Zentrum der hermetischen Tradition.

Herzensgebet

In der → christlichen Mystik ist v. a. das Herzensgebet eine Art → Mantra, das in lat. Sprache gesprochen natürlich wesentlich stärkere vokalische Mantrakraft hat als nur in Form eines wörtlichen Gebetes. Ein Herzensgebet, das viele Menschen gebrauchen, ist der Name Jesu oder auch »Herr Jesus Christus erbarme Dich meiner«. In der russischen Mystik heißt ein wichtiges Mantra *gospodi pamiloi,* »Herr, erbarme dich meiner«. Oft wird es im Stillen und innerlich rezitiert. Bei den Mönchen auf dem Berg Athos ist das so genannte Jesusgebet oder das Herzensgebet die übliche mantrische Anrufung.

In der Westkirche ist der Rosenkranz ein sehr beliebtes Gebet, in dessen Verlauf immer wieder das gleiche Gebet gebetet wird: »Gegrüßet seist du Maria, voll der Gnade, du bist gebenedeit unter den Frauen, und gebenedeit ist die Frucht deines Leibes Jesus. Heilige Maria, Mutter Gottes ...« Das Ave Maria wird immer zehn Mal in Folge gebetet, dann kommt eine Unterbrechung durch ein anders Gebet, und dann fängt es wieder von vorn an.

Kyrie, kyrie eleison (»Herr, erbarme dich!«) und *Christe eleison* (»Christus, erbarme dich!«) sind ebenfalls christl. Mantras, und zwar Heilungsmantras, denn sie sollen die Menschen erlösen. Amen wiederum ist die phonetische Entsprechung des Ur-Mantras → OM. In diesem wird in einer Silbe der gesamte Klangraum abgeschritten – auch physiologisch, von der größten Öffnung des Mundes bis hin zu den geschlossenen Lippen. Alle Konsonanten, die wir mit dem Mund formen können, werden in dieser einen Mundbewegung wiedergegeben.

Man muss verstehen, dass man ein Mantra nicht dadurch erlebt, dass man sich eine Aufnahme anhört. Denn die Kraft, die Energie, die ihm innewohnt, entfaltet sich erst durch die ständige Wiederholung. Das Phänomen kann man nur wahrnehmen, indem man einen ganzen Zyklus selbst formuliert.

Hexen

Das Wort »Heide« kann sprachlich von *hag* (→ H) oder *hagen* abgeleitet werden, einem rechtsfreien Stück Ödland. Solch ein meist von einer dornigen Hecke (Hagebutte, Weißdorn, Kreuzdorn, Sanddorn, Schlehe, Brombeere, Hasel, Holunder, Eberesche) umgebenes Gelände war, weil es nicht landwirtschaftlich genutzt wurde, häufig eine Trockenrasenvegetation, auf der Heilpflanzen besonders gut gediehen. Dies war das Arbeitsfeld der Hagschen, der Hagia (Heiligen) oder auch Disen (Geist, das

Hexenbeschwörung, von Claude François Menestrier.

Göttliche), der Hagedise. Diese weisen, kräuterkundigen und somit heilkundigen Frauen lebten zwischen den Welten – der inneren Welt, dem als Tabuzone geltenden Hagen, und der äußeren Welt, der offiziellen, rechtlich geordneten Menschenwelt. Sie waren in der Lage, den diese Welten trennenden »Zaun«, das umgebende Gesträuch des Hagen, in beiden Richtungen zu überschreiten.

Aus der mit der Natur eng vertrauten Hagsche oder Hagse wurde im Laufe der Zeit das Schimpfwort »Hexe«. Im Engl. kennt man heute noch die Bezeichnung *old hag* für Hexe. Alle, die auf dem außerhalb der Gemeinden liegenden Ödland, dem Hagen oder der Heide, lebten, wurden von den ersten Missionaren »Heiden« genannt, da sie sich dem christl. Glauben nicht unterwarfen. Besonders in England ist der Wicca-Kult, der in den fünfziger Jahren von Gerald Gardner als Neopaganismus popularisiert wurde, bis heute weit verbreitet. *Witch* wiederum leitet sich ab von *hazel wych,* dem Haselstrauch, und wurde zur Bezeichnung für eine Hexe.

Das Wiederaufleben des zeitgenössischen Hexenkults als spiritueller Weg hängt eng mit der Entstehung des Feminismus in den sechziger Jahren zusammen. Die Wicca-Praxis ist jedoch keine Naturreligion, auch wenn sie die Verehrung der spirituellen Kräfte der Natur beinhaltet. Sie hat vielmehr mit dem Wesen der → Magie zu tun im Sinne einer Kunst, das Bewusstsein willentlich zu verändern. Eine der bekanntesten Vertreterinnen der Hexenpraxis, Starhawk (Stella Hawkins), bezeichnet sie auch als »Kunst, die Macht von innen zu aktivieren«. Sie sieht diese spirituelle Lebensform als Befreiungsakt, der die inneren, geistigen → Mysterien freisetzt und das Gefüge der gewöhnlichen Weltanschauungen aufbricht. »Für Hexen ist der Kosmos der lebendige Leib der → Göttin, an deren Sein wir alle teilhaben, die uns umschließt und in uns lebt« (Starhawk 1991, 19).

In diesem Sinne hat das Hexentum auch mit Heilung des Einzelnen und der Gemeinschaft zu tun, ganz im Sinne des ursprünglichen → Schamanismus, aus dem es gespeist wird. »Wenn wir uns befreit haben, müssen wir ›in den Kreis zurückkehren‹. Gemeint ist der ökologische Kreis, der Kreis der Interdependenz aller lebenden Organismen ... Der Kreis bedeutet auch den Kreis der Gemeinschaft« (Starhawk 1983, 290).

Die Beschäftigung mit allen alternativen Richtungen der Heilkunst wird heute wieder von vielen Frauen gepflegt. Frauen sind, wie die Heilerin Elisabeth Stratton sagt, »durch ihre Menstruation und die Fähigkeit Kinder zu bekommen, dem Rhythmus der Natur enger verbunden«, und deshalb in der Lage, Heilkräfte zu kanalisieren. Da es im weiblichen Glauben keine Trennung zwischen Geist und Materie gibt, sind Heilungen mit geistigen Kräften den Frauen näher. Sie sehen die Beziehungen zwischen den Dingen und Kräften, und ein Ausdruck dieses Verständnisses sind Heilrituale.

Sicherlich ist auch das für viele Frauen – bei denen sich diese innere Kraft äußert – ein Weg, sich selbst zu finden. Die Verehrung der »Mondin«, Luna, die Naturrituale um Liebe, Geburt und Tod, sind ureigene weibliche Formen der Spiritualität (→ Göttin). Die Wicca-Anhänger verehren besonders die lunaren Zyklen der Natur, weil sie glauben, dass bei Vollmond die Mondenergie das Bewusstsein erhöht. Ihnen gelten die Vollmondfeiern als wichtige Feste und Anlässe zum Tanzen, Trinken und Feiern und für besondere Rituale. Die acht wichtigsten solaren Zyklen haben mit dem Fruchtbarkeitszyklus der Natur zu tun.

Dazu gehören insbesondere die vier Sonnenwenden: die Wintersonnenwende um den 21. Dezember, die Frühlingssonnenwende um den 21. März, die Sommersonnenwende um den 21. Juni und die Herbst-Tagundnachtgleiche um den 21. September. Die größeren Sabbate im Wicca-Jahresrad sind Lichtmess (kelt. Imbolc, 2. Februar), Walpurgisnacht (kelt. Beltane, 30. April), Halloween (kelt. Samhain, 31. Oktober, »Holle-Tag«) und Lammas (kelt. Lugnasad, 1. August). Diese Feste liegen ungefähr sechs Wochen zwischen den Sonnenwenden. Sie sind kelt. Ursprungs und wurzeln in dem Glauben, dass der »Sonnengott« in gleichem Maße eine Phase von Tod und Wiedergeburt (→ Holle, → Sonnenkult) durchschreitet, wie die Göttin durch ihre Mondzyklen zu- und abnimmt.

»Die Liebe zum Leben in jeder Gestalt ist die Grundethik des Hexenglaubens. Hexen sind verpflichtet, alle lebenden Dinge zu ehren und zu achten und den Lebenskräften zu dienen. Der Hexenglaube anerkennt, dass Leben Leben nährt und dass wir töten müssen, um zu überleben, aber das Leben wird nie unnötig zerstört, nie verschwendet und vergeudet ... Die Göttin ist immanent, aber sie braucht Menschenhilfe, um sich in ihrer vollen Schönheit zu entfalten. Das harmonische Gleichgewicht bei der Wahrnehmung von Pflanze und Tier, Menschlichem und Göttlichem ist nicht selbstverständlich, sondern muss ständig neu hergestellt werden, und dies ist die eigentliche Aufgabe der Hexenrituale. Innere Arbeit, spirituelle Arbeit ist am wirksamsten, wenn sie Hand in Hand mit äußerem Wirken voranschreitet.« (Starhawk 1983, 27)

Hier wird auch schon die andere Seite angesprochen, oder wie Starhawk an anderer Stelle schreibt: »Das Symbol der → Göttin verleiht die spirituelle Kraft, um Systeme der Unterdrückung in Frage zu stellen und neue, zum Leben hin orientierte Kulturen zu schaffen« (Starhawk 1983). Viele Frauen, auch wenn sie nicht Feministinnen sind, engagieren sich heute deshalb auch gegen Leben zerstörende Technik.

Mit dem wiedererstandenen Interesse an den »Hexen« gibt es auch Frauen, die nicht nur das Exotische oder Esoterische am Hexenkult sehen, sondern auch die Geschichte ihrer Verfolgung. Erika Wisselinck ging in ihrem Buch »Hexen« (1986) dem Wissen um die historischen Hexen des Mittelalters und insbesondere der Neuzeit, ihrer Verfolgung und – nach neuesten Forschungen – hunderttausendfachen Vernichtung nach. Dieser Holocaust ist vergleichbar mit der Judenverfolgung, wird indes von der Geschichtswissenschaft und dem allgemeinen Bewusstsein immer noch verdrängt. Aber auch die Ausstoßung der Frauen aus dem medizinischen Bereich kann »nicht allein mit der Unterbindung der Geburtenregelung zu erklären versucht« werden. »Es ging nicht nur um Fortpflanzung und Bevölkerungspolitik, es ging um Sexualität in jeder Dimension, vor allem um die Lust« (Gunnar Heinsohn/Otto Stenger 1989). Die Hebammen besaßen nämlich ein uraltes überliefertes Wissen um Liebeslust und Fruchtbarkeit:

»Genauso, wie sie Empfänglichkeit verhindern konnten, konnten sie auch Frauen zur ersehnten Schwangerschaft verhelfen, und vor allem dazu, Lust zu erregen und zu genießen. Das Auseinanderbrechen des Bereichs der Sexualität in einen ›anständigen‹, nämlich die Fortpflanzung, und einen ›unanständigen‹, nämlich die Liebeslust, die Erotik (die früher zum sakralen Bereich gehörte), ist erst ein sehr modernes Phänomen, ein von den Klerikern (vieler Religionen) herbeigeführter Bewusstseinswandel, ein Prozess, in dem auch die Hexenausrottung ihren Platz hat.« (Gunnar Heinsohn/Otto Stenger 1989)

Die Sexualität ist für das weibliche Verständnis ein Ritual der → Göttin. »Die Sexualität als direkter Ausdruck der Lebenskraft ist göttlich und geheiligt. Sie darf sich frei ausleben, solange Liebe das leitende Prinzip ist«, schreibt Starhawk (1983, 28). »Die Ehe ist eine tiefe Bindung, eine magische, spirituelle und psychische Beziehung. Doch ist sie nur eine Möglichkeit unter vielen für liebenden sexuellen Ausdruck.« Für manche Frauen gilt nur der zweite Satz. Amélie Weimar, eine Mitarbeiterin des Lebenszentrums Zegg in Brandenburg, zieht die Konsequenz:

»Die Liebe ist frei, und alles andere ist eine Verwechslung. Liebe ist ein lebendiges Prinzip, und alles Lebendige ist angewiesen auf ein funktionierendes Fließgleichgewicht zwischen innen und außen. Es gibt in der Natur keine geschlossenen Systeme ... Dieses Prinzip ist universell und gilt für alles Lebendige ... Genauso ist der Mensch ein lebendiges Wesen, und wenn er seine Grundlebensimpulse – und dazu gehört die Liebe, auch die sexuelle – unterdrücken muss oder einsperrt, dann gehen sowohl die Liebe als auch er zugrunde.« (Amélie Weimar)

Freie Liebe funktioniert nach ihrer Auffassung nur ohne Eifersucht. »Der Gott der Hexen ist ein Gott der Liebe. Diese Liebe schließt die Sexualität ein, die ebenso wild und ungezähmt ist wie sanft und zärtlich«, kann mit einer Aussage von Starhawk ergänzt werden:

»Moderner Hexenglaube beeinhaltet ein reiches Kaleidoskop von Traditionen und Richtungen. Die Hexenzirkel, jene eng verbundenen Kleingruppen, sind autonom. Es gibt keine zentrale Autorität, die über Liturgie oder Riten bestimmen würde. Manche Zirkel üben Praktiken aus, die in ununterbrochener Folge aus der Zeit vor den Hexenverbrennungen auf sie übergekommen sind ... Feministische Zirkel sind wahrscheinlich die am schnellsten wachsenden Zweige des Hexenglaubens. Viele huldigen Diana: eine Hexensekte, die dem weiblichen Prinzip weitaus größere Bedeutung einräumt als dem männlichen. Andere Zirkel sind unverkennbar eklektisch und schaffen ihre eigenen Tradition aus vielen Quellen. Meine eigenen Konvente gehen bis zur Feentradition der Steinzeit zurück. Doch wir glauben an die Schaffung unserer eigenen Rituale, in denen sich unsere Bedürfnisse und heutigen Einsichten spiegeln.« (Starhawk 1983, 25)

In diesen unterschiedlichen weiblich-spirituellen Gruppen, die sich auch nicht immer Hexen nennen, sondern manchmal den schamanischen Weg (→ Schamanismus) gehen, weil dieser letztlich der Ursprung des magischen Naturbildes ist, werden viele spirituelle Methoden geübt und eingesetzt: → Trance-Techniken und Trance-Tanz, Traumarbeit und → Channeling, → Meditation, → Rituale für alle Jahreszeiten und Lebensumstände. Für viele Frauen spielt das Schaffen und Durchführen von Ritualen eine wichtige Rolle.

Das Wiederfinden des eigenen Zusammenhangs mit den Kräften der Natur und des Kosmos beschreibt Luisa Francia in ihrem Werk »Mond – Tanz – Magie«. Diese neuen Rituale eröffnen die ureigene Weiblichkeit, das Erleben des Mondes und der Feste.

»Der Lernprozess im sinnlichen Erfahren der Mondenergie liegt also nicht in der Magie patriarchaler Beherrschungsphilosophie (macht euch die Erde untertan!), sondern in der weiblichen, schöpferischen → Magie des Erkennens und Gestaltgebens von Visionen, des Fließens mit den Energien aller Pflanzen und

Tiere der Erde. Aus der Vertrautheit mit diesem Kreislauf erkennst du deine Kraft und lebst sie.« (Luisa Francia 1986)

Die 13 Monde werden von Luisa Francia als Kräfte, Aspekte mythologischer Figuren beschrieben. Sehr wichtig ist ihr dabei der → Tanz. »Im körperlichen Durchleben von Formen, Ritualen, Figuren und Inhalten entstehen Erfahrungen, die zu neuen Erkenntnissen und Lebensweisen führen. Tanz führt zur ursprünglichen Bewegung im Universum zurück: dem Kreisen, Taumeln« (Luisa Francia 1986). Denn alle natürlichen Prozesse sind kreisförmig, und im Tierkreis (→ Astrologie) gibt es ebenso wenig eine Hierarchie wie in den Mondkreisläufen. Mit den Erfahrungen und Gedanken des Buches erhält jede Frau Anstöße, ihre eigenen Er-Findungen zu leben.

Mythologie und Kosmologie des Hexenglaubens wurzeln in der Erkenntnis des Schamanen. Für ihn sind alle Dinge

»Strudel von Energie, Wirbel sich bewegender Kräfte, Ströme eines ewig bewegten Meeres. Hinter der Erscheinung der Getrenntheit, der festen Objekte im linearen Strom der Zeit ist die Wirklichkeit ein Feld von Energien, die zeitweise zu Formen gerinnen. Mit der Zeit lösen sich alle ›festen‹ Dinge auf, um sich wiederum zu neuen Formen, neuen Bindungen zu vereinigen.« (Starhawk 1983, 34)

Diese Welt, die mit den Erkenntnissen der modernen Physik übereinstimmt, kann durch eine veränderte Wahrnehmung gesehen werden. Daraus ergeben sich auch die Möglichkeiten der magischen Beeinflussung von Materie und Geist. Doch → Magie ist eine Fähigkeit, die von der Entwicklung der Willenskraft abhängt. Deshalb ist eine Schulung der magischen Kräfte, d. h. des → Willens, auch Voraussetzung für die intensive Ausübung der Hexenfähigkeit. Siehe auch: → Rituale.

Hildegard von Bingen (1098–1179)

Die Heilige, seinerzeit Äbtissin des Benediktinerinnenklosters bei Bingen, beeindruckte schon ihre Zeitgenossen durch ihre gewaltigen Visionen von der Schöpfung und Erlösung der Welt. Ihre naturheilkundlichen Schriften haben ihr den Ruf der ersten dt. Naturforscherin und Ärztin eingetragen und erleben heute eine Renaissance.

Hinduismus

Die klassischen → Yoga-Systeme sind Teil des Hinduismus, auch wenn sie in vielfältiger Form ohne Einbettung in den Hinduismus im Westen gelehrt werden (→ Brahmanismus).

Der Begriff »Hinduismus« wird heute allgemein gebraucht, um die Religion der Mehrheit der Völkerschaften Indiens zusammenzufassen. Er wurde jedoch im Westen geprägt und vermag den Glauben der Inder nicht zu erfassen, denn der ist nicht auf einen einfachen Nenner zu bringen wie etwa das Christentum.

Jede einfache Definition ist schwierig, vielleicht sogar unmöglich. Der Grund dafür liegt in den Feinheiten des Sk., in dem viele Texte geschrieben sind, aber auch in der wörtlichen Interpretation der hinduist. Bilderwelt und Mythologie, die häufig die wahre Bedeutung verschleiert. Das hat dazu geführt, dass der Hinduismus als »polytheistisch« definiert wurde, obwohl die moderne Forschung Strömungen, Gottheiten, Sekten usw. als verschiedene Aspekte einer Einheit anerkennt. Wenn wir nicht in die Falle geraten, den Hinduismus nur als einen »-ismus« zu betrachten, und verstehen, dass unser westliches Religionskonzept viel zu begrenzt ist, um es darauf anzuwenden, dann ist das Studium der vielfältigen indischen spirituellen Strömungen der Anfang eines offenen Weges in ein geistig gegründetes Leben.

Hodschagan (arab. »Meister der Weisheit«) → Sufi-Orden

Holle

»Frau Holle ist die All-Mutter und Erd-Mutter, die an der Quelle, an den Wurzeln des Weltenbaumes in dreifacher Gestalt wirkt – als die das Leben Gebärende, als die mütterliche Sorgende und das Leben Erhaltende, als die das Leben Nehmende und die Seelen der Toten Hütende. Gäbe es im deutschsprachigen Kulturraum noch einen lebendigen Schamanismus, sie wäre die Mutter aller SchamanInnen!« (Nana Nauwald 2002, 41)

Dem Namen nach ist Frau Holle oder Holla dem german. Kulturkreis (→ Germanen) zuzuordnen. Von einem ersten einheitlichen german. Kulturkreis wird erst mit dem Beginn der Bronzezeit gesprochen, also ca. um 2000 v. u. Z. Je nach Region hieß Frau Holle auch Frau Holda, Hulla, Hulda oder Huldre. In german.-kelt. Mischgebieten verschmolz Holla mit kelt. (→ Kelten) → Göttinnen. Doch das Wissen um das Wesen dieser Leben spendenden und Leben zurücknehmenden Erdmutter reicht weit in die Geschichte der Menschheit zurück, wie die bis zu 32 000 Jahre alten weiblichen Statuetten (z. B. die dickbrüstige und dickleibige Venus von Willendorf) mit den entsprechenden Leben spendenden Attributen bezeugen.

Mit zunehmender Entfremdung vom ganzheitlichen Verständnis der in der Unterwelt lebenden Erdmutter Holla oder Hel wurde aus der Hüterin der Unterwelt eine finstere Todesgöttin, die als Wächterin des Qualortes → Hölle erst im 13. Jh. in den Dienst der Kirche trat. Bis dahin hieß die Hölle noch *halja* oder *hella* und bedeutete »Jenseits«, »Totenreich«, »Unterwelt«.

In der german. Mythologie liegt der Ort, an dem Hel über die Unterwelt wacht, tief unter den Wurzeln der Weltenesche Yggdrasil (→ Weltenbaum). Ein Fluss trennt dort den Raum der Lebenden vom Raum der Toten. Wasser in Form von Teichen, Brunnen, Mooren und Sümpfen bildet den wichtigsten Zugang zum Reich der Unterwelt. In vielen dt. Sagen finden sich noch Erzählungen, in denen es sich um »Frau Hollens Teich« handelt, um weise Frauen, die in einem Reich unter dem Wasser leben und belohnend oder strafend ins Leben der Menschen eingreifen.

Ein lebendiges Zeugnis vom Wissen um die Existenz der Holle oder Hel unter den Wurzeln der Weltenesche (→ Schamanismus) ist der Holunderbusch. So begrub man lange Zeit die Toten unter dem »Holler«, jenem Baum, unter dem in der mythischen Vorstellung die Toten lebten.

Hölle

Die christl. Theologie machte aus dem Namen der alten nord. Göttin Hel, Frau → Holle, den Begriff der Hölle. Dabei hat diese nichts mit Hels göttlichem Kessel der Wiedergeburt zu tun (→ Reinkarnation). Die Vorstellung von der ewigen Höllenqual kam mit den asketischen, patriarchalischen Religionen auf. Barbara G. Walker berichtigt für uns Hels Reich:

»Hels Kessel unter der Erde war nicht jene Folterkammer der späteren christl. Mythologie. Es war ein Ort der Reinigung und Wieder-

Die Hölle wie man sie sich 1477, zur Zeit der Renaissance, vorstellt.

geburt. Alle Toten zogen an diesen Ort, um sich der Erinnerungen an frühere Leben zu entledigen und im geheiligten Feuer Hels neu erschaffen zu werden ... Heilige Quellen und Brunnen an solchen Stätten *(hellir,* Höhlentempel) standen Pate für Geschichten wie der von Frau Holle und ihrem Brunnen, aus dem alle Kinder der Welt geboren wurden.« (Barbara G. Walker 1994, 227)

Die Idee der Reinigung und Neuerschaffung ist ein sehr interessanter Aspekt, weil er darauf hinweist, dass der Seelenstoff (→ Seele) »recycelt« wird: Vielleicht trifft darauf auch das Gesetz der Energieerhaltung in der Physik zu. Möglicherweise liegt hier der Grund für die Eindrücke mancher Menschen, irgendwann einmal gelebt zu haben. In diesem Fall haben sie einen Teil des Seelenstoffs einer fremden Person übernommen.

Hörner

Das gehörnte Haupt (manchmal auch ein Federkranz oder Federn) war immer das auffälligste Merkmal eines → Schamanen und ist immer noch in allen schamanischen Kulturen ein Zeichen für die Fähigkeit des Schamanen, kundiger Reisender und Mittler zwischen den Welten zu sein. Tierhörner, Knochen und Vogelschnäbel sind die ursprünglichen schamanischen Ritualgeräte. Später, als andere Religionsformen entstanden, wurden Götter oftmals als gehörnte Tiere,

Der keltische Cernunnos, »Der Gehörnte«, auf dem Kessel von Gundestrup, ca. 1000 v. u. Z.

Darstellung eines Bocksmenschen um 1700.

als Stiere, Ziegenböcke und Hirsche dargestellt.

Der gehörnte Gott ist so alt wie die Steinzeit. In der frühesten sakralen Kunst finden sich Abbildungen von Männern mit Hörnern eines Stieres und insbesondere mit dem Geweih eines Hirsches. In Europa ist eine der bekanntesten Figuren mit einem Geweih auf dem Kopf auf dem vergoldeten Silberkessel abgebildet, der im dänischen Gundestrup gefunden wurde. Er wird der kelt. Kultur (→ Kelten) als der gehörnte Gott Cernunnos zugeordnet und ist der Gott des Waldes, der schöpferischen Naturkräfte, der Zeugungskraft und des Wachstums. Mit all diesen Qualitäten ist er v. a. auch der Begleiter der großen Erdmutter (→ Göttin). Auf dem Kessel steht rechts von ihm ein Hirsch, ein Wolf zu seiner Linken. Der Hirsch ist ein Symbol für die Lebenskraft, der Wolf für die Kraft der Vernichtung. Diese beiden Kräfte trennend sitzt Cernunnos in der Mitte, bildet die versöhnende dritte Kraft und hält so das Gleichgewicht zwischen Leben und Tod.

In den griech. Mythen werden Pan als Ziegenbock und Dionysos und Zeus als Stiere dargestellt. Das hebr. Zeichen Aleph (→ A) entstand aus dem Bild einer Kuh bzw. eines Stieres. Die in den christl. Kulturen entwickelte Darstellung des → Teufels mit Hörnern hat vermutlich mit der Abgrenzung des Christentums zu den die Naturkräfte verehrenden alten Völkern Europas zu tun.

Horoskop

Der Bundesverband der Astrologen (BDA) hat folgendes Thesenpapier zur astrologischen Deutung veröffentlicht, das gewisse Grundsätze für die Deutung von Horoskopen klarstellt:

• **These 1:** Astrologie ist die älteste Typologie der Menschheit und damit älteste Lehre von den Erscheinungsformen körperlicher, seelischer und geistiger Beschaffenheit des Menschen. Sie ist die Deutung räumlicher Verhältnisse und zeitlicher Abläufe in unserem Sonnensystem, d. h. sie ist das einzige Wissensgebiet, das sich der Bewegung der Planeten und Bezugspunkte unseres Sonnensystems bedient, um das Wesensgefüge eines Menschen zu erfassen. Ein für Astrologen bedeutsamer Zeitpunkt ist der Augenblick, in dem ein Prozess seinen Anfang nimmt; für das eigenständige menschliche Leben ist dies der Geburtsmoment. Die Struktur der kosmischen Situation dieses Moments spiegelt die Struktur des hier beginnenden Ablaufs als Ganzheit.

• **These 2:** Die Konstellation der Gestirne unseres Sonnensystems bildet in jedem Moment eine »Gestalt«. Die Arbeit des Astrologen besteht in der Entschlüsselung der Bedeutung dieser Gestalt. Astrologische Prognose beruht auf der Deutung der Veränderungen dieser Gestalt durch den Lauf der Gestirne.

• **These 3:** Die Existenz des angesprochenen Zusammenhangs ist eine Realität, die der empirisch-wissenschaftlichen Überprüfung prinzipiell zugänglich ist, wie eine Reihe sehr sorgfältig durchgeführter wissenschaftlicher Untersuchungen neuerer Zeit eindeutig belegen.

• **These 4:** Welcher Natur dieser Zusammenhang ist – ob es sich also z. B. um physikalisch nachweisbare Wirkungen der Planeten handelt oder eher um die Wirkung eines *kosmischen Analogieprinzips* –, lässt sich beim heutigen Wissensstand nicht entscheiden. Die eindeutig bestehenden rein physikalischen Einflüsse kosmischer Prozesse auf irdische Abläufe (deren augenfälligstes Beispiel wohl die Jahreszeiten und die Gezeiten der Meere darstellen) sind nicht ausreichend, den komplexen kosmisch-irdischen Zusammenhang im Sinne der Astrologie umfassend beschreiben zu können.

• **These 5:** Wie in anderen Wissensgebieten mit komplexen Fragestellungen (etwa in der Psychologie) gibt es in der Astrologie unterschiedliche Auffassungen über methodische Einzelheiten. Viele dieser Auffassungen beruhen auf den Erfahrungen *einzelner* Astrologen. Aus diesem Grunde besteht Einvernehmen über die Notwendigkeit des Austauschs solcher Erfahrungen sowie der Objektivierung persönlicher Erfahrung durch Bemühen um Vergleich und wissenschaftliche Überprüfung. Damit weist die Astrologie ein Vorgehen auf, das auch von anderen Wissens- und Fachdisziplinen praktiziert wird.

• **These 6:** Das Horoskop, auch Kosmogramm oder Geburtsbild genannt, ist die grafische Darstellung der Konstellation der Gestirne unseres Sonnensystems für den Moment der Geburt eines Menschen. Es zeigt die Konstellation so, wie sie sich einem Beobachter vom Standpunkt des Geburtsortes aus darstellt. Aus diesem Grunde ist das Horoskop geozentrisch berechnet. Der Tierkreis [→ Asgard] ist für den Astrologen ein *Messkreis*. Er nimmt seinen Anfang im so genannten Widderpunkt (eine der beiden Tag- und Nachtgleichen). Hier beginnt das Zeichen Widder, das erste Zeichen der zwölf Zeichen des Tierkreises. Es ist den Astrologen seit dem Altertum bekannt, dass dieser *Widderpunkt* (durch eine Kreiselbewegung der Erdachse bedingt: die Präzession) bezüglich der als feststehend zu betrachtenden Fixsterne wandert, sodass sich die *Tierkreiszeichen* des tropischen Tierkreises nicht mit den *Sternbildern* des siderischen Tierkreises decken. Die in Jahrtausenden gewonnene Erfahrung hat jedoch gezeigt, dass die Stellung der Gestirne unseres Sonnensystems im tropischen Tierkreis zu treffenderen Deutungen führt. Die Wanderung des Widderpunktes durch den siderischen Tierkreis wird allerdings mit epochalen Veränderungen auf der Erde in Verbindung gebracht. Die Dauer für einen vollständigen Umlauf beträgt etwa 26 000 Jahre. Man nennt diesen Zeitraum ein *platonisches Weltenjahr*.

• **These 7:** Für alle astrologischen Aussagen gilt, dass sie auf *Strukturentsprechungen* beruhen. Die Verwirklichung jeder Struktur ist vielfältig denkbar. Man kann z. B. auf viele Weisen ein Dreieck zeichnen, dennoch ist ein Dreieck immer etwas anderes als ein Viereck. So auch kann jede Struktur sich zwar auf verschiedene, nicht aber auf beliebige Weise realisieren. Im Bewusstsein dieses Unterschieds zwischen Struktur und Verwirklichung löst sich der Scheinwiderspruch von *Willensfreiheit* (→ Wille, freier) und *Determiniertheit:* Unsere Struktur ist determiniert, in ihrer Entfaltung aber sind wir frei. Aus diesen Überlegungen ergeben sich für die Deutung klare Aussagegrenzen: So kann man keine Aussage über das Niveau (etwa der Intelligenz) eines Menschen machen, wohl aber über die Struktur (im Falle der Intelligenz etwa mehr theoretischer Schwerpunkt oder mehr Schwerpunkt auf praktischer Intelligenz etc.). Auch bei der Prognose ist nicht das *konkrete Ereignis* fassbar, sondern seine sich aus der Struktur ergebende *Bedeutung,* eine Bedeutung, die sich in verschiedenen *sinngemäß* gleichen Ereignissen manifestieren kann. Die Prognose muss also auf ein bestimmtes Umfeld bzw. eine Umweltsituation wie Elternhaus, soziale, politische oder andere Einbindung bezogen sein. Die Deutung des Geburtsbildes ist eine Hilfe auf dem Weg zu mehr Selbsterkenntnis und zur Bestimmung von Begabungen und Schwächen des Menschen. Diese Erkenntnis kann von der Kindheit bis zum Alter Wegweiser sein für Erziehung, Bildung und Wirkungskreis. Damit ist der Schwerpunkt der Diagnose erkennbar. Siehe auch: → Astrologie.

Hua-Yen-Philosophie im → Zen-Buddhismus

In seinem großartigen Werk »Urerfahrung und Urwissen« bringt D. T. → Suzuki das wirkliche Wesen des Zen zum Ausdruck, indem er die wesentliche Lehre der Hua-Yen-Schule, begründet von Fa-tsang (643–712), darlegt:

»Das mächtige Bauwerk des Buddhismus ruht auf zwei Grundpfeilern: Daichi *(tai-chi), Mahaprajna* oder die große Weisheit, und Daihi *(tai-pei), Mahakaruna* oder das große Mitgefühl. Die Weisheit kommt aus dem Mitleid und das Mitleid aus der Weisheit, denn in Wirklichkeit sind beide eins ... Um die Bedeutung dieser Lehre voll zu erfassen, müssen wir uns der *Hua-Yen* (japan. *Kegon-)* Philosophie zuwenden, wie sie in den Hua-Yen-Sutras dargestellt ist. Diese Philosophie ist der

Gipfel buddhistischen Denkens, wie sich dieses in Indien, China und Japan entfaltet hat. ... Um Hua-Yen *(Avatamsaka)* zu verstehen, müssen wir uns mit zwei Schlüsselbegriffen vertraut machen ... *Shih* (japan. *Ji)* ist Unterschiedenheit und Unterscheidung, und *Li* ist Nichtunterschiedenheit und Nichtunterscheidung ... Nach der buddhistischen Philosophie ist *Li* in erster Linie → *Sunyata,* also die Leere oder die Leerheit. Leere bedeutet nicht Abwesenheit von etwas, das vorher da war und das es jetzt nicht mehr gibt. Leere ist nichts, das neben anderem existiert ... Sie ist immer mit den individuellen Objekten *(shih)* verbunden, und sie existiert stets gemeinsam mit der Form *(rupam).* Wo es keine Form gibt, gibt es auch keine Leere, denn Leere ist Formlosigkeit ... und ist daher immer mit Form verbunden ... Das Eine durchdringt alle anderen, und gleichzeitig umschließt es sie alle in sich. Und wenn das Eine alle andern durchdringt, durchdringen ihrerseits alle übrigen einander darin; das Durchdringen ist das Durchdrungenwerden, und das Durchdrungenwerden ist das Durchdringen; beides erfolgt gegenseitig und gleichzeitig ... Die Philosophie des *Shih-Shih Wu-ai* oder die Vorstellung des Universums als einer riesigen Bühne, auf der ein Schauspiel voll unendlich komplizierter Wechselwirkungen aller Kräfte aufgeführt wird, ist der Höhepunkt des buddhistischen Denkens. Der Schlüssel zum Hua-Yen-Leben ist deshalb: In der Welt sein, als ob man nicht in der Welt wäre.« (D. T. Suzuki 1983, 77f.)

Deshalb ist Weisheit niemals von Mitgefühl zu trennen. Diese Philosophie des Sowohl-als-auch ist die Essenz des Zen. Hier gilt es zu handeln im Augenblick, ohne mit den Dingen verhaftet zu sein.

Huna, polynesischer → Schamanismus

In Polynesien entstand vor einigen Jahrtausenden die Lebensphilosophie Huna. *Huna* heißt übersetzt »verborgenes Wissen« oder »Geheimnis«. Damit ist jedoch nicht ein geheim gehaltenes Wissen gemeint, sondern ein Wissen von den unsichtbaren Dingen. Die Huna-Meister werden Kahuna genannt.

Die Kunst des Heilens durch den Geist war eine »Spezialität« der schamanischen Huna. Nach Kahili King gibt es im Huna drei Bewusstseinsaspekte: *ku* – Herz, Körper (oder Unterbewusstes, auch *unihipili,* das niedere Selbst) –, *lono* – Verstand, Denken oder Bewusstes, auch *uhane,* das mittlere Selbst – und *kane,* Geist, Überbewusstes, auch *aumakua,* das höhere Selbst. »Das Hauptwerkzeug des *kane* ist Energie. Das Universum besteht aus Energie, und es ist Energie, was die Träume des Lebens nährt, erhält und verändert. Die Imagination des *lono* lenkt die Energie, und die Wahrnehmung des *ku* lässt uns ihre Auswirkungen erleben« (Kahili King 1992).

Die drei Innenwelten entsprechen den drei Welten der → schamanischen Reisen (→ Schamanismus, Reisen; → Weltenbaum):

1. Die Oberwelt *(lanikeha)* im unsichtbaren Bereich. Schamanen suchen in diesem Bereich v. a. Inspiration.
2. Die Mittelwelt *(kahiki),* der innere Bereich. Die Mehrzahl der Träume und Tagträume findet hier statt. In diesem Bereich hat man die Macht, etwas zu tun.
3. Die Unterwelt *(milu).* Dies ist das Reich der Alpträume und Herausforderungen, das Schamanen auf ihrer Visionssuche betreten, um verlorene Macht wiederzugewinnen. »Die wahre Macht der Menschen, ihr Vermögen, die Welt zu beeinflussen und zu verändern, erwächst aus ihrer Fähigkeit, für ein gemeinsames Ziel zusammenzuarbeiten« (Kahili King 1992).

Hypnose (griech. hypnos »Schlaf«)

Der Begriff wurde 1841 (nach anderen Quellen 1843) von dem schottischen Chirurgen Dr. James Braid geprägt. Er ließ Menschen auf eine Glaskugel starren und sprach in suggestiven Worten zu ihnen. Dadurch gerieten sie in eine tiefe Entspannung, die vorwiegend mit Alphawellen (→ Bewusstseinszustände) im Gehirn einhergeht.

Insofern ist Hypnose kein tiefer Bewusstseinszustand. Viele Menschen mit unterschiedlicher Ausbildung und unterschiedlichem Erfahrungshintergrund sind hypnotisierbar. Hypnose hat vorwiegend in ärztlicher und psychotherapeutischer Anwendung ihre Berechtigung und ihren Nutzen. Für das Verständnis des »verzerrten Bewusstseins« (→ Halluzination) bietet der Hypnosezustand ein gutes Beispiel: für das Problem der meisten Menschen also, zwischen Illusion und Realität zu unterscheiden.

Die Übertragung der Kontrolle auf den Hypnotiseur ist ein Modell für das konditionierte Bewusstsein, für die Abhängigkeit von Autoritäten und gesellschaftlichen Werten, die meistens unbewusst übernommen werden. Auch im alltäglichen Bewusstsein ist die Orientierung an der Realität größtenteils das Produkt einer besonderen kulturellen Übereinstimmung. Diese allgemeine Realitätsorientierung wird von Geburt an verinnerlicht und eingeübt. Infolge hypnotischer Suggestion verblasst selbst diese Realitätsorientierung weitgehend. Das Suggerierte ist für den Hypnotisierten völlig real. Schlafwandler bewegen sich vermutlich auch in diesem Bereich, sie sind sozusagen »von Gehirnaktivitäten hypnotisiert«.

Hypnose wird in therapeutischen und medizinischen Zusammenhängen wirkungsvoll eingesetzt: für spannungsfreiere Untersuchungen, zur Narkosevorbereitung, zur Schmerzreduktion bei kleineren Eingriffen besonders in der Zahnmedizin, da sie schmerzarme Behandlungen auch ohne den Einsatz einer Betäubungsspritze ermöglicht. Aber auch bei anderen therapeutischen Verfahren ist sie vielseitig wirksam: bei potenziell psychosomatischen Symptomen wie Bluthochdruck, Neurodermitis, Allergien, Kopfschmerzen, Migräne; bei der Behandlung posttraumatischer Störungen, von Ängsten und Phobien, sowie bei der Raucherentwöhnung, bei Schlaf- und Essstörungen.

Voraussetzung für einen hypnotischen Zustand ist die körperliche Entspannung, das Ausschalten der Aufmerksamkeit auf äußere Reize und die Konzentration auf das innere Erleben. In diesem Zustand leitet der Behandelnde in ein Setting »alternativer Wirklichkeit«, in dem der Patient die Aufhebung oder Veränderung seiner zu behandelnden Symptome so intensiv erlebt, dass diese hypnotisch imaginierte Wirklichkeit Teil der Alltagswirklichkeit des Patienten wird. Hypnose knüpft an die eigenen Fähigkeiten des Patienten zur Veränderung an.

Der Zustand der Hypnose unterscheidet sich allerdings vom Zustand der → Trance, was Gehirnwellenmessungen belegen. Bei der Hypnose überwiegen Beta- und Alphawellen, die auch im Normalzustand fluktuieren, während es bei der Trance überwiegend Thetawellen sind. Auch andere biochemische Reaktionen finden statt. Wenn Sie also von »hypnotischer Trance« lesen, ist der Autor nicht auf dem neuesten Stand der Forschung. Interessant ist übrigens, dass bei einer tiefen Entspannung durch Meditation ebenfalls Alphawellen überwiegen. Nur bei Yogis, die ein Leben lang meditiert haben, kommen überwiegend Deltawellen vor (→ Samadhi).

Gehirnwellenmessungen sagen natürlich nichts über die Inhalte der jeweiligen Erfahrung aus, sie bieten jedoch hilfreiche Unterscheidungsmerkmale für veränderte Bewusstseinszustände.

I/J

I/J – Jota (griech.), Jod (hebr.), Ya (arab.), Is-Rune (nord.)

Im Hebr. der zehnte Buchstabe mit der Bedeutung »Finger«, »Hand«. Das Schriftzeichen ähnelt einem wellenförmigen Punkt. Das Jod, die Zahl zehn, ist das kleinste Zeichen, aus dem alle anderen Zeichen geschaffen sind. Es ist der Anfangsbuchstabe des göttlichen Namens JHWH (→ Kabbala) und enthält als Zahl zehn alle zehn → Sefiroth. Jod ist der Punkt, aus dem alle anderen Schriftzeichen entstehen, selbst das Aleph. Die Is-Rune symbolisiert die senkrechte Achse, das Ich des Menschen, das auch der Bedeutung des Jod entspricht, Denken und Handeln (→ Kreuz).

Göttin Tanit, Ibiza, ca. 400 v. u. Z.

Iberer, iberische Glaubensvorstellungen

Die Iberer, deren Sprache nicht mit der indoeurop. Sprachgruppe verwandt ist, traten etwa 1000 v. u. Z. erstmals in Erscheinung. Seit 800 v. u. Z. unterhielten sie mit den Phöniziern und Griechen Handelskontakte; v. a. das auf der iberischen Halbinsel vorkommende Silber war ein begehrtes Handelsgut. Diese bis ins 5. Jh. v. u. Z. andauernde Periode des Handels stellt deshalb auch die Blütezeit der iberischen Kultur dar und ist durch zahlreiche archäologische Funde nachgewiesen.

Die iberische Kultur breitete sich von Südwestspanien entlang des Guadalquivir und entlang der Südküste nach Valencia und Katalonien aus. Ob sich die vielen kleinen Stämme und Staatswesen als politische Einheit verstanden, wie sie sich selbst nannten, und zu welcher Sprachgruppe sie gehörten, ist unbekannt. Die Schriftzeugnisse über sie stammen von Griechen und Römern. Einflüsse der Phönizier in Spanien sind bis ins 2. Jahrtausend v. u. Z. nachweisbar.

Wenig ist über die Glaubensvorstellungen der Iberer bekannt. Es wurden keine Zeugnisse für irgendwelche Götter in Form von Abbildungen oder Tempelbauten aus der Zeit vor den Phöniziern gefunden. Erst mit den Phöniziern wurden Gottheiten aus deren Weltbild übernommen – was nichts aussagt über die für die Iberer mit diesen Gottheiten verbundenen Inhalte und Vorstellungen.

In den sehr unterschiedlich ausgestatteten und angelegten Grabstätten wurden die Überreste der Verstorbenen in Urnen beigesetzt. Die Leichen wurden mit all ihren persönlichen Sachen, Schmuck, Trink- und Opfergefäßen sowie

Waffen verbrannt. Wahrscheinlich gab es rituelle Totenmähler, an deren Ende die Gefäße zerschlagen wurden und die Scherben mit den Verstorbenen verbrannten. Die Grabbeigaben lassen jedoch keine spezielle geschlechtliche Zuordnung der Verstorbenen zu.

Die Iberer gaben ihrer religiösen Vorstellung eher durch verehrte Orte und Zeichen Ausdruck als durch menschengestaltige Götter. Wenn das dennoch einmal der Fall war, hatte es mit der Übernahme von Glaubensvorstellungen ihrer Kolonisten zu tun – der Phönizier, → Griechen und Römer. In der iberischen Kultur wurden vorrangig Orte, die sich durch ihre besondere Lage auszeichneten, zu Kultstätten erhoben (→ heilige Orte). So wurden nicht nur Höhlen und Quellen zu geweihten Orten, an denen kleine Statuetten und rituelle Objekte hinterlassen wurden, sondern auch Plätze, die an Hauptverkehrswegen lagen.

Ibn Arabi (1165–1240)

Einer der wichtigsten Vertreter der Schule der → Illuministen. Er wirkte hauptsächlich in Spanien und Marokko, bereiste aber auch Ägypten und andere arab. Länder.

Ibn-al Arabi wuchs in Sevilla auf und lebte dort über 30 Jahre. Er hatte einige Sufi-Lehrer, doch über sein Leben ist sehr wenig bekannt. Sein Vermächtnis besteht in einer großen Zahl von Büchern. Obwohl er eine nachhaltige Wirkung auf alle späteren Sufis ausgeübt hat, ging von ihm kein Orden aus. »Der größte Meister« nannten ihn ehrfürchtig seine zahlreichen Anhänger, aber ihr Lob war oft mit einem leisen Schauder gemischt, denn der Meister ging einen universalen Weg, auf dem ihm selbst seine engsten Freunde nicht ohne weiteres folgen konnten. Ibn Arabi lehrte nämlich, dass es zwei Erscheinungsformen des Propheten Mohammed gebe: zum einen den Mann, der tatsächlich gelebt habe, zum anderen den »ewigen« oder, wie wir heute sagen würden, den kosmischen Mohammed. Der menschliche Mohammed habe entsprechend seinem Menschsein auch seine Begrenzungen gehabt. Nach Ibn Arabi spiegelten alle Propheten die göttliche Weisheit in einer besonderen Form. In seinem bedeutenden Werk »Fusus al-Hikham« (»Die Siegelringsteine der Weisheit«) werden alle 27 Propheten, auf die im Koran hingewiesen wird, als beispielhaft für eine bestimmte spirituelle Kapazität dargestellt, als Beispiel für das Wissen um die Wahrheit.

Von wenigen Menschen ist ein so tief greifender metaphysischer Einfluss sowohl auf die islamische als auch auf die christl. Welt ausgegangen wie von Ibn Arabi. Ibn Arabi verwirrte die zeitgenössischen Gelehrten, weil der Islam ihn als mit seiner Lehre konform gehend bezeichnet, während er im inneren Leben immer ein Esoteriker blieb. Wie alle Sufis behauptete er, es gäbe eine einheitliche, andauernde und für jeden Mensch akzeptable Fortentwicklung von der formalen Religion jeder Art zum inneren Verständnis dieser Religion, die schließlich zur persönlichen → Erleuchtung führt. Als er sich in eine schöne, junge Frau verliebt hatte, formulierte er seine spirituellen Erfahrungen in Mekka und seine symbolische Beschreibung des Weges der Mystiker in Form von Liebesgedichten, in denen er die menschliche Schönheit mit der göttlichen Wirklichkeit verband. Für Ibn Arabi kann die wahre Wirklichkeit auf verschiedene Weise gleichzeitig Ausdruck finden.

Sein überragender Beitrag zur spirituellen Philosophie ist seine Vision, dass die Schöpfung in verschiedenen kosmischen Ordnungen gesehen werden kann, die voreinander verhüllt sind (→ Sefiroth). Das göttliche Wesen selbst wird *hahut* genannt, abgeleitet vom Buchstaben → H, dem Hu, dem ausgehauchten Endbuchstaben von Allah. Die göttliche Natur, die sich selbst offenbart, wird *lahut* genannt; die geistige Form jenseits der Formen ist *jabarut*, wo die göttlichen Anordnungen und geistigen Kräfte lokalisiert sind. Dieser Ebene folgt die *malakut*, die Welt der → Engel, während der Ort der Menschheit *nasut* ist (→ Sefiroth). Entsprechend ist das Erreichen der Seinsebene, die der Mystiker anstrebt oder erreicht. Dies wird im → Sufismus als → Fana, »Auslöschung«, bezeichnet. Auf dem Weg durch die Bewusstseinswelten stirbt *(fana)* ein Teil unserer Zuwendung zur jeweiligen Welt, und wir werden in einer neuen Qualität wiedergeboren *(baqa)*.

Die erste Stufe auf dem Weg zur Befreiung *(fana al-akham)* wird auch als Auslöschung der sinnlichen Wahrnehmung und körperlichen Gefangenschaft bezeichnet, bei der die Ebene des Wissens erlangt wird. Die zweite Stufe *(fana al-afal)* führt zur Auslösung der Verhaftung an persönliche Eigenschaften, die dritte Stufe *(fana-al-sifat)* führt zur Desillusionierung, irgendetwas zu sein, d. h. zum Sterben des Ego, während die vierte Stufe *(fana al-dhat)* die Auflösung in Gott darstellt.

Icaros

Gesänge der Schamanen im peruanischen Amazonasgebiet in Heilritualen.

»Der Schamane Kajuyali Tsamani, Kolumbien, erzählte mir von seinem Lehrmeister, dem *abuelo furnamilani*, Schamane der Sikuani: ›Mein *maestro* heilt nur mit Gesängen. Er kennt 10 000 Lieder, die für 10 000 verschiedene Dinge wirken: zur Heilung von Krankheiten, für Glück und Liebe und Erfolg, zum Schutz vor der Absicht meiner Feinde, gegen neidische Blicke, zum Unsichtbarmachen, zum Nicht-alt-Werden – diese Lieder wirken heilend auf alle Angelegenheiten der Menschen, die sich nicht in der Harmonie mit dem Kosmos befinden‹ ...« (Persönliche Mitteilung von Nana Nauwald)

In den Heilritualen der Schamanen des peruanischen Dschungels sind die Gesänge, die Icaros, das heilende Werkzeug des Schamanen und so etwas wie sein persönliches »Energiefahrzeug« während des Rituals zum willentlichen Verbinden der Welten. Die Icaros sind der höchste und wertvollste »Besitz« des Schamanen, sie beinhalten sein Wissen und sind ein Zeichen seines Könnens, seiner Macht.

»Die Einfachheit des Textes der Lieder und auch der sich wiederholenden Melodien ist trügerisch und lässt für den westlichen Zuhörer keine Rückschlüsse auf Wissen und Macht des Schamanen zu. Die Icaros erzählen fast immer von bestimmten Pflanzen, Tieren oder der Landschaft. Auch christliche Heilige tummeln sich in den Texten. Es sind nicht die Worte und ihre Bedeutung, die den Icaro zu einem grundlegenden Bestandteil heilender Rituale in Amazonien machen. Es ist die Melodie und der Tatbestand, dass der Schamane oder Heiler sich mit dem Geist des Icaros verbindet. Die Icaros wirken so ähnlich wie die Mantras der nepalischen Schamanen: durch eine bestimmte Schwingung wirken sie auf den Energiefluss des Patienten und beeinflussen und verändern die organischen Funktionen. Ich vermute, es gibt für jedes Energiezentrum, jeden Energiefluss in unserem Körper einen ganz bestimmten Icaro mit einer nur für diesen Energiefluss zutreffenden Schwingung. Vielleicht ist der Icaro so etwas wie der Träger für eine Information, die heilend wirkt.« (Nana Nauwald 2002, 161)

Siehe auch: → mantrische Gesänge.

Identifikation

Auch wenn ein Mensch nicht von einem anderen hypnotisiert ist (→ Hypnose), zeigt er in vielen Fällen und Lebensumständen Verhaltensweisen, die man als gesellschaftlich konditioniert bezeichnen kann. Alle Menschen – auch spirituell entwickelte – unterliegen Routineverhalten, Sachzwängen, Gesetzen und Bindungen. Unbewusste Wünsche und Fantasien bestimmen, was wir tun oder lassen. Hinzu kommen Identifikationen mit inneren Vorstellungen und äußeren Objekten und Zielen.

Die Identifikation mit mentalen Inhalten bestimmt den Zusammenhang, in dem eine → Wahrnehmung interpretiert wird, und die persönliche Realität. Interessen, Reaktionen, Launen und Wünsche, Worte, Bilder und Träume formen unsere so genannte Persönlichkeit, die wiederum sehr vielfältig ist, wie die neuere Gehirnforschung mit dem Multi-Mind-Modell gezeigt hat. Und da es keine einheitliche »Kommandozentrale« im Gehirn gibt, überwiegt manchmal die eine Persönlichkeit, manchmal eine andere. So erstaunt es nicht, wenn Menschen sich in unterschiedlichen Situationen unterschiedlich verhalten. In Stresssituationen kann plötzlich eine ganz andere Persönlichkeit auftauchen.

Die Massenmedien und die Erziehung tun ein Übriges, um den Menschen in die Suggestion einer »Popkultur« einzubinden, in der alles auf eine Ebene nivelliert wird und die aus den Vorstellungen besteht, welche wir füreinander erschaffen – als ob wir in einer Traumwelt lebten. Sehr wenige Menschen denken wirklich selbstständig.

I Ging

Wenn der Einklang mit dem Kosmos ein glückliches Dasein verbürgt, dann muss der Mensch v. a. bestrebt sein, die gegenwärtige und zukünftige Tendenz des Weltverlaufs kennen zu lernen, damit er sich diesem harmonisch einfügen kann. Dieser nüchterne Ansatz fand in der chines. Orakelpraxis (→ Orakel) seinen Ausdruck, die auf alte schamanistische Vorstellungen (→ Schamanismus) zurückgeht. Diese Grundgedanken flossen in das berühmteste Weisheitsbuch der Chinesen ein, das Yijing (I Ging), das »Buch der Wandlungen«, dessen Erfindung dem mythischen Kaiser Fu-Xi (Fu-Hsi, ca. 3000 v. u. Z.) zugeschrieben wird. Die heutige Anordnung der Zeichen soll auf König Wen und seinen Sohn (um 1000 v. u. Z.) zurückgehen. Dem Yijing liegt die Erkenntnis eines zweifachen Seinszustandes der Natur zugrunde, der durch → Yin (--) und Yang (—) symbolisiert wird, welche in gesetzmäßigem Wandel ineinander übergehen. Diese Wandlungszustände werden durch 8 x 8 = 64 Zeichen (Gua = Hexagramme) dargestellt, die aus ganzen oder starken (—) und aus gebrochenen oder schwachen (--) Linien bestehen.

Chines. Denken ist nicht logisch, nicht linear, es gibt keine Grammatik, sondern nur Zeichen. Die Zeichen sind Sinnbilder für die Richtung des Geschehens, Urbilder der überzeitlichen Weltgesetze, die sich in der Erscheinungswelt manifestieren. Aus diesem Grunde haben sich Dao-

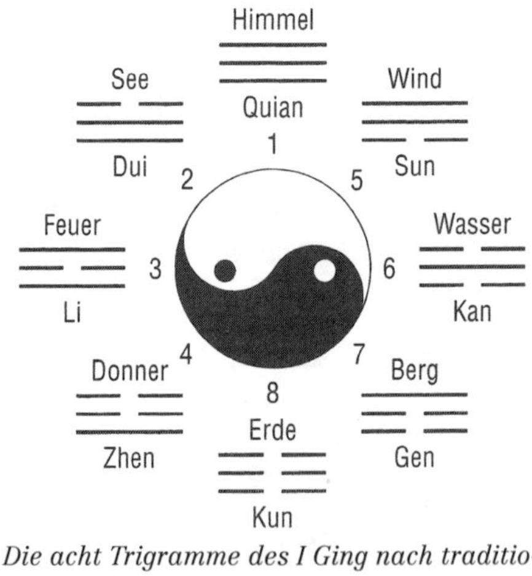

Die acht Trigramme des I Ging nach traditionellen acht Himmelsrichtungen mit dem Yin-Yang-Zeichen in der Mitte.

isten (→ Tao) wie Konfuzianer immer auf das Yijing als Basistext bezogen, denn durch intuitive Erfassung dieser Bilder kann der Weise sowohl philosophisch als auch praktisch oder politisch die Keime allen Geschehens verstehen. Wenn man die Anfänge kennt, kann eine vernünftige Entwicklung oder eine Veränderung der Entwicklung rechtzeitig eingeleitet werden.

Die Urbilder – Himmel, Erde, Feuer, Wasser, Donner, Berg, See und Wind – bestehen aus drei Linien (Trigramm), aus deren Kombination oder Wechselwirkung alle Möglichkeiten – die 64 Hexagramme – entstehen. Es ist hier von entscheidender Bedeutung, an welcher Position sich die jeweiligen Yin- und Yang-Striche befinden.

Das Yijing strukturiert die Welt nach Verhältnissen (→ Zahlen), Entsprechungen und Gleichzeitigkeiten (→ Synchronizität) und nicht in Begriffen von Ursache und Wirkung. Der mathematische Code der binären Zahlen (0/1) ist Grundlage für den Betrieb unserer Computer. Die Mathematik des Yijing ist ein dynamisches, nichtlineares System und kann alle Wechselwirkungen von Yin und Yang aufzeigen. Jeder Linie ist eine Zahl zugeordnet, die zwischen Ruhe und Wandlung unterscheidet, wobei sich die momentanen Verhältnisse von Yin und Yang immer wieder verändern. Bei der Befragung des Yijing als → Orakel kommt es nicht nur darauf an, die momentane Konstellation zu erkennen, sondern auch die Wandlungstendenzen in dieser Konstellation. Jede Weissagung ist so eine meditative Versenkung in den Wirkungszusammenhang des Absoluten. Dem System des Yijing liegt die Erkenntnis eines zweifachen Seinszustandes aller Natur zugrunde, symbolisiert durch das Paar Yin und Yang (z. B. Fest und Weich). Aus diesen Dyaden werden 64 Hexagramme gebildet, z. B. sechs feste Striche mit der Bedeutung »Das Schöpferische«

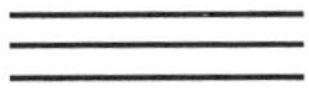

oder sechs weiche (geteilte) Striche mit der Bedeutung »Das Empfangende«.

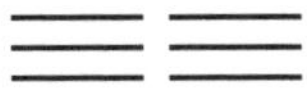

Es sind $2^6 = 64$ solcher Hexagramme möglich, dabei ist jedes Zeichen aus zwei Urbildern zusammengesetzt, die aus jeweils drei Linien bestehen, den Trigrammen, somit $2^3 = 8$ solcher Urbilder. Ganz spannend ist, dass die 64 Hexagramme des Yijing den 64 Tripletts des genetischen Codes entsprechen, welche aus den vier Basen Adenin, Guanin, Cytosin und Thymin gebildet werden.

Bei der Anordnung der Striche im Yijing ist es von entscheidender Bedeutung, an welcher Position der acht Trigramme sich jeweils ein fester oder weicher Strich befindet. Der unterste Strich bezeichnet eine aufsteigende Bewegung, der mittlere eine verbindende Bewegung und der obere eine absteigende Bewegung. Jede Linie symbolisiert eine der drei Grundkräfte von Himmel, Mensch und Erde, die in einer Wechselbeziehung stehen.

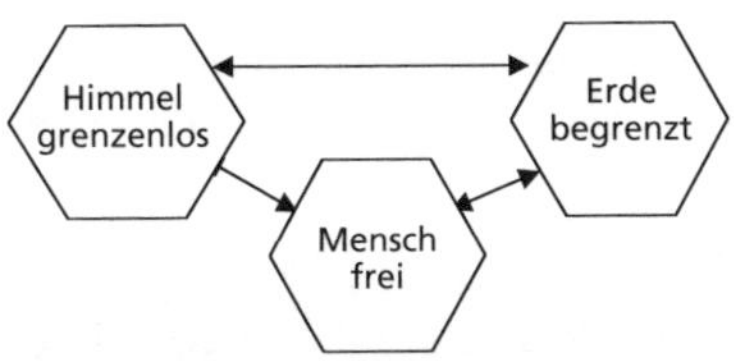

»Himmel« beschreibt eine Form ohne Grenzen, »Erde« das Reich der Teile, der festen Gesetze, und »Mensch« das freie, eigengesetzliche Prinzip der Kreativität. Damit sind drei grundlegende Systemelemente vorhanden, die sich gegenseitig bedingen und für jedes andere Element von Bedeutung sind. Die freie

Kreativität des Menschen ist wichtig, um die Dualität der Wechselwirkung von grenzenlos und begrenzend aufzuheben. Offenbar sind alle drei Aspekte für die Erhaltung der Ganzheit des Universums notwendig.

Einen interessanten Zusammenhang hat Kathya Walter aufgezeigt. Sie benutzt das westliche Modell der Chaostheorie, um den genetischen Code zu beschreiben: Die Doppelschrauben (Doppelhelix) der DNS bilden ein fraktales Muster, das sich in seiner Form endlos wiederholt, ohne dass es inhaltlich immer die gleiche Information wiederholen würde. In diesem Sinne sind die kombinierten Bilder des Yijing ebenso Fraktale einer Zeit-Raum-Koordinate. Es sind »fraktale Muster im deterministischen Chaos, die die Bewegung in Raum und Zeit hervorbringen, welche wir dann Ereignis nennen« (Kathya Walter 1992).

Ikonen

Voller Überraschungen ist die griech.-orthodoxe Ikonenmalerei als eine »objektive« Kunstform im Kontext einer religiösen Weltanschauung (→ Kunst, spirituelle). Die Art der Herstellung und Maltechnik ist wesentlich älter als das Christentum. Das Wort »Ikone« stammt aus dem griech. *eikon*, das »Abbild« und »etwas darstellen« bedeutet. Ikonografie ist eine visuelle Theologie, die auch bei den alten Ägyptern (Hieroglyphen, »hl. Zeichen«) und anderen Kulturen von Bedeutung war. Einige der ersten Ikonen wurden an die Wände der Katakomben in Rom gemalt.

Ikonen stellen die Qualitäten des → Opfers, der Demut, der Hingabe, Hoffnung, Liebe und des Glaubens dar – und Bewusstsein. Sie werden »Fenster zum Himmel« genannt, weil sie die geistige Welt abbilden. Durch die Ikonen erhält der orthodoxe Christ eine Vision der geistigen Welt. Außer für die Anbetung sind Ikonen zur Meditation und Offenbarung gedacht. Sie sollen eine göttliche Realität vermitteln, um sie so den Sinnen zugänglich zu machen. Sie strahlen das Licht eines anderen Seinszustandes aus.

Die Abbilder von Jesus, den Heiligen oder sogar von Gott stehen im Vordergrund der Ikone, um auf diese Weise den Wunsch im Betrachter zu erzeugen, eine direkte Verbindung mit dem Abbild zu bekommen. Die → Farben und Formen manifestieren durch ihre hohe Leuchtkraft das Unsichtbare.

Ikonen.

»Die Ikonen können auf keinen Fall nach der Vorstellung des Künstlers oder eines lebenden Modells dargestellt werden. Die Beziehung zwischen dem ›Prototyp‹ und dem Abbild würde verloren gehen. Die Ikonen-Schreiber (so wird es genannt, weil es ursprünglich Texte waren, es sind keine ›Maler‹) gebrauchen Handbücher, die genau die Ikonografie der Bilder und Szenen und die Farben beschreiben. Handbücher reichen jedoch nicht aus, der Künstler muss ›erleuchtet‹ sein, in Kontakt mit der ursprünglichen Qualität, die er ausdrücken möchte. Als ich eine bestimmte Ikone eines russischen Heiligen betrachtete, erlebte ich einen Blick, der durch mich hindurchdrang. Die Ikone hatte zu mir gesprochen. Der russische Theologe J. Trubetskoi drückt diese Erfahrung so aus: ›Wir schauen nicht auf die Ikonen, die Ikonen schauen auf uns.‹ Nicht ich schaute die Ikone an, sondern der → Staretz Macarius schaute mich an!« (Reijo Oksanen, »Are Icons a Form of Objective Art«, www.gurdjieff-internet.com)

Illuministen, persische

Die persischen Illuministen des 13. Jh., wie Al-Kubra und Suhrawardi, hatten enge Beziehungen zu den spanischen Sufis (→ Sufismus). Dieser Einfluss, besonders die Lehre von den → Farben und dem Licht, beeinflusste noch Johann Wolfgang von Goethe, dessen »Farbenlehre« die Erkenntnisse dieser Meister bestätigt.

Al-Kubra wurde 1145 geboren, verbrachte den ersten Teil seines Lebens mit langen Reisen und erhielt in dieser Zeit seine spirituelle Ausbildung. Man weiß nicht genau, was während dieser Zeit passierte. Um 1184 kehrte er nach Khwarezem zurück und blieb dann in Zentralasien. Er hatte eine Reihe von bedeutenden Schülern. Najmuddin Kubra war der erste Sufi-Meister, der seine Aufmerksamkeit auf die Phänomene der Farben lenkte, besonders die farbigen Lichterscheinungen, die ein Meditierender erlebt, wenn er die Lichtpunkte an seinem feinstofflichen Körper, die → Latifas, aktiviert (→ Kabbala). Er beschrieb diese farbigen Lichter ausführlich und ordnete sie den verschiedenen → Bewusstseinszuständen zu.

Sein direkter Schüler Semnani entwickelte weitere Methoden zur Lenkung dieser Zustände. Henri Corbin ist im Westen ein wissenschaftlicher Vertreter dieser persischen Schule und hat bedeutende Bücher dazu veröffentlicht. Der bekannteste Vertreter der Illuministen-Schule war → Ibn Arabi.

Illusion → Maya, → Halluzination

Indische Philosophie

Die indische Philosophie hat eine außerordentliche Tiefe und Breite. Traditionell wird sie in verschiedene philosophische Schulen *(darshanas,* »Anschauungen«) eingeteilt, auch wenn diese nie die Geltung einer dogmatischen Orthodoxie erreicht haben:

- Uttara-Mimamsa oder → Vedanta, das von Badarayana (um 200 v. u. Z.) in den Brahmasutras dargestellt wurde, und Purva-Mimamsa, begründet von Jaimini, welches die orthodoxen Formen des brahmanisch-liturgischen Lebens festsetzt;
- Vaisheshika (Kosmologie) und Nyaya (Logik), die später in den Vedanta integriert wurden;
- → Samkhya, begründet von Kapila (dessen Philosophie auch das → Tantra beeinflusste), und
- → Raja-Yoga, begründet von Patanjali.
- Als »heterodoxe« Lehren werden noch Carvaka (eine materialistische Schule),
- Jaina (eine asketische Schule, deren Exponent Mahavira ein Zeitgenosse Buddhas war) und der
- → Buddhismus hinzugezählt.

Im 18. und 19. Jh. waren es vornehmlich gelehrte Indologen, die mit Indiens Spiritualität und Religion in Kontakt kamen. Die → Bhagavadgita wurde schon 1785 durch die engl. Übersetzung von Charles Wilkins bekannt. 1818 erhielt August Wilhelm Schlegel den ersten dt. Lehrstuhl für Indologie an der Universität Bonn, und in den folgenden Jahren begannen viele dt. Gelehrte wie Friedrich Schlegel, Wilhelm von Humboldt, Friedrich Rückert, Georg Wilhelm Friedrich Hegel und Arthur Schopenhauer die indischen Lehren zu studieren.

Viele Deutsche sind in Indien heute noch als bedeutende Forscher der indischen Religion und Philosophie geschätzt, wie Max Müller, die Gebrüder Schlegel, Deussen, Geldner und von Glasenapp. Obwohl Indologie immer noch ein wichtiges Lehrfach ist, wurde es versäumt, viele wichtige spirituelle Texte, die zum größten Teil schon in der engl. Sprache zugänglich sind, in die dt. Sprache zu übersetzen. Indien ist reich an Literatur! Dem Leser wird daher nahe gelegt, beim tieferen Studium auf engl. Übersetzungen zurückzugreifen.

Initiation (lat. initium, »Anfang«, »Einführung«)

In vielen spirituellen Traditionen ist die Einweihung in eine höhere Stufe der Entwicklung eines Initianden eine Vorbedingung für die Aufnahme in die Gemeinschaft oder esoterischer Mysterien (→ Mystik). Die Praxis der Initiation ist ein alter Brauch, der von allen Glaubenssystemen genutzt wurde, um sicherzugehen, dass der Anwärter auch die entsprechende Reife und das notwendige Verständnis für die Geheimnisse des → Kults mitbringt. Im → Schamanismus wird die Initiation häufig durch eine → Visionssuche erworben.

»In Wirklichkeit gibt es nur Selbstinitiation. Systeme und Schulen können auf Methoden und Wege hinweisen, aber kein System oder keine Schule kann für einen Menschen die Arbeit tun, die er selbst tun muss. Inneres Wachstum, eine Wandlung des Seins, hängt nur von der Arbeit ab, und die muss der Mensch an sich selbst tun.« (G. I. Gurdjieff, in: P. D. Ouspensky 1966, 463)

J

J – Jota (griech.), Ja (arab.), Jod (hebr.)

Zahlenwert zehn im hebr. Alphabet (→ I). Entsprechend dem Aleph mit der Zahl eins, das auf den Anfang oder Ursprung weist, ist die Zahl zehn als Jod mit der Bedeutung von »Hand« ein Hinweis auf den Weg, den aktiven Impuls der geistigen Kraft.

Jäger, Willigis (geb. 1925)

Christl. Mystiker (→ christliche Mystik) und Benediktinermönch der Abtei Münsterschwarzach. Er hat viel dazu beigetragen, dass das nichtdualistische → Zen Eingang in die Praxis der → christlichen Mystik fand.

Jäger studierte Phlilosophie und Theologie und wurde anschließend als Priester ordiniert. Durch seine langjährigen Aufenthalte in einem japan. Zen-Kloster und seine Ausbildung durch Zen-Meister der San-bo-kyodan-Schule erkannte er die Bedeutung des Zen auch für eine christl. Mystik. Er leitete danach das Meditationszentrum St. Benedikt in Würzburg. Außerdem ist er Mitbegründer der Würzburger Schule der Kontemplation. Heute lebt und arbeitet Willigis Jäger vorwiegend im Seminar- und Tagungszentrum Benediktushof in Holzkirchen bei Würzburg, dessen spirituelle Leitung er übernommen hat.

Jakobsweg

Der Jakobsweg ist ein ganzes Wegesystem. Wie die Verästelungen von Bachläufen und Flüsschen zu einem Flusssystem führen, so durchqueren verschiedenste Wege ins spanische Santiago de Compostela ganz Europa. Es ist deshalb auch richtig, in der Mehrzahl von den Jakobswegen zu sprechen. In Spanien führt ein Hauptweg, der *camino francés,* von den Pyrenäen bis nach Santiago de Compostela in Nordwestspanien und noch weiter bis ans Cap Finisterre am Atlantik. Der Name Jakobsweg bezieht sich auf den Apostel Jakobus den Älteren. Er und sein Bruder Johannes gehörten zu den zwölf Aposteln. Die Wege, die nach Santiago führen, erhielten den Namen Jakobsweg, Sternenweg und Milchstraße.

Die Legende besagt, dass die Gebeine von Jakobus in Santiago begraben liegen. Zum Jakobusgrab setzte parallel zur spanischen Reconquista (722–1492, der Kampf der Christen gegen die arab. Herrschaft) eine große Pilgerschaft ein.

So gehörte Santiago im Mittelalter mit Rom und Jerusalem zu den drei Hauptorten der christl. Pilgerziele (→ Pilgerreise). Heute ist der Jakobsweg, insbesondere durch den Bestseller von Paulo Coelho – »Auf dem Jakobsweg« – auch zum nichtchristl. Pilgerweg geworden, den ernsthafte Wanderer zum Zwecke geistiger Klärung und als persönliche Herausforderung beschreiten. Viele tun dies, um sich selbst kennen zu lernen und zu erfahren, dass »der Weg der Erkenntnis allen Menschen offen steht und bei den einfachen Dingen beginnt«.

Johannes vom Kreuz (1542–1591)

Der Heilige war gleichsam der geistige Sohn und Seelsorger (Lehrer) von → Theresia von Ávila und führte sie zur höchsten mystischen → Ekstase. Ob dabei sublimierte oder konkrete Sexualität eine Rolle spielte, weiß man nicht. Außerdem stand er Theresia von Ávila bei der Reform des Karmeliterordens zur Seite.

Sein eigenes Leben war reich an Entbehrungen und Martern, aber auch an Ekstasen und Gnadenerweisen, die ihm zeigten, dass → Gott die → Seele nur mit der »dunklen Nacht« umgibt, um sie für das Licht bereit zu machen und zu läutern. Johannes vom Kreuz verfasste aus der Glut seiner Gottesliebe Dichtungen, die bald in die Weltliteratur eingingen, darunter »Die dunkle Nacht der Seele« und »Geistlicher Gesang«, welche bildlich die → mystische Suche (→ Mystik) der Seele nach ihrem Geliebten beschreiben, sowie »Lebendige Liebesflammen«, das die Herrlichkeit des Lebens der Vereinigung schildert.

K

K – Kappa (griech.), Ka-Rune (nord.), Kaf (arab.), Kaph (hebr.)

Das hebr. Schriftzeichen mit dem Zahlenwert 20 zeigt eine »hohle Hand«, die nach links, ursprünglich aber nach oben geöffnet war. Das Kaph symbolisiert Empfänglichkeit, steht aber auch für → Seele und Kraft.

Kabbala (hebr. qabbalah, »Offenbarung«, »Enthüllung«, manchmal auch »Überlieferung«)

Sie beschäftigt sich mit der geheimen Überlieferung von den göttlichen Dingen und ist der Kern der jüdischen → Mystik. Offenbarung bezieht sich auf die Entfaltung des eigenen, inneren Wesens des Menschen, durch Studium und praktische Anwendung der Kabbala. Die Kabbalisten sind Mystiker, die sich in das Mysterium der Schöpfung versenken. Die Grundlehren der Kabbala versuchen das Wesen der Gottheit zu beleuchten, die kosmologische Struktur der Welt, die Schöpfung von → Engeln und Menschen, die Bestimmung der Welt und den inneren Sinn der offenbarten hl. Schriften.

Der Begriff »Kabbala« taucht erstmals am Ende des 12. Jh. innerhalb der dt. chassidischen Bewegung → Chassidismus auf. Die Mystik der Kabbala ist jedoch wesentlich älter und beginnt vermutlich mit der Niederschrift der ersten Genesis-Bücher von ca. 1000–600 v. u. Z. *Qabbalah* ist abgeleitet vom Verb *quibbel,* was so viel bedeutet wie »erhalten«, »bekommen« und somit den Akt des Empfangens der mündlich oder schriftlich von Generation zu Generation weitergegebenen Tradition bezeichnet. Das Verb sagt aber noch nichts aus über eine allfällige mystische oder esoterische Bedeutung dieser Überlieferung.

Die Kabbala ist eine Geheimlehre und umfasst eine jüdische Mystik und Theosophie, deren Ursprung bis heute Rätsel aufgibt. Es ist indes durchaus möglich, dass wesentliche Elemente der Kabbala zum einen aus den vielen gnostischen Sekten im Mittelmeerraum gespeist wurden und zum anderen durch Einflüsse der → indischen Philosophie.

Während die Physik heute Weltbilder entwirft, die Nichteingeweihten kaum verständlich sind, versuchten die Kabbalisten dasselbe mit anderen, intuitiven Mitteln. Aufregend dabei ist, dass die Weltbilder dennoch (oder gerade deshalb) große Ähnlichkeiten haben. Der Prozess, der bei den Kabbalisten als die Emanation (Ausströmung) der göttlichen Energie und des göttlichen Lichts beschrieben wird, das sich aus dem Unendlichen Licht (Ain Sof Avr) in der Schöpfung manifestiert, kann gleichzeitig auch als ein Prozess aufgefasst werden, in dem sich die göttliche Sprache aus dem Unendlichen Wissen (Ain Sof) entfaltet.

Um das kabbalistische Weltbild zu verstehen, muss man deshalb die Entsprechungen zwischen den wichtigsten Arten von Symbolen, den göttlichen Namen, den göttlichen Attributen und den Lichtsphären (→ Sefiroth) kennen. Die Elemente der göttlichen Sprache erscheinen als die Buchstaben der Hl. Schrift. Jeder Buchstabe stellt eine Konzentration von Energie dar und drückt gleichzeitig eine Fülle von Bedeutungen aus.

Die Schriftzeichen: Einer der führenden Kabbalisten des 13. Jh., Moses ben Nachman, kommentiert die Thora (»Anweisung«), die Hl. Schrift (im engsten Sinne das erste bis fünfte Buch Mose): »Wir besitzen eine authentische Tradition, dass die ganze Thora aus Namen Gottes besteht, und zwar in der Art, dass die Wörter, die wir lesen, auch auf ganz andere Art abgeteilt werden können ...« (in: Gershom Scholem 1981, 56). Erst wenn man weiß, dass die Thora ursprünglich ohne Worttrennung und Punktierung verfasst wurde (die Punktierung gibt den Hinweis auf die Vokale, die nicht geschrieben werden), macht diese Aussage Sinn. Das Hebr. und andere semitische Sprachen sind Wurzelsprachen, die nur die Konsonanten schreiben (→ Sprache, spirituelle Begriffe).

Warum erfand oder entdeckte man das hebr. Buchstabensystem, ließ aber die Bedeutung der Zusammensetzung und Wörter im Unklaren? Eine schöne Antwort dazu steht in Gustav Meyrincks »Golem«: »Glauben Sie denn, unsere jüdischen Schriften sind bloß aus Willkür nur in Konsonanten geschrieben? Jeder hat sich selbst die geheimen Vokale dazu zu finden, die ihm den nur für ihn allein bestimmten Sinn erschließen – soll nicht das lebendige Wort zum toten Dogma erstarren« (Gustav Meyrinck 2004). Da die Thora als göttliche Offenbarung gilt, wundert es nicht, dass kein Jota (→ J, Jod, das kleinste Zeichen, aus dessen Urbewegung alle Buchstaben hervorgehen, aber auch die Zahl zehn) daran geändert werden darf; und das mit gutem Grund: Die Übersetzungen, die wir kennen, gehen von der Wortbedeutung eines Wörterbuchs aus, doch tatsächlich kann jedes Wort mehrere Bedeutungen haben, je nach Stellung und Art der Vokale und Kombination der Konsonanten. Die Zeichen *(aut,* Singular, *autiot,* Plural) kennzeichnen nicht nur Buchstaben, sondern sind Ziffern, Hinweise, Beweise und Symbole.

»Das Symbol ›bedeutet‹ nichts und teilt nichts mit, sondern lässt etwas sichtbar werden, was jenseits aller Bedeutung steht. Ist doch das Symbol, in dem das Leben des Schöpfers und der Schöpfung zusammenfallen, ... ein Strahl, der unmittelbar aus dem dunklen Grunde des Seins und Denkens in unser Auge fällt und durch unser ganzes Wesen fährt ...« (Gershom Scholem 1980, 30)

Im Gegensatz zu unseren Buchstaben, die einfache Elemente sind, sind die hebr. Zeichen Namen, die ausgesprochen werden müssen. Also nicht A, sondern → Aleph, das wiederum weitere Namen enthält: Aleph-Lammed-Phay (in Zahlen: 1–30–80). Um die Interpretation der Bedeutungen der Zeichen und Worte (Namen) ranken sich deshalb die wesentlichen interpretativen Schriften der Kabbalah, wie das »Sefer Jetzirah«, das Buch »Bahir«, das Buch »Sohar« u. a. Das »Sefer Jetzirah« beschreibt die Schöpfung und ihre Gesetze (→ Sefiroth), der »Sohar« handelt über das Wesen der Gottheit und die Offenbarung, das Buch »Bahir« behandelt die Geheimnisse der Schriftzeichen (Neuausgabe 1980 von Gershom Scholem).

Der alphabetische Code: Eine der grundlegenden kabbalistischen Schriften ist das »Sefer Jetzirah«, das »Buch der Formung«, das im 1. Jh. entstand. Hier wird ausdrücklich auf die Verbindung von Buchstabe und Zahl in der hebr. Schrift hingewiesen. Im »Sefer Jetzirah« erfahren wir, welche Bedeutung die Zeichen haben (→ Sefiroth). So heißt es im 2. Kapitel: »Zweiundzwanzig Zeichen – er grub sie ein, meißelte sie ein, er vertauschte (setzte in Beziehung), wog und versetzte sie. Er formte durch sie das Wesen alles Geformten und zu Formenden.« Das Wägen bezieht sich dabei auf die Methode Gematria, die den Zahlenwert der einzelnen Buchstaben berechnet und dann dieses Wort durch ein anderes ersetzt, dessen Buchstaben zusammen denselben Zahlenwert haben – beide Worte werden also gegeneinander abgewogen.

Eine andere Methode ist Termura, die Vertauschung von Buchstaben gegen andere nach bestimmten Regeln. Grundsätzlich wird jedoch immer versucht, aufgrund von biblischen Aussagen das neue Wort zu »beweisen«. Das Zeichen Qof z. B., Zahl 100, ist ausgeschrieben Qof-Waw-Phe (100–6–80). Dieser Zahl entspricht wiederum die Zahl für *makom* (»Ort«, »Ausdruck in Zeit und Raum«, → »Bewusstseinszustand«). Deshalb kann man sagen, dass das Zeichen Qof einem höheren Bewusstseinszustand entspricht, was ja auch durch die Zahl 100 ausgedrückt wird, die eine Potenz der Eins, des Aleph, ist. Ein ähnliches bzw. davon abgeleitetes System ist das → Abjad-System im → Sufismus.

Um die kosmischen oder spirituellen Muster zu verstehen, die sich aus der Kombination der Schriftzeichen ergeben, muss wiederum auf die Qualität der Zahlen zurückgegriffen werden. Dabei helfen mehrere Elemente:

1. Die Welt der Zahlen: Nach der Überlieferung sind Zahl (Reihenfolge), Buchstabe und Bedeutung von Anfang an zusammen. Für Friedrich Weinreb sind die

»Buchstaben in erster Linie Zahlen, womit Verhältnisse *(ratio!)* sich ausdrücken, und erst in zweiter Linie Buchstaben der Laute (Lautbilder), mit deren Hilfe die Worte in dieser Welt gebildet werden. ... Wie weiß man, dass im Alphabet das Alpha vor dem Beta kommt, das Gamma vor dem Delta? Etwa weil das Alpha mit einem a und das Beta mit einem b beginnt? Die Antwort ist sehr einfach: weil das Alpha oder hebr. das Aleph, primär die 1 ist, darum steht das Aleph am ersten Platz. Die 1 ist der ursprüngliche Zustand, ist der erste Zustand, ... die 2 stellt die Phase oder Zustand dar, der nach der 1 kommt. Dies gilt für die ganze Reihenfolge der Buchstaben. Die Buchstaben drücken Verhältnisse aus, sind Zahlen. Weil die Vielheit eine eigene Rangordnung besitzt, besteht auch eine Reihenfolge der Buchstaben.« (Friedrich Weinreb 1978, 47)

2. Die Beziehungen der Zahlen zueinander: Denn ohne *ratio,* also Verhältnisse von Zahlen, zueinander stehen diese im luftleeren Raum. Die Eins allein sagt wenig aus, aber die Eins bezogen auf die Zwei stellt eine Beziehung her. So ist das hebr. Wort für »Vater« *ab,* in Zahlen 1–2. Als Erstes tritt so die schöpferische Kraft auf, die als Gott bezeichnet wird. Die Eins ist somit der Ursprung der Zahlen und der Schöpfung, die anders gesagt aus der Einheit hervorging. Das Wort für »Mutter« ist hebr. *em,* in Zahlen 1–40. Die 40, das Mem, als »Wasser« übersetzt, ist das Urelement der Schöpfung, die Zahl der Zeit (die 40 kommt sehr häufig in der Bibel vor, z. B. 40 Fastentage von Jesus). Die Eins, das schöpferische Element im ersten Gottesnamen Elohim, umschließt mit der 40 die drei Zeichen Lammed, Heh und Jod, Zahlenwert 45, der Zahlenwert von »Mensch«, Adam. Die Mutter bringt aus sich den Menschen hervor.

Es gibt noch eine ganze Reihe anderer Entsprechungen und Erklärungen. Hier soll nur noch gesagt werden, dass die Zahlenwerte von Adam (45) und Heva (19) die Zahl 64 ergeben, das Urmuster des Lebens, wie es sich im DNS-Code darstellt (→ I Ging).

Die Zwei entwickelt sich weiter, wird durch die Kraft der Zweiheit zur Vierheit und hat sich damit selbst erfüllt. Das kommt daher, dass die Zwei sich mit sich selbst in Beziehung setzen kann: 2 x 2 = 4, während 1 x 1 gleich 1 ist. 1 + 2 ergibt die Dreiheit, die eine Beziehung von drei unabhängigen Elementen darstellt, welche alle aus der Einheit hervorgehen.

Deshalb ist das Ghimel (→ G), der dritte Buchstabe, die Idee von der Vielfalt der Schöpfung, der Archetyp aller Bewegung. Alle weiteren Zahlen setzen sich aus diesen ersten vier Zahlen zusammen: 1 + 2 = 3, 1 + 2 + 2 = 5, 1 + 2 + 3 = 6, 1 + 2 + 3 + 4 = 10 usw. Die Vier ist demnach die Basis eines Systems, das den Aufbau der ganzen Welt und unseres Denkens durchdringt. Sie wird geometrisch dargestellt als → Kreuz, in dem die vertikale Achse die Erschaffung des Raumes und die horizontale Achse die Manifestation der Zeit symbolisiert. Der Gottesname JHVH besteht aus vier Zeichen, dem magischen Tetragrammaton (→ Magie). Ebenso gibt es vier kabbalistische Welten, die den Makrokosmos symbolisieren (→ Sefiroth, → Ibn Arabi).

3. Das Bild oder das Symbol: Die Qualität einer Zahl ruft ein Bild in uns hervor. Wenn wir z. B. von der Einheit Gottes sprechen, bedeutet das, dass das Vorstellungsbild »Gott« völlig selbstständig ohne ein zweites bestehen kann. Die Qualität Zwei drückt wiederum aus, dass zwei Elemente sich einander gegenüber oder in Beziehung miteinander stehen. Es gibt kein Oben ohne ein Unten, kein Tag ohne eine Nacht (→ Dualismus). Dieses Bild der Zweiheit drückt eine ganz bestimmte Erfahrungssituation aus, z. B. eine Beziehung von Mann und Frau. Ohne diese Erfahrung ist die Qualität der Zahl nicht zu begreifen.

4. Der Buchstabe: Vermutlich ist die Kabbala tatsächlich so alt wie die hebr. Schrift; es besteht kein Zweifel, dass das Zeichensystem eine äußerst geniale Erfindung darstellt. Dadurch, dass Buchstaben auch Zahlen sind, hat man viele Ebenen des Verständnisses. Beim Sprechen kommt es zudem noch auf die richtige Aussprache, die richtigen Laute an. Die Konsonanten ergeben den Sinn eines Wortes, die Vokale stellen es in einen bestimmten Erlebniswert hinein. Die Kabbalisten sagen, dass die Konsonanten den Körper darstellen, während die Vokalpunkte die → Seele ausdrücken. Durch die richtige Kombination von Zeichen und Vokalen kann man in den seelischen Bereich gelangen. Das ist die Grundlage des mantrischen Gebrauchs der Wörter (→ Mantra). Worte und Laute haben eine evokative Kraft, man kann mit ihnen die Kräfte der Engel und der Gottesnamen hervorrufen. Daraus resultierte auch der magische Gebrauch der hebr. Sprache (→ Magie), aber auch vieler andere Sprachen wie des Latein oder des Sk. Alle Personennamen der Thora sind verschlüsselte Bezeichnungen für Bewusstseinsstufen und die Ortsnamen Bedingungen, unter denen diese Bewusstseinszustände möglich sind.

Buchstaben, als Laute oder geschriebene Zeichen, stehen ebenso in einer bestimmten Beziehung zueinander. Ein Sprichwort verdeutlicht dies: »Wer A sagt, muss auch B sagen.« Würden wir Wörter nur buchstabierend sprechen, könnten wir uns nur schwer verständlich machen. Und Wörter wiederum sind Bilder, konkrete Vorstellungen. Sage ich »Bild«, kann jeder etwas ganz Bestimmtes damit verbinden. Ein Bild ist eine Metapher, die ein anderes Bild ersetzen kann. Es hängt zwar von den Assoziationen des Einzelnen ab, ob er sich unter »Bild« ein Foto, ein Gemälde oder eine Idee vorstellt, doch immer ist klar, dass mit »Bild« keine Maschine gemeint ist. Von diesen drei Elementen macht die Kabbala Gebrauch.

Der Kabbalist Carlo Suarès (1993) sieht in den Zeichen einen Code für die Entfaltung der kosmischen Energie. Aleph (→ A, Erklärungen zu den weiteren Buchstaben entsprechend der alphabetischen Ordnung), die Eins, stellt die lebendige, höchste Energie dar, die eine, in der auch die Vielheit verborgen ist. Das entspricht allen anderen Aussagen über die Einheit, die Eins, die in allen Zahlen anwesend ist. Das Beth (Bayit), die Zwei, symbolisiert ein Behältnis. (Deshalb heißt es im »Bahir«: »Lies nicht *bet,* sondern *bayit* (›Haus‹).« Das Zeichen geht aus Aleph hervor. Das Gimel, die Drei, ist der Archetyp jeder Bewegung, denn das Zeichen Gimel transformiert sich in das vierte Zeichen Daleth, die physische Existenz und dann in das fünfte Zeichen He (oder Hay), das universale Leben, die Quintessenz.

Wie wir gesehen haben, ist die Dreiheit eine dynamische Struktur. Daleth, die Vierheit, entspricht so einer geordneten Stabilität. Das Heh ist für Suarès einfach Leben oder Lebensenergie. Am Ende eines Wortes zeigt es die weibliche Essenz an, das Empfängliche. Die Zahl fünf entspricht gemäß dem »Bahir« auch den potenziellen Qualitäten oder Ebenen der Seele. Dies sind Wesenseigenschaften, die sich aufeinander beziehen. Das Symbol der Fünfheit, die Pentade (Pentagramm), kann uns einiges darüber lehren. Heh ist ein Hauchlaut, der Atem Gottes; insofern steht geschrieben, dass der Hauch Gottes uns Leben verleiht. Im → Sufismus ist Huh das höchste → Mantra, das bei jeder Ausatmung gehaucht wird.

»Was ist das Zeichen Waw (V oder U)? Er sagte: Es gibt ein oberes und ein unteres Heh. Sie sagten zu ihm: Aber was ist Waw? Er sagte: Die Welt wurde mit sechs Richtungen versiegelt« (Buch »Bahir« 1980, 26). Das Waw ist somit das Bindeglied zwischen den Welten. Es wird auch als das »Siegel Salomons« mit zwei verschlungenen Dreiecken dargestellt. Es ist sicherlich kein Zufall, dass uns das www. des Internets mit der Welt verbindet – auch wenn manche Verschwörungsfanatiker darin die Zahl 666 sehen, die »Zahl des Tieres« aus der Apokalypse, ohne zu wissen, was dies bedeutet.

Das Zain hat den Zahlenwert sieben. Die Sieben entspricht auch den sieben Stufen der menschlichen Entwicklung und den sieben Planetenkräften. In der Entwicklung der Schöpfung aus der Einheit kommt mit der Sieben die erste perfekte Zahl, die sich ebenso aus der Drei und der Vier zusammensetzt wie die Zwölf. Das Zain als Sieben wird mit der Entwicklung der Schöpfung in sieben Tagen in Verbindung gebracht. Die Sieben kennzeichnet so alle Möglichkeiten der Lebensäußerungen. Das Zeichen Chet (Hhayt), die Acht, ist der letzte Buchstabe des Wortes Ruach, »Atem«. Das hat seine Besonderheiten, denn Ruach ist das einzige Wort, in dem der Vokal vor dem Konsonanten ausgesprochen wird (»ach« anstatt »cha«; man beachte unser Wort »acht«). Die strukturelle Qualität der Zahl acht kann uns einen weiteren Hinweis auf die Bedeutung des Zeichens Chet geben. Denn die Achtheit hat eine perfekte, stabile Struktur, die sich geometrisch aus zwei Quadraten (oder zwei Kreisen) zusammensetzt, so wie die geometrische Entsprechung für das Waw (sechs) zwei verbundene Dreiecke sind. Das könnte bedeuten, dass die Entwicklung der schöpferischen Energie in der Acht ihre feste Struktur gefunden hat.

Das Tet, die Neun, ist die ursprüngliche Zelle des Lebens. Die neun folgenden Zeichen, von Jod (zehn) bis Tsadde (90), beschreiben den Prozess der neun Archetypen in der tatsächlichen, konditionierten Existenz. Es sind die Entsprechungen zu den ersten neun Zeichen auf einer anderen Ebene. Auch im → Enneagramm ist die Neun der Endpunkt und als Zahl Null zugleich der Ausgangspunkt.

Die höheren Zeichen 100 bis 900 – wobei die letzten fünf Zeichen nur am Wortende vorkommen – drücken eine höhere Ebene der Qualität aus. Die Zahl 1000 wird als ein vergrößertes Aleph geschrieben; Aleph bedeutet im Hebr. normalerweise auch »tausend«. Siehe auch: → Sefiroth, → Lebensbaum.

Kabbala, gnostische

Jüdische Mystik ist zwar eine Geheimlehre, drang aber zu manchen Zeiten, besonders im Mittelalter, auch nach außen und befruchtete so das europ. Denken. Der kabbalistischen Praxis geht es nicht so sehr um Versenkung und Vereinigung mit dem Höchsten wie in der → christlichen Mystik, sondern vielmehr um eine → Vision oder Erkenntnis seiner Erscheinung. Insofern kann man die Kabbalisten auch als Gnostiker (→ Gnosis) bezeichnen. Die Geschichte hat gezeigt, dass beide Richtungen in vielerlei Hinsicht miteinander verflochten sind.

Den Gnostikern ging es um den Aufstieg der → Seele, die von der Erde durch die Sphären der (feindlichen) Planetenengel und Herrscher (→ Engel) des Kosmos hindurch bis zu ihrer göttlichen Heimat in der Fülle (Pleroma) der Lichtwelt Gottes führt. Ähnlich ging es jüdischen Mystikern um eine »Himmelswanderung« durch die sinnbildlichen Sphären (→ Sefiroth) zur Schau von Gottes Thron. Für diese »Reise« bereitete sich der jüdische Mystiker mit langen Fastenübungen, Gebeten und Hymnengesängen vor. Für die Reise selbst wurde eine tiefe Versenkungshaltung eingenommen. Dann sprach man eine »Beschwörungsformel« (wahrscheinlich → mantrische Wiederholungen eines oder mehrerer Gottesnamen), die wie der → Dhikr der → Sufis eine plötzliche Veränderung des Bewusstseinszustandes bewirkt.

Die Idee der Himmel, durch die die Seele in ihre Urheimat aufsteigt, ist sehr alt. Es kann deshalb gut sein, dass die Sefiroth, die sich im Bild des Adam Kadmon (des männlich-weiblichen Himmelsmenschen, → Kreuz) auf die Physiologie des Feinkörpers und seiner Organe beziehen, eine Konkretisierung der biblischen Aussage »Gott schuf den Menschen nach seinem Bilde« darstellen. Die Sphären im Bild des Himmelsmenschen aus den »Gleichnissen des Henon« illustrieren konkrete Punkte oder Lichtsphären am Körper des Menschen. Die → Sufi-Mystiker (die besonders im mittelalterlichen Spanien enge Beziehungen zu den Kabbalisten hatten) bezeichnen diese Punkte als *lataif* (oder → Latifas); diese wurden durch → Mantras oder Atemübungen (→ Atem, Atemtechniken; → Dhikr) aktiviert, was dem Praktizierenden half, seinen inneren, subtilen Körper zu entwickeln und zu stärken. Es gibt zehn Latifas, von denen sieben den unteren sieben Sefiroth entsprechen. Die mittlere Reihe entspricht außerdem den indischen Energiezentren, den → Chakras, und das höchste Latifa dem Sahasrara, der Krone in den Sefiroth; beide gelten als Eingang des Unendlichen.

Kali

Hinduist. Göttin. Die frühesten Zeugnisse von Kali in der Hindu-Tradition entstanden ca. 600 n. u. Z. Sie zeigen Kali entweder auf dem Schlachtfeld oder in Situationen am Rande der Hindu-Gesellschaft. Immer hat sie ein schreckliches, erschreckendes Aussehen. Sie wird immer schwarz oder dunkel dargestellt (→ Farbe) und üblicherweise auch nackt. Sie hat langes, aufgelöstes Haar. Sie ist mit mehreren Armen als eine Art Gürtel geschmückt, trägt frisch abgeschlagene Köpfe als Halskette, Kinder-

Kali tanzt auf Shiva, nepalisches Thanka.

körper als Ohrringe und Schlangen als Armreifen. Sie wird mit langen scharfen Schneidezähnen und häufig mit klauenartigen Händen und langen Fingernägeln dargestellt. Ihre bevorzugten Lieblingsorte wie Friedhöfe verstärken ihre Schrecken erregende Erscheinungsweise.

In ihrer Beziehung zu → Shiva bleibt Kalis Neigung zur Wildheit und Unordnung erhalten. Auch wenn sie manchmal anscheinend von ihm gezähmt und besänftigt wird, verführt sie Shiva zu gefährlichem, zerstörerischem Verhalten. In Abbildungen beherrscht Kali meistens Shiva. Gewöhnlich steht oder tanzt sie auf ihm; beim Geschlechtsakt ist sie immer über ihm. Im Allgemeinen kann man sagen, dass Kali eine Gottheit ist, die Stabilität und Ordnung bedroht.

In den späteren → Tantras, insbesondere den sexuell freizügigen, wird Kali als größte aller Gottheiten bzw. höchste Wirklichkeit dargestellt. Im Nirwana-Tantra werden die Götter Brahma, Vishnu und Shiva aus ihr wie Blasen aus dem Meer geboren, endlos entstehend und vergehend, wobei die Quelle unveränderlich bleibt.

Kala bzw. *kali* ist die → Zeit. Sie verschlingt alles und ist die ursprüngliche Form der Dinge. »Auch wenn du eine Form hast, bist du formlos. Auch wenn du ohne Anfang bist, vielfältig durch die Kraft der → Maya, bist du der Anfang von allem, die Schöpferin, die Beschützerin und die Zerstörerin«, heißt es im Mahanirwana-Tantra.

Die Figur der Kali offenbart Tod, Zerstörung, Furcht, Schrecken, die alles verschlingenden Aspekte der Wirklichkeit. Insofern ist sie auch das Verbotene an sich, denn sie ist der Tod. Der tantrische Held stellt sich nicht gegen die Furcht, ignoriert sie nicht oder vermeidet das Verbotene nicht. Während des Pancatattva-Rituals konfrontiert sich der Übende mit Kalis Eigenschaften, um auf diese Weise sie in sich zu transformieren und so zu einem Gefährt der Befreiung zu werden. In Indien gibt es viele Gruppierungen und Tempel, in denen Kali verehrt wird. Viele der Sekten sind wie Geheimorden organisiert.

Kampfsport

In vielen Kampfsporttechniken sind die Bewegungsabläufe, die ursprünglich wie beim → Qigong aus dem Wu-shu (»leere Hände«) und Kung-Fu entwickelt wurden, Tierbewegungen nachempfunden. Am Beispiel des malayischen Silat, das mit dem Kung-Fu verwandt ist, sieht man das deutlich. Die Grundlage jeder Kampfsporttechnik ist stets, eine Haltung der aufmerksamen Konzentration herbeizuführen, die intuitive Bewegungsabläufe ermöglicht, welche in der Selbstverteidigung helfen, ohne Nachdenken die geeigneten Bewegungen und Griffe auszuführen.

Der Schwertmeister Takuan erklärt dies sehr einleuchtend:

»Das Wichtigste bei der Schwertkunst [→ Kendo] ist, eine bestimmte geistige Haltung zu gewinnen, die man ›unbewegtes Begreifen‹ nennt. Dieses Begreifen gewinnt man nach ausgiebiger praktischer Schulung auf intuitive Weise. ›Unbewegt‹ bedeutet nicht, steif oder schwer oder leblos zu sein wie ein Stück Holz. Es bedeutet vielmehr höchste Bewegungsfähigkeit mit einem Zentrum, das unbewegt bleibt. Der Geist erreicht dann den Gipfelpunkt wacher Bereitschaft und kann seine Aufmerksamkeit dahin richten, wo sie gebraucht wird.« (Meister Takuan 1993)

Das gilt für alle Kampfsporttechniken. Wenn der Kampfsportschüler in den Zustand des unbewegten Begreifens gelangen kann, dann ist diese Form des Kampfsports eine spirituelle Methode; Selbstverteidigung ist dabei nur eine Randerscheinung. So weisen auch viele Anekdoten auf den »Kampf ohne Kampf« hin, denn die Schulung der Geistesgegenwart (→ Schulen des Augenblicks) macht es möglich, dass der Geübte eine Ausstrahlung besitzt, welche einen potenziellen Angreifer von vornherein abwehrt.

Dennoch mag es auf den ersten Blick merkwürdig anmuten, dass friedliebende buddhist. Mönche gefährliche Kampftechniken entwickelt haben oder kämpferische Samurai-Krieger sich auf den meditativen → Zen-Buddhismus einließen. Einige Hintergrundinformationen dazu können diesen scheinbaren Widerspruch aufklären.

Das legendäre Kloster Shaolin wurde im Jahr 477 gegründet. Der Buddhismus sollte vom Fuße des Shaoshi-Berges, des höchsten Gipfels der fünf hl. Berge im Songshan, weiter verbreitet werden. 523 kam der indische Mönch → Bodhidharma, der China und Japan den Zen-Buddhismus brachte, in dieses Kloster. Er war wie Gautama → Buddha von königlicher Abstammung und beherrschte zweifellos die Schwertkunst. Um die körperliche Verfassung der Mönche für die → Meditation zu stärken und ihrer Trägheit entgegenzuwirken, verordnete er Körper- und Atemübungen. Er entdeckte dabei, dass körperliche Bewegung und Geschicklichkeit auch die innere Konzentration und Aufmerksamkeit schulen. Die Kampftechnik des Kung-Fu entstand vermutlich, nachdem das → Kloster häufiger von Soldaten und Räubern angegriffen worden war. Da der → Buddhismus es eigentlich nicht erlaubt, mit Waffen zu kämpfen, entwickelte sich die Kunst, ohne Waffen zu kämpfen. Die berühmten Kung-Fu-Filme lassen diese Kampfkünste wieder aufleben.

Für die japan. Krieger, die Samurai (ab 800), war es nie eine Frage der Moral, zu kämpfen und zu töten. Es erscheint deshalb verwunderlich, dass der Zen-Buddhismus überhaupt mit dem Geist der japan. Kriegerkaste in Verbindung kam. Immerhin ist der Buddhismus in jeder Form eine Philosophie der Weisheit und des Mitgefühls und hat den Krieger nie in seinem blutigen Geschäft bestärkt. Die Verbindung erfolgte vielmehr über die ähnliche philosophische Ausrichtung: Die Zen-Schule überwindet das Selbst, ist asketisch, direkt und einfach – Prinzipien, die auch für einen guten Kämpfer gelten. Im Kampf hat dieser nur ein Ziel: ohne Angst vor dem Tod zu kämpfen. Zen lehrt, Leben und Tod nicht getrennt zu sehen. Zen ist die Lehre der Nichtunterscheidung.

In Japan entwickelte sich unter dem Einfluss des Zen die Schwertkunst, → Kendo, zur spirituellen Meisterschaft. Unter dem Einfluss des chines. Zen (Ch'an) entstand der virtuose chines. Schwerttanz. Die Methode, das *do,* Menschen mit dem Schwert zu zerteilen, wurde schließlich zum Weg, seinen eigenen Geist zu zerschneiden – einem spirituellen Weg, der körperliche Geschicklichkeit mit geradliniger Entschlossenheit und Entscheidungskraft verbindet. Die damit verbundenen Übungen sind Teil des spirituellen Weges, sie haben nichts mit Sport oder Spiel zu tun. Ziel ist die innere Zentrierung, der freie Geist, die vollkommen intuitive Bewegung. Zen ist eine Schule des Augenblicks. Wer seinen Geist erfasst hat, braucht noch nicht einmal zu kämpfen. Diese »Kampftechnik ohne Schwert« illustriert folgende Geschichte:

Zwei Samurai fuhren mit anderen Mitreisenden über einen See. Der eine Samurai prahlte mit seinen Fähigkeiten und seiner Gewandtheit. Die Zuhörer klatschten begeistert. Der andere Samurai saß still versunken da und regte sich nicht. Dieses Verhalten ärgerte den Prahler. Er beschimpfte den stillen Samurai: »Ihr tragt zwei Schwerter, warum sagt Ihr kein Wort?« Der Angesprochene antwortete: »Meine Kunst besteht darin, den Gegner ohne das Schwert zu besiegen.« Das brachte den Prahler noch mehr auf, und er forderte den Stillen zum Kampf heraus: »Beweise mir, dass du mich ohne Schwert besiegen kannst.« Sie veranlassten den Bootsmann, zu einer Insel im See zu fahren, wo sie sich messen wollten. Ungestüm sprang der prahlende Samurai aus dem Boot. Der Stille nahm das Ruder und stieß das Boot vom Ufer ab. Er rief dem zurückgelassen Samurai zu: »Das ist die Ohne-Schwert-Schule.«

Wenn der Geist bei einem Objekt verweilt oder sich mit diesem identifiziert – hier in diesem berühmten Beispiel mit dem Gefühl der Überlegenheit –, wird sich der Kämpfer schnell besiegen lassen. Angriff und Verteidigung müssen zur Einheit werden. Der beste Schwertkämpfer siegt durch geistige Disziplin, nicht durch den Kampf. Es soll kein Gedanke mehr geben an Ich und Du – alles ist Leere: der Gegner, der Verteidiger, das gezückte Schwert, sogar der Gedanke der Leere soll nicht mehr vorhanden sein.

Die Charakterschulung des Samurai zielt darauf ab, die beiden universalen Kräfte, → Yin und Yang, und im übertragenen Sinne die Geisteshaltung des Weisen und die des Kriegers zu einer Einheit zu formen. Unter dem Einfluss des → Zen wurden das Gefühl der inneren Ruhe, der Wunsch nach Harmonie mit den einfachen Dingen und die dynamischen, den Willen stärkenden Übungen der Kampfkunst zusammengebracht. Der wichtigste Teil der Schulung war, seine eigenen Schwächen zu überwinden und schließlich mit stoischer Ruhe dem Tod ins Auge zu sehen.

»Die Meister wussten, dass sie, bevor sie würdig waren, jemanden zu töten, erst einmal in der Lage sein mussten, sich selbst zu töten. Sie lernten mit dem Schwert nicht nur andere, sondern vor allem auch ihr eigenes Bewusstsein zu zerschneiden. Wenn sie dies nicht konnten, konnten sie auch im Kampf nicht gewinnen.« (Deshimaru-Roshi 1996)

Wenn die innere Haltung vollkommen ist, ist es auch die Bewegung, die ihr folgt. Es geht um die Ausbildung eines Geistes, der ausdauernd ist, aber an nichts haftet, der im gegenwärtigen Augenblick das Richtige tun kann, blitzschnell die Situation erfasst und ohne Zögern handelt.

Karma (Sk. »Tat«, »Handeln«)

Das Sk.-Wort *karma* leitet sich von der Wurzel *kr* ab und bedeutet im engeren Sinne einfach »tun« oder »handeln«. Auch unser Wort »Kreativität« enthält diese Wurzel. Im → Hinduismus wird Karma verstanden als eine geistige oder körperliche Handlung, als Folgen dieser Handlungen und als Kette von Ursache und Wirkung. Im → Buddhismus ist es ein universelles Gesetz von Ursache und Wirkung hinsichtlich des moralischen Tuns. Dabei ist eine Tat, die ein Mensch frei von Gier, Hass und Wahn ausführt, ohne karmische Wirkung. Allerdings haben auch »gute« Taten einen Einfluss auf die Wiedergeburt (→ Reinkarnation).

Der Tiefenpsychologe C. G. Jung (1875–1961) beschäftigte sich sehr intensiv mit der indischen und buddhist. Philosophie und kam dabei auch mit dem Karma-Gedanken in Berührung. Nach anfänglichen Überlegungen schrieb er: »Ich vermeide den Begriff Karma, denn er impliziert metaphysische Annahmen, für die ich keinen Beweis habe, wie z. B., das Karma sei ein in einem früheren Leben erworbenes Schicksal« (C. G. Jung, Briefe, Bd. 3, 1973, 14). In der indisch-vedischen Tradition (→ Brahmanismus) bezieht sich Karma auf rituelle Handlungen, die zu bestimmten beabsichtigten Ergebnissen führen sollen (→ Ritual, → Opfer). In der asketischen Überlieferung der Veden gilt es als Grundlage eines übergreifenden kosmischen Plans, nach dem der Mensch seinem Handeln entsprechend immer wieder in die Welt des → Samsara eintreten muss, um schließlich durch Abkehr von der Welt aus der Tretmühle der Wiedergeburt befreit zu werden. In der Bhagavadgita geht es um die Idee, in der Welt zu sein, aber nicht damit verhaftet zu sein. Dann kann Karma in Form eines Lebensweges, des → Karma-Yoga, die spirituelle Entwicklung fördern und zur Befreiung *(moksha)* führen. Es geht dabei darum, zu handeln, ohne den Früchten der Handlung verhaftet zu sein.

Der indische Philosoph und Yogi Sri → Aurobindo hält die üblichen Vorstellungen von Karma für »eine Konstruktion des kleinlichen vitalen Mentals [Denken] des Menschen, das sich vor allem um seine kümmerlichen Lebensregeln, seine Sehnsüchte, Freuden und Leiden sorgt und deren armselige Maßstäbe zu Gesetz und Ziel des Kosmos erhebt« (Sri Aurobindo 1974).

Karmapa → tibetischer Buddhismus

Karma-Yoga

Die Bhagavadgita versucht den Konflikt aus dem Widerspruch von Handeln und Meditation, der sich durch alle indischen Systeme des Glaubens und der Philosophie zieht, zu lösen, indem sie (durch Krishna) zeigt, dass beide Methoden gleichermaßen gültig sind. Karma bedeutet Aktion, Handeln. Der Mensch ist zum Handeln verurteilt, weil das »Handeln dem Nichthandeln überlegen ist«. Deshalb muss der Mensch die vorgeschriebenen Handlungen oder Pflichten, die ihm durch die jeweilige Situation auferlegt sind, seinem Wesen gemäß erfüllen, ohne »Hinsicht auf dessen Frucht«.

Sri → Aurobindo interpretiert den Karma-Yoga der Bhagavadgita so: »Macht das Werk, das ihr hier zu verrichten habt, zu einem Mittel eurer inneren spirituellen Wiedergeburt, einer göttlichen Geburt. Und wenn ihr so göttlich geworden seid, tut weiter göttliche Werke als Werkzeuge des Göttlichen Wesens, um die Völker zu lenken« (1977, 249).

Gewöhnliches Handeln ist im Sinne der Bhagavadgita Karma. Wird es mit Liebe und Absicht ausgeführt, so ist es Yoga, d. h. Karma-Yoga. Kein anderer Yoga kann so ohne die Grundlage von Karma-Yoga ausgeführt werden: Atmen, Meditation, Lesen, Beten, Arbeiten, politisches Handeln. Alles ist Wirken,

Karma. Deshalb gibt es in dieser Philosophie auch keine spirituelle Entwicklung ohne Handeln oder den Verzicht zu handeln, wie es z. B. → Vedanta lehrt. Daher ist es für den Karma-Yoga wichtig zu wissen, wie der Mensch richtig handelt. Einer, der die Wahrheit erkannt hat, der Frieden gefunden hat im Atman (→ Selbst), hat nichts zu gewinnen und nichts zu verlieren. »Doch der Weise arbeitet weiter«, sagt die Bhagavadgita (3. Kapitel), um »anderen durch sein Beispiel den Weg der Pflicht zu weisen«. Mahatma → Gandhi war dabei ein außergewöhnliches Vorbild für den Weg des Karma-Yoga.

Im Karma-Yoga gibt es auch keinen Unterschied zwischen dem → Sannyasin, der auf physische Arbeit verzichtet, und dem Karma-Yogi, der auf die Früchte seiner Arbeit verzichtet.

»Der Karma-Yogi tut alles und hat doch das Gefühl, er tue nichts; der Sannyasin hat das Gefühl, er tue nichts, und tut doch alles. Der Unterschied liegt also bloß in der Reihenfolge der Worte. Richtig getaner Karma-Yoga und richtig erfülltes Sannyasa führen letztlich zum gleichen Ziel. Da aber das Tun zu unserer Natur gehört, ist der Weg des Karma-Yoga leichter.« (Swami Krishnananda Saraswati 1984, 50)

Solange das Handeln nicht von Reife und Aufrichtigkeit getragen ist, ist der Mensch nicht erleuchtet. Denn durch die Arbeit in der Welt sind Menschen in Kontakt mit Menschen. Diese Verbindung bringt alle »negativen« Eigenschaften in jedem hervor: Neid, Liebe, Hass, Bewunderung, Zorn, Aggressivität. Karma-Yoga bedeutet, diese Emotionen zu überwachen; diese bieten so eine Möglichkeit, sich seiner selbst gewahr zu werden und zur tieferen Selbsterkenntnis zu gelangen.

Karnak

Ägyptische Tempelanlage. Das größte Heiligtum am Nil war dem Reichsgott Amun geweiht. Fürsten aus Theben hatten um 2000 v. u. Z. mit dem Bau des Tempels begonnen; alle folgenden Pharaonen vergrößerten das Gotteshaus. Zwei Hauptachsen kreuzen sich in der Mitte des Heiligtums (→ Kraftorte). Sie bestehen aus einer Abfolge von Höfen, Säulenhallen und Pylonen. Besonders der große Säulensaal mit seinen 134 bis zu 24 Meter hohen Papyrusbündelsäulen beeindruckt.

Nicht nur Amun, sondern auch seiner Gemahlin Mut und dem Mondgott Chons war der Tempel geweiht. Tausende von Statuen waren einst hier aufgestellt, Obelisken ragten vor den Pylonen in die Höhe. Jenseits des hl. Sees lagen Wirtschaftsräume, Priesterunterkünfte und Stallungen für die hl. Gänse des Amun. Jahrhunderte der Bautätigkeit werden heute von Archäologen weitergeführt: Aus den Trümmern der Zeit erwächst das alte Heiligtum zu neuer Vollkommenheit. → Gurdjieff nennt in seinem Werk »Beelzebubs Erzählungen für seinen Enkel« das Raumschiff, mit dem beide durchs Weltall ziehen, Karnak, wahrscheinlich als Anspielung auf die imposante Anlage, vielleicht auch auf das esoterische Wissen, das hier verborgen ist.

Katharer

Von den → manichäisch-gnostischen Lehren beeinflusst waren die Katharer (griech. »die Reinen«), ein Sammelname, den sich eine Reihe häretischer christl. Sekten gab, die sich vom 3. bis zum 11. Jh. in Vorderasien und Westeuropa ausbreiteten. Ihre Überzeugungen waren unterschiedlich, dennoch hatten sie gewisse Gemeinsamkeiten. Man zählt fast 30 unterschiedliche Sekten.

Die bekanntesten darunter waren die Albigenser, fleißige Handwerker, die in der Gegend um Toulouse lebten, und die Bogumilen (slawische Reinheitsgnostiker). Für sie war die Welt durch den bösen Geist, durch den von Gott abgefallenen Luzifer, verdorben. Sie predigten vollkommene Gewaltlosigkeit, ernährten sich rein vegetarisch und lehnten den Krieg ab. Zum Zeichen der Trauer um diese böse Welt, aus der man sich nur durch große Anstrengung befreien konnte, trugen sie schwarze Kleidung (→ Farbe); dies finden wir auch bei den islamischen Schiiten, deren Frauen sich schwarz verhüllen müssen.

1209 begann die Verfolgung durch die katholische Kirche unter Papst Innozenz III. und dem hl. Dominikus. Die letzte Etappe ihrer Flucht, die über 30 Jahre andauerte, war eine uneinnehmbare Festung, die Gralsburg Montségur, die Wolfram von Eschenbach Munsalvaesche nennt (→ Gral).

Der literarische Zweig der Katharer waren die Troubadoure, die aus den vornehmeren Rittertraditionen des 12. und 13. Jh. hervorgingen und hauptsächlich in den katharisch beherrschten Gebieten der Provence aktiv waren. Die so genannte höfische Minne der Troubadoure war eine Form der sexuellen Moral, die erotische Entsagung, manchmal auch freie Liebe (die bei den → Gnostikern meistens mit Einhaltung des männlichen Samens einherging), Homoerotik und Ehebruch duldete. Allein schon die Mischung zwischen Askese und Ausschweifung, die man den Troubadouren zuschreibt, könnte ein Hinweis auf ihre Uneinheitlichkeit sein.

Idries → Shah vermutet, dass die Troubadoure (oder ein Teil der Gruppe) auf die Sufi-Tradition (→ Sufismus) zurückgehen. Es gibt eine Reihe von Sufi-Dichtern, bei denen Liebe eine mystische Dimension hat. Während der gleichen Zeit kursierten die Legenden vom Hl. → Gral, die sich von alten kelt. Mythen (→ Kelten) herleiten (→ Artussage). Die Gralsromane erzählen im Wesentlichen von der Suche des Helden nach einer höheren Weisheit, eingekleidet in eine Transformationssymbolik. Ob eine tatsächliche Blutsverwandtschaft zwischen Jesus und den Nachkommen Maria Magdalenas vom Gral symbolisiert wird, was eine Autorengruppe im Buch »Der heilige Gral und seine Erben« (neu 2004) behauptete, spielt eigentlich keine Rolle. Denn der archetypische Mythos von der Suche nach Weisheit kann für sich allein bestehen und unsere persönliche Suche immer von neuem anregen.

Katharinenkloster

Zwischen hohen Granitbergen ist das Katharinenkloster im Süden des Sinai (Ägypten) verborgen. Mächtige Wehrmauern umgeben das Kloster, dessen griech.-orthodoxe Mönche sich immer wieder gegen die Überfälle der Beduinen wehren mussten. Auf der Suche nach der Route, die die Israeliten auf ihrem Exodus genommen hatten, glaubte man schon früh, hier am Fuß des Mosesbergs (Gebel Musa) einen wichtigen Schauplatz der Bibel entdeckt zu haben. Auf dem 2285 Meter hohen Berg soll Moses die Zehn Gebote erhalten haben, und hier zeigte sich ihm Gott auch in Gestalt des brennenden Dornbuschs.

Schon 324 ließ Kaiserin Helena eine Kapelle für den hl. Strauch errichten, im 6. Jh. entstand auf Weisung von Kaiser Justinian eine eindrucksvolle Basilika. Ihre prächtigen Goldmosaiken zieren noch immer die Apsis. Eine große Sammlung von → Ikonen, deren älteste aus dem 4. Jh. stammen, und Schriftrollen mehren die Bedeutung von Kirche und Kloster. Darüber hinaus gilt das Kloster auch als → Kraftort für → Pilger.

Kelten, keltische Glaubensvorstellungen

Die Kelten, die »Tapferen«, die »Erhabenen«, waren ein uneinheitliches Volk, das große Teile West-, Mittel- und Südeuropas und auch Kleinasiens bewohnte. Zum Alter der kelt. Völker gibt es bis heute kaum Belege, man nimmt aber an, dass die Kelten im 1. Jahrtausend weite Teile Europas besiedelten. Zum Teil vermischten sie sich auch mit den europ. Völkern (→ Europa).

Archäologische Befunde weisen darauf hin, dass die Vorläufer der Kelten schon vor 7000 Jahren Monumentalanlagen aus Holz bauten, die Vorläufer der → Megalithbauten (→ Stonehenge). Sie waren auch das erste Volk, das von den antiken Geschichtsschreibern vor der modernen Zeitrechnung beschrieben wurde. Zwischen dem 1. und dem 6. Jh. n. u. Z. vertrieben die Römer die kelt. Völker aus ihren Siedlungsgebieten auf dem europ. Festland ins westliche Britannien und nach Irland. Die Kelten wurden von den Griechen auch Galater und von den Römern Gallier genannt. Sie waren hervorragende Handwerker, stellten Waffen, Goldschmuck und Kunstgegenstände her und betrieben erfolgreich Fernhandel, gründeten aber nie größere staatliche Verbände.

Die Mythologien der kelt. Völker Europas enthalten viele Anspielungen auf eine hl. Quelle, einen hl. Brunnen oder auch einen hl. Kessel (→ Gral, → Germanen), aus dem zu trinken den Zugang zur Anderswelt, zum verborgenen Wissen eröffnet. Ein zentraler Mythos des späten kelt. Glaubens Britanniens findet sich in der → Artussage.

Trotz einer langen, durch Priester – »Druiden« – getragenen Weisheitstradi-

Lebensgroße Sandsteinfigur eines keltischen Mannes auf der Spitze eines hohen Grabhügels, Hirschlanden bei Stuttgart, ca. 600 v. u. Z.

tion entwickelten die kelt. Völker keine Schriftkultur. Unser Wissen über sie beziehen wir nur über die frühe griech.-röm. Geschichtsschreibung und über archäologische Methoden und deren Interpretation. Zahlreiche Artefakte erzählen bis heute eindrücklich von den geistigen Welten der Kelten, die den reichen Grabfunden zufolge an ein Leben nach dem Tod glaubten. Ob bei bestimmten Ritualen tatsächlich Menschenopfer dargebracht wurden, lässt sich bis heute kaum belegen, auch wenn es manche archäologische Hinweise darauf gibt.

Viele neuheidnische Gruppierungen (→ Hexen, → Göttin) haben kelt. oder vermeintlich kelt. Formen, Schriften und → Rituale übernommen, um nicht mit Neonazis und ihrem falsch verstandenen Germanenkult (→ Germanen) in Verbindung gebracht zu werden.

Kendo

Japan. Stockkampf. Die notwendige → Aufmerksamkeit und Intuition, die für jeden spirituellen Weg wesentliche Grundlagen sind, können nur durch Übung und Training entwickelt werden. Ein gutes Beispiel dafür ist Kendo:

»Wenn ein Schüler die Kunst des Kendo zu erlernen wünscht, werden seine Abwehrbewegungen am Beginn seiner Unterrichtung ... instinktiv sein. Nach einer langen Zeit wird er genauestens alle Angriffs- und Verteidigungstechniken lernen. Beim Kampf wird er jetzt versuchen, die Techniken, die er erlernt hat, anzuwenden: dabei wird sich sein Geist der Handlung bewusst sein: er wird den ursprünglichen Hauch der Unschuld und der Freiheit verloren haben. Erst in der dritten Phase, nach einer langen Ausbildungszeit, wird es ihm gelingen, endlich die Techniken zu vergessen, die sein ›Körper‹ überdies selbstständig angenommen haben wird, und sein Geist wird wieder zur früheren Freiheit und Intuition zurückfinden, jedoch auf einem anderen Niveau.« (Inazo Nitobé 1985)

Keyserling, Arnold (geb. 1922)

Religionsphilosoph, lehrt in Wien an der Universität für Angewandte Kunst. 1949 Begegnung in Paris mit G. I. → Gurdjieff, dessen Bücher er auf Dt. herausgab. Die Arbeit mit dem Zwölftonmusiker Josef Matthias Hauer vertiefte sein Verstehen, das er zusammen mit seiner Frau Wilhelmine → Keyserling in seinem ersten bedeutenden Werk »Das Rosenkreuz« 1956 zusammenfasste, wo er »Das Rad« (s.u.) auf den Gesetzen der Musik zu begründen versuchte. 1957–1962 Gastprofessor in Kalkutta, 1979–1984 Präsident des Europäischen Verbandes für Humanistische Psychologie. In Wien begründete Keyserling die »Schule des Rades«, die seine Philosophie weiterträgt.

Keyserling ist Autor zahlreicher Bücher, unter anderen »Geschichte der Denkstile«, »Ars Magna – Kriterien der Offenbarung«. In seinen Werken entwickelt er eine systemische Zusammenschau aller bedeutenden Elemente des Wissens durch die methodische Mischung und Kombination der Begriffe und Prinzipien in der Tradition von Ramon → Llull, die auf einem Schema (dem »Rad der Weisheit«) angeordnet werden können. »Das Rad« ist eine geometrische Veranschaulichung aller natürlichen Systeme. Es zeigt in einer Zusammenschau die Urgesetzlichkeiten von Raum und Zeit, Mikrokosmos, Kosmos und Makrokosmos, die Gesetze der Farben und Töne, der Sprache und Mathematik und den Weg zur Entfaltung der menschlichen Anlagen. Keyserlings bedeutende Erkenntnis ist, dass alles Wissen Teil einer Sprache des Bewusstseins ist.

Keyserling, Wilhelmine (geb. 1922)

Yogalehrerin, Astrologin und Schriftstellerin. Sie leitet den Studienkreis Kriterion in Wien. Ihr bedeutendstes eigenes Werk, »Anlage als Weg«, entwickelt eine neue Theorie und Methodik der philosophischen Astrologie auf der Grundlage des »Rades der Weisheit«.

Khan, Hazrat Inayat (1882–1927)

Kam in den zwanziger Jahren nach Europa. Hazrat war ein Musiker und Mystiker, der von seinem Meister in Indien beauftragt wurde, im Westen den mystischen Sufismus zu aktivieren. Die Khans stehen in der Linie des Chisti-Ordens, der auf den indischen Sufi Moinuddin Chisti (13. Jh.) zurückgeht; dieser war wahrscheinlich von → Rumi beeinflusst. Die Inder zog es in großer Zahl zu den Heiligen dieses Ordens, weil dieser so sehr die Liebe betonte und für Poesie und Musikgenuss aufgeschlossen war. Er nahm Anhänger aus allen Glaubensrichtungen und Kasten auf.

Für Hazrat Inayat Khan ist die Grundlage der Schöpfung der Klang *(nada brahma).* Der Sufi nennt Musik *giza-i-Ruh,* »Nahrung der Seele«. Das Buch »Musik und kosmische Harmonie« beschreibt die Entwicklung der Schöpfung aus der Stille und dem Klang, und wie Menschen sich durch Musik und Meditation wieder mit dem Ursprung verbinden können. Ein wichtiges Kapitel ist das über den abstrakten Klang; hier erläutert der Autor die sufisch-kabbalistische Lehre der hl. Laute (→ Mantra).

Khan, Pir Vilayat Inayat (1916–2004)

Sohn von Hazrat Inayat Khan. Kurz vor dem Tod seines Vaters erhielt er den Auftrag zu seiner Nachfolge. Er studierte Psychologie und Philosophie an der Sorbonne in Paris und außerdem Musik an den Konservatorien von Oxford und Paris. Seine Schwester Noor-un-Nisa Inayat Khan arbeitete während des Zweiten Weltkriegs für den französischen Widerstand gegen Hitler und wurde im Konzentrationslager Dachau umgebracht.

Wie sein Vater arbeitete Pir Vilayat mit Musik, Dhikrs und Meditation. Er unternahm große Anstrengungen, die höchsten Einsichten des Sufismus mit modernen Wissenschaften zu verbinden; auch hat er sich durch seinen universalen, nichtsektiererischen Anspruch viele Freunde in anderen Religionen gemacht, sodass er immer wieder zu internationalen interreligiösen Konferenzen eingeladen wurde.

Er hat mehrere, erleuchtende Bücher über seine Einsichten veröffentlicht. In »Das was durchscheint, durch das, was erscheint« führt er die Leser so, dass sie selbst zu diesen Einsichten gelangen können:

»Anstatt zu sagen: das alles ist → Maya, ist es das erste Thema Ihrer Meditation, zu denken, dass da etwas versucht, durchzuscheinen durch das, was erscheint. Es ist nicht direkt Gott, aber es sind, was die Sufis Ayat nennen: Zeichen oder Hinweise. Das sind die Spuren des göttlichen Wesens. Sie sind wie die Fußstapfen eines Bären im Schnee ... Gott kann niemals das Objekt Ihrer Kenntnis sein, aber es gibt Zeichen: insbesondere dort, wo Sie Schönheit sehen.« (Pir Vilayat Inayat Khan 1998, 57)

Seit dem Tod von Pir Vilayat Inayat Khan 2004 leitet sein Sohn Pir Zia Inayat Khan den Sufi-Orden im Westen.

Kloster (lat. claustrum, »Verschluss«, »Umfriedung«)

Das Kloster (indisch → Ashram) entwickelte sich aus der Einsiedelei. Die einzelnen christl. Klöster sind den verschiedenen Orden und ihren Aufgaben angepasst. Die ältesten Klöster sind die des Benediktinerordens (gegr. im 6. Jh. von Benedikt von Nursia). Der hl. Benedikt verfasste die Regel der ständigen Anwesenheit im Kloster. Die regelmäßige Arbeit ist dabei Pflicht und steht in Verbindung mit der spirituellen Arbeit nach dem Grundsatz *ora et labora:* »Bete und arbeite.« Das bedeutet, dass die körperliche Arbeit, Handarbeit, Gartenarbeit und die geistige Tätigkeit gleichberechtigt gesehen werden.

Die Klöster wurden besonders im Mittelalter zu Trägern der »abendländischen« Kultur, da sie oft die einzigen Stätten waren, in denen das Kulturgut gepflegt und erhalten wurde. Die Mönche hatten reichlich Zeit, literarische und wissenschaftliche Werke abzuschreiben, und übten auf diese Weise auch Einfluss auf die Bildung der Bevölkerung aus. Das änderte sich erst mit der Erfindung des Buchdrucks von Johannes Gutenberg (1400–1468).

Die Klöster im → Hinduismus (→ Ashram), → Buddhismus und Taoismus unterscheiden sich in Bau und Idee von christl. Klöstern, haben aber dennoch den Charakter des Rückzugs aus der Welt (häufig auch nur für eine bestimmte Zeit), um sich ausschließlich der spirituellen Praxis zu widmen.

Koan (japan. »gesetzliche Verordnung«)

Heute versteht man im → Zen-Buddhismus darunter die Anekdote eines Meisters, ein Zwiegespräch zwischen Meister und Mönchen (auch »Mondo« genannt), eine Feststellung oder eine Frage. Das Koan dient in der Bewusstseinsschulung durch einen Roshi (Zen-Meister) dazu, den Geist für die Erkenntnis zu öffnen. Meistens geschieht das durch die Auseinandersetzung mit einem unlogischen Gedanken oder einer paradoxen Idee, die nicht mit dem normalen Denken zu erfassen sind. Der Schüler kontempliert die vorgelegte Idee so lange, meistens in der Meditation, dem → Zazen (→ Meditation), bis er den plötzlichen Einfall, »Erleuchtung«, gewinnt.

Es geht dabei nicht wie bei einem unlösbaren Rätsel darum, den »Code« zu knacken, sondern in die Tiefe der Idee zu dringen. Beispiel: Hakuin hielt eine Hand hoch und fragte: »Was ist der Ton der einen Hand?« Nun muss der Schüler darüber ständig kontemplieren, um irgendwann dahinter zu kommen, welche tiefere Bedeutung in dieser Frage liegt. Diese ist nicht mit normaler Logik zu durchdringen.

Nur intuitive, dem Zen gemäße Einsicht bringt Verstehen – ein Verstehen, das ebenso wenig mit Logik zu tun hat wie das Koan selbst. Der Zen-Meister Hakuin (1686–1769) schrieb: »Wer sich unaufhörlich mit einem Koan beschäftigt, dessen Geist wird sterben, dessen Wille wird zerstört werden. Es gibt keinen Halt mehr. Du glaubst, dem Tod ins Auge zu sehen und fühlst dein Herz in Flammen aufgehen. Dann bist du plötzlich eins mit dem Koan, und Leib und Geist sind abgelegt.«

Kosmogonie

Mythische Lehre von der Entstehung der Welt oder auch die wissenschaftliche Theorienbildung über die Entstehung des Weltalls.

Kraftorte

Der Planet Erde ist mit einer Fülle von Kraftorten und → heiligen Orten überzogen, von denen manche miteinander über so genannte Energielinien oder Ley-Linien netzartig verbunden sind.

Die meisten dieser Plätze sind schon lange bekannt und wurden oft für kultische Handlungen (→ Kult) ausgesucht. In früherer Zeit errichtete man z. B. Kirchen an vielen Orten, an denen sich bereits vorher ein heidnischer Kultplatz befand (→ Hexen). Die Baumeister dieser Zeit (→ Bauhütten) wussten um die geomantische Bedeutung eines Bauplatzes oder wollten absichtlich den heidnischen Kultplatz durch ein christl. Bauwerk ersetzen. Offenbar waren die Baumeister – was z. B. an der Bauweise der Kathedrale von → Chartres gut erforscht ist – in der Lage, ein Bauwerk samt Umgebung durch bestimmte Bauweisen und Ausrichtungen in die gewünschte geomantische Kraft zu führen.

Die → Geomantie und ihr Einsatz beim Bau von Kult- oder Andachtsstätten zeigt ihre enge Verbindung zur Spiritualität. So konnten etwa nur durch spezielle Anordnung der Ziegel in einer Mauer Wasseradern unschädlich gemacht oder abgelenkt werden. Auch an der Stelle des (alten) Hochaltars gab es immer eine »sakrale Kreuzung« – eine radiästhetische Situation, in der zwei Wasseradern genau in Nord- und Südrichtung gekreuzt verlaufen und über einer »Curry-Kreuzung« (im 45-Grad-Winkel dazu) liegen (feststellbar mit Rute oder Pendel). Außerdem liegt oft genau unter der Stelle des Altars (wie viele Ausgrabungen bestätigten) ein heidnischer Opferstein aus vorchristl. Zeit.

Kraftvolle Bauwerke und »Naturbauwerke« finden wir auf allen Kontinenten. Berühmte Bauwerke in Europa sind z. B. die bedeutenden Steinkreisanlagen in → Avebury und → Stonehenge (England), einige griech. Bauwerke wie der Poseidon-Tempel im italienischen Paestum oder die Kathedrale zu → Chartres (→ Kunst, spirituelle oder »objektive«).

Kraftorte sind meistens auch Wallfahrtsorte, wie der → Odilienberg im Elsass, der bereits vor der hl. Odilia eine alte → Sonnenkult- und Mysterienstätte war, die über Jahrhunderte für Einweihungen und Initiationen genutzt wurde. Hier befindet sich auch die größte Zyklopenmauer Europas, die ähnliche Bauwerke auf Malta und in Mykene in den Schatten stellt. In Deutschland sind die → Externsteine in Westfalen immer noch ein Kultort, der leider auch von Menschen besucht wird, die dort kelt. und german. Kulte mit Nazi-Ideologie verbinden.

Wallfahrtsorte sind oft auch mit → Pilgerreisen verbunden. Ein berühmtes europ. Beispiel dafür ist der → Jakobsweg nach Santiago de Compostela. Im Nahen Osten stellt Jerusalem einen bedeutenden Kraftort dar – nicht umsonst treffen dort drei Weltreligionen zusammen und reklamieren die Stadt für sich. Solange indes keine friedliche Einigung über die Stadt erzielt werden kann, wird es keinen Frieden in dieser Region geben. Auf der Sinai-Halbinsel ist das → Katharinenkloster mitten in den Felsen eine übergeordnete Schaltstelle des großen Kräftenetzes, welches die ganze Erde umspannt. Im indischen Himalaya sitzen im Kailash die Götter, und in Karnak (Orissa) ist das große Sonnenrad ein besonders starker Ort. In Peru bildet Machu Picchu, die alte Inkastadt, auf über 3000 Metern einen mystischen Kraftort, und in Australien der weltgrößte Monolith, der Ayers Rock, ein riesiger roter Felsbrocken mitten in der Steppe Australiens (→ Weltzentrum, → Omphalos).

Kreuz

Das Kreuz wird ursprünglich meist im Kreis gezeichnet und stellt dabei das Sonnenrad mit den vier Himmelsrichtungen und Sonnwendpunkten dar. Es ist eine Verknüpfung von Raum und zyklischer Zeit. Die meisten traditionellen Lehren wie die jüdische Mystik symbolisieren den »Allmenschen«, hebr. Adam Kadmon, durch das Kreuz. Die vertikale Achse versinnbildlicht die Erschaffung des Raumes und die horizontale Achse die Manifestation der Zeit. Es kann auch so gedeutet werden, dass der Mensch in der Breite alle Möglichkeiten verwirklichen kann, die ihm zur Verfügung stehen, und in der Höhe die unterschiedlichen Stufen seiner spirituellen Entwicklung.

Die Verbindung der senkrechten und der waagrechten Linie lässt sich als Verbindung aller sich ergänzenden Möglichkeiten auffassen, nicht als Gegensatz, denn im Mittelpunkt des Kreuzes versöhnen sich die Gegensätze. Die Mitte stellt immer die Nabe eines Rades dar, den Nabel der Welt (→ Omphalos). Im Zentrum sind alle Unterscheidungen überwunden. Es ist auch der → heilige Ort. Die vertikale Linie symbolisiert auch die Weltachse, den → Weltenbaum der alten Schamanen (→ Schamanismus) oder den → Lebensbaum in der Genesis. Die christl. Symbolik setzt das Kreuz Christi mit diesem Lebensbaum gleich, durch die Erlösung wird nach dem Tod der Urzustand wiederhergestellt. In dieser neuen Rolle geht der Baum des Wissens im Baum des Lebens auf.

Während das ursprüngliche »griech.« Kreuz gleichschenklig ist, wurde im Christentum später das lateinische Kreuz eingeführt, in dem die horizontale Achse gegenüber der Längsachse nach oben verschoben ist. Viele Grundrisse romanischer Kirchen basieren auf diesem Kreuz. Wenn man im → Taoismus die vertikale Achse als Yang, Symbol des aktiven, dem Himmel zugeordneten Prinzips versteht, dann zeigt das lateinische, christliche Kreuz eine Dominanz über die weibliche Yin- bzw. Erdkraft an (→ Yin und Yang). Die Horizontale des Kreuzes, Symbol der Entfaltung, umfasst alle Ereignisse, die in der körperlichen Welt erfahren werden.

Das Kreuz symbolisiert auch den Scheideweg als Ort, wo sich die Wege der Lebenden und der Toten kreuzen, wie es in einigen afrikanischen Ländern Tradition ist. Doch selbst in christlichen Ländern hat man an Wegkreuzungen Kreuze aufgestellt, um »böse« Kräfte abzuwehren. An einer Wegkreuzung kann sich der Mensch auch neu entscheiden, in welche Richtung er gehen will. Siehe auch: → Labyrinth, → Voodoo.

Krishnamurti, Jiddu (1895–1986)

Gilt als Vertreter eines nichtdualistischen → Vedanta. In jungen Jahren wurde er von Annie → Besant adoptiert, die in ihm den neuen »Heiland« sah. Bereits im Alter von 16 Jahren wurde er zum Haupt eines eigens für ihn gegründeten Ordens ernannt. Seine Lehrjahre waren sehr intensiv; schon während dieser Zeit hielt er Vorträge. Eine Zeit der Stille und des Rückzugs bewirkten dann eine innere Wandlung, sodass er sich 1929 von der Theosophischen Gesellschaft löste und als eigenständiger Lehrer viele Jahrzehnte lang im Westen durch Vorträge und Gespräche lehrte. Zahlreiche Intellektuelle, Künstler und Wissenschaftler wie der Physiker David Bohm fanden bei ihm eine geistige Heimat.

Seine Hauptlehre besteht darin, dass der Sucher zu seinem inneren Meister erwachen muss und nicht einem äußeren → Guru nachfolgt, was ihn nur weiter im Schlaf hält. Die Wahrheit liegt für Krishnamurti im höheren Selbst des Menschen; durch → Meditation und Selbstbeobachtung findet der Sucher den Weg zu seinem eigenen Zentrum. Krishnamurti lehrte im Sinne eines nichtdualistischen → Vedanta, aber vollkommen an das Verständnis des westlichen Menschen mit allen seinen Problemen und Verstrickungen angepasst. Die Krishnamurti Foundation wirkt heute noch in über 30 Ländern.

Kriya-Yoga

Sehr alte, von der Priesterkaste praktizierte Methode, die mit der religiösen Richtung des Veda verknüpft ist. Dabei geht es um die Trennung des Reinen vom Unreinen. Der Kriya-Yoga wird in den Yoga-Sutren des Patanjali (→ Raja-Yoga) und den »Bhagavata Puranas« erwähnt und ist eine Technik, die – abgesehen von positiven körperlichen Nebenwirkungen – zur Erfahrung der höchsten Wirklichkeit, nämlich der Einheit des → Selbst mit dem Göttlichen (→ Brahman), führt.

Sie besteht aus einer Kombination von wenigen einfachen und auf das Wesentliche beschränkten → Atem-, Körper- und Konzentrationsübungen. Auf die Gesunderhaltung und Schulung von Körper und Geist wird als Voraussetzung aller spirituellen Erkenntnis genauso geachtet wie auf diese selbst. Anhand von Licht-, Ton- und Schwingungswahrnehmungen ist es dem Schüler zu einem gewissen Grade möglich, Tiefe und Fortschritt der Meditation selbst abzuschätzen.

Der legendäre Lehrer des Kriya-Yoga ist Babaji, sein Schüler war Lahiri Mahasaya und dessen Nachfolger Sri Yukteswar. Paramahansa → Yogananda (1893–1952) steht in der Nachfolge Sri Yukteswars und war von diesem auserwählt und beauftragt, den Kriya-Yoga im Westen zu verbreiten.

Kues, Nikolaus von (1401–1464)

Kaum ein anderer mittelalterlicher Denker hat die hermetisch-theosophischen Gedankensysteme (→ Hermetik) des 16. und 17. Jh. so entscheidend geprägt wie dieser → neuplatonische Universalgelehrte. Seine Vorstellung vom Zusammenfall aller Gegensätze in Gott und die daraus resultierenden Spekulationen (→ Wahrnehmung) über die Unbegrenztheit des Weltalls und des menschlichen Daseins haben die Anschauungen von Marsilio Ficino (1433–1499) und Giovanni Pico della Mirandola (1463–1494), den großen neuplatonischen Philosophen der Renaissance, und auch Giordano Bruno (1548–1600) beeinflusst.

In seiner Schrift »Über die Mutmaßung« (ca. 1440) erklärt Kues (auch lat. Cusanus) seine Lehre von den vier Erkenntnisebenen, an denen der Mensch teilhat, anhand von zwei Diagrammen. Die Figura Paradigmatica stellt das Universum in der Durchdringung zweier Pyramiden vor, deren Basen er die Einheit *(unitas)* und die Andersheit *(alteritas)* nennt. In diesen beiden seien alle anderen Gegensätze enthalten: → Gott und Nichts (→ Nichtsein), Licht und Dunkelheit, Allgemeines und Besonderes, männlich und weiblich. Auf- und Abstieg, Evolution und Involution (→ Oktavengesetz) seien ein und dasselbe. Das Fortschreiten des einen sei das Zurückschreiten des anderen. Von Kues sagt: Der Satz »Gott ist in der Welt« sei ebenso gültig wie »Die Welt ist in Gott«. In seinem zweiten bedeutenden Diagramm, der Figura Universalis, sind der äußeren Begrenzung des Alls drei ineinander geschachtelte Welten eingeschrieben: die Welt Gottes, die Welt der Intelligenz und die Welt der Vernunftseele, deren äußerer Rand die Sinne sind (→ Geist). In dieser unteren Region sind Widersprüche unvereinbar, in der mittleren werden sie aufgehoben, und in der oberen Welt gehen sie in völliger Bejahung in Gott auf.

Dieses Konzept weist viele Parallelen mit den vier Welten der → Kabbala auf, die gerade während der Renaissance zur vollen Blüte im westlichen Denken kam. Robert Fludd (1574– 1637) und Athanasius Kircher (1602– 1680) griffen diese Ideen und die von Ramon → Llull später wieder auf und schufen auf dieser Grundlage eigene Darstellungen.

Kult (lat. cultus, »Verehrung, Hingabe«)

Steht heute auch für die übertriebene Verehrung einer bestimmten Person, etwa eines spirituellen Führers. Es kommt häufig vor, dass aus einem spirituellen Weg oder einer Methode ein »Kult« gemacht wird, der darin besteht, die Sache zu überhöhen oder sich ausschließlich nur noch auf die kultischen Handlungen des Glaubenssystems zu konzentrieren.

Kultische Handlungen in diesem Zusammenhang sind besondere Zeremonien, z. B. die hinduist. Feuerzeremonie *agni hotra* oder andere kultische Opferhandlungen. Man bedient sich solcher Kulthandlungen, um auf geistige Kräfte oder → Geister einzuwirken. In verschiedenen Glaubensrichtungen dienen auch Symbole und symbolische → Farben zur Gestaltung solcher Zeremonien. Siehe auch: → Ritual, → Opfer, → Magie.

Kundalini (Sk. »Schlangenkraft«)

Ein herausragendes Merkmal des → Tantra ist die Anwendung vielfältiger spiritueller Techniken. Dabei spielen die Praxis des → Hatha-Yoga und andere körperliche Übungen eine wichtige Rolle. Dazu gehört auch die Technik des Kundalini-Yoga in Verbindung mit der Aktivierung der → Chakras. Mit dem Erwecken der Kundalini-Kraft, die an der Basis der Wirbelsäule ruht, wird die Kraft der Shakti geweckt.

Kundalini heißt Schlangenkraft, weil diese Kraft schlafend aufgerollt in jedem Menschen am unteren Ende der Wirbelsäule ruht. Wird sie wachgerufen, so findet sie bei ihrem Aufstieg durch die Chakras ihren Ausdruck in Form von Energieempfindungen. Das »Aufrollen« der Kundalini ist die Bewegung der Schöpfung (→ Ouroboros). Wenn die Kundalini schläft, lebt der Mensch nur in seinem gewöhnlichen Alltagsbewusstsein. Wenn sie geweckt wird und durch die → Chakras zum kosmischen Bewusstsein aufsteigt, ist der Übende nicht mehr auf seine persönliche Wahrnehmung beschränkt, und seine Energie vereinigt sich mit der höchsten Einheit. Die Kundalini-Shakti (→ Shakti) kann durch verschiedene Meditationstechniken und Praktiken geweckt werden. Außer → Mantras wird auch die → Atemtechnik Pranayama eingesetzt (→ Raja-Yoga). Das rhythmische Atmen versetzt den ganzen Körper in eine Schwingung, wodurch eine Kraft entsteht, die in der Lage ist, die Kundalini-Kraft zu bewegen.

Viele tantrische Übungen haben das Ziel, übernatürliche Kräfte zu entwickeln, die *Siddhis*. → Siddhi ist jede Macht, die als Ergebnis von Übungen erlangt wird. In manchen → Tantras dienen sexuelle Neigungen als Tor zur Befreiung, zur Einheit mit dem Absoluten, zur höchsten Glückseligkeit, *sat-chit-ananda*. Es ist das Eingehen in → Brahman, das Absolute ist Sein, Wirklichkeit und Freude. Alles Wirkliche wiederum ist *chit*, die durch die eigene Kraft oder Chit-Shakti und Maya-Shakti Form annimmt. Die Kraft selbst ist nicht von sich selbst unterschieden.

Kunst, spirituelle oder »objektive«

In allen spirituellen Traditionen ist Kunst in jeder Form des kreativen menschlichen Ausdrucks eng mit der geistigen Entfaltung des Menschen verbunden. Die ersten Künstler waren vor vielen tausend Jahren die geistigen Mittler zwischen den Wirklichkeiten, die wir heute als Schamanen bezeichnen (→ Schamanismus, → Kunst in schamanischen Gemeinschaften). Sie ritzten ihre Kunstwerke in Felsen und Mammutstoßzähne, malten sie auf Höhlenwände, schnitzten sie in Knochen und Holz und modellierten sie in Ton. Diese erstaunliche Kunstfertigkeit, das Wesentliche zu abstrahieren, wurde bis in die zeitgenössische Kunst hinein kaum übertroffen. Ihre Botschaft erreicht die Menschen heute noch.

Diese Kunstwerke erzählen von Jagdzauber, von Wandlung und Verwandlung, von Geburt und Tod, von der Verbindung mit nichtsichtbaren → Geistern und Welten sowie von veränderten → Bewusstseinszuständen und → Visionen.

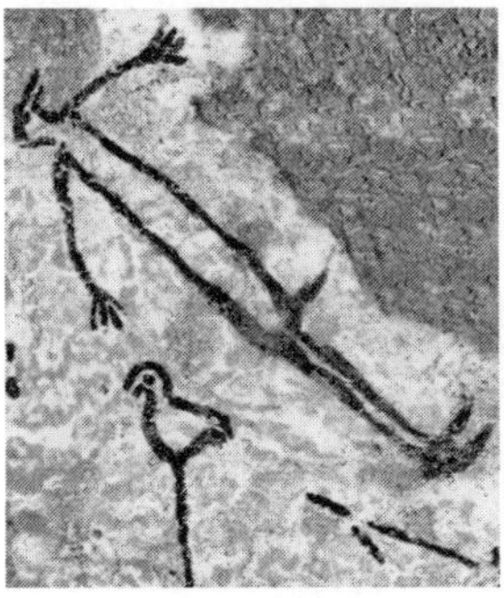

Abbildung eines Schamanen in der Höhle von Lascaux, ca. 15000 v. d. Z.

Die über 20 000 Jahre alte Höhlenkunst von Lascaux, Les Trois Frères, der Grotte Chauvais, Mammutzahnschnitzereien aus Malta und Sizilien, die weltberühmte Venus von Willendorf oder die 32 000 Jahre alte Frau vom Galgenberg (Österreich) sind bedeutende Beispiele. Inzwischen hat man sogar 400 000 Jahre alte Ritzungen in Thüringen gefunden, die vom frühen Kunstschaffen des Menschen zeugen.

Die Bewegung in vielen Darstellungen von Menschen und Tieren legen die Vermutung nahe, dass sie Ableitungen von → Tänzen sind. Sicherlich haben Bewegung, Rhythmus und Klang den Weg des Menschen schon in den frühen Zeiten der Menschheitsgeschichte begleitet. In allen Kulturen wurden Funde gemacht, die auf rituelle Zusammenhänge hinweisen (z. B. Trommeln und Rasseln in der Lüneburger Heide, die einige tausend Jahre alt sind). Sicherlich haben unsere Menschenahnen der Frühzeit Klang und Rhythmus ähnlich eingesetzt, wie es heute noch in indigenen Gemeinschaften geschieht: zur Veränderung der → Wahrnehmung (→ Bewusstseinszustände), um Kontakt zu den nichtsichtbaren geistigen Kräften herzustellen und sich mit diesen zu verbinden oder mit ihrer Hilfe zum Überleben der Gemeinschaft beizutragen. Rhythmus, Klang und Stimme sind immer noch die mächtigsten »Werkzeuge« der Schamanen (→ Icaros), um die Wirklichkeit sehen zu können, zwischen den Bewusstseinswelten zu reisen und zu navigieren und heilende Prozesse zu bewirken.

Unser Begriff der Kunst bildete sich erst ab dem 16. Jh. aus. In den Gemeinschaften der Frühzeit war es vermutlich ähnlich wie bei den heute noch existierenden indigenen Völkern, die kein Wort für Kunst kennen. Der schöpferische Ausdruck ist bei ihnen der sichtbare oder hörbare Ausdruck einer Erfahrung im Umgang mit den geistigen Kräften und Welten, manchmal auch ein Konzentrationspunkt zum Durchschreiten der »Pforten der Wahrnehmung«. Der künstlerische Ausdruck ist so ein Erinnern und Bewahren des Wissens und der Kenntnisse der Experten (so ist »Kunst« auch von dem Verb »können« abgeleitet).

Alle künstlerischen Gestaltungen haben ursprünglich den Hintergrund, die Gemeinschaft der Menschen enger miteinander zu verbinden, Informationen für spätere Generationen zu bewahren und eine Heilung des Individuums und der Gemeinschaft zu bewirken. Von außen gesehen kann man Kunstformen, die »den verborgenen Sinn der Dinge offenbaren« (Aristoteles), also die Wirklichkeit hinter der sichtbaren Wirklichkeit, hilfsweise mit dem Terminus »objektive Kunst« bezeichnen. Dieser Begriff wurde von G. I. → Gurdjieff geprägt:

> »Der Unterschied zwischen objektiver und subjektiver Kunst ist der, dass bei objektiver Kunst der Künstler wirklich ›schafft‹, das heißt, er gestaltet das, was er beabsichtigt, er bringt in sein Werk die Ideen und Gefühle, die er darin ausdrücken will. Und die Wirkung dieses Werkes auf die Menschen ist eine ganz bestimmte ... Weder in der Schöpfung objektiver Kunst noch in den Eindrücken, die sie hervorruft, kann es etwas Zufälliges geben. Bei der subjektiven Kunst ist alles zufällig.« (G. I. Gurdjieff in: P. D. Ouspensky 1966, 436)

Der Begriff »objektiv« hat einen absoluten Anspruch. Besser wäre ein Wort, das etwas jenseits von »objektiv« und »subjektiv« ausdrückt, worum es eigentlich auch geht. Aber mangels einer anderen, treffenderen Umschreibung kann dieser Begriff ein nützlicher Arbeitsbegriff sein, der darauf hinweist, dass es so etwas wie eine kreative Manifestation von → Wahrnehmungen und → Visionen geben kann, welche die persönliche Befindlichkeit von Menschen überschreiten. »Objektive Kunst« gründet in diesem Sinne auf »nichtpersönlichen« Wahrnehmungen in einem erhöhten → Bewusstseinszustand, auf einer Vision der Muster und Strukturen jenseits der sichtbaren Welt, aber auch jenseits des persönlich Unbewussten.

Der Tiefenpsychologe C. G. Jung (1875–1961) versuchte diese Idee mit den Begriffen der »Archetypen« zu umschreiben. Doch auch das ist ein »Hilfsbegriff« für die unendlichen Welten hinter der mit Augen und Ohren wahrnehmbaren Welt, die mehr beinhalten als Urbilder.

Ein »objektives« Kunstwerk kann nur durch Wissen, Intuition und bewusste Gefühle (also jenseits von Zeitgeschmack und persönlichen Emotionen) entstehen. Sonst ist die Voraussetzung der Objektivität nicht gegeben. Die Gestaltung von Kunstwerken unterschiedlicher Ausdrucksformen wie Malerei, Bildhauerei, Musik usw. braucht natürlich dann den Menschen als offenen, unvoreingenommenen Empfänger. Alle Bilder, auch die so erschaffenen, können nur über die Aufmerksamkeit des Betrachters wirken, und diese Wirkung wiederum findet ihren Ausdruck in den Gefühlen, indem nämlich der Mensch davon innerseelisch berührt wird. Deshalb ist es oft unmöglich, die Qualität der Objektivität in einem Kunstwerk zu erkennen, wenn jemand nicht über das Wissen um diese Qualität verfügt.

Über die Jahrtausende, bereits lange vor der christl. Zeitrechnung, gab es immer wieder Bestrebungen, diese Einblicke in andere Wirklichkeiten in Kunst auszudrücken. In vielen Kulturen auf der Erde können wir dank der archäologische Befunde solche Kunstwerke bewundern, seien es Statuen oder Skulpturen, geometrische Formen oder Bauwerke.

Olmekische Figur, ca. 1000 v. d. Z.

Ein Beispiel dafür sind die Bildhauerzeugnisse der mittelamerikanischen Olmeken (ca. 2000 bis 800 v. u. Z., → Megalithanlagen), die erstaunlich modern anmuten und heute noch eine große Wirkung auf den Betrachter ausüben. Viele Kunstwerke der frühen Künstler auf allen Kontinenten tun dies, weil sie viel direkter die → Wahrnehmung der Künstler umsetzen, als es heute (bedingt durch vielfältige gesellschaftliche Einflüsse) möglich ist.

In Europa finden wir die ursprüngliche »objektive Kunst« in manchen antiken Skulpturen, z. B. Darstellungen der Athene. In ihrer Struktur ist das Gesetz der Sieben, das → Oktavengesetz, klar zu erkennen. In einigen griech. Bauwerken wie dem Poseidon-Tempel in Paestum

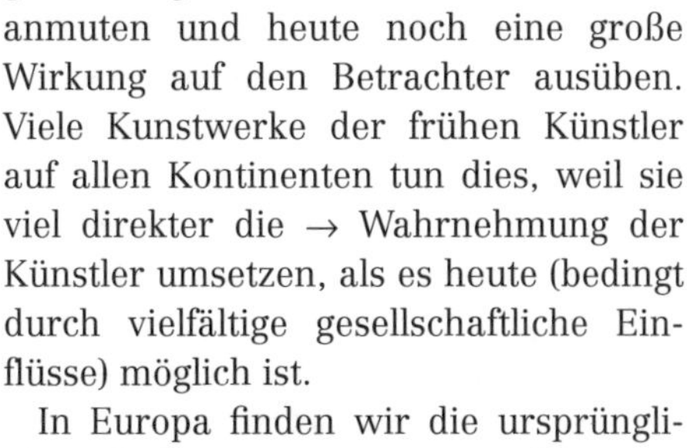

Poseidon-Tempel in Paestum, Intervallproportionen nach Hans Kayser.

gibt es eindeutige harmonikale Verhältnisse. Deshalb wurde in Goethes Freundeskreis der Satz geprägt: »Architektur ist gefrorene Musik« (→ Architektur). Im 79 n. u. Z. vom Vesuv verschütteten Pompeji ist die so genannte Villa dei Misteri interessant: Ein Raum voll sehr gut erhaltener Fresken, die auf »objektivem« Wissen basieren und Zeugnis ablegen von einer Kosmologie, welche auf dem Gesetz der Sieben und der Dreiheit basiert.

Aufbauend auf diesem Wissen (insbesondere aus der griech. Baukunst) wurden im 11. und 12. Jh. viele Kathedralen gebaut, die in Struktur und Bauweise zur objektiven Kunst gezählt werden können (→ Chartres). Während der Renaissance entstanden einige große objektive Gemälde, wie z. B. das »Letzte Abendmahl« von Leonardo da Vinci oder der Isenheimer Altar von Matthias Grünewald, die in Wirkung und Botschaft bis heute unvermindert eindringlich die Qualitäten einer objektiven Kunst vermitteln. Gemeinsamer Nenner dieser Kunstwerke ist nicht nur die unmittelbare Faszination, die sie auf den Betrachter ausüben, sondern auch die mathematischen geometrischen Strukturen, auf denen die Bilder basieren.

In da Vincis »Abendmahl« etwa finden aufmerksame Beobachter das → Oktavengesetz, und – wenn man die Bedeutung des Enneagramms als Kosmogramm kennt – auch das → Enneagramm. Im ersten Triptychon (Bild des hl. Sebastian) von Grünewalds Altar entdeckte Agnes Hidveghy 2002 die Winkelverhältnisse des Enneagramms und auf dem zentralen Hauptbild das Enneagramm als präzise konstruierte geometrische Figur.

Das aufmerksame Studium der Bilder allein genügt jedoch nicht. Man muss wissen, was man sucht, und die »objektiv« gültigen Informationen (in diesem Fall das Enneagramm) kennen, sonst wird man nicht fündig werden. Beim Isenheimer Altar wird die Wirkung durch die Maße der Tafeln, die Anordnung der Bilder, die genauen Winkel und geometrischen Verhältnisse erreicht – dank mathematischer Genauigkeit. Solche Bilder wirken gerade wegen dieser objektiv mathematischen und geometrischen Maße. Voller Überraschungen steckt auch die griech.-orthodoxe Ikonenmalerei als eine »objektive« Kunstform im Kontext einer religiösen Weltanschauung (→ Ikonen).

Durch die Entwicklung der heutigen Mathematik und Physik, die weit über die alten Erkenntnisse einer kosmischen Symmetrie hinausgehen, ist eine andere Form des Kunstausdrucks notwendig geworden, die dem Menschen den direkten Kontakt mit einer Bewusstseinswelt hinter der Dimension der sichtbaren Welt ermöglicht. Der Ausdruck der Einsichten und Erkenntnisse wandelt sich und damit auch die Form des Kunstschaffens (→ Kunst und Kreativität). Ein Beispiel dafür ist die so genannte psychedelische Kunst (→ psychedelische Erfahrung), heute auch als »visionäre Kunst« bezeichnet. Psychedelische Kunst ist spirituell und mystisch. In ihr werden Muster und Strukturen wahrnehmbar, die ein Mensch sonst nur in einem veränderten Bewusstseinszustand sehen kann. Diese Kunst tendiert zum Organischen, Molekularen, Zellularen und bringt eine Landschaft von lebendigen Geweben und Verwebungen hervor. So wird ein inneres Erleben sichtbar gemacht, das über den Symbolismus alter Kunstwerke hinausgeht. Diese Art der Kunst will den Betrachter an die Möglichkeit tiefer, → mystischer Erfahrung heranführen und ihn in Resonanz mit dem Erlebten bringen.

Kunst in schamanischen Gemeinschaften

Ein Beispiel, das stellvertretend für viele indigene Kunstformen näher betrachtet werden soll, ist die Kunst der Shipibo, eines Volks, das im Amazonasbecken Perus, am Oberlauf des Rio Ucayali, im tropisch-feuchtheißen Dschungel lebt. Was die Shipibo vor allen anderen Völkern dieses Gebietes auszeichnet und schon in ihrer äußeren Erscheinung unverwechselbar macht, sind die feinlinigen, netzartigen geometrischen Ornamente, mit denen sie Keramikgefäße, Textilien und eben auch den eigenen Körper versehen.

Diese Muster sind sowohl Ausdruck ihrer ethnischen Identität als auch ihr persönliches »Menschenmuster« und bilden einen energetischen Schutz. In den Dörfern malen und sticken Frauen Muster auf Stoffe, bemalen Keramikgefäße mit feinen Ornamenten und brennen diese in Erdgruben. Alle Arbeiten, die mit der Wiedergabe dieser Muster zu tun haben, sind den Frauen vorbehalten. Diese fungieren so als Hüterinnen und Erneuerinnen des Wissens ihrer Ahninnen, der Geschichte ihres Volkes.

Schon früh lernen die Mädchen durch die Arbeit ihrer Mütter und durch deren Erzählungen die Bedeutungen der verschiedenen Ornamente und den Umgang mit den Materialien. Die Shipibo-Frauen sind in der Lage, die bestickten Tücher, die sie als kurze Wickelröcke tragen, wie Geschichtsbücher zu lesen. Einige der alten Frauen können die feinen Ornamentlinien auch singen – ein Wissen, das indes mehr und mehr verloren geht.

Den geistigen und medizinischen Stützpfeiler dieser Gemeinschaft bilden Schamanin und Schamane (→ Schamanismus). Sie als Wissende besitzen die Fähigkeit, zwischen der Welt der Menschen und der Welt der Geistwesen zu vermitteln. Sein Wissen setzt der Schamane in nächtlichen Ritualen mit dem → Visionen erzeugenden Trank → Ayahuasca zum Wohle des Einzelnen und somit der Gemeinschaft ein. Schamane und Schamanin vermögen das unsichtbare Muster des Einzelnen zu sehen und es sichtbar zu machen. Ist jemand krank, so ist sein individuelles Körpermuster verwischt oder beschädigt. Der Schamane webt sich mit seinen Gesängen (→ Icaros) in das Muster des Kranken ein und »korrigiert«, »berichtigt« es in einem bestimmten rituellen Kontext durch Gesang wieder. Manchmal ist es für den Heilungsprozess auch notwendig, das individuelle Muster dem Patienten auf die Haut zu malen.

Kunstwerke der Shipibo-Frauen.

Alle Heilungsrituale beziehen die soziale Gemeinschaft mit ein. Die Shipibo sagen: »Gesundsein heißt, schöne Muster zu haben.« Die Shipibos wissen, dass ihr individuelles Muster ein Bestandteil des Musters ist, aus dem der Kosmos besteht. So ist jedes Tuch, jede Keramik eine Erinnerung daran, dass wir in das große kosmische Gewebe – individuell und zugleich als Teil der Gemeinschaft – eingewoben sind.

Kunst und Kreativität

Die Entwicklung von Kunstformen, deren Kraft aus der Berührung mit einer kreativen, spirituellen Ebene herrührt, ist nur wenigen Menschen vorbehalten. Die Künstlerinnen und Künstler müssen das »Numinose«, d. h. das »Göttliche« oder Geistige, als unbegreiflich erfahren haben, um es auszudrücken. Für das Kunstschaffen in jeder Form reicht es jedoch nicht aus, eine Vision, eine Inspiration zu haben – sie muss auch technisch umgesetzt werden können. Viel Wissen und Übung im Umgang mit Material und Werkzeug ist nötig, um das zufrieden stellend ausdrücken zu können, wovon dem Künstler in einer Vision eine »Ahnung« bekommen hat. Und das geht nicht nur Künstlern so, jede Realisierung einer → Vision erfordert viel praktisches Wissen und Training, um die Brücke bauen zu können, die Betrachter und Beteiligte mit dem schöpferischen »Mutterfeld« verbindet. Kreativität hat deshalb immer mit dem Akt der Verwirklichung zu tun: Visionen wollen Wirklichkeit werden, wollen eingebunden sein in den Ausdruck der Lebensenergien unserer Alltagswirklichkeiten.

Kreativ das Leben zu gestalten kann über reines Kunstschaffen hinaus in allem Ausdruck finden, womit sich ein Mensch bewusst beschäftigt. So erfordert die Arbeit eines aufmerksamen, geistig wachen Therapeuten ein Höchstmaß an Intuition und emotionaler Intelligenz im Umgang mit Menschen.

Es gibt viele Methoden und Möglichkeiten, sich in den Zustand der Leere und Empfangsbereitschaft zu versetzen, um sich mit diesem Feld der Kreativität zu verbinden. Erkenntnisse, Einfälle, gespeist aus dem Feld der Kreativität, rufen immer einen Moment der Berührung hervor bei dem, der aus diesem Feld empfangen hat. Diese Berührung verbindet mit der Ebene der Schöpfung, der Kreativität. Alles kreative Tun, das aus dieser Berührung erwächst, verbindet wiederum die Betrachter der Auswirkungen dieses Tuns mit der Ebene der Schöpfung, aus der das Tun gespeist wurde. Kreatives Handeln ist, so gesehen, immer auch eine Rückverbindung mit dem Tanz des Kosmos.

Eine Künstlerin, die daran arbeitet, diese kreative Qualität darzustellen, beschreibt den Prozess ihres Schaffens folgendermaßen:

> »Ich habe beim Malen oft das Gefühl, dass das Bild sich wie ein Wesen dazu drängt, durch mich zum Ausdruck gebracht zu werden. Wenn ich im Prozess des Malens ›wirklich‹ bin, empfänglich und präsent, dann malt das Bild sich selbst. Bedauerlich finde ich es nur manchmal, dass die Vision immer noch diesen langwierigen, konzentrierten Weg über meine Hände durch den Pinsel gehen muss! Ich bin oft ganz ungeduldig im Warten darauf, dass ich das Bild auch endlich außerhalb von mir, sozusagen materiell, sehen kann!« (Nana Nauwald 2001, in *Tattva Viveka)*

Inzwischen gibt es wieder Ansätze, den Weg der Kunst in Form einer Schule neu zu erschaffen. In der Schweiz wurde von Agnes Hidveghy die Bildungswerkstatt »ars sacra« gegründet, deren Ziel es ist, altes Wissen in Kunstwerken für unsere Zeit aufzuschlüsseln und nutzbar zu machen. Ihre Zielsetzungen sind: Bildung durch das Studium von Kunstwerken, in denen diese Art des Wissens übermittelt ist; Heranbilden einer differenzierten Wahrnehmung, die es erst ermöglicht, mit der Wirklichkeit sowohl innerseelisch als auch von außen in der materiellen Welt in Beziehung zu treten; Ausbilden einer Stärke, die zur Verwirklichungskraft wird. In Deutschland etablierte etwa die Kunstmalerin Susanne Hauenstein die Andechser Malschule mit dem Titel »Malen als Weg«.

Das Erleben von Kunst und die Arbeit mit Kunstformen stellt ein wichtiges Gleichgewicht zu den häufig »kopflastigen« Philosophien dar, mit denen sich spirituelle Sucher beschäftigen.

L

L – Lambda (griech.), Lam (arab.), Lamed (hebr.)

Zahlenwert 30. Der Sk.-Begriff *lamba*, »herabhängen«, und das griech. Lambda lassen den geistigen Sinn erahnen: das Herabsteigen des Geistigen in die Materie. Im Wort Islam ist dieser Wortstamm ebenfalls enthalten, Is-lam bedeutet übersetzt »Hingabe«, im weiteren Sinne das Hinausleuchten im Sinne der Hingabe des Gotteslichts *(Al-lah)*. Entspricht der Laf-Rune auch in der Zeichnung. Diese Rune wird als Lebensrune bezeichnet, auch als Rune der Liebe.

Labyrinth

Das Wort ist wahrscheinlich vom griech. Wort *labrys* abgeleitet. Es bezog sich auf die Doppelaxt, einem hl. Symbol der Minoer (ca. 1300 v. u. Z.), benannt nach dem sagenhaften König Minos von Kreta. Labyrinth bedeutete vermutlich »Haus der Doppelaxt«, womit der Palast von Knossos gemeint gewesen sein könnte. Labyrinthe wurden in allen Teilen der Welt gefunden und sind vermutlich noch wesentlich älter. Doch das so genannte kretische Labyrinth ist das klassische.

In einem Labyrinth gibt es nur einen Weg, der vergleichbar einer Spirale nach mehreren Umwindungen unweigerlich zum Zentrum und von dort aus wieder nach außen führt. Es ist kein Faden nötig, um wieder herauszufinden. In einem Labyrinthtyp, der später entstand, dem Irrgarten, muss der Weg zum Zentrum durch viele Abzweigungen und Kreuzwege hindurch gefunden werden. Auf den ersten Blick gleicht das klassische Labyrinth dem Irrgarten, doch beide setzen Besucher ganz gegensätzlichen Erfahrungen aus.

Der Gang durch ein Labyrinth stellt symbolisch – oder bei einer rituellen Begehung auch tatsächlich – einen Weg zum Zentrum (→ Weltzentrum) des → Selbst dar, eine Reise in die Welt des → Bewusstseins. In modernen Worten verbindet dieser Weg den analytischen und rationalen Modus der linken Gehirnhälfte mit dem intuitiven und emotionalen Bereich der rechten Gehirnhälfte. Im klassischen Labyrinth kann der Mensch sich auf die innere Erfahrung konzentrieren.

Aus einem → Kreuz, das für das Zentrum der Welt steht, entwickelt sich durch Markierung gedachter Endpunkte ein Quadrat. Winkel werden eingefügt. Von ihren oberen Enden beginnt das Hin und Her des Linientanzes, und auf dem Weg zum Ziel wird sieben Mal die Mitte umkreist. Einige Forscher sehen darin die Bahnen der sieben damals bekannten Gestirne. Zu ihnen rechneten die Menschen die beiden großen Lichter Sonne und Mond. Im Zentrum steht die Erde, umkreist von Mond, Venus, Mars, Sonne, Merkur, Jupiter und Saturn.

Das so genannte kretische Labyrinth stammt aus einer Zeit, als der Mensch noch keine Schrift kannte. Sein Ursprung liegt viele Jahrtausende zurück. Im Süden der Alpen, in Val Camonica, lebte einst das Volk der Camuni. In Hunderttausenden von Felszeichnungen hielten die damaligen Künstler ihre Lebenswelt fest. Zu den eindrucksvollsten Abbildungen gehören die eingeritzten

Labyrinthe, die dem kretischen Typus entsprechen. Doch sie sind viel älter als die griech. Münzen. Einmal scheint das Labyrinth Tänzer in die Kreise zu ziehen. Dann wieder stehen große Vögel mit → Hörnern und Phallus unmittelbar nebeneinander. In der Nachbarschlucht deutet eine Szene auf eine → Initiationsstätte hin, einen Ort der Selbsterfahrung und Begegnung mit der gut gehüteten Tradition der Stammesgesellschaft. Auch dort am Rande ein Vogel, das typische Symbol des → Schamanen. Direkt daneben finden sich mehrere Figuren; vielleicht sind es Jugendliche vor einer Einweihungszeremonie. Und am Eingang der Kulthöhle wartet der Schamane.

Für die Inder verkörperte das Labyrinth die Gebärmutter und seine Ringe den Weg des Ungeborenen durch sieben Räume ins Leben. Auf allen Kontinenten haben Labyrinthe eine ähnliche Bedeutung. Doch aus welchem Vorbild entwickelte sich die Form? In der Natur kommt sie so nicht vor. Plausibel erscheint eine Kombination aus Mäandern (Schleifen) und Spiralen, den beiden Grundmustern für Bewegung. Anders als das Labyrinth dreht sich die Spirale, die von Anbeginn eines der wichtigsten Zeichen war, direkt zur Mitte hin.

Oft werden die Schicksalswege der Menschen wiederum mit dem Bild der Schlange assoziiert (→ Ouroboros, Midgardschlange, → Germanen). Die Ureinwohner von Australien kennen eine Legende, in der sich ein Mäander als auswegloser Irrgarten erweist. Zwei inzestuöse Schwestern werden von ihrem Clan verstoßen und von der hl. Schlange aufgefressen. Wieder ausgespien, irren sie in den endlosen Serpentinen umher, die der Körper des Kriechtieres im heißen Sand hinterlassen hat.

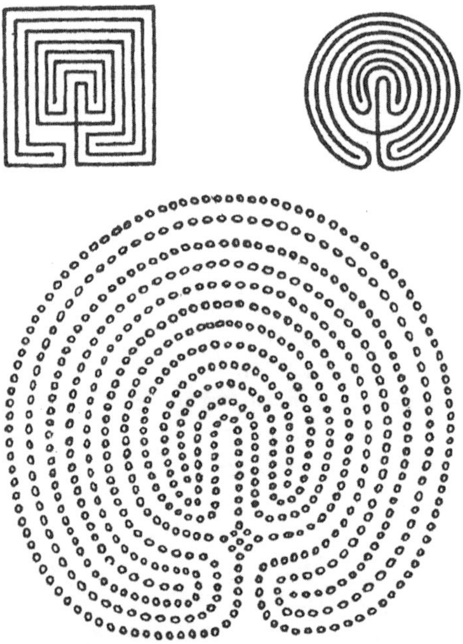

Beispiel für verschiedenen Labyrinthe; oben kretische Münzen, 500 v. d. Z., unten Trojaburg bei Wisby auf der Insel Gotland, Schweden.

Lama (tibet. bla-ma)

Im → tibetischen Buddhismus meint der Begriff einen »Höherstehenden«, also einen religiösen Meister, den die Schüler verehren, da er in seiner körperlichen Gestalt die unverfälschte Lehre weitergibt. Daher nannte man früher den tibet. Buddhismus auch Lamaismus. Der Lama ist nicht nur ein → Guru im hinduist. Sinne, sondern verkörpert auch den → Buddha. Er hat auch die Kompetenz, Rituale zu lehren und auszuführen, und muss sich einer jahrelangen Ausbildung in allen spirituellen Disziplinen unterziehen. Auf den spirituellen Wert des Lama weist der besonders qualifizierten Meistern verliehene Ehrentitel Rinpoche (»außerordentlich Kostbarer«) hin. Ein Tulku (»Körper der Verwandlung«) dagegen ist ein Mensch, der nach bestimmten Prüfungen als → Reinkarnation einer zuvor verstorbenen Persönlichkeit angesehen wird.

Latifas (arab. lataif, »feinstoffliche Zentren im inneren Körper des Menschen«)

Die Sphären im Bild des Himmelsmenschen aus den »Gleichnissen des Henon« (Adam Kadmon, → Kreuz) illustrieren konkrete Punkte oder Lichtsphären am Körper des Menschen. Die → Sufi-Mystiker (die besonders im mittelalterlichen Spanien enge Beziehungen zu den → Kabbalisten unterhielten) bezeichnen diese Punkte. Sie können durch → Mantras oder Atemübungen (→ Atem, Atemtechniken, → Dhikr) aktiviert werden, was dem Praktizierenden hilft, seinen inneren, subtilen Körper zu entwickeln und zu stärken (→ Energiekörper).

Es gibt zehn Latifas, die genau den → Sefiroth entsprechen. Die mittlere Reihe entspricht außerdem den indischen Energiezentren, den → Chakras, das höchste Latifa entspricht dem Sahasrara, der Krone in den Sefiroth; beide gelten als Eingang des Unendlichen.

Hazrat Inayat → Khan spricht von einem abstrakten Klang, der uns das Mysterium des Universums erschließt.

»Abstrakter Klang wird von den Sufis *Saute-e Sarmad* genannt; der ganze Raum ist davon erfüllt. Die Schwingungen dieses Klangs sind zu fein, als dass sie für die körperlichen Ohren hörbar sein könnten ... Dieser Klang entfaltet sich durch zehn verschiedene Aspekte, weil er sich durch zehn verschiedene Kanäle des Körpers manifestiert. Er tönt wie Donner, wie das Brausen des Meeres, wie klingende Glocken, fließendes Wasser, Bienengesumm, wie das Zwitschern der Spatzen, wie die Vina, die Pfeife oder der Klang der Shankha, bis er schließlich zum *Hu* wird, dem heiligsten aller Laute.« (Hazrat Inayat Khan 1984, 86 und 88)

Die zehn Kanäle, die der Autor erwähnt, entsprechen den Latifas oder den → Sefiroth. Es scheint also, dass das Prinzip »Wie oben, so unten« bei der Diskussion über die Sefiroth reale feingeistig-körperliche Entsprechung hat.

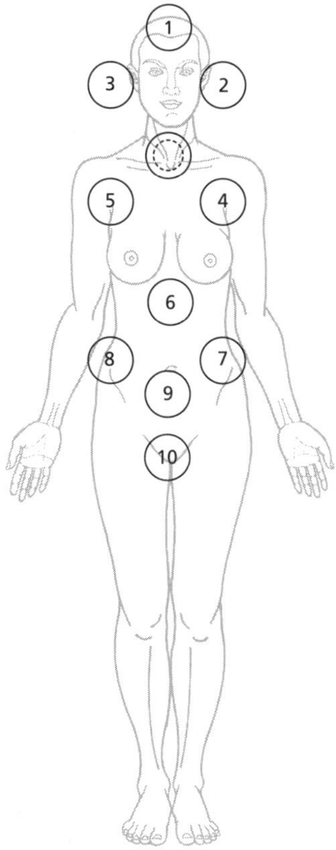

1 Kether – Ajna-Chakra – Latifa Khafi = Inspiration
2 Chokmah – Wissen – linke Gehirnhälfte
3 Binah – Verstehen – rechte Gehirnhälfte
◎ Daath – verborgenes Sefiroth – Bewusstsein – Kehlchakra – Latifa Akhfa = Atem
4 Chesed – Gnade – linke Brust – Herzchakra, Latifa Qalb = Herz
5 Geburah – Stärke – rechte Brust, Latifa Ruh = Geist
6 Tiphareth – Schönheit – Solarplexus – Sonnenchakra, Latifa Sirr = Geheimnis (Pforte zum höheren Bewusstsein)
7 Netzach – Sieg – Gedankenformen, Latifa qalab = Milz, subtiles Organ
8 Hod – Herrlichkeit – Lebergebiet – Emotionen, Latifa Nefs = Vitalzentrum
9 Jesod – Energie – Sakralchakra, Latifa = Ozean des Lichts
10 Malkuth – Königreich (Erde) – Wurzelchakra, Latifa = Ozean des Feuers

Die Idee, dass die Schöpfung von einem Punkt aus sich zu immer größerer Vielfalt entwickelt, was ja der Zehneraufbau der Sefiroth verdeutlicht, unterstreicht der Kabbalist Moses Cordovero (1522–1570):

»Daher sind die Geschöpfe in dem Maße vollendet, in dem sie mit ihm, der Quelle ihres Seins, vereint sind, und je weiter sie sich von dieser Quelle entfernen, desto mehr ermangeln sie dieses vollkommenen und erhabenen Zustandes. So haben die Dinge dieser Welt ihre Form in den Sephiroth und die Sephiroth haben ihre Form in ihrem göttlichen Urquell.« (Mose Cordovero)

Latihan

Das indonesische Wort, das eine Technik des → Subud ist, kann eigentlich nicht übersetzt werden. In seiner Wurzel *latih* liegt die Idee von »mit etwas vertraut« werden, sich etwas aneignen und in sich aufnehmen. Das engl. Wort *training* kommt seiner Bedeutung am nächsten. Die gebräuchliche Übersetzung »Übung« ist eher irreführend, da man nichts erlernt, wie z. B. bei einer Yoga-Übung. Eine Übung ist eine absichtliche Einwirkung, während der Latihan genau entgegengesetzt wirkt. Nach der anfänglichen Absicht, den Prozess zuzulassen, geht das »Training« ohne irgendwelche Absicht vor sich. Der Mensch gibt sich hin und öffnet sich, wird zum Medium (→ Channeling). Diese Fähigkeit muss trainiert werden. Deshalb ist der Latihan auch mit → Besessenheit in der → Trance vergleichbar.

Eine Beschreibung des Latihan (nach Bettina Bussinger 2004): Gewöhnlich begeben sich die Teilnehmer in den Raum, in dem für die Dauer der Übung auf künstliche Beleuchtung verzichtet wird, und setzen sich auf den Boden. Dann folgen einige Minuten der Stille, in denen jeder versucht, sich zu leeren, sich für den Empfang der geistigen Kraft vorzubereiten. Dies kann begleitet sein durch eine Art individuelles Gebet um das Empfangen dessen, was gerade wichtig und nötig ist, sowie um die Kraft, dies ins tägliche Leben zu integrieren. In der anschließenden Phase folgt jede Person mit geschlossenen Augen dem, was sie empfängt. Dabei ist es wichtig, sich möglichst keinem Einfluss der Außenwelt auszusetzen, auch dem Verhalten der anderen Personen im Raum sollte keine Beachtung geschenkt werden.

Dieses Empfangen kann sich äußern in (ungewollten) Bewegungen, Vibrationen, Tönen, die gesungen werden, verbalen Äußerungen (fremde Sprachen, Unverständliches, Tierlaute), Lachen, Weinen, Liegenbleiben, Umhergehen usw. – wobei das Ganze nie einen hysterischen oder tranceartigen Charakter annehmen sollte. Es kann auch zu Visionen oder auditiven Phänomenen kommen, die von den Ausübenden z.B. als Erscheinen religiöser Gestalten wie Jesus oder Maria gedeutet werden. Wenn die Zeit um ist – dies spüre man jeweils, ohne auf die Uhr zu schauen –, kommt man zum Stillstand, und die Übung ist beendet. Darauf folgt oft eine Phase des ungezwungenen Gesprächs unter den Mitgliedern.

Leary, Timothy (1920–1996)

Amerikanischer Psychologe, der in den sechziger Jahren zu einer Leitfigur der Hippiebewegung wurde. Er trat für den Gebrauch von → psychoaktiven Substanzen ein, insbesondere LSD, für dessen Legalisierung er sich nach dem Verbot öffentlich stark machte und dafür von der amerikanischen Justiz in Haft genommen wurde. Seine populistische Propagierung des freien Drogengebrauchs ist selbst in den Kreisen der Befürworter von Lockerungen für die wissenschaftliche Forschung umstritten.

Für viele Menschen, die eigene bewusstseinsöffnende Erfahrungen mit psychoaktiven Pflanzen und Substanzen gemacht haben, ist Leary indes auch heute noch der große Pionier einer Kultur der → Ekstase und einer Gesellschaft ohne Einschränkung der persönlichen Freiheit zu unkonventionellen Erfahrungswegen.

Lebensbaum

In der Bibel heißt es, dass inmitten des Gartens Eden zwei Bäume standen: der Baum des Lebens und der Baum der Erkenntnis von Gut und Böse. Doch tatsächlich symbolisiert der Baum des Lebens ohne Zweifel die Weltachse, den → Weltenbaum der → Schamanen oder die Esche Yggdrasil aus der nord. Mythologie, das Zentrum der Welt. Während der Baum des Lebens als Achse der Welt (→ Kreuz) die Einheit verkörpert, tritt uns im Baum der Erkenntnis offensichtlich die Zweiheit entgegen, die Manifestation der Einheit in Raum und Zeit. Die Begriffe »Gut« (hebr. *tov)* und »Böse« (hebr. *raa)* meinen vielmehr Leben und Tod oder Verwirklichung und Vernichtung, das Kennzeichen der Schöpfung.

Der sefirotische Lebensbaum nimmt dreigliedrige Form an: die Manifestation der drei Welten im mittleren Pfeiler, dessen zwei Seiten mit einer gemeinsamen Krone und Wurzel verbunden sind. Siehe auch: → Sefiroth, → Kabbala, → Schamanismus, → Weltenbaum.

Lévi, Eliphas (1810–1875)

Mit bürgerlichem Namen Alphonse-Louis Constant. Er war in Frankreich einer der gelehrtesten und meistzitierten Okkultisten (Okkultismus = Geheimwissenschaft) des 19. Jh. Er erhielt eine Ausbildung zum katholischen Priester und auch die kirchliche Weihe. Als er begann, sich mit → Magie und → Kabbala zu beschäftigen, trat er in den Kreis um den → Freimaurer Charles Nodier ein, bei dem auch bekannte Schriftsteller des 19. Jh. wie Balzac, Gérard de Nerval, Théophile Gautier u. a. verkehrten. Lévi hatte großen Einfluss auf eine Renaissance esoterischer Ideen, die Ende des 19. Jh. zur Bildung der Theosophischen Gesellschaft führten (→ Theosophie).

> »In der Natur lebt eine Kraft, die nicht stirbt, und diese Kraft verwandelt die Wesen andauernd, um sie zu erhalten. Diese Kraft ist die Vernunft oder das zeitliche Wort des Menschen. Das Wort des Menschen ist die Kundgebung des → Willens, durch die Vernunft geleitet. Dieses Wort ist allmächtig, wenn es vernünftig ist, denn alsdann ist es gleich dem Worte Gottes. Durch das vernünftige Wort wird der Mensch der Eroberer des Lebens und er siegt über den Tod. ... Um als Sieger die Erscheinung des Todes zu bekämpfen, muss man mit der Wirklichkeit des Lebens übereinstimmen ...« (Eliphas Lévi 1981, 9)

Diese Sätze schrieb Eliphas Lévi in seinem Erstling »Dogma und Ritual der Hohen Magie«, der 1854 erschien. Diese und andere Schriften hatten großen Einfluss auf nachfolgende magische und rosenkreuzerische Gruppen. Lévi soll auch in Kontakt mit Edward Bulwer-Lytton gestanden haben, dessen Werke »Zanoni« und »Vril« (Name einer besonderen Energie, über die eine kommende Idealgesellschaft verfügen werde) ebenfalls maßgeblichen Einfluss in der okkulten Szene dieser Zeit hatten. In diesem Werk setzt Lévi die Tradition der hermetischen Philosophie (→ Hermetik) fort, indem er zu ihrem Ursprung zurückkehrt und alle ihre bis dahin verschlossenen Lehren enthüllt. In seiner »Wissenschaft von den Geistern« eifert er gegen das Tischerücken und gegen den → Spiritismus, den er so, wie er damals aufgefasst wurde, verabscheute: »Die Medien und Spiritisten sind wie Kinder,

Eine geißköpfige Figur von Eliphas Lévi, die alle Welten der Magie vereint: der Gehörnte als Sinnbild spiritueller Kraft, Adlerflügel als Symbol der Macht, Hermesstab als Symbol der Weisheit, die Zweigeschlechtlichkeit zeigt die Vereinigung der kosmischen Kräfte.

die mit brennenden Zündhölzern auf einem Fass voll Pulver spielen« (Eliphas Lévi).

Lévi war der erste, der die 22 Hauptkarten des → Tarot mit dem hebr. Alphabet und der → Kabbala in Beziehung brachte und sie in seinem bedeutenden Werk »Der Schlüssel zu den großen Mysterien« entsprechend interpretierte. Sein Schüler Papus baute auf den Lehren seines Meisters auf und verfasste neben einem grundlegenen Werk über die Kabbala auch das »Tarot der Zigeuner«, auf das sich die meisten neueren Tarotbücher stützen.

Magische Rituale (→ Magie), die verstorbene Geister materialisieren sollen, hielt Lévi nach eigenen, schlechten Erfahrungen für gefährlich. Sein Weg war vielmehr, die geistigen Kräfte in sich selbst zu stärken; so wundert es nicht, dass Lévi vor seinem Lebensende wieder der katholischen Kirche beitrat und seinen magischen Schriften abschwor.

Levitation (lat. levitas, »Leichtigkeit«)

Subjektiv erlebbare Aufhebung der Körperschwere und Schweben des Körpers im Raum ohne Hilfsmittel. Levitation kommt oft im Traum vor. Johann Wolfgang von Goethe stellte die Hypothese auf, dass es als Gegenkraft bzw. ergänzende Kraft zur Gravitation auch Levitation geben müsste, da in der Natur alles zwei Aspekte habe.

Llull, Ramon (lat. Raimundus Lullus, 1232/33–1316)

Mallorquinischer Mystiker und origineller Denker. Er verbrachte seine Jugend an Höfen, die in Kontakt mit den → Katharern standen, und empfing seine mystische Vision auf dem Berg Randa auf Mallorca im Jahre 1272. Sein berühmtestes Werk ist das »Opusculum«, in dem er die *ars magna,* die »große Kunst«, entwickelte. Damit gelang ihm eine systematische Zusammenfassung seines erworbenen Wissens, wie wir sie im ganzen Mittelalter kaum geschlossener antreffen.

Den Kern dieser Systematik stellt Llulls Prinzipienlehre dar, die *ars generalis.* In seiner Philosophie gibt es viele Parallelen zur Buchstabensymbolik der → Kabbala. Wie im »Sohar« aus dem namenlosen En Sof die Namen der → Sefiroth hervorgehen, so entsteht auch in Llulls Lehre aus diesem unendlichen Göttlichen ein neunfältiger Kreis (→ Enneagramm), in dessen Mittelpunkt das A (für → Alpha oder Ain Sof) steht und in den Feldern um den Kreis die Buchstabenreihe BCDEFHIK. Diesen Buchstaben sind bestimmte göttliche Qualitäten zugeordnet, die alle auf vielfältige Weise

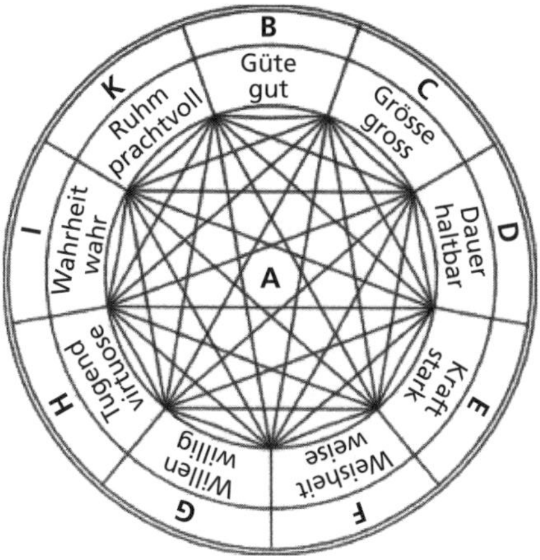

Erste Denkmaschine von Ramon Llull.

miteinander in Beziehung gesetzt werden können.

Diese »Kunst« kann als eine Art »Denkmaschine« bezeichnet werden. Sie enthält alle Grundlagen einer Kombinatorik, die ein Vorläufer unserer heutigen Computer gewesen sein könnte. Ein Kommentator schreibt: »Der Lullus-Computer muss auf dem Felde der Metaphysik gewirkt haben wie die ersten Taschenrechner im Mathematikunterricht. Plötzlich konnten schon Vorschüler Wurzeln ziehen, ohne zu wissen, was eine Wurzel ist.«

Der Religionsphilosoph Arnold → Keyserling kommentiert Llulls Kombinatorik:

»Dieser hatte als erster die philosophischen Kategorien aus ihrem ontologischen Rahmen herausgenommen. Er ordnete sie auf einem mechanischen Modell in konzentrischen Kreisen an und behauptete, dass alle philosophischen Probleme sich aus ihren Kombinationen lösen ließen, wenn man die Begriffe nur richtig zueinander in Beziehung setze und verbinde ... Von den Florentiner Philosophen [der Renaissance wie Marsilio Ficino (1433–1499)] wurde die lullische Kunst aufgenommen, da sie mit der Philologie in einem Zusammenhang stand; auch die Sprache lässt sich auf eine mehr oder weniger freie Kombination von Buchstaben zu Worten, von Worten zu Sätzen und von Sätzen zu den verschiedenen Arten der Stile zurückführen: der Dichtung, der wissenschaftlichen Abhandlung oder des Dramas. Ihre metaphysische Untermauerung und Rechtfertigung fand sie in der Wiederaufnahme der Lehre von den stoischen *rationes seminales,* den keimhaften Seinsgründen, die aber nicht, wie bei den Kirchenvätern, mit den → Engeln, sondern mit den platonischen Ideen als Ursprung aller Gestaltung identifiziert wurden.« (Arnold Keyserling 2000, 272)

Ramon Llulls Prinzip lautet: Nichts gibt es im Sein, was nicht auf ein anderes zurückgeführt werden kann. Auf die Kombinatorik der Grundelemente, d. h. absoluter und relativer Prinzipien, können alle Formen des Seienden zurückgeführt werden. Für Llull sind die absoluten Prinzipien Eigenschaften Gottes – ein Element, das auch bei den Sufis (→ Sufismus) in den schönen Namen bzw. Eigenschaften Allahs zu finden ist. Llull nennt diese Prinzipien Güte, Größe, Dauer, Möglichkeit, Erkenntnis, Wille, Tugend, Wahrheit, Herrlichkeit. Diesen Prinzipien ordnet er die neun Buchstaben von B bis K zu, das A als Absolutes und Zehntes ist der Ausgangspunkt. Alle diese Begriffe können aufeinander bezogen werden. Weitere relative Prinzipien wie Unterschied, Entsprechung, Ähnlichkeit usw. werden wiederum davon abgeleitet.

Tugenden und Laster sind weitere Ebenen auf seiner Tabelle »Ars Brevis«. Vermittels der Kompositionslehre, die aus Fragen besteht wie Welcher?, Was?, Woher?, Weswegen?, Wie viel?, Wie beschaffen?, Wann?, Wo?, Wie? können unzählige Verbindungslinien hergestellt werden. Damit dies nicht zu umständlich wird, nimmt man nur die Buchstaben. Wenn man diese nun in Llulls »Denkmaschine« dreht und neu kombiniert, entstehen Antworten wie: »Güte ist groß«, »Güte ist unterschieden« usw. Nun werden die entsprechenden Aussagen gebildet für Größe, Unterschied oder Einheit. Die logische Satzkette geht dann zu komplexeren Formen über und mündet in sinnvolle Fragesätze wie »Was ist die große Einheit« oder »Welche Einheit ist unterschieden?«. Es kann eine Fülle neuer Sätze, Fragen und Antworten entstehen. Es könnte auch ein Satz vorkommen wie »Gott ist lasterhaft«.

Ein weiteres System von Ramon Llull ist die *ars generalis,* die wahrscheinlich der Ausgangspunkt des → Tarot ist. In dieser Kombinatorik können alle möglichen Begriffe auf einen Fächer von sieben konzentrischen Kreisen verteilt werden, von denen jeder ein besonderes Wissensgebiet (z.B. A die ganze Theologie, B die Psychologie, C die Grammatik usw.) darstellt. Je nachdem, wie man nun diese Kreise um einen gemeinsamen Mittelpunkt rotieren lässt, lassen sich alle gewünschten Kombinationen mit Leichtigkeit herstellen und so alle gewünschten Wahrheiten »beweisen«.

Die Ursache dieser enzyklopädischen Anstrengung liegt in der ungeheuren Vermehrung des Wissens in der damaligen Zeit. Die Scholastik, die → Kabbala, alle Wissenschaften, erlebten ihre Blüte. Wie sollte ein einzelner Mensch das alles noch als Ganzheit sehen? Das gleiche Problem stellt sich heute wieder, aber inzwischen hat man die Computer, die eine solche Arbeit übernehmen können. Doch eine sinnvolle Kombination des Wissens müssen wir immer noch selbst herstellen.

M

M – Mi (griech.), Mim (arab.), Mem (hebr.)

Zahlenwert 40, Bedeutung »Wasser«. Die ägyptische Hieroglyphe für M ist eine doppelte Wasserwelle. Wasser ist die Matrix, die Mutter des Lebens. In der hebr. Genesis heißt es: »Und die Elohim schwebten über dem Wasser.« Der Begriff *elohim* beginnt mit dem Alpha und endet mit dem Mem. Dazwischen ist das He, das für Leben steht.

Die Zahl 40 wird in der Bibel auch für viele bedeutungsvolle Zeiträume benutzt, z. B. hielt sich Jesus 40 Tage in der Wüste auf, oder Moses war 40 Tage mit dem Volk Israel unterwegs. Die → Rune heißt Man, steht aber auch für *ma* (Frau). Das Wort *man* kommt im Begriff → Mantra vor, das etymologisch als erste Silbe von *manas* »Geist« bedeutet. Als Runenzeichen stellt die Man-Rune die Krone des Weltenbaums der → Schamanen dar.

Magie

»Der menschliche Wille wird durch die Tätigkeit entwickelt und gestärkt. Um wahrhaft zu wollen, muss man handeln; die Tat beherrscht die Trägheit immer und reißt sie mit sich fort. ... Wissen, wagen, wollen und schweigen sind die vier → kabbalistischen Worte, die den vier Buchstaben des Tetragramms (JHWH) entsprechen.« (Eliphas → Lévi 1966, 162)

Wenn man heute von Magie spricht, werden damit oft geheimnisvolle → Rituale assoziiert, in denen bei Kerzenlicht mit unverständlichen Wörtern (→ Mantra) → Geister angerufen werden. Das Anrufen und die Materialisation von Geistwesen, der mediumistische Kontakt mit Verstorbenen, → Besessenheit und → Trance (→ Channeling) sowie andere rituelle Zeremonien sind magische Praktiken. Im Gegensatz dazu arbeiten Zauberkünstler, die auch Magier genannt werden, eindeutig mit Tricks, die – obwohl man weiß, dass es solche sind – die Zuschauer immer wieder verblüffen. Gerade deshalb sind die Grenzen von Zaubertricks zu Tricks mit magischen Praktiken häufig fließend.

Viele ungewöhnliche parapsychologische Phänomene (→ Parapsychologie) lassen sich naturwissenschaftlich erklären. Durch gezielte Übungen (oder mit Hilfe von → psychoaktiven Substanzen) lassen sich leicht → Halluzinationen hervorrufen. Es ist aber auch möglich, diese nach außen zu projizieren. Auch akustische Halluzinationen, Stimmen oder Geräusche lassen sich produzieren. Ein bekanntes Beispiel ist das Bauchreden, das zwar einiger Übung bedarf, aber durchaus verblüffend wirkt. Bei vielen Menschen mit starkem Vorstellungsvermögen kann lebhaftes inneres Denken in leises Flüstern oder sogar in lautes Sprechen übergehen, wenn bestimmte Körpergebiete dabei einbezogen werden; dieses Phänomen kommt im → Channeling häufig vor. Da optische Halluzinationen sehr stark sein können, wird oft von Künstlern mit diesem Vermögen berichtet, sie hätten ihre Bilder so lebhaft vor Augen gesehen, dass sie Besucher, die zwischen sie und die halluzinierten Bildern traten, baten, beiseite zu treten.

Umgekehrt können starke Vorstellungen auch zu Heilungszwecken eingesetzt werden. Aus den Untersuchungen der Psychoneuroimmunologie wissen wir, dass durch Einbildung psychosomatische Krankheiten genauso entstehen können wie Heilung durch positive Aktivierung des Immunsystems. In einem »mystischen« Setting bei einer spiritistischen Séance besteht eine gewisse intensive Beziehung zwischen den Anwesenden, sodass halluzinatorische Übertragungen durchaus möglich sind.

Traditionell werden mit dem Wort »Magie« unterschiedliche Lehren verschiedener Kulturen bezeichnet, die die Natur als magischen Organismus begreifen, welcher wie in schamanischen Glaubensvorstellungen »beseelt« ist (→ Schamanismus) und dessen Teile eng verwoben sind. Das griech.-lat. Wort *magi* bezeichnet ursprünglich Mitglieder einer medischen Priesterkaste (»die Weisen aus dem Morgenland«) und wird später mit Zauberei gleichgesetzt. Der klassische Magier – in den meisten Fällen auch Heiler (→ Geistheilung) – versucht durch die Kenntnisse der Natur, des Menschen und ihrer gemeinsamen Gesetze auf die → Elemente einzuwirken.

In der westlichen → Esoterik entwickelte sich die ursprüngliche Naturmagie über die → Alchemie zu einer rituellen Magie, die ein mystisches (→ Mystik) oder transzendentales (→ Transzendenz) Erlebnis zum Ziel hat. So sagt einer der einflussreichsten Magier des 19. Jh., Eliphas → Lévi: »Den Kräften der Natur nachgeben heißt dem Strom des allgemeinen Lebens folgen, heißt Sklave von Nebensächlichem sein. Der Natur widerstehen und sie bändigen, heißt sich ein persönliches und unvergängliches Leben schaffen und sich von den Wechselfällen des Lebens und vom Tode zu befreien« (Eliphas Lévi 1981, 88). Für einen echten Magier hält er vier Dinge für unerlässlich: »Durch Übung erleuchtete Intelligenz, unerschütterlicher Mut, unbeugsamer Wille und unbedingte Verschwiegenheit« (Eliphas Lévi 1981, 84).

Man kann einen Magier im Allgemeinen folgendermaßen definieren:
1. Der Magier hat Anteil an einer besonderen Kraft,
2. er manipuliert diese Kraft, und
3. die Handlung findet sowohl in der gewöhnlichen als auch in der nichtgewöhnlichen Wirklichkeit statt.

Um die Kräfte der natürlichen wie geistigen Welt zu nutzen, werden → Beschwörungen, → Rituale und innere Übungen ausgeführt. Für die Magier haben Buchstaben und Worte (Laute) bestimmte Eigenschaften. Sie werden zum → Mantra, d. h. sie vibrieren und erhalten daher eine beschwörende Kraft. Kombiniert man sie mit magischen Verfahren bzw. Ritualen, so ergibt sich eine kosmisch-evokative Wirkung, mit der man → Engel und → Dämonen anrufen kann. → Magische Symbole, → Farben, → Zahlen, Musik, Kleidung usw. haben in magischen Ritualen die wichtige Funktion, innere Archetypen und Erinnerungen auszulösen oder als Code mikro- und makrokosmische Entsprechungen hervorzurufen.

Meistens wird der Übertritt der Teilnehmer am magischen Ritual in eine andere Wirklichkeit über eine körperliche Veränderung erreicht, in der die Grenzen zwischen der natürlichen und geistigen Welt aufgehoben sind. Bei vielen Stammesvölkern und Schamanen werden dazu → psychoaktive, »hl.« Pflanzen wie Hanf (Cannabis), Datura, Fliegenpilze, → Ayahuasca und Kakteen (Peyotl) und Pilze benutzt, aber auch → Trance-Techniken, die durch Singen, Trommeln, → Tanz und andere Methoden induziert werden. In veränderten → Bewusstseinszuständen kommen die Teilnehmer mit Kräften in Berührung, die außerhalb des alltäglichen Bewusstseins liegen. In den meisten Fällen ist das magische Ritual ein ekstatisches Erlebnis, das Erkenntnisse vermittelt, welche selten im normalen Bewusstseinszustand erlangt werden.

In der jüdisch-christl. Überlieferung wurde eine deutliche Trennung von »schwarzer« Magie und religiösen Ritualen vollzogen. Diese Trennung basiert auf dem → manichäisch-gnostischen Dualismus von Gut und Böse bzw. dem Kampf der Kräfte des Lichts mit den Kräften der Dunkelheit. In diesem Verständnis sind die in magischen Ritualen manipulierten Kräfte die des Bösen – daher die Bezeichnung »schwarze« Magie, womit auch die mittelalterliche Hexenverfolgung gerechtfertigt wurde (→ Hexen). Heute versteht man unter schwarzer Magie im Wesentlichen die geistige Einwirkung auf Ereignisse, die zu materiellem Erfolg führen oder andere Menschen ohne deren Einverständnis beeinflussen oder ihnen auch mit Absicht schaden sollen. Würde man diesen Gedanken z. B. auf die Werbung oder die Waffenproduktion ausdehnen, so könnte man eine solche Art der Beeinflussung durchaus auch als »schwarze Magie« einstufen.

»Gerade die Frage des → Willens ist es, wodurch sich Magie von der → Mystik und den Ritualen der Weltreligionen unterscheidet. Anders als der Mystiker oder gläubige Anhänger einer → Religion schöpft der Magier weniger aus der Hoffnung auf Gnade, die von Gott gewährt wird, als aus dem Glauben oder sogar Wissen, dass man das eigene Bewusstsein durch Magie willentlich verändern kann, dass also die Götter oder Geister auf bestimmte rituelle Verfahren reagieren werden.« (Nevill Drury 2004, 7)

Der Grundgedanke der Magie, dass nämlich gewisse feinstoffliche Kräfte manipulierbar seien, führte parallel zur Entwicklung der → Alchemie, wo diese Kräfte dann mit den Sternen oder der Natur gleichgesetzt wurden. Paracelsus (1493–1541), Agrippa von Nettesheim (1486–1535), Albertus Magnus (um 1200–1280), Robert Fludd (1574–1637), John Dee (1527–1608) und andere Gelehrte des Mittelalters wurden noch mit Hochachtung als »Schwarzkünstler« bezeichnet. Durch die kirchliche Verfolgung aller naturmagischen Tendenzen der schwarzen Kunst – dies der Begriff für die mittelalterliche Naturwissenschaft und Heilkunde aufgrund ihrer schwarz eingebundenen Bücher – wurde dieses Wissen als »Hexenkunst« verteufelt. Zu Beginn der Neuzeit verstand man unter schwarzer Magie zumeist die heidnischen und naturreligiösen Praktiken und Rituale, insbesondere der Hebammen (→ Hexen), Kräuterheiler, Kabbalisten (→ Kabbala) und Alchemisten (→ Alchemie).

Magie war (und ist) eine Konkurrenz für die institutionellen Religionen, denn beide sind nur mit Mühe auseinander zu halten: Beide benutzen Rituale, die den Gläubigen ehrfurchtsvoll dem Numinosen (dem »Unbegreiflichen«) oder den Göttern annähern sollen. Die Verfolgung von → Hexen wurde meistens damit begründet, dass diese Analogzauber ausübten, also durch Entsprechungen (z. B. das Blut eines schwarzen Hahns sollte gegen bösartige Krankheiten wirken), und sich so »göttliche Kräfte« aneigneten. Agrippa von Nettesheim, ein berühmter Gelehrter der Rechte, Medizin und Philosophie, verteidigte deshalb auch angeklagte Hexen. Er bestritt dabei, dass »ein altes närrisches Weib« tatsächlich magisch auf die Natur einwirken könne. Von Nettesheim wollte damit seine eigenen aufklärerischen Absichten bestärken; seiner Meinung nach konnte nur ein Gebildeter Magie ausüben. Die Philosophen der Aufklärung unterstützten direkt oder indirekt die Inquisition, da sie die Naturmagie als hinderlich für den wissenschaftlichen Fortschritt betrachteten, obwohl natürlich ihre Kenntnisse besonders in den aufblühenden Naturwissenschaften genutzt wurden. So führte im Laufe der Säkularisierung der Welt die magische Wissenschaft zur Grundlage der experimentellen Naturwissenschaft.

Sehr häufig werden Satanismus bzw. »Teufelsanbetung« (→ Teufel) mit dem Studium der Magie in einen Topf geworfen, auch wenn diese beiden Dinge nichts miteinander zu tun haben. Der Glaube an die Schöpferkraft → Satans geht auf die gnostische Vorstellung vom → Demiurgen, dem Schöpfergott Satanel, zurück (→ Engel, → Gnosis). Satan (manchmal mit »Widersacher« übersetzt, ein Begriff, der auf kabbalistischer Zahlenmystik basiert) war der Herr der Äonen (→ Engel oder Emanationen Gottes). Ähnlich wie Prometheus, der den Menschen das Feuer brachte und dafür an einen Felsen geschmiedet wurde, fiel Satan angeblich in Ungnade, weil er aus eigener Schöpferkraft handelte. Satan wird in manchen Überlieferungen mit dem Lichtbringer Heosphoros oder Phosphoros (dt. Luzifer) gleichgesetzt, einem der griech. Götter, dem personifizierten Morgenstern und Aufseher über das Sternenheer. Dass aus dem Lichtbringer Luzifer ein Synonym für → Teufel werden konnte, hat sicherlich kulturelle Gründe. Manche Gnostiker halten auch Jehova, den jüdischen Gott, für einen gefallenen Demiurgen, dessen Schwächen Eifersucht, Rachsucht und Zorn ihn disqualifizierten (→ Gnosis, → Kabbala).

Man kann sagen, dass die immer wieder geschürte Angst vor dem Satanischen im Wesentlichen eine Erfindung der katholischen Kirche ist. Selbstverständlich ist ein menschenverachtender und gewalttätiger, nihilistischer Satanismus abzulehnen und er begegnet auch eher in Imitationszirkeln ohne wirkliches Wissen um seine Bedeutung; doch diese haben in der allgemeinen magischen Szene nur eine winzige Randbedeutung. Tatsächlich propagieren die führenden Satanismusgruppen wie die Church of Satan oder Temple of Set eher einen toleranten Liberalismus.

Wer sich auf den magischen Weg begibt, muss lernen, mit Symbolsystemen zu arbeiten (→ magische Symbole und Objekte). Es gibt viele Zugänge zum außergewöhnlichen Bewusstsein, und jeder Sucher findet hier eigene Formen. Symbole an sich enthalten keine Wirklichkeit, sie sind nur Formen eines kollektiven Glaubens und Katalysatoren für eine andere Welt. Magisch ausgedrückt, nimmt der Esoteriker diese Symbole und macht sie, nachdem er sie veräußerlicht hat, zu Eingängen in eine andere, innere Wirklichkeit. Wird das Symbol energetisch aufgeladen, so kann es zum Fokus für das Bewusstsein des Übenden werden. Diese Symbolarbeit wird auch beim Reiki eingesetzt, das ansonsten nicht mit Magie in Verbindung gebracht wird.

Die jüdische → Kabbala ist die verbindende Sprache aller westlichen Magiker. Sie kam über verschiedene Wege nach Europa. Giovanni Pico della Mirandola verband sie mit der alexandrinischen Geheimwissenschaft (oder → Esoterik). Agrippa von Nettesheim systematisierte sie in seinen Werken »Über die geheime Philosophie« und »Magische Werke«. Ein anderer Zweig der Rezeption führt über die spanischen Kabbalisten, von denen Moses Cordovero (1522–1570) der bekannteste ist. Die Engländer John Dee (1527–1608) und Robert Fludd (1574–1637) verbanden alchemistische, magische und kabbalistische Elemente.

Ihre Werke übten großen Einfluss auf die → Rosenkreuzer aus und wurden später zur Grundlage des magischen Ordens Golden Dawn (→ Crowley, Aleister). Es gibt eine Menge Querverbindungen und Befruchtungen innerhalb der unterschiedlichen Geheimgesellschaften.

Ein wirklicher Magier ist ein Mensch, der sich selbst verwirklicht hat, im Sinne der Tarotkarte (→ Tarot) »Der Magier«. Er muss in der Lage sein, Menschen zur Mündigkeit und Selbstverantwortung zu führen. Das wäre ein brauchbares Kriterium für die heutige Zeit.

Magische Symbole und Objekte

In allen spirituellen Richtungen und Glaubenssystemen werden Symbole und Objekte dazu benutzt, mit geistigen Kräften, Gottheiten, Ahnen, → Geistern und → Dämonen in Verbindung zu treten, sie zu beschwören oder gegen sie zu wirken. Die Symbole und Objekte wirken nur in einem rituellen Zusammenhang, der sich auf den Kontext des → Bewusstseinsfelds bzw. des Glaubenssystems desjenigen bezieht, welcher das Ritual ausführt. Die Wirkung als magische Objekte, als Brücken zu den geistigen Welten erhalten die Objekte durch die Fähigkeit und spirituelle Kraft (→ Energie, → Visualisation) des Anwenders.

Je nach Kultur und Kult unterscheiden sich die Symbole und Objekte. Einige von ihnen haben in vielen Glaubenssystemen eine ähnliche Bedeutung, z. B. Kreis (→ Tao, → Weltzentrum), → Kreuz, Dreieck (→ Trinität, → Yantra), Schwert (→ Tarot), Geisterdolche.

Mahamudra (Sk. »das Große Siegel«)

Meditationstechnik der Kagyüpa-Richtung des → tibetischen Buddhismus und soll in die Leere (→ Shunyata) oder das → Nichtsein führen und dadurch in die Freiheit vom Kreislauf der Geburten. Gleichzeitig lehrt Mahamudra auch die Einheit aller Erfahrungen.

Die Mahamudra-Lehre wurde von dem Yogi und Übersetzer Marpa (1012–1097) an seinen Schüler Milarepa (1052–1135), den größten Dichter und Yogi Tibets, weitergegeben. Im Anschluss an Marpa und Milarepa entwickelten sich die verschiedenen, heute auch im Westen besonders aktiven Formen der Kagyüpa, der »mündlichen Überlieferungslinie«.

Maharishi Mahesh Yogi (Mahesh Prasad Warma)

Schüler von Guru Dev (Shankaracharya von Jyotir Math). Er gründete 1958 die Spirituelle Erneuerungsbewegung, deren Ziel es ist, »die direkte Erfahrung des reinen Bewusstseins jedem Menschen in der Welt durch die einfache, natürliche und mühelose Technik der Transzendentalen Meditation« (TM) nahe zu bringen. Seither wurden in aller Welt Meditationszentren und auch Schulen in Indien gegründet und über 4 Millionen Menschen in TM (→ Meditation, Transzendentale) eingeweiht. Die TM basiert auf der zeitlosen vedischen Wahrheit, dass es ein höheres Selbst im Menschen gibt, das ewig und absolut ist, und dass es der Zweck des Lebens ist, diesen Seinszustand des Reinen Bewusstseins zu verwirklichen.

Mahayana (Sk. »der weite Weg«)

Bildete das Bodhisattva-Ideal aus, bei dem nur die Befreiung aller Wesen die endgültige Befreiung aus dem Kreislauf der Wiedergeburten ermöglicht (→ Reinkarnation). Es entwickelte sich die Idee, dass jeder Mensch die Buddhaschaft in sich trägt.

»Als die Idee der Bodhisattvaschaft immer mehr an Bedeutung gewann, war die strenge monastische Abgeschlossenheit nicht mehr aufrechtzuerhalten, und die Religion der Mönche und Nonnen [des → Theravada] musste eine Religion der Laien werden. ... Um Erleuchtung zu erlangen, war es nun nicht mehr absolut notwendig, sein Heim zu verlassen und den Fußstapfen wandernder Mönche zu folgen.« (D. T. Suzuki 1987, 75)

Diese Vorstellung ging in den tibet.-tantrischen, insbesondere auch in den chines. Ch'an- und den japan. → Zen-Buddhismus über. Die Laienschüler gewannen immer mehr an Bedeutung; unter den Anhängern des Buddhismus fanden sich schließlich auch zahlreiche Frauen in verschiedensten Lebensumständen, darunter sogar Kurtisanen (die man heute als Prostituierte bezeichnet). Der Buddhismus wurde so im Laufe der Zeit demokratischer, anschaulicher und menschlicher.

Mala (Sk. »Rose«, »Kranz«)

Auch *japamala* genannt. Gebetskette mit 108 Rudraksha- oder Tulasiperlen (Baumsamen), die gewöhnlich beim *japa,* dem Wiederholen von Gebetsformeln oder → Mantras, benutzt wird. Die Kettenglieder können aus vielerlei Materialien bestehen: natürlichen Samen, geschnitzten Perlen aus Holz, Schneckenschalen, Knochen. Der Gebrauch von Malas ist bis zur Steinzeit (Grabfund von Mehrgat) zurückzuverfolgen (ca. 7000 v. u. Z.). Ursprünglich waren Malas Schamanenketten (→ Schamanismus, Nepal), aus denen sich die buddhist. Gebetskette und der christl. Rosenkranz entwickelten.

Malamati

Viele freie Derwische wurden außer von hinduist. Strömungen auch vom Malamatitum beeinflusst, einer mystischen Sekte, die vom 9. bis zum 11. Jh. im iranischen Nishapur entstand. Das Heil der Malamatis (türk. *melami)* lag damals in der Bereitschaft, die Geringschätzung und Demütigung durch die Mitmenschen, denen der mystische Weg suspekt ist, zu ertragen. Diese Haltung wandelte sich jedoch zu einem pädagogischen Prinzip, zu einer Lehrmethode, bei der es darum geht, dem Schüler seine Schwächen und seine Egozentriertheit deutlich vor Augen zu führen. So verstärkt sich bei ihm das Gefühl der eigenen Nichtigkeit – die er natürlich nicht gern sehen will. Alle, die auf einen geistigen Weg gehen, fühlen sich zuerst einmal »auserwählt« und »besonders«. Das barsche, manchmal abweisende und rüde Verhalten eines Lehrers, der »Tadel« (arab. *malama,* türk. *melem),* den es auch in anderen Traditionen wie dem → Zen gibt, sticht in die Wunde der eingebildeten Persönlichkeit des Schülers. Das äußere Verhalten des Meisters ist allerdings getragen von einem intensiven Mitgefühl und selbstloser Liebe zum Schüler. Es ist eine Haltung des Dienstes am und für den Menschen.

Diese Methode dient v. a. dazu, den inneren Kampf gegen Eitelkeit, Selbstliebe und Selbstgefälligkeit zu stärken. Eine weitere »Säule« der Unterrichtung ist *edeb,* Manieren. Das bedeutet, dass der Adept lernt, in jeder Situation die Fassung zu bewahren und auch auf Beleidigungen von Mitmenschen nicht emotional zu reagieren.

Das Malamat-Prinzip als Lehrmethode wurde von vielen Sufi-Orden (→ Sufismus) übernommen. Die meist ekstatischen Methoden der freien Derwische brechen ein grundlegendes Tabu des traditionellen Islam, der dualistischen Verschiedenheit von Allah und Mensch. Dieser Verstoß gegen den orthodoxen Glauben wird als »Verrücktheit« *(majzub)* betrachtet. Dem ekstatischen Derwisch geht es wie Ekstatikern anderer Wege um die Vereinigung mit

Gott, um die Selbstverlorenheit im Gottes- bzw. Geistbewusstsein. Ein Majzub ist entweder bereits von Geburt an »entrückt« oder hat »unter dem Schock einer mystischen Vision oder irgendeines anderen seelischen Erlebnisses seinen Verstand verloren« (Annemarie Schimmel 1990) – zumindest von einem traditionalistischen Standpunkt aus gesehen. Wenn er einen Meister, *pir*, hat, dann lehrt dieser ebenfalls auf ungewöhnliche und für Außenstehende befremdliche Weise.

Es geht darum, die Wirklichkeit jenseits jeder Anhaftung und jedes Dualismus zu finden. Insofern ist diese Sufi-Richtung mit dem → Advaita-Vedanta verwandt – mit dem Unterschied, dass der Weg zur Erkenntnis über ein Leben in völliger Selbstaufgabe verläuft.

Das Prinzip des Malamati hat in gewisser Weise auch → G.I. Gurdjieff gelebt und gelehrt. Er betonte mehrfach, dass das »absichtliche Leiden« (wie er es bezeichnete) ein direkter Weg zur Aufgabe jeder Identifikation mit der weltlichen Persönlichkeit sei und der wirksamste Weg zur Nichtanhaftung an existenzielle Bedingungen und soziale Zwänge. Sein Verhalten wurde häufig als nichtkonform und unkonventionell geschildert. Damit schreckte er Menschen ab, die nicht bereit oder fähig waren, sich von gesellschaftlichen Konventionen zu lösen. Dabei ist diese Nichtkonformität kein Selbstzweck. Sie dient dazu, die unbewussten Verhaftungen zu erkennen und einen eigenen, inneren Weg zu finden – auch im Rahmen des »normalen« Lebens. Damit folgte er dem → Naqschibandi-Motto: »In der Welt, aber nicht von der Welt zu sein.«

Mandala (Sk. »Kreis«, »Bogen«)

Im → tibetischen Buddhismus symbolische Darstellung kosmischer Kräfte in

Tibetisches Mandala.

zwei- oder dreidimensionaler Form, meistens auf Thankas dargestellt. Mandalas sind Meditationshilfen und Vorlagen für bestimmte Visualisierungen.

Sie werden als eine durch die → Meditation bewirkte Gesamtschau zahlreicher unterschiedlicher Elemente verstanden. Augenscheinliches Chaos und unübersichtliche Komplexität werden zu einem Muster und einer natürlichen Hierarchie vereinfacht. Mandalas können auf vier verschiedene Arten dargestellt werden: durch ein gemaltes Rollbild (Thanka), durch gefärbten Sand, durch Reishäufchen oder durch ein dreidimensionales Modell, das meist in Metall gegossen ist.

Meistens werden am Rand die verschiedenen wichtigen Verkörperungen der Buddhas dargestellt, d.h. Wesenheiten, die durch eigene Einsicht erleuchtet wurden und von dem Kreislauf der Wiedergeburten erlöst sind. Dazu gehören Vairocana, Akshobhya, Ratnasambhava, Amitabha, Amogasiddhi u.a.. Steht im Mittelpunkt des Mandalas eine rasende Schutzgottheit (Yidam), so ist das Mandala selbst als Zeichen der Vergänglichkeit der Welt von Leichenstätten umgeben. Den äußeren Rand der Darstellung bilden meist Flammenkreise in den fünf

Grundfarben, welche die fünf Buddhafamilien und den von ihnen gewährten Schutz symbolisieren.

Mani, Manichäismus

Eine weitere bedeutende Linie der gnostischen Überlieferung (→ Gnosis) ist die Religion des persischen Weisen Mani (ca. 216–276).

Schon in seiner Jugend hatte Mani Offenbarungserlebnisse. Reisen in den Osten brachten ihn in Kontakt mit dem → Buddhismus. Mani sah die Beschränkungen dieser Religionen, die nur in einzelnen Sprachen und für einzelne Völker Verbindlichkeit besaßen und deren Angehörige oft unter sich um die Lehre stritten. Daher bemühte er sich, die Schriften seiner Religion noch zu seinen Lebzeiten aufschreiben zu lassen und die Lehre eindeutig zu formulieren, um Auslegungsstreitigkeiten und Gruppenbildung zu vermeiden und seine Lehre weltweit zu verbreiten.

Kennzeichen dieses Glaubenssystems ist ein strenger → Dualismus von Gut und Böse (Licht und Finsternis, Seele und Körper). Ziel ist es, durch Askese die (Licht-)Seele aus dem Kreislauf der Wiedergeburt (→ Reinkarnation) zu befreien und so ihre Wiedervereinigung mit dem Göttlichen zu ermöglichen.

Über den Vater Manis gab es wohl Verbindungen mit der Täufersekte der Mandäer (einer gnostischen Gemeinschaft aus dem 1. Jh., die heute noch im Libanon existiert), deren Gründer Johannes der Täufer gewesen sein soll. Nach der Lehre Manis war nicht der kosmische Christus am Kreuz gestorben, sondern Jesus als dessen Stellvertreter. Erst der Kontakt mit den Anhängern Johannes des Täufers – darauf weist die Apostelgeschichte hin – machte die Christen mit den Geburtsgeschichten von Johannes dem Täufer bekannt, in denen er als der neugeborene Messias der Priesterüberlieferungen dargestellt wird. Aus diesem Grunde spielt der Name Johannes als »Priesterkönig« in den späteren Mythen um den Hl. → Gral eine bedeutende Rolle als »König der Welt« (Julius Evola 1954, 59ff.).

Von den manichäisch-gnostischen Lehren beeinflusst waren die → Katharer (die »Reinen«), ein Sammelname, den sich eine Reihe häretischer christl. Sekten gab, welche sich vom 3. bis zum 11. Jh. in Vorderasien und Westeuropa ausbreiteten. In östlicher Richtung breitete sich der Manichäismus über den Iran, Afghanistan, Indien, Chinesisch-Turkestan und Zentralasien bis nach China aus. Er fasste Fuß im westlichen Tibet und beeinflusste die einheimische, schamanistische Bön-Religion und den Lamaismus (→ tibetischer Buddhismus). Beim Türkvolk der Uiguren wurde der Manichäismus sogar Staatsreligion. Der manichäische Einfluss war über 1000 Jahre lang im Buddhismus und Islam in wirksam.

Mantra (Sk. »heilige Silbe«)

»Am Anfang war der Wind. Durch sein Wirbeln bildete er die Urformen und den Urgrund der Welt. Dieser Wind tönte, und also war es der Ton, der die Stoffe formte. Durch das Tönen der ersten Urformen, des Urgrunds, entstanden weitere Formen, die ihrerseits kraft ihres Tönens neue Gestalten hervorbrachten. Der Ton bringt alle Formen und Wesen hervor. Der Ton ist das, wodurch wir leben.« (Zitat eines → Lamas, nach Alexandra David-Néel)

»Am Anfang war das Wort«, heißt es in der hebr. Genesis. Wind, Wort, Klang und Ton sind Synonyme für die erste Schwingung, die das Universum hervorbrachte. Wir finden diese Idee in den meisten Schöpfungsmythen. Jeder Klang lässt umgekehrt die Schöpfung immer wieder neu entstehen und erhält sie in der Bewegung. Die Stimme des Menschen war sein erstes Klanginstrument, um mit den Erscheinungsformen der spirituellen und physischen Wirklichkeiten, mit den Lebewesen der Natur, den → Geistern, Naturkräften, Göttern und Ahnen zu kommunizieren.

Im Gespräch mit der Orientalistin Alexandra David-Néel (1868–1969) sagte ein Lama einmal:

> »Um zu kommunizieren, ist es notwendig, zu hören, dem Klang der Welt zu lauschen. Dem Klang des Wassers, des Windes, dem Grollen des Donners und der Erde, des Feuers, der Pflanzen und der Tiere – alle verständigen sich in einer Sprache ohne Worte: mit dem Klang. Alle Wesen, alle Dinge, selbst die, die keine Seele zu haben scheinen, bringen Töne hervor. Jedes Wesen, jedes Ding hat eigene, spezifische Töne, die sich verändern, abhängig von der Phase, in der sich das Wesen befindet. Alles ist eine Konzentration von Atomen, die tanzen, sich bewegen und Töne produzieren.« (Alexandra David-Néel)

Die frühen Menschen haben vermutlich versucht, mit Stimmlauten und Naturmaterialien diese Naturklänge nachzuahmen, um eine beabsichtigte Wirkung zu erzielen. Nachzuahmen heißt, sich anzuschließen an das Schwingungsfeld, an den Klang dessen, was nachgeahmt wird. Kenne ich die Schwingung einer bestimmten Kraft, so kann ich sie herbeirufen, abwehren und beschwören – und zwar, indem ich ihren »Klang« nachahme, ihre Schwingung und ihren Rhythmus absichtlich annehme. Ein Sk.-Sprichwort sagt: »Der Ton ist die Mutter der Natur, aber der Rhythmus ist der Vater.«

Rhythmus ist Bewegung, und Bewegung ist das Merkmal unseres Lebens: Atem, Herz- und Pulsschlag. Der Zustand unseres Körpers, unseres Geistes und unseres Gemüts drückt sich aus im Rhythmus dieser drei. Vom Rhythmus des Atems, Herz- und Pulsschlages lassen sich Rückschlüsse ziehen auf den Zustand von Körper, Geist und Gemüt.

Der menschliche Körper ist ein lebendiger Resonanzkörper, jede Schwingung eines Klangs hat Auswirkungen auf Atem, Herz- und Pulsschlag. So ist es möglich, den Rhythmus und den Ton eines Körpers wahrzunehmen, Störungen in seinem Schwingungsfeld zu erkennen und auf diese Störungen mit Rhythmus und Klang regulierend einzuwirken.

In der Praxis vieler spiritueller Wege werden Gesang, Töne, Klänge, Mantras eingesetzt, um sich ins Schwingungsfeld des Bewusstseins einzuweben und so die eigene, seelische Schwingungsebene anzuheben. Das indische Wort *mantra* steht für die bekannteste Technik der Rezitation von »hl. Silben« und hat, ähnlich wie → Karma und → Chakra Einzug in unser allgemeines Vokabular gehalten. Eine Übersetzung von Mantra lautet: »Etwas, worauf der Geist sich stützt.«

Es wird auch gelehrt, dass das Mantra den Geist schützt. Etymologisch stellt *man* die erste Silbe von Manas »Geist« dar, während die Silbe *-tra* den Werkzeugcharakter einer Sache andeutet. In diesem Sinne ist ein Mantra erst einmal ganz neutral ein Werkzeug für den Geist, aber auch z. B. im buddhist. Sinne ein Werkzeug, das den Geist schützt – vor eingefahrenen Gedankenschleifen, vor eingefahrenen emotionalen Mustern.

Ein Mantra hat aber auch die Funktion, das Bewusstsein des Menschen zum Erwachen zu bringen. Im Mantra verbindet sich der »gewöhnliche« Klang mit dem Schöpfungsklang, der die schöpferischen, verwandelnden und zerstörerischen Kräfte in sich birgt. Im Mantra verbindet sich auch die gewöhnliche Luft, die wir atmen, mit der kosmischen Energie, die allem Leben »den

Das Symbol für das Mantra OM.

Atem einhaucht«. Diese Qualität durchdringt alles Lebendige.

Das bekannteste Mantra ist → OM, eigentlich AUM geschrieben. Dieses Wort bedeutet auch tatsächlich »Erwachen«. Es ist die erste Schwingung, die das Universum hervorbrachte. Im tibet. Buddhismus ist OM MANI PADME HUM das beliebteste Mantra und bedeutet, dass das »höchste Ich« in mir zur Weisheit im Mitgefühl erwachen soll.

»Mantras haben nicht nur Klang, sondern auch Form und Farbe. Die Form oder das archetypische Bild oder Symbol, mit dem es verbunden ist, muss im Augenblick der Rezitation heraufbeschworen werden, da dieses Bild der Speicher all der psychischen, emotionalen und spirituellen Energie ist« (John Blofeld 1978, 149).

Ein Mantra birgt also zweierlei: Es ist eine Schwingung, die mich mit dem Schwingungsfeld des bewussten Universums verbinden soll, und es enthält eine Bedeutung, die ich lebendig werden lassen möchte, die mein Leben erfüllen soll. Die Auffassungen darüber, wie häufig ein Mantra zu rezitieren ist, gehen auseinander: In manchen Traditionen und Übungssystemen soll es 100 000 Mal oder öfter rezitiert werden, in anderen dient es lediglich zur Induktion einer tieferen Meditation. Die Kraft des Mantras beruht in jedem Falle auf dem Prinzip der ständigen Wiederholung, ähnlich wie bei Gebetstechniken in der christl. Mystik (→ christliche Mystik).

Neben dem Aussprechen oder Singen des Mantras gibt es eine Methode, die mit dem Atemfluss verbunden ist: *ajapa-japa.* Dabei wird z. B. das Mantra SOHAM mit der Silbe SO eingeatmet und mit der Silbe HAM ausgeatmet. Der Name soll aus dem Herzen kommen und nicht aus dem Mund. Wenn er aus dem Mund kommt, nennt man ihn *japa,* aus dem Herzen *ajapa.* In dieser Übung wird der unendliche Kreislauf des Atems selbst zum Meditationsobjekt. Siehe auch: → Herzensgebet, → Dhikr, → Songlines.

Mantrischer Gesang

Die ursprüngliche Bedeutung des lat. Wortes *cantare* ist nicht »singen«, sondern »beschwören«, »zaubern«. Die spanische Vokabel *encantamiento* mit der Bedeutung »Entzücken«, »Verzauberung« weist genauso wie das engl. Wort *enchantment* auf die Macht des Gesanges hin, mit der das Bewusstsein erweitert werden kann, um in Kontakt zu den Schwingungsfeldern anderer Welten zu treten (→ Bewusstseinszustände).

In der indischen Spiritualität sind es die *kirtans* und *bhajans,* die durch ihre oft wunderschönen Melodien und mantrischen Formeln starke meditative Wirkung haben. Im christl. Mönchsleben haben die täglichen lat. Gesänge, die auf der Polyrhythmik beruhen, die entsprechende Wirkung. In schamanischen Gesängen der Amazonasschamanen wiederum transportieren die → Icaros besondere Heilinformationen.

Eine damit verwandte und sehr wirksame Form des Singens ist das Obertonsingen. Obertöne sind subtile hohe Frequenzen, die beim Bespielen aller Instrumente entstehen, beim Obertonsingen durch eine bestimmte Gesangstechnik. Diese Technik wird hauptsächlich durch eine bestimmte Art der Atmung (→ Atem, Atemtechniken) erreicht und verlangsamt den Atemrhythmus. Obertongesang kann zu veränderten Bewusstseinszuständen führen und energetisiert den ganzen Körper bis hin zu heilsamen Wirkungen auf Organe und Zellen. Es heißt auch, dass die harmonischen Obertöne auf den Energiekörper und Chakras wirken und diese aktivieren.

Beim anfänglichen Üben wird gern das Mantra AUM verwendet, weil es ein großes Obertonspektrum hat. Es macht offenbar auch einen Unterschied in der Wirkung, ob das Mantra mit normaler Stimme oder mit Obertönen rezitiert wird. Die Gesänge wirken nicht nur durch das Schwingungsfeld der Töne, sondern auch durch die Worte, die eine bestimmte und beabsichtigte Information in das Schwingungsfeld hineintragen.

Märchen und Mythen

Märchen und Mythen sind durch alle Zeiten der sprachkundigen Menschheit hindurch Informationsträger des Wissens um Zusammenhänge ordnender Strukturen von Lebensbezügen. Mythen bilden seit ihrem Entstehen den Schlüssel zu den geistigen Entwicklungsmöglichkeiten des menschlichen Lebens, sie sind Geschichten auf der ewigen Suche nach Wahrheit, nach den Sinnzusammenhängen.

»Mythen sind Geschichten unserer ewigen Suche nach Wahrheit, nach Sinn, nach Bedeutung. Wir alle müssen unsere Geschichte erzählen und unsere Geschichte verstehen. ... Mythen sind Schlüssel zu den geistigen Entwicklungsmöglichkeiten des menschlichen Lebens« (Joseph Campbell 1989, 17).

Geschichten sind wie innere Landkarten von Erfahrungswelten, erzählt von Menschen, die diese Welten des → Bewusstseins »bereist« haben. Sie erzählen von klugem Verhalten, von spirituellen Erkenntnissen, von anderen Wirklichkeiten. Die Hauptmotive der Mythen ähneln sich in allen Kulturen, so wie die Menschen sich ähneln, auch wenn sie verschiedenartig leben und denken. Es geht immer um die großen geistigen Rätsel: um die Erschaffung der Welt, um Tod und Wiedergeburt, um den Sinn des Lebens oder seine Richtung, um richtiges Handeln, Hingabe und Freude. Nur die Form unterscheidet sich je nach Kultur. Es entstehen auch immer wieder neue Mythen, die der jeweiligen gesellschaftlichen Situation angemessen sind oder die gebraucht werden, um die Alltagswirklichkeit auf kreative Weise zu verarbeiten und neue Lösungsmöglichkeiten zu finden.

Längst haben kluge Märchenforscher diese Informationen gelesen, entschlüsselt und geordnet. Einer der Märchenforscher, der sich besonders dem Zusammenhang von Märchen und → Schamanismus gewidmet hat, ist Heino Gehrts. Er stellt im Zusammenhang mit dem schamanischen Gehalt unserer Märchen die Frage: »Wussten die Erzähler dieser Märchen, dass sie dergleichen erzählen? Oder: »Wie lange wussten sie es?« Seine Antwort lautet:

> »Sie wussten es so lange, als noch ein Bewusstsein lebendig war von dieser zweiten Wirklichkeit außer der leibhaftigen, von jener Märchenwelt, die ein Schamane im Seelenflug verwirklicht. Daraus ergibt sich die klare Folgerung, dass unser Märchen in seinem eigentlichen Sinne verstanden wurde bis zu dem Tag, an dem der letzte Ekstatiker oder Ekstatikerin verbrannt wurde. Das wäre also noch gar nicht so lange her ...« (Heino Gehrts 1992)

Das Besondere an »guten Geschichten« ist, dass sie die Menschen nicht nur intellektuell mit Information versorgen, sondern v. a. sinnlich und emotional ansprechen. Ein aktuelles Beispiel ist der neuheroische Mythos »Herr der Ringe«. Geschichten – wie wir auch immer sie zuordnen mögen, ob als Mythos, Märchen, Sage, Erzählung oder Legende – werden in die aktuelle Lebenswirklichkeit der Zuhörer eingewoben durch die mündliche Überlieferung. Gute Geschichten sind mehr als unterhaltsam, sie sind Türöffner für eine dem Zuhörenden entsprechende Ebene des »Miterlebens«, das in eigene Erfahrungsräume führen kann. Die Begriffe »Fantasie« und »Imagination« treten in den Hintergrund, wenn beim Zuhören die Berührung mit der eigenen Wirklichkeit erfahren wird. Durch Geschichten der Vielfältigkeit der eigenen Wirklichkeit zu begegnen, kann nicht nur gleich der Heldin, dem Held der Erzählung zur Heldenhaftigkeit oder Flugtauglichkeit in »andere Welten« befähigen.

Die Berührung durch das erzählte Geschehen, nicht die Analyse des Geschehens und auch nicht die Kennzeichnung als Märchen oder Mythos hat die Kraft, dass der oder die Lesende oder Hörende selbst zu einem Teil des sich immer wieder neu spinnenden »fliegenden Teppichs« einer heilsamen Wirklichkeit wird (Nana Nauwald 2004).

Maria

»Die Väter der christl. Kirche setzten der Verehrung Marias erheblichen Widerstand entgegen, denn sie waren sich darüber im Klaren, dass Maria aus einer Mischung verschiedener althergebrachter → Göttinnen bestand; zu diesen Göttinnen gehörte Mariamne, die semitische Gottesmutter und Himmelskönigen, Aphrodite-Mari, die syrische Version von Ishtar, Juno, die gesegnete Jungfrau, Isis als Stella Maris … und viele andere.« (Barbara G. Walker 1993, 664)

Christa Mulack weist nach, wie die alte Göttin durch die spätere Marienverehrung in der katholischen Kirche dem Christentum einverleibt wurde und wie sich das Verständnis der »Jungfrau« und »Mutter« Maria gewandelt hat:

»Als Himmelskönigin kann Maria uns Frauen helfen, unseren spezifischen weiblichen Erfahrungen mit dem Göttlichen Ausdruck zu verleihen. In ihr finden wir ein christlich legitimiertes Symbol, das das weibliche Antlitz der Gottheit offenbart. Es ist Trägerin jahrtausendealter weiblicher Potenzen, die nicht nur dazu angetan sind, der Frau ein stärkeres Selbstwertgefühl zu vermitteln, sondern die ebenso die männliche Einseitigkeit der patriarchalen Gottesvorstellung in Frage stellen und überwinden helfen und damit letztlich die Auferstehung der religiös mündigen Frau auf breiterer Ebene einleiten.« (Christa Mulack 1985, 238)

Das Christentum rückte zu keiner Zeit freiwillig von seinem patriarchalischen Verständnis ab. So verstrickte sich die Kirche in den Widerspruch, dass Maria einerseits »Muttergottes« sei, andererseits aber nicht göttlich. Aber wer kann göttlicher sein als die »Mutter Gottes«? Die »Tarot-Bibel«, führt Barbara G. Walker aus, setzte klare Akzente:

»Auch im → Tarot erschien diese Göttin wieder als das höchste ›größte Geheimnis‹; sie ist umgeben von den Symbolen der Jahreszeiten; sie zeigt die Stäbe der Macht und tanzt den Tanz des Lebens; eine weitere Darstellung des archetypischen, unauslöschlichen Bildes im Geist jedes Kindes der Mutter. Trotz aller Anstrengungen patriarchalischer Glaubensinstitutionen in der ganzen Welt scheint ihr Bild bis zum heutigen Tage noch nicht ausgelöscht zu sein. … In jedem Fall war die letzte Enthüllung der Großen Arkana [→ Tarot] mit Sicherheit keine christliche Gottheit – nicht einmal eine neochristliche Version der Großen Mutter. Die himmlische Jungfrau der mittelalterlichen Kirche erschien niemals nackt. Die unbekleidete Göttin jedoch war ein grundlegendes Symbol der Schöpfung und Neuschöpfung, und deren ewiger Kreislauf darf nicht anhand der christlichen Kosmologie mit ihrer einseitigen, linearen Zeitvorstellung interpretiert werden. Das Tarot scheint viel eher darauf hinzuweisen, dass die Weltseele und der Weltenschoß essentiell identisch sind. Der die Göttin umgebende Mandorlakranz war ein verbreitetes Schoßsymbol und führt zur nächsten Karte, Der Narr, ein Symbol des neugeborenen Kindes. In der Tat stellt dies einen Bezug zur alten → Reinkarnationslehre her, jener Vorstellung einer Wiedergeburt, die den patriarchalischen Religionssystemen fremd war und die sie bekämpften, denn ihr Glauben erforderte ›Dauerhaftigkeit und nicht Veränderung, Ewigkeit und nicht Transformation, Gesetze und nicht kreative Spontaneität‹. Das Patriarchat verformte die Große Mutter in eine Dämonin, weil sie sowohl des Menschen ›Vernichtung‹ als auch dessen ›Erschaffung‹ bedeutete.« (Barbara G. Walker 1994, 175)

Maya (Sk. »Täuschung«, »Illusion«)

Universales Prinzip der → Vedanta-Philosophie, die Basis von Denken und Materie. Maya ist die Kraft (→ Shakti) → Brahmans und so ewig untrennbar mit Brahman verbunden. Maya und Brahman zusammen werden Ishvara genannt, die Vorstellung eines persönlichen Gottes, der das Universum schafft, erhält und wieder auflöst. Als Nichterkenntnis, kosmische Illusion oder Unwissenheit überdeckt Ishvara in Form der Maya Brahman. Maya verschleiert – in der Interpretation des → Vedanta – die Wahrnehmung des Menschen, sodass er nur die Vielfalt der Erscheinungen sieht und nicht die eine Wirklichkeit. Wird Maya jedoch als Shakti, als kosmische Energie, die jedem Gott und jedem Wesen seine Kraft verleiht, gesehen, dann führt das Streben nach Vereinigung mit Shakti wie im → Tantra zum Erleben der reinen Seligkeit, Sat-Chit-Ananda (Sk. »Sein-Bewusstsein-Seligkeit«).

Meditation

»Wenn ihr euren Geist in jedem Moment rein haltet, wird euch nichts verwirren« (Sheng Yen). Meditation ist eine Methode, die zur Erfahrung eines veränderten → Bewusstseinszustandes führt. Die Grundidee ist die Beruhigung des Geistes, sodass der Meditierende in jene spirituelle Dimension gelangt, aus der alles entsteht, den Bereich jenseits des Bewusstseins. Klassisch setzt sich Meditation aus mehreren Stufen zusammen (→ Raja-Yoga): Entspannung (Dharana), Konzentration (→ Dhyana) und Meditation (→ Samadhi), wobei die eine Form meistens in die andere übergeht. Verschiedene Techniken, die unter »Konzentration« beschrieben werden, sind auch Meditationstechniken. Auch Entspannungsübungen können durchaus in die Meditation münden. Deshalb sollte man diese Begriffe nicht zu eng sehen.

Entspannung: Nach meiner Erfahrung ist Entspannung eine wichtige Voraussetzung für jede Meditation, auch wenn Meditation am Ende zu einem tief entspannten Zustand führen kann. Es ist jedoch hilfreich, sich zuerst körperlich und gedanklich zu entspannen, um in eine tiefe Meditation zu gelangen, nicht umgekehrt. Um diese Entspannung zu erreichen, gibt es verschiedene Methoden. Liegen oder bequemes Sitzen können die Entspannung fördern. Wenn man jedoch in tiefere Meditation gehen möchte, ist es ratsam, eine entspannte, aufrechte Haltung einzunehmen. Setzen Sie sich dabei im Schneidersitz (→ Asana) oder einem anderen Sitz – je nach Möglichkeit – auf ein Kissen; manchmal ist es für den Fluss der Energien sogar besser, auf einem Stuhl zu sitzen.

Je nach spiritueller Richtung werden übrigens unterschiedliche Positionen empfohlen. Der Lotossitz ist allerdings nur für geübte → Hatha-Yogis bequem. Die liegende Haltung ist nur mit Atemübungen wie im → Qigong ratsam, weil man leicht dabei einschlafen kann – wobei das Einschlafen im Sitzen bei einer tiefen Meditation kein Problem darstellt, wenn der Meditierende in einen geistigen Bereich jenseits des Bewusstseins gelangt ist. Diese Stufe wird im Sk. → Samadhi genannt. EEG-Gehirnmessungen konnten bei wenigen Yogis, die von sich behaupteten, im Samadhi gewesen zu sein, die so genannten Deltawellen (1–3 Hz) nachweisen. Bei den meisten Menschen treten in tiefer Meditation normalerweise verstärkt Alphawellen auf (8–16 Hz), die »unterhalb« der Schwelle des normalen Wachzustands liegen, welcher durch Betawellen gekennzeichnet ist. Deltawellen treten auch in einem tiefen und völlig entspannten Schlafzustand auf. Man kann daher nicht beurteilen, ob der Yogi im Samadhi »schläft« oder tatsächlich in einer anderen Welt ist. Unter diesem Aspekt bieten Gehirnmessungen nur einen Vergleichswert, sie sagen nichts über die tatsächlichen Erfahrungen eines Menschen aus.

Progressive Muskelentspannung/Muskelrelaxation: Bei dieser einfachsten Entspannungstechnik lenkt man die Aufmerksamkeit in die verschiedenen Muskelgruppen des Körpers. Hierbei werden die Muskeln durch gezielte Aufmerksamkeit und möglichst auch durch den Atem nach und nach entspannt.

Progressive Sensibilisierung: Dieser nächste Schritt weist Ähnlichkeiten mit dem autogenen Training auf, verfolgt jedoch einen anderen Zweck als bloße Entspannung. Wenn die Muskeln entspannt sind, konzentriert man sich auf die Empfindung in verschiedenen Körperteilen. Hier kann man unterschiedlich vorgehen. Nach meinen Erfahrungen ist es besser, die Entspannung von oben nach unten durchzuführen, also vom Kopf zu den Füßen und je nach Methode wieder zurück zum Kopf. Nach zwei bis drei Durchgängen ist man in der Regel tief entspannt. Es gibt hier keine festen Regeln, am besten Sie probieren unterschiedliche Methoden aus, um die zu finden, die Ihnen am besten in die Entspannung hilft (→ Literatur, Meditation).

Atembeobachtung: Bei dieser Entspannungsübung wird der → Atem, die langsame, bewusste Ein- und Ausatmung beobachtet. Dabei kann man den Atem ebenso wie in der obigen Methode durch den Körper führen oder auch nur einfach mit der Aufmerksamkeit auf dem Atem und der Entspannung des Denkens in die Ruhe finden. Eine der Techniken dazu ist → Zazen. Eine weitere Technik ist die **dynamische Meditation,** die Osho entwickelt hat (→ Meditationstechniken nach Osho).

Konzentration: Nach der Entspannung kann der Meditierende sich auf ein Objekt seiner Wahl konzentrieren. Im tibet. Yoga (→ tibetischer Buddhismus) sind → Mandalas Meditationshilfen, in hinduist.-religiösen Ashrams (Zentren) werden häufig *kirtans* (→ mantrische Gesänge) gesungen. Bei den meisten Yoga-Wegen sind → Mantras gebräuchlich. Ein Mantra ist eine rhythmische Wiederholung von Kernsilben, Worten oder einer Reihe von Wörtern, die laut oder still wiederholt werden. Die Sufis bedienen sich der → Dhikrs, die ebenfalls rhythmisch wiederholt werden. Eine andere Art von Mantra ist »positives Denken« bzw. eine Affirmation, die man innerlich immer wieder aktiviert, auch während des Alltags. Auch ein Gebet (→ Herzensgebet) kann ein Mantra sein.

Musik: Es ist auch möglich, sich mit Hilfe geeigneter → Musik in eine Meditation einzustimmen. Doch dabei genügt es nicht, die Musik nur abzuspielen. Eine wichtige Voraussetzung sind entspanntes, aufmerksames Zuhören und ungehinderte Hingabe an die Musik. Hier erweist sich oft die traditionelle spirituelle Musik verschiedener Völker, die auf eine jahrhundertelange Meditationspraxis zurückblicken, für die Einstimmung als hilfreich wie z. B. Musik, die auf der japan. Shakuhachiflöte gespielt wird. Selbstverständlich wird man die Musik auswählen, die einem persönlich gefällt und die zu dem Weg passt, für den man sich entschieden hat. Dennoch empfiehlt es sich, eine Vielfalt von Musikrichtungen anzuhören, um das Bewusstsein zu erweitern. Musik und Klang sind in allen Traditionen die wichtigsten Werkzeuge, um die Tore der Wahrnehmung zu öffnen.

Synthesizermusik kann ebenfalls eine tiefe Entspannung ermöglichen, ebenso wie Klangschalenmusik – bei Letzterer muss der Zuhörende den feinen vielfältigen Obertonschwingungen lauschen und ihnen nachgehen. In gewisser Weise ist es jedenfalls eine wichtige »Bewusstseinsarbeit«, zwischen oberflächlicher und gehaltvoller Musik zu unterscheiden und im Hinblick auf ihren Zweck geeignete Musik auszuwählen .

Mudras: Eine weitere Meditationshilfe sind → Mudras. Darunter versteht man symbolische Handgesten als körperlichen Ausdruck einer bestimmten Energie.

Aktive → Visualisation: Mit Hilfe verschiedener Vorstellungsübungen kann hierbei die Fähigkeit aktiviert werden, den Geist in andere Bewusstseinsebenen einzustimmen. Eine Form der Visualisation ist die geführte Meditation, bei der die Vorstellung des Zuhörers in entspannende Bildwelten geführt wird. Das Problem mit konkreter, bildhafter Visualisierung als Vorbereitung für eine innere Erfahrung ist, dass so möglicherweise das Gehirn die Bilder weiterspinnt und eine Fantasiewelt geschaffen wird. Die meisten wirksamen Techniken arbeiten hier sparsam mit Vorgaben, allerdings kann ein Training der Vorstellungskraft (im Gegensatz zu einer »Fantasiereise«) durchaus wirkungsvolle Ergebnisse zeitigen und auch im alltäglichen Leben oder im Beruf nützlich sein.

Paradoxe Kontemplation: Eine weitere andere geeignete Technik, zur inneren Einsicht zu kommen, ist das kontemplative Nachdenken über eine paradoxe Aussage, wie sie im → Zen mit Hilfe von → Koans geübt wird.

Es gibt noch verschiedene andere Konzentrationsmethoden, wie z. B. die Aufmerksamkeit auf die → Chakras zu richten und diese zu aktivieren oder nur auf ein Chakra (z. B. das »dritte Auge« in der Mitte der Stirn), auf die → Latifas oder auf vorgestellte Objekte, wie auf einen Punkt oder eine Kugel »außerhalb« des Kopfes. Manchen Menschen fällt es leichter, sich mit Hilfe von Bewegungsabläufen zu konzentrieren. Es gibt Gehmeditationen (im Zusammenhang mit → Vipassana), bei denen man sich jeden Schritt und jede Körperbewegung bewusst macht. Eine bekannte und klassische Bewegungsmeditation ist das chines. → Tai-Chi *(taijiquan)* mit festgelegten, fließenden Bewegungsformen.

Durch all diese Konzentrationsübungen kann im Laufe der Zeit die Stufe der tiefen Meditation (→ Samadhi) erreicht werden.

»Das *Gipfelerlebnis* ist ein veränderter Bewusstseinszustand, in dem der Körper vollkommen entspannt ist und der Geist tiefe Ruhe erfährt ... Der Zustand ist von einer erhöhten Aufmerksamkeit gekennzeichnet, einem sehr genauen, sehr konkreten Gefühl vollkommenen Da-Seins oder So-Seins. Dieses Da-Sein ist kein geographisch existierender oder bestimmbarer Ort, sondern ein mystischer. Er scheint frei von allem und gleichzeitig alles in allem zu sein. Er wird als sehr real erfahren, als etwas Lebendiges, Dynamisches, Wertvolles ... Es ist, als hätte man bisher durch einen Schleier geschaut, der nun nicht mehr existiert.« (Ian Gawler 1990)

Meditation, Transzendentale

Die Transzendentale Meditation (TM) wurde vor ca. 40 Jahren von dem indischen Physiker und Philosophen Maharishi Mahesh Yogi im Westen eingeführt und erlangte dank ihrer vielfältigen positiven Wirkungen schnell weltweite Anerkennung.

Diese Methode lässt sich – so heißt es zumindest – wertneutral und unabhängig von Religion, Glaubensvorstellung und politischer Weltanschauung anwenden. TM ist eine leicht erlernbare geistige Entspannungstechnik, die sich eines Mantras bedient. Sie wird bequem sitzend mit geschlossenen Augen zwei Mal täglich ca. 10 bis 20 Minuten lang geübt. Eine bequeme Sitzgelegenheit ist dabei völlig ausreichend, eine ruhige Umgebung förderlich für die Meditation. TM kann allein oder gemeinsam mit anderen Meditierenden praktiziert werden.

Meditierende berichten unter anderem über tiefe Entspannung, größere geistige Klarheit, mehr Kreativität, höhere Belastbarkeit unter schwierigen Umständen und bessere Gesundheit. TM ist wohl die am gründlichsten wissenschaftlich erforschte Meditationstechnik, ihre positiven Wirkungen sind belegt. Doch auch jede andere Meditationsform hat sicherlich ähnliche Wirkungen, wenn sie regelmäßig praktiziert wird.

Meditationstechniken nach → Osho

Osho, der sich anfänglich Bhagwan Shree Rajneesh nannte, hat mehrere eigene Formen der Meditation entwickelt.

Dynamische Meditation: Sie dauert eine Stunde und hat fünf Phasen:

1. heftiges Ein- und Ausatmen für ca. 15 Minuten,
2. einige Minuten lang Schütteln des ganzen Körpers,
3. Hochspringen mit dem Mantra HUH,
4. im Stehen Erstarren,
5. freies, wildes Tanzen.

»Atme so schnell und so tief wie möglich, setze deine ganze Kraft ein, bleibe aber dennoch ein Beobachter. Beobachte, was geschieht – so als ob du ein Zuschauer wärst, und es mit jemand anderem geschähe, als ob das alles nur im Körper vor sich ginge und das Bewusstsein ist einfach zentriert und schaut zu«, sagt Osho zur ersten Phase (Osho).

→ **Kundalini-Meditation:** Sie besteht aus vier Phasen – Schütteln, Tanzen, Sitzen, Liegen – und dauert eine Stunde. Dabei werden die drei ersten Phasen von Musik begleitet, die letzte nicht.

Nataraj: Diese Tanzmeditation dauert 65 Minuten und hat drei Phasen. Sie wird von einer speziell dafür komponierten Musik begleitet. Es geht darum, sich im Tanz aufzulösen und sich anschließend in Ruhe und Stille zu sammeln.

Nadabrahma-Meditation: Sie dauert eine Stunde und hat drei Phasen. Diese Meditation findet im Sitzen statt. Durch Summen und Bewegen der Hände wird ein inneres Gleichgewicht geschaffen, eine Harmonie zwischen Körper und Geist. Diese Meditation kann zu jeder Tageszeit durchgeführt werden.

Gourishankar: Diese Meditationstechnik, die ausschließlich am Abend praktiziert wird, besteht aus vier Phasen à 15 Minuten. Die ersten beiden Phasen sind eine Vorbereitung auf den spontanen → Latihan (→ Trance) der dritten Phase. »Wenn das Atmen in der ersten Phase richtig gemacht wird, dann gibt dir das Kohlendioxid, das sich im Blutstrom bildet, eine Art Höhenrausch, so als wärst du hoch oben auf dem Gourishankar (Mt. Everest).«

Medizin, neue

Im Mittelpunkt der Schulmedizin steht bis heute der physische Körper, der als eine Art »Uhrwerk« oder als komplexes Zusammenspiel von biologischen, biochemischen und neurophysiologischen Prozessen angesehen wird. Der Einfluss von psychischem Geschehen wird als Psychosomatik bezeichnet, aber noch wenig verstanden.

Die neue Medizin versucht demgegenüber, gestützt auf die Erkenntnisse der modernen Physik und weitergehend auch auf systemische oder sogar spirituelle Erfahrungen, eine neue Auffassung von Körper, Gesundheit und Krankheit zu entwickeln. In dieser neuen Sicht wird nicht mehr von »körperlichen« Krankheiten gesprochen, die abgetrennt von → Seele und → Bewusstsein stattfinden. In dieser Betrachtungsweise gibt es keine körperliche Welt der festen Materie, des Lichts oder der Energie, die ohne das menschliche Bewusstsein existieren kann. Ein Zweig dieser neuen Medizin erkennt auch die Fähigkeiten von → Geistheilern und → Schamanen an.

Megalithbauten

Vorgeschichtliche Anlangen aus großen Steinen, deren Ursprung im Mittelmeerraum zu suchen ist. Sie waren in der jüngeren Phase der Jungsteinzeit über weite Teile Europas verbreitet: In Frankreich gibt es über 4000 solcher Megalithbauten. Viele Megalithgräber (Großsteingräber, Hünengräber), die meistens für Bestattungen benutzt wurden, lassen sich in Norddeutschland finden. Sie bestehen aus mehreren Decksteinen, häufig wurde die Anlage auch mit einem Erdhügel überwölbt. Weiter gibt es Dolmen (Kammern, die aus einigen Großsteinen mit einem oder mehreren Decksteinen bestehen), Ganggräber wie die Oldendorfer Totenstatt bei Lüneburg u. a. Zu den Megalithbauten zählen auch die zahlreichen in Frankreich und England stehenden Steine (Menhire, »Hinkelsteine«) wie in → Carnac, Stonehenge oder → Avebury, die häufig kultischen Zwecken dienten. Aber auch Süd- und Mittelamerika kennt große bildhauerisch gestaltete monolithische Skulpturen, von denen die olmekischen von herausragender künstlerischer Bedeutung sind (→ Kunst, spirituelle oder »objektive«).

Dolmengrabanlage bei Helmstedt.

Meister

Dieser Begriff entstand im westeurop. Kontext durch die Ausbildung in den → Bauhütten und ist heute noch bei vielen Handwerksberufen gültig, wenn auch in abgeschwächter Form. Der Lehrling oder Auszubildende lernt vom Meister, der dieselbe Ausbildung durchlaufen und seine Fähigkeiten bewiesen hat.

Die zweite Stufe ist der Geselle, der die Lehre beendet hat, aber noch in die Selbstständigkeit und »Meisterschaft« hineinwachsen muss. In manchen Berufen wie dem des Zimmermanns geht dieser als Handwerksgeselle auf Wanderschaft (die »Walz«) und lernt von vielen verschiedenen Meistern in unterschiedlichen Situationen, bis er seine eigene Meisterschaft erreicht hat. In vielerlei Hinsicht ist dies auch eine → »Schule des Augenblicks«.

Traditionell erstreckten sich beide Stufen über viele Lebensjahre. Wenn in diesem Buch von »spirituellen Meistern« gesprochen wird, bedeutet das im übertragenen Sinne dasselbe: Ein Mensch durchläuft eine langjährige und im Bereich des Geistigen auch sehr langwierige und wechselhafte Schulung, bis er so weit gereift ist, dass er seine erworbenen Einsichten und Fähigkeiten an andere Suchende weitergeben kann.

Es bedarf großer Lebenserfahrung sowie psychologischer und pädagogischer Fähigkeiten, um »meisterlich« zu handeln und zu lehren. Deshalb wird in allen spirituellen Traditionen besonderer Wert darauf gelegt, dass ein Suchender langsam und über Jahre durch unterschiedlichen Lernstoff und unterschiedliche Umstände in die Dimensionen des Bewusstseins und Geistes eingeführt wird, bis er selbstständig andere Menschen anleiten kann. Es reicht auch nicht aus, → Erleuchtungen zu haben, egal wie tief eine persönliche Wandlung greifen mag. Wie in allen weltlichen Berufen ist eine grundlegende Ausbildung und Praxis notwendig, eher sogar mehr als für eine weltliche Führungsposition. Meisterschaft hat nichts mit Autorität zu tun und soll auch keine Abhängigkeiten aufbauen – im Gegenteil. Das Vorbild des wandernden Gesellen, der zu verschiedenen Meistern geht, sollte auch für den spirituellen Weg Geltung haben, gerade um jegliche Identifikation mit einer Schulungsmethode aufzulösen.

Die Ausbildung unter einem → Guru oder in einer esoterischen bzw. spirituellen → Schule hat den Zweck, innere und äußere Mittel bereitzustellen, den schwierigen Weg in Welten zu finden, die dem normalen Bewusstsein entweder nicht zugänglich oder nicht bekannt sind. Die Ausbildung sollte zu mehr Klarheit führen, zu einem größeren Verständnis von sich selbst und der Welt.

»Jeder von uns hat seinen eigenen inneren Meister, der persönlich und individuell ist. Der Meister ist jenseits des Mentalen. Wir müssen die richtige Einstellung zu ihm finden: Sind wir bereit, seiner Autorität zu gehorchen, werden wir dem zustimmen, was er uns bringt? Es kann nur mit unserer Einwilligung geschehen, dass unser wirkliches Ich in uns arbeiten kann« (J. G. Bennett 1982, 117).

Der tibet. → Lama Chögyam Trungpa schreibt in seinem Buch »Spirituellen Materialismus durchschneiden« über die Beziehung zwischen Guru und Schüler:

»Manch einer schließt sich auch einem Klub an oder lässt sich in eine bestimmte Organisation einführen, weil er sich vereinsamt fühlt oder lukrative Verbindungen sucht. Er bekommt wohl, was er erwartete, aber was hat er damit erreicht? Wer täuscht hier wen? Betrügt der Lehrer oder Guru sich selber, indem er sein Ego ausweitet? ›Ich habe so eine große Gefolgschaft!‹ Oder täuscht er seine Anhänger, indem er sie glauben macht, sie seien besser und spiritueller geworden, bloß weil sie sich seiner Organisation angeschlossen haben ... Es geht hier nicht darum, einen weisen Guru zu finden, dessen Weisheit man kaufen oder stehlen kann. Wahre Einweihung erfährt man nur durch schlichten und aufrichtigen Umgang mit dem spirituellen Freund und sich selbst.« (Chögyam Trungpa 1999)

Zu dieser Beziehung oder spiritueller Gruppenarbeit kommen noch kulturbedingte Probleme hinzu. In vielen Fällen hat eine spirituelle Form eine machtvolle Orthodoxie ausgebildet. Je nach Land, in dem der Sucher sich umsieht, wird er mit kulturell-religiösen Ansprüchen konfrontiert, die manchmal akzeptiert werden müssen, manchmal nicht. Ein freier Mensch unterwirft sich höchstens äußerlich bestimmten rituell-religiösen Verpflichtungen, wenn er sich erhofft, unter diesen Umständen etwas Sinnvolles zu lernen. Viel häufiger kommt es indes vor, dass ein Lehrer oder eine Gruppe, die unbedingte Annahme der kulturellen Rituale ihres Landes oder ihrer Religion fordern, zu beschränkt sind und daher nur museale Rituale vermitteln können.

Selbstverständlich gibt es auch im Westen östliche Lehrer, die einfach ihr kulturell geprägtes Modell mitbringen, ohne es den gegebenen Umständen anzupassen. Die Forderung nach einer bestimmten Kleidung, einem bestimmten äußeren Verhalten oder Gruppenzwängen sind Anzeichen für derartige Begrenzungen des Lehrers. Das gilt auch, wenn innerhalb des Übungssystems scheinbare Freizügigkeit herrscht. Es ist immer wieder festzustellen, dass solche Mittel dazu benutzt werden, dem Schüler die wahren Absichten der Gruppe oder Sekte zu verschleiern.

In den vergangenen Jahrzehnten wurden in den westlichen Gesellschaften immer mehr Ableger asiatischer Wege gegründet – zunächst unter Anleitung eines Meisters, der aus der Herkunftskultur stammte, wie z. B. aus Japan, Thailand oder Indien, später auch durch Gründung von »Filialen« durch Schüler, die in diesen Ländern den entsprechenden Weg studiert hatten. So finden sich heute bei uns viele buddhist. Zentren oder sogar buddhist. Klöster, es gibt Zen-Gemeinschaften und Yoga-Schulen. All diese Lehren müssen natürlich eine Wandlung durchmachen, wenn sie sich in unserer Gesellschaft etablieren wollen, auch wenn sie je nach Ausrichtung mehr oder weniger strikt den traditionellen Mustern und Vorgaben folgen. Gerade am → Buddhismus (in seinen vielfältigen Ausprägungen) hat sich jedoch gezeigt, dass er durchaus mit westlichen Gegebenheiten verbunden werden kann. Bestimmte Traditionen können dagegen nur in ihrer eigenen Kultur und ihrem Lebensumfeld studiert und gelernt werden. Ein gutes Beispiel dafür ist der → Schamanismus, der heute noch in vielen indigenen Völkern lebendig ist. Ein Schamane wird dort in den meisten Fällen schon in der Kindheit »berufen«, oder der alte Schamane stellt fest, dass eine Person die notwendigen Fähigkeiten dazu mitbringt. Es kommt gelegentlich auch vor, dass eine Person den inneren Drang zu dieser Ausbildung spürt. Wenn der Schamane diesen Menschen für geeignet hält, folgt eine jahrelange Ausbildung und Unterweisung verbunden mit Askese und körperlichen Anstrengungen. Diese Art der Ausbildung ist nur in diesem bestimmten Umfeld möglich, denn das Schamanentum ist eine Erfahrungswissenschaft im Rahmen einer indigenen Gemeinschaft.

Angezogen von der besonderen »Exotik« dieses Schamanentums finden heute immer mehr westliche Sucher den Weg in eine solche Gemeinschaft und möchten zum Schamanen ausgebildet werden. Es gibt indes nur sehr wenige, die diese Schulung über lange Jahre und unter den Bedingungen einer indigenen Gemeinschaft durchhalten. Man kann sich vorstellen, dass Seminare und Schnellkurse mit dem Ziel der »Ausbildung zum Schamanen« in unserer Gesellschaft nur an der Oberfläche der Möglichkeiten kratzen, die eine ernsthafte Ausbildung »vor Ort« mit sich bringt.

Die grundlegende Frage ist, ob ein Mensch, der von der mitteleurop. Kultur und Gesellschaft geprägt ist, nicht von einer anderen, den Umständen gemäßeren Ausbildung mehr profitiert. Es gibt in vielen Ländern fortschrittliche Lehrer, die dem westlichen Sucher anders gegenübertreten und ihn, falls er seine »Hausaufgaben« gemacht hat, ohne äußere Verpflichtungen in seine Lehre und Erkenntnisse einweihen. Auch hier gilt die Faustregel: Ein Lehrer, der selbst die kulturelle Schranke übersprungen hat, wird offen genug sein, einem vorbereiteten Schüler weiterzuhelfen. Der Schriftsteller Nikos Kazantzakis (»Alexis Sorbas«, »Die letzte Versuchung«) sagte einmal: »Wahre Lehrer sind wie Brücken. Sie fordern ihre Schüler auf, sie zu überqueren; und wenn sie ihnen den Übergang erleichtert haben, stürzen sie freudig in sich zusammen und ermutigen ihre Schüler, sich ihre eigenen Brücken zu bauen« (Nikos Kazantzakis).

Meister des Augenblicks

Sie arbeiten spontan und kreativ, doch das ist nur möglich, weil sie eine → Vision haben und eine Verbindung mit dem größeren Raum und der größeren Zeit. Deshalb können sie im gegebenen Augenblick in einer Zeitsequenz der normalen Zeit richtige Dinge tun, die von anderen für völlig unsinnig gehalten werden, weil diese nicht sehen können, in welchem Zusammenhang die entsprechende Aktion steht. Für einen so genannten Meister des Augenblicks gibt es im Idealfall keine festgelegten → Rituale. Er hat kein dogmatisches Lehrgebäude oder gibt bestimmte Vorschriften (→ Malamati).

Solche Lehrer schaffen Umstände, die nicht nur dem Schüler eine Möglichkeit zum Wachstum bieten, sondern auch in einer größeren Ordnung eine Rolle spielen. Sie können jedes Material nutzen, das zur Verfügung steht, und seien es Steine, die sie vom Boden aufheben. Eine → Zen-Geschichte illustriert dies: Zwei Zen-Mönche diskutierten über Subjektivität und Objektivität. Einer sagte: »Ist dieser Stein dort außerhalb oder innerhalb meines Geistes?« Der andere erwiderte: »Nach den Regeln des Buddhismus ist er innerhalb.« Der Meister kam dazu: »Dein Kopf muss ganz schwer sein, wenn du den Stein dort herumträgst.«

Die Meister des Augenblicks sind sich natürlich dessen bewusst, dass jede ihrer Aktionen irgendwann imitiert werden wird und dass jede Form und Struktur, die sie vorübergehend adaptieren, erstarren kann. Deshalb schaffen diese Meister immer neue Formen und immer neue Situationen, die der Augenblick gerade bietet. Wir können uns also nicht darauf verlassen, dass ein Sufi (→ Sufismus) immer ein Sufi sein oder diesen Namen tragen wird. Wahrscheinlich wird er sich selbst sowieso nicht so nennen.

Eine Bezeichnung für die Manifestation einer Lehre gilt immer nur für eine bestimmte Zeit und wird fallen gelassen, wenn sie ihren Dienst getan hat. Diejenigen, die danach noch daran festhalten, klammern sich an eine tote Form, die wenig lebendige Kraft hat. Das Beharren der Menschen auf bestimmten äußeren Formen ist natürlich mit ein Grund, warum manche Formen über Jahrhunderte überleben. Zum Teil ist das auch beabsichtigt, weil nur wenige Menschen in der Lage sind, die Herausforderung der Schule des Augenblicks anzunehmen. Im Zen gibt es den Ausspruch: »Triffst du Buddha unterwegs, dann töte ihn«, was besagt, dass es einen Buddha nach unserer Vorstellung nicht gibt.

Wenn heute über spirituelle Traditionen wie → Sufismus oder → Zen geschrieben und gesprochen wird, ist meistens die überlebte Form oder die Form der Anpassung an unseren Geschmack gemeint. Wirkliche Meister des Augenblicks spielen nicht mit im Zirkus der Eitelkeiten. Sie mögen uns bekannt sein, Vorträge halten und Bücher schreiben, doch ihre wirkliche Arbeit geschieht im Verborgenen. Selbstverständlich hat jeder eine bestimmte Rolle zu spielen, einen Dienst an der Menschheit zu erfüllen, und dieser wird wahrgenommen.

Und dennoch wird es der Sucher schwer haben, einen kreativen Meister zu finden.

»Ein Schüler lernte seit einigen Monaten bei einem Sufi. Eines Tages sagte er: ›Meister, du bist einer der größten Männer in der Welt und doch verhältnismäßig unbekannt. Ich fühle es als eine Pflicht, herumzureisen und den Leuten von deiner Größe zu erzählen. Wie kann es nur sein, dass ein so unendlich perfekter Mensch unbekannt bleiben soll.‹ Der Meister sagte: ›Wenn ich sagen würde, ich sei ein unendlich perfekter Mensch, oder jemanden dies von mir verbreiten lassen würde, würdest du wissen, dass ich dies nicht bin. Das Gefühl, dass du deinen Lehrer als den größten Menschen auf Erden darstellen musst, ist ein Zeichen deiner eigenen Überheblichkeit.‹ Das Ziel unseres Strebens ist jenseits jeder Vorstellung. Auch die Meister des Augenblicks sind gewissen Bedingungen unterworfen, doch sie sind wahrscheinlich eher in der Lage, sich am eigenen Schopf aus dem Sumpf zu ziehen. Das kosmische Unendliche schafft immer neue Gelegenheiten zur Arbeit und mischt sich nicht ein. ›Wenn wir uns dem Werk verpflichten, das manchmal der *Geist Gottes* genannt wird, verpflichten wir uns für immer der Veränderung.‹«(Reshad Feild 2003)

Meister, unsichtbare

Die Gründerin der Theosophischen Gesellschaft, Helena → Blavatsky (1831–1891),und andere Denker des 19. Jh. infizierten die zeitgenössische spirituelle Bewegung mit der Behauptung, die Menschheit werde durch eine geistige Hierarchie geführt, die unsere Geschicke leitet (→ Theosophie). Diese Idee übernahmen sie wahrscheinlich aus den Schriften des → Dionysios Areopagita und den indischen Vorstellungen über die Verkörperung göttlicher Wesen, der → Avatare. Selbstverständlich gibt es keine stichhaltigen Belege für eine solche geistige Hierarchie. Möglicherweise ist diese Idee eine Übertragung der Darwinschen Evolutionslehre auf eine spirituelle Ebene.

Eine brauchbarere Hypothese von einer geistigen Führung der Menschheit, die mehr mit René Guénons Ausführungen konform geht (→ heilige Orte, heilige Berge, Heiliges Land), wurde von anderen bedeutenden Denkern verfolgt. G. I. → Gurdjieff (1866–1949) verbrachte nach eigenen Angaben viele Jahre damit, nach einer Bruderschaft in Zentralasien zu suchen, die eine alte Lehre bewahrt haben sollte. Er erwähnt eine Sarman-Bruderschaft, die als »Hüter der Tradition« seit über 4000 Jahren gewirkt habe. Der Begriff *sarman,* manchmal *sarmoun,* heißt übersetzt »Bienen« – was bedeuten könnte, dass die Mitglieder dieser fiktiven Bruderschaft ihr Wissen – den Honig – wie Bienen aus vielen Blüten sammelten. Einiges deutet darauf hin, dass Gurdjieff vielmehr die Fähigkeit des »Suchers nach der Wahrheit« meinte, das Wesentliche aus allen Traditionen zu lernen.

Ernest Scott schildert in seinem Buch »Die Geheimnisträger« die historischen Eingeweihten und Gruppen und ihre Querverbindungen, die möglicherweise die These von geheimen Meistern stützen könnten. Die »Meister des Himalaya«, die Frau Blavatsky anführt, hält Scott für die »Meister der Weisheit«, die Hodschagan (→ Sufismus, Sufi-Orden). »Während die theosophischen Meister etwas unfassbar sind, gibt es tatsächliche und körperliche Kenntnisse über die Hodschagan, die im 14. Jh. im Hindukusch, den Ausläufern des Himalaya im heutigen Usbekistan, agierten«, meint Scott (1989).

John G. → Bennett arbeitete in seinem Buch »Die Meister der Weisheit« ihre Geschichte heraus. Der geistige Einfluss erstaunlicher Menschen während der Mongolenzeit ist ein Beispiel dafür, wie intelligente und bewusste Gruppen und Menschen Einfluss auf die Geschichte nehmen können, ohne selbst direkt Politik zu machen. Bennett war sich jedoch im Klaren darüber, dass letztlich Menschen Geschichte machen und nicht abstrakte unsichtbare Kräfte oder »Meister im Zentrum der Welt«. Die Vorstellung von Meistern der Weisheit

»begründet nicht die Meinung, dass es derartige verwandelte Menschen jetzt gebe oder jemals gegeben habe; oder, wenn es sie gibt, dass sie sich mit der menschlichen Krise befassen. Viele Menschen werden dem zustimmen, dass es in der Vergangenheit nicht nur Individuen, sondern Gruppen und Gesellschaften gegeben habe, die verwandelt wurden, allein sie betrachteten sie in einem ›jenseitigen‹ Zusammenhang. Es waren Heilige und Propheten, Visionäre und Reformatoren, deren Arbeit nicht dieser Welt, sondern der nächsten galt, und sie machten keinen Versuch, die Welt zu verändern.« (John G. Bennett 1993, 20)

Die Welt der Ideen hat jedoch einen Einfluss auf die Geschicke und Vorstellungen der Menschen. »Nichts auf der Welt ist so mächtig wie eine Idee, deren Zeit gekommen ist«, sagte der große Schriftsteller Victor Hugo einmal. Denn es hängt immer von einem Kontakt zu einer tieferen Weisheit ab, wie Menschen sich verhalten und miteinander umgehen. Die menschliche Geschichte bedarf dieser Weisheit.

Meister der Weisheit (Hodschagan) → Sufi-Orden

Mevlevi-Orden → Rumi, Dschelaluddin

Mimir

Der Riese Mimir heißt auch »der Weise« oder »der Erinnerer«. Mimir war ehemals ein Gott der Asen (→ Asgard), dem von den Wanengöttern, da sie sich von den Asen beleidigt fühlten, der Kopf abgeschlagen wurde.

Mit Zauberkräutern und Zaubersprüchen erhielt Odin den Kopf Mimirs am Leben. Einst kam Odin an Mimirs Quelle und verlangte aus dem Brunnen der Weisheit zu trinken. Das durfte er aber nicht eher, als bis er eines seiner Augen verpfändete. So gab er von seiner Fähigkeit, die äußere Welt zu sehen, dafür hin, mehr von den Wirklichkeiten der inneren Welten sehen zu können.

Mimir selbst ist voller Weisheit, weil er täglich vom Brunnen der Erinnerung trinkt. Er ist derjenige, der sich erinnert an das Wissen der Ahnen, das in seinem Gewebe aus Wissen die Fäden enthält, aus denen Zukünftiges gewoben wird.

Morphogenetische Felder

Der Biologe Rupert Sheldrake (geb. 1942) prägte den Begriff der »morphogenetischen Felder«, um Erscheinungen, die scheinbar ohne Zusammenhang sind, aufeinander beziehen zu können (→ Synchronizität).

Gemäß der Sheldrakeschen Theorie gibt es neben den Feldern, die der Wissenschaft schon bekannt sind – wie das Gravitationsfeld und das elektromagnetische Feld – in der Natur morphogenetische Felder. Das sind unsichtbare, organisierende Strukturen, die Kristalle, Pflanzen, Tiere und auch Menschen formen und gestalten und sich auch organisierend auf ihr Verhalten auswirken. Diese morphogenetischen Felder enthalten die gesamte Information der gesamten Geschichte und Evolution. Diese Informationen sind nicht im genetischen Code gespeichert, sondern existieren jeweils jenseits von materiellen Strukturen, treten aber in Verbindung mit ihnen auf. Die morphogenetischen Felder haben eine formgebende Ursache und darüber hinaus eine Speicherfunktion ähnlich unserem Gedächtnis. Darin werden alle wesentlichen Erfahrungen von Menschen, Tieren und sogar Pflanzen gespeichert, sodass alles, was wir tun, denken, lieben usw., uns und unseren

Nachkommen zur Verfügung steht. In der → Theosophie prägte man bereits im 19. Jh. den Begriff → »Akasha-Chronik« für dieses Gedächtnisfeld, das jedoch hauptsächlich auf menschliche Bewusstseinsinhalte bezogen wurde.

Sheldrakes Theorie stellt eine biologische Bestätigung früherer Theorien eines Weltsensoriums dar, wie sie der amerikanische Wissenschaftler Prof. Oliver Reiser (1885–1974) schon 1966 formuliert hat. Reiser meint, dass die Quelle neuer Erkenntnisse und Ideen, die manchmal gleichzeitig an verschiedenen Orten der Erde entstehen, das Ergebnis einer Interaktion zwischen unserem Gehirn und dem »Erdsensorium« sei. Dieses Erdsensorium ist, wie der Name sagt, ein sensitives Feld, das um die Erde liegt wie unsere Atmosphäre. Damit sich ein Phänomen tatsächlich synchron (also gleichzeitig) ereignen kann, müssen Ereignismuster (er nennt sie Chronaxien, d. h. Zeitachsen) zeitlich übereinstimmen. Nach seinem Schema ist soziale Kausalität nicht nur horizontal angelegt (was dem »Flachlanddenken«, dem eindimensionalen Denken, entsprechen würde), sondern auch abhängig vom Einfluss aus einer höheren Dimension.

Die menschliche Geschichte ist demgemäß ein Produkt aus
a) der biologischen Vererbung und der Evolution des Menschen,
b) der sozialen Weitergabe oder Kultur,
c) der Geographie und des Klimas, und
d) einem neuen Faktor, der aus dem Erdsensorium stammt.

Wenn sich die horizontalen und die vertikalen Faktoren treffen, tritt eine Art »Erleuchtung« der Erde ein, ein magnetischer Augenblick, der die Menschen auf eine höhere kulturelle Ebene hebt. Nach Reiser ist das Speichermedium dieser Ebene die Ionosphäre.

Oliver Reiser führte bereits 1966 die vollständige Theorie des morphogenetischen Feldes aus, und zwar hinsichtlich der Strahlengürtel der Erde auf mehreren Ebenen. Er nahm dabei die Idee des dt. »Psychophysikers« Gustav Theodor Fechner (1801–1887) auf, der die Erde als lebendiges Wesen sah und die Menschen als Sinnesorgane der Erde – eine Vorstellung, die in der Gaia-Theorie von James Lovelock und Lynn Margulis wieder auftaucht.

Mother Meera (geb. 1960 in Südindien)

Weltweit bekannte → Avatarin der göttlichen Mutter. Bereits als Kind hatte sie das Gefühl, eine Verkörperung der göttlichen Mutter zu sein (→ Shakti), obwohl ihre Eltern nicht besonders religiös waren. Sie sagt, dass sie bereits als Kind im Zustand des → Samadhi gewesen sei. Als Jugendliche lebte sie mit ihrem Onkel eine Zeit lang in Pondicherry, dem Ashram von Sri → Aurobindo. Sie heiratete einen Deutschen und lebt seitdem in Deutschland. Ihre starke Ausstrahlung und spirituelle Fähigkeit zieht jährlich Tausende von Menschen an, die → Darshan bei ihr nehmen. Sie gibt ihre Kraft allen Menschen, die sie besuchen, egal welchem Glauben sie anhängen.

Mudra

Eine Meditationshilfe (→ Meditation) sind die Mudras. Darunter versteht man symbolische Handgesten als körperlichen Ausdruck einer bestimmten Energie. Die Mudra bringt den Meditierenden mit der entsprechenden Kraft oder Energie der gewünschten Eigenschaft in Kontakt. Am bekanntesten ist die Mudra Namaskara (oder Namaste). Dabei werden die Flächen beider Hände aneinander gepresst und vor der Brustmitte gehalten. In Indien ist dies auch ein Zeichen

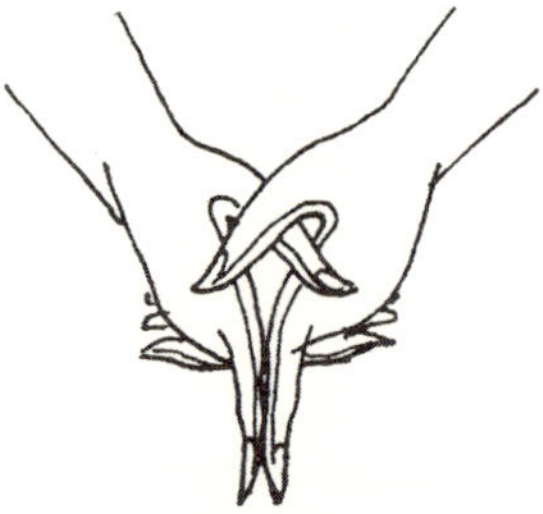

Ksepana = Geste des Besprengens mit dem Nektar der Unsterblichkeit.

Ultarabodhi = das Zeichen höchster Erleuchtung.

Zwei Mudras.

des Grußes: »Ich grüße den Gott in dir.« Diese Mudra wird auch als Gebetshaltung genutzt. In der → Qigong-Praxis weiß man, dass das Aneinanderpressen der Hände bestimmte Meridiane aktiviert.

Es gibt sehr viele Mudras auf Abbildungen, Thankas (→ tibetischer Buddhismus, Tibet-Tantra) oder Skulpturen von Buddhas. Im Hinduismus gelten Mudras als »Zeichensprache« der Götter. Beim südindischen Tanz werden die Mudras in Bewegungen abgewechselt.

Muktananda, Swami (1908–1982)

Bekannter Lehrer der Shaiva (→ Shiva). Er gehört der alten indischen Tradition des Siddha-Yoga an und war Schüler von Bhagawan Nityananda. Er übte das so genannte *shaktipat* aus, die direkte Übertragung der Shakti-Kraft auf den Schüler, um bei diesem die → Kundalini-Energie zu wecken.

Die Siddha-Meditation ist eine sehr einfache und leichte Übung, die darin besteht, ein → Mantra zu wiederholen, das vom Guru aufgetragen wurde. Im Laufe der Zeit kommt der Übende immer tiefer in sein Zentrum und erfährt das Wissen »Ich bin vollendet, ich bin verwirklicht«. Muktanandas Nachfolgerin ist Gurumayi Chidvilasananda. Der zentrale Ashram befindet sich in Ganeshpuri, Maharashtra, Indien.

Musik, spirituelle

Ähnliches wie für die spirituelle bildende → Kunst oder → Architektur gilt für Entwicklungen in der Musik des Mittelalters und der Neuzeit. Gregorianische Choräle, die polyrhythmischen Gesänge in der russischen, griech.-orthodoxen Kirche oder bestimmte Kompositionen von Johann Sebastian Bach wie »Das musikalische Opfer« sind zweifellos »objektive Kunst«, die noch heute die Menschen tief berühren und beeindrucken.

Die Musikentwicklung der letzten Jahrhunderte hat in Europa viele große Kunstwerke hervorgebracht. Es empfiehlt sich, einmal verschiedene Kompositionen bekannter klassischer Komponisten wie Beethoven, Mahler oder Wagner oder auch zeitgenössische Neue Musik auf die Eigenschaften von »objektiven« Ausdrucksformen hin anzuhören. In den letzten 20 Jahren hat man auch versucht, die traditionelle Musik verschiedener Kulturen, etwa die → mantrischen Gesänge tibet. Mönche oder indigene Gesänge schamanischer Völker (→ Schamanismus), mit westlicher Musik zu einer »Weltmusik« zu verbinden. Manche Kompositionen davon sind ein gelungener Versuch, ethnische und westliche Musik zu etwas Neuem zu verschmelzen oder ethnische Musik in westlichen Formen neu auszudrücken. Auch im Jazz gibt es interessante Versuche wie z. B. den Klassiker »Music for Zen Meditation«. Es gibt jedoch relativ wenig »objektive« Musik, die in den letzten zwei bis drei Jahrhunderten entstanden ist und einen erhöhten Bewusstseinszustand hervorrufen oder stimulieren kann. Inzwischen werden einige wenige CDs mit eigens komponierter Synthesizermusik angeboten, die während »psychedelischer« Sitzungen (→ psychedelische Erfahrung) das innere Erleben stimuliert und Bewusstseinsräume öffnet. Kompositionen mit dem Label »Trance« oder »Psychedelic Trance« enthalten meist »Technorhythmen« und führen eher in diffuse Trancezustände als zu einer Bewusstseinserweiterung (→ Trance).

Die heutige Unterhaltungsmusik erzeugt hauptsächlich zufällige Stimmungen oder Emotionen bei den Zuhörern, je nach Geschmack oder Hörgewohnheiten, vermag aber nicht die Wahrnehmung anderer Bewusstseinswelten zu wecken. Die Menschen werden durch diese Art der Musik nicht in »ihrer Seele berührt« – wenn man den Ansatz einer nichtsubjektiven Wirklichkeit zugrunde legt.

Gängige Unterhaltungsmusik »heilt« vielleicht verletzte Emotionen und bringt vorübergehende Stimmungen hervor. Gerade Filmmusik arbeitet mit solchen Stimmungen: Wenn Menschen dann mit den Protagonisten eines Films mitfühlend weinen, lachen oder innerlich bewegt sind, hat diese Musik natürlich »Wirkung«, aber eben nur auf einer persönlichen, subjektiven Ebene.

Daneben sind weitere Kriterien zu berücksichtigen, wie sie der Arzt John Diamond aufgezeigt hat. Durch kinesiologische Muskeltests kann erfahren werden, wie der Körper auf Musik reagiert. Für Diamond ist es wichtig, dass die Musik »Lebensenergie« enthält und diese auch beim Zuhörer stärkt. So kann dasselbe Stück je nach Dirigent und Orchester die Lebensenergie schwächen, oder stärken.

Mutter, Die (Pseud.) = Mira Alfassa oder Mira Richard (1878–1973)

Leitete seit 1926 den Ashram Sri → Aurobindos in Pondicherry und wurde seine Nachfolgerin und Vertreterin seiner Lehre. Sie gründete in der Nähe von Pondicherry das spirituelle Dorf Mirapuri, in dem die Menschen nach ihren Lehren und denen Sri Aurobindos zusammenleben.

Mysterien (griech. »Geheimnisse«)

Im frühen 2. Jahrtausend v. u. Z. wurden in Griechenland die Mysterien von Eleusis begründet und schlugen von da an die alljährlich am Ritual teilnehmenden Initianden in Bann. Absolutes Schweigen über die Ereignisse dort war Pflicht, sodass die Einzelheiten des Rituals erst während der Profanierungswelle ca. 415 v. u. Z. bekannt wurden. Dennoch wusste man lange nicht, dass der berühmte »Trank« psychedelische Wirkung hatte. Prof. Carl A. P. Ruck dazu:

> »Und tatsächlich wissen wir, dass die Einnahme eines besonderen Trankes, des *kykeon*, einen wesentlichen Teil des Mysteriums bildete. Die Ingredienzen dieses Tranks sind in der Homerischen Hymne an Demeter erwähnt: Gerste *(alphi)*, Wasser und Minze *(glechon)*. Watkins hat nachgewiesen, dass die Prozeduren und Zutaten für die Zubereitung solcher magischer und ritueller Getränke in den griech. Quellen in ihrer Formulierung exakte Übereinstimmungen mit dem vedischen Somaritual zeigen ...« (Carl A. P. Ruck in: Gordon R. Wasson/Albert Hofmann/Carl A. P. Ruck 1984)

Priesterinnen führten das Zeremoniell durch, bei dem der hl. Trank gemischt wurde. Dieser ist selbstverständlich kein Gerstenbier, sondern – wie Albert Hofmann nachweist – ein Trank, der LSD enthielt:

> »Wir analysierten Mutterkorn *(claviceps purpurea)* von Weizen und Gerste in unserem Laboratorium, und es zeigte sich, dass sie

grundsätzlich dieselben Alkaloide wie Roggenmutterkorn enthielten ... Die Isolierung der halluzinogenen Wirkstoffe durch einfache Lösung in Wasser lag ohne weiteres im Bereich der Möglichkeiten, die dem Menschen im alten Griechenland offenstanden.« (Albert Hofmann in: Gordon R. Wasson/Albert Hofmann/Carl A. P. Ruck 1984; → psychedelische Erfahrung)

Die Initianden, die am Mysterium von Eleusis teilnahmen, hießen *mystes* »einer, der vor der Welt die Augen verschlossen hatte«. Doch in Eleusis hatte man die Vision, die *epopteia*, und jemand, der gesehen hatte, wurde ein *epoptes*.

Unter dem Namen Dionysos, Gott des Weines und der Berauschung, überlebte der als Gatte der Muttergöttin assimilierte Zeus bis in die klassische Periode hinein (→ Griechen). Sein Name weist ihn als Zeus von Nysa aus, denn Dios (vom idg. *tiu)* ist eine andere Form des Wortes Zeus: *Dio-nysos*. Wenn Dionysos mit seinen Anhängerinnen, den Mänaden oder Bacchantinnen, göttliche Orgien feierte, enthielt der Trank gewisse Pilze und Rauschmittel. Die gebräuchliche Metapher für »Pilz«, *mykes* (diese Vokabel ging auch in den Namen der Stadt Mykene ein), war *phallos;* wahrscheinlich verknüpfte man deshalb in der Überlieferung der »Orgien« (von *ta orgia,* »in die Glieder fahren«) die Mysterien sehr häufig auch mit sexuellen Ausschweifungen. Doch vermutlich war es eher die Wirkung des Pilztranks, der in die Glieder fuhr. Durch Musik, Tanz, Singen, Schreien, Wein oder Drogen wurde so erreicht, dass die Götter im heiligen Wahnsinn *(mania)* erfahren werden konnten.

Vor dem Hintergrund der griech. Mysterienschulen können wir klarer verstehen, was ein mystisches Erlebnis ausmacht. Es erfasst den ganzen Menschen – Körper, Seele und Geist. Die mystische Übung in diesem Sinne besteht darin, Körper und Seele fähig zu machen, das Göttliche zu erfahren bzw. sich mit ihm zu vereinigen. Monate des Lernens und der Rituale gingen der Offenbarung der Mysteriennacht voraus: Wanderungen, Fasten, Reinigung, Rituale. Dasselbe gilt auch für die schamanischen Traditionen, die mit oder ohne psychoaktive Drogen mystische Erfahrungen anstreben. Da wir heute wissen, dass der Körper in Ausnahmezuständen verstärkt körpereigene Drogen (Endorphine, Adrenalin, DMT) ausschüttet, sind viele der bekannten Praktiken verschiedener mystischer Schulen verständlich: Nahrungsdeprivation (z. B. wie bei manchen Sufis über längere Zeit einen Tag Fasten, einen Tag essen, was den Organismus völlig depriviert, da er sich an keinen Zustand gewöhnen kann), die rezitative Wiederholung von → Mantras oder → Gebeten, oft verbunden mit Atem- und Körperübungen (→ Atem, Atemtechniken), nächtelanges Tanzen wie bei den amerikanischen Indianern, bestimmte Musik, Rückzug mit Verzicht auf Sprechen, tagelange Meditation und viele andere Übungen. Auch in Europa und Vorderasien sind noch Trance-Tänze (→ Trance) erhalten, z. B. die ekstatische Tarantella in Süditalien oder verschiedene Derwischtänze.

Mystik

Das Wort »Mystik« (abgeleitet vom griech. Wort *myzein,* »die Augen schließen«) hat seine Wurzeln in den Mysterienkulten der alten → Griechen. Ein Mystiker war jemand, der jenseits des Schleiers der Erscheinungen die ewige Welt des Geistes erfahren hatte. In diesem Sinne ist jeder, der das Wissen um das »göttliche Leben«, d. h. eine andere Realität, erfahren hat, ein Mystiker – egal, innerhalb welchen Glaubenssystems er die andere, göttliche Wirklichkeit erkennt. So können wir in den klassischen Texten der Mystik eine fundamentale Übereinstimmung feststellen, die sich durch alle Traditionen zieht. Immer wieder begegnen wir ähnlichen Prinzipien und Prozeduren, die dazu dienen, ein besonderes Erleben der anderen Wirklichkeit zu erreichen. Insofern können wir sagen, dass das Wort »Mystik« auf alle spirituellen Wege angewandt werden kann, nicht nur auf den Weg der → christlichen Mystik, für das es üblicherweise gebraucht wird.

Niemand kann sagen, wann die Anfänge der Mystik anzusetzen sind. Wahrscheinlich hatten bereits die Schamanen vor Tausenden von Jahren mystische Erfahrungen, die jedoch nur mündlich weitererzählt wurden und zur Mythenbildung führten. Die früheste aufgezeichnete spirituelle Tradition findet sich in der vedischen Literatur Indiens (→ Brahmanismus). Sie entstand ungefähr um 1500 v. u. Z. und reicht wahrscheinlich noch weiter zurück, doch davor gab es nur eine mündliche Weitergabe.

Die → Upanischaden, die ungefähr 800 v. u. Z. entstanden, unterscheiden sich von den vedischen Hymnen und den Brahmanas (→ Brahmanismus, → Yoga-Wege) durch ihre Ablehnung vedischer Rituale und die Betonung persönlicher Befreiung, die das mystische Erlebnis per se darstellt. Für den Mystiker ist das völlige Einssein jenseits aller Dualität eine Erfahrung höchster Glückseligkeit.

Auch wenn verschiedene Methoden zu unterschiedlichen Ausnahmezuständen führen, kann man für eine mystische Erfahrung mehrere Charakteristiken herausarbeiten, die William James (Neuausgabe 1997) im 19. Jh. zuerst aufgestellt hat. Im Folgenden seien diese Kennzeichen mit meinen Ergänzungen wiedergegeben:

1. Die mystische Erfahrung der Gegenwart des Göttlichen ist unbegreiflich und unaussprechlich. Für Mystiker ist diese Erfahrung bzw. Vision kein psychotischer Bewusstseinszustand oder eine Kombination von Gehirnprozessen, sondern eine direkte Erfahrung, die real ist, aber höchstens umschrieben ausgedrückt werden kann.
2. Der Mystiker hat eine direkte Wahrnehmung. James benutzt dafür den Begriff »noetische Qualität«, was »aus dem Intellekt kommend« bedeutet. Allerdings ist hier nicht der logische, rationale Intellekt gemeint, sondern das lat. Wort *intellectus,* »Wahrnehmung«. Der Mystiker hat demnach eine ganzheitliche Vision, die nicht über die Sinne vermittelt wird. Er sieht intuitiv hinter den Schleier der zeitlichen Realität.
3. Die mystische Erfahrung ist vorübergehend. Es wäre ein Fehler anzunehmen, dass Mystiker – egal welcher Kultur – in einer Art ekstatischem Kontinuum leben. Die Bedeutung und Wirkung der Erfahrung hält an und ist mit einiger Übung auch zu verlängern oder willentlich zu erreichen. Auch wenn der Zustand nur vorübergehend ist, wird derjenige, der ihn erfahren hat, ein anderes Verständnis vom Leben bekommen und kann eine tief greifende Umwandlung durchmachen. Die Sufi-Mystiker unterscheiden deshalb zwischen zwei Erfahrungsebenen: *hal,* die vorübergehende, visionäre Erfahrung, und *makam,* die dauerhaft erreichte Seinsebene, die Transformation.

Der Zustand *hal* kann durch verschiedene Mittel erreicht werden, seien es psychoaktive Substanzen, sexuelle Ekstase, Fasten, Meditation usw. In diesem Zustand haben wir für kurze Zeit Zugang zu vielen Kräften und Erscheinungen einer höheren Seinsebene, kehren aber schließlich wieder ins normale Alltagsbewusstsein zurück. Um eine dauerhafte Umwandlung zu erreichen, muss der Mystiker lernen, diese Zustände als Teil der normalen Entwicklung anzunehmen, ohne mit der Arbeit nachzulassen, die sein Wesen stärkt und dauerhaft macht. Wahrscheinlich sind beide Erfahrungsebenen für die Entwicklung nötig (→ Bewusstseinszustände).

4. Die mystische Erfahrung wird immer als gegeben oder geschenkt erfahren, es ist eine passive Erfahrung. Auf dem höchsten Zustand der Erfahrung fühlt sich der Mystiker überwältigt von einem größeren Willen oder einer größeren Welt als seiner eigenen. Manchmal kommen mystische Erfahrungen auch unvorhergesehen, als plötzliche Erleuchtungen. Dennoch muss sich der Mystiker in den meisten Fällen darauf vorbereiten, eine höhere Erfahrung zu haben. »Das Auge, in dem ich Gott sehe, das ist dasselbe Auge, darin mich Gott sieht; mein Auge und Gottes Auge, das ist ein Auge und ein Sehen und ein Erkennen und ein Lieben« (Meister → Eckhart 1955).

»Im Grunde betrachtet ist die Geschichte der Mystik die Geschichte der Wissenschaft der Entwicklung der Intuition. Die Methoden haben sich von Kultur zu Kultur verschieden ausgeprägt, sind zum Teil in Religionen eingeflossen, aber immer unabhängig davon geblieben. Ziel ist in allen Fällen, die Wirklichkeit zu erkennen, die hinter der Welt der normalen Erfahrungen liegt. Wie die Mystiker sagen, ist die fundamentale Wirklichkeit, die sich hinter allen Erscheinungen verbirgt, den Sinnen nicht zugänglich. Sie kann nicht mit unseren Begriffen beschrieben, nicht in unsere Verstandeskategorien gefasst werden. Doch sie ist mit der mystischen Intuition zu erfahren. Die Erkenntnis dieser wahren Wirklichkeit gibt der Existenz des Einzelnen einen Sinn, befreit von der Angst vor dem Tod und den egozentrischen Wünschen, die das Leben der meisten Menschen bestimmen.« (Arthur J. Deikman 1986)

Mystische Erfahrung

Was ist eine »mystische« Erfahrung? Allgemein ist zu sagen, dass bei dieser Erfahrung die Trennung zwischen dem → Selbst und dem Nichtselbst aufgehoben wird. Die mystische Erfahrung verlässt die Verhaftung an eine »persönliche« Identität und geht in einen Zustand über, der mehr oder weniger nichtdualistisch erlebt wird. Es wird eine Einheit und eine gegenseitige Vernetzung mit allem Existierenden und Nichtexistierenden erfahren. Die Zeit- und Raumempfindung ist dabei aufgehoben, Grenzen zwischen verschiedenen → Bewusstseinsfeldern verschwinden. Hier und Dort sind nicht getrennt, alles ist hier im gegenwärtigen → Augenblick. Der Geist ist in der Lage, die → Dualitäten des Seins wie Gut und Böse, Glück und Leid, Groß und Klein zu transzendieren. Gehirn und Bewusstsein werden überflutet von außergewöhnlich starken Gefühlen oder von einer völlig distanzierten Gelassenheit. Ekstase, intensive Freude und Glückseligkeit durchdringen den ganzen Menschen. In theistischen spirituellen Lehren wird von der Erfahrung von Gottes Nähe gesprochen, in anderen Lehren von Erleuchtung und Verbindung mit einer unfassbaren Wirklichkeit des Lichts.

Die Erfahrung mit oder »in« der spirituellen Welt wird im Allgemeinen als »kosmisches → Bewusstsein« oder »objektives Bewusstsein« bezeichnet. Für den christl. Mystiker (→ christliche Mystik) ist das Ziel seines Strebens die *unio mystica*, die Vereinigung mit Gott; manche Yoga-Lehren nennen diese Erfahrung *sat-chit-ananda* – »Seligkeit«, »höchste Freude«. Im → Schamanismus wird dieser mystische Zustand nicht explizit angestrebt, weil die → Visionssuche im Vordergrund steht. Dennoch gibt es auch mit schamanischen Techniken

Erfahrungen des kosmischen, grenzüberschreitenden Bewusstseins, besonders unter Zuhilfenahme von psychedelischen Pflanzen.

Es ist allerdings schwierig, eine Unterscheidung zwischen einem kosmischen und einem mystischen Bewusstsein zu treffen. Möglicherweise kann das kosmische Bewusstsein der Welt der → Energien zugeordnet werden, insbesondere der Ebene der → psychedelischen Erfahrung, die meist eine erhöhte energetische und visionäre Wahrnehmung verursacht. Ein mystischer Zustand geht über das bewusste Erfahren und Verstehen hinaus und führt in die Welt des »reinen Geistes« – ein Zustand, der im Buddhismus als → Nirwana, Verlöschen, bezeichnet wird. Deshalb sind Berichte von Gotteserfahrungen oder Vereinigung mit dem Göttlichen, wie sie christl. Mystiker schildern, nicht von Bildern und Visionen begleitet, sondern zeigen eher eine Erfahrung von unbedingter Kraft.

Die Sufi-Mystiker (→ Sufismus) unterscheiden zwei höhere Zustände: Eine Richtung sucht die Einheit mit Gott, und die andere hat die Tendenz, über das Sein und jegliche Vorstellung von Gott hinaus in die »absolute Befreiung« (→ Nichtsein) vorzudringen. Der Yogi-Mystiker strebt auch dieses Bewusstsein an, *nirvikalpa-samadhi,* den Zustand ohne Unterscheidung. Im Buddhismus ist es auch die »Leerheit«, → Shunyata, das Nichtsein oder die vollkommene Transzendenz jenseits von Existenz und Nichtexistenz. Das tantrische → Samadhi-Erlebnis wird von manchen Lehren (→ Tantra) als mystische Hochzeit von Shiva und Shakti interpretiert, das zum Teil auch durch den in langwierigen Übungen intensivierten sexuellen Orgasmus bewirkt wird. Dieser Orgasmus, in dem sich ein Paar energetisch völlig verschmolzen fühlt und gleichzeitig das »Bewusstsein verliert«, kann durchaus als mystische Erfahrung beschrieben werden, da keinerlei Beobachter und Selbstbewusstsein mehr vorhanden ist.

Die verschiedenen Beschreibungen der überbewussten Zustände sind manchmal paradox. Die Buddhisten sprechen davon, dass unser Ich oder dauerhaftes Selbst eine Illusion sei, die → Vedanta-Philosophen behaupten, alles sei → Brahman, das Absolute, und wir müssen nur in diesen Zustand aufwachen oder eingehen, während manche Sufi-Lehren meinen, wir müssten unsere eigene Individualität erschaffen, um überhaupt die Erfahrung eines veränderten Bewusstseinszustandes aushalten zu können. Der Yogi konzentriert seine Aufmerksamkeit unerschütterlich auf das reine Bewusstsein, das er als unaussprechlich, beseligend und frei von Zeit und Raum und allen sonstigen Begrenzungen im → Samadhi erfährt. Ihm geht es um die Verschmelzung des individuellen Selbst (Atman) mit dem großen Selbst (Brahman).

»Es ist wohl richtig, dass die höheren Welten freier sind als die niederen, aber es gibt noch etwas, das nichts mit diesem Gesichtspunkt zu tun hat: nämlich dass jeder einzelne von uns seine eigene Vollkommenheit finden muss. Vollkommenheit ist Vollkommenheit – mehr gibt es nicht. Wenn jemand erreicht, wofür er bestimmt ist, hat er seine Vollkommenheit erlangt, und alles andere ist ohne Bedeutung.« (John G. Bennett 1984, 349)

Mythen → Märchen und Mythen

N

N – Ni (griech.), Nun (arab., hebr.), Not-Rune

Das hebr. Zeichen, Zahlenwert 50, zeigt noch schwach die hieroglyphischen Wellenlinien der ursprünglichen Wasserschlange, auf der dieses Zeichen beruht. Die Schlange ist ein Ursymbol der Verbindung von Himmel und Erde und der Erneuerung (→ Göttin). Im slawischen Wort *kunda* für das weibliche Sexualorgan ist die Wortwurzel KND (→ Kabbala) ebenso enthalten wie im Sk.-Wort → Kundalini, das die Schlangenkraft bezeichnet. Hier kommen wir auch zu der Not-Rune, die als schräges Kreuz geritzt ist. Not und Notwendigkeit haben wir heute noch in unserer Sprache, beide enthalten auch die Idee der Wende, der Umkehr und Verwandlung.

Nahtoderfahrung

Klinisch gesehen ist immer noch unklar, wann der Hirntod eintritt. Daher ist die physiologische Definition einer Nahtoderfahrung (NTE) noch schwieriger. Der Heidelberger Psychiater Michael Schröter-Kunhardt betont, dass

> »der Mensch durch die Beschaffenheit seines Gehirns darauf ausgerichtet ist, mystische Erfahrungen zu machen. Er ist von vornherein ein religiöses Wesen. Wenn Sie möchten, können Sie das Ganze mit einem Flugsimulator vergleichen, der den Piloten auf das wahre Fliegen vorbereitet. Der Zweck dieses biologisch initiierten Programms ist es, den Leuten zu zeigen, dass der Tod nicht das Ende ist.« (Michael Schröter-Kunhardt in: *Gehirn & Geist* 1/2003)

Dennoch werfen NTEs einige wesentliche spirituelle Fragen auf. Könnte es nicht sein, dass das individuelle Bewusstsein oder ein Teil davon durch den körperlichen Schock (der zumindest bei den klinischen Berichten vorhanden ist) tatsächlich in der Welt des Bewusstseins »reist« und Dinge sieht, die im normalen Wachbewusstseinszustand so nicht wahrzunehmen sind, z. B. der eigene Körper von außen. Dieser Zustand ist allerdings auch in anderen Situationen zu erreichen, wenn z. B. eine hohe körperliche und konzentrative Anforderung an den Menschen besteht. Stress kann auch ein Auslöser dafür sein, sich plötzlich wie von außen zu sehen. Wer oder was sieht sich dann selbst an?

Eine NTE beginnt meistens mit einer Art »Tunnelerfahrung«, sozusagen umgekehrt zur Geburt. Der Begriff »Nahtoderfahrung« wurde erst 1975 von Dr. Raymond Moody geprägt. Die Nahtoderfahrung trat zwar sicherlich auch in früheren Zeiten auf, aber erst heute, da die Fortschritte der Medizin ein Überleben häufiger ermöglichen, wird darüber berichtet. Wir kennen heute zahlreiche Berichte von so genannten »klinisch Toten«, bei denen also Herzschlag und Atmung ausgesetzt hatten und der Herztod eingetreten war. Es wird aber auch von Hirntoten berichtet, die wiederbelebt werden konnten.

> »Heute dominiert unter Wissenschaftlern immer noch die orthodoxe Vorstellung von der bewusstseinserzeugenden und -erhaltenden Funktion des Gehirns. Daher stammt auch die fälschliche Annahme, dass mit dem Gehirntod alles aus ist, dass mit dem endgültigen Aussetzen des Gehirnapparats auch das Bewusstsein erlischt. ... Zahllose gut dokumentierte Nahtoderlebnisse belehren eines Besseren.« (Ernst Meckelburg 1991, 125)

Logischerweise können nur diejenigen »Toten« davon erzählen, die ins Leben zurückkehrten. Die amerikanischen Nahtodforscher Dr. Margot Grey und Dr. Kenneth Ring beschrieben als immer wiederkehrenden Kern der Erfahrung folgende Merkmale:

- ein verändertes Gefühl (Frieden, Freude, Gelöstheit)
- eine Empfindung der Ablösung vom Körper, für gewöhnlich verbunden mit höherer Bewusstheit
- eine Reise durch einen Tunnel entweder in eine transzendente Welt oder in eine körperlichere Welt wie ein himmlisches Tal, einen Garten oder eine Stadt
- die Erfahrung von Licht und Schönheit
- Begegnungen in einer Geisterwelt mit verstorbenen Verwandten, Geistern oder »Führern« und manchmal auch religiösen Personen oder sogar »Gott«.

Die Forscher untersuchten auch die Wirkung auf die Personen, die diese Erfahrung machten. Insgesamt ähneln sich die meisten NTEs, unabhängig von Nationalität, Rasse, Geschlecht und Religion der Erfahrenen. Der Bewusstseinsforscher und klinische Mediziner Dr. Rick Strassman, der einige Jahre mit der biochemischen Substanz DMT forschte, konnte mit diesem Tryptamin, das dem LSD ähnlich ist, aber schneller und kürzer wirkt, bei Probanden Nahtodzustände künstlich hervorrufen. Sie schilderten ähnliche (aber auch unterschiedliche) Erlebnisse wie Menschen, die eine »natürliche« Nahtoderfahrung machten. Strassman fand auch heraus, dass bei einer Nahtoderfahrung höhere Mengen an DMT vom Körper, insbesondere von der Epiphyse (→ Zirbeldrüse), erzeugt werden.

Es gibt natürlich Skeptiker, die mit verschiedenen Argumenten versuchen, die Nahtoderfahrung, die ja oft Ähnlichkeiten mit der »normalen« außerkörperlichen Erfahrung wie etwa in Trancezuständen aufweist, als besondere Form der Halluzination abzutun. Dennoch sprechen viele Berichte und Untersuchungen eher für einen außerordentlichen Bewusstseinszustand. »Falls Nahtoderfahrungen Hinweise auf unseren Sterbeprozess geben, findet beim Sterben eine tief greifende Verlagerung des Bewusstseins statt, die es davon wegführt, sich mit dem Körper zu identifizieren« (Rick Strassman 2004, 123). »Tod ist nichts, was wir zu fürchten haben. Die einzig schlechte Sache am Tod ist die Trauer, die er hinter sich lässt. Die Menschen, die zurückgelassen werden – sie leiden, nicht die Verstorbenen«, sagt Dr. Allan Lewis.

Britische Forscher glauben, inzwischen schlüssige Hinweise auf ein Leben nach dem Tod gefunden zu haben. In einer Studie mit 63 Herzstillstand-Patienten berichteten jüngst sieben Betroffene, nach dem Herzstillstand Freude und Hoffnung gefühlt und ein helles Licht am Ende eines Tunnels gesehen zu haben. »Diese Studie liefert die bisher besten Hinweise darauf, dass es ein Leben nach dem Tod gibt«, sagte Studienleiter Dr. Sam Parnia von der Universität Southampton in der *Ärzte Zeitung.* »Sieben der 63 von uns unter- suchten Herzstillstand-Patienten berichteten von einer Near Death Experience (NDE). Vier dieser Patienten erfüllten eindeutig alle klinischen Kriterien einer NDE.« Die Betroffenen berichteten über Gefühle wie Freude und Hoffnung, ein helles Licht, Wärme und mystische Wesen sowie verstorbene Verwandte. Alle Patienten hatten zu diesem Zeitpunkt bereits keine Hirnströme mehr. Wie es zu diesen Erfahrungen kommt, ist wissenschaftlich heftig umstritten. Dr. Niels Birbaumer, Direktor des Instituts für Medizinische Psychologie an der Universität Tübingen, sagt dazu: »Selbst in der internationalen Definition des Hirntodes wird nicht klar, wann genau dieser eintritt« (in: *Geist & Gehirn,* 1/2003).

Einige Studien brachten bestimmte Sauerstoff- und Kohlendioxidkonzentrationen im Gehirn mit den so genannten Nahtoderfahrungen in Verbindung. 1994 ließen Mediziner der Virchow-Klinik gesunde Versuchspersonen so lange schnell und hastig atmen (hyperventilieren), bis sie schließlich in Ohnmacht fielen. Die Versuchspersonen berichteten übereinstimmend von sehr ähnlichen Erlebnissen wie Sterbende: Sie verließen ihren Körper oder sahen ihr Leben wie in einem Film ablaufen.

Für Studienleiter Dr. Sam Parnia von der Universität Southampton kommt diese Erklärung für die Herzstillstand-Patienten jedoch nicht in Frage: Parnia betont, dass die sieben Patienten mit NTEs sogar höhere Sauerstoffkonzentrationen aufwiesen als Patienten ohne ein solches Erlebnis. Ein Mangel an Sauerstoff als Ursache für die Erlebnisse scheidet laut Dr. Parnia somit aus. Als schlichte → Halluzinationen ließen sich die Patientenerfahrungen ebenfalls nicht befriedigend erklären. Dr. Parnia in der *Ärzte Zeitung*:

> »Alle Patienten konnten sich genau und sehr detailliert an das Erlebte erinnern. Das deutet nicht auf Halluzinationen hin. In einem Zustand wie dem ihren dürfte das Gehirn eigentlich weder zu so klaren Prozessen in der Lage sein, noch sollte man meinen, dass es dauerhafte Erinnerungen speichern kann.« *(Ärzte Zeitung)*

Er selbst sei zu Beginn der Untersuchung skeptisch gewesen, doch nun sei er davon überzeugt, »dass es da noch etwas anderes gibt«.

Medikamentöse Nebenwirkungen oder eine überhöhte Kohlendioxidkonzentration im Körper treffen als Erklärung ebenfalls nicht zu. Die Konzentrationen der Nahtodpatienten unterschieden sich nur geringfügig von denen jener Patienten ohne NTE. »Die Frage ist, ob all dies auf ein Leben nach dem Tod hindeutet«, so Dr. Parnia weiter. »Dazu müssen mehr Studien vorgenommen werden.«

Naqschibandi, Baha ad-din (1318–1389) → Sufismus, Sufi-Orden

Naqschibandiyya → Sufismus, Sufi-Orden

Nath, Goraknath

Zwischen dem 7. und 12. Jh. bahnte sich eine neue »Offenbarung« im Hinduismus ihren Weg, die die zeitlosen Lehren der Hindu-Tradition für die Bedürfnisse ihrer Zeit neu interpretierte. Ein wesentlicher Punkt dieser neuen Offenbarung war laut Mircea Eliade

> »die Vollendung der Synthese zwischen den Elementen des → Vajrayana- und des shivaitischen (→ Shiva) → Tantra, der → Magie, der → Alchemie und dem → Hatha-Yoga. Sie bildete in gewisser Hinsicht die Fortsetzung der tantrischen Synthese, doch einige von den *natha* und *siddha* betonten stärker als ihre Vorgänger den Wert von Magie und Yoga als unschätzbaren Mitteln zur Erlangung der Freiheit und Unsterblichkeit.« (Mircea Eliade 1977, 312)

Verbunden mit der Nath-Lehre sind hauptsächlich der mythische Guru Matsyendranath, einer der 84 Siddhas des → Vajrayana (→ Tibet-Tantra), der »aus dem Fisch Geborene«, und sein Schüler Goraknath, die beide als Inkarnationen → Shivas gelten. Adi-Natha ist ein mystischer Name Shivas. Das Wort *nath* bedeutet Meister, weshalb die Nath-Yogis als Nachfolger der Rishis angesehen werden. Das Auftauchen des Hatha-Yoga ist eng an ihren Namen gebunden. *Hatha* heißt »Gewalt«, Anstrengung und Disziplin.

Aus den alten Abhärtungsmethoden der Kriegerkaste entwickelte sich im Mittelalter der → Hatha-Yoga. Die harte »Gewaltmethode« wurde zu einer anstrengenden Disziplin im Rahmen des Tantra:

»Die Texte verwenden nun tantrische Begriffe und Gleichnisse und gehen vom tantrischen Weltbild aus, in dem sich die Stoffwelt bipolar darstellt, was fortan auch äußerlich hervorgehoben wird durch die Teilung des Wortes Hatha in zwei Silben: *Ha* wird zur Chiffre für das ›Sonnenprinzip‹, das als anfeuernd und schöpferisch beschrieben wird – und *Tha* wird zur Chiffre für das ›Mondprinzip‹, das als dämpfend oder empfänglich einsaugend charakterisiert wird. Nach dem ersten Blick auf diese Symbolik lässt sich kaum vermuten, wie vielschichtig sie ist. Sie kann sich z. B. auf Geist und Stoff beziehen, mit der Vorstellung, dass der Stoff oder der Leib vom Geist durchtränkt werden soll, sie kann einfach auch das Verhältnis von etwas sich Ergänzendem ausdrücken oder den Wechsel von aktiv-passiv, entsprechend Tag und Nacht oder Sonne und Mond.« (Helmtrud Wieland 1992, 372)

Die Übungen sind ein vollständiger Yoga, der Körper und Geist harmonisch entwickeln wollte und daher Konzentration, → Meditation und → Samadhi einbezieht (→ Raja-Yoga). Es sind ursprünglich keine Gymnastikübungen. Die Übungen wurden v. a. innerhalb tantrischer Praktiken – auch innerhalb des sexuellen Tantra – gebraucht, um den Körper geschmeidig zu halten, um die langwierigen, anstrengenden Techniken durchzuführen. Die vollkommene Beherrschung des Körpers führt zur Entwicklung von → Siddhis oder magischen Kräften.

Die Nath-Sekten, die Kanphata-Yogis (»Ohrringträger«, nach dem gewaltigen Ohrschmuck, den sie tragen), sind heute noch in vielen Teilen Indiens populär, besonders in Bengalen und Assam, aber auch in Nepal. Das TM-Siddhi-Programm (→ Meditation, Transzendentale) macht auch Gebrauch von diesen Techniken.

Für den Hatha-Yoga – als Verbindung gegensätzlicher Lebensprinzipien – gelten heute drei Sk.-Werke als maßgebliche Quellentexte. Diese sind zwischen 1100 und 1500 n. u. Z. entstanden: die »Hathayogapradipika«, die »Gheranda-Samhita« und die »Siva-Samhita«. Dort sind die Reinigungsübungen, die Haltungen (Asanas), Gesten (→ Mudras), → Atemtechniken (Pranayama oder Kumbhaka), Konzentrationstechniken (Dharana) und Meditationstechniken (Dhyana, → Raja-Yoga) beschrieben.

Für die westlichen Schüler gibt es heute eine Reihe von Hatha-Yoga-Übungsbüchern, die das ganze System vereinfacht als Körperübungen unter dem Namen Yoga oder → Hatha-Yoga lehren.

Neuplatoniker

Die neuplatonische Schule, die um Plotin (205–270) entstand, ist von gnostischen Ideen beeinflusst, auch wenn Plotin selbst einige gnostische Lehren ablehnte.

Die Neuplatoniker gossen die verschiedenartigen und mitunter sich widersprechenden gnostischen Konzepte in ein Korsett pyramidaler, stufenförmiger Weltordnungen. In der Art einer absteigenden Tonleiter der Schöpfung (→ Oktavengesetz) tritt das Universum überströmend aus dem obersten Einen, dem Guten, hervor und folgt dabei in seinen Intervallen den harmonikalen Gesetzen, die auf den Philosophen → Pythagoras (6. Jh. v. u. Z.) zurückgehen. Zwischen der unbeweglichen Welt der himmlischen Urbilder und der beweglichen und vergänglichen Welt ihrer irdischen Abbilder gibt es eine Reihe vermittelnder Instanzen, so auch die Welt des Menschen. Der Mensch hat in dieser Philosophie die Möglichkeit, Geschehnisse im

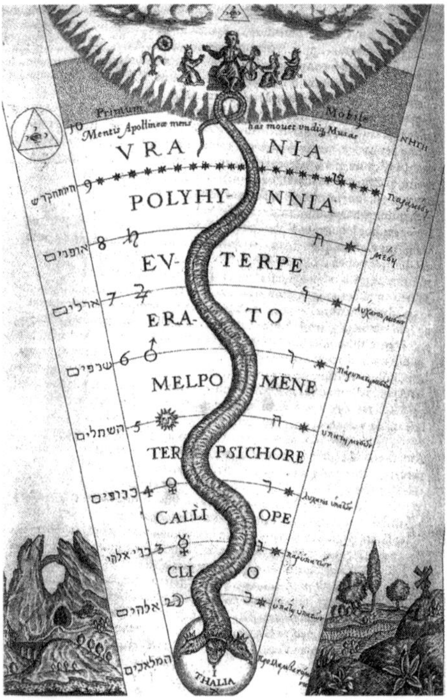

»Die neun Sphären« nach einer Vision des Neupythagoräers Martianus Capella, 5. Jh.

irdischen Bereich zu manipulieren, indem er mit Hilfe von magischen Praktiken auf den mittleren Bereich der Weltseele (der Welt des Bewusstseins, wie wir heute sagen würden, → Geist) einwirkt. Der Kontakt mit dieser Zwischenwelt wird durch den feinstofflichen siderischen Körper bzw. den → Astralkörper hergestellt. Siehe auch: → Dionysios Areopagita, → Hermetik.

New Age

Die Wurzeln dieser modernen spirituellen Bewegung in Westeuropa, Russland und den USA finden sich im 19. Jh., als der Mythos vom »Neuen Zeitalter« wiederbelebt wurde. Da das menschliche Leben immer Schwierigkeiten, Unwägbarkeiten und Unzulänglichkeiten unterworfen ist, zieht sich dieser Mythos wie ein roter Faden durch die Geschichte des Abendlands. »Goldenes Zeitalter«, »Garten Eden«, »Utopia« oder → »Atlantis« sind Synonyme für einen abgegrenzten, paradiesischen Raum, der den Menschen aus seinen existenziellen Nöten und Zwängen befreien soll.

Ein weiterer Strang der neuzeitlichen Entwicklung ist das kabbalistisch-hermetische Gedankengut der Renaissance (→ Hermetik, → Kabbala). Es führte im 18. Jh. zur Gründung von neuen → Templerorden und den → Freimaurern, deren liberale Grundsätze »Gleichheit, Freiheit, Brüderlichkeit« die überkommenen aristokratischen Herrschaftsformen mittels der Französischen und Amerikanischen Revolution wegfegten und den Boden für die heutigen Demokratien bereiteten. Grundlegende Züge der amerikanischen Verfassung basieren auf der Verfassung der fünf indigenen Irokesennationen. Bis heute finden sich deshalb die Symbole der Freimaurer (Pyramide und Gottesauge) und der Irokesen (Adler) auf dem amerikanischen Dollar.

In Deutschland führte Mitte des 19. Jh. die industrielle und das Scheitern der politischen Revolution von 1848 zu sozial- und bewusstseinsrevolutionären, sozialethischen Erneuerungsbewegungen. Einer der Revolutionäre von 1848, Eduard Baltzer, wird als Vater der lebensreformerischen Lehre von der naturgemäßen Lebensweise angesehen. Die Genossenschaftsbewegung – die heute noch durch die Volksbanken und andere Genossenschaftsbanken öffentlich repräsentiert wird – wurde aus dem Ausland durch Robert Owen und Charles Fourier stark beeinflusst. Freidenker, Künstler, Schulreformer, Anarchisten, Sozialisten und kommunitäre christl. Sekten versuchten, ihre Utopien im Kleinen wie im Großen zu verwirklichen. So entstanden Mitte des 19. Jh. viele Siedlungsgenossenschaften und Landkommunen.

Die meisten Experimente wurden jedoch von einer progressiv ausgerichteten Großstadt-Elite getragen.

»Die individual-reformerischen und bewusstseinsverändernden Ziele waren in eine Heiligung und Reinigung der Einzelperson und der Gesellschaft eingebunden. Die Lebensreformbewegung zeitigte damit nicht nur eine wichtige Sensibilisierung für Fragen der richtigen Ernährung, gerechteren Bodenordnung, Suchtgefährdung und Umweltverschmutzung, sondern verband diese rationalen Ansätze mit chiliastischen Elementen [die Erwartung des ›Tausendjährigen Reichs Christi‹] zu einer merkwürdigen innerweltlich-sendungsbewussten Mentalität, wobei sich diese schwärmerische Neigung stets mit dem kulturellen Führungsanspruch des Bildungsbürgertums in der Gesellschaft verband.« (Ulrich Linse 1983, 34)

Der Begriff »New Age« selbst taucht das erste Mal bereits 1843 als Titel einer Zeitschrift der sozialutopischen Gruppe von Ham Common in England auf – genau zu jener Zeit also, als in den USA die ersten alternativen Religionsgemeinschaften entstanden, als die sozialutopischen religiösen Sekten der Mennoniten, Amischen, Hutterer und anderer gegründet wurden, die aus religiösen Gründen Asyl in der Neuen Welt gesucht hatten. Es entstanden dort Hunderte von Gemeinschaften, die zum Teil noch heute existieren. Die Amischen betreiben immer noch eine florierende Landwirtschaft ohne jegliche technische Hilfsmittel; ihr einziges Problem ist der Nachwuchs.

Die soziale Utopie all dieser Gemeinschaften, die auf Kooperation und Selbstversorgung basieren, funktioniert bis heute. Ähnliche Glaubensvorstellungen vieler puritanischer Religionsgemeinschaften dominieren heute sogar die US-amerikanische Gesellschaft.

Viele der Themen all dieser Vorläufer wurden von verschiedenen Strömungen der New-Age-Bewegung des 20. Jh. aufgenommen, seien es die pazifistischen Vereinigungen und die Lebensreform-Bewegung, die Frauenrechtsbewegung, die anthroposophischen Schulen und Biohöfe, die in den zwanziger Jahren des 20. Jhs. entstanden, die Hippiekommunen in den sechziger Jahren oder die Ökologiebewegung in den Siebzigern. Es entstehen auch heute noch neue alternative Gemeinschaften zumeist mit einer Mischung aus ökologischen, sexualbefreierischen und spirituellen Grundwerten. Die Offenheit der 68er Generation für geistige Experimente, psychedelische und spirituelle Erfahrungen lebt in gewisser Hinsicht noch heute im → Rock 'n' Roll (und daraus abgeleiteten Musikformen wie Heavy Metal oder Gothic und in der Techno-Trance-Kultur weiter.

Mitte des 19. Jh. entstanden zudem einige neognostische Gesellschaften (→ Gnosis), die großen Einfluss auf das Entstehen und die Ideen eines Teils der heutigen New-Age-Bewegung hatten. Durch Übersetzungen von buddhist., hinduist. und taoistischen Schriften durch Missionare sowie durch Berichte von Ethnologen kamen neue geistige Impulse nach England und Europa, die dort von progressiven Intellektuellen bereitwillig aufgenommen wurden. Es entstanden magische Zirkel, die afrikanisch-spiritistische Elemente integrierten, und das eklektische Weltbild der → Theosophie aus hinduist.-buddhist. Quellen. Großen Einfluss hatte hier die Theosophische Gesellschaft, die 1875 von Madame → Blavatsky gegründet wurde, und die Anthroposophische Gesellschaft, die Rudolf Steiner (→ Anthroposophie) um 1913 ins Leben rief.

In Worpswede bei Bremen entstand um die Wende zum 20. Jh. eine Künstlerkolonie um den Künstler Heinrich Vogeler und den Dichter Rainer Maria Rilke, in der Schweiz experimentierten um 1905 Freidenker und Reformer um Henri Oedenkoven und Gusto Gräser mit einer alternativen Lebensgemeinschaft, die außerordentlich viele Künstler und Literaten anzog, wie z. B. Hermann Hesse und Paul Klee. Dort, auf dem Monte Verità bei Ascona, wurden auch viele neue kreative Impulse geboren, so etwa der moderne Ausdruckstanz.

Einige dieser freidenkerischen Gruppen waren in Künstlerkreisen sehr beliebt und regten zu Experimenten an, die bis zum Expressionismus und dem Bauhaus führten (→ Kunst). In Russland entstanden in dieser Zeit um die theosophische Bewegung neue Musikstile und Kunstformen. Zeitgleich gab es auch in anderen europ. und asiatischen Ländern Erneuerungsbewegungen und Sekten, die eine entsprechende Anhängerschaft gewannen. Der Einfluss liberalerer spiritueller Richtungen brachte in den meisten Ländern aber auch immer wieder starke traditionalistische Gegenbewegungen ins Spiel – z. B. in Gestalt des Islamismus oder des fundamentalistischen Katholizismus –, die alle freidenkerischen Strömungen bekämpften.

Populär wurde der Begriff »New Age« erst Mitte der siebziger Jahre, als er für die verschiedensten Ausläufer der Hippiebewegung den gemeinsamen Nenner bildete. Unter dem Begriff einer »Aquarian Conspiracy« (»Die sanfte Verschwörung«) rückte Marilyn Ferguson 1981 die verschiedenen Strömungen und Experimente zu einer weltumspannenden spirituellen und sozialrevolutionären Erneuerungsbewegung ins Rampenlicht der Medien.

Nachdem infolge der Hippiephase und der Wiederentdeckung der spirituellen Wege die Inhalte des New Age zur so genannten → »Esoterik« kommerzialisiert wurden, kann man sagen, dass wir heute nun eine dritte Phase der Entwicklung der spirituellen Bewegung erleben. Viele Gedanken wurden Gemeingut und finden sich sogar in Hollywoodfilmen, viele Gruppierungen haben sich fest etabliert und organisiert. Es gibt den Bund Deutscher Yoga-Lehrer, die Buddhistische Union, verschiedene Sufi-Gemeinschaften usw., die meist als öffentliche Vereine bestehen, Internetseiten unterhalten und geben Suchenden weiterführende Informationen zu Schulen und Ausbildungen. Die spirituellen Wege – und selbstverständlich auch → Sekten jeder Couleur – haben sich in unserer pluralistischen Gesellschaft gewissermaßen institutionalisiert.

Newgrange

Das wohl schönste und berühmteste Ganggrab Europas (→ Megalithbauten) liegt in Irland nördlich von Dublin, nahe Drogheda. Das verfallene und geplünderte Grab wurde 1966 wiederentdeckt und restauriert.

Man erreicht die drei kreuzförmig angeordneten Kammern über einen 21 Meter langen Gang. Das hohe Grabgewölbe wird von Hunderten perfekt aufbalancierter Steine gehalten, die ohne jeden Zusatz von Mörtel festsitzen; in 5000 Jahren sind davon nur zwei Steine zerbrochen. Diese Perfektion bei Entwurf und Ausführung der Anlage zeigt, welch überragende Ingenieure die Erbauer von Newgrange waren. Eine ganze Reihe der im Innern befindlichen Steinoberflächen ist mit eingeritzten Zeichnungen versehen.

Newgrange war so konstruiert, dass man das Leben spendende und lebenswichtigste Element für → Rituale nutzen konnte – die Sonne. Über dem Eingang, der vermutlich ursprünglich mit einer Steinplatte versiegelt war, befindet sich eine kleine Öffnung, deren Abdeckung Einkerbungen von Doppelspiralen und

Rauten trägt. Die senkrechte Furche auf dem Eingangsstein ist wahrscheinlich das neolithische Zeichen für die Ausrichtung des Lichts zur Wintersonnenwende am 21. Dezember.

»Wie Brennan entdeckte, wirft einer der aufrecht stehenden Steine in dem Steinkreis um das Hügelmonument herum einen Schatten, der wie ein Finger auf die vertikale Furche auf dem Eingangsstein zeigt, während die aufgehende Sonne der Wintersonnenwende ihr Licht ins Innere von Newgrange fallen lässt. ... Das Licht fällt direkt in den Gang hinein. Durch den Dachkasten ist es jedoch möglich, dass ein fein geformter Lichtstrahl tief in den hinteren Teil der zentralen Kammer hineinreicht und dort die Steine wie lebendiges Gold aufleuchten lässt ... Ein Wechselspiel zwischen den in die Steine eingeritzten Zeichen mit dem Lichtstrahl entsteht, und vielleicht enthalten die Zeichen verschlüsselte Informationen.« (Paul Devereux 2000, 153)

Es wird vermutet, dass derartige künstliche Höhlen, die es auch in anderen Kulturen gibt, spirituellen Zwecken dienten, insbesondere der Bewusstseinserweiterung durch das Wechselspiel von Licht in Verbindung mit psychoaktiven Pflanzen. Möglicherweise kam die Nutzung als »Grab« erst später, als das Wissen darum verloren gegangen war.

Nichtsein

Beim »Weg der → Meister der Weisheit« werden drei Stufen der Verwirklichung unterschieden: der Fortschritt zu Gott, der Fortschritt in Gott, und der Fortschritt jenseits Gottes, das Erreichen des dauernden Nichtseins (arab. *itlak*, Sk. *turiya)*. Der Weg in die Welt des Nichtseins wird durch vier grundlegende Praktiken erreicht: Erinnerung (→ Dhikr, → Mantra), Askese (z. B. strenges Fasten), Selbstaufgabe und Gemeinschaft mit einem Meister (der allerdings nicht wie ein Guru verehrt wird, sondern den möglichen Weg zur Befreiung zeigt).

»Der → Sufismus der absoluten Befreiung ist normaler Sufismus. Es ist der Weg der Wirklichkeit der Wirklichkeiten. Er ist weder Pantheismus noch Monismus. Es ist ein Weg für Nichtexistentialisten. Dieser Weg strebt keine zweitrangigen Ziele an, wie glückselige Visionen, Vereinigung mit Gott oder ähnliches. Für jene, die Auslöschung suchen, ist das Ziel das Absolute Nichtsein.« (Hassan Shushud 1983; → Bewusstseinszustände)

In der gnostischen (→ Gnosis) → Kosmogonie wird versucht, eine nichtseiende Gottheit und einen nichtseienden Kosmos mit dem Erscheinen der Welt in Einklang zu bringen. Es gibt verschiedene Theorien darüber, wie die manifestierte Welt entstand. Eine der gnostischen Erklärungen dafür finden wir später in einer Aussage *(hadith)* des Propheten Mohammed: »Ich war ein verborgener Schatz und sehnte mich danach, erkannt zu werden; deshalb erschuf ich die Welt, damit ich erkannt werde.« Die scheinbare Trennung oder Dualität ist notwendig, damit sich ein kreativer Prozess entfalten kann – eine weitere gnostische Vorstellung.

»Die vorherrschende Theorie lautet, dass die Gottheit unendliches und ewiges Licht und unendliche und ewige Liebe ist. Die Liebe verlangt nach Ausdruck und einem Objekt, das sie lieben kann. Deshalb schuf die Gottheit die Bedingungen für das Erscheinen anderer Wesen, die ihre Liebe empfangen und an ihrer Wonne teilhaben könnten.« (Benjamin Walker 1992)

Eine Idee, die wir nicht nur im Islam, sondern auch beim Sufi-Mystiker → Ibn Arabi (→ Sufismus) wiederfinden.

Nirwana (Sk. »Verlöschen«)

Zustand der Befreiung oder → Erleuchtung, der gekennzeichnet ist durch das Verschmelzen des individuellen Ich (→ Atman) mit → Brahman. Es ist das Ziel der spirituellen Praxis in allen Richtungen des → Buddhismus (→ Samsara, → Anatman).

»Ich denke, dass die Idee, die Zeit zu überwinden, eine der tiefsten Intuitionen der Menschheit ist. Der buddhist. Begriff ›Nirwana‹ zeugt davon. Nirwana ist ein Zustand der Nichtexistenz, aber nicht eines ›Nichts‹. Es ist ein Zustand, in dem es weder Sein noch Zeit gibt. Doch es ist auch ein Zustand, der unvergleichlich reich ist.« (John G. Bennett)

Siehe auch: → Zeit, → Nichtsein.

Nisargadatta Maharaj, Sri (1897–1981)

Bedeutender Lehrer der Advaita-Vedanta-Richtung (→ Vedanta) des mythischen Satgurus Dattatreya. → Dattatreya wird seit den ältesten Puranas (→ Brahmanismus) als geistiger Vater vieler spiritueller Richtungen angesehen.

Nach einem »bürgerlichen« Leben als Buchhalter machte ihn 1931 ein Freund, Yashvantrao Baagkar, mit dessen spirituellem Lehrer bekannt, Sri Siddharameshvar Maharaj. Dieser gab ihm ein Mantra und Anweisungen für die Meditation. Er befolgte diese, und schon bald geriet er in Zustände erweiterten Bewusstseins. V. a. lehrte ihn dieser spirituelle Lehrer die zum Jnana-Yoga zählende Praxis des *neti-neti* (»Ich bin nicht dies, ich bin nicht das«), die er von nun an unablässig übte.

Bei dieser Technik, die auf die Lehren Yajnavalkyas (um 600 v. u. Z.) in der Brihadaranyaka-Upanischad (→ Upanischaden) zurückgeht, werden alle Einzelerscheinungen der Welt als sekundäre, nur relative Überdeckungen → Brahmans zurückgewiesen, um auf diese Weise zum Gewahrsein ihres Hintergrundes, des reinen Bewusstseins, vorzudringen. 1934 gelang es ihm auf diese Weise, Selbstverwirklichung zu erlangen und die spirituelle Befreiung *(moksha)* zu erreichen. Von nun an nannte er sich Nisargadatta.

Seine neue Erfahrung beschrieb er folgendermaßen: »Freude und Leid verloren ihre Macht über mich. Ich war frei von Verlangen und Ängsten ... Ich erlebe keine Angst oder Gier, Hass oder Wut.« – »Ich erkannte mich als vollständig, dass mir nichts fehlte ... Ich bin dieser unendliche Ozean des Bewusstseins. ... Es gibt nichts, von dem ich mich getrennt fühle.« Gleichzeitig erlebte er sich als »überpersönlich«: »Die Körper-Verstand-Einheit kümmert sich um sich selbst und lässt mich in Ruhe. So wie Sie sich nicht um ihren Haarwuchs kümmern, so brauche ich mich nicht um Worte oder Taten zu kümmern. Sie geschehen einfach und lassen mich unberührt« (Nisargadatta).

Nisargadatta vermochte es nun, aus der Stille des Geistes heraus spontan zu handeln. Die Tiefe seiner Verwirklichung, die nicht alle spirituell erwachten Menschen erreichen, zeigte sich unter anderem darin, dass sein Selbst-Gewahrsein auch im Traum und sogar im Tiefschlaf erhalten blieb. Zugleich war er von einer tiefen Liebe zum Leben erfüllt:

»Und über allem war unendliche Zuneigung, Liebe, dunkel und still, nach allen Seiten ausstrahlend, alles einschließend. Sie macht alles interessant, schön, wichtig und vielversprechend. ... Sind Sie einmal in diesem Zustand, werden Sie herausfinden, dass Sie lieben, was Sie sehen, egal, was es ist. Diese allumfassende Liebe ist der Prüfstein des Gewahrseins.« (Nisargadatta)

Einige Jahre später verließ Nisargadatta Familie und Geschäft und zog als → Sadhu (Bettelmönch) in den Himalaya. Nach nicht allzu langer Zeit kehrte er nach Bombay zu seiner Familie zurück und arbeitete wieder in seinem Beruf. Gleichzeitig wirkte er nun als spiritueller Lehrer und wurde zunehmend von Menschen aus aller Welt aufgesucht. Man beschrieb ihn so: »Er ist barmherzig und liebevoll, witzig und humorvoll, vollkommen angstfrei und vollkommen wahrhaftig, inspirierend, anleitend und unterstützend für jeden, der zu ihm kommt.« Zu seinen Schülern gehörten Maurice Frydman, Mullar Patan und Ramesh → Balsekar. Sri Nisargadatta Maharaj starb im Jahre 1981 in Bombay an Krebs. Seine Erfahrungen wurden in Gesprächsform aufgezeichnet; sie sind auf Deutsch unter dem Titel »Ich bin« erschienen.

Nyingmapa (tib. rNying-mapa, wörtl.: »Die Schule der Alten«)

Eine der vier Hauptschulen des → Tibetischen Buddhismus. Sie vereinigt die ältesten buddh. Überlieferungen, die im 8 Jh. von Indien nach Tibet gebracht wurden. Seit dem 15. Jh. existiert eine eigenständige Sammlung dieser Lehren. Als wichtigste Unterweisung betrachten die Nyingmapas das Dzogchen (tib. Yoga).

O

O – Omega

Letzter Buchstabe des klassischen griech. Alphabets. Entspricht der Othil-Rune auch in der Darstellung (→ D, → OM).

Odilienberg

Bei diesem bedeutenden Wallfahrtsort im Elsass am Oberrhein handelt es sich um eine alte → Sonnenkult- und → Mysterienstätte, die unter anderem über Jahrhunderte für Einweihungen und → Initiationen genutzt wurde. Hier befindet sich auch die größte Zyklopenmauer Europas.

Der Mont St. Odile, der auch als »hl. Berg« bezeichnet wird, ist eines der bekanntesten Ausflugsziele und gleichzeitig der meistbesuchte Wallfahrtsort (→ Kraftorte) im Elsass. Der Hauptanziehungspunkt ist das Kloster der hl. Odilia, das um 700 von der Schutzpatronin des Elsass, der hl. Odilia, gegründet und auf einem zur Rheinebene hin steil abfallenden Buntsandsteinfelsen errichtet wurde. In der Odilienkapelle findet sich ihr Grab und neben den Klostergebäuden eine überlebensgroße Sandsteinstatue der hl. Odilia.

Das Kloster erlebte seine Blütezeit im 12. Jh. Die damalige Äbtissin Herrad von Landsberg (1125/30–1195) schrieb das Buch »Hortus Deliciarum« (»Garten der Wonnen«), das das Wissen der damaligen Zeit enthält. Das Original verbrannte 1870 bei einer Belagerung Straßburgs. Nach mehreren Plünderungen und Bränden wurde das Kloster Ende des 17. Jh. wieder aufgebaut. Die Kreuzkapelle, die Engelskapelle und die Odilienkapelle stammen noch aus dem 11./12. Jh.

Oktavengesetz

Der Begriff wurde von G. I. → Gurdjieff geprägt, ist jedoch bereits im → pythagoreischen und → neuplatonischen Gedankengut enthalten und hat große Bedeutung als spirituelle → Kosmogonie. Die diatonische Tonleiter, die Gurdjieff aus vielen möglichen Tonleitern auswählt, ist die heutige Dur-Skala, die durch die Reihenfolge ihrer Intervalle gekennzeichnet ist: zwei Ganztonschritte C-D-E, ein Halbton E-F, drei Ganztöne F-G-A-H und bei Einbeziehung des Übergangs zur nächsten Oktave ein letzter Halbton H-C'. Das Fortschreiten der Tonschwingung durch die Ganztöne verläuft regelmäßig, doch um diese Regelmäßigkeit weiter fortzusetzen, bedarf es eines Halbtonschrittes an den besagten Stellen.

Gurdjieff illustriert mit dieser »gesetzmäßigen Unregelmäßigkeit« seine Idee, dass die Entwicklungen des Kosmos und des Menschen nicht geradlinig verlaufen. Für seine Erläuterungen benutzt er wohlweislich die lat. Notenabkürzungen, die Guido von Arezzo im 11. Jh. geprägt hat. Denn die Noten tragen ihre verborgene Bedeutung in sich, die Gurdjieff in seinem Oktaven-Schöpfungsstrahl verwendet hat:

Die Tonleiter des Schöpfungsstrahls

DO	Dominus	Gott als Schöpfer
SI	Sider	die Sternensysteme
LA	Lactea	die Milchstraße (die Galaxis des Menschen)
SOL	Sol	die Sonne
FA	Fata	die Planeten
MI	Mikrokosmos	die Erde – lebendige Zellen
RE	Regina Coeli	Himmelskönigin (der Mond)
DO		Urgrund

Das DO hieß ursprünglich UT (die lat. Wurzel für erste Ursache), was etymologisch in Verbindung zum ägyptischen Thoth steht, der Gottheit der schöpferischen Intelligenz (Hermes Trismegistos, → Hermetik).

In diesem Sinne erläutert Gurdjieff den »Schöpfungsstrahl« (entsprechend den Emanationen aus dem göttlichen Licht Ain Sof Avr der gnostischen → Kabbala):

»In einer aufsteigenden Oktave kommt das erste Intervall zwischen Mi und Fa. Wenn entsprechende zusätzliche Energie an diesem Punkte hinzutritt, wird die Oktave sich ohne weitere Störung bis Si weiterentwickeln. Aber zwischen Si und Do braucht sie einen viel stärkeren zusätzlichen Schock für die richtige Entwicklung als zwischen Mi und Fa, weil die Anzahl der Schwingungen der Oktave an diesem Punkt beträchtlich höher ist.« (G.I. Gurdjieff in: P.D. Ouspensky 1966, 190)

In der absteigenden Oktave hingegen tritt das größte Intervall gleich am Anfang der Oktave auf und entwickelt sich deshalb leichter. Deshalb spricht Gurdjieff von einem beträchtlich schwächeren Schock, der für das Fortschreiten des Schöpfungsvorgangs nötig ist: Der Aufstieg ist immer schwieriger als der Abstieg. Diese Vorstellung wird bei Gurdjieff auch im Zusammenhang mit dem → Enneagramm erklärt.

Gurdjieff verwendet die Siebentonleiter als Symbol für die Evolution des Menschen.

»In der großen kosmischen Oktave, die uns in Form des Schöpfungsstrahls [→ Neuplatoniker] erreicht, können wir das erste vollständige Beispiel des Oktaven-Gesetzes beobachten ... Das Absolute ist das All. Das All, welches volle Einheit, vollständigen Willen und volles Bewusstsein besitzt, erschafft Welten innerhalb seiner selbst ...« (G. I. Gurdjieff in: P. D. Ouspensky 1966, 191)

Jeder Kosmos (also Galaxie, Sonnensystem, Mensch), für den symbolisch eine Note in der Oktave steht, hat bei Gurdjieff gemäß dem damit verwobenen Triadengesetz (→ Trinität, → Zahlen) eine andere innere Dynamik, weil sich die ursprüngliche Triade des schöpferischen Willens aus jeweils einer aktiven, einer rezeptiven und einer neutralen bzw. verbindenden Kraft zusammensetzt. Dabei sollten wir verstehen, dass jeder Kosmos eine eigene Intelligenz und eine eigene Raum-Zeit-Dimension besitzt.

Die ursprüngliche Einheit steht nur unter einem Gesetz (→ Pythagoras), das jedoch die ursprüngliche Dreiheit als Potenzial in sich trägt. Welt eins ist das Absolute oder Unendliche Unerschaffene (Ain Sof in der → Kabbala), die Ureinheit, welche potenziell die ganze Vielheit enthält. Durch die Erschaffung der Welt wurde der Schöpfungswille in drei selbstständige Willenskräfte aufgeteilt, die immer wieder danach streben, sich zu vereinigen, und es entstand die erste Welt, die dem Gesetz der Drei unterliegt, also nur den drei Urkräften (→ Trinität). In den weiteren Stufen involviert die Schöpfung gemäß dem Oktavengesetz über die verschiedenen Kosmen bis hin zu den lebenden Organismen.

Nachdem die Welt des Lebens entstanden war – so Gurdjieffs Darstellung –, konnten sich Organismen bilden, die kosmische Energien durch eigene Anstrengungen wieder »höher« transformierten, sozusagen aus unedlem Metall »Gold« herstellten (→ Alchemie). Die Umwandlung der gewöhnlichen Nahrung in bewusste Energien ist notwendig für den menschlichen Transformationsprozess. Die Möglichkeit der menschlichen Evolution verläuft nämlich in entgegengesetzter Richtung zur Involution, der Erschaffung der Welt. Man kann sich vorstellen, dass wesentlich mehr Kraft aufgewendet werden muss, um »gegen den Strom« zu schwimmen als mit dem Strom. Das Gesetz der Sieben oder das Oktavengesetz wird meistens in Form von Ausbreitung der Schwingungen dargestellt. Jede einzelne Note erzeugt wiederum eigene Schwingungen, die sich zum Teil mit ihren Ober- und Untertönen vermischen (→ Pythagoras).

Doch das Oktavengesetz ist mehr als eine kosmologische Vorstellung. Die Stufen der Entwicklung beschreiben die »Stufen der Vernunft« im Sinne Aristoteles', der den griech. Begriff *theoria* für die »beglückende Wahrnehmung« gebraucht hat. Gurdjieff verschlüsselt die Stufen der → Wahrnehmung, wie sie seit Platons Höhlengleichnis beschrieben werden, mit einer scheinbar physikalischen Theorie, um damit den praktischen Aspekt seiner Lehre gegenüber der reinen Philosophie hervorzuheben.

OM

Universelles → Mantra. Eigentlich AUM (Sk.), das umfassendste und erhabenste Symbol des → Hinduismus. Auch im → Buddhismus als mantrische Silbe von größter Wichtigkeit. OM MANI PADME HUM bedeutet »Juwel im Lotos«, d. h. die Gleichsetzung des »Juwels« mit dem → Erleuchtungsgeist. OM ist sowohl ein Symbol als auch ein Klang, eine Manifestation der höchsten Kraft.

Omphalos (griech. »Nabel der Welt«)

Beim Menschen ist der Nabel der Punkt im Körper, der den Ursprung der Versorgung mit den lebenswichtigen Nährstoffen der Mutter darstellt.

Symbolisch werden bestimmte Orte (→ Kraftorte, → heilige Orte) durch einen konischen Stein oder auch durch einen Hügel, eine Grube oder einen Pfahl (auch Obelisk) markiert. Das klassische Beispiel für einen solchen Omphalos ist das griech. → Delphi, der Orakeltempel des Apollo – und davor der Orakeltempel von Gaia, der Erdmutter (→ Göttin).

In Mekka gibt es in der Kaaba, dem größten Heiligtum des Islam, einen großen Meteoritenstein, der von allen Gläubigen geküsst wird. Von dieser Stelle strahlen acht Wege in die acht Himmelsrichtungen aus (→ Germanen). Siehe auch: → Weltzentrum.

Opfer

Das Opfer ist eine rituelle Gabe. Die Handlung des Gebens richtet »sichtbar« die Aufmerksamkeit auf die Verbindung mit den geistigen Kräften (→ Geister). Dieses Geben wird im abendländischen Kulturkreis als »Opfer« bezeichnet. Der Begriff des »Opfers« entstammt dem Kirchenlatein des 16. Jh. und wurzelt in dem Wort »operieren« in der Bedeutung von »arbeiten«, »wirken«, »bewirken«.

Meist ist ein Opfer in ein → Ritual eingebunden. Formen und Abläufe sind kulturbedingt und je nach spiritueller Richtung verschieden. Nach Anrufung der Kräfte erfolgt eine Opfergabe, z. B. Reis, Räucherung, Alkohol. Dieser Moment des Gebens ist mit der Absicht verbunden, bei den angerufenen Kräften etwas hervorzurufen – Schutz, Unterstützung, Begleitung, Erkenntnis, Einsicht. In diesem Sinne ist ein Opfer eine rituelle Gabe mit der Absicht, etwas zu bewirken.

Rituelle Gaben an die Kräfte der geistigen Welten lassen sich durch archäologische Funde in allen Kulturen bis weit zurück in die Frühzeit der Menschheit bezeugen. Vielfältig waren – und sind immer noch – die rituellen Gaben in den europ. Kulturen: Früchte, Blumen, Kräuter, Ähren, Brot, Bier, Milch, Honig, Wein, aber auch Tieropfer, zuweilen auch Menschenopfer (→ Magie). Im → Brahmanismus wurde das Opfer dem → *tapas* (»Hitze«, »potenzielle Kraft«, → Gunas) gleichgestellt. Die Götter erreichten die Unsterblichkeit nicht allein durch das Opfer, sondern auch durch die Askese. Wenn der Gläubige bei einem vedischen Opfer den Göttern Soma (möglicherweise eine → psychoaktive Substanz) und geschmolzene Butter im hl. Feuer opfert, bringt er ihnen ein »inneres Opfer« dar.

Es gibt auch das tägliche Opfer der Atmung der Asketen (→ Atem). Dahinter steht, dass der Mensch, solange er spricht, nicht atmen kann und deshalb seinen Atem dem Wort opfert. Das Atemopfer ist deshalb ein inneres Feueropfer *(agnihotra;* → Zoroaster), das jeder Hausherr täglich vor Sonnenaufgang und abends nach dem Sonnenuntergang darbringen musste.

Orakel

»Die Frage lautet nicht, wie es dazu gekommen ist oder welcher Faktor diesen Effekt hervorgerufen hat, sondern was im selben Augenblick in sinnvoller Weise zusammen geschehen mag. Die Chinesen fragen immer: Was neigt dazu, in der Zeit zusammenzupassen?« (Marie-Louise von Franz 1970).

Orakel gab es zu allen Zeiten, denn nichts ist so interessant wie die Zukunft – die Zeit, die es noch gar nicht gibt. Der mittelalterliche Philosoph und Kabbalist Agrippa von Nettesheim (1486–1535) erläutert in seinen »Magischen Werken« eine ganze Reihe von Orakeln (→ Magie). Bei jedem Orakelsystem kommt es im Wesentlichen auf die Bedeutung an, die man einzelnen Teilen, Zahlen oder Symbolen zuschreibt. Weissagung ist deshalb faszinierend, weil sie unsere Vision in eine Welt führt, die nicht völlig von den Gesetzen von Zeit und Raum beherrscht wird.

Das Orakel (»weises Sprechen«) lässt sich historisch bis auf die Schamanen der Urzeit zurückverfolgen. Die indianischen Schamanen, die Medizinmänner, gehen heute noch auf die → Visionssuche, wenn sie Antwort auf eine wichtige Frage suchen. Die Mitteilung über ihre Vision wird dann von ihnen oder den Weisen des Stammes interpretiert. Bei den vorchristl. Griechen war das Orakel von → Delphi eine Frau (die »Pythia«) mit übersinnlicher oder medialer Wahrnehmung, die verschlüsselte Sprüche von sich gab.

Das wohl prominenteste afrikanische Orakel ist jenes von Ifa und Teil der Religion der Yoruba. 4096 *odus* (Allegorien) sind die Grundlage dieses Orakels. 16 x 16 x 16 Möglichkeiten ergeben sich beim Werfen der Kaurischnecken. Der Orakelpriester kennt die Odus auswendig, sodass sie ihm ohne Mühe – in vollkommen selbst kontrollierter → Trance – in den Sinn kommen, sobald eine Zahlenkombination im Orakel auftaucht. Ungelöst ist das Rätsel, wieso die Texte zur Frage passen, denn sie sind keineswegs so vieldeutig, dass jeder Text zu jeder Frage etwas bietet (was übrigens in gewisser Hinsicht auch für das chines. → I Ging zutrifft).

Das chines. Domino-Spiel, das wahrscheinlich das Vorbild für die Anordnung der Münzen, Kelche, Stäbe und Schwerter des → Tarot und der heutigen Zahlenkarten der Kartenspiele war, soll auch zur Zukunftsvorhersage benutzt worden sein. Den Germanen schreibt man das System des Werfens von Stöcken oder Steinplättchen zu, in die → Runen eingeritzt waren. Man nannte dies das »Loswerfen«; aus »Los« wurde dann »Lesen« (→ magische Symbole). Die Weisen der Germanen lasen so aus den Runen und interpretierten Zusammenhänge. Sie verschrieben aufgrund der davon abgeleiteten Erkenntnisse Heilmittel oder bannten feindlich gesinnte Geister. Das Werfen von so genannten Traumsteinen ist auch bei den australischen Aborigines eine beliebte Divinationsmethode (→ Traumzeit).

Agrippa von Nettesheim führt in seinen »Magischen Werken« eine ganze Reihe von Weissagungsmethoden an, darunter die »Geomantie« oder »Punktierkunst« (→ Geomantie und Geometrie«).

»Die Geomantie ist eine Kunst, welche mittels des Loses auf jede Frage, was es auch betreffen mag, uns Antwort erteilt. Das Los besteht hier in Punkten, aus denen man gewisse Figuren nach der Gleichheit und Ungleichheit ableitet. Diese Figuren werden sodann auf himmlische Figuren zurückgeführt, deren Natur und Eigenschaften sie nach den Verhältnissen der Himmelszeichen und Planeten annehmen.« (Agrippa von Nettesheim 1979, 5)

Diese Figuren aus vier bis sieben Punkten ähneln wiederum sehr stark den Punkten auf den Dominosteinen.

Eine der ältesten schriftlichen Überlieferungen eines Vorhersagesystems ist das chines. → I Ging (Yijing), das durch die Kombination von Strichen, die durch das Werfen von Stäbchen (oder Münzen) ermittelt werden, Anweisungen für das »rechte« Handeln gibt. Manche sagen, das I Ging sei ein Weisheitsbuch, das als Orakel benutzt wurde. Zwischen der Weisheit und dem Orakel besteht indes kein Widerspruch, denn im Zusammenhang zwischen intuitiver Erkenntnis und der Gleichzeitigkeit von Ereignissen und Situationen liegt eine tiefe Weisheit verborgen.

Die chines. Philosophie gründet auf der taoistischen Weisheit, dass aus dem unfassbaren Dao (Tao) die Zweiheit von → Yin (dem weiblichen Urgrund) und Yang (dem männlichen Ursprung) entsteht und daraus alle Dinge der Welt hervorgehen. Dieses Wechselspiel der Yin- und Yang-Kräfte wird als Wechsel zwischen null und eins abgebildet. Daraus ergibt sich ganz natürlich das binäre Zahlensystem, das durch gebrochene und durchgehende Linien im I Ging dargestellt wird. Durch Verdoppelung entstehen dann vier Bilder (das große Yang, das kleine Yang, das große Yin, das kleine Yin), die den vier Jahreszeiten entsprechen. Durch weitere Hinzufügung einer Linie zu diesen Grundelementen entstehen dann die acht Trigramme, die sich auf die Himmelsrichtungen oder die Elemente in konkreter und abstrakter Form wiedergeben. Ein Trigramm z. B. stellt *ch'ien,* die Luft, dar, deren Gegenbild *sun,* der Atem, ist. Es gibt auch ein alternatives I Ging auf Basis der Drei bzw. Neun; es heißt Taixuan (»Großes Mysterium«) und wurde von Yang Xiong um die Zeitenwende entwickelt. Seine 81 Tetragramme bilden eine sich entwickelnde Folge (Prozessgedanke wie im → Enneagramm) und stellen im Prinzip ein trinäres Zahlensystem (0000, 0001, 0002 usw.) dar.

Beim Schachspiel, das vermutlich ebenso alt ist wie das I Ging, finden wir ganz ähnliche Eigenschaften abgebildet. Die acht Hauptfiguren im »Spiel des Asha« *(shah* = König), wie es ursprünglich hieß, sind: Macht, Liebe, Weisheit, die Erhalterin, der Schöpfer, ewiges Leben, Arbeit, Frieden. Ihre elementaren Manifestationen (die »Bauern«) sind

Das Spiel des Asha, die zoroastische Version des Schachspiels mit Symbolen der kosmischen und natürlichen Kräfte.

Sonne, Wasser, Luft, Nahrung, Mensch, Erde, Gesundheit, Freude. Das Schachbrett stellt eine kosmische Struktur aus 64 Feldern dar, auf denen diese Kräfte in unendlich vielfältige Kombinationen treten können. Die Stellung der Figuren lässt somit auf größere Zusammenhänge schließen, in welche der Spieler eingebettet ist. Der immer währende Wechsel zwischen dunklen und lichten Kräften drückt die unendliche Wandelbarkeit im Leben des Menschen aus (→ Zoroaster).

Mögliche Erklärungen für die Funktionsweise von Orakeln sind das Phänomen der Gleichzeitigkeit (→ Synchronizität) und die Theorie der → morphogenetischen Felder. Kann ein Wahrsagesystem tatsächlich funktionieren? Die 64 Bilder des → I Ging »entsprechen« dem genetischen Code, wie Martin Schönberger (1973) und andere nachgewiesen haben. Diese Tatsache verweist auf einen Zusammenhang zwischen der Variationsbreite unserer Erbanlagen (die sich allerdings erst durch Millionen von DNS-Strängen in unzähligen Kombinationen zur Zelle und zum Menschen herausbilden) und 64 grundlegenden Lebenssituationen, wobei jede der sechs Linien des »Hexagrammbildes« weitere Interpretationen eröffnen, also insgesamt 64 x 6 = 384.

Im → Tarot haben wir 78 Bilder. Legen wir eine Auswahl von sechs Karten in eine Reihe, so entstehen 468 Interpretationsmöglichkeiten, weil der Platz jeder Karte eine andere Bedeutung hat; bei zehn Karten, der Legeweise »Keltisches Kreuz«, sind das 780 unterschiedliche Folgen. Daraus können wir leicht erkennen, dass diese Anzahl unser Repertoire an Auslegungen bzw. das Verstehen einer Situation weit übersteigt. Es ist schon schwierig, eine vernünftige Aussage über ein I-Ging-Bild oder eine Karte zu machen; zwei oder mehrere Bilder aufeinander zu beziehen wirft jedoch mehr Fragen als Lösungen auf. Wenn nun ein Kartenleger sensitiv für das Erdsensorium oder das → morphogenetische Feld ist, können ihm die Karten Hinweise liefern, die er dann frei interpretiert. Nur die feinere Wahrnehmung des Kartenlegers lässt eine Zukunftsvoraussage oder eine intuitive Einsicht zu.

Die Zukunftsvoraussage gewinnt für uns heute immer mehr an Bedeutung, weil uns langsam bewusst wird, dass die physikalischen Gesetze, die eine Vorhersage aufgrund mechanischer Kausalitäten möglich machen sollten, sich derart gewandelt haben, dass der Unsicherheitsfaktor wesentlich größer ist als angenommen (→ Risiko).

Selbst im atomaren Bereich kann und wird nicht mehr mit der Newtonschen Mechanik gearbeitet. Es ist sehr unbestimmt, wie Elektronen reagieren. Dennoch hat die Wissenschaft auf dieser Ebene noch eine gewisse Sicherheit, die durch die Wahrscheinlichkeitsrechnung mit Hilfe schneller Computerrechner möglich ist. Doch sobald mehrere Elemente miteinander interagieren, ist die Anzahl der Elemente zu hoch für eine Kalkulation. Hinzu kommt Heisenbergs Unschärferelation, die besagt, dass wir nicht in der Lage sind, gleichzeitig Welle oder Teilchen zu sehen. Daraus ist zu schließen, dass der Beobachter das Ergebnis des Experiments verändert.

Bei lebenden Strukturen ändert sich die Voraussagefähigkeit. Das Leben hat ein Ziel oder sucht ein Ziel. Allerdings bestimmt das genetische Muster nicht die Zukunft, sondern macht sie nur möglich. Für die menschliche Entwicklung sind vielfältige Komponenten von Bedeutung: genetisches Muster, gesellschaftliche und kosmische Einflüsse, Anlagen und die Umgebung. Menschen sind auch mit einem geistigen Muster in Verbindung, der Anlage von dem, was sie wirklich sind oder werden können, der Motivation, die ihrem Leben von Geburt an eine Bedeutung gibt. Doch das höhere → Selbst hält mehrere Möglichkeiten offen. Das Schicksal ist nicht nur linear, es ist mehrdimensional, weil es nicht auf materiellen oder physikalischen Gesetzmäßigkeiten allein basiert. Das Schicksal setzt sich aus vielen Dingen zusammen, die nicht kalkuliert werden können (→ Enneagramm).

Das Befragen eines Orakels ermöglicht einen Kontakt mit dem, was in einem geistigen Bereich als Möglichkeit angelegt ist. Deshalb kann ein bestimmtes Muster von Karten ein höheres Muster widerspiegeln. Doch es ist ein zweiseitiges Spiel: Durch das Legen der Karten oder Werfen der Stäbchen üben wir auch einen organisierenden Einfluss auf das Zukunftsmuster aus.

Freier → Wille und Orakel: Was bei der → Astrologie (die ja auch für Vorhersagen benutzt wird) oder dem Kartenlegen selten einbezogen wird, ist die Rolle des freien Willens. Der Wille gehört einer anderen Dimension an als der Bereich des Seins, die traditionell als »astrale« Ebene oder »zweite Welt« bezeichnet wird (in der man auch das → morphogenetische Feld ansiedeln kann; → Geist). Wir müssen uns vorstellen, dass wir es mit einem mehrdimensionalen Universum zu tun haben, in dem die verschiedenen Welten ineinander verwoben sind und vielfältige Verbindungen haben. Ein häufig benutztes Modell dieser Dimensionen ist die Idee der drei Welten (→ Schamanismus). Die drei Welten sind: die physische, sichtbare Welt, die Welt der → Energien (Bewusstsein, Empfindungen, Gedanken, Form gebende Kräfte, morphogenetisches Feld usw.) und die Welt des → Geistes, d. h. der Möglichkeiten, der potenziellen Muster, des schöpferischen Willens.

Doch wir dürfen uns dieses Schema nicht wie einen Baumkuchen geschichtet vorstellen. Es ist vielmehr so, dass die drei Welten ineinander verwoben sind. Zukunft, das Zustandekommen von Ereignissen, ist somit von diesen drei Bereichen abhängig. Der schöpferische Wille, der sich mit dem höheren → Selbst des Menschen verbindet, ist somit in der Lage, gestaltend einzugreifen – er muss sogar eingreifen, weil sonst die Ereignisse kausal (erste Welt) über den Menschen hinwegrollen. Geschieht ein tatsächlicher Akt des Willens, so wird jede Zukunftsvoraussage beeinflusst oder unzutreffend (Feedbackschleife mit Welt zwei oder drei).

Das Wichtigste an der Frage der relativen Zukunftsvoraussage mit Karten oder anderen Mitteln ist die Entwicklung höherer → Wahrnehmungen. Es ist auf jeden Fall entscheidend, dass der Kartenleger oder Interpret eines → Horoskops eine gewisse höhere Wahrnehmung entwickelt hat. Sonst ist er nicht in der Lage, diese Dinge richtig zu beurteilen. Der richtige Rat hängt immer von der Person ab, die die Karten legt und interpretiert. Dabei sollte nicht die Möglichkeit unterschätzt werden, dass sich Vorhergesagtes oder selbst Interpretiertes als sich selbst erfüllende Prophezeiung verwirklicht. Deshalb ist davon abzuraten, sich beim Kartenlegen auf detaillierte Aussagen einzulassen. Viel wichtiger ist die Bestandsaufnahme der allgemeinen Situation, die der Fragende dann anhand seiner Kenntnisse für sich selbst überprüfen kann. Die Selbstbeobachtung und ehrliche Selbsterforschung ist dabei Voraussetzung. Sonst kann man sich etwas einreden, das überhaupt nicht zutrifft.

Denn eine wirkliche Sicherheit, dass Zukunftsvoraussagen zutreffen, haben wir nicht. Solange Situationen aufgrund einer freien Willensentscheidung verändert werden können, besteht eine große Unschärfe hinsichtlich der Richtigkeit der Auslegung; in dem Augenblick, in dem wir eine Entscheidung für die eine oder andere Handlung treffen, ergibt sich eine neue Situation, die neue Anforderungen stellt. Das Gleiche gilt für karmische Muster (→ Karma) oder Charakterstrukturen. Beide können durch echte Entscheidungen (also solche, die ihre Kraft aus dem Bereich des wirklichen Willens außerhalb von Zeit und Raum beziehen) modifiziert werden.

Orishas (auch Orixas)

Bezeichnung für die Götter im → Voodoo.

Osho Rajneesh (1931–1990)

Am 11. Dezember 1931 als Rajneesh Chandra Mohan geboren. Er lebte bei seinen Großeltern in einfachen Verhältnissen und behauptet, im Alter von 14 Jahren seine erste Erleuchtungserfahrung, → Satori, gemacht zu haben und mit 21 Jahren seine zweite. Nach seiner Universitätszeit wurde er Philosophieprofessor, reiste durch ganz Indien und hielt Vorträge. 1966 gab er seine Professur auf und widmete seine ganze Energie der spirituellen Arbeit, um anderen auf dem Weg zur Verwirklichung zu helfen. 1974 etablierte er in Poona (Indien), einer aufstrebenden Industriestadt, das größte »humanistische Therapiezentrum der Welt« und zog Menschen aus allen Kontinenten an. Innerhalb von 15 Jahren wurden über 540 Bücher über seine Lehren veröffentlicht, außerdem gibt es Tausende von Audio- und Videokassetten von seiner täglichen Lehre. In aller Welt wurden Osho-Zentren eröffnet, und man zählte in ihrer Blütezeit eine halbe Million Menschen zu seiner Gefolgschaft. Das Großprojekt Rajneeshpuram in Oregon (USA) scheiterte an verschiedenen widrigen Umständen.

Der Begriff → Sannyasin, der in der indischen Spiritualität für einen Mönch steht, welcher sich aus dem Leben zurückgezogen hat, wurde von Osho für seine Schülergemeinschaft geprägt. Da seine Lehre welt- und lebensbejahend ist, hat ihm dieser Begriff unter den indischen Traditionalisten viel Ärger eingehandelt. Der Sinn besteht jedoch in der Sufi-Aussage: »In der Welt sein, aber nicht von der Welt.« Insofern ist ein Sannyasin nach Oshos Deutung ein Mensch auf dem spirituellen Weg der Selbstverwirklichung.

1989 gab er seinen Titel Bhagwan Shree auf und wurde von allen fortan nur noch Osho Rajneesh genannt. *Osho* ist japan.; *O* bedeutet großer Respekt, Liebe und Dankbarkeit, und *sho* bedeutet »multidimensional«, »Bewusstseinserweiterung«. Osho wurde zu einem der bekanntesten spirituellen Meister seiner Zeit. Am 11. Dezember 1990 verließ er seinen Körper. Auf seinem Grabstein steht: »Osho – nie geboren, nie gestorben, er besuchte nur den Planeten Erde vom 11. Dez. 1931 bis zum 19. Jan. 1990.«

Nach Oshos Tod erlebte sein Zentrum in Poona als »Club Meditation« eine neue Blüte. Nicht allen Sannyasins gefiel der Trend zum Leichten und Kommerziellen, der nun einkehrte. Der rebellische Geist der Sannyas-Bewegung äußerte sich auch hier wieder in vielen kritischen Stimmen und einer Gegenbewegung, die aber nicht verhindern konnten, dass im Ashram in Poona heute kaum noch Osho-Bilder zu sehen sind, die Preise marktbewusst hoch gehalten werden und auch dem globalen Trend zur Wellness *(spirituality light)* dort in vielerlei Hinsicht gehuldigt wird. Nichtsdestotrotz ist Poona auch heute noch weltweit eines der attraktivsten Zentren für psychosomatische, ganzheitliche Therapien und transkonfessionelle Methoden der Mystik und Selbstfindung.

In Deutschland ist die Sannyas-Bewegung nun weitgehend in die Gesellschaft diffundiert und hat dort viele Neuerungen ausgelöst. Sie ist heute viel weniger sichtbar als in den siebziger und achtziger Jahren (als Meister Bhagwan/Osho mit Sinn für Provokation unzählige Skandale auslöste), aber dabei nicht weniger wirkungsvoll.

Die zentrale Lehre Oshos ist interspirituell. Osho entwickelte seine eigene Lehre anhand der Essenz aus unterschiedlichen Lehren von → Gurdjieff bis → Zen, mit dem Ziel der Verwirklichung in diesem Leben. Jeder Schüler kann frei alle spirituellen Pfade der Welt mit Hilfe von gut ausgebildeten Lehrern kennen lernen. Er entwickelte auch eigene Meditationsformen (→ Meditationstechniken nach Osho). Osho kann als Vertreter des → Samkhya angesehen werden.

Osho war ein spiritueller Lehrer, der die Tür zum Leben in der zeitlosen Dimension des → Augenblicks entdeckte – er nannte sich selbst einen ›echten Existenzialisten‹; zeit seines Lebens versuchte er die Menschen dazu anzuregen, die gleiche Tür zu suchen, aus der Welt der Vergangenheit und der Zukunft herauszutreten und selbst die Welt der → Ewigkeit zu entdecken.

Ouija-Board

Vorrichtung, mit der angeblich Geisterbotschaften empfangen werden können. Dabei wird ein Glas auf ein Brett mit einer Folge von Buchstaben gestellt. Das Glas wird von den Teilnehmern der Séance (Sitzung) durch unsichtbare Wirkungen der → Geister darauf herumgeschoben, sodass Worte entstehen, die als Botschaft der Geister oder eines Verstorbenen interpretiert werden können (→ Spiritismus).

Ouroboros (auch: Uroboros)

Die Urschlange ist das Symbol der Einheit von Wasser und Land. Sie ist der Anfang der Schöpfung und der Zeit, auch Urkraft und Urmutter. In Ägypten ist es Atum, die Urschlange, die aus dem Ur-Ozean aufsteigt. Die Schlange, die sich in den Schwanz beißt und so einen Kreis bildet, galt im alten Ägypten als Symbol des Kosmos. Bei den → Germanen ist Midgard die von Menschen bewohnte Welt und wird vom Meer und der Weltschlange darin umgeben. Diese bildet ebenfalls einen Kreis und hat ihren Schwanz im Maul.

Die Urschlange ist ein Symbol für die Unendlichkeit, die ewige Wiederkehr und die Vereinigung von Gegensätzen (→ Zeit, → Ewigkeit). Sie ist aber auch die verschlingende Urkraft, der dunkle Aspekt der Schöpfung. Sie gebiert das Leben und verschlingt es wieder. Sie stellt immer zwei Aspekte dar:

»Leben und Tod, Gebären und Verschlingen, Vulva und Maul. Bis in die heutige Zeit wirkt diese Vorstellung nach, sei es nun in der Gestalt der indischen Göttin Kali, der russischen Babajaga oder der Frau Holle … Immer ist dieser Doppelaspekt die Antwort auf das komplexe und letzte Problem des Menschen: Leben und Tod.« (Hans Egli 1982, 148)

Ouspensky, P. D. (1878–1947)

Er schloss sich 1915 einer Gruppe um G. I. → Gurdjieff an, bei dem er bis 1921 als Schüler blieb. Ouspensky war eine Persönlichkeit, die maßgebliche Bedeutung für die Verbreitung und Ausarbeitung wichtiger Teile von Gurdjieffs Lehre im Westen hatte.

Nachdem er sich von Gurdjieff getrennt hatte, gründete er in England eigene Gruppen, aber sein Werk »Fragmente einer unbekannten Lehre« (veröffentlicht als »Auf der Suche nach dem Wunderbaren«) fasste die Arbeit und Lehren aus Gurdjieffs erster Phase in Russland auf eine Weise zusammen, die für das europ. Verständnis am besten zu vermitteln war. Das Buch wurde jedoch erst 1949 veröffentlicht.

Seine Frau Sophia Ouspensky leitete ein eigenes Zentrum in Mendham (New York). Einige ihrer Schüler wie der Jungsche Analytiker Dr. Maurice Nicoll, der Journalist Rodney Collin Smith (der noch vor Oscar Ichazo dem → Enneagramm Persönlichkeitstypen zuordnete) und Robert de Ropp trugen seine Arbeit, die einfach das »System« heißt, weiter. Es gibt einige Gruppen und Schulen, die auf Schüler dieser Lehrer zurückgehen.

Ein Mangel der Ouspensky-Nachfolger und ihrer Schüler ist, dass sie viele der praktischen Übungen und Bewusstseinstechniken Gurdjieffs nicht oder nur teilweise kannten und deshalb auch nicht vermitteln konnten.

P

P – Pi (griech.)

Die Zahl Pi (3,14), keine Entsprechung im hebr. Alphabet. Phi, wie in Philosophie, entspricht dem → F.

Paranormal, Parapsychologie

Der spirituell orientierte Physiker David Bohm erklärt:

»Wenn das Paranormale existiert, kann es nur durch Bezugnahme auf die eingefaltete Ordnung verstanden werden, da in jener Ordnung alles mit allem anderen in Kontakt steht und es daher keinen wesentlichen Grund gibt, warum das Paranormale unmöglich sein sollte ... Des Weiteren reicht mystische Erfahrung [→ Mystik] noch tiefer in die eingefaltete Ordnung hinein, in die Ganzheit der Menschheit, sowohl die immanente als auch die transzendente. Könnten die Menschen also die Natur gewöhnlicher Erfahrung besser verstehen, dann würden sie sehen, dass mystische Erfahrung tatsächlich eine Erhöhung, Intensivierung und Vertiefung von etwas ist, an dem sie schon immer teilhaben. Die eingefaltete Ordnung schafft eine Gemeinsamkeit tief innerhalb von Materie, → Energie, Leben und → Bewusstsein. Die entfaltete Ordnung der so genannten gewöhnlichen Erfahrungswelt entfaltet das Eingefaltete und macht es sichtbar.« (David Bohm in: Renée Weber 1992)

Für die meisten Menschen sind mystische oder psychedelische Zustände außerhalb ihres Verständnisses, sie sind »paranormal« oder → Halluzinationen. Dennoch hat sich mit dem Zweig der Parapsychologie eine wissenschaftliche Erforschung von veränderten Bewusstseinszuständen und paranormalen Erscheinungen etabliert, die besondere Phänomene wie Ekstase, Exorzismus, → Hellsehen, → Hypnose, → Geister, → Geistheilung, Materialisation, → Nahtoderfahrung, Telepathie u. a. erforscht. Einer der Pioniere auf diesem Gebiet war Prof. Hans Bender von der Universität Freiburg.

Peyote-Weg

Peyote ist ein stachelloser Kaktus, der im nördlichen Mexiko und im texanischen Grenzgebiet wächst. Sein Hauptwirkstoff ist das Meskalin.

Eine Art der → Visionssuche ist der Peyote-Weg, der heute noch unter einigen indigenen Völkern Mittelamerikas und im Südwesten der USA weit verbreitet und offiziell als Religion anerkannt ist. Der Peyote-Ritus dauert die ganze Nacht und ist von vier Elementen geprägt: Gebet, Gesang, Verzehr des heiligen Peyote und Kontemplation. Das bloße Einnehmen von Peyote bringt noch kein Wissen mit sich, Erkenntnis wird immer erlangt durch die Verbindung mit einem vollständigen Ritual, im heutigen Sprachgebrauch »Set und Setting«. Voraussetzung ist körperliche und psychische Reinheit und v. a. die Demut, von Peyote zu lernen. Das Ziel ist die Offenbarung des Wissens aus den Welten des Bewusstseins.

Bei mittel- und südamerikanischen Schamanen ist der Gebrauch von bewusstseinserweiternden Pflanzen im rituellen Kontext weit verbreitet (→ psychoaktive Pflanzen). Bei ihrer jährlichen, vom Schamanen geleiteten Wallfahrt sammeln die Huichol, die in Mexiko leben, die sakramentale Pflanze Peyote und nehmen sie zu sich. Durch diese eine ganze Nacht dauernde Zeremonie werden sie »lebendig gemacht«.

»Schamanische und visionäre Kulturen wie die der Huichol legen besonderen Wert auf die persönliche Beziehung, die man mit den Kräften des Mysteriums eingeht – Kräften, die das ganze Alltagsleben durchwirken. Seit unvordenklichen Zeiten haben sie Übergangsrituale entwickelt, die sich der Mittel einer ausgeklügelten psychospirituellen Technologie bedienen, um das Bewusstsein von seiner Zentrierung auf das Ego in den transpersonalen Bereich zu bewegen. Wissen und Heiliges waren keine voneinander getrennten Bereiche, wie wir es von unserer modernen Gesellschaft her kennen. Mittels ihrer psychotechnologischen Methodologie drangen diese Menschen direkt in den Kern des Mysteriums vor, um mit ihm zu kommunizieren und Unterweisungen für ihr Leben zu erhalten.« (Tom Pinkson in: Christian Rätsch 1992, 150)

Pilgerreise

Eine Pilgerreise oder Pilgerschaft zu einem → heiligen Ort oder → Kraftort hat mehrere Anlässe:

1. Verehrung eines Heiligen oder eines Heiligtums;
2. Suche nach Heil: Der Pilger möchte also etwas unternehmen für sein Heil: für das Heil im Diesseits und auch im Hinblick auf das Jenseits;
3. als Buße;
4. Suche nach Wunder oder Heilung;
5. wegen eines Gelübdes;
6. zum Dank.

Heute besinnen sich viele Menschen auf ihre historischen, geistigen und persönlichen Wurzeln und schlagen fern von Schnellstraßen und Flugplätzen wieder eine langsamere Gangart ein, um zu sich selbst zu finden. Eine Pilgerreise bietet eine besondere Gelegenheit dazu (z.B. → Jakobsweg).

Pilze, entheogene (»Geist offenbarende«)

Dazu zählt z. B. der psychoaktive Fliegenpilz *(Amanita muscaria)*, der in Europa und insbesondere in Sibirien von → Schamanen benutzt wird. Es wird ver-

Der Fliegenpilz.

mutet, dass sein Gebrauch bis weit in die Steinzeit zurückreicht. In europ. Ländern wird heutzutage gern der so genannte Zauberpilz *Psilocybe* (oder *Stropharia) cubensis* verwendet. Dieser Pilz löst wie alle psilocybinhaltigen Pilze (von denen es viele Sorten in aller Welt gibt) starke → Visionen und → psychedelische Bewusstseinszustände aus.

Psychedelische Erfahrung, psychedelischer Bewusstseinszustand

Die »Entautomatisierung« der Hinwendung zur Welt durch → psychoaktive (oder entheogene, d. h. Geist offenbarende) Pflanzen oder Substanzen bewirkt eine zeitlose Entfaltung von → Wahrnehmung und Bewusstsein im Augenblick, ein völliges Gegenwärtigsein. Ob man in diesem Zustand die Dinge so sieht, wie sie sind, oder einfach intensiver und reicher wahrnimmt, ist nicht eindeutig zu beantworten.

Inzwischen ist bekannt, dass das Gehirn und die Körperdrüsen selbst allerlei Drogen produzieren, die entsprechende Erfahrungen möglich machen. Die körpereigenen Opiate, die Endorphine und Enkephaline, dienen der Lusterfahrung und mindern Schmerzen. Es gibt auch eine ganze Reihe von anderen Neurotransmittern, die mystische Erfahrungen verursachen. So werden bei der schamanischen → Trance vermehrt Endorphine,

Adrenalin, Noradrenalin usw. ausgeschüttet.

Psychedelische Substanzen können natürlich begleitende körperliche (z. B. Übelkeit) und psychische (Ängste) Wirkungen hervorrufen, die von den Gehirnfunktionen ausgelöst werden, weil Körper und Gehirn mit dem verstärkten, ungefilterten Einströmen von Eindrücken nicht zurechtkommen. Das hat nichts mit der Wirkung der Substanz oder Pflanze zu tun. Allerdings gibt es Pflanzenmischungen, die starke körperliche Reaktionen verursachen können, wenn es vom Schamanen gewollt ist, wie z. B. → Ayahuasca, dessen Hauptwirkstoff das Tryptamin DMT ist, welches auf natürlichem Wege auch vom Körper produziert wird.

Der Arzt Dr. Rick Strassman fand in jahrelangen klinischen Versuchen heraus, dass v. a. die → Zirbeldrüse (Epiphyse), die sich in der Mitte unterhalb des Gehirns befindet, an »außergewöhnlichen Zeitpunkten unseres Lebens DMT in psychedelisch wirksamen Mengen bildet ... Die Zirbeldrüse enthält die notwendigen Grundbausteine zur Herstellung von DMT« (2004, 104). In dieser Drüse finden sich die höchsten Konzentrationen des Neurotransmitters Serotonin, das von der Zirbeldrüse in Tryptamin ungewandelt wird.

Die meisten psychedelisch wirksamen Substanzen werden aus dem Grundbaustein Tryptamin, einem Derivat der Aminosäure Tryptophan, im Körper gebildet. Zu dieser Wirkstoffgruppe gehören außer DMT auch LSD und Psilocybin, das in den so genannten Zauberpilzen vorkommt. V.a. DMT wird auch bei intensiven Meditationen und spirituellen Übungen verstärkt produziert und freigesetzt. Das erklärt auch Berichte über veränderte Bewusstseinszustände ohne die Einnahme von psychedelischen Substanzen, die mit starken Lichtwahrnehmungen und intensivierten Körperempfindungen, aber auch → außerkörperlichen Erfahrungen einhergehen. Dr. Rick Strassman dazu:

»In allen spirituellen Disziplinen gibt es ausgesprochen psychedelisch anmutende Berichte und Beschreibungen von transformierenden Erfahrungen, und das Streben nach solchen Erfahrungen ist ein starkes Motiv für die Durchführung der entsprechenden Praktiken. Ein blendendes, grelles weißes Licht, Begegnungen mit Wesenheiten, die Engeln oder Dämonen ähneln können, ekstatische Gefühle, Zeitlosigkeit, himmlische Klänge, Gefühle des Sterbens und der Wiedergeburt ... diese Erfahrungen ziehen sich quer durch alle religiösen Orientierungen und spirituellen Gruppen. Sie sind auch für eine vollständige psychedelische DMT-Erfahrung typisch.« (Rick Strassman 2004)

Diese Zustände werden von den Praktizierenden solcher spirituellen Techniken als ebenso »real« wahrgenommen wie von Menschen, die psychedelische Substanzen einnehmen. Sind nun Bewusstseinszustände, die durch die Wirkung psychedelischer Substanzen und Pflanzen hervorgerufen werden, Halluzinationen? Dr. Strassman:

»*Halluzinogen* ist der geläufigste Begriff, der in der Medizin für psychedelische Substanzen verwendet wird. Mit ihm werden die Wirkungen dieser Drogen auf die Wahrnehmung und dabei vor allem auf die visuelle Wahrnehmung hervorgehoben. Während es durchaus üblich ist, dass psychedelische Drogen zu Wahrnehmungsveränderungen führen, sind dies jedoch nicht die einzigen Wirkungen und auch nicht unbedingt von größtem Wert.... Ich ziehe den Begriff psychedelische (bewusstseinsoffenbarende) Substanz dem Begriff Halluzination vor. Psychedelische Substanzen zeigen uns, was in unserem Bewusstsein enthalten ist und sich dort offenbart; sie legen versteckte, verdrängte, vergessene, aus dem Blickfeld geratene Gedanken und Gefühle frei, die völlig unerwartet hervorkommen können ...« (Rick Strassman 2004, 55)

Psychedelische Drogen sind so interpretiert einfach Katalysatoren. Sie schalten bestimmte Filter und Schutzmechanismen ab, die im normalen Alltag gebraucht werden, damit der Mensch nicht ständig von intensiven inneren wie äußeren Wahrnehmungen überflutet wird. Es gibt zwar zwischen spirituellen Zuständen und Psychosen gewisse Übereinstimmungen, Psychosen treten jedoch ungewollt auf, und die Betroffenen sind nicht in der Lage damit umzugehen, während mystische Erfahrungen das Ergebnis einer ausgereiften und bewussten Bemühung sind, den Bewusstseinszustand zu verändern. Erfahrungen der → Erleuchtung, die im Laufe dieser Bemühung auftreten, können daher vom Menschen auch ganz anders verarbeitet und gehandhabt werden. Deshalb ist es auch eine gute Voraussetzung für psychedelische Erfahrungen, wenn die Menschen, die damit experimentieren, bereits einige Erfahrung mit innerer Arbeit, spirituellen Übungen und »natürlich« veränderten Bewusstseinszuständen haben.

Bei der psychedelischen Erfahrung werden die Verzerrungen des Bewusstseins normalerweise nicht unbedingt aufgehoben. Je nach Ritual und Rahmen der Sitzung (Setting) kann die Erfahrung unterschiedliche Ergebnisse bringen. Die »mystische« Erfahrung gelingt meist in einem Setting, das ritualisiert ist, in ähnlicher Weise, wie es einige Schamanen praktizieren. Doch ohne Bewusstseinsschulung kann auch die psychedelische Erfahrung durchaus nur unterbewusste psychische Elemente hervorbringen. Es gibt Untersuchungen mit Künstlern, bei denen die Kreativität angeregt wurde und sie zu Bildern inspirierte, welche jedoch im normalen Wachbewusstsein ausgearbeitet werden mussten – wie sonst üblicherweise auch.

Es gibt inzwischen eine Reihe von Berichten, die ähnliche Erfahrungen schildern, wie sie von anderen bewusstseinsverändernden Methoden auch berichtet werden. Eine mystische Erfahrung, die mit Hilfe einer psychedelischen Substanz oder Pflanze entsteht, hängt immer sehr stark vom Fokus und Wunsch des Menschen ab, über die Grenze gewöhnlicher psychischer Inhalte hinauszugehen. Ohne die Bereitschaft, vollkommen loszulassen und jegliche Identifikation mit unterbewussten Inhalten, Ängsten oder körperbezogenen Verhaftungen aufzugeben, ist eine mystische Erfahrung mit psychedelischen Substanzen selten möglich.

Hier bewegen wir uns bereits im »Grenz- oder Übergangsbereich« zwischen der Erfahrung der zweiten »Dimension«, der Welt des Bewusstseins, und der dritten »Dimension«, der Welt des → Geistes, der eigentlichen spirituellen Welt.

Psychoaktive Pflanzen

Im → Schamanismus ist der Gebrauch von bewusstseinserweiternden Pflanzen und Pilzen weit verbreitet. Dazu gehören im sibirischen Schamanismus der Fliegenpilz, im südamerikanischen Yagé bzw. Ayahuasca (aus der Liane *Banisteriopsis caapi* gewonnen), Kakteen wie → Peyote, San-Pedro-Kaktus und Teonanacatl; ferner psilocybinhaltige → Pilze, das Windengewächs Ololiuhqui, in Afrika die Rinde Yohimbé sowie in Griechenland der Mutterkornpilz, der bei den Eleusinischen Mysterien Verwendung fand.

Auf allen Kontinenten kommt eine Vielfalt von psychoaktiven bzw. entheogenen (»geistoffenbarenden«) Pflanzen vor. Im Amazonasgebiet und im Bergdschungel Südamerikas etwa werden verschiedene Pflanzen zur spirituellen Heilung und Bewusstseinsveränderung

Schamane der Shipibo, Peru.

benutzt. Die wichtigsten sind der Tabak und die Ayahuasca-Liane. Vermutlich arbeiten die → Schamanen schon seit 5000 Jahren damit. Der Ayahuasca-Sud wird v. a. aus zwei Pflanzen hergestellt: Chacruna (Blätter eines Busches) und Ayahuasca (eine Liane). Ayahuasca hat viele Namen: Liane der Seele, Liane des Todes, Liane der Geister, Trank der wahren Wirklichkeit.

Durch eine besondere Zubereitung wird ein Trank hergestellt, der vom Schamanen und manchmal auch seinem Patienten eingenommen wird. Die Wirkung dieses DMT-haltigen Tranks (→ Zirbeldrüse) führt zu einem hellsichtigen, das Bewusstsein veränderten Zustand, in dem der Schamane die Ursache einer Krankheit erkennen kann. Je nach Ziel der Behandlung werden dem Trank auch andere »Meisterpflanzen« zugesetzt. Doch seine Einnahme allein ist nicht für eine Heilung entscheidend. Ayahuasca bewirkt, dass der Schamane »sehen« kann. Wenn er die Krankheit und ihre Ursachen »gesehen« hat, zeigen ihm die Geister, welche Gesänge er singen und welche Behandlung er anwenden muss. Das mächtigste »Handwerkszeug« amazonischer Schamanen sind seine → Icaros, seine Gesänge (→ Mantra).

Ein weiteres wichtiges »Hilfsmittel« amazonischer Schamanen ist der Tabak. Der reine Urwaldtabak unterscheidet sich in vieler Hinsicht vom westlichen Virginia-Tabak, den die Schamanen als »Hundetabak« bezeichnen. Ihr »Menschentabak« ist nämlich nicht nur naturrein, sondern wird auch traditionell auf vielerlei Arten zur Heilung eingesetzt:

> »Wenn ein Mensch erkrankt ist und der Schamane im Heilritual mit Tabak an dem Patienten arbeiten will, singt er als erstes ein bestimmtes Lied der Heilung, dann bläst er den Rauch des Tabaks über das Haupt des Patienten. Dabei wird mit den Händen über dem Scheitel ein geschlossener Kreis gebildet, wie ein kurzes Rohr. Er bläst den Tabak dreimal vom Haupt her über den Körper des Patienten, bis herunter zu den Füßen. Zwischen jedem Vorgang des Beblasens singt der Schamane immer das gleiche Lied. Am Tabakrauch erkennt er, ob der Patient geheilt werden kann oder nicht. Wenn der Rauch des Tabaks, anstatt am Körper herunterzusinken und ihn im Rauch einzuhüllen, nach oben steigt, kann der Patient nicht geheilt werden oder wird sterben. Dann kann der Schamane nichts anderes machen, als ihn gut beim Sterben zu begleiten.« (Nana Nauwald 2002, 167)

Außergewöhnliche → Bewusstseinszustände, welche die Biochemie des Körpers verändern und körpereigene Substanzen wie Endorphine aktivieren, können indes auch ohne diese psychoaktiven Mittel erreicht werden, und zwar durch Isolation, Müdigkeit, Hunger bzw. Fasten, → Trance, Rhythmus, → Tanz, Körperhaltungen.

Psychologie, spirituelle

Wenn mit »spirituell« der Aspekt des Menschen gemeint ist, der sich der gewöhnlichen Erforschung durch wissenschaftliche Methoden entzieht, kann unter »spiritueller Psychologie« das Studium des Menschen als Ganzes, auch →

transpersonale Psychologie, verstanden werden. Bei dieser Psychologie werden die geistigen Potenziale und Bewusstseinsdimensionen erweckt, die nicht mit den Gehirnfunktionen zu tun haben, aber von vielen Menschen mit außergewöhnlichen geistigen Erfahrungen für wirklich gehalten werden (→ Geist, → Bewusstseinszustände).

»Die wahre geistige Entwicklung des Menschen vollzieht sich jenseits seines Bewusstseins. Sie ist ›supramental‹ [Sri → Aurobindo]. ... Wir können hohe Bewusstseinszustände erleben und dennoch genauso bleiben, wie wir vorher waren. Die Verwechslung von Bewusstseinszuständen mit der Transformation des Seins hat ernste Folgen. ... Spiritualität ist in erster Linie der Bereich von Wille und Sein.« (John G. → Bennett 1977, 12)

Eine spirituelle Psychologie berücksichtigt die geistige Natur eines Menschen, ohne seine tierische Natur zu vernachlässigen. Sie betrachtet alle Aspekte als Ganzes, auch solche, die dem Wissen und der Forschung nur teilweise zugänglich sind. Außerdem liegt das Schwergewicht dieser ganzheitlichen Psychologie darauf, wie ein Mensch eine Transformation des »gewöhnlichen« Seins zu einem spirituellen Sein erreichen kann.

Pythagoras (ca. 570–496/97 v. u. Z.)

Einer der berühmtesten Philosophen und Mathematiker der Antike, der sich nach Forschungsreisen im Mittleren Osten in Crotona (Italien) niederließ und eine bedeutende Schule gründete, die eigentlich eine Lebensgemeinschaft war. Seine Studenten, die dort lebten, wurden → Esoteriker genannt, der »innere Kreis«.

Die milesischen Naturphilosophen vor ihm hatten die arithmetische und geometrische Berechnung als systematisches Mittel zur Zusammenfügung ihrer Gedankengebäude genommen. Pythagoras wählte einen neuen Standpunkt: Wenn die Dinge sich nach mathematischen Gesichtspunkten verhalten, dann muss die Welt der → Zahlen selbst das Urprinzip der Erkenntnis und der Wirklichkeit bilden. So wurde er zum Begründer der Mathematik. Die Lehre wurde geheim gehalten und bis 440 nur mündlich überliefert. Die Geheimhaltung erklärt sich aus der neuen Lehre, dem von Pythagoras geprägten Unterschied zwischen exoterischer und esoterischer Philosophie. Der griech. Philosoph adaptierte die indische Idee des unerschöpflichen Absoluten (→ Brahman), aus dem Raum und Zeit hervorgeht, und zwar nach einer bestimmten Gesetzmäßigkeit.

»Den indischen Philosophen war es gelungen, das Verhältnis zwischen dem Unerschöpflichen und der endlichen Wirklichkeit auch denkerisch zu erfassen: sie erfanden die mathematische Zahl Null. Alle Ordnung beruht auf Zählen und Messen. Alles Zählen geht vom Begriff der Einheit aus. Einheit ist jede Zahl in sich selbst [→ A]. Doch Einheit ist nicht nur eine Zahl, sondern auch der Schritt; und der gleiche Schritt, mit dem wir von der Eins in die Zwei und die Drei fortschreiten, führt uns auch zurück zur Null. Gegenüber der Einheit bedeutet Null das Nichts oder das Nochnicht [→ Nichtsein]. Aus dem Nichts entsteht das Etwas als die Uneinheit: so können wir im Denken die Geburt vom Nichts in die Wirklichkeit, die *creatio ex nihilo* erfassen. Das Nichts ist das Nochnicht. Es muss potenziell in der Möglichkeit die Wirklichkeit enthalten. Wenn die Urkraft sich verwirklicht, dann muss sie mathematisch als erstes die Form der Einheit annehmen. Die Einheit gebiert die Zweiheit, die Zweiheit die Dreiheit usw.« (Arnold Keyserling 2000, 146)

Pythagoras ist in der Mathematik v. a. durch den nach ihm benannten Lehrsatz bekannt: Im rechtwinkligen Dreieck ist die Summe der beiden Kathetenquadrate gleich dem Hypotenusenquadrat. Doch viel wesentlicher war seine Entdeckung des Koordinatenkreuzes mit den Brüchen und den Vielfachen, in der platonischen Tradition als »Chi« bekannt, in der neupythagoreischen Denkungsart als das »Gamma« und das »Lambdoma«. Das Koordinatenkreuz zeigt keine negativen Zahlen, sondern nur die jeweilige Multiplikation und Division im Verhältnis zu den zehn Grundzahlen. Die ganze Figur nennt man Chi, weil sie senkrecht gestellt dem gleichnamigen griech. Buchstaben (X) ähnelt. Das untere Feld heißt Lambdoma wegen seiner Ähnlichkeit mit dem griech. Buchstaben Lambda, das obere Feld ähnelt dem Gamma.

Das Lambdoma beschreibt die Gesetze der Tonzahlen, aus denen Pythagoras die Mathematik entwickelte. Die Welt der Töne weist eine begrenzte Anzahl von Verhältnissen zueinander auf: die Intervalle von Oktave, Quinte, Quarte, großer Terz, kleiner Terz und großer Sekund. Ein Ton ist aber nicht eine Zahl, sondern stellt mit seinen Obertönen – die seine Klangfarbe bestimmen – eine Zahlenreihe dar. Diese entsteht durch die Schwingung einer Saite. Die ganze Saite schwingt der Breite nach, die Obertöne schwingen den Enden zu und kehren zurück. Daraus folgt das Schwingungsgesetz, dass Maß und Schwingung in reziprokem Verhältnis stehen.

Aus diesem Wissen folgten einige bedeutende philosophische und mathematische Erkenntnisse, welche nicht nur die wissenschaftlichen, sondern auch die mystischen, theologischen, gnostischen und alchemistischen Gedankengebäude stark beeinflusst haben.

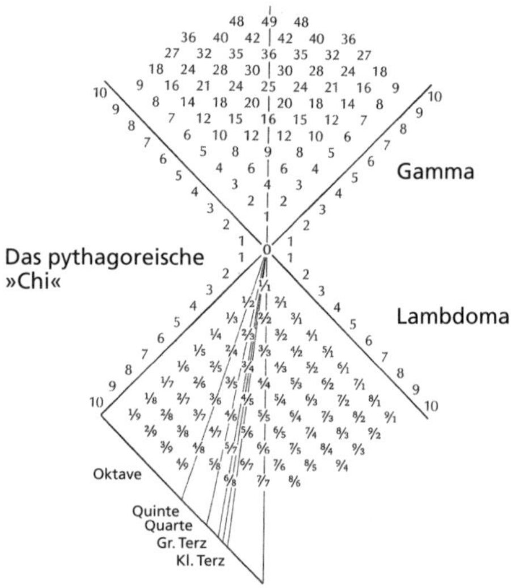

Das pythagoreische »Chi«, Darstellung von Arnold Keyserling.

Q

Q – Qoph (hebr.)

Zahlenwert 100. Die ursprüngliche altägyptische Hieroglyphe bestand aus einem Kreis, aus dessen Zentrum ein Strahl nach außen dringt, das lat. Q entspricht diesem Zeichen noch mehr als das hebr. Schriftzeichen. *Qaballah* (→ Kabbala), ein Wort, das tatsächlich mit Kopf und Denken zu tun hat, wird eigentlich mit Qoph geschrieben. Die 100 als Potenz der Eins, dem Aleph, gibt ebenfalls den Hinweis auf den Intellekt oder die Meisterschaft.

Qi (chin. »Lebenskraft«, »Energie«) → Qigong

Qigong (chin. »Arbeit mit Energie«)

Verbindung von Meditation, bewusster Atmung und Körperbewegung. Das Ziel ist jedoch, dass diese drei Elemente zu einer Einheit werden. Beim Qigong wandelt sich Energie mittels Information in Form. Über das bewusste Ein- und Ausatmen wird das Qi, die Lebensenergie oder »geistige Information«, aktiviert und kreist mit Vorstellungskraft und Körperbewegungen im Organismus. Laotse sagt: »Qi ist Materie, die man nicht sieht, wie auch Luft Materie ist, die man nicht sieht.« Mit den Qigong-Übungen lernt der Praktizierende, das Qi zu aktivieren und auch zu fühlen, es zu vermehren, zu stärken und zu leiten. Die Wirkung kommt aufgrund einer vermehrten Qi-Aufnahme durch die entsprechende Übung zustande. Ein mit vermehrter Spannung geladenes Qi wird dann an alle Stellen des Körpers transportiert, die im Ungleichgewicht sind.

Qigong ist nicht so anstrengend wie → Hatha-Yoga, da es häufig in langsamen, fließenden Bewegungsabläufen durchgeführt wird, bei denen alle Muskelpartien angesprochen werden und darüber hinaus auch die Energieströme durch die Meridiane. Wenn dieser Energiefluss in ungehinderter Bewegung ist, haben die Übungen eine dauerhafte Gesundheitswirkung auf Stoffwechsel, Verspannungen, Rückenschmerzen, Herz-Kreislauf- und Nervensystem.

Qigong-Übungen regen darüber hinaus seelisch-geistige Prozesse an, insbesondere weil sie die Ruhe in der Bewegung fördern, d. h. die Kombination der meditativen inneren Haltung mit einer äußeren Körperbewegung führt in eine ganzheitliche Harmonie. Ähnlich wie beim Hatha-Yoga gibt es viele Bewegungsabläufe, die den Bewegungen der Tiere nachempfunden sind, z. B. »die Bewegungen der fünf Tiere« Kranich, Bär, Tiger, Hirsch und Affe. Außerdem gibt es spezielle Übung zur Atemregulierung und zur Verbesserung der Organfunktionen. Eine weitere heilsame Technik des Qigong ist eine Druckpunktmassage, die in Japan zum Do-In und Shiatsu führte.

Eine Qi-Gong-Übung.

Es gibt viele unterschiedliche Qigong-Übungen für verschiedene Zwecke. Die Übungen werden meist im Stehen durchgeführt, es gibt jedoch auch Sitz-, Liege- und Gehübungen. *Wu-shu* (»leere Hände«) ist das »harte« Qigong, das gleichbedeutend mit Kung-Fu ist und als → Kampfsporttechnik gelehrt wird.

R

Rho (griech.), Rai (arab.), Resch (hebr.)

Zahlenwert 200 mit der Bedeutung »Haupt«, »Kopf«. Den guten »Rutsch«, den wir uns in Deutschland am Silvesterabend wünschen, ist vom Resch abgeleitet und bedeutet eigentlich »einen klaren Kopf behalten«. Die Zahl 200 ist eine Potenzierung der Zahl 2, Beit (oder Bayit), dem Behältnis. Der Kopf ist das Behältnis des Denkens und der Weisheit. Das Resch geht aus dem Qoph (Zahlenwert 100) hervor.

Im Sk. (→ Europa, Sprache) hat die Wurzel *ra* den Sinn »hervorbringen«, das → Scheitelchakra heißt demgemäß Sahasrara (aus *sah,* »siegen«, »Macht haben«, *as* = *esch,* dem Teil von Resch = »Geistfeuer«; *rara,* »leitende Bewegung«, »Herrschaft«. Die Rit-Rune ist mit »Rita«, »Recht«, »Urgesetz«, »Raten«, »Ritual«, »Rotieren« usw. verbunden. Rune des → Rituals, der kosmischen Ordnung.

Radiästhesie

Technik zur Feststellung von ungewöhnlichen Feldern in der Natur oder auch beim Menschen, bei dem sie zur Diagnose von Krankheiten dient. Meist mit Pendel und Wünschelrute ausgeführt. Manche sensitive Menschen sind auch in der Lage, ohne diese Hilfsmittel »Störfelder« zu entdecken oder besonders starke → Kraftorte zu orten.

Radiästheten haben auch den Begriff der so genannten Ley-Linien geprägt, Energielinien, welche die gesamte Landschaft, ja den gesamten Erdball mit einem feinstofflichen Gitter überziehen (→ Geomantie). Diese Energielinien können besonders sensitive Menschen mit der Wünschelrute wahrnehmen. Sie sind meist Kanäle für Erdenergien. Für andere Menschen haben Ley-Linien eine mehr spirituelle Bedeutung.

Rajas

In der Samkhya-Kosmogonie einer der drei Gunas (→ Trinität), der Grundeigenschaften der Urmaterie. Rajas steht für Bewegung.

Raja-Yoga

Die Königsdiszplin des Yoga, die auf den Sutras des Patanjali (ca. 2. Jh. v. u. Z.) beruht. Der Raja-Yoga ist eine innere Disziplin, die das Denken stilllegen will, damit der Übende → Samadhi erreichen kann, um so den Gegensatz, wie ihn die → Samkhya-Philosophie formuliert, zu überwinden. Der Raja-Yoga meint, dass eine bestimmte Anstrengung erforderlich ist, um das zu erreichen, weil metaphysisches Verstehen allein nicht ausreiche. Patanjali wollte durch Ruhigstellung des Körpers die Versenkung erleichtern und so die innere Stille erreichen. Die Körperhaltung, Asana, ist keine rein physische Übung (→ Hatha-Yoga):

»Sie muss in einer bewussten inneren Verfassung eingenommen werden. Durch Hereinnahme der Extremitäten – der Arme und Beine – und deren Zusammenfügung zu einer geschlossenen Einheit erwacht der Yogi zur Lebendigkeit des eigenen Leibes. Damit schafft er die Voraussetzung für die vom Yoga angebahnte progressive Vertiefung in die eigene Seele. Die äußerliche Geschlossenheit oder Sammlung der *asana* gestattet die innere Zentrierung und Offenheit gegenüber dem Transzendenten.« (Georg Feuerstein 1981)

Auch in der Bhagavadgita wird Asana als Stabilität der inneren Ruhe dem → Selbst gegenüber definiert. Das »Selbst« beinhaltet alles, »was ich habe«. Dabei bilden der physische Körper, die feineren Zentren (→ Chakras) und der Intellekt zusammen das Selbst, das die Einheit des »Ich bin« auf dem Hintergrund des kosmischen »Ich-bin-Bewusstseins« ist.

Der Raja-Yoga ist so ein umfassendes System zu Entfaltung der geistigen Kräfte, durch Körperhaltung, Konzentration und Meditation. Ausgefeilte Hatha-Yoga-Übungen gehen allerdings auf Goraknath zurück (→ Nath), während Patanjali nur einige wenige Asanas, hauptsächlich das Sitzen (→ Zen), kannte und vorschlug.

Die Bausteine des klassischen Yoga sind die folgenden acht Glieder *(anga):*
1. moralische Zügelung (Yama),
2. Selbstzucht (Niyama),
3. Körperhaltung (Asana),
4. Atemregulierung (Pranayama),
5. Zurückziehung der Sinne (Pratyahara),
6. Konzentration (Dharana),
7. Versenkung bzw. Meditation (Dhyana),
8. Unmittelbare Wahrnehmung (Samadhi).

Diese einzelnen Glieder sind wiederum in verschiedene Disziplinen unterteilt wie Nichttöten (Ahimsa), Studium (Svadhaya) oder Gesamtschau (Samyama).

Für den Yoga-Experten Georg Feuerstein (1981) »sind die Bausteine des von Patanjali gelehrten Yoga«, die häufig als »Stufen« ausgelegt werden, in Wirklichkeit »Funktionsglieder, die sich sowohl funktionell als auch zeitlich überlappen«. Deshalb gibt er einer Kreisordnung den Vorzug (siehe Abb.).

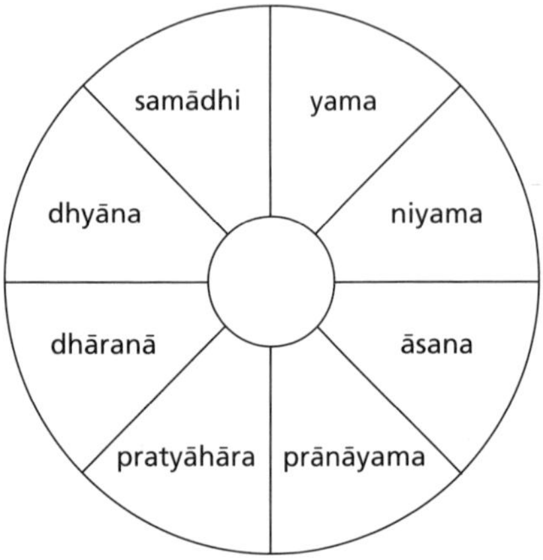

»Auf diese Weise«, erklärt Feuerstein weiter,

> »lässt sich ihre gegenseitige Beziehung weitaus klarer erfassen. So hat *yama* als Gegenpol *pratyahara,* und dies entspricht auf sozialer Ebene auch tatsächlich seiner vorbestimmten Funktion: *Yama* ist die Abstandnahme vom Übergriff in andere Lebensfelder, genauso wie *pratyahara* das·Zurücknehmen der Sinne von den Sinnesgegenständen ist. *Niyama* ist passend *dharana* zugeordnet, weil es eben Konzentration in der Ausübung des Willens ist. *Asana* hat als Gegenpol → *dhyana* und kann entsprechend als das meditative Verhalten des Leibes gedeutet werden. *Pranayama* wiederum ist → *samadhi* gegenübergestellt; während nämlich ersterer die Vermittlung zwischen Innen und Außen auf physischer Ebene (mittels des Atems ...) erwirkt, ist die Enstase *(samadhi)* der Mittler zwischen dem Unten und Oben, d. h. zwischen dem empirischen Bewusstsein und dem transzendenten Bewusstsein.« (Georg Feuerstein 1981)

Das Ziel des Raja-Yoga ist das Verlöschen des persönlichen Ichs und Eingehen in das Absolute (→ Brahman).

Ramana Maharshi, Sri (1879–1950)

Gehört zu den großen Gestalten des spirituellen Lebens im 20. Jh. Er kann als Exponent und Verwirklichung des Jnana-Yoga angesehen werden (→ Vedanta).

In jungen Jahren, von der westlich gefärbten Schulbildung enttäuscht, verlässt er ohne Abschied Schule und Familie, reist zum Berg Morgenrot (Arunachala) bei Tiruvannamalai, Tamil Nadu, und versinkt dort in jahrelanges Schweigen. Er sitzt unbeweglich wie ein Standbild in den Tempelhöfen des Shiva-Tempels von Tiruvannamalai oder in Felsnischen am Berg Morgenrot oberhalb der Stadt. Der junge Schweiger lockt durch die Kraft seiner Versenkung immer mehr Wahrheitssucher an.

Als er wieder zu sprechen beginnt, ist sein ganzes Denken durch eine einzige Erfahrung geprägt: Durch die Erfahrung des Einsseins mit dem absoluten, göttlichen Selbst in der Tiefe des eigenen Herzens. Ramana versucht seine Besucher auf einfache Weise in dieselbe Erfahrung zu führen, indem er ihnen unablässig die Frage vor Augen hält: »Wer bin ich?« Durch meditative Innenschau kann jeder Meditierende erkennen, dass das Ich sich ins Selbst auflöst. Nur eines ist wirklich, das man »Gott«, »Alles«, »Selbst« oder wie auch immer nennen könne.

Dieses Einswerden mit dem Selbst wird mit einem Erwachen aus der → Maya (»Illusion«) verglichen und Erleuchtung genannt. So wird Advaita-Vedanta auch als die Lehre der Nichtzweiheit oder des »kein Zweites« bezeichnet. Die Begegnung mit einem derart »erwachten« Lehrer wird → Satsang (von Sk. *sat,* »Wahrheit«, und *sang,* »Zusammenkommen«) genannt. So bezeichnet Satsang auch die Gemeinschaft von Wahrheitsuchenden, die sich um die Wahrheit im Meister und in sich selbst versammeln.

Regardie, Israel (1907–1985)

Einer der bedeutendsten Nachfolger von Aleister → Crowley. In seinem dreibändigen Werk »Das magische System des Golden Dawn« veröffentlichte er alle Kenntnisse und Überlieferungen des Ordens. Eine ganze Reihe von Rockmusikern waren oder sind von Crowley und Regardie beeinflusst bzw. haben sich mit seinen Lehren beschäftigt unter anderen die Rolling Stones (»Sympathy for the Devil«), Jimmy Page (Led Zeppelin), Kenneth Angers, David Bowie, Patti Smith.

Reiki (japan.)

Rei steht für »Geist«, »Seele«, *ki* für »Energie«, »Herz«, »Natur« und »Gefühl«. Reiki kann man also frei als »Lebensenergie« oder »universale Energie« übersetzen. Übertragen wird Reiki in der Regel durch Handauflegen (→ Geistheilung). Es existieren aber noch andere Verfahren, insbesondere das stille Aufsagen von → Mantras.

Reiki wurde zu Beginn des 20. Jh. von dem Japaner Dr. Mikao Usui wiederentdeckt und weiterentwickelt. Schon vorher jedoch hatte das Handauflegen eine jahrtausendelange Tradition. Der Reiki-Gebende verbindet sich bei einer Behandlung mit der Lebensenergie (→ Qi, Qigong) und legt seine Hände auf oder etwas oberhalb des Körpers des Klienten. Vom Kopf abwärts werden die wichtigsten Organe, Energiebahnen und → Chakras behandelt, wenn deren Energiefluss blockiert ist.

Reinkarnation (lat. »Wiederverkörperung«)

Begriff, der durch den Einfluss → buddhist., → hinduist. und → theosophischen Denkens Einzug in unsere Kultur gehalten hat. Die christl. Meinungsführer früherer Jahrhunderte verwarfen den Glauben an eine persönliche Wiedergeburt oder die Seelenwanderung (→ Seele). Ihrer Meinung nach hatte der Sohn Gottes durch sein Opfer die

Menschheit von der Erbsünde erlöst, sodass jedes Streben des Menschen der Einheit mit dem göttlichen Reich dienen sollte. Allerdings wurde die Idee der Wiedergeburt im Leben von den evangelischen Christen in den USA wiederbelebt, die sich durch eine neue Hinwendung zum Glauben an die erlösende Kraft Jesu als »wiedergeborene Christen« bezeichnen.

Im Mittelalter, als die sozialen und gesellschaftlichen Umstände das Erdendasein für die meisten Menschen sehr schwer machten, strebten viele → Mystiker zur Heimkehr in die göttlichen Gefilde des Jenseits; der Abstieg in die »Unterwelt« der Erdgöttin (→ Göttin) war für sie eine Erfahrung der → Hölle, der sie durch mystische Übungen und Selbstkasteiungen zu entkommen versuchten. So wurde das Reich der Göttin Hel (die »Helle«, später Frau → Holle), die viele Jahrtausende davor bereits im schamanischen Weltbild wurzelte, von den christl. Patriarchen mit dem Begriff der Hölle ins Gegenteil verkehrt.

Nach der wissenschaftlichen Revolution und der Aufklärung suchten viele wieder nach dem geistigen Halt, der in einer zunehmend materialistischen Welt verloren gegangen war. Deshalb konnten in den letzten 150 Jahren hinduist. und andere östliche Glaubenssysteme, die einen Kreislauf der Wiedergeburten lehrten, im westlichen Denken Fuß fassen. Reinkarnation und → Karma sind zentrale Glaubensbestandteile dieser Lehren, die vermutlich dazu beitrugen, dass inzwischen Umfragen zufolge bereits 20 Prozent der Deutschen an Reinkarnation glauben. Sogar der Islam kennt die Vorstellung einer Wiedergeburt. Der Gläubige und besonders der Märtyrer gehen dabei ins islamische Paradies ein, das ein glückliches und sogar erotisch erfülltes Leben nach dem Tod verspricht. Kein Wunder, dass die islamischen Märtyrer immer wieder großen Zulauf haben. Versprochen ist ihnen zwar keine Wiederkehr ins körperliche Leben, aber dennoch eine Art »Wiedergeburt«.

Auch im → Hinduismus und → Buddhismus, in denen die Lehren der Reinkarnation ihre philosophische Ausprägung erhalten haben, haben sich viele abergläubische Vorstellungen eingeschlichen. Schon vor Gautama → Buddha glaubte man an die Wiedergeburt in Gestalt eines Tieres. Buddha selbst wollte mit diesen Lehren allerdings nichts zu tun haben. »Natürlich gibt es Wiedergeburt«, sagte er sinngemäß, »doch mir geht es darum, den Kreislauf der Wiedergeburten zu durchbrechen.«

Der Religionswissenschaftler Mircea Eliade erwähnt, dass zu den fünf hohen Wissenschaften des Yoga die Fähigkeit gehöre, sich der Vorexistenzen zu erinnern (→ Reinkarnationstherapie). Patanjali (→ Raja-Yoga) zählt sie zu den Vollkommenheiten, und auch Buddha selbst erkennt sie wiederholt an. »Der Buddha weigert sich jedoch, die philosophischen Folgerungen zu akzeptieren, welche von den *samana* [den ›Gläubigen‹] und den → Brahmanen aus der Erinnerung an ihre Vorexistenzen gezogen werden, nämlich die Ewigkeit des Selbst und der Welt« (Mircea Eliade 1977, 189). Doch den Yogis geht es nicht um die psychologische Betrachtung der Vorexistenzen, sondern um etwas anderes. Eliade interpretiert die Übung so:

»Sinn und Ziel dieser yogischen Technik, in welcher die Zeit nach rückwärts abgerollt wird, ist unschwer zu verstehen. Man erreicht dadurch die wirkliche Hohe Wissenschaft, denn man vermag nicht nur alle früheren Existenzen wieder zu erkennen, sondern man gelangt bis zum ›Anbeginn der Welt‹; wer ›gegen den Strich‹ immer weiter zurückgeht, muss notwendig auf den Ausgangspunkt kommen, der letzten Endes mit der → Kosmogonie, mit der ersten kosmischen Manifestierung zusammenfällt ... Man kommt zum Beginn der → Zeit und erreicht wieder die Nichtzeit, das ewige Gegenwärtige, das dem durch die erste gefallene menschliche Existenz begründeten zeitlichen Erleben voranging.« (Mircea Eliade 1977, 193; → Ewigkeit)

Die Erinnerung an frühere Leben könnte aber auch aus einem anderen Bewusstseinsbereich kommen, der nicht vom Gehirn abhängig ist. In diesem Fall ist das Gehirn Empfänger aus anderen Frequenzen des → Bewusstseins. Ein Mensch erlebt dann Bruchstücke von Lebensumständen und Zeiten, die nicht er persönlich erlebt hat, sondern die in einem → morphogenetischen Feld bzw. → Bewusstseinsfeld gespeichert sind. Diese Erinnerung hat aber nichts mit früherer persönlicher Erfahrung zu tun.

V. a. in Indien verblüffen Kinder durch Erinnerungen an frühere Leben. Detaillierte wissenschaftliche Untersuchungen bei 250 Fällen, die durch Polizeiakten und Obduktionsergebnisse verifiziert wurden, zeigten, dass 49 Prozent der untersuchten Fällen in denen sich Kinder genau an ihr früheres Leben erinnern konnten, in ihrem vorherigen Leben eines gewaltsamen Todes gestorben waren. Gerade Kinder sind sehr offen für das → Bewusstseinsfeld und können leichter als Erwachsene ungefiltert Informationen bzw. Einflüsse aus diesem Bereich aufnehmen; man kann es auch als eine Art → »Besessenheit« bezeichnen (→ Reinkarnationstherapie). Besonders interessant dabei sind die gewaltsamen Umstände des Todes im Vorleben. Es scheint, dass gerade die »unerlösten« Seelen dieser Kinder einen starken Drang haben, sich mit einem neuen Körper zu verbinden. Verifizierte Reinkarnationsberichte von Erwachsenen über 30 Jahre gibt es dagegen kaum.

Der indische Weise Sri → Aurobindo hält die gewöhnliche Auffassung von Wiedergeburt für einen »Irrtum des physischen Mentals«, des persönlichen Bewusstseins. Er argumentiert: »Die Vorstellung von der → Seele selbst, sie sei eine begrenzte Persönlichkeit, die unverändert von einer Geburt zur anderen überlebt, ist eine allzu einfache und oberflächliche Vorstellung von Seele« (Sri Aurobindo 1974). Nach seiner Auffassung müsste der oder die Wiedergeborene nicht nur das gleiche spirituelle Wesen und die gleiche physische Wesenheit sein, sondern auch dieselbe Gestaltung der Natur wie im vorigen Leben. Der Körper würde sich bei dieser Vorstellung vielleicht ändern und die Lebensumstände, aber sonst bliebe alles beim Gleichen. Da wäre dann »Johann Müller« in seinem neuen Leben derselbe »Johann Müller«, der er bei der letzten Verkörperung seiner Seele gewesen sei. »Wäre das so, dann hätte die Wiedergeburt überhaupt keinen spirituellen Nutzen und keine Bedeutung. Denn es wäre bis ans Ende der Zeit eine Wiederholung derselben unbedeutenden Persönlichkeit, der gleichen mentalen und vitalen Gestaltung« (Sri Aurobindo 1974).

Die übliche Vorstellung von Reinkarnation basiert auf einer strengen Kausalität, die durch die theoretischen Neuerungen der Quantenphysik längst überholt ist. Oberflächlich gesehen erntet der Mensch die Früchte, die er gesät hat. Das Umfeld der Natur ist jedoch so komplex, es gibt unzählige Verknüpfungen von Faktoren, dass diese Kausalität längst sowohl von der Wissenschaft als auch der Geisteswissenschaft als unbrauchbar angesehen wird. Fragwürdig wird diese Aussage im Hinblick auf die unverdienten Ernten, die manchen Menschen – »Guten wie Bösen« – in den Schoß fallen.

In dieser Hinsicht wirft Reinkarnation in Verbindung mit → Karma auch die Idee einer »kosmischen Gerechtigkeit« auf.

»Würde Wiedergeburt tatsächlich unter der Herrschaft eines Systems von Belohnungen und Strafen stehen und wäre es die ganze Absicht des Lebens, den verkörperten Geist zu belehren, gut und moralisch zu sein – vorausgesetzt, das wäre die Absicht im Grundprinzip des karma und nicht das, was es in jener Darstellung zu sein scheint, nämlich ein mechanisches Gesetz von Vergütung und Vergeltung ohne jeden erzieherischen Sinn oder Zweck –, dann wäre es offensichtlich große Torheit und Ungerechtigkeit, dem Mental bei seiner neuen Inkarnation jegliche Erinnerung an seine vergangenen Geburten und Handlungen zu versagen. Denn das raubt dem wiedergeborenen Menschen jede Chance, einzusehen, warum er belohnt oder bestraft wird ... Gerade weil das Leben oft das Gegenteil zu lehren scheint – er sieht, dass der Gute für sein Gutsein leidet, während der Bösewicht trotz seiner Bosheit Glück hat –, neigt er desto eher zum umgekehrten Schluss. Denn er hat nicht die Erinnerung an ein gesichertes und beständiges Ergebnis der Erfahrung, die ihm zeigen würde, dass das Leiden des guten Menschen durch seine frühere Bosheit und das Glück des Sünders durch den Glanz seiner vergangenen Tugenden verursacht war.« (Sri Aurobindo 1974)

Das wirft auch die Frage auf, mit welchem Maßstab »Gut und Böse« gemessen werden. Basieren diese Prinzipien auf einer gerade gültigen Moralvorstellung oder gibt es objektive Maßstäbe von Gut und Böse? Daran haben sich noch alle Philosophen die Zähne ausgebissen.

Reinkarnationstherapie

Psychologische Methode, die dem Klienten bei der Erinnerung an seine Vorleben helfen soll, die angeblich Auswirkungen auf das gegenwärtige Leben haben. Eine gewisse Ähnlichkeit dieser Methode ist in Bert Hellingers Methode der → Familienaufstellung zu finden.

In den meisten Fällen ist eine Reinkarnationstherapie gewissermaßen eine Art »Fantasiereise« und in diesem Sinne vielleicht eine nützliche psychologische Methode. »Wer zur Reinkarnationstherapie geht, deutet auch seine Erlebnisse als Reinkarnation«, sagt der Psychologe Klausbernd Vollmar. Die Gefahr einer solchen »Therapie« liegt hauptsächlich darin, dass das Ego zu sehr aufgebläht wird, dass Menschen meinen, sie wären tatsächlich einmal ein Prinz oder eine Prinzessin gewesen. Der Religionsphilosoph Arnold → Keyserling dazu: »Über die Wahrheit der Reinkarnation kann das Erleben aber nichts aussagen; auch in Indien wurde sie sehr selten verifiziert.«

Es gibt gute Gründe anzunehmen, dass es nicht wünschenswert ist, sich früherer Existenzen zu erinnern (→ Reinkarnation). Möglicherweise kann ein Mensch in einem veränderten Bewusstseinszustand bildhafte Spuren aus einem Bereich des überpersönlichen Bewusstseinsfeldes empfangen, die er auf sein eigenes persönliches Bewusstsein bezieht. Dieses Feld ist vermutlich identisch mit dem → morphogenetischen Feld, wie es Rupert Sheldrake dargestellt hat, oder der → Akasha-Chronik.

Eine interessante These wird von der klinischen Psychologin Dr. Edith Fiore vorgebracht. Sie schlägt vor, dass Menschen mit Reinkarnationserfahrungen von verirrten »Bewusstseinskernen Verstorbener« besessen sind. Das Bewusstsein der Kranken wird, bildlich gesprochen, beiseite geschoben, um dem aufdringlichen »Gast-Bewusstsein« Platz zu machen. »Nach Fiore handelt es sich bei den Auslösern von → Besessenheit um spirituelle Wesenheiten, denen aufgrund gewisser Unzulänglichkeiten in ihrem früheren Leben der Übergang in die jenseitige Realität nicht gelingen will« (Ernst Meckelburg 1991, 133). Ähnliches ist durchaus vorstellbar, wenn jemand etwa die Erfahrungen einer verstorbenen Mutter in einer Rückführung erlebt. In diesem Fall wäre es keine Besessenheit, sondern das »Bewusstseinsfeld« der Mutter wäre noch aktiv. Dieses Thema berührt auch die Technik des Familienstellens nach Bert Hellinger.

In der Besessenheitstrance des brasilianischen Candomblé (→ Voodoo) wird durch gezieltes, langjähriges Training ein Medium darauf vorbereitet, sich absichtlich von einer höheren Wesenheit oder Energie »besitzen« zu lassen, um von dieser Energie oder Wesenheit Mitteilungen über Krankheitsursachen von Menschen und Heilungsvorschläge zu erhalten. Manchmal können in diesem Besessenheitszustand auch direkt Heilungen vollbracht werden.

Bei manchen Formen der Besessenheit wird vom Medium bewusst ein Verstorbener inkarniert, der dann Heilkräfte ermöglicht. Interessant ist, dass in dieser Anschauung nie davon gesprochen wird, man selbst sei die Reinkarnation dieses oder jenes Menschen – immer ist die Person nur ein Medium für den Verstorbenen oder eine bestimmte Wesenheit.

Die Erinnerung an mehrere Lebensläufe wäre nach Sri → Aurobindo nur Hindernis und eine schreckliche Bürde,

»die die freie Entfaltung einer neuen Persönlichkeit und ihre Fähigkeit, neue Erfahrung zu sammeln, behindert. Hätten wir eine klare Erinnerung an die Einzelheiten unseres vergangenen Lebens, dann wären die vielen Erlebnisse von Hass und Groll, von Zuneigungen und Verbindungen auch eine schreckliche Erschwerung. Denn das würde den wiedergeborenen Menschen an eine nutzlose Wiederholung oder an eine erzwungene Fortsetzung seiner früheren äußeren Art binden und der Entfaltung neuer Möglichkeiten aus den Tiefen des Geistes erheblich im Wege stehen.« (Sri Aurobindo 1974)

Für Sri Aurobindo ist das Gesetz, »das uns der Erinnerung an vergangene Lebensläufe beraubt, ein Gesetz der kosmischen Weisheit und dient ihrer evolutionären Absicht, es vereitelt sie nicht«. Siehe auch: → Seelenreise, Seelenrückführung.

Religion

Ein Wort, das meist von *religare* (lat. »rückbinden«) abgeleitet wird. Eine Religion ist ein System von Glaubenssätzen, Überzeugungen und Praktiken, in dessen Mittelpunkt die Verehrung übernatürlicher Kräfte, Wesenheiten, Götter, Geister oder – wie in der monotheistischen Religion – eines einzigen allmächtigen Gottes steht. Polytheistische Religionen waren bis zum Aufkommen des Monotheismus, insbesondere in Gestalt des Judentums (vor ca. 3000 Jahren) und Christentums, weltweit verbreitet. In polytheistischen Religionen wird eine Vielzahl von Göttern oder Geistkräften verehrt.

Eine Religion ist meist kultisch (→ Kult) orientiert und verlangt vom Gläubigen die Befolgung vieler Regeln und Moralvorschriften. Im Unterschied dazu sind → Mystik und → Spiritualität nicht an eine Religion gebunden; die Menschen, die einem spirituellen Weg folgen, streben danach, eigene Erfahrungen mit geistigen Kräften oder in anderen Bewusstseinswelten zu machen. Das bedeutet nicht, dass ein religiöser Mensch solche Erfahrungen nicht auch anstrebt oder machen kann, doch die Praxis der Anhänger von Religionen beschränkt sich zumeist darin, dass sie einfach den Riten folgen und an übersinnliche oder geistige Kräfte nur glauben, aber diese nicht selbst erfahren (haben).

Das eigene Erleben bewirkt in den meisten Fällen eine psychologische und bewusstseinsmäßige Wandlung des Betreffenden, die zu neuen Erkenntnissen führt und häufig von den Glaubenssätzen der Religionen abweicht.

Risiko als »kosmisches Gesetz«

In einigen spirituellen Philosophien haben Gott, Welt und Mensch eine gemeinsame Aufgabe, weil das Weltall keine vollkommene Maschine ist, die vorherbestimmte Ergebnisse hervorbringt. Ständige Korrekturen des Zusammenwirkens sind deshalb notwendig.

Wenn alle Vorgänge so genau geplant wären, dass nichts verloren ginge und die Entropie, der Verfall, aufgehalten wäre, könnte auch nichts geschehen (→ Ewigkeit). Es müssen also neue Möglichkeiten geschaffen werden oder bewusste Einflüsse möglich sein (→ Magie), die gegen die Entropie wirken. Allerdings schafft der Mensch selbst zusätzliche Unsicherheiten und Unwägbarkeiten. Die Verwirklichung von Potenzialen aus dem → Bewusstseinsfeld eröffnen neue Möglichkeiten. Diese sind Zeugnis »göttlicher« oder menschlicher Erfindungsgabe. Sie müssen jedoch immer als etwas Unvorherbestimmtes angesehen werden, etwas, das offen ist und nicht von Anfang an vorbestimmt. Der Preis für das Erscheinen von etwas Neuem in der Welt sind Ungewissheit, Unsicherheit und Gefahr.

Dieses Weltbild hat z. B. G. I. → Gurdjieff bereits vor Max Plancks Quantenmechanik, Heisenbergs Entdeckung der Unschärferelation, der heutigen Chaostheorie und Astrophysik eingeführt. Es unterscheidet sich wesentlich von traditionellen und spirituellen Kosmologien, die meist von mechanischen Gesetzmäßigkeiten ausgehen. Der einzige Faktor, der mit der Unwägbarkeit zurechtkommt, ist Intelligenz, ohne die menschliche Freiheit nicht möglich ist. Mit ihr kann es eine Rückkoppelung zum Ursprung geben, da die physikalischen Gesetze des Universums »lückenhaft« sind.

Nach John G. → Bennett können mit der Einführung des Risikofaktors manche »Unmöglichkeiten« besser verstanden werden, die traditionelle spirituelle wie wissenschaftliche Theorien nicht lösen konnten: das Problem des freien → Willens und das Problem von Gut und Böse, das viele Menschen vom Glauben an eine intelligente Schöpfung abgebracht hat. Wenn wir ähnlich wie die → Gnosis davon ausgehen, dass Gott nicht allmächtig ist, sondern »nur« die alles durchströmende Liebe, dann kann man diesem höchsten Wesen auch nicht die Schuld an den Mängeln der Welt und des Menschen in die Schuhe schieben.

Das intelligente, sich selbst organisierende Universum und alle Elemente, die an seiner Entwicklung beteiligt sind, müssen sich immer wieder erneuern, um nicht von der Zeit und der Entropie zerstört zu werden (→ Ritual). »Es gibt nun zwei Welten nebeneinander«, erklärt John G. Bennett diese Erkenntnis, »eine vollkommene und eine unvollkommene. Die Kombination beider ermöglicht es, einen selbst erneuernden Prozess zu beginnen. Dies entspricht einer Welt, die wir sehen können: dem materiellen Universum« (John G. Bennett 2004). Und er löst ein weiteres Problem:

> »Wenn aber die Intelligenz des Schöpfers die Welt zu regulieren hat, dann sind trotzdem noch nicht alle Voraussetzungen erfüllt. Die Intelligenz muss schließlich noch in die Welt eintreten, und die Welt muss unabhängig von → Gott intelligent werden. Das bedeutet, dass unabhängige Intelligenzen mehr und mehr die Arbeit der Selbstorganisation nach dem Prinzip der gegenseitigen Erhaltung [→ Schamanismus] übernehmen müssen, sodass die Welt zu einem lebendigen unsterblichen System wird, in dem der Schöpfer arbeiten kann.« (John G. Bennett 2004)

Diese Idee wird von der fortschrittlichen Astrophysik bestätigt: »Allbewegtheit in sich wandelnden, aber einander niemals gleichen Strukturen macht das Leben und den dynamisch vitalistischen Charakter unseres Universums aus. Wir haben kein zentralistisch, monistisch angelegtes Universum« (Hans Jörg Fahr 1992; → Reinkarnation). Die Essenz dieser Erkenntnis ist: »Das Grundprinzip des realen Universums ist das Prinzip der Erhaltung der Information in der Gesamtnatur des Universums.«

Ritual

Ritus oder Ritual bedeutet Anordnung, Reihenfolge. Rituale strukturieren, begrenzen, spiegeln im Äußeren eine innere Ordnung wider. Rituale, die keine Alltagsrituale sind, sondern in einem spirituellen Zusammenhang stehen, reflektieren die jeweilige Vorstellung der kosmischen Ordnung.

Spirituelle Rituale zeichnen sich durch das Moment der Wiederholung aus. Die Wiederholung gibt den Kreislauf des Lebens wieder, durch die Wiederholung wird die Ordnung des Universums jeden Augenblick neu erschaffen. In jedem Moment kehrt die → Zeit zum Ursprung zurück (→ Ewigkeit). Ausdehnen und Zusammenziehen, Ausatmen und Einatmen sind Ausdruck dieser kontinuierlichen Schöpfung. Der Fluss der auf- und absteigenden Energien erfolgt in einem geordneten Muster, sodass das menschliche Gehirn zwar bemerkt, dass sich alles in Bewegung befindet, aber die → Wahrnehmung hat, alles bliebe gleich.

Das Zeiterleben in den alten → Märchen und Mythen weist auf das Verständnis von → Zeit in den rituellen Kulturen hin, in denen diese als ein Kreislauf erlebt wird und nicht wie in unserer heutigen Kultur als lineare Zeitstrecke bzw. Zeitpfeil, der sich auf das Morgen und Übermorgen richtet. Das Zeiterlebnis als Kreislauf beinhaltet in den rituellen Kulturen (z. B. dem → Schamanismus) immer wieder die Rückkehr zum Jahresursprung, also zum Zeitursprung, an dem alles Werden beginnt. Das ist die Zone, in der die Zeit sich selbst erneuert, die → »Traumzeit«. Durch das Erzählen dieser alten »Träume« in Ritualen und im rituellen Tanz wird die Welt und ihr Geschehen immer wieder neu erschaffen. Das Ritual wird so zur goldenen Brücke als Zugang zur anderen Wirklichkeit, den Welten des Bewusstseins.

Eine bewusste rituelle Handlung ist eine wichtige Einstimmung in einen geschützten Raum innerhalb des Bewusstseinsfeldes. Sie hilft, sich mit den unsichtbaren Kräften zu verbinden und diese für eine gewisse Zeit in die menschliche Welt einzuladen, um Hilfe zur Heilung, bei Lebenskrisen und Übergängen und zur Erkenntnis zu erhalten (→ Opfer).

Eine unvorbereitete Begegnung mit »unsichtbaren Kräften«, dem »Geist von etwas« (→ Geister), kann in eine Konfrontation führen, die den eigenen Geist, das Feld der → Seele und auch den Körper aus seiner Ordnung werfen kann. Rituale stellen so gesehen nicht nur äußerliche Ordnungen her, sie schützen auch die inneren Ordnungen. Rituale machen die Absicht, willentlich einen geistigen Raum zu betreten, durch bestimmte Handlungen sicht-, hör-, riech- und spürbar (→ Opfer). Rituale ziehen Zäune zwischen den verschiedenen Welten und Wirklichkeiten, um deren Ordnungen, Informationen und Kräfte nicht zu verwirren. So sollte die Person, die ein Ritual ausführt, ihr persönliches Bewusstsein darauf vorbereiten, einem »anderen Geist«, einem »anderen Seelenfeld« zu begegnen, ohne dass ihr Geist und ihr

Seelenfeld dabei Schaden nehmen und ohne dass einem anderen geschadet wird.

Ein Zustand der Wachheit und gleichzeitigen Entspannung in Körper und Geist sind die besten Voraussetzungen für diese bewusste Begegnung. Dieser Zustand lässt sich durch Körperentspannung (→ Meditation) und Atemübungen (→ Atem, Atemtechniken) erreichen. In diesem Zustand bleibt die ausführende Person ohne Verhaftung an Vorstellungen und Erwartungen und kann so die Begegnung mit etwas nicht Bekanntem, nicht Vertrautem zulassen, ohne ihre geistige und seelische Stabilität zu gefährden.

Ob man einer bestimmten Wesenheit begegnet, einem → Engel, einem Geistwesen (→ Geister), dem Geist einer Pflanze oder dem eines Tieres, hängt vom Glaubenssystem und der Resonanz auf einen Teil des → Bewusstseinsfeldes ab, der mit diesem bestimmten Geist oder diesem bestimmten Seelenfeld verknüpft ist. »Indem die Teilnehmer rituelle Handlungen möglichst auf die gleiche Weise vollziehen, wie sie zuvor schon vollzogen worden sind, begeben sie sich in eine morphische Resonanz mit jenen, die das Ritual in der Vergangenheit praktizierten. Wir haben es da mit einem Zusammenbruch der Zeit zu tun« (Rupert Sheldrake 1999, 171; → morphogenetische Felder).

Im Heilritual steht körperlich-sinnliches und emotionales Erleben im Vordergrund. Durch das Ritual können auch alltägliche Gegenstände zu einem geistig wirkenden Prinzip werden. Der Gegenstand, das Material bekommt im Ritus nicht die Bedeutung von etwas, ist nicht ein Symbol für etwas – sondern ist die konkrete Übermittlung einer Energie, einer geistigen Kraft. Das katholische Abendmahl beharrt deshalb auch auf der Formel »Das ist mein Leib, das ist mein Blut« und nicht »Dieser Wein ist ein Symbol für mein Blut« (→ magische Symbole).

Der Erfolg von Heilritualen ist weitgehend abhängig davon, ob der Hilfesuchende Vertrauen zum »Heilenden« hat und seine Vorstellungen von Körper, Gesundheit und Krankheit, dem geistigen Feld und den Zusammenhängen zwischen diesen Elementen weitgehend mit den Vorstellungen der das Heilritual ausführenden Person übereinstimmen.

Das beste Heilritual ist jenes, an das man glaubt. Wenn das Ritual mit dem eigenen Glaubenssystem übereinstimmt, wird es von Glauben und Hoffnung getragen – die besten Grundlagen für eine Heilung. Ein Ritual, das vom Ausführenden nicht innerlich getragen wird, ist ein entleertes Ritual (→ Trance). Ähnlich kann auch ein Heilritual, in das nicht die vom Ausführenden unabhängige Qualität der Gnade, des Geschenkes, einfließt, keine Heilung bewirken. »Gnade« ist die tiefe Erfahrung, von einer Kraft unterstützt zu sein, die weit größer ist als man selbst.

Frauen haben – weil sie biologisch mit den natürlichen Rhythmen enger verbunden sind (→ Hexen, → Göttin) – ein besonders intensives und kreatives Verhältnis zu Ritualen. So ist es nicht verwunderlich, dass das Ritual als spirituelle Methode heute hauptsächlich von Frauen, die die Kraft des lebendigen Rituals erkannt haben, neu belebt und angewandt wird. Ein lebendiges Ritual befindet sich immer im Fluss, in der Veränderung, denn wenn Rituale über lange Zeiträume mechanisch wiederholt werden, erstarren sie und verlieren ihre Kraft.

Rock 'n' Roll

Ein eigenes, spannendes Kapitel spiritueller Impulse, die in die Gesellschaft eingeflossen sind (→ New Age), ist die Entstehung des Rock 'n' Roll. Afrikanische Sklaven brachten ihre Musik und Spiritualität Mitte des 18. Jh. in die USA und nach Südamerika. In den spanischen und französischen Kolonien versammelten sich die Schwarzen zu → Voodoo-Riten, die jedoch von den weißen Machthabern verboten wurden.

Um ihren Glauben ungehindert praktizieren zu können, verbanden die Afrikaner ihre Religion einfach mit dem Katholizismus. Aus ihren Göttern wurden katholische Heilige, aus einem Gottesdienst eine Voodoo-Zeremonie. Über New Orleans kamen dann nicht nur religiöse Gospels, sondern auch die rhythmische Trance-Musik zu den Weißen. Aus der Verbindung von gälischer Folklore und dieser Musik entstanden schließlich Blues und Jazz und daraus der Rock 'n' Roll, und aus ihnen allen entwickelte sich eine gemeinsame Triebfeder für die alternative Hippiebewegung der sechziger Jahre.

Rosenkreuzer

Den → Templern folgten die → Alchemisten und die Rosenkreuzer. Giordano Bruno (1548–1600) kann als einer der Vorläufer der Rosenkreuzer angesehen werden. Er wurde 1600 von der Inquisition als Ketzer auf dem Scheiterhaufen verbrannt, weil er sich weigerte, das katholische Weltbild mit seinen engen Grenzen anzuerkennen.

Ihm zufolge gilt die Erkenntnis, dass die → Transzendenz des Einen die ganze Welt durchstrahlt. Die tiefe Überzeugung von der Allgegenwart des göttlichen Lichts und die Sehnsucht nach der Vereinigung mit dessen Glanz stellt ihn auf die Stufe der großen Mystiker, doch im eigentlichen Sinne bahnt er den Weg für die ganzheitliche Naturwissenschaft, weil er die Natur und die Materie in Einheit mit der göttlichen Geistigkeit sieht.

Seit der Renaissance versuchte man kabbalistische und gnostische Gedanken zu verschmelzen. Um 1612 kursierte das Buch »Aurora oder Morgenröte im Aufgang« des böhmischen Mystikers Jakob → Böhme mit einer gnostisch-theosophischen Schau, kurz darauf, um 1614, erschienen Schriften, die der »Bruderschaft des Rosenkreuzes« zugeschrieben wurden (deren Verfasser aber der protestantische Theologe Johann Valentin Andreae [1586–1654] gewesen sein soll): die »Fama Fraternitatis« und die »Confessio Fraternitatis«. Die Legende der Fama lautete, dass ein oder zwei Jh. früher Bruder CR (Christian Rosenkreuz) auf der Suche nach Wissen weit gereist sei und einen Orden gegründet habe, dessen Mitglieder sich dem gleichen Zweck, dem Erwerb geistigen Wissens, widmen sollten.

Alles erschien sehr mysteriös, doch fand dieser Orden bald viele Anhänger. Es gestand zwar niemand öffentlich, er gehöre der Bruderschaft an, doch wurden immer mehr Schriften veröffentlicht, die eine gewisse Synthese → alchemistischer, → gnostischer, christl. und → kabbalistischer Elemente darstellten. Die Wiederauferstehung des Königs, ein grundlegendes Thema der Legende um den Hl.→ Gral, ist auch das Hauptmotiv des Textes »Chymische Hochzeit Christiani Rosenkreutz« (erschienen 1616 in Straßburg), in dem verschiedene, auf sieben Tage verteilte Abenteuer die traditionellen sieben Einweihungsstufen (oder Himmelssphären) symbolisieren.

Berühmte Rosenkreuzer wie Michael Maier (1568–1622, Leibarzt Rudolfs II. in Prag), Robert Fludd (1574–1637) und der Physiker Isaac Newton (1643–1727) beweisen, welch große Bedeutung die gnostische → Alchimie, zumindest in ihrer Symbolik, für die Gruppe hatte. Idries → Shah behauptet, die »Bruderschaft der Rosenkreuzer« (sofern diese überhaupt existierte) sei nach dem Vorbild der Sufi-Orden (→ Sufismus, Sufi-Orden) und sogar mit deren Wissen gestaltet worden. Immerhin trägt der Sufi-Orden der Qadiri das Symbol der Rose in seinem Emblem; das → Kreuz mag christl. sein, kann aber auch die Verbindung zwischen der materiellen und geistigen Welt darstellen oder des philosophischen Feuers mit dem Kessel *(crucible)* der alchemistischen Transformation.

Johann Wolfgang von Goethe stand angeblich den Rosenkreuzern nahe, und die modernen → Anthroposophen fühlen sich als die »echten« Erben der Rosenkreuzer. Heute gibt es mehrere Rosenkreuzer-Organisationen und Gemeinschaften, wie z. B. AMORC, Lectorium Rosicrucianum, SRIA und Rosenkreuzer-Gemeinschaft (nach Max Heindel).

Rumi, Dschelaluddin (1207–1273)

Der bekannteste Sufi-Meister des südlichen Sufismus (→ Sufismus, Sufi-Orden). Rumi gilt vielen als größter Meister, und auch der Einfluss seiner Lehren lässt sich kaum abschätzen.

Die Familie Rumis kam aus dem afghanischen Balkh und floh vor den Mongolen in die Türkei, wo sie sich in Konya niederließ. 1244 traf Rumi den Mann, der ein »göttlicher Geliebter« für ihn wurde, Shams-i Täbris, der ihn zur höchsten Verwirklichung führte. Shams-i Täbris zählt zu den Majzubs. Es heißt, dass das *sema,* der berühmte Drehtanz der »wirbelnden Derwische«, aus Rumis Schmerz über den Verlust von Shams entstand.

Seine Dichtkunst stand ganz im Zeichen der Lehre:

»Wie bei allen sufischen Werken wird die Wirkung des ›Masnawi‹ (sein bedeutendstes Werk) auf den Hörer, je nach den Bedingungen, unter denen man es hört, eine andere sein. Es enthält Witze, Fabeln, Gespräche, Bezüge auf frühere Lehrer und auf Methoden, die zur Ekstase führen ... Diese Botschaft ist bei Rumi, wie bei allen anderen sufischen Meistern, ihrem Aufbau nach teilweise den Umweltbedingungen angepasst, unter denen er arbeitete ... In seinem Lehrsystem benutzte Rumi Erklärungen und mentale Übungen, Denken und Meditation, Arbeit und Spiel, Aktion und Inaktion. Die körperlich-geistigen Bewegungen der Wirbelnden Derwische, gekoppelt mit der Rohrflöten-Musik, zu der sie ausgeführt werden, sind das Produkt einer besonderen Methode, die darauf abzielt, den Suchenden in Einklang mit der mystischen Strömung zu bringen, damit er verwandelt werden kann.« (Idries Shah 1976, 110)

Der Mevlevi-Orden, deren geistiger Meister *(mevlana)* Dschelaluddin Rumi ist, besteht noch heute, da trotz des Verbotes der Derwischorden durch den türkischen Republikgründer Atatürk die wirbelnden Derwische eine kulturelle Einrichtung geblieben sind. Sie werden jedes Jahr am Todestag von Rumi, dem 17. Dezember, in Konya öffentlich aufgeführt.

Tanzende Mevlevi-Derwische, Lithographie von Amadeo Preziosi, 1857.

Unter anderem der große Scheich Suleiman Dede, einer der Meister, hatte den Orden auch westlichen Schülern geöffnet. Einer seiner Schüler, der britische Gründer der »Lebenden Schule« Reshad Feild, führte die Tänze auch in der Schweiz mit seiner Gruppe öffentlich auf. Reshad Feild lehnt es ab, sich als »Sufi-Meister« bezeichnen zu lassen, obwohl er zum Mevlevi-Scheich für den Westen ernannt wurde. Seine Arbeit ist eine westliche, interspirituelle Synthese von Methoden der Mevlevi, der Meister der Weisheit, G. I. → Gurdjieff und anderen. Er sagt:

> »Als Erstes müssen wir uns an Gott erinnern, unser ganzes Leben lang. Um dies zu tun, sind wir aufgefordert, zu Gott zu erwachen. Wir müssen lernen, mit Gott zu atmen. Wir müssen lernen, Ihn mit jeder Faser unseres Wesens zu lieben …« (Reshad Feild 2004, 37)

Runen

Skandinavisch-german. Schriftzeichen, ursprünglich in Holz geritzt, später auch in Stein und Elfenbein. Vermutlich in den Jahrhunderten v. u. Z. nach dem Muster südeurop.-nordalpiner Alphabete gebildet. Neue Forschungen des amerikanischen Sprachforschers Thomas Markey, emeritierter Professor der University of Michigan, stützen zum Teil die These des verstorbenen norwegischen Indogermanisten Carl Marstrander (1883–1965), dass das aufgrund seiner Anfangsbuchstaben »F-u-th-a-r-k« genannte Runen-Alphabet mit dem Schreibsystem der Nordetrusker verwandt ist – welches seinerseits auf das griech. Alphabet zurückgeht.

Die jüngere Runenreihe aus 16 Zeichen, ca. 700 n. u. Z.

Bis heute rivalisieren mehrere Theorien miteinander. Nach einer anderen – von Erik Moltke und anderen skandinavischen Gelehrten – sind Runen eine originäre Erfindung der → Germanen. Dafür spricht, dass bislang keine Bindeglieder zwischen den Schriftfunden im Einflussgebiet der griech.-röm. Schriftkultur und den Runen im Norden Europas entdeckt wurden (die älteste Runeninschrift, von ca. 25 n. u. Z., stammt aus Süderdithmarschen in Schleswig-Holstein).

Eine weitere, durch zahlreiche Gelehrte des vergangenen Jh. vertretene Theorie sieht eine Verbindung zwischen den Runen und der lat. Schrift. Als Kontaktareal zwischen den Kulturen vermuten Anhänger dieser Hypothese den Limes, den Grenzwall des Römischen Reiches in Deutschland. Gewisse formale Ähnlichkeiten, etwa zwischen dem Buchstaben »F« und der dazu gehörigen Fa-Rune, könnten dies stützen. Dagegen spricht, dass man in allen Regionen, wo die lat. Schrift gelehrt wurde, genau diese Schrift auch beibehielt. Sie verdrängte letztlich auch das etruskische Alphabet, das sich zunächst eigenständig unter Anlehnung an das griech. Alphabet entwickelt hatte. Markey vertritt die Ansicht, dass es → keltische Gelehrte waren, welche die Germanen mit der etruskischen Schrift in Kontakt brachten – kurz bevor die Römer den kelt. Volksstamm unterwarfen und damit eine eigenständige Kultur auslöschten.

Anfänglich bestand das Runenalphabet aus 24 Zeichen, später dann nur noch aus 16 und wurde nach den ersten Buchstabenzeichen »Futhark« genannt. Zunächst benutzte man es fast nur für Inschriften und Ähnliches, erst in späterer Zeit dann (und auch nur in Skandinavien) zur Abfassung von Handschriften. Esoterisch gesehen hat jedes

Die älteste Runenreihe mit 24 Zeichen, 0–700 n. u. Z.

Zeichen eine Bedeutung, und jeder Buchstabe ist Ausdruck einer besonderen kosmischen Energie, ähnlich wie in der → Kabbala (→ die Anfangsstichwörter der einzelnen Buchstabenkapitel). Es kann gut sein, dass über die Einführung dieser Schriftzeichen auch ein Teil der Bedeutung der Kabbala mit überliefert wurde.

Runenstein, Dänemark, um 800 n. u. Z.

Man sagt, dass jeder Buchstabe eine Macht hat, die mit den schöpferischen Kräften des Universums in Verbindung steht oder mit ihnen vernetzt ist. Von allen Runen hat die Hagal-Rune eine besondere Bedeutung. Hagal heißt »Atem im Heiligen All« (Arnold → Keyserling 1986, 16). Das dt. Wort »raunen« leitet sich von »Rune« her, d. h. Sprache und Sprechen, der Klang, der durch den Atem erzeugt wird, verbindet sich mit den Schwingungen des Kosmos (→ Mantra). Die Hagal-Rune setzt sich zusammen aus der Man-Rune, der Yr-Rune, der Is-Rune, der Not-Rune und der Eh-Rune, sodass die Linien in sechs Richtungen zeigen. Deshalb symbolisiert diese Rune auch das ganzheitliche Sehen in alle Richtungen.

S

Sigma (griech.), Schin (hebr.), Shin (arab.)

Zahlenwert 300. Kabbalistisch gesehen (→ Kabbala) enthält der Name Schin den Laut des Geistfeuers SCH (dargestellt durch drei Flammenspitzen) in Verbindung mit der Wurzel *in,* die das Innere meint. Das Wort *sin* wie in Sinai bedeutet einfach »Wüste«; im lat. *sine* (d. h. »ohne«) wird noch die Vorstellung des Mangels bewahrt.

Die Sig-Rune (→ Runen) steht für Licht, Helligkeit, Sonnenkraft. Esoterisch ist sie das Sinnzeichen der Seele. Die weibliche Form der Rune sieht aus wie eine Wasserwelle und entspricht so dem hebr. Shin-Zeichen. Im arab. Wort *dschinn,* das einen »Geist« (→ Geister) bezeichnet, ist Schin ebenfalls enthalten und weist so auf einen feurigen Geist hin. Der → Dämon oder → Teufel wird ja ebenfalls mit Feuer in Verbindung gebracht.

Sadhana (Sk. »zum Ziel gelangen«)

Begriff für den Übungsweg in einem → Yoga-System.

Sadhu (Sk.)

Ein Mensch, der Gott verwirklichen will und der der Welt entsagt hat, meistens ein Wandermönch.

Salzmann, Jeanne de (1889–1990)

Kam 1919 als Tänzerin und Schülerin von Émile Jaques-Dalcroze (der die »Rhythmik« entwickelte) in Tiflis mit → Gurdjieff in Kontakt. Sie war wesentlich an der Ausarbeitung und späteren Lehre seiner Tänze beteiligt. Durch sie flossen einige Elemente der Rhythmik in Gurdjieffs Choreografien ein. Später war sie Gurdjieffs »rechte Hand« bei der Vermittlung seiner Lehren in Fontainebleau und Paris. Nach Gurdjieffs Tod wurde sie – als eine der maßgeblichen Nachfolgerinnen Gurdjieffs – zur direkten Quelle von Gurdjieffs »Werk«.

Als Jeanne de Salzmann im Alter von 101 Jahren am 25. Mai 1990 starb, hatte sie eine Kerngruppe geschaffen, die aufzubauen Gurdjieff ihr aufgetragen hatte. Sie hatte (im Allgemeinen unter der Bezeichnung Gurdjieff Foundation oder Society oder Institute) Studienzentren in London, Paris, New York, Kalifornien, Caracas, Sydney und anderswo gegründet und ausgebaut. Deren streng hierarchischer oder »apostolischer« Charakter garantiert, soweit institutionelle Einrichtungen das überhaupt können, eine erkennbare Linie der Übermittlung von Gurdjieff.

Samadhi (Sk. »fixieren«, »festmachen«)

Bewusstseinszustand, der über Wachen, Träumen und Tiefschlaf hinausgeht. Es ist ein völliges Aufgehen in einer nichtdualistischen, d. h. nicht getrennten Wahrnehmung bzw. einer Vereinigung mit → Brahman oder dem Absoluten. Subjekt und Objekt werden dabei zu einer Einheit.

Es gibt zwei Arten von Samadhi: Versunkenheit bei vollem Bewusstsein der Dualität von Wahrnehmendem und Wahrgenommenem, von Subjekt und Objekt, und nichtdualistische Versunkenheit, in der es kein Bewusstsein des

Unterschieds zwischen Wahrnehmendem und Wahrgenommenem gibt. Das dualistische Samadhi ist ein vollkommen bewusster Versenkungszustand, der auf der ekstatischen Identifikation zweier Wesenheiten beruht, die sich dennoch voneinander unterscheiden (→ Trance). Beim nichtdualistischen Samadhi *(nirvikalpa samadhi)* ist diese Trennung aufgehoben. Es gibt keine Erfahrung mehr, die der Meditierende macht. Er ist zur Erfahrung geworden. Siehe auch: → mystische Erfahrung.

Samkhya (Sk.)

Lehre bzw. → Darshana (»Weltanschauung«) der indischen Philosophie.

»In einem Sinne ist alles Materie. In den Veden bedeutet das Wort *tanu* Körper und auch alles, was mit Verkörperung zu tun hat. Das Wort *atman* bedeutet den Geist und alles, was mit seiner Energie oder Leben verbunden ist. Diese Worte lassen sich austauschen und werden dauernd füreinander gebraucht, da beide dieselbe Materialität ausdrücken. Es gibt keinen Unterschied zwischen Geist und Materie, es ist nur eine Frage unterschiedlicher Dichtigkeit (Materialität).« (Sri → Anirvan 1984, 96)

Das Samkhya misst dem Prinzip der Selbstentwicklung (Individuation) hohen Wert bei. Seine Philosophie ist die eines dualistischen Realismus. Ursprünglich atheistisch gefärbt, wurde es später mit den theistischen Yogasystemen verflochten. Die Entwicklung der Samkhya-Philosophie erfolgte über einen Zeitraum von 1000 Jahren (500 v. u. Z. – 500 n. u. Z.). Ihre Vorstellungen beeinflussten das gesamte indische Denken und gelangten in den → Buddhismus, das → Tantra und den → Vedanta. Samkhya ist die einzige religiöse Philosophie, die eine psychologische und wissenschaftliche Sprache spricht und Riten (→ Ritual) und Dogmen ablehnt.

Während der Vedanta von einem einzigen absoluten → Nichtsein (→ Brahman) ausgeht, trennt das Samkhya → Geist *(purusha)* und Materie *(prakriti)*. Purusha ist das intelligente kosmische Prinzip, dessen Wesen das → Bewusstsein ist. Prakriti, manchmal als Natur übersetzt, ist das ewige, sich immer ändernde unbewusste Prinzip, dem die Schöpfung unterliegt. Sie ist aus drei Bestandteilen, den Gunas, zusammengesetzt: Sattva, das feurige, aktive Prinzip, Rajas, das versöhnende, neutrale Prinzip, und Tamas, das Trägheitsprinzip (→ Trinität). Die Gunas sind untrennbar, eines allein kann nichts hervorbringen. Jeder Effekt ist im ursprünglichen Grund schon enthalten, genauso wie jeder Aspekt der Erscheinungswelt in seiner ursprünglichen Matrix Prakriti enthalten ist. Das individuelle Selbst ist unabhängig vom Körper, aber durch Unwissenheit an die Webmuster der Prakriti gebunden. Wird diese Unwissenheit überwunden, ist der Mensch frei.

»Der bedeutendste Beitrag von Samkhya und Yoga zur Hinduphilosophie liegt in der streng psychologischen Deutung des Daseins. Ihre Analysen des Mikro-Makrokosmos und aller menschlichen Probleme werden in Begriffen einer Art frühwissenschaftlichen psychologischen Funktionalismus dargeboten. Dieser lässt sich in seiner Genauigkeit und seinem nüchternen Positivismus mit dem ausführlichen System und der Theorie der biologischen Entwicklung vergleichen.« (Heinrich Zimmer 1973, 298)

Siehe auch → Raja-Yoga.

Samsara (Sk. »Wanderung«)

Bezeichnet in der → buddhist. Vorstellung den Kreislauf von Geburt, Tod und Wiedergeburt, dem jeder Mensch unterworfen ist. Gegensatz zu → Nirwana, in das der Mensch eingeht, wenn er aus diesem Kreislauf durch seine Befreiung von der Verhaftung erlöst worden ist.

Die wesenhafte Einheit von Samsara und Nirwana fußt auf der Ansicht, dass jegliche Existenz auf Vorstellung beruht und beide Konzepte keine wirkliche Substanz haben. Siehe auch: → Vedanta.

Sangoma

Bedeutet in der Kultur der schwarzen Bevölkerung Südafrikas »Heiler« oder »Doktor«. Zu den Sangomas gehen die Ureinwohner im südlichen Afrika noch heute, wenn sie krank sind oder bedeutende Probleme lösen müssen. Die Sangomas spielen für die sozialen Gemeinschaften der schwarzen Bevölkerung und deren Zusammenhalt eine unverzichtbare Rolle.

Es sind die Ahnen, zu denen und durch die man den Zugang zu jener Welt sucht, die das Leben der Menschen wesentlich beeinflussen kann. Die Erinnerung an alle Ahnen muss im Gedächtnis der Familie wach gehalten werden, denn wenn sie vergessen werden, dann bringen sie sich oft schmerzhaft in Erinnerung. Unglück, Krankheit, Verluste oder Niederlagen sind Zeichen, dass die Nachkommen sich nicht um die Ahnen und ihre gesellschaftlichen Regeln kümmern.

Dann wendet man sich an einen Sangoma, einen geistlichen Heiler, den man auch im Sinne der Definition des → Schamanismus als Schamane bezeichnen kann. Während der Inyanga körperliche Krankheiten behandelt, ist der Sangoma für psychische, spirituelle und soziale Krankheiten sowie Missverhältnisse zuständig. Seine Aufgabe ist es auch, die Ursache des Bösen herauszufinden, das den Menschen zustößt, die Menschen vor bösen Geistern zu beschützen und unsoziale Individuen zu entdecken. Er muss feststellen, ob die Ursache eine Vernachlässigung der Ahnen und Geister ist, ein Streit in der Familie, versäumte Riten oder eine »Verhexung«, ein Schadenszauber (→ Voodoo).

Der Heiler nennt die Krankheit und kann die Ursache erkennen *(ukubhula,* »wahrsagen«). Dazu werden auch die *ematsambo,* die Wahrsageknochen, geworfen. Falls die Ahnen sich durch ein Unglück in Erinnerung gebracht haben, muss ihnen ein Opfer gebracht werden, um den gesellschaftlichen Frieden wieder herzustellen, indem man den Ahnen Respekt erweist *(ukushweleza).* Dabei dürfen die Lebenden sich allerdings auch über die Ahnen beschweren und ihnen vorwerfen, dass sie sich ihnen gegenüber schlecht verhalten haben *(ukuthetha).* Durch eine solche Aussprache wird dann die Familie wieder spirituell vereint. Weil sie nicht reden können, weil sie Menschen krank machen müssen, um Fleisch zu bekommen, und dann noch nicht einmal helfen, heißen die Ahnen manchmal auch *izithutha* – »Narren«.

Der Sangoma ist ein von den Ahnen Auserwählter. Die Ahnen machen die so Erwählten → besessen *(ithwasa),* sie träumen von der Pythonschlange *(inhlwathi),* die sie im Viehkral töten müssen und deren Haut sie als Zeichen ihrer Erwähltheit tragen. Im Verlauf der Initiation zum Sangoma müssen Ziegen und Rinder geschlachtet werden, und der Initiand trägt gekreuzte Fellstreifen dieser Opfertiere *(iminqwamba)* als Abzeichen seines neuen Status. Weigert sich ein solcher Erwählter, sich der Initiation zu unterziehen, so wird er krank. Wenn er Sangoma geworden ist, sprechen die Ahnen durch ihn, er kann Knochen werfen (→ Orakel) und wahrsagen. Krankheiten können auch durch böse Geister bewirkt werden (z. B. Übelkeit, Fieber, Schreien, Hysterie). Der Heiler kann auch den Schadenszauberer benennen, der Krankheit und Unglück verursacht.

Die Zulu glauben nicht an Schicksal. Alles, was geschieht, geschieht aus einem bestimmten Grund. Es gibt Krankheiten mit einem natürlichen Ursprung, z. B. Grippe, und eine angeborene Neigung des Körpers zu Krankheiten. Dagegen helfen Ärzte und Kräuter *(amakhambi).* Hält eine solche Krankheit aber zu lange an, dann liegt der Verdacht nahe, es könne sich um Zauberei handeln. Solche Übel *(ukugulisa,* »jemanden krank machen«) sind den »asozialen« Zauberern zuzuschreiben, die entdeckt und (so war es zumindest früher) zum Besten des Clans getötet werden müssen.

Schadenszauberkrankheiten kommen nur bei Einheimischen vor und heißen daher *isifo sabantu,* »Bantu-Krankheiten«. Die, die *dait* stigmatisiert werden, wehren sich meistens nicht, denn sie glauben, ein böser Geist könne sie auch ohne ihr Wissen in Besitz genommen haben. Da früher nicht nur die Zauberer selbst, sondern auch ihre Familien zum Tode verurteilt wurden und ihr Besitz in den des Häuptlings oder Königs überging, geschah es oft, dass besonders Reiche ständig in Gefahr waren, als Hexer »entdeckt« zu werden. Armut konnte einem also ein längeres Leben bescheren als Reichtum.

Sannyasin (Sk.)

Mensch, der der Welt entsagt hat und in völliger Besitzlosigkeit lebt. Er strebt nur nach Verwirklichung der Befreiung *(moksha).* Die Besitzlosigkeit ist nicht nur materiell, sondern auch geistig, d. h. er strebt auch danach, alle Anhaftungen und damit den Dualismus zu überwinden. → Osho interpretierte den Begriff nur auf geistige Weise.

Satan (hebr., griech., lat.)

Von Satanel. In der → Gnosis ist der Kosmos selbst an sich schlecht und nicht das Werk des Lichtgottes, sondern wird regiert von einer gegnerischen Gottheit, die als → Demiurg oder Schöpfer bezeichnet wird: Satanel, der ursprünglich einen bevorzugten Platz einnahm, aber durch Ausübung seines freien → Willens hochmütig wurde und in Ungnade fiel. Daher der Name Satan. Ihm werden schöpferische Kräfte zugeschrieben, und manchmal wird er als »Widersacher« dargestellt (→ Teufel).

Satanismus → Magie

Satchidananda, Swami (C. K. Ramaswamy)

Einer der bekannten Yoga-Meister. Seine Lehrer waren unter anderen → Ramana Maharshi und Sri → Aurobindo. Als Eingeweihter in den hl. Orden der Sannyas (→ Sannyasin) bekam er den Namen → Swami Satchidananda. Er wurde berühmt, als er während des Woodstock-Festivals 1969 mit den Teilnehmern meditierte.

Heute gibt es 400 Yoga-Institute in aller Welt (Divine Life Society), die seinen integralen Yoga lehren. »In Wirklichkeit ist jeder von uns voller Frieden und Glück. Das ist unsere wahre Natur.« Da wir nicht mit dem Zentrum dieses Friedens in Kontakt sind, müssen wir daran arbeiten, die Schleier und Gifte zu beseitigen, die uns davon abhalten. Die Methoden beinhalten alle Yogas: → Hatha-Yoga (Körperhaltungen, → Atemübungen), → Karma-Yoga (selbstloser Dienst), → Raja-Yoga (Konzentration und → Meditation), Japa-Yoga (Wiederholung von Klangvibrationen), → Bhakti-Yoga (Liebe und Hingabe an das Göttliche) und Jnana-Yoga (Selbsterforschung).

Sathya Sai Baba (geb. 1926)

Ein typischer Guru in der → Bhakti-Yoga-Linie ist Sathya Sai Baba, mit bürgerlichem Namen Ratnakaran Sathyanarayan Raju. Er wurde am 23.11.1926 im indischen Puttaparthi, Andra Pradesh, geboren. Heute ranken sich bereits um seine Geburt zahlreiche legendenhafte Geschichten. Am 23.05.1935 habe Sathyanaran, so erzählen seine Anhänger, seine Familie und Freunde zusammengerufen, Süßigkeiten und Blumen aus der Luft »materialisiert« und sich als »Sai Baba« offenbart, eine Wiederkunft des sagenumwobenen Sai Baba von Shirdi.

Sai Baba von Shirdi, auf den sich der neue Sai Baba beruft, war ein Grenzgänger zwischen → Hinduismus und Islam und starb bereits am 15. Oktober 1918 in der Moschee, in der er gelehrt und gehaust hatte. Der Anspruch des Jünglings, eine Inkarnation des echten Sai Baba zu sein, wurde von der eigenen Familie allerdings angezweifelt. 1963 kam es zu einer weiteren Offenbarung Sai Babas: Er sei eine Verkörperung von Shiva und Shakti. Später erweiterte er seinen Selbstanspruch zu der Behauptung, er sei eine Verkörperung Jesu. 1976 rief Sai Baba schließlich die »Sai-Religion« als eine »Zusammenfassung aller bisherigen Religionen« aus.

Eine intellektuelle Lehre kennt die Bewegung nicht. »Mein Leben ist meine Botschaft«, sagt der Guru selbst. Sai Baba nimmt verschiedene Elemente des Hinduismus, des Christentums wie auch anderer Religionen aus ihrem Kontext und bezieht die Aussagen auf sich. Sein Gottesbild ist das des Hinduismus: Gott ist → Brahma, die All-Energie, von der jeder Mensch einen Teil in sich trägt. Um den Menschen das Bewusstsein ihrer Göttlichkeit zu vermitteln, ist Sai Baba gekommen. Für seine Anhänger repräsentiert er sogar einen → Avatar, eine göttliche Herabkunft, ausgestattet mit göttlicher Vollmacht. Zur Demonstration dieser Vollmacht dienen die zahlreichen »Wunder«, die Sai Baba tut und die von Kritikern als geschickter Trickbetrug angesehen werden. Sogar Totenerweckungen sollen stattgefunden haben. Einer wissenschaftlichen Untersuchung der behaupteten Phänomene entzieht sich der Guru jedoch. Im Mittelpunkt der Sai-Religion steht der Guru selbst: In ihm können sich alle Religionen vereinigen.

Da dieser Guru sehr berühmt ist, sollen auch die fragwürdigen sexuellen Praktiken Sai Babas erwähnt werden: Mit Vorliebe berühre der Meister männliche Anhänger an ihren Geschlechtsorganen, angeblich zum Zwecke der »spirituellen Reinigung«. Andere Quellen gehen noch weiter und beschuldigen ihn des homosexuellen Verkehrs mit minderjährigen Jungen unter seinen Anhängern. Im Internet gibt es ausführliche Diskussionsforen zu diesem Thema.

Satori (japan. »Öffnung«, »Erleuchtung«)

Erleuchtungserfahrung im → Zen-Buddhismus, die Erreichung eines neuen Blickpunktes (wu im Chines.). Ohne Satori gibt es kein Zen, denn das Leben des Zen beginnt mit der Erfahrung des Satori. Satori enthüllt eine neue Welt. Satori löst die Identifizierung mit dem Verstand, den Gefühlen und dem Körper und öffnet so den Weg zur direkten Erfahrung der Einzigartigkeit des eigenen Wesens. Die Möglichkeit, die Wirklichkeit zu erkennen und zu erwachen, die eigentliche Bedeutung des Begriffes satori, bietet sich zu jeder Zeit. Das Ziel des Zen ist es, dem Adepten (Schüler) die Augen zu öffnen, um die Vielfalt und Schönheit des Lebens immer wieder neu zu entdecken. Das beinhaltet zugleich, dem Bewusstsein nicht zu erlauben, sich von der Einsicht und dem Erkennen ablenken zu lassen, weder an etwas anzuhaften, noch sich selbst zu vergessen.

Weisheit oder Erkennen ist dabei die Einsicht in das eigene, wahre Selbst jenseits der Verhaftungen an die Alltagspersönlichkeit. »Sehen« ist die Erfahrung des unbewegten Selbst, die Einsicht in die wahre Natur der Wirklichkeit. Das chines. Schriftzeichen wu – das meist mit »Erleuchtung« übersetzt wird – besteht aus dem synonymen Begriff »Herz« bzw. »Geist« und aus dem Begriff »mein«. Das Schriftzeichen bedeutet also: »in meinem eigenen Herzen fühlen« oder »in meinem eigenen Geiste erfahren«. Diese Erkenntnis führt zum Gedanken der Nichtverhaftung weder an etwas *noch* an nichts. »Wenn alles leer ist, findet kein Halten an etwas statt« (Hui-neng). Siehe auch: → Zen, → Zazen.

Satsang (Sk. sat, »Wahrheit«, sang, »Zusammenkommen«)

In Europa verbreitet ist heute die Satsang-Bewegung, die sich auf den Advaita-Vedanta (→ Vedanta) beruft. Ein großer Teil der in Europa tätigen Satsang-Lehrer sind Schüler von Sri Poonja, der seinerseits als Schüler von → Ramana Maharshi gilt (von diesem ist allerdings bekannt, dass er nie irgendeinen Schüler persönlich »eingeweiht« hat). Die ganze Satsang-Szene beruft sich genau besehen auf einen Nichtlehrer, vergisst aber in ihrer Guru-Liebe diese Paradoxie.

In Deutschland sind es meistens Männer, die sich als »erleuchtet« oder »verwirklicht« ausgeben und die in den Satsang-Sitzungen durch ihre Ausstrahlung und ihre Kommentare die Suchenden zur Erkenntnis der Einheit ohne Gegensätze führen möchten, sofern sie nur die Schleier vor dem persönlichen, weltverhafteten Bewusstsein wegziehen. Das Problem mit dieser Methode ist, dass die gewöhnliche Wahrnehmung transzendiert werden muss in der Erkenntnis, selbst → Brahman, die ungeteilte Wirklichkeit zu sein. Wenn die Welt der Unterschiede und des Wandels → Maya, Täuschung, ist, und es nichts außer dem alles umfassenden Selbst gibt, muss dieses auch in irgendeiner Weise Maya einschließen. »Dies überzeugt allerdings nicht recht, denn die Vorstellung eines Selbst scheint ein Anderes vorauszusetzen, ein Nichtselbst, von dem es verschieden ist« (David Loye 1988).

Es gibt verschiedene Lehren und Schulen des Advaita-Vedanta mit unterschiedlichen Ansichten zum Nichtdualismus. Deshalb ist anzuraten, sich damit intensiv zu beschäftigen, bevor man den einfachen Sprüchen selbst ernannter »Verwirklichter« folgt. Gerade in übersinnlichen Fragen kann viel behauptet werden.

Bekannte Satsang-Lehrer, die häufig in Deutschland auftreten, sind Gangaji und ihr Mann Eli Jackson Bear sowie Andrew Cohen; sie berufen sich alle auf Sri Poonja. Cohen selbst sieht sich jedoch nicht als Advaita-Lehrer, sondern als spiritueller Revolutionär. Seit seinem »Erwachen« 1986 gibt Cohen Seminare, in welchen er über das Potenzial der völligen Befreiung aus den Fesseln der Ignoranz, der Selbstsucht und des Aberglaubens spricht. Eine dt. Satsang-Lehrerin ist die praktizierende Ärztin Pyar Troll. Ihre Suche führte sie zu → Osho und Samarpan, einem anderen bekannten Satsang-Lehrer, in dessen Satsang sie schließlich ihre tiefste Erleuchtung fand.

Sattva

Einer der drei Gunas (→ Trinität). Sattva repräsentiert Harmonie, Ausgewogenheit und Klarheit. Es wird auch mit dem Prinzip (oder »Gott«) Brahma in Verbindung gebracht.

Schamanismus

»Wir sehen nicht nur das Wissen, das vor unseren Füßen liegt, sondern erkennen auch die in Raum und Zeit weit entfernt liegenden Ursachen« (Terencio, peruanischer Schamane, in: Nana Nauwald 2002, 163). Schamanismus und Schamanen waren jahrhundertelang »Phänomene der Wilden«, die zuerst von christl. Missionaren und später von Naturforschern und Ethnologen beobachtet wurden. Beobachtung – auch wenn sie eine teilnehmende ist – kann jedoch nie in die Erfahrung dessen führen, was man beobachtet. Das Bild hat sich inzwischen gewandelt, weil das Interesse an der Erfahrung schamanischer Rituale in den letzten 30 Jahren in den westlichen Industrieländern stark gewachsen ist und immer mehr Menschen die Arbeit von Schamanen direkt erfahren können – durch Kongresse, Seminare oder Heilsitzungen.

»Wie kommt es, dass das Interesse am Schamanentum – der ältesten spirituellen, heilkundlichen und psychologischen Disziplin der Menschheit – in unserem Zeitalter der Raumschiffe und Computer neu erwacht?«, fragt der Ethnologe Roger N. Walsh. Vielfältig sind die Antworten auf seine Frage: Schamanische Techniken des Heilens sind oft sehr schnell wirksam. Sie finden in einem magisch-rituellen (→ Magie, → Ritual) Zusammenhang statt, der alle Sinne berührt. Schamanismus nährt die Sehnsucht nach einem Leben in Verbundenheit mit der Natur und dem Geist der Natur, das durch die Ökologiebewegung der letzten Jahrzehnte immer stärker ins Bewusstsein der westlichen Menschen trat. Ein wichtiger Aspekt ist außerdem, dass Schamanismus ein offenes, undogmatisches spirituelles System ist.

Hinter dem Schamanismus verbirgt sich kein einheitliches Phänomen. In den vermutlich über 400 000 Jahren seines Bestehens (von vielen archäologischen Funden belegt) hat er in jedem Kontinent, in jedem Volk unterschiedliche Praktiken und Techniken entwickelt, die sich kulturspezifisch unterscheiden. Eine mögliche Herkunft des Wortes »Schamane« stammt von der Bezeichnung *saman* beim Volk der sibirischen Ewenken. Über die russische Sprache floss dieser Begriff als »Schamane« in die europ. Sprachen ein und wurde in den letzten 100 Jahren im Wort »Schamanismus« zu einem übergreifenden Wissenschaftsbegriff für alle kulturellen und religiösen Phänomene, die von westlichen Ethnologen in indigenen Kulturen beobachtet wurden.

Den Schamanismus gibt es jedoch genauso wenig wie den Schamanen. So unterschiedlich die Kulturen dieser im Weltbild des Schamanismus lebenden Ethnien sind, so vielfältig ist auch die Erscheinungsform des Schamanismus, so verschieden sind die Pforten, durch die die Schamanen die anderen Welten des → Bewusstseins betreten, so mannigfaltig sind die Bezeichnungen für diese »besonderen Menschen«.

Vom Wesen her ist der Schamanismus keine Religion, eigentlich auch kein »-ismus«, weil er kein festes Glaubensgebäude, keine Dogmen, keine Ideologien und keine hl. Schriften oder schriftlich niedergelegte Offenbarungen kennt. Manche Forscher sagen vielmehr, dass die schamanische Erfahrung und ihre Visionen Grundlage der Religionen sei. Die Grundzüge der Weltvorstellungen, die im Schamanentum vieler Ethnien vorkommen, lassen sich so zusammenfassen:

• Das Gefüge der Weltordnung ist verankert in mehreren Ebenen mit unterschiedlichen Zuordnungen an Lebensqualitäten: Unter-, Mittel- und Oberwelt.
• Diese Dreiteilung des Kosmos ist durch die Achse des → Weltenbaums miteinander verbunden. Dies ist der Baum des Wissens, der Baum der Erkenntnis (→ Lebensbaum, → Sefiroth) – eine »Informationsachse«, die von den Schamanen willentlich zum Wohle des Einzelnen und somit zum Wohle der Gemeinschaft bereist wird.
• Diese Reisen führen in parallele → Bewusstseinswelten, in denen alle Informationen, alles Wissen ohne die Beschränkung von Zeit und Raum gespeichert sind.
• Die Abläufe der Zeit werden erfahren als ein Rhythmus der stetigen Erneuerung (→ Risiko).
• Alles, was ist, hat einen → Geist und ist mit allem Sichtbaren und Nichtsichtbaren verwoben (→ Geisttiere). So ist auch der Mensch ein Teil dieses lebendigen, sich ständig neu erschaffenden Lebensgewebes.
• Bewahrer und Erneuerer des Wissens und Umgangs mit den geistigen Welten der Gemeinschaft ist ein durch besondere Berufung, besondere Begabung und Lernzeit ausgezeichneter Mensch.
• Dieser besondere Mensch, ein »von oben Behauchter«, verfügt über die Fähigkeit zum willentlichen Wechsel zwischen Bewusstseinszuständen und Wirklichkeiten, losgelöst von der Persönlichkeit, dem Ego.

Aus diesen Grundzügen heraus wandelt sich die lebendige Erscheinungsform des Schamanismus immer wieder. Schamanismus ist kein starres System, kein Glaubenssystem, sondern eine Erfahrungswissenschaft.

»Wenn der Schamanismus nicht auf eine einzige ›Erfindung‹ zurückgeht, die kontinuierlich über die Zeiten weitergereicht wurde, so muss er in diversen Epochen und Kulturen immer wieder neu entdeckt worden sein. Hieraus lässt sich schließen, dass irgendeine wiederkehrende Kombination aus sozialen Kräften und dem Menschen innewohnenden Fähigkeiten wiederholt für ein Neuentstehen und Weiterbestehen schamanischer Rollen, → Rituale und → Bewusstseinszustände gesorgt haben muss.« (Roger N. Walsh 2003)

Schamanismus ist auch heute noch eine lebendige Tradition in vielen Ländern und Kontinenten: der Arktis, den polynesischen Inseln, Australien, den Ländern Asiens, Süd- und Nordamerikas und auch Südafrika (→ Sangoma). Auch in Sibirien sowie in der Mongolei wird nach Jahrzehnten der Unterdrückung schamanischer Aktivitäten der Schamanismus wieder neu belebt.

Siehe auch: → Schamanismus, Nepal; → Schamanismus, Nordamerika; Schamanismus, Ausbildung; → Schamanismus, Reisen; → Traumzeit, → Huna, → psychoaktive Pflanzen, → psychedelische Erfahrung, psychedelischer Bewusstseinszustand, → Mantra, → Trance.

Schamanismus, Ausbildung

Der Beruf des Schamanen bedingt die Verankerung in einer im Weltbild des Schamanismus lebenden Gemeinschaft. Somit ist eine Ausbildung zum Schamanen auch nur möglich innerhalb einer schamanischen Kultur.

Traditionell ist diese Lehrzeit ein langwieriger Prozess. Vom Schüler wird große Selbstdisziplin verlangt, Ausdauer und Konzentration, um den Körper und die Psyche auf große Belastbarkeit hin zu trainieren:

»Die Instruktionen des angehenden Schamanen kommen aus der inneren und der äußeren Welt zugleich. In der äußeren Welt sorgt dafür die Lehrzeit bei einem Meisterschamanen. Vom Lehrer lernt der Novize sowohl Theorie als auch Praxis, die Mythen und die Kosmologie, die Rituale und die Techniken der schamanischen Kultur. Diese bilden die Werkzeuge, mit denen die Erfahrungen des Schamanenlehrlings kultiviert, interpretiert und im Rahmen der Stammes- und Schamanentradition mit Bedeutung erfüllt werden.« (Roger Walsh 2003)

Das Erlangen der Fähigkeit, veränderte → Bewusstseinszustände hervorzurufen, ist einer der zentralsten Punkte der schamanischen Lehrzeit. Es geht immer um die Entfachung des »inneren Feuers«, der Fähigkeit zur Transformation, der Erlangung eines → Energiekörpers, einer besonderen magischen Kraft. Durch Rückzug, sexuelle Enthaltsamkeit, Diäten werden Qualitäten wie Willenskraft, Mut, Ausdauer und Sensibilität gestärkt. Gleichzeitig helfen diese Übungen, seelische Unreinheiten zu überwinden und innere Klarheit zu erreichen. Auch ein »fertiger« Schamane muss sich immer wieder zurückziehen, um seine Kraft zu regenerieren. Besonders beansprucht wird die Kraft des Schamanen bei seiner Heilarbeit und dem damit zusammenhängenden Kampf gegen Schaden bringende → Geister und Flüche.

Eine schamanische Ausbildung, wie sie inzwischen häufig in der esoterischen Szene angeboten wird, kann durchaus die Vermittlung von schamanischen Techniken beinhalten, die therapeutisch in unsere westlichen Heilsysteme eingebunden werden können. Die besondere Fähigkeit eines Schamanen ist jedoch nicht über Seminare und Bücher zu erlernen, sie bedarf der Resonanz einer im Schamanismus lebenden Gemeinschaft.

Sami-Schamane.

Schamanismus, Nepal

Die Wurzeln des Schamanismus reichen in Nepal weit zurück – man schätzt mindestens 60 000 Jahre. Alle der etwa 36 in Nepal lebenden Ethnien kennen und praktizieren den Schamanismus, darunter viele Frauen. Manche hinduist. Symbole (→ Hinduismus), → Mantras und Götter wurden in die schamanischen Rituale integriert. Nur wer heilen und in → Trance fallen kann, ist auch ein Heiler. Niemand im Himalayagebiet wird *jhankri* (ein nepalischer Begriff für Schamane, je nach Ethnie und Sprache unterschiedlich), weil er diesen »Beruf« ergreifen will:

»Er wird durch Berufung zum Jhankri. Nicht wenige versuchen, dieser Berufung aus dem Weg zu gehen, weil sie ein hartes und entbehrungsreiches Leben bedeutet. Schamanen sind meist ›einfache‹ Menschen – Bauern, Handwerker, Hausfrau, Fabrikarbeiter oder -arbeiterin. Und zusätzlich dazu schamanisieren sie, wenn jemand zu ihnen kommt, der ihre Hilfe braucht ... So wie die Naturgewalten toben, so ›wüten‹ auch oft die Jhankris in ihren *chintas* (Heilzeremonien). Herrisch rufen sie die Hilfsgeister herbei und schicken sie wieder weg, wenn die Trance tief genug ist. In den schweißbedeckten Gesichtern spiegeln sich die Begegnungen mit den jenseitigen Kräften.« (Claudia Müller-Ebeling/Christian Rätsch 2000, 29)

Für die Nepalesen gibt es Schamanen seit dem Ursprung der Welt. Sie erhalten und erneuern sie – denn sie sind gewissermaßen → Shiva selbst. Der Weg der Schamanen wurde von Shiva in die Welt gebracht, und es ist ein Weg der Liebe. Die Schamanen sind in erster Linie Heiler, die uneigennützig ihre Kräfte und ihr Wissen zur Verfügung stellen. Wirkliche *jhankris* dürfen für ihre Arbeit keine Reklame machen. »Jhankris sind wir nur, weil andere von uns geheilt werden, und nicht, weil wir sagen, dass wir sie heilen können« (Claudia Müller-Ebeling/Christian Rätsch 2000, 29). Die Begabung, in → Trance fallen zu können, ist Voraussetzung für jede Art von Berufung. Prinzipiell gibt es drei Arten der Berufung: durch den *ban jhankri* (Urvater der Schamanen), durch Traumvisionen und durch Familientradition. Oft zeigt sich die Gabe des Schamanisierens schon sehr früh.

Der Schamanismus Nepals ist reich an Ritualgeräten (→ Mala), Altarobjekten, Altarpflanzen, hl. Steinen, Musikinstrumenten und Kostümen, in denen sich die ganze schamanische Kosmologie widerspiegelt (→ magische Symbole). Der Altar ist die Schnittstelle zwischen Geist und Materie. Einige Altargegenstände müssen vom Schamanen in Traumvisionen gefunden werden. In Nepal arbeiten die Schamanen hauptsächlich mit einer Trommel; verschiedene Trommeln werden für verschiedene Zwecke benutzt.

Nepalische Schamanin in Ritualkleidung.

Der Rhythmus der Trommel dient den Schamanen zum Navigieren auf ihren Reisen durch die Welten.

Jeder Schamane hat seinen eigenen Rhythmus zum Reisen. Das monotone Trommeln kann zwar veränderte → Bewusstseinszustände auslösen und ist behilflich bei der Herbeiführung der Trance, aber für die Fähigkeit zum Reisen genügt das Trommeln nicht. Die Pforten in die anderen Welten lassen sich nur durch ein an die Person des Schamanen gebundenes Reise-Mantra öffnen (→ Mantra). Das Reisen kann durch Räucherstoffe, Hyperventilation, Singen oder Tanzen angeregt und begleitet werden.

Divination und → Orakel aus Naturmaterialien sowie die Bedeutung von Zahlen spielen in der heilerischen Arbeit der Schamanen eine wichtige Rolle. Die Drei ist das Zentrum des schamanischen Universums, ebenfalls wichtige → Zahlen sind die 13 – sie drückt Vollendung aus – und die 108, die viele Bedeutungen hat wie z. B. die Perlen in der Kette (→ Mala), die Namen → Shivas, des »ersten Schamanen«. Die Zahl 108 ist auch der magische Ausdruck der Vielzahl, also »die vielen Namen Shivas«. Auch Tieropfer (→ Opfer) sind in einigen Ethnien Nepals Bestandteil schamanischer Arbeit.

In Nepal hat die Zukunft des Schamanismus übrigens schon begonnen: Es besteht ein intensiver Austausch zwischen Schamanen, Ärzten und Apothekern.

Schamanismus, Nordamerika

Das Weltbild der indigenen Völker Nordamerikas gründet sich bis heute in seinem Kern auf die ganzheitliche Weltsicht der Verbundenheit aller Lebewesen miteinander, der Verwandtschaft von Mensch und Tier, der Beseeltheit der Natur, der Vorstellung von einem »großen Schöpfergeist«. Um 13 000 v. u. Z. kamen die Menschen der *first nation* (so nennen sich die amerikanischen Ureinwohner heute) aller Wahrscheinlichkeit nach von Asien aus über eine Landbrücke bei der Beringstraße oder in Booten entlang der Küste nach Nordamerika. In den heutigen USA besitzen die indigenen Völker nur noch 2,3 Prozent der Gesamtfläche, und viele leben in urbanen Gebieten außerhalb der Reservationen.

In Nordamerika gibt es ca. 200 verschiedene Sprachen, was auf die teilweise großen Unterschiede zwischen den einzelnen Kulturen hinweist. Je nachdem, ob die Völker Jäger oder Pflanzer waren, wurde ihr spirituelles Leben bei den Jägervölkern von einem Schamanen geführt – einem Menschen, der seine besonderen Fähigkeiten durch Berufung, persönliche Krise oder Initiationserleben aus eigener Kraft und nur mit Hilfe seiner Schutzgeister erlangt hatte – oder bei den Pflanzervölkern von einer Art Priester, einem zeremoniell eingesetzten Mitglied einer anerkannten religiösen Organisation (Puebloindianer, z. B. Hopi, Zuni). Der »Zauberpriester« war für die Einhaltung der Vorschriften bei Zeremonien – z. B. dem Sonnentanz – zuständig, gab die mündlich überlieferten Mythen und Traditionen weiter und achtete auf Erhalt und Weitergabe der Rituale.

Der Schamanismus der Jägervölker Nordamerikas ähnelt dem Schamanismus der Völker Sibiriens sehr: Der Schamane hat hier wie dort eine von den Geistern der Tiere und der Ahnen unterstützte Macht und kann zum Wohl und zum Schaden der Gemeinschaft auf die Natur einwirken. Fasten, Rückzug, der Besuch der Schwitzhütte und → Visionssuche sind seine Wege der inneren Erfahrung zur Erlangung von Wissen und Visionen. Ein Medizinmann ist übrigens kein Schamane. Er ist ein Heiler wie auch der Schamane, unternimmt aber keine »Seelenreisen«, wie sie für die Arbeit eines Schamanen charakteristisch sind.

Das enge Verhältnis zum Tier spiegelt sich in Tiertänzen, der Wirklichkeit von Tiergeistern und der Zuordnung zu bestimmten Tieren als persönlichem Schutzgeist (»Tiertotems«) wider. »Hl. Rauch« bestimmter Pflanzen (z. B. Salbei, Beifuß) und »hl. Tabak« in besonderen Pfeifenzeremonien bewirken die Kontaktaufnahme zu Geistern und Ahnen oder sind Dankopfer an den Großen Geist.

So groß wie die Unterschiede in Glaubensvorstellungen und Sprachen sind auch die Bezeichnungen für den Großen Geist. Ein Beispiel soll herausgegriffen werden: In der Sprache der Lakota (im Nordwesten der heutigen USA) ist Wakan das große All oder der Große Geist. Dieser manifestiert sich als Zweiheit: Wakan, die Urmutter der Welt, die leitende Leere oder der unendliche Urgrund, und Skwan, der Urvater, die heilige Schöpfung, das Wesen des Endlichen. Die Schöpfung ist der Urvater, der dauernd von der Urmutter erzeugt wird. Die dauernde Verwandlung von der Urmutter zum Urvater geschieht für uns Menschen in der Bewusstseinsmitte, unserem → Selbst. Wenn wir die Mitte verlassen, um in der äußeren Welt zu handeln, brauchen wir eine bewusste Beziehung zwischen der materiellen und der spirituellen Welt. Symbolisch wird Wakan als leerer Kreis dargestellt und Skwan als Spirale (→ Taoismus).

Schamanismus, Reisen

Der Schamanismus aller Ethnien beinhaltet die zentrale Vorstellung einer Ordnung des Kosmos in drei Welten, die miteinander durch die Achse des → Weltenbaums verbunden sind. Oberwelt, Mittelwelt und Unterwelt sind Bereiche mit unterschiedlichen Seinsqualitäten, die von den Schamanen willentlich bereist werden, um Wissen und Erkenntnis zu erlangen zum Wohle des Einzelnen und somit auch zum Wohle der Gemeinschaft.

Diese Reisen der Schamanen führen in parallele Bewusstseinswelten, in denen alle Informationen und alles Wissen ohne die Beschränkung von Zeit und Raum gespeichert sind. In einigen schamanischen Gemeinschaften existieren genaue »Landkarten« der anderen Welten. So können sich die Schamanen bei ihrer Arbeit auf die gleiche Topografie der zu bereisenden Welt beziehen und sich bei auftauchenden »Reiseschwierigkeiten« untereinander helfen und beraten.

Grundsätzlich geht der Schamane auf seinen Reisen in alle drei Welten, um zu lernen und Wissen und Macht zu erwerben, um Mittel für körperliche, psychische und geistige Heilung zu erhalten. Heilung steht eng im sozialen Kontext und bezieht sich immer auf die Einheit von Körper, Geist und Seele.

Schamanen sind Meister der Ekstase, in der sie mit ihrer Seele durch die Welten reisen. Diese ekstatischen Seelenreisen können durch vielfältige Mittel induziert werden: Rhythmen (Trommeln, Rasseln usw.), Gesänge, Bewegungen, innerliche Mantras, entheogene (Geist offenbarende) Pflanzen und → Pilze.

Tänze sind im Schamanismus eine der Möglichkeiten, das gestörte Gleichgewicht in der Gemeinschaft und somit im Kosmos wieder in die Balance zu bringen. Durch monotone, sich wiederholende Rhythmen und Gesänge verändert sich das Bewusstsein der Tänzer. Die gleichmäßige Bewegung, das Trommeln, Rasseln, Klingeln der Glöckchen an den Beinen der Tänzer usw. führt meist in einen Trancezustand.

Schrift

Schrift und Klang, d. h. der Laut einer Schrift oder einer Buchstabenkombination, hat unter spirituellen Gesichtspunkten immer eine große Bedeutung gehabt, z. B. der Gebrauch in Gesängen und → Beschwörungen (→ Mantra). Da Schriftzeichen mit weltlicher und spiritueller Macht verbunden waren, wies man ihnen auch Bedeutungen und Codierungen zu. Entsprechende Erläuterungen zu den einzelnen Bedeutungen von Buchstaben werden in diesem Lexikon zu Anfang des jeweiligen Buchstabeneintrags gegeben, der Buchstaben- und Zahlencode der hebr. Schriftzeichen wird unter → Kabbala behandelt.

Die lat. Schriftzeichen, die wir heute verwenden, haben eine lange Entwicklung hinter sich. Es gibt zwei wesentliche Zweige dafür: die sumerische Keilschrift, die vor ca. 6000 Jahren entstanden ist, und die ägyptischen Hieroglyphen (»hl. Zeichen«). Dabei gab es viele verschiedene Schriftentwicklungen, insbesondere im Mittelmeerraum und in Vorderasien. Hier spielten die Phönizier eine wesentliche Rolle. Sie waren Händler und Seefahrer, die im Gebiet des heutigen Libanon ab ca. 2000 v. u. Z. lebten. Inzwischen führt man die phönizische Schrift auf kretische Schriften zurück, die wiederum von den ägyptischen Hieroglyphen abgeleitet wurden. → Griechen und Aramäer, die Vorläufer der Hebräer, und andere Völker dieses Raumes entwickelten daraus eigene Schriften, die in den meisten Fällen verwandte Formen haben. Auch die etruskische Schrift, aus der dann die lat. Schrift entstand, geht wohl darauf zurück. Die nordeurop. → Runenschrift entstand ebenfalls aus den Schriftzeichen der Nordetrusker und möglicherweise bisher unterschätzter alpiner Schriften.

Schule, spirituelle

Im Bereich des → Klosters wurde der lat. Begriff *schola* für »Muße«, »Ruhe«, »wissenschaftliche Beschäftigung« während der freien Zeit geprägt. Das Wort hat auch die Bedeutung »Unterricht« oder »Unterrichtsstätte«. Eine spirituelle Schule lehrt demgemäß spirituelle Philosophie, → Kunst und spirituelle Praxis. Manchmal wird Schule auch für eine besondere Richtung innerhalb einer Lehre gebraucht. Selbst wenn spirituelle Lehren heute auch außerhalb von Klostermauern und ohne dauernden Rückzug aus dem weltlichen Leben gelernt und praktiziert werden können, benötigt der spirituelle Sucher in den meisten Fällen die Hilfe einer Person, die den Weg oder einen Teil des Weges schon gegangen ist und aufgrund ihrer Erfahrungen und ihres Verständnisses den Sucher unterweisen kann. Es kann auch eine Gruppe oder Gemeinschaft sein, die sich unter Anleitung eines entwickelten Lehrers zusammengefunden hat (→ spirituelle Suche).

Eine spirituelle Schule unterscheidet sich erheblich von einer → Sekte. Manche spirituelle Lehrer wie → Krishnamurti lehnen die Rolle des → Gurus ab und geben nur Hilfestellung darin, wie der Suchende direkt zur Weisheit seines höheren → Selbst findet. Andere sagen, dass man sein ganzes Leben lang Schüler bleibe, entweder bei einem Guru, innerhalb einer Schule oder einer spirituellen Gemeinschaft.

Heute ist es möglich, Hilfe anzunehmen, ohne sich in lebenslange Abhängigkeit begeben zu müssen (→ Suche, spirituelle). Der direkte Weg, den Krishnamurti und andere lehren (→ Vedanta), ist für viele Menschen zu schwierig, weil sie ganz auf sich allein zurückgeworfen sind. Folgt man aber diesen Lehren, so können sich gute Erfolge einstellen: Jeder Mensch ist ausgestattet mit den Anlagen zur Verwirklichung. Zumindest für den »sicheren« Start auf dem spirituellen Weg wird es notwendig sein, Hilfe anzunehmen und einen Lehrer oder eine Gruppe aufzusuchen – manchmal »sucht der Lehrer auch den Schüler«. Doch dafür besteht keine zwingende Kausalität. Diese Aussage ist eher in dem Sinne zu verstehen, dass ein Schüler ausreichend vorbereitet sein muss, um in das → Bewusstseinsfeld einer Schule zu gelangen und die ihm gemäße Schule zu finden.

Die Erfahrungen eines Lehrers oder einer Schule und ihre Methoden können für einige Zeit wirklich helfen, wenn sie dazu führen, dass ein Mensch unabhängig und selbstverantwortlich allein weiterarbeiten kann. Wenn er einige Erfahrung gesammelt hat – und sei es »nur« durch den Besuch einiger Seminare –, dann kann er durchaus mit der Hilfe von geeigneten Anleitungsbüchern auch selbstständig ein Übungsprogramm durchführen. Dennoch bietet eine Gruppe das notwendige Feedback, um Fehler in der eigenen Entwicklung zu korrigieren oder Dinge wahrzunehmen, die man selbst an sich nicht sieht. Die Abwägung, ob der Guru, die Gruppe oder die Schule etwas Echtes vermitteln, muss der Sucher allerdings selbst leisten.

Leider kommt es häufig vor, dass esoterische Schulen »das Leben als transzendentale Militärkarriere betrachten, in der erst der Generaloberst die Erleuchtung und Befreiung erlangt, wobei in den unteren Rängen die Hackordnung noch strenger funktioniert als im profanen Militär« (Arnold → Keyserling 1984, 95).

Hier gilt es zu unterscheiden, was sozusagen Methode ist, um den Schüler aufzuwecken, und was einfach aus mangelndem psychologischem Einfühlungsvermögen praktiziert wird. Der Sucher sollte davon ausgehen, dass auch der erleuchtete Guru oder die erfolgreiche oder bekannte Gruppierung gewissen Beschränkungen unterliegt. So sind z. B. manche sexuellen Verfehlungen von Meistern bekannt geworden (indem der Lehrer das Abhängigkeitsverhältnis ausnutzte bis hin zum Kindesmissbrauch). Bei größeren Organisationen kann es passieren, dass Schüler den Guru oder Meister abschirmen und selbstständig Dinge tun oder veranlassen, die dieser nicht billigen würde – man denke nur an das Oregon-Experiment von → Osho Rajneesh. Doch selbst dann trägt ein solcher Führer die Verantwortung.

Grundsätzlich beeinträchtigt das »allzu Menschliche« eines Lehrers nicht unbedingt die Übermittlung seiner Lehre. Man sollte nur erkennen und trennen, ob der Meister sich gerade im weltlichen oder geistigen Bewusstsein befindet. Auch der spirituell Entwickelte lebt zeitweise im gewöhnlichen Alltagsbewusstsein. Grundsätzlich befindet sich jeder Mensch abwechselnd in verschiedenen Bewusstseinsebenen (was auch eine Frage der → Energie ist). Viele Menschen haben die Vorstellung, ein Erleuchteter, ein → Heiliger, ein spiritueller Lehrer habe keine persönlichen Bedürfnisse mehr und stehe außerhalb jeder Versuchung des körperlichen Daseins. Dieses Bild ist vermutlich vom christl.-asketischen Heiligen geprägt, der dem → Teufel widerstehen muss.

Menschen haben einen Körper und körperliche oder psychische Eigenarten, Wünsche und Bedürfnisse – Menschen, die vielleicht schon länger auf dem Weg und »weiter« sind, bilden da keine Ausnahme. Es wäre hilfreich, wenn wir das Modell eines entwickelten Menschen erweitern würden. »Ein neues Modell der Psyche müsste die innere Vielheit mit dem Drang zur Einheit mehr berücksichtigen«, schlägt Michael Ventura in diesem Zusammenhang vor (1985). Die menschlichen Regungen von Lehrern, Gurus oder Meistern sollten beim Schüler den Blick dafür schärfen, sich ihnen nicht mit Haut und Haaren zu verschreiben. Man könnte auch sagen: Ein guter Lehrer geht auf dem Weg nicht voraus, sondern hinter dem Schüler, der sich seinen eigenen Weg bahnen muss. Der Lehrer kann ihn dabei unterstützen.

Der Yoga-Experte Georg Feuerstein, der jahrelang in einer spirituellen Gemeinschaft unter Leitung eines Gurus lebte und diese Gruppe dann verließ, hebt folgenden wichtigen Punkt hervor:

> »Ist der spirituelle Prozess erst einmal in Gang gebracht worden, so entwickelt er, sofern man weiterhin bewusst daran arbeitet, eine Eigendynamik. Der wahre ›Guru‹ befindet sich in mir selbst, und etwas anderes würde ich auch nicht wollen. Doch gibt es hin und wieder Situationen, in denen ein echter Lehrer einen Schüler aus dem Nest stoßen muss oder in denen man den ›Buddha töten‹ muss, wenn man ihm auf der Straße begegnet, wie der → Zen-Meister Rinzai es formuliert hat. Tun Schüler dies nicht, wenn die Zeit dazu gekommen ist, so hemmen sie ihr eigenes Wachstum. Ein Lehrspruch der → Sufi-Traditionen lautet: ›Wenn die Tür offen ist, dann wirf den Schlüssel weg.‹ ... Eine Lehrer-Schüler-Beziehung kann meiner Meinung nach in unserer Zeit und in der westlichen Welt nur dann ihren Zweck erfüllen, wenn der Lehrer in der Lage ist, traditionelle autokratische Verhaltensweisen aufzugeben und wenn er stattdessen eine auf Gleichwertigkeit und beidseitiges Lernen ausgerichtete Beziehung anstrebt.« (Georg Feuerstein 1996, 20)

Schulen des Augenblicks

Schulen des → Augenblicks gibt es innerhalb vieler spiritueller Traditionen.

Aber nicht alle bekannte Traditionen, die als Schule des Augenblicks gelten, sind es auch. Es gibt ebenso starre → zenbuddhist. Schulen wie starre → Sufi-Schulen.

Eine besondere Linie dieser Schulen verschiedenster Traditionen lässt sich unter dem Oberbegriff der »hl. Verrücktheit« oder »verrückten Weisheit« zusammenfassen.

»Um spirituelle Wahrheiten zu vermitteln, greifen jene Meister häufig zu sehr unkonventionellen Mitteln, die man von religiösen Menschen nicht erwarten würde. So benutzen sie z. B. Alkohol sowie Drogen aller Art und Sexualität für die religiöse Unterweisung. Ob sie in der Gosse oder im größten Luxus leben, ist ihnen gleichgültig, und ihr nach konventionellen Maßstäben oft unerhörtes Verhalten entspricht meist ganz und gar nicht unseren lieb gewonnenen Vorstellungen von Religion, Moral und Heiligkeit.« (Georg Feuerstein 1996)

In einer Schule des Augenblicks geht es immer um die direkte Wahrnehmung der Wirklichkeit des Seins ohne Schnörkel und umständliche Ritualisierungen. Doch man sollte sich nicht vom Schein täuschen lassen. Wenn z. B. Schamanen (→ Schamanismus) farbenfrohe Kleidung tragen und mit viel Tamtam Rituale durchführen, heißt das nicht, dass sie formal arbeiten. Das ist nur der äußere Schein. Wenn man nachfragt, sagen sie, dass sie das für ihr Publikum tun, das ein Bedürfnis nach magischen Darbietungen hat. Auf diese Weise wird der Heilerfolg verstärkt. Doch ihre eigentliche Arbeit muss immer äußerst spontan sein, weil sie mit einer Welt in Berührung kommen, die nicht unseren Zeitmaßstäben unterliegt. Die Geister, mit denen sie es in einer anderen Wirklichkeit zu tun bekommen, sind unberechenbar.

Eine Schule des Augenblicks lehrt, die lebendige Wirklichkeit durch einen Moment der Geistesgegenwart zu erhaschen. Die Grundlage des Trainings basiert auf der Fähigkeit und Schulung, in jedem → Augenblick achtsam zu sein und die → Aufmerksamkeit bis an ihre Grenzen auszudehnen. Eine Zen-Geschichte (→ Zen) illustriert dieses Thema eindrücklich:

»Zen-Schüler bleiben mindestens zehn Jahre lang bei ihrem Meister, bevor sie es wagen können, andere zu belehren. Nan-in erhielt Besuch von Tenno, der, nachdem er seine Lehrzeit hinter sich gebracht hatte, ein Lehrer geworden war. Der Tag versprach regnerisch zu werden, darum trug Tenno Holzschuhe und hatte einen Regenschirm bei sich. Nachdem Nan-in ihn begrüßt hatte, bemerkte er: ›Ich nehme an, du hast deine Holzschuhe im Vorraum gelassen. Ich möchte gerne wissen, ob dein Regenschirm rechts oder links von den Holzschuhen steht.‹ Tenno wusste in seiner Verwirrung keine sofortige Antwort zu geben. Er erkannte, dass er nicht in der Lage war, seine Aufmerksamkeit in jeder Minute bei sich zu haben und studierte weitere sechs Jahre bei Nan-in.« (D. T. → Suzuki 1987)

Von vielen Zen-Meistern werden vergleichbare Anekdoten überliefert. Ein Zen-Meister, in dessen Raum es durch das undichte Dach regnete, rief seinen Aufwärtern zu, sie sollten ihm etwas bringen, womit man die Strohmatten trocken halten könne. Einer von ihnen brachte ohne einen Augenblick des Zögerns einen Bambuskorb, während der andere überall nach einem festen Zuber suchte. Der Meister, so wurde überliefert, war hoch erfreut über den Mönch, der den Korb brachte. Er hatte den Zen-Geist erfasst ... Dies nennt man im Zen »Nichtunterscheidung«. Es geht in diesem Beispiel eben nicht um den richtigen Eimer, sondern vielmehr um die spontane Richtigkeit.

Als Meistern des Augenblicks geht es den Zen-Meistern bei der Schulung nicht so sehr darum, den Schüler tagelang meditieren oder → Koans (paradoxe

Lehrsätze) lösen zu lassen, sondern die Aufmerksamkeit des Schülers in jedem Augenblick so wach zu halten, dass er eine Entscheidung treffen kann, die gerade richtig ist, oder eine spontane Erkenntnis gewinnt – auch wenn sie in einem anderen Moment falsch sein kann. Koans sind auch Übungen darin, bei alltäglichen Verrichtungen einen Teil der inneren Aufmerksamkeit wach zu halten. Spontane Erkenntnisse können bei jeder Gelegenheit auftreten, der Adept muss nur fähig sein, diese Erleuchtung oder die Intuition im gegebenen Moment wahrzunehmen.

Es gibt viele überlieferte Koans, doch ein wirklicher Meister wird seine eigenen »erfinden«. Diese Fähigkeit wird z. B. in der Zen-Malerei ausgedrückt. »Kein Zögern ist erlaubt, kein Löschen, kein Nachziehen, kein Retuschieren, kein Neugestalten ... Einmal gezogen, stehen die Linien ein für allemal unverrückbar fest. Die Inspiration ist etwas Spontanes, Absolutes, Augenblickliches ...« (D. T. Suzuki 1991, 123). Eine Schule des Augenblicks nimmt je nach Bedarf eine neue Form an, sie hat keine formale Methode und kein festes Lehrgebäude. Natürlich benötigt jedes Training, sei es in einer Gruppe, einer Gemeinschaft oder in einem Kloster, eine gewisse äußere Struktur, doch wenn sie im Kern die Geistesgegenwart der Schüler ausbilden will, dann muss man damit rechnen, dass die tägliche Routine immer wieder durchbrochen wird. In einer Schule des Augenblicks sind die Dinge deshalb nie so, wie sie scheinen.

Seele

Seele ist nach Meinung vieler spiritueller Philosophen und Theologen etwas anderes als »Psyche« im psychologischen oder neurologischen Sinne, die ja der Theorie zeitgenössischer Gehirnforscher zufolge ausschließlich gehirnfunktional bedingt ist (→ Bewusstsein).

Traditionelle spirituelle Darstellungen gehen davon aus, dass wir bei der Geburt eine Seele mitbringen, die von Anfang an über eine individuelle, substanzielle Qualität verfügt. Wenn Seele als individualisierter Geist, als geistiges Muster des → Selbst oder Ich (im indischen Denken → Atman, → Vedanta) verstanden wird, können einige Missverständnisse geklärt werden. In diesem Sinne wäre Seele eine geistige Qualität, ein »Informationsmuster« aus der dritten Dimension (→ Geist), weder → Energie noch mentale oder materielle Verkörperung. Deshalb kommt man hinsichtlich der Wirklichkeit einer »Seele« nicht mit psychologischen oder physikalischen Beschreibungen aus.

Der Theologe und Philosoph Thomas von Aquin (1225–1274) sagte einmal: »Unsere Seelen sind nicht in unseren Körpern, unsere Körper sind in unseren Seelen.« Das entspricht der heutigen Auffassung einiger Bewusstseinsforscher wie Rupert Sheldrake (→ morphogenetische Felder), der zufolge die Seele ein »Feld« ist, nicht eine Art feste Struktur, die an einen Körper gefesselt ist. Die individuelle Seele ist eingebunden in dieses Seelenfeld und befindet sich in einer fließenden, sich ständig verändernden Vernetzung mit dem ganzen Feld der Seele, also allen anderen Seelen. Es ist Mittelpunkt, Ausgangspunkt und Endpunkt aller Seelenbewegungen – und gleichzeitig Teil des ganzen Feldes.

Jede individuelle Seele hat eine ganz eigene Qualität, ein eigenes individuelles spirituelles Muster. Möglicherweise ist es die Aufgabe eines Menschen, durch sein Leben in einem materiellen Körper eine ganz bestimmte Qualität herauszuarbeiten, die ihn seinen eigenen Ton in der Sinfonie finden lässt und zum Klingen bringt, bzw. eine eigene Farbnuance im Regenbogen zu erkennen und zu leben – um dann mit dieser Qualität einen Anteil am kosmischen Farborchester zu haben, das durch seinen Klang alle Welten und Universen in Bewegung hält. Vielleicht geht so diese besondere Seelenqualität nach dem körperlichen Tod in ein neues Seelenfeld ein (→ Reinkarnation).

Zur Manifestation der seelischen Qualität (und vielleicht auch »Kraft«) benötigt diese einen → Energiekörper, der ein Bindeglied zur natürlichen Welt darstellt und die Informationen und Wirkungen aus der nichtmateriellen Dimension des → Geistes aufnimmt und vermittelt. Der individuelle Wille eines Menschen, der Anteil an diesem geistigen Feld hat, kann sich nicht direkt mit der Materie verbinden, sondern benötigt dafür diese »Zwischenstation«. Diese Theorie löst den klassischen Dualismus auf, dass Geist nicht auf Materie wirken kann. Wenn man nämlich analog zur Dreiteilung von Materie, Energie und Informationen, die wechselseitig vernetzt sind, eine Energiekonzentration als Bindeglied annimmt, ist es durchaus möglich, dass eine geistige Qualität bis zur Materie Wirkungen haben kann. Über die Erfahrungen in der ersten und zweiten Welt entfalten sich die individuellen Anlagen, die nur potenziell als Möglichkeit vorhanden waren, bevor ein Mensch geboren wurde.

Viele spirituelle Lehren betonen, dass es wenig nütze, andere → Bewusstseinszustände zu erfahren, wenn ein Mensch nicht das »Gefährt« dafür entwickelt hat. Für die persönliche Entfaltung bedeutet dies, die Energien aus der physischen Welt für die Entfaltung eines zweiten Körpers oder Energiekörpers zu verwenden. Es kann gelernt werden, die Aufmerksamkeit dafür zu gebrauchen, die verschiedenen Energien, aus denen der physische Körper besteht, zu trennen und mit höheren Energien zu verschmelzen. Diese Ideen finden wir auch in der → Alchemie, bei der es letztlich um die Transformation des Menschen geht, im → Tao-Yoga und im → Tantra. Diese Arbeit geht über das Erreichen von veränderten Bewusstseinszuständen hinaus, auch wenn außergewöhnliche Erfahrungen durchaus transformierend wirken können, weil so schöpferische Informationen ins Muster des Energiekörpers einfließen und diesen »spiritualisieren«. Dennoch betonen einige spirituelle Lehren, dass die dauerhafte und erfolgreiche Transformation kontinuierlich erarbeitet werden muss.

In der Philosophie der → Upanischaden und des → Vedanta spricht man von Atman, dem individuellen Selbst bzw. der individuellen Seele, im Unterschied zu → Brahman, dem überindividuellen Geist bzw. der Weltseele. Gedanklich führt diese Idee konsequenterweise dazu, dass es letztlich keinen Unterschied zwischen individueller Seele und überindividueller Seele gibt, weil beide ja dieselbe Qualität besitzen.

Es geht also darum, die Voraussetzungen dafür zu schaffen, dass die individuelle Seele sich im Menschen verankern kann. Auf diese Weise kann sich das schöpferische Ich, die Individualität bzw. das → Selbst in der materiellen Welt manifestieren. Hierbei schwingt die Vorstellung mit, dass der Sinn der körperlichen Existenz damit zu tun hat, diesem Ich eine Möglichkeit der Verwirklichung zu geben, durch Wirken in der inneren und äußeren Welt sich selbst zu erschaffen. Die Erfahrungen mit veränderten → Bewusstseinszuständen können helfen, die ureigene Individualität zu erkennen und auszubilden. Die Aufgabe des Ego bzw. des Egoismus, des »Ichs der bedingten Persönlichkeit«, die mit den Funktionen des Gehirns verknüpft ist, bedeutet in diesem Zusammenhang, dass das »wirkliche Ich« (das als eine Facette des unendlichen, kreativen → Willens angesehen werden kann) nach und nach seine schöpferisch-intelligente Rolle im Menschen einnehmen kann, wenn die Voraussetzungen dafür geschaffen sind.

Man kann nicht davon ausgehen, dass eine plötzliche → Erleuchtung ausreicht, damit ein Mensch dauerhaft sein wirkliches Ich im Leben verankert hat. Es bedarf in allen Fällen einer lebenslangen Transformationsarbeit. Das heißt nicht, dass bei Menschen auf dem spirituellen Weg nicht gelegentlich ein Sonnenstrahl der kosmischen Kraft aufblitzen kann. Es gibt jedoch keinen Grund anzunehmen, dass dieser Mensch dadurch bereits ein »verwirklichter → Heiliger« oder → Avatar geworden ist.

Seelenreise, Seelenrückführung

Aufgrund unserer körperlichen Existenz in einem dreidimensionalen Raum und einer fließenden Zeit ist es schwierig, dieses Konzept auch nur annähernd zu verstehen. Unsere normalen Wahrnehmungs- und Erkenntnisraster sind dafür nicht geeignet, unsere Begrifflichkeit von Zeit und Raum ist nicht auf die Vorstellung eines Bewusstseinsfeldes zu übertragen.

Die Übernahme von Seelenbegriffen aus anderen Kulturen ist problematisch, weil es nicht nur unterschiedlichste Vorstellungen von → »Seele« gibt, sondern auch kulturbedingt unterschiedliche Auffassungen davon, was eine Seelenreise und eine Seelenrückholung ist.

In einigen schamanischen Kulturen spielt der Traum eine besondere Rolle in diesem Zusammenhang. Es gibt verschiedene Stufen der Seelenbewegung im Traum (Klaus E. Müller 2004). Dasselbe Konzept gilt auch für veränderte → Bewusstseinszustände durch andere Mittel. Seelenreisen waren auch für Schamanen nicht unproblematisch. Unkundige oder Ungeübte konnten in die Irre gehen, den Rückweg verfehlen oder von → Geistern abgefangen werden. Doch dies geschah seltener, als man angesichts vieler »übel gesonnener« Geister annehmen könnte. Denn in der Auffassung dieser schamanischen Kulturen bleibt die Seele bei ihrer Reise immer noch mit dem Körper durch strahlenförmige Fäden verbunden.

Die Vorstellung, die durch schamanische Kulturen in das westliche Denken einfloss, dass Seelen in anderen Wirklichkeiten oder im Bewusstseinsfeld »verloren gehen« könnten und daher zurückgeholt werden müssten, ähnelt in gewisser Hinsicht der so genannten → Reinkarnationstherapie. Bei dieser Idee handelt es sich vermutlich darum, dass die individuelle Seele bei ihrer Traumreise oder insbesondere, wenn eine Entfernung der Seele durch einen Schock ausgelöst wird, sie (die Seele) in der ungewohnten Geisterwelt beschädigt oder krank gemacht sein könnte, wieder zurückgebracht und geheilt werden muss. Dieser Gedanke entspricht unserer westlichen Psychotherapie, nur dass durch die Erweiterung der Vorstellung auf andere Bewusstseinswelten eine seelische Krankheit nicht nur eine psychologische Komponente hat, die mit psychosomatischen Funktionen verknüpft ist (→ Bewusstsein).

Sefiroth (hebr.)

Der Begriff »Sefiroth« hat in der → Kabbala vielfältige Bedeutungen, die wichtig für das Verständnis seines Gebrauchs sind. Deshalb sollen hier einzelne Bedeutungsgruppen des Wortes Sefiroth (Plural) oder Sefirah (Singular) dargestellt werden:

1. Ableitung vom Wortstamm S-PH-R (Saphar), das »Schrift« und »Schreiben« bedeutet;
2. die Bedeutung »zählen«, davon abgeleitet *s'phar,* »Zählung«, *mispar,* »Zahl«, später *sephirah,* »Zählung«, »Zahl«, wie im Buch »Sefer Jezirah«;
3. die Bedeutung »erzählen«, »künden«, wovon Sefirah die Nebenbedeutung »Bezeichnung«, »Kategorie« erhält, die im »Sefer Jezirah« ebenfalls mitklingt.
4. Ableitung vom griech. *sphaira* (»Kugel«, »Wölbung«, »Kreis«, »Sphäre«), das vielleicht seinerseits ein semitisches Lehnwort ist und verwandt mit dem hebr. Sch-PH-R in der Bedeutung »den Himmel, die Zeltkuppel wölben«. Die neben der Baum- und Menschenfigur sehr beliebte Darstellung der Sefiroth als konzentrische Kreise erinnert an diese Ableitung und zugleich an die zehn Himmelssphären des pythagoreischen Weltsystems.

Die Idee der Sefiroth, ursprünglich in Form ineinander liegender Sphären vorgestellt, ist sehr alt und geht bis auf die Chaldäer zurück. Diese Vorstellung wurde von späteren Kabbalisten dann zum → Lebensbaum oder Sefirothbaum umgewandelt, weil hiermit auch innere Beziehungen der Sphären veranschaulicht werden können.

Das »Sefer Jetzirah« nennt »32 geheimnisvolle Pfade der Weisheit, mit denen der lebendige Gott seinen Namen in die Schöpfung eingegraben hat«. Diese Pfade werden üblicherweise als die zehn Ziffern (Sefiroth) und die 22 Grundbuchstaben angesehen. Diese Übersetzung hat jedoch viele in die Irre geführt, die sich mit dem »Sefer Jetzirah« beschäftigten. Der Kabbalist Carlos Suarès kommentiert denn auch, »dass man so die Anzahl von elektrischen Transformatoren mit ihrer elektrischen Spannung (Volt) zusammenzählen würde«. Seiner Meinung nach ist in der Zahl 32 ein geheimer Schlüssel enthalten, der die Tür zum Verständnis der ersten vier Sefiroth öffnet. Er dechiffrierte den Satz als »zweiunddreißig Elemente, welche die Energie des zeitlosen Lebens mit dem sichtbaren Universum verbinden«. Die 32 wiederholt sich in der Anzahl der (ausgeschriebenen hebr.) Zeichen der ersten vier Sefiroth, welche im »Sefer Jetzirah« Energiezustände bezeichnen (→ Gnosis).

Die Grundthese der kabbalistischen Kosmologie ist das Konzept der Emanation (Ausströmung). Danach ist es die einzige Art, wie das Unendliche, Unerschaffene Licht (Ain Sof Avr) irgendetwas bewirkt, dass es die Schöpfung

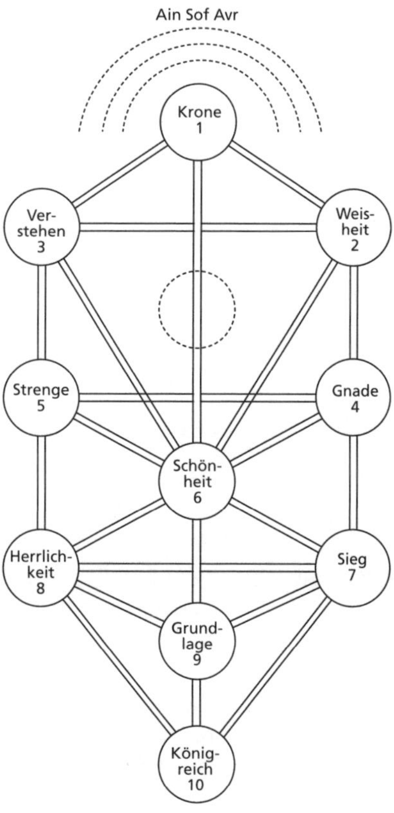

Die Sefiroth.

durch Emanationen aus seinem Wesen hervorbringt. Die Reihenfolge der Sefiroth ist demgemäß die Manifestation des Schöpfungswillens. Der Baum illustriert eine Stufenleiter der → Energie, die vom Ain Sof (dem unaussprechlichen Nichts, → Nichtsein) ausgeht. Das Jod, die Zahl zehn, ist das kleinste Zeichen, aus dem alle anderen Zeichen geschaffen sind. Es ist der Anfangsbuchstabe des göttlichen Namens JHWH und als Zahl zehn alle zehn Sefiroth. Jod ist der Punkt, aus dem alle anderen Schriftzeichen entstehen, selbst das Aleph.

Der spirituelle Philosoph René Guénon schreibt in Bezug auf diesen Aspekt:

»Der Punkt ist tatsächlich das Symbol der Einheit; es ist das Prinzip (Urgrund) der räumlichen Ausdehnung, die nur durch seine Ausstrahlung existiert (die vorhergehende ›Leere‹, die nichts ist als reine Möglichkeit), die aber nur verständlich wird, wenn man sich selbst ins Zentrum versetzt. Die Emanation des Lichtes, die dem Raum seine Realität gibt, indem sie ›etwas aus dem Nichts macht und aus dem Etwas Nichts‹, ist eine Ausdehnung, der die Zusammenziehung folgt. ... Das Licht (Avr) strahlt aus dem Geheimnis des Äther (Avir). Der verborgene Punkt war manifestiert, genau gesagt der Buchstabe Jod. Dieser Buchstabe stellt hieroglyphisch den Urgrund dar, und die anderen Zeichen des hebr. Alphabets sind aus ihm gebildet, eine Bildung, die nach dem ›Sefer Jetzirah‹ die manifestierte Welt selbst symbolisiert ... Und als das Jod hergestellt war, sagt das ›Sefer Jetzirah‹, blieb vom Geheimnis des verborgenen Avir (Äther) das Avr (Licht) übrig.« (René Guénon 1987, 26; zu Äther → Elemente)

Die erste Sefirah ist Kether, die Krone; ihr wird die verborgene Intelligenz zugeschrieben. Sie ist das Resultat der Konzentration des Unendlichen (Ain Sof Avr). Die Wurzel des Wortes JHVH (Jahwe bzw. Jehova, üblicherweise der jüdische und christl. Name Gottes) leitet sich von der Wurzel EHIEH ab, »sein«, »existieren« (Exodus 3,14: »Ich werde sein, der ich sein werde«). JHVH ist das innere Licht, das Wesen im Menschen, das sich mit dem Unendlichen Licht verbindet. Aus diesem Zustand heraus sammelt sich das Licht wie in Kether in einem Brennpunkt.

Die zweite Sefirah, Chochmah, wird auch als erleuchtete Intelligenz oder Intellekt angesehen. Die dritte Sefirah ist Binah (Verstehen), die Verwirklichung des Bewusstseins. Es verwundert nicht, dass im → gnostisch-apokryphen Evangelium der Hebräer Jesus von »meiner Mutter, dem Geist«, spricht. Die Dreiheit der höheren Sefiroth entspricht so dem gnostischen Bild von Vater, Mutter und Sohn, der christl. → Trinität, wobei der hl. Geist das mütterliche Prinzip darstellt. Die weiteren sechs Sefiroth werden manchmal als die Dimensionen des Raumes gesehen, vergleichbar mit der german. Hagal-Rune, dem »Atem im hl. All« (→ Runen). Zwischen der oberen Trinität und der mittleren befindet sich ein Abgrund, eine metaphysische Kluft, die anzeigt, dass der normale Intellekt höheren Erkenntnismitteln weichen muss, will er die Urprinzipien verstehen. Das Dreieck, das durch die weiteren drei Sefiroth gebildet wird, kann als Spiegelung des ersten Dreiecks gesehen werden (→ Zahlen, → Latifas).

Es gibt vier kabbalistische Welten oder Bewusstseinsdimensionen (→ Geist), deren jede den Lebensbaum enthält. Atziluth (Emanation), die erste Welt, ist die grenzenlose Welt der göttlichen Namen, die göttliche Welt; Briah (Schöpfung), die zweite Welt, ist die Erzengelwelt, die Welt des Geistes, die der zehnten Sefirah von Atziluth entspringt; Jetzirah, die dritte Welt, ist die Welt der Gestaltung, die Engel- oder Seelenwelt; und Assiah, die vierte Welt ist die Sphäre der Aktion, die körperliche oder natürliche Welt, in welcher in der Krone der höchste Gottesname EHIEH, »Ich bin«, steht. Diese vier

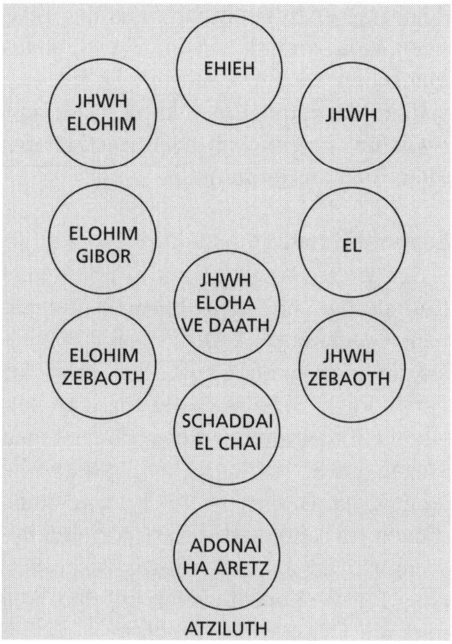

Die Sefiroth der Gottesnamen.

Welten entsprechen auch den vier Welten der Sufis (→ Ibn Arabi, → Gnosis).

Sekten

Viele der heute zugänglichen spirituellen Wege sind eher traditionalistisch. Ob jemand nun den Lehren eines tibet. → Lamas lauscht, einem Hindu-Guru folgt oder in einem Kloster meditiert, immer folgt er dem von Traditionen vorgegebenen Pfad und deren geistigen Autoritäten – auch wenn die außerinstitutionellen Wege von der jeweiligen religiösen Hauptströmung als Sekten bezeichnet werden.

Je nach Religion sind diese »Abspaltungen« mehr oder weniger integriert. Die Selbstfindung außerhalb dieser Wege in selbst organisierten Gruppen muss deshalb kein alternativer Weg sein, er steht vielleicht nur außerhalb existierender Institutionen. Wenn eine unabhängige Suche von dem Wunsch nach Selbstentdeckung getrieben wird und zu einer neuen Abhängigkeit von einem anderen Glaubenssystem führt, kann diese Suche in eine Sackgasse führen. Es ist aber ebenso möglich, dass gerade die bewusste Hinwendung an eine neue Glaubensform die Öffnung bewirkt, die durch die vorherige nicht möglich war. So genannte nichttraditionelle und manchmal destruktive, d. h. auf Gehirnwäsche basierende Gruppierungen, die ebenfalls institutionelle Strukturen aufgebaut haben, wie z. B. die Scientology-Kirche, können für den uninformierten Sucher in noch tiefere Abhängigkeiten führen als traditionelle Religionen.

Sozialwissenschaftler verstehen unter einer Sekte eine streng nach außen abgegrenzte, von innen autoritär organisierte Gemeinschaft, die ihre Mitglieder ökonomisch wie spirituell vereinnahmt. Sie verbreitet eine bestimmte Atmosphäre, die den Mitgliedern gewissermaßen die Luft zum Atmen abschnürt und keinerlei Freiheiten lässt. Eine Sekte hat feste, meist absolute Weltanschauungen, Menschenbilder und Lebensstile. Sie predigt klare, dualistische Lebensziele, hat Führerpersönlichkeiten und deutliche Außengrenzen. Sekten verfügen über steile Hierarchien, starre Gruppenstrukturen und meist eine zentrale Führerfigur, die von engen Anhängern (engl. *devotees)* zusätzlich abgeschirmt wird. Wenn mehrere dieser Kriterien zusammenkommen, sollte man wachsam sein – wie etwa bei einer Ideologie mit Monopolanspruch und Allmachtsfantasien oder Verschwörungstheorien, mit Schwarzweißdenken und Weltuntergangsvorstellungen.

Auch manche Techniken, die angeblich »erleuchten« sollen, sind verdächtig: rigoroses Fasten, übermäßiger Schlafentzug, Hypnose, Entzug von Sinnesreizen und Sexualität, die Gesundheit gefährdende Übungen. Auch das Verhalten gegenüber Mitgliedern, die aussteigen wollen, ist ein wichtiges Kennzeichen: Bedrohung, Abwertung oder Verachtung sind Zeichen, dass bei den anderen Sektenmitgliedern bereits eine große Hörigkeit zur Sekte vorhanden ist.

Selbst

Die theoretischen Unterscheidungen des Selbst der verschiedenen Lehren sind oft unklar und undifferenziert. Für den Psychologen C. G. Jung ist »Selbst« ein empirischer Begriff für den Gesamtumfang aller psychischen Phänomene beim Menschen. Es drückt die Einheit und Ganzheit der Gesamtpersönlichkeit aus. In diesem Modell umfasst der Begriff Erfahrbares und Unerfahrbares, Bewusstes und Unbewusstes. Im → Hinduismus ist Atman, ein Begriff, der meist mit »höherem Selbst« übersetzt wird (→ Anatman), der Geist in allem, eine Manifestation von → Brahman, der Weltseele. Die meisten westlichen Lehren (z. B. die → Theosophie) sprechen von einem höheren Selbst, was so viel wie »das Göttliche im Menschen« bedeutet.

Der Bewusstseinsforscher J. G. → Bennett (1977) unterscheidet vier Ebenen des Selbst:

1. das automatische Selbst, das den unbewussten Zustand des Menschen regiert;
2. das reagierende Selbst, das den normalen Wachbewusstseinszustand bestimmt, die menschliche Sensibilität, auf andere Lebensformen zu reagieren;
3. das geteilte Selbst, das teilweise in der natürlichen Welt und teilweise in der bewussten Welt (→ Bewusstsein) verankert ist; und
4. das wahre Selbst, das dem genannten höheren Selbst entspricht.

In diesem Modell ist das Selbst noch mit der existenziellen Welt verbunden, während das wirkliche Ich, das dem indischen Atman entspricht, aus der geistigen Welt kommt und im Zentrum des Menschen, seinem »wahren« Selbst, erst seinen Platz einnehmen kann, wenn der Egoismus und die Selbstzentriertheit des Menschen ausgeräumt ist.

Sexualität und Spiritualität

Bei vielen Wegen wird eine strenge Einhaltung von Disziplinen, Übungen, von Opfer und Askese (z. B. Fasten, sexuelle Abstinenz) gefordert bzw. als notwendige Voraussetzung für eine spirituelle Entwicklung erachtet. Bei einigen Wegen, z. B. auch im normalerweise lebensbejahenden → Schamanismus, dienen Rückzug und Askese für eine bestimmte Zeit als notwendige Voraussetzung für die Konzentration auf den Weg und die Öffnung der inneren → Wahrnehmung. Wenn diese Zeit um ist, wird die Askese wieder fallen gelassen.

Die Übung der Enthaltsamkeit und ein gelegentlicher Rückzug in die Stille kann für viele Menschen, die sonst im Trubel des Arbeits- und Familienlebens stehen, eine gute Voraussetzung für die innere Sammlung sein. Ob jemand den Weg dauerhafter Askese einschlagen will, bestimmt ganz allein die eigene Einsicht oder das Gefühl der Notwendigkeit. Die asketische Vorstellung von christl. → Heiligen, die allen »Versuchungen des → Teufels« widerstehen und die für viele mit »echter« Spiritualität und entsprechenden Moralvorstellungen verbunden ist, ist jedoch ebenso kulturbedingt wie viele Vorstellungen anderer Glaubenssysteme.

Andere Wege integrieren den Alltag und die menschlichen Eigenarten in ihren Übungsweg (→ Karma-Yoga). Darüber hinaus gibt es Übungswege, die die Sexualität explizit einbeziehen, sogar darauf aufbauen, wie der chines. → Tao-Yoga oder das → Tantra. Spirituelle Entwicklung durch ein umfangreiches und komplexes Übungssystem unter Nutzung der sexuellen Energien kann für Sucher, die sich mehr zu dieser Lebensart als spirituellem Weg hingezogen fühlen, zu denselben Ergebnissen wie sinnliche Deprivation oder Askese führen.

Vielen Menschen fällt es schwer, aus ihren kulturellen Prägungen auszubrechen und einen Weg einzuschlagen, der ihnen möglicherweise größere Freiheit bringt als die Einhaltung strenger und vielleicht sogar moralischer Regeln. Das sollte jeder Sucher selbst herausfinden und entscheiden. Dieses Lexikon kann ihm eine solche Entscheidung nicht abnehmen, sondern stellt alle Wege pluralistisch und gleichberechtigt nebeneinander – gerade um die Vielfalt und die Unterschiede der Wege in einer größeren Zusammenschau aufzuzeigen.

Manche Lehren verkünden auch, dass Homosexualität keine spirituelle Entwicklung ermöglichen würde. Diese Ansicht entbehrt jedoch jeglicher Grundlage und stammt zum größten Teil aus unbelegten Interpretationen heiliger Schriften sowie aus der Moralvorstellung einiger Religionen bzw. davon geprägter Gesellschaften. Wie widersprüchlich eine religionsbedingte gesellschaftliche Moral sein kann, zeigt sich z. B. in islamischen Ländern, in denen trotz des Verbots der Homosexualität diese vielerorts unter anderem mit Minderjährigen praktiziert wird. Jeder Mensch verfügt über das Potenzial zur Entwicklung, ungeachtet seiner sexuellen Neigungen, und wenn er mit bewusster Absicht seinen Weg geht, wird er seine mögliche Vervollkommnung finden.

Shah, Idries Sayyed (1924–1996)

Herausragender Exponent und Vermittler der Sufi-Philosophie (→ Sufismus), international bekannter Gelehrter und Mitbegründer des Club of Rome. Shah stammte aus einem der ältesten Adelsgeschlechter in Afghanistan, das seine Linie direkt auf den Propheten Mohammed zurückführt (deshalb der Titel Sayyed oder Said).

Shah studierte an der Universität in Oxford und in östlichen Sufi-Schulen. In seinem Zentrum in Tunbridge Wells (Kent/England) sammelte er viele international bekannte Wissenschaftler wie Robert Ornstein (»Multimind«), Schriftsteller wie Doris Lessing um sich, denen er die Sufi-Lehre in Theorie und Lehrgeschichten – z. B. den Anekdoten um Mulla Nasrudin und viele andere große Sufi-Meister – vermittelte. Seine Bücher, insbesondere »Die Sufis«, bewirkten im Westen eine veränderte Sicht des → Sufismus, den er nicht nur als islamische Mystik, sondern als einen auch außerhalb der Religion bestehenden »Weg der menschlichen Entfaltung« interpretiert.

Shakti (Sk. »Kraft«, »Macht«, »Energie«)

Auch die Gefährtin → Shivas, die »göttliche Mutter«, die in ganz Indien unter verschiedenen Namen wie → Kali, Durga u. a. verehrt wird. Sie ist die Personifizierung der Urkraft → Brahmans, vergleichbar mit der Erdmutter der europ. Glaubenssysteme (→ Göttin). Als Urkraft ist sie auch der dynamische Aspekt Gottes, durch den sie erschafft, erhält und auflöst (→ Holle).

Im → Tantra ist der Shaktismus eine der drei großen Richtungen der Gottesverehrung. Shaktis Schöpferkraft wird von der Yoni, dem weiblichen Geschlechtsorgan, symbolisiert.

Shiva, Shaivaismus

Der Shiva-Kult geht auf prähistorische Zeiten zurück. Der Begriff »Shiva« (Skr. *siva,* siehe auch → Trinität) bedeutet

Shiva mit allen seinen Insignien.

»Erfolg versprechend«. Nach einem langen Prozess der Verschmelzung mit lokalen Kulten bekam Shiva seinen theistischen Status in der Svetasvatara-Upanischad.

Die Shaiva-Philosophie umspannt eigentlich das ganze hinduist. Gedankengebäude vom idealistischen Monismus bis hin zum pluralistischen Realismus, vom Glauben an eine persönliche Gottheit bis hin zu einem abstrakten Prinzip (→ Samkhya). Eine besondere Ausprägung erhielt der Kult im → Tantra und → Hatha-Yoga (→ Nath) – man kann sogar sagen, dass die tantrische Tradition zum Kern des Shaivaismus wurde. Das Symbol Shivas ist der Lingam, ein kegelförmiger, glatter Stein in Form eines Phallus. Häufig wird dieser auch in Verbindung mit der Yoni → Shaktis dargestellt (→ Weltzentrum).

Das Shaiva-System der Philosophie und des Yoga wird im Allgemeinen als *agama* bezeichnet. Agama bedeutet »traditionelle Lehre, die Glauben verlangt«. Es gibt dualistische Lehren und nichtdualistische, deren bedeutendste in den Shiva-Sutras niedergelegt ist. Die Shiva-Sutras (das Hauptwerk der Kashmir-Shaiva), die im 9. Jh. entdeckt wurden, sind Abhandlungen über Yoga und basieren auf einer klaren Philosophie. Diese ruht auf vier Pfeilern:

1. Endgültige Realität *(cit oder parasamvit),* die das unveränderliche Prinzip aller Veränderungen ist, in der es keine Trennung zwischen Subjekt und Objekt gibt;
2. diese endgültige Realität manifestiert sich, denn Kreativität ist das Wesen der Göttlichkeit;
3. Verhaftung oder Fesselung des Individuums ist Folge der Unwissenheit;
4. Befreiung *(moksha)* ist möglich, wenn man seine wahre Natur erkennt, das reine Ich-Bewusstsein, die unmittelbare Wahrnehmung der Realität.

Der Weg zur Befreiung ist Shakti-Yoga (der Yoga der Verehrer der → Shakti), ein Prozess der Selbstbeobachtung mit dem Mantra »Wer bin ich?«. Von den modernen Yogis ist → Ramana Maharshi das beste Beispiel für diesen Yoga (der auch als reiner, nichtdualistischer → Jnana-Yoga bezeichnet werden kann). Eine zweite Technik ist → Kriya-Yoga, der eine Aktivität *(kriya)* nutzt (→ Yogananda). Auch eine Meditation mit dieser Technik ist Kriya, d. h. Wiederholung eines → Mantra und die Verehrung einer gewählten Gottheit.

Weitere Techniken wie → Hatha-Yoga (→ Nath), → Kundalini-Yoga usw. werden ebenfalls in den Shiva-Sutras entwickelt.

Shunyata

In einigen Lehren gibt es das Konzept von einer »Welt jenseits des → Bewusstseins und → Geistes«. Vielleicht ist der Begriff »Welt« dafür ungeeignet, denn eigentlich geht es dabei eher um einen Zustand des Nichts. Am bekanntesten dafür ist der indische Begriff *shunyata*, ein Zustand des → Nichtseins. Von unserem Seinszustand aus betrachtet erscheint dieser Zustand wie »Leere« und »Nichts«. Da der Zustand außerhalb des Bewusstseins und der → Wahrnehmung liegt, wird er von → Ibn Arabi *lahut* (»nichtmessbar«) genannt, er ist »grenzenlos« oder »unergründlich«. Die → Kabbalisten nennen ihn Ain, das Absolute oder Grenzenlose Nichts.

»Wenn wir zum *lahut* kommen und über dessen Grenzenlosigkeit sprechen, sind wir wieder versucht, zu sagen, dass es alles umfasst. Das stimmt nicht. Es handelt sich dabei noch nicht einmal um einen Seinszustand. Es ist etwas, das jenseits des Seins liegt. Man kann das *lahut* sehr gut als ein Vakuum beschreiben. Dieses *Vakuum* zieht alles in sich hinein und möchte gefüllt werden. Es besteht ein Unterschied zwischen einem endlosen Ozean des Seins, in den man eintauchen kann, und einem Nichts, das uns zu sich zieht.« (John G. Bennett 1984, 347)

Es kann natürlich sein, dass etwas, das nichts ist, reine Spekulation ist. Es könnte auch sein, dass dieses Absolute, im vedischen Weltbild → Brahman, die Quelle alles Existierenden ist, so wie in der Physik ein Vakuum nicht leer, sondern erfüllt ist von potenzieller Energie (→ Ewigkeit). Vielleicht meinen die großen → Mystiker dieses absolute Nichts, wenn sie von der Erfahrung sprechen, mit Gott im Nichts verschmolzen zu sein.

Siddhi (Sk. »vollkommene Fähigkeit«)

Parapsychische Fähigkeit. Durch besondere → tantrische oder yogische Übungen kann diese Fähigkeit erworben werden, meistens stellen sich Siddhis im Laufe des Yoga-Weges ein. Dazu gehören unter anderem → Hellsehen, Materialisierungen, → Levitation, Unsichtbarmachen oder Eintreten in andere Körper.

Die meisten großen Meister warnen davor, Siddhis um ihrer selbst anzustreben, da diese Kräfte letztlich eine Verhaftung an die Materie bedeuten und sogar ein Hindernis der Entwicklung sein können. In gewisser Hinsicht sind es → magische Fähigkeiten. Ein Yogi kann diese Kraft auch dazu nutzen, einem Schüler → Energie zu übertragen, damit er schneller auf seinem Weg vorankommt. Siehe auch: → Baraka.

Sikhismus

Wurde im 15. Jh. von Guru Nanak begründet; zum Sikhismus gehört auch die Sant-Mat-Mystik. Konflikte zwischen Muslimen und Hindus veranlaßten Guru Nanak, ein auf gesundem Menschen- und Alltagsverstand beruhendes philosophisches und religiöses Lehrgebäude zu entwickeln, in dem Allah und Brahma gleichermaßen angebetet werden können.

In der Sikh-Religion gibt es keine etablierte Priesterschaft. Die hl. Texte der einzelnen Gurus sind gesammelt im »Guru Granth Sahib«. Bei den gläubigen Sikhs steht dieses Werk im Mittelpunkt ihrer Verehrung. In der Praxis gibt es unterschiedliche Richtungen. Eine davon ist der Surat-Shabd-Yoga, das sich mit der Mystik des Tonstroms beschäftigt:

»Das Wort oder *Naam* ist der Tonstrom oder das Tonprinzip. Dieser Strom oder das Prinzip lag mit der großen Stille verschmolzen und war daher namenlos. Das Namenlose brachte sich selbst zum Ausdruck und schuf *Naam* oder das Wort. Es ist vielfach bekannt als Ton; *Sruti* (das was gehört wird); *Shabd* oder *Askash-Bani* (Stimme des Himmels); *Udgit, Sarosha* (Musik des Jenseits) …« (Sant Kirpal Singh 1970)

Sant Kirpal Singh (1894–1974) war Schüler von Sawan Singh (1858–1948), der Yoga- und Sufimethoden (→ Sufismus) verband. Sawan Singh, der Heilige von Beas, verhalf einer Lehre zu neuem Leben, die sich nicht auf eine Religion beschränkt, sondern in den hl. Büchern aller Religionen zu finden ist. Seit seinem Tod leitet Thakar Singh den Ashram in Delhi, Indien, und kommt gelegentlich zu Vortragsreisen nach Deutschland.

Eine weitere Kirpal-Nachfolge-Organisation ist Science of Spirituality (»Wissenschaft der Spiritualität«), die auf Sant Darshan Singh zurückgeht und von seinem Sohn Rajinder Singh geleitet wird. Die »Wissenschaft der Spiritualität« ist eine gemeinnützige Organisation mit über 1200 Zentren in aller Welt. Internationaler Hauptsitz ist Delhi (mit jährlich Zehntausenden Besuchern aus allen Ländern mit verschiedenstem religiösem Hintergrund, die dort Spiritualität und Meditation studieren wollen); weitere große Zentren befinden sich in Chicago und München. Alle Veranstaltungen sind kostenlos und der Allgemeinheit zugänglich. Die »Wissenschaft der Spiritualität« beteiligt sich laufend an interreligiösen Dialogen sowie an nationalen und internationalen Konferenzen. Unter der Leitung von Sant Rajinder Singh organisiert und finanziert die Organisation jährlich große internationale Treffen mit den Themenschwerpunkten Spiritualität, menschliche Einheit und religiöses Verständnis. Die Zentren in Delhi, Chicago und München verfügen über eine Bibliothek für vergleichende Religionswissenschaft und verwandte Themen, damit Interessenten die Botschaft der Einheit studieren können, die den Weltreligionen und Philosophien zugrunde liegt. Außerdem publiziert die Organisation umfangreiche Literatur, verfasst von ihren spirituellen Leitern, die mittlerweile in über 50 Sprachen übersetzt ist.

Eine westliche Richtung wird von Yogi Bhajan geleitet, der neben Meditation auch → Hatha-, → Kriya- und → Kundalini-Yoga lehrt.

Sivananda, Saraswati Swami (1887–1967)

Indischer Yogi, der heute als → Heiliger verehrt wird. Er lebte zeit seines Lebens in seinem → Ashram in Sivanandagar bei Madras. Erst seine Schüler machten seine Lehren des → Yoga und → Vedanta weltweit bekannt. Sein Motto: »Diene, liebe, gib, reinige dich, meditiere und verwirkliche.« Auf dieser Lehre gründet die spirituelle Kraft der Sivananda-Yoga-Zentren, die weltweit zahlreiche spirituell Suchende zu einem Leben in aktiver Nächstenliebe und geistiger Einheit inspirieren möchten.

Sein Nachfolger und Verbreiter seines Yoga war Swami Vishnu-Devananda (1927–1993). Vor seinem Tod beauftragte er Frau Swami Durgananda mit dem Aufbau der Sivananda-Yoga-Vedanta-Zentren in Europa und führte diese über viele Jahre persönlich in der Ausbildung von Yogalehrern. Bereits vor seinem Mahasamadhi (»Tod«) im Jahre 1993 setzte Swami Vishnu-Devananda sie durch die Übertragung des Yoga-Acharya-Titels als einen seiner direkten Nachfolger ein. Seitdem führt Swami Durgananda viele Menschen auf dem inneren Weg und lehrt Meditation, Yoga-Psychologie, Ernährungslehre, positives Denken, Mythologie und östliche Philosophie.

Sogyal Rinpoche (geb. um 1951)

Lehrt seit über 30 Jahren den → tibet. Buddhismus in Europa, Amerika, Australien und Asien. Er hält Vorträge vor Tausenden von Menschen und wird häufig zu internationalen Konferenzen eingeladen. Bekannt wurde er durch das Werk »Das tibetische Buch vom Leben und Sterben«, das, in 29 Sprachen übersetzt, weltweit Millionen Käufer fand.

Er wurde in Tibet geboren und als eine Reinkarnation eines Lehrers des 13. Dalai Lamas erkannt. 1971 ging er nach England, wo er Vergleichende Religionswissenschaften an der Universität von Cambridge studierte. Später setzte er sein Studium der traditionellen buddhist. Lehren fort und vermittelt nun sein Wissen allen Suchenden. In Deutschland gibt es ein Studien- und Praxisprogramm des Netzwerks RIGPA in 15 Städten.

Songlines

Die australischen Ureinwohner sagen, dass ihre Ahnen singend das Land erschaffen haben. Sie wanderten auf *songlines* und schufen mit jedem Lied eine Naturerscheinung. Felsen, Tiere, Pflanzen, Flüsse – alles hat seither ein Lied und klingt (→ Mantra). Jeder Eukalyptusbaum, jedes Wasserloch hat seine Tonfolge.

Ganz Australien kann daher als eine Partitur gelesen werden. Der Zusammenfluss aller Songlines liegt am Ayers Rock oder Uluru, hier treffen die Lieder und Geschichten aufeinander. Daher ist dieser Platz der heiligste Ort aller Stämme in Australien (→ Kraftorte). Noch heute gibt es Aborigines, die die alten Lieder kennen und sie singen und die Natur damit lebendig erhalten. Siehe auch: → Traumzeit.

Sonnenkult

Aus der Bronzezeit Nordeuropas sind vielfältige Darstellungen (Felszeichnungen, Objekte) bekannt, die von einer besonderen Stellung der Sonne im Leben der Nordvölker zeugen: z. B. der Sonnenwagen von Trundholm (Norwegen),

Sonnenwagen von Trundholm.

die Sonnenscheibe von Aurich, die Felszeichnungen von Bohuslan (Schweden). Sie waren meist aus Gold, der → Farbe der Sonne.

Die lang anhaltende Winterdunkelheit im Norden brachte die Vorstellung hervor, dass man der Sonne bei ihrer Wiederkehr helfen müsse, denn ohne sie würde die Erde keine Frucht mehr tragen. Darauf verweisen die Sonnendarstellungen aus dieser Zeit, in denen die Sonne getragen (vorzugsweise vom Hirsch, zwischen seinem Geweih), gezogen (Sonnenwagen) oder gefahren (Schiff) wurde. In vielen Überlieferungen trug der Hirsch die Sonne (→ Geisttiere), in einigen Darstellungen wurde die Sonne auch von einem Wagen gezogen. Daraus entstand der Glaube, dass Gott in Gestalt der Sonne der menschlichen Unterstützung bedürfe. Das war möglicherweise der Ursprung des rituellen → Opfers, das in den indischen Veden (ca. 4500 v. u. Z.) der → Brahmanen einen wichtigen Platz einnahm.

Veda heißt Wissen: Wissen um die Entstehung der Welt. Es wird angenommen, dass dieses Wissen – und auch eine neue Sprache, das Sanskrit – durch Völkerwanderungen von Nordeuropa nach Indien gelangte. Die so genannte idg. Sprachgemeinschaft weist ebenso darauf hin (→ Europa, Sprache). Die Verehrung des Sonnengottes Sol im alten Rom leitet sich möglicherweise auch aus diesem Glauben ab, da im Süden Europas die Sonne eher übermächtig als schwach ist und durch Hitze und Dürre sogar der Ernte und den Menschen nicht zuträglich ist.

Die Weiterführung der alten Glaubensinhalte durch das Christentum findet ihr zentrales Ritual an Weihnachten, dem 25. Dezember, mit der Geburt Christi. Dieser Tag war bei den Menschen früherer Zeiten immer ein Feiertag, ein Tag, der den von Jungfrauen geborenen Sonnengöttern wie Osiris, Horus (Ägypten), Dionysos, Adonis (→ Griechenland), Mithras (Persien), → Buddha (Indien) und Freyr (→ Germanien) geweiht war. In dieser Jahreszeit feierten die Menschen das Zunehmen der Sonnenkraft, das durch die Niederkunft der Himmelskönigin und die Geburt des Sonnengottes symbolisiert wurde.

Sophia

Uridee und Weisheit der Schöpfung. Helena in der griech. Mythologie war wahrscheinlich ursprünglich eine Vegetations- und Baumgöttin. Später wurde sie zu einer Heldin umgedeutet und zur schönsten Frau, Tochter des Zeus.

Simon Magus (15 v. u. Z. – 53 n. u. Z.), der einflussreiche → Gnostiker, führte Helena-Sophia in das gnostische Weltbild ein. Sie ist die Göttin Helena im Anfang der Weltentstehung, die »Frau Idee« der Johannes-Apokryphen, die den niedrigen Archonten des Chaos das höhere Urlicht zeigte (→ Engel, → Gnosis). Später wurde sie als gefallener Engel dargestellt. In der »Pistis Sophia« führen die Leiden und Prüfungen Sophias schließlich zur Buße und Reue, sie kehrt um und erlangt ihre Erlösung. In manchen apokryphen Texten ist sie die Braut Christi.

Spiritualität

Wissenschaft, Philosophie und Religion versuchen, die Wirklichkeit und den Sinn des Lebens auf unterschiedliche Weise zu erforschen und zu erklären. Das Wesen der Spiritualität kann jedoch nur durch eigene Erfahrung erfasst werden. Die geistige Welt ist ungreifbar, sie liegt jenseits des Bewusstseins. Das Geistige kann sich jedoch im Leben manifestieren und diesem eine Qualität geben, die jede Sinneserfahrung überschreitet:

> »Der Geist ruft immer nach der Materie, um sich mit ihr zu vereinigen, und die Materie verlangt nach dem Geist, um sich in geistigen Qualitäten auszudrücken. Dieser Vorgang spielt sich ständig in uns ab. Etwas zieht uns zu diesen Welten, die uns genauso brauchen wie wir sie … Es ist der Unterschied zwischen dem, was ich tue und wie ich es tue, oder noch anders gesagt: zwischen der Quantität meiner Erfahrung und deren Qualität.« (John G. Bennett 1977, 146)

Der Künstler und Dichter William Blake (1757–1827) drückt das so aus: »Es gibt Dinge, die man sieht, und es gibt Dinge, die man nicht sieht. Dazwischen gibt es Türen.« Durch eine oder mehrere dieser Türen müssen die Menschen gehen, wenn sie den »Geist« erfahren wollen.

Der → Mystiker oder spirituell Suchende versucht mit Hilfe eigener Kraft, durch verschiedene spirituelle Methoden und Techniken nach innen zu gehen und dort den Urgrund des Seins zu finden. Die Grenzen zwischen innen und außen, zwischen Geist und Materie, werden durch die Erkenntnisse der Naturwissenschaft jedoch immer mehr relativiert. Mystiker, Künstler und Wissenschaftler erfahren, dass es nur eine Welt gibt, die sich je nach Blickpunkt oder → Wahrnehmungsvermögen anders darstellt. Man könnte sogar sagen, dass diese Welt durch einfache Verschiebung der Bewusstseinsfilter unterschiedlich wahrgenommen werden kann. Es könnten aber auch verschiedene Dimensionen sein, die gleichzeitig bestehen und miteinander Wechselwirkungen eingehen. Da wir Menschen uns in einer räumlichen Welt befinden, können wir diese nicht mit etwas anderem vergleichen. Vielleicht gibt es weder einen relativen noch absoluten Raum, nur Prozesse innerhalb eines mehrdimensionalen Raumes, der alles ist, was sein kann, und in dem die menschliche → Wahrnehmung nur eine bestimmte Art der Räumlichkeit und → Zeit als solche erfahren kann.

Solche Dinge beschäftigten die klassischen griech. Philosophen genauso wie die modernen Physiker und Kosmologen. Sie sind ebenfalls für spirituelle Sucher von Bedeutung, die daran arbeiten, eine Wahrnehmung von einer anderen Realität zu entwickeln, in der sie erfahren oder erleben, wie die Dinge »tatsächlich« sind. Vermutlich trifft die Erkenntnis der Quantentheorie auch auf spirituelle Erfahrung zu: Der Beobachter ist Teil des beobachteten Gegenstands. Jede Beobachtung hat eine Wirkung auf den Rest des Universums. Deshalb ist »Realität« nicht mehr »objektiv« zu erfahren. Mit anderen Worten: Jede Intuition, → Vision, Einsicht in eine »andere« Wirklichkeit ist allein die eigene Erfahrung, die Welt, die sich jeder selbst erschafft. »Ich bin spontanes, wirkliches Wissen, natürlich und unbewegt, wie der Himmel«, sagte ein indischer Mystiker im 12. Jh.

Die Grenzen zwischen Wissenschaft und Spiritualität verschwimmen immer mehr. Die moderne Quantenphysik dringt heute in Bereiche jenseits »fester« Materie vor, die ursprünglich in tiefsten Augenblicken der spirituellen Erleuchtung aufgeblitzt sind. »Es gibt keine festen Wände mehr« ist die Erkenntnis, die → Mystiker und Wissenschaftler vereint. Ob ein durch Fasten, → Askese und → Meditation erhobener Mystiker, ein Psychedeliker (→ psychelische Erfahrung), der sich am Tanz der Neuronen ergötzt, oder ein Wissenschaftler, der tage- und nächtelang Elektronen oder Sterne beobachtet – sie alle dringen in Bereiche vor, die für das »Normalbewusstsein« nicht von Bedeutung sind. Und dennoch die Welt bewegen.

Hinter der Erforschung der Wirklichkeit steckt das Suchen des Menschen nach einem Sinn für sein Leben. Vielen reicht es nicht zu wissen, dass sie materialisierte Geistwesen sind, sondern sie wollen erfahren, warum sie leben und lieben, kämpfen und leiden. Es ist oft verwirrend, welch unterschiedliche Aussagen über die geistige Welt und den Sinn des Lebens gemacht werden. Eine Hilfe, hier einen Überblick zu bekommen, kann sein, die unterschiedlichen Aussagen über die Realität des Geistes zu studieren und sie zu kontemplieren, v. a. aber in die Erfahrung zu gehen.

Oft bilden Widersprüche oder Unterschiede gerade die Reibungslinie, die zu einem anderen Verständnis führt. Oft sind unterschiedliche Stufen der Erkenntnis gemeint oder es wird einem persönlichen vor einem unpersönlichen → Gott der Vorzug gegeben. Bei tieferer Kontemplation wird klar, dass dies nur eine Frage der Präferenz ist: Manche Menschen sind nicht in der Lage oder willens, sich auf die Unsicherheit eines unendlichen, transzendenten Geistes (→ Brahman) einzulassen, sie benötigen einen »Gott zum Anfassen«. Doch das macht keinen Unterschied für die transzendente, jeden Verstand überschreitende Wirklichkeit. Siehe auch → Geist.

Spirituelle Bilder

Jedes Glaubenssystem arbeitet mit spirituellen Bildern bzw. Vorstellungsbildern von der geistigen Welt. Während in polytheistischen → Religionen die ursprünglichen Naturkräfte zu Gottheiten personifiziert wurden, zu Götterbildern (→ Avatar), griffen die monotheistischen Religionen auf eine abstraktere Gottesvorstellung zurück. Doch auch in diesen Glaubensbildern wird Gott, Allah oder Jahwe in der Vorstellung der Gläubigen als übermächtige Person gesehen, nicht als abstrakte, unvorstellbare und alles umfassende Kraft. Wer sich eine Vorstellung von etwas machen kann, hat dadurch die Möglichkeit, sich mit diesem Vorstellungsbild zu verbinden. Das gilt auch für andere → Visualisationen.

Ein spirituelles Bild ist mehr als eine existierende Sache. Ein spirituelles Bild hat eine größere oder stärkere Wirklichkeit als etwas greifbar Existierendes. Die Gegenwart von hl. Bildern, auch in Verbindung mit → heiligen Orten, bedeutet für Suchende wie Gläubige, dass es Kräfte jenseits materieller Bedingungen gibt. Geistige Bilder haben für diese Menschen eine tiefere Wirklichkeit und größere Macht als sichtbare Dinge und Personen. Es sind Bilder, die die Welt bewegen, d. h. wenn sich die Vorstellungswelten ändern, verändert sich auch die materielle und gesellschaftliche Welt. Diese Idee entspricht auch in gewisser Weise der konstruktivistischen Philosophie, die letztlich besagt, dass die menschliche Vorstellungskraft die Wirklichkeit gestaltet.

Spirituelle Suche

Suche entsteht häufig aus dem inneren Verlangen eines Menschen heraus, die Schleier vor seinen Augen wegzuziehen, um zu sehen, was sich hinter der sichtbaren Welt verbirgt. Viele Menschen, die sich auf spirituelle Lehren oder Seminare einlassen, sind zu Beginn ihrer Reise selten ausreichend bewusst und »entwickelt«, um die gesamten Konsequenzen ihres Tuns zu überblicken. In manchen Fällen führt diese Tatsache zu einem neuerlichen Schlafzustand, nur unter veränderten Bedingungen, wenn sich jemand wie blind einer Gruppe oder einem Lehrer anschließt, die oder der eigene Interessen verfolgt.

Letztlich ist jeder für sich selbst verantwortlich, auch wenn er noch nicht die volle Reife zu dieser Verantwortung besitzt. Aus diesem Grunde ist anzuraten, vor der weiteren Suche an der Bildung eines Unterscheidungsvermögens zu arbeiten, das einen in die Lage versetzt, auch in scheinbar schönen Situationen auf der Hut zu sein und vielleicht gerade dann aufzuwachen, wenn es gar nicht erwünscht ist (→ Sekten).

Es ist auf jeden Fall zu empfehlen, dass ein suchender Mensch sich einen provisorischen Rahmen absteckt, in dem er definiert, wohin die Reise gehen soll. Dieser Rahmen sollte jedoch offen bleiben, sodass Begrenzungen überschritten werden können, sobald sie sich als hinderlich erweisen. Der Weg der spirituellen Suche sollte letztlich zu einer größeren geistigen Freiheit führen, nicht zu einer Einschränkung. »Schneide dich nicht so zu, dass du in den Mantel passt, sondern schneide den Mantel so zu, damit er dir passt«, hat ein Weiser einmal gesagt. Es geht darum, mit der eigenen Selbsterkenntnis voranzukommen. Ein Sucher wird in diesem Sinne zu einem Forscher auf unbekanntem Terrain.

Die spirituelle Suche ist generell ein individueller Prozess. Dennoch sind Sucher in den meisten Fällen dabei auf andere Menschen angewiesen. Auch wenn jeder den »geistigen Menschen« in sich trägt, gelingt es selten, seine Wirklichkeit ohne Hilfe anderer lebendig werden zu lassen. Erfahrungen in Gruppen, in einem → Kloster oder → Ashram oder bei und mit einem → Meister können bei der Entwicklung etappenweise helfen:

»Die Art der Hilfe, nach der wir suchen, soll uns in die Lage versetzen, bei der begrenzten Zeit, die wir zwischen Geburt und Tod zur Verfügung haben, mit einer vernünftigen Aussicht auf Erfolg das zu tun, was wir zumindest theoretisch auch ohne diese Hilfe tun könnten. Ich kann keine Regeln über Hilfe aufstellen, denn sie ist ihrem Wesen nach spontan und ungezwungen.« (John G. Bennett 1978, 52)

Dennoch gibt → Bennett einige wichtige Hinweise darauf, was helfen kann:

1. Die Gegenwart oder der Rat von Menschen, die selbst Transformation erreicht haben oder auf dem Wege dazu sind.
2. Der Besuch von Orten, an denen intensive Transformation stattgefunden hat, oft → heilige Orte und Heiligtümer.
3. Die Hilfe, die ein Lehrer seinem Schüler gibt. Das setzt einen Lehrer voraus, der mit einer »Hilfsquelle« in Verbindung steht oder der durch eigene Arbeit → Baraka (geistige Kraft, Segen) übertragen kann. Eine Lehrer-Schüler-Beziehung erleichtert diese Übertragung.
4. Besondere → Rituale oder Zeremonien, in denen Übertragung geschieht. Diese Rituale werden oft Einweihung genannt (→ Initiation). Jede Form der echten Einweihung bringt den Schüler in Kontakt mit einem besonderen »Hilfsstoff«. In Indien wird der Kontakt mit einem → Heiligen oder Guru → *darshan* genannt, was so viel wie »anschauen« heißt. Zu diesem Heiligen pilgern dann die Menschen, um von seiner göttlichen Kraft etwas in ihr eigenes Leben mitzunehmen. Der Kontakt mit einer geistigen Kraft jenseits des Bewusstseins kann ein durchgreifender Anstoß sein, ersetzt aber die eigene Arbeit nicht.
5. In der → christlichen Mystik gibt es eine spirituelle Hilfe, die »Gnade« genannt wird; hierauf hat der Suchende keinen Einfluss. Wird ein Mensch von der Gnade berührt, so kann dies eine entscheidende Änderung in seinem Leben herbeiführen.
6. Es gibt auch spontane und unerklärliche Hilfe. Man könnte sie als Inspiration bezeichnen, ein Phänomen, das dem Suchenden manchmal ohne äußeren Anlass begegnet.
7. Manchmal wird einem unerklärliche geistige Hilfe in Augenblicken der Verzweiflung zuteil. Diese ist mit einer greifbaren, konkreten Situation verbunden.
8. Dann haben wir noch die Möglichkeit, über Zeit und Raum hinweg einen direkten Kontakt mit einer Hilfsquelle herzustellen. Von einem gewissen Stadium der Entwicklung an kann der Sucher sich auf geistigem Wege mit solchen Quellen der Kraft und Hilfe verbinden.

Jede Hilfe, die ein Mensch bewusst annimmt, birgt auch die Verpflichtung, etwas von dem zurückzugeben, was ein Mensch empfangen hat. Gerade der spirituelle Weg beinhaltet das Gleichgewicht von Geben und Nehmen. Je nach Lehre gibt es verschiedene Auffassungen über das Geben. Wenn das Geben sich allerdings nur auf Geld bezieht, sollte der Sucher allerdings vorsichtig sein (→ Sekten).

Eine spirituelle Reise erfordert nicht nur fremde Hilfe. Wichtige Voraussetzungen sind der eigene Einsatz von Wissen, Geduld, Mut, Energie, Geld sowie der Fähigkeit, mit Ideen und Erfahrungen umzugehen, ggf. ein Übungsprogramm durchzuführen, sich regelmäßig in einer Gruppe treffen oder Seminare zu besuchen. Manche Menschen schließen sich einem spirituellen Lehrer (→ Meister, → Guru) an und lassen sich auf Aufgaben oder Situationen ein, die sie fordern.

Jede Anstrengung, ob durch Studium der spirituellen Literatur oder durch das Befolgen gewisser Regeln oder anderer Methoden, baut im Suchenden eine Art »magnetisches« Zentrum auf. Der Beginn der Reise ist häufig das Studium spiritueller Literatur, manchmal auch die Teilnahme an einem Gruppenabenteuer, das psychische Umwälzungen bewirkt. Manchmal geraten wir ganz absichtslos mit Menschen zusammen, die plötzlich große Bedeutung für unser Leben gewinnen. Immer ist es notwendig, Beziehungen einzugehen, zu Büchern oder Menschen, oder auf die innere Verpflichtung zu hören, die in einem Menschen spontan erwachen kann.

Einen sehr guten Rat für die Suche gab schon vor über 2000 Jahren der → Buddha:

»Euer Glaube soll nicht allein auf Traditionen beruhen, selbst wenn diese seit vielen Generationen und an vielen Orten in hohem Ansehen gehalten werden. Glaubt nicht nur deshalb an etwas, weil viele Leute davon sprechen. Glaubt nicht nur deshalb, weil es Heilige vor langer, langer Zeit verkündet haben. Glaubt nicht an etwas, das ihr euch selbst ausgedacht habt, nur weil ihr annehmt, es handele sich um eine göttliche Eingebung. Glaubt nicht an etwas, das nur auf der Autorität eurer Meister und Priester beruht. Nach eingehender Untersuchung sollt ihr nur das glauben, das ihr selbst geprüft habt und für sinnvoll erachtet und das eurem eigenen und dem Wohl der anderen dient.« (Zitiert in: »Kalama Sutta«)

Spiritueller Weg

Auf die Frage: »Was ist der Weg?«, antwortete der Meister: »Was für ein schöner Berg.« Der Fragesteller war nicht zufrieden: »Ich befrage Euch nicht über den Berg, sondern über den Weg.« Der Meister sagte: »Solange du nicht über den Berg hinausgelangst, erreichst du den Weg nicht.« (→ Koan)

Das Leben ist wie ein Berg. Es türmt sich nicht nur vor unseren Augen auf und versperrt die Sicht, sondern es ist so voller Angebote, dass sich nur wenige die Mühe machen, den Berg zu besteigen und einen Weg zu einer anderen Dimension zu suchen, die weder sichtbar noch fassbar ist.

Ein spiritueller Weg unterscheidet sich von einem religiösen Weg. Bei einem spirituellen Weg geht es um direkte Erfahrung, nicht um Glauben. Was beide im Kern gemeinsam haben, ist ein Streben nach menschlicher Vollkommenheit oder der Durchführung einer religiösen oder spirituellen Aufgabe, die je nach Glaubenssystem anders geartet ist. Eine → Religion setzt jedoch den Glauben an eine Allmacht voraus, welche die menschlichen Geschicke bestimmt, während ein spiritueller Weg die eigene Erfahrung und die daraus gewonnene Erkenntnis fördern möchte.

Manche Menschen meinen auch, ein spiritueller Weg sei eine Art Psychotherapie oder »Lebenshilfe«. Das trifft keineswegs zu. Guten Ratschlägen zu folgen oder eine Psychotherapie zu absolvieren verhilft dazu, die eigenen Gefühle und Gedanken zu klären und einen Weg zu psychischer Stabilität zu finden, die sogar eine Voraussetzung für den Schritt auf einen geistigen Weg ist. Wer das eine durch das andere ersetzen will, bringt die Dinge durcheinander. Die → transpersonale Psychotherapie geht über die »gewöhnliche« Therapie hinaus, sie möchte den Menschen auf der spirituellen Suche helfen. Verschiedene körperorientierte Techniken wie → Hatha-Yoga oder → Qigong können ein wichtiger Beginn sein, um sich zu »erden« und psychische Probleme über die Aktivierung des Körperbewusstseins zu überwinden. Auch andere Methoden und Techniken spiritueller Wege können manche seelischen Probleme beseitigen, doch nur, wenn diese keine ernsthaften Neurosen, sondern allgemeine menschliche Schwächen und Fehlentwicklungen sind, die beinahe jeder mitbringt.

Der spirituelle Weg ist ein Lebensweg, der das ganze Leben bestimmt und nie aufhört. Er dient also nicht einer vorübergehenden Verbesserung persönlicher Lebensqualität und ist kein »Wellness-Training«. Allerdings sollte ein spiritueller Weg langfristig auch das Lebensgefühl wesentlich verbessern, sonst läuft etwas schief. Hinzu kommt, dass es auf dem spirituellen Weg nicht nur um außergewöhnliche Erfahrungen geht, sondern er bedarf großen Wissens über die Wirkung menschlicher Transformation. Dieser Aspekt wird häufig unterschätzt. Wer Arzt oder Computerspezialist werden will, muss sich über viele Jahre sehr intensiv ausbilden lassen, um das nötige Know-how zu erwerben. Ähnliches sollte auch für einen spirituellen Lehrer gelten, sogar für spirituell Suchende. Das Wissen über die komplexe Struktur des menschlichen Wesens und die spirituellen Welten stellt mindestens die gleichen Anforderungen an das Verstehen von Zusammenhängen, die nicht mit technologischen Instrumenten erforscht werden können. Gerade aber, weil die Sache so »unfassbar« ist, meinen viele, dass es keiner gründlichen Erforschung und Lehrzeit bedürfe.

Viele der heute zugänglichen spirituellen Wege, zumindest wenn sie innerhalb eines religionsgebundenen Kontexts angeboten werden, sind eher traditionalistisch. Ob jemand nun den Lehren eines tibet. → Lamas lauscht, einem → Guru folgt oder in einem → Kloster meditiert: Immer folgt er dem von Traditionen vorgegebenen Pfad und ihren geistigen Autoritäten – auch wenn die außerinstitutionellen Wege von der jeweiligen religiösen Hauptströmung als → Sekten bezeichnet werden. Je nach Religion sind diese Abspaltungen mehr oder weniger integriert.

Die Selbstfindung außerhalb dieser Wege in selbst organisierten Gruppen muss darum kein alternativer Weg sein, er steht vielleicht nur außerhalb bestehender Institutionen. In diesem Sinne gibt es auch → New-Age-Gedanken innerhalb dieser Institutionen. Ein Zeichen für neue Wege ist der Versuch, durch Experimentieren, durch Vermischung verschiedener Methoden, mit Hilfe von systemischen Ansätzen oder der kritischen Auseinandersetzung mit traditionellen Religionen zu eigenen Erkenntnissen zu gelangen. Man könnte sagen, dass die unabhängige Suche nach dem Sinn des Lebens und der eigenen Entwicklung die »freie« → Spiritualität auszeichnet.

Selbstverständlich findet auch diese freie Spiritualität nicht in einem luftleeren Raum statt. Sie basiert zuallererst auf den Erkenntnissen, Einsichten und Weisheiten derjenigen, die bereits vor uns einen Weg gesucht haben. Bisher haben viele alternative Richtungen (oder → Sekten) innerhalb östlicher wie westlicher Religionen die (hauptsächlich) westlichen Sucher angezogen. Für die meisten traditionellen Buddhisten sind → Zen-Lehren jedoch »verrückt«. Bestimmte Hindu-Kulte wie das → Tantra mit seinen sexuellen Ritualen stehen für die meisten traditionellen und religiösen Hindus außerhalb ihres Verständnisses oder werden explizit abgelehnt. Ein traditioneller Moslem akzeptiert keinen → Sufi-Mystiker, wenn er nicht die islamischen Gesetze befolgt.

Es stellt sich die Frage, ob es etwas im Wesen eines spirituellen Weges gibt, das diesen innovativ oder alternativ macht, oder ob er einfach alternativ für den Sucher ist. So kann es durchaus eine Alternative für einen Katholiken sein, die

Autorität der Kirche zu verlassen und dem scheinbar nichtritualistischen Zen-Weg zu folgen. Dieser Mensch geht eine innere Konversion durch, die vieles in Bewegung setzt. Es kann aber genauso gut sein, dass ein Mensch einfach die Autorität eines Priesters gegen die Autorität eines anderen geistlichen Führers austauscht (→ Sekten). Häufig kommt es auch vor, dass ein Sucher in einer Sufigruppe islamische Gebete oder hl. Laute intoniert, statt christliche Kirchenlieder zu singen. In diesem Fall wird zwar ein neuer esoterischer Weg eingeschlagen, der aber letztlich systemkonform innerhalb einer anderen Religion verläuft.

Spiritismus

Umfasst die Gesamtheit der Erscheinungen, Handlungen und Lehren, die sich aus dem Kontakt zwischen Lebenden (»Verkörperten«) und Wesen anderer Dimensionen (»Unverkörperten«) ergeben.

Das Phänomen ist natürlich nicht neu. Die Heiligen und Büßer verschiedener Religionen hatten himmlische → Visionen, glaubten, → Geister zu sehen und mit Geistern und den Seelen der Verstorbenen verkehren zu können. Die Literatur darüber füllt Bibliotheken. Unter den Geistersehern der neueren Zeit ragt der Schwede Emanuel Swedenborg (1688–1772) heraus, der in regem Austausch mit dem deutschen Philosophen Immanuel Kant (1724–1804) stand. Eine Vorläuferin der modernen spiritistischen Medien ist Friederike Hauffe (1801– 1829), bei der bereits alle Phänomene auftraten, die für die späteren spiritistischen Medien charakteristisch waren – darunter Bewegung von Gegenständen ohne sichtbare Ursache, Töne unbekannten Ursprungs, Auftreten von Phantomen. Der Arzt Justinus Kerner (1786– 1862), der diese Phänomene beobachtete, schrieb das Buch »Die Seherin von Prevorst« über sie.

1848 erregte in Hydesville bei New York der Fall der Familie Fox Aufsehen, bei dem in Gegenwart der jugendlichen Kathie Fox Klopflaute an den Wänden, in den Tischen usw. ertönten. Die Horrorfilmindustrie zehrt heute noch davon. Interessant ist, dass der Klopfgeist behauptete – nachdem eine Verständigung über die Buchstaben des Alphabets gelang (→ Ouija-Board) –, er sei der Geist des im Hause ermordeten und im Keller begrabenen Hausierers Charles Raye. Man fand tatsächlich das Skelett an der angegebenen Stelle; außerdem ließ sich nachweisen, dass tatsächlich früher ein solcher Hausierer das Haus besucht hatte und seit dieser Zeit spurlos verschwunden war.

Der Spiritismus wurde in den darauf folgenden Jahrzehnten immer mehr zu einem regelrechten Religionssystem, das seine Lehren hauptsächlich auf den Verkehr mit den Verstorbenen gründet. Die Spiritisten glauben, dass man sich unter Mitwirkung der psychophysischen Kräfte besonders veranlagter Persönlichkeiten, der so genannten Medien (heute »Channels«), mit den Geistern der Verstorbenen in Verbindung setzen könne und durch diese Näheres über die Anderswelt und das Schicksal der Toten erfahre.

Eine weitere Linie des Spiritismus, der dem heutigen → Channeling gleicht, ist der so genannte Offenbarungsspiritismus. Die bekanntesten Channels dieser Art waren im 19. Jh. Hippolyt Rivail (1803–1869), der unter dem Pseudonym Allan Kardec verschiedene Werke veröffentlichte und der den Begriff »Spiritismus« für Europa prägte (in Amerika hieß es *spiritualism)*; der Amerikaner Jackson Davis (1826–1919), der sich in seiner »Philosophie des geistigen Verkehrs« Swedenborgs These von der Geisterwelt anschließt. Die Begründerin der → Theosophischen Gesellschaft, Helena → Blavatsky, selbst ein Medium, wurde schließlich zur Vorläuferin der heutigen Channeling-Bewegung. In Deutschland wurde Carl Du Prel (1839–1899) zur theoretischen Leitfigur des Spiritismus. Siehe auch → Channeling.

Sprache, spirituelle Begriffe

Besondere Fachbegriffe sind manchmal ein Hinderungsgrund, bestimmte Texte zu lesen, manchmal gibt die Übersetzung nicht das wieder, was in der Originalsprache nicht nur inhaltlich, sondern auch durch Form und Klang der Sprache ausgedrückt wird. Es gibt darüber hinaus noch eine höhere Ebene der Sprache, die als Metasprache bezeichnet werden kann.

Sprache ist ein Code zum Bauplan des Universums, und viele Ursprachen wie Hebräisch oder Sanskrit arbeiten mit diesem Code. Das Schriftzeichen ist rückführbar auf die → Zahl, und diese bildet so letztlich die Struktur des Universums (→ Kabbala). Die Metasprache (z. B. ein → Mantra) schafft somit den Zugang zu einem Verständnis jenseits der Sprache. Deshalb werden vedische Texte (→ Brahmanismus) immer wieder rezitiert – man kann sie nicht lesen wie ein modernes Buch unserer Zeit. Das Gleiche gilt für andere hl. Schriften.

Starzen, Starez → christliche Mystik

Steindl-Rast, David (geb. 1926)

Geboren in Wien. Studierte Kunst, Anthropologie und Psychologie. 1953 siedelte er in die USA über und trat in ein Benediktinerkloster ein. Beschäftigt sich dort intensiv mit dem → Zen-Buddhismus und ist Mitbegründer eines Center for Spiritual Studies. Auf zahlreichen Konferenzen spricht er als Brückenbauer zwischen Ost und West über den Kern religiöser Erfahrung.

Steiner, Rudolf (1861–1925)

Begründer der → Anthroposophie und Autor vieler Bücher über → Geisteswissenschaften. Als Philosoph beschäftigte er sich intensiv mit den Ideen von Johann Wolfgang von Goethe, an dessen Erkenntnistheorie seine eigene philosophische Weltsicht anknüpfte.

Von 1890 bis 1897 war er in Weimar im Goethe- und Schiller-Archiv als Herausgeber von Goethes naturwissenschaftlichen Schriften tätig. Dort verfasste er auch das Buch »Philosophie der Freiheit«, das in philosophischer Form bereits den Schulungsweg der späteren → Anthroposophie andeutet. Später beschäftigte er sich mit der Theosophie und wurde 1902 zum Generalsekretär der neu in Deutschland gegründeten Theosophischen Gesellschaft (TG) berufen. Als er sich gegen die von Annie → Besant und Charles W. Leadbeater verbreiteten Lehren vom Wiedererscheinen Christi im Körper eines Hindu-Knaben (→ Krishnamurti) aussprach, brach er mit der TG und gründete 1913 die Anthroposophische Gesellschaft.

Steiner wirkte unermüdlich für die Anthroposophie, schrieb dazu etwa 40 Bücher und hielt über 6000 Vorträge. Sein Gesamtwerk umfasst über 350 Bände. Von seinen Anregungen gingen Erneuerungsanstöße in vielen praktischen Lebensbereichen aus, etwa in der Musik, Malerei, → Eurhythmie, Medizin, der biodynamischen Landwirtschaft und der Pädagogik der Waldorfschulen. Viele Menschen, die von der Anthroposophie angeregt wurden, waren in den achtziger Jahren Gründungsmitglieder der Partei der Grünen oder schlossen sich dieser Bewegung an.

Stonehenge

Sakrale Steinkreisanlage (ca. 2000–1500 v. u. Z.) in Salisbury/England. Die → Megalithanlage besteht aus zwei Steinkreisen mit aufragenden, säulenartigen Vierkantblöcken; auf je zweien liegt ein waagrechter Stein (Trilith). Fünf Trilithen sind hufeisenförmig angeordnet und umgeben einen »Altarstein« sowie eine kleine hufeisenförmige Steinsetzung. Um diesen Kreis (→ Weltzentrum) ist ein zweiter Trilithenkreis aus 30 Steinen von 4,1 Meter Höhe aufgerichtet. Die ganze Kreisanlage umgab einmal ein Graben von 114 Meter Durchmesser. In der verlängerten Längsachse des Hufeisens fand man Spuren einer Öffnung, durch die zur Zeit der Sommersonnenwende die aufgehende Sonne auf den Altarstein fällt. Heute wird die Anlage zu dieser Zeit für neokeltische spirituelle Zeremonien benutzt, ansonsten zieht sie als Touristenattraktion Besucherströme aus aller Welt an. Siehe auch: → Avebury, → heilige Orte.

Subud

Die verschiedenen Formen des → Sufismus wurden immer wieder der Kultur der Wirkungsländer angepasst, so auch im islamisch geprägten Indonesien. Dort bildete sich die Subud-Lehre (abgekürzt von Susila Buddhi Dharma) heraus, deren Begründer Muhammad »Bapak« Subuh (1901–1987) war. Subud ist heute in 80 Ländern verbreitet, und auch in Deutschland gibt es Subud-Gruppen.

Die wesentliche Übertragung von → Baraka (»Charisma«) erfolgt durch die Technik des → Latihan. Der Latihan ist eine → Besessenheitstrance (→ Channeling), dauert eine halbe Stunde oder länger und stellt einen Kontakt zu einer geistigen Kraft her, die bei längerer Übung die Seele des Menschen stärken soll.

Sufismus

»Der Liebe Reich ist anders als alle Religionen. Den Liebenden ist Gott ihr Reich und Religion« (Dschelaluddin → Rumi).

Historisch gesehen ist der Sufismus die mystische Strömung des Islam. Islam bedeutet Hingabe und Unterwerfung unter den Willen Gottes, Allahs, des Einen. Alle großen Sufi-Meister führen letztlich ihre Eingebung und Wandlungsfähigkeit auf den unsichtbaren Meister Kidhr, den »grünen Propheten«, zurück (→ Farben), der als Lehrer der geheimen Strömung des Islam im Koran erwähnt wird. Die Sufi-Mystiker sagen, dass die Sufi-Lehre von Mohammed über seinen Vetter Ali, den vierten Kalifen (»Nachfolger«, »Stellvertreter«), überliefert wurde. Die persischen Schiiten berufen sich auf mystische Eingebungen von Ali, was mit ein Grund für die Glaubensspaltung im Islam ist. Aus dieser Spaltung ergibt sich die Ableitung, dass damit die esoterische Sufi-Linie im Islam vom Koran selbst unterstützt und gestärkt wird. Deshalb konnten die Sufis als Muslime unbehelligt wirken, auch wenn manche wegen angeblicher Gotteslästerung – wie der Ekstatiker Al-Halladj mit seiner Aussage *a'al haq* (»Ich bin Gott«) im Jahre 922 – hingerichtet wurden.

Die Sufis wirkten hauptsächlich in islamischen Ländern innerhalb des islamische Rahmens. Während des 12. und 13. Jh. bildeten sich die ersten organisierten *tariqas:* → Sufi-Orden bzw. Derwisch-Bruderschaften – Frauen waren damals nicht zugelassen, obwohl es auch weibliche Mystikerinnen gab. Berühmte Lehrer *(murshid, sheikh/*Scheich oder *pir)* versammelten in Gemeinschaften Schüler *(murid)* oder → Derwische um sich, die, nachdem sie in die Lehre eingeweiht waren, weiterreisten und neue Gemeinschaften gründeten.

Die Sufis legen großen Wert auf die Kontinuität der Überlieferung des Pfades durch die Einweihung von Generation zu Generation über die Kette der Weitergabe *(silsila)*. Einige der Bruderschaften verbreiteten sich nicht nur über die ganze islamische Welt (z. B. bis nach Indonesien, → Subud), sondern kamen auch in nichtislamische Gebiete. Da die Gruppen v. a. Handwerker und Angehörige der unteren Schichten ansprachen, tendierten sie nicht zu Bündnissen mit der herrschenden Klasse und wurden oft zum Bollwerk gegen politische Unterdrückung. So darf die Gegnerschaft zwischen den Rechtsgelehrten, die für die jeweilige Herrschaftsausübung nützlich waren, und den Sufis nicht nur unter theologischen Gesichtspunkten gesehen werden, sondern auch in einem politischen Zusammenhang.

Es gibt aber hinreichend Hinweise darauf, dass der Sufismus älter ist als der Islam. So lassen sich vielfältige Einflüsse ausmachen, die in den Sufismus strömten: die Askese der christl. Wüstenväter und der jüdischen Essener, → zoroastrische Elemente aus Persien, die jüdische → Kabbala, → gnostische Esoterik (die ja auch in der islamischen Lehre selbst vorhanden ist) und die Lehren der → Neuplatoniker. Auch finden wir in manchen Sufi-Richtungen bemerkenswerte buddhist. Einflüsse, die aus Regionen wie dem russischen oder chines. Turkestan kamen.

Einige der herausragendsten Sufi-Meister waren bewandert in den esoterischen Aspekten des Buddhismus und des Mahayana (→ tibetischer Buddhismus, → Zen). Während der islamischen Eroberung von Teilen Indiens gab es viele Kreuzungen zwischen Yoga und Sufismus. Aber der Sufismus ist mehr als die Summe seiner Grundlagen und Einflüsse. Das Erstaunliche an seiner Vitalität ist, dass es immer große Meister oder Eingeweihte gab, die den Sufismus von innen heraus erneuern konnten.

Auch die jüdischen → Kabbalisten kennen den unsichtbaren Meister Khidr (Chidr), der dort Elias oder Melchisedek heißt. Das weist auch auf eine enge Verbindung dieser beiden Traditionen hin. Beide hatten große Wirkung im Westen. Obwohl islamische Elemente es sehr schwer hatten, in die mittelalterlichen christl. Gebiete vorzudringen, fand der Sufismus durchaus seine Möglichkeiten, seine Lehren im Westen einzuführen. So sind die → Alchemisten, die → Freimaurer, die → Rosenkreuzer und andere Gruppierungen mit gnostischem Einschlag Strömungen, die zweifellos auf den Sufismus zurückgehen.

Auch wenn bedeutende Sufi-Meister Religion per se nicht ablehnten, machten sie immer deutlich, dass eine authentische Überlieferung und Entwicklung der Sufi-Lehre nicht in den Formen und Äußerungen der jeweiligen Religion und Kultur möglich ist, sondern in einer Methode und Aktion, die zwar in der jeweiligen Kultur operiert, aber völlig unabhängig davon ist. Deshalb nützt es einem westlichen Sucher auch nicht viel, ohne einen erfahrenen einheimischen Führer in die Türkei oder andere nahöstliche Länder aufzubrechen und dort den großen Meister zu suchen; in Einzelfällen, wenn z. B. jemand die Sprache fließend spricht oder ein Elternteil aus der Türkei oder einem arab. Land stammt, ist es wahrscheinlich leichter. Allerdings gibt es inzwischen viele verschiedene Sufi-Gruppierungen auch hier im Westen.

Die nichtorthodoxen Sufi-Lehren, denen es einzig und allein um die höchste Befreiung ging und geht, haben ihre Methoden immer den äußeren gesellschaftlichen Bedingungen angepasst. Deshalb waren sie auch in der Lage, die westliche Kultur in ihre Methoden des inneren Fortschritts einzubeziehen bzw. sie auf diese abzustimmen. Diese Form des Sufismus ist universal und international und unabhängig von irgendeinem Glaubenssystem, denn sein Zentrum ist die »kosmische Wahrheit«.

Viele Sufis oder von Sufi-Gedanken beeinflusste Menschen tun sich nicht nur in spirituellen Belangen hervor: Kraft ihrer veränderten Wahrnehmung und inneren Klarheit sitzen sie an den Schaltstellen der modernen Wissenschaft und Philosophie. Einer, der einen bedeutenden Einfluss auf das zeitgenössische Denken ausübte, war Sayyed Idries → Shah, der in Oxford studiert hatte. Sein Hintergrund liegt in der Schule des afghanischen Naqschibandi-Ordens (→ Sufi-Orden). Idries Shah hat viel dazu beigetragen, dass man im Westen den Sufismus nicht mehr als »islamische Mystik« mit »archaischen« Praktiken betrachtet, sondern als wichtiges Instrument zur Schulung des Bewusstseins und der Verbesserung unserer Lernkapazitäten.

Seine besondere Spezialität sind Lehrgeschichten, die unseren normalen Verstand unterlaufen und so den Weg für neue Ideen freimachen können. Sein Buch »Die Sufis« ist ein Grundlagenwerk, das viele Aspekte der Schulen des Augenblicks beleuchtet und die Einflüsse der Sufis auf die westliche Kultur und Spiritualität aufzeigt. Allerdings sollte man wissen, dass er seiner Darstellung eine Richtung gibt, die allein auf westliche Bedürfnisse zugeschnitten ist:

> »Weder der Sufismus in der Übersetzung seiner literarischen Formen noch die Schriften vieler östlicher Dichter können richtig verstanden werden, wenn man nicht die geheime Sprache (die ›verborgene Zunge‹) kennt, die benutzt wird, um Ideen und Konzepte weiterzugeben. Wörtliche Übersetzungen sufischer Worte oder verschlüsselter Begriffe haben im Westen unglaubliche Verwirrung gestiftet, insbesondere bei der Übertragung der geheimen Überlieferung.« (Idries Shah 1976, 155)

Ein Teil behandelt die besagten geheimen Überlieferungen im Westen, und auch ein Kommentar zum → Tarot ist enthalten. Das Buch muss intensiv studiert werden, da beiläufig ganz wichtige Dinge behandelt werden, die man leicht überliest. Shah zieht einige unbekannte Verbindungslinien zu esoterischen Schulen, die im Westen als »geheim« gelten, darunter die → Rosenkreuzer, die → Freimaurer usw. Die Sufis nutzen wie die jüdischen Kabbalisten (→ Kabbala) die Methode Gematria *(ilm-i abjad,* → Abjad), um Geheimnisse zu verschlüsseln. Bei dieser Wissenschaft werden Wörter nach ihrem Zahlenwert durch andere mit dem gleichen Zahlenwert ersetzt: »Obwohl die geheime Sprache sich in der gewohnten Weise manifestiert, steht sie in besonderer Beziehung zu der nicht bekannten Welt. So ist sie in ihrem literarischen Ausdruck sowohl eine Kunstform als auch Einlass in jenen Bereich, wo es keine ›bekannte‹ Sprache gibt« (Idries Shah 1976, 156).

Wir müssen jedoch nicht die arab. → Sprache studieren, um den Sufi-Weg zu gehen, auch wenn dies für Quellenstudien von großem Nutzen sein kann. Für Idries Shah ist der Sufismus vielmehr das menschliche Leben: »Okkulte und metaphysische Kräfte sind weitgehend nebensächlich.« Sein Buch ist eine wichtige Quelle und Darstellung der Sufi-Gedanken an Beispielen der Meister (→ Rumi, Al Ghazali, Nasrudin, Attar und anderen). Rumi warnt: »Beurteile den Sufi nicht nach dem, was du von ihm siehst.« Und Idries Shah kommentiert:

»Der falsche Lehrer wird sich besonders um den äußeren Anschein bemühen. Er wird es verstehen, den Suchenden glauben zu machen, dass er ein großer Mann ist, dass er ihn versteht und dass er tiefe Geheimnisse zu enthüllen weiß. Der Sufi hat Geheimnisse, aber er muss das Wissen darum im Schüler selbst entwickeln. Sufismus ist etwas, das einem Menschen geschieht, nicht etwas, das man ihm gibt.« (Idries Shah 1976)

Sufismus, Mystik

Das wesentliche Kennzeichen der südlichen Sufis, deren Weg mit dem Bhakti-Yoga vergleichbar ist, sind ekstatische → Visionen der Einheit mit Gott, die *unio mystica* (→ christliche Mystik); die Sufis beschreiben diese → Bewusstseinszustände als »Trunkenheit«, als Verschmelzen in höchster Seligkeit.

»Die *unio mystica* kann erfahren und ausgedrückt werden als Liebeseinigung oder auch als *visio beatifica*, wenn der Geist, umgeben von dem unerschaffenen Lichte Gottes, erblickt, was jenseits aller Schau liegt; sie kann auch umschrieben werden als ›das Aufheben des Schleiers der Unwissenheit‹, jenes Schleiers, der die wesenhafte Identität zwischen Gott und seinen Geschöpfen verhüllt. Mystik kann als ›Liebe zum Absoluten‹ definiert werden; denn was echte Mystik von asketischer Haltung trennt, ist die Liebe. Die göttliche Liebe macht es dem Sucher möglich, alle Qualen und Heimsuchungen, die Gott über ihn kommen lässt, um seine Liebe zu prüfen und ihn zu läutern, zu ertragen, ja zu genießen.« (Annemarie Schimmel 1979, 4)

In der so genannten Liebesmystik wird die Beziehung zwischen Mensch und Gott als Beziehung zwischen Geschöpf und Schöpfer gesehen, als Gegenwart der Liebe. Die Sufi-Mystikerin Rabi'a ist eine typische Vertreterin der Liebesmystik: »Ich will Feuer ans Paradies legen und Wasser in die Hölle gießen, damit diese beiden Schleier verschwinden und es deutlich wird, wer Gott aus Liebe, nicht aus Höllenfurcht oder Hoffnung aufs Paradies anbetet« (Rabi'a). Der Sufi-Meister Dschami (Jami) hat den Unterschied zwischen den Asketen und den echten Mystikern treffend geschildert:

»Die Asketen betrachten die Schönheit des Jenseits mit dem Lichte des Glaubens und der Gewissheit und verachten die Welt; doch sind sie noch durch ein sinnliches Vergnügen verschleiert, nämlich den Gedanken an das Paradies, während der echte Sufi von beiden Welten abgeschirmt ist durch die Schau der urewigen Schönheit und der wesenhaften Liebe.« (Dschami)

Sufismus, Sufi-Orden

Der türkische Sufi-Meister Hassan Shushud unterscheidet in seinem Buch »The Masters of Wisdom of Central Asia« zwischen zwei Strömen im Sufismus: zum einen den nördlichen Sufis, die hauptsächlich in der Türkei, Usbekistan, Turkmenistan, Aserbeidschan, Afghanistan und dem Iran wirkten. Ihre bekannten Vertreter sind unter anderem die Schulen, die von den → Hodschagan (Meistern der Weisheit) ausgingen: die Naqschibandiyya, Yesewiyya und Bektaschiyya. Die südlichen Sufis (→ Sufi-Mystik) wirkten hauptsächlich im Irak, in Syrien, Ägypten, Arabien, Marokko (→ Sufi-Orden, Nordafrika) und Westafrika. Der wohl bekannteste Sufi-Meister in dieser Linie ist Dschelaluddin → Rumi (1207–1273), aber auch Pir Vilayat → Khan. Ein anderer bedeutender Sufi-Scheich ist Oruc Güvenc, der in Europa auch altorientalische Musiktherapie lehrt. Er ist Bektaschi und Mevlevi (→ Rumi). Der Schwerpunkt seiner Lehre liegt auf der Musik und Bektaschi-Tänzen.

Eine Strömung aus dem Irak ist der Qadiri-Orden, der auf Abdul Qadir Gilani (1077–1166) zurückgeht. Gilani ist wohl der volkstümlichste Heilige der islamischen Welt. Der Orden erfreut sich in den islamischen Ländern allgemeiner Beliebtheit, weil er den Armen hilft, und diente allen späteren → Derwischorden als Vorbild. Die Qadiri lehnen geschlechtliche Enthaltsamkeit ab und leben außer zu besonderen Übungen in der Welt; außerdem waren sie maßgeblich an der Islamisierung Westafrikas beteiligt.

Die nördlichen Sufis gehören zu den »nüchternen« Mystikern wie Meister → Eckhart in der → christlichen Mystik oder die → Vedanta-Yogis. Sie sind die »geistigen Wissenschaftler« und entwickelten ein Schulungssystem, das auf dem Verstehen der menschlichen Psychologie und den kosmischen Gesetzen beruht. Ihr Ziel ist die absolute Befreiung, nicht nur das Aufgehen in der göttlichen Einheit, sondern im absoluten Nichtsein, jenseits aller Attribute, in der Quelle. Es ist das → Shunyata der → Mahayana-Buddhisten jenseits von → Nirwana und → Samsara.

Auch wenn sich die Beschreibungen der sufisch-mystischen Erfahrungen ähneln, kann man zwei Haupttypen unterscheiden: die Unendlichkeitsmystik und die Persönlichkeitsmystik. Beide Typen mystischer Erfahrung sind jedoch selten in reiner Form zu finden; dieser Mittelweg wird am deutlichsten durch Dschelaluddin → Rumi personifiziert. Die theoretischen Begründungen der Unendlichkeitsmystik wurden am besten von → Ibn Arabi beschrieben. Für ihn ist die Gottheit unendlich, zeitlos, raumlos, absolute Existenz oder einzige Wirklichkeit.

Der Kern der Methode der »Meister der Weisheit« heißt → Schule des Augenblicks und besagt, dass jede Aktion, jede Schulung aus dem Geist des Augenblicks heraus entsteht und selten mit vorgegebenen Formen arbeitet. Die wesentliche Arbeit geschieht bei den Sufis innerhalb der normalen Lebensumstände; ein zeitweiser Rückzug in eine intensive Lehrsituation der Gruppe dient vor allen Dingen der schnellen, inneren Entwicklung. Der Sufi mag dem Schüler bestimmte Aufträge oder Aufgaben geben, die er gut erfüllen muss, oder er lernt durch das Handeln des Lehrers. Auch wenn bestimmte Handlungen oft widersprüchlich oder paradox erscheinen: Bei einem »Meister des Augenblicks« geschieht nichts ohne Grund.

Die Weitergabe einer Lehre besteht nicht allein in Methoden und Wissen; das gilt auch für den Sufismus. Hier ist von wesentlicher Bedeutung (in allen Sufi-Orden) die Baraka des Meisters oder der Gruppe. → Baraka bezeichnet einen Modus der Anwesenheit des Göttlichen in der Welt, seinen »Segen«. Entweder hat der Meister Baraka (»Charisma«), eine besondere Ausstrahlung (→ Siddhi), oder die Linie der Überlieferung hat Baraka. Manchmal bekommt auch eine neue Linie der Arbeit den universalen Segen, unabhängig von einer traditionellen Form der Arbeit.

Auch wenn man den Eindruck gewinnen könnte, dass orientalischer Sufismus eine reine Männersache ist, nehmen vielfach auch Frauen an den Derwischaktivitäten teil, jedoch meist mehr im Verborgenen. Es heißt, dass Frauen der göttlichen Gegenwart näher stehen als Männer, weil sie von Natur aus bereits die Fähigkeit zur Hingabe besitzen. Männer müssen die »Hingabe an Allah« (das bedeutet das Wort »Islam«) erst erlernen. In manchen Gruppierungen bleiben die Frauen unter sich, vollziehen aber ebenfalls alle wichtigen Übungen. In anderen Orden wieder arbeiten die Frauen eng mit den Männergruppen zusammen, wie z. B. bei den Bektaschi, die von Hadschi Bektasch gegründet wurden (gest. 1335).

Die bedeutendsten Grundlagen des Sufismus wurden von den »Meistern der Weisheit« (Hodschagan) gelegt, die vom

Hadschi Bektasch.

11. bis 15. Jh. in Turkestan wirkten. Die meisten *tariqas* (Orden) der Sufis gehen auf diese Meister zurück. Insbesondere sind dabei die Naqschibandi zu erwähnen, die in direkter Linie vom Begründer der Meisterlinie Yusuf Hamadani (1048–1143) über Abd al-Chaliq Gudschduwani (gest. 1220) ausgehen. Sie werden auch die »Stillen« genannt, weil sie keine lauten Übungen (→ Dhikr) machen.

Baha ad-din Naqschibandi (1318–1389) tat mehr als jeder andere Meister, um den Einfluss der Hodschagan zu festigen. Man sagte von ihm, der Mantel des Propheten sei auf ihn herabgesunken. Erst im späten Alter war er bereit, als Meister Verantwortung für Schüler zu übernehmen. Bedeutende Meister wie Ala ud-din Attar (gest. 1400, berühmt durch seine »Vogelgespräche«), Yaqub Tscharki (gest. 1447) und Abd ar-Rahman Dschami (gest. 1492) gingen aus dieser Linie hervor.

Die östlichen Naqschibandi sind im Allgemeinen schwer zugänglich und auch stark im Islam verwurzelt, während westliche Naqschibandi die durchaus bedeutende Aufgabe der Vermittlung der Sufi-Weisheit haben. In der traditionellen bzw. orthodoxen Linie sieht sich Scheich Muhammad Nazim Adil al-Qubrusi al-Haqqani, der auf Zypern lebt, als Nachfolger und Vertreter der Naqschibandiyya. Es gibt weltweit Zentren dieser Gruppierung, auch in Deutschland und der Schweiz.

Die indische Naqschibandiyya-Mujaddidiyya Sufi-Linie, die im Westen von der Engländerin Irina Tweedie eingeführt wurde und eine zeitgemäße Ausprägung hat, wird seit ihrem Tod von Llewellyn Vaughan-Lee geleitet. Er verbindet Traumdeutung nach C. G. Jung mit der »Meditation des Herzens« und stillem → Dhikr. Gegenwärtig gibt es auch Meditationsgruppen in Deutschland und in der Schweiz.

Eine andere Linie der Hodschagan geht von Meister Achmed Al-Yesewi (1046–1166) aus. Seine Schüler und Nachfolger wirkten v. a. in der Türkei. Als türkische Sufis sind insbesondere die Mevlevi (→ Rumi) und Bektaschi zu nennen. Letztere gehen auf den Meister Hadschi Bektasch zurück, einen direkten Schüler von Yesewi. Hadschi Bektasch ist in der Türkei auch deshalb sehr beliebt, weil er sich mit seinen Lehren an das Volk wandte. Die Musik der Bektaschi ist im Volk viel populärer als die klassische türkische Musik der Oberschichten.

Die Bektaschi arbeiten immer noch im Verborgenen; sehr häufig ist ein türkisches Dorf eine Bektaschi-Gemeinde, ohne dies nach außen ahnen zu lassen. Die islamische Glaubensrichtung der Alewiten in der Türkei hat enge Verbindungen zu den Bektaschi. Beide ziehen keine Trennlinie zwischen Mann und Frau und sind sonst auch liberaler als die sunnitischen oder schiitischen Moslems. Bis vor einigen Jahren wurden die Alewiten deshalb auch immer wieder von anderen Moslems belästigt oder sogar angegriffen.

Aus Syrien kommt insbesondere heute noch der Impuls der Ri'fai-Derwische. Sie gehen auf Achmed Ri'fai (1106–1183) zurück und unterhalten heute noch Niederlassungen in Syrien und Ägypten. In Deutschland hat der türkischstämmige Scheich Abdullah Halis ein Zentrum in der Nähe von Berlin gegründet. Er schöpft aus den Traditionen der Ri'fai, der Mevlevi und Naqschibandi. Die Ri'fai sind bekannt für intensive Schweige- und Fastenzeiten, aber insbesondere auch für ungewöhnliche Ekstasetechniken. Dazu gehört auch der → Dhikr. Wegen der sonderbaren Geräusche, die sie in ihren Ritualen hervorbringen, sind sie als »Heulende Derwische« bekannt. Die rauen Töne, die sie dabei hervorbringen, klingen tatsächlich wie eine Säge.

Dieser »Säge-Dhikr« soll mit Ahmed Yesewi begonnen haben und war vielleicht die Antwort der Yesewi auf die ekstatischen Schamanentänze. Wiederholungen des Gottesnamens »Allah« und anderer verschiedener rhythmischer Formeln wie *la illaha illa'llah*, die von bestimmten Bewegungsabläufen begleitet werden, können unter Umständen einen Trancezustand hervorrufen. Das Wort »Allah« wird dann immer weiter verkürzt, bis nur noch der letzte Buchstabe → h als *ha* und *hu* vokalisiert übrig bleibt.

Wer die Gelegenheit hat, einen solchen → Dhikr mit seinem zunehmenden Tempo und der Verkürzung der Worte mitzuerleben, bis nur noch ein intensives Seufzen zu hören ist, kann selbst als Außenstehender mitgerissen werden.

Sufismus, Sufi-Orden in Nordafrika

Die verbreitetste Sufi-Strömung in Marokko stellen die Ischawi dar. Ihr Gründer ist Sidi Ibn 'Isa, der Ende des 15. Jh. wirkte. Ibn 'Isas Lehrer war Scheich Dschazuli, dessen Lehre auf den Gründerscheich Schazili (13. Jh.) zurückgeht. Der Schazili-Orden ist in Nordafrika und im Sudan weit verbreitet und berichtet in den Legenden um den Vollkommenen Meister von vielen Heilerfolgen und Fakirtaten wie dem Halten von heißen Kohlen, ohne Brandwunden zu bekommen.

Der Orden Ibn 'Isas wurde zu einer Synthese von intensiver Mystik, Magie und schamanistischen Ritualen. Positiv ist, dass der Orden traditionell Frauen aufnimmt. Auch die volkstümliche Hamadscha-Gemeinschaft rechnet sich zur Bewegung der Schazili. Das Besondere ist ihre therapeutische Gemeinschaft, die mit alten → Trance- und Ekstasetechniken arbeitet, wie sie auch aus dem → Schamanismus bekannt sind. Die Hamadscha sind in lockeren und vielseitig organisierten Gemeinschaften organisiert. Wie alle Orden schreiben sie gewisse ritualisierte Handlungen vor, etwa das Rezitieren von → Gebeten, das Hören von Musik und das → Tanzen. Die volkstümlichen Orden neigen dabei zu extremen Formen: zu wilden Tänzen, die in Ekstase versetzen, und zu besinnungsloser Raserei, aber auch zu ekstatischen Selbstverstümmelungen. Wie bei anderen Trance-Kulturen wird ein außergewöhnlicher Bewusstseinszustand angestrebt, der häufig wie beim → Voodoo zur Besessenheit durch einen Dschinn (→ Dämon, → Geister) führt. Die Hamadscha sind auch Heiler, die wie die → Schamanen Symbole benutzen, welche psychische bzw. geistige Realitäten darstellen.

Starken Einfluss auf die westliche, esoterische Philosophie hatten die Schweizer Titus Burckhardt und Frithjof Schuon und Martin Lings in England. Sie waren Schüler des bedeutenden marokkanischen und gnostischen Scheichs

Ahmed al-Badawi.

Alawi (1869–1934), der zum Darqawi-Orden gehörte (Darqawi belebte den Schazili-Orden im 18. Jh., sodass ein eigener Zweig von ihm ausgeht). Obwohl Scheich Alawi sehr unorthodox lehrte, kann man seine Schüler mehr zum islamisch geprägten Sufismus rechnen, der gewisse universalistische Züge aufweist.

Der marokkanische Sufi Jabrane M. Sebnat lernte von mehreren Sufi-Meistern. Er gehört zum Gnaua-Kreis, einem marokkanischen Sufi-Weg, der sich durch Heilung mittels Tanz, Gesang, Zeremonien und Kontemplation auszeichnet. Er steht auch in Verbindung mit den Akbariyya, einem Sufi-Pfad, der von der Arbeit und Energie → Ibn Arabis inspiriert ist.

Aus Ägypten kommt noch eine weitere Sufi-Strömung, deren Begründer Ahmed al-Badawi ist. Er wurde 1199 in Fes, Marokko, geboren und wuchs in Mekka auf. Als ihm Mohammed im Traum erschien und ihn aufforderte, ein Derwisch zu werden, gehorchte Badawi, steigerte sich in intensives Fasten und erlebte dadurch höhere Bewusstseinszustände. Als Badawi 1277 starb, galt er als einer der beliebtesten Heiligen Ägyptens. Sein Grab ist heute noch ein Wallfahrtsort.

Ein Orden, der sich zur gleichen Zeit in Ägypten ausbreitete, wurde von Abdul al-Hassan Schadhili gegründet, einem Schüler des marokkanischen Heiligen Ibn Maschisch. Der Schazili-Orden ist in Nordafrika weit verbreitet und kann heute dem fundamentalistischen Flügel des Islam zugerechnet werden. Die Praxis der Übungen ist insbesonders durch einen ausgedehnten Gebrauch von → Dhikr und Gebetsrezitationen bekannt. Ein Ableger des Ordens, die Burhani-*tariqa,* hat auch in Deutschland Anhänger.

Dank der zahlreichen türkischstämmigen Menschen, die in Deutschland leben, besteht inzwischen die Möglichkeit, mit unterschiedlichen Sufi- und Derwischgruppen in Kontakt zu kommen, z. B. Mevlevi, Helveti, Bektaschi. Manche davon sind traditionalistisch, andere verlangen keine Annahme des Islam. Die größte und bedeutendste Derwischbruderschaft des Iran ist die schiitische Ni'matullahiyya, die auch in Deutschland vertreten ist.

Suzuki, Daisetz T. (1870–1966)

Einer der bedeutendsten Vermittler des → Zen-Buddhismus in der westlichen Welt. Seine Zen-Ausbildung begann bereits mit 21 Jahren als Laie (also nicht als Mönch). Zwischen 1897 und 1909 war Suzuki in den USA, später unterrichtete er an der Kaiserlichen Universität von Tokyo und in Kyoto buddhist. Philosophie. Seit den dreißiger Jahren hielt er immer wieder Vorträge an amerikanischen Universitäten. Seine Bücher über Zen sind weltweit veröffentlicht worden und hatten großen Einfluss auf die Rezeption des Zen im Westen, weil er diese Philosophie undogmatisch, verständlich und sehr erleuchtend darstellt.

Swami Rama (1925–1996)

Begründer und Leiter des Internationalen Himalaya-Instituts (dt. Niederlassung in Ahrensburg bei Hamburg, geleitet von Wolfgang Bischof). Er war Schüler einiger der bedeutendsten indischen Meister wie Neem Karoli Baba, → Ramana Maharshi, Sri → Aurobindo und anderer. Er studierte Psychologie und Philosophie an den Universitäten von Hamburg, Utrecht und Oxford. Als er 1969 in die USA kam, erforschten Wissenschaftler seine yogischen Fähigkeiten zur Kontrolle des Herz- und Pulsschlags, der Hauttemperatur und des autonomen Nervensystems. Viele seiner Schüler sind ausgebildete Ärzte und Wissenschaftler, die an der Weiterentwicklung des Yoga arbeiten.

Swami Ramas Lehre basiert auf dem Advaita-Vedanta (→ Vedanta), aber der Yoga fußt auf den klassischen Lehren des Patanjali (→ Samkhya). Aus seinen Forschungen wurden Gesundheitsprogramme entwickelt, die helfen, hohen Blutdruck, Herzinfarkt und andere Krankheiten mit Hilfe von → Hatha-Yoga, → Meditation, Ernährung und Biofeedback zu bekämpfen. Der Nachfolger des 1996 verstorbenen Swami Rama ist nun Swami Veda.

Swami (Sk. »Herr«)

Anrede, die indischen Mönchsnamen vorangestellt wird oder Ehrentitel hinter dem Namen spiritueller Lehrer oder Heiliger.

Symbole, magische → Magie

Synchronizität

Phänomen der »Gleichzeitigkeit«. Kartenlegen (→ Tarot), Stäbchenwerfen (→ I Ging), der Flug von Vögeln, Linien im Sand und vieles andere mehr (→ Orakel) bringt eine einmalige Situation ins Blickfeld des Fragenden. Die Möglichkeit, eine »richtige« oder angemessene Antwort zu erhalten, besteht aufgrund des Phänomens der Gleichzeitigkeit. Gleichzeitigkeit ist vergleichbar mit zwei Stimmgabeln, deren Schwingungen sich gegenseitig auslösen.

Es ist für viele Menschen schon üblich geworden, bei einer »zufälligen« Begegnung zu sagen: »Es gibt keine Zufälle.« Gibt es tatsächlich keine zufälligen Ereignisse (→ Karma) oder muss man unterscheiden zwischen reinem Zufall und »bedeutungsvollen Gleichzeitigkeiten«, wie es der Psychologe C. G. Jung formulierte? Es gibt viele Geschichten darüber, wie verschiedene zufällige Ereignisse plötzlich aufeinander treffen und Ereignisketten bilden, obwohl sie in keinem kausalen Zusammenhang stehen. C. G. Jung prägte dafür den Begriff der Synchronizität. Der Physiker Wolfgang Pauli, der mit Jung über dieses Thema diskutierte und arbeitete, bezeichnete dasselbe Phänomen als »nichtkonstante Verbundenheit durch Zufall, Gleichwertigkeit oder Sinn«.

Der Gedanke, dass eine Synchronizität sinnvoll sein kann, ist der Schlüssel zu dieser Idee. Zufallsereignisse können Muster durch reinen Zufall ergeben, das Wesen der Synchronizität ist jedoch, dass das entsprechende Muster für den, der es erfährt, einen Sinn oder Wert besitzt. Synchronizitäten spiegeln unsere geistigen, inneren Prozesse wider und nehmen dabei die Form äußerer Manifestationen an.

Es gibt also Begegnungen, die tatsächlich nur zufällig vorkommen, genauso, wie jemand eine Grippe bekommt. Die Grippeviren suchen sich nicht jemanden Bestimmten aus, ihre Eigenart ist es, sich von Träger zu Träger auszubreiten. Es ist natürlich möglich, auch in dieses Ereignis einen Sinn hineinzudeuten, z. B. dass man die Grippe nur bekommt, weil man infolge schlechter Ernährung etwa ein schwaches Immunsystem hat. Wenn man diese Kausalität weiterdenkt, muss man noch die zufällige Begegnung mit einem Grippewirt anfügen, der wiederum selbst ein Opfer ist.

Synchronizitäten stehen den Forschungen zufolge oft mit Phasen der Wandlung in Zusammenhang, z. B. mit einer neuen Liebe, einer Psychotherapie, einer intensiven schöpferischen Arbeit oder dem Wechsel eines Jobs. Es scheint, dass diese innere Umstrukturierung einen Ausbruch mentaler innerer Energie bewirkt, der sich dann in die → Bewusstseinsfelder anderer Menschen fortpflanzt. Synchronizitäten treten auch vermehrt bei Menschen auf, die sich durch ihre Bewusstseinsarbeit im gleichen oder parallelen Bewusstseinsfeld befinden wie andere »Gleichgesinnte«.

Eine andere brauchbare wissenschaftliche Erklärung bietet der Begriff des → morphogenetischen Feldes an, den der Biologe Rupert Sheldrake bildete, um Erscheinungen, die scheinbar ohne Zusammenhang sind, aufeinander beziehen zu können.

Die Gleichzeitigkeit ist für John G. → Bennett, einen weiteren Theoretiker dieses Phänomens, eine Erscheinung der noch ungeformten Welt – dort also, wo Formen erst entstehen. Bevor die Dinge eine feste Gestalt in der Welt der Körper angenommen haben, ist es möglich, dass übereinstimmende Situationen entstehen können. Der gegenwärtige → Augenblick ist nicht auf die körperliche Empfindung begrenzt, sondern geht über Zeit und Raum hinaus. Man kann diese Dimension als Potenzialmuster bezeichnen. Die Physik operiert tatsächlich mit dem Begriff der potenziellen Energie (→ Ewigkeit); ein Beispiel dafür ist das Pendel. Wenn das Pendel ausgeschlagen hat, verharrt es Sekundenbruchteile an einer Stelle, bis es wieder zur nächsten Seite schwingt. In diesem Moment der Ruhe wird die potenzielle Energie »aufgebaut«, die das Pendel dann weiter schwingen lässt.

Sehr häufig sprechen wir davon, dass etwas gerade »passt«, dass es genau der Situation entspricht, in der wir uns befinden. Diese Erkenntnis kommt dann, wenn wir zu einer Situation »aufwachen«, wenn uns Bedeutungen bewusst werden. Sind wir nicht in Kontakt mit einer Situation, so entsteht häufig das Gefühl, irgendetwas sei nicht richtig. Menschen, die durch Fähigkeit und Entwicklung den horizontalen – normalen – Zeitablauf und die vertikale → Traumzeit – die »andere«, zeitlose Dimension – verbinden können oder gleichzeitig diese Parallelwelten wahrnehmen, können Ereignisse oder Erlebensmuster interpretieren. Sie sehen einen Sinn hinter scheinbaren Zufälligkeiten – die aber durch ihre Wahrnehmung »zufällig« doch nicht ohne Bedeutung sind.

Jede Situation ist für sie gekennzeichnet durch die Verbindung von Raum, Muster und den Einfluss einer schöpferischen Dimension. Der Begriff der »Gleichzeitigkeit« ist somit eher irreführend: Man kann nicht Äpfel mit Birnen vergleichen. Das bedeutungsvolle Er-Äugnis (von »Auge« – sehen) hat vielmehr etwas mit seinem Auftauchen aus einem Bereich zu tun, der nicht den normalen Zeitgesetzen unterliegt. Ohne dieses Auftauchen von Ideen oder Situationen, die nicht vorher da waren bzw. nur im Bereich der Möglichkeiten existierten, könnte nichts in dieser Welt verwirklicht werden.

Das Legen von Karten oder das Werfen von Stäbchen ist für »Normalsterbliche« ein Mittel, eine Brücke zu der Welt potenzieller Ereignisse herzustellen. Selbstverständlich ist kein Ereignis wirklich, wenn es nicht verwirklicht wird. Das Befragen eines → Orakels kann zwar mit Zusammenhängen verbinden, die wir vielleicht wegen geringer Entfaltung »übersinnlicher« → Wahrnehmungsfähigkeit nicht sehen können, doch die Gestaltung der gesehenen Bedeutung liegt an uns – und schafft neue Richtungen.

Tau (griech.), Te (arab.), Taw (hebr.)

Zahlenwert 400, entspricht der Tyr-Rune mit der Bedeutung des Kreuzes als Wiedergeburtszeichen, aber auch Fruchtbarkeit, Werden. Als Hieroglyphe wird es als das Lebenszeichen Ankh, als Kreuz mit einem kleinen Oval, geschrieben. Die Tyr-Rune (→ Asgard) entspricht auch dem → Kreuz, der Verbindung von Geist (senkrechter Strich) und Materie (waagerechter Strich). Die Zahl 400 des hebr. Zeichens ist die Potenzierung der Vier, die dem Daleth (→ D) entspricht mit der Bedeutung »Tür« oder »Tor«. Entspricht auch der Othil-Rune mit der Zahl Vier, die von der Hieroglyphe abgeleitet ist, welche ebenfalls wie eine Öffnung aussieht. Die Zahl 400 des hebr. Taw hat ebenfalls die Bedeutung einer Neugeburt oder Wiedergeburt.

Tai-Chi (chines.)

Ähnliches wie für den → Hatha-Yoga gilt auch für die chines. Bewegungsmethoden Chi-kung und Tai-Chi (moderne Schreibweisen: → Qigong und Dai Qi). Tai-Chi-Chuan entstand wahrscheinlich im 14. Jh. aus einer Methode der Selbstverteidigung und wurde zur Bewegungsmeditation umgewandelt. Außer dem meditativen Tai-Chi gibt es immer noch Tai-Chi-Selbstverteidigungstechniken.

Die bekannteste Tai-Chi-Chuan-Übung ist eine Einzelübung, die als »Form« bezeichnet wird. Sie besteht aus fließend ineinander übergehenden Körperstellungen und hat verschiedene Abschnitte. Die Stellungen tragen den Namen der mit ihnen verbundenen Technik, wie Stoßen, Abwehren, Zurückrollen. *Chuan* heißt ja übersetzt »boxen«, deshalb nennt man Tai-Chi auch »Schattenboxen«, wobei es mit unserem Boxen nichts zu tun hat. Andere Stellungen heißen »Goldener Hahn«, »Spiel der Laute« usw. Diese sanften Bewegungsformen, die zum Teil auch Tierbewegungen nachempfunden sind, führen in Verbindung mit dem → Atem und Atemtechniken in eine tiefe, heilsame körperliche Entspannung.

Tamas

Trägheitsprinzip in der Triade der drei Gunas (→ Trinität).

Tantra (Sk. »gewebte Fäden auf einem Webstuhl«)

Als spiritueller Begriff taucht Tantra im 3. Jh. auf und wird für hinduist., jainistische und buddhist. Texte gebraucht (→ tibetischer Buddhismus). Den Gelehrten ist bisher noch nicht klar, ob das Tantra im Buddhismus oder Hinduismus entstand, doch weist die Ablehnung des Kastensystems und die Verehrung des Weiblichen auf buddhist. Ursprünge hin. Im Laufe der Zeit haben sich die Begriffe und Praktiken auseinander entwickelt. Außerdem fehlt dem buddhist. Tantra das typische → Opferritual des Hinduismus.

Im weitesten Sinne werden im Hinduismus alle religiösen Lehren und Riten als »tantrisch« bezeichnet, die nicht dem Veda (→ Brahmanismus) und den → Upanischaden zugehören. Die Zahl der Werke der tantrischen Literatur ist außerordentlich groß. Im Gegensatz zum Veda bilden die Tantras in ihrer Gesamtheit keinen einheitlichen Charakter, sondern sind geprägt von den unterschiedlichen Richtungen und Sekten. Neben den zahlreichen Tantras der Verehrer der Göttin Durga bzw. ihrer verschiedenen Manifestationen gibt es Tantras der Shaktas (Verehrer der → Shakti), Vaishnavas (Verehrer Vishnus, → Bhakti-Yoga), der Shaivas (Verehrer → Shivas) usw. Die Verehrung des weiblichen Prinzips, der → Shakti, meistens dargestellt in ihren vielfältigen Manifestationen verschiedener Göttinnen wie Lakshmi, Parvati oder → Kali, spielt im Hinduismus insgesamt eine bedeutende Rolle, doch im Tantrismus steht die Göttin als Mahadevi bzw. Mahashakti sogar noch höher als Shiva. Das »Nigama-kalpataru« und das »Picchila-tantra« erklären, dass von allen → Mantras die der Kali die größten seien. Die Figur der → Kali stellt Tod, Zerstörung, Furcht, Terror und Zeit dar – den gesamten Aspekt der Wirklichkeit. Durch die Konfrontation mit diesem Aspekt gewinnt der Verehrer seine endgültige Befreiung.

Wegen ihres erotischen Symbolismus und einiger ihrer Praktiken wurde die tantrische Philosophie sehr häufig missverstanden bzw. auf die rituellen → Sexualpraktiken reduziert; das kommt daher, dass einige Gelehrte technische Begriffe in tantrischen Texten zu wörtlich genommen haben. Der Gebrauch von esoterischer Terminologie und von Symbolen dient indes eher dazu, Wahrheiten zu lehren, die nur von Eingeweihten verstanden werden können. Aus diesem Grunde wurde eine geheime, dunkle, sogar widersprüchliche Sprache entwickelt *(sandhabhasa,* »Absichtssprache«), in der Bewusstseinszustände mit erotischen Begriffen ausgedrückt wurden. Das Vokabular der Mythologie und Kosmologie ist durchtränkt mit hatha-yogischen oder sexuellen Bedeutungen mit dem Ziel, den Yogi in paradoxe Situationen zu versetzen, die für sein Training notwendig sind.

Man kann zwei Formen des Tantra unterscheiden: die wörtliche *(mukhya)* und die metaphorische *(gauna).* Die erstere wird *vamacara* oder »linkshändig« genannt (hier werden Frauen ins Ritual einbezogen), die zweite, die asketische Richtung, *dakshinacara,* »rechtshändig«. Beim Vamacara-Tantra werden die in den meisten Yoga-Richtungen fünf »verbotenen« oder verpönten Dinge *(pancamkaras,* die »fünf M«) wörtlich genommen, während beim Dakshinacara die eigentlichen symbolischen Bedeutungen gemeint sind (die erste Bedeutung in Klammern): *madya* (»Wein«), »berauschende, wonnevolle Gotteserkenntnis«; *mamsa* (»Fleisch«), »die Widmung aller Dinge an Mam, Mich«; *matsya* (»Fisch«), »das Gefühl des ›Mein‹, *mat-sya«; mudra* (»Aphrodisiakum«), »Aufgeben der Übel«; *maithuna* (»geschlechtliche Vereinigung«), »Vereinigung der → Kundalini-Shakti mit dem höchsten Prinzip Shiva-Shakti im Sahasrara-Chakra« (→ Chakras).

Auch wenn das Ziel der tantrischen und nichttantrischen Kulte das gleiche ist – die Erkenntnis der Identität der absoluten und phänomenalen Existenz –, gibt es große Unterschiede in den Methoden, dieses Ziel zu erreichen. Während nichttantrische Lehren einfach ausgedrückt kontemplativ sind, werden im Tantra körperliche und psychische Methoden benutzt, um die Vereinigung der Erscheinungs- mit der absoluten Welt zu erreichen. Auch wenn das Ziel aller Methoden das gleiche ist, hat jeder die Freiheit, den tantrischen Weg in der ihm gemäßen Weise zu gehen.

Das → Sadhana (Übung) des »weißen« Tantra (des rechtshändigen Wegs) berücksichtigt die psychischen Eigenheiten des Schülers. Die wichtigsten Methoden sind → *mantra*, → *mudra* und → *yantra*, die alle dazu dienen, die zentrale Übung der meditativen Visualisierung zu fördern. Das Sadhana des »roten« Tantra (des linkshändigen Wegs) besteht teilweise in der *ritualisierten* Verwendung der sexuellen Kräfte, die bei der Vereinigung von Mann und Frau mittels Mantra, Atemtechnik und → Visualisation zur Umwandlung der sexuellen Energie darauf abzielt, die innerseelische Entwicklung voranzubringen. Die Vereinigung von Shiva und Shakti in der konkreten Form von Mann und Frau entspricht der mythischen Auffassung der Schöpfung und der Zurücknahme der Energien des Lebens in die höhere Einheit.

Im Allgemeinen stellen für den Tantriker die sinnliche und übersinnliche Wirklichkeit keine Gegensätze dar. Befreiung ist in diesem Sinne keine Flucht vor den Anforderungen des Lebens, sondern besteht in der bewussten Umwandlung der Elemente, die unsere Welt und Existenz ausmachen. Die tantrische Weltanschauung ist deshalb nicht asketisch, aber auch nicht spekulativ, weil sie hauptsächlich vom Experiment ausgeht. So haben die Tantriker nicht nur die psychischen Zentren im Menschen, die → Chakras, in ihre Praxis einbezogen und verschiedene → Yoga-Techniken entwickelt, sondern auch naturwissenschaftliche Entwicklungen – wie Medizin (Ayurveda), Alchemie und Astrologie – befördert.

»Die grundlegenden Lehrinhalte des Tantra können in aufsteigender oder absteigender Bewegung erklärt und verstanden werden. Vom Gipfel aus kann man auf einer kosmischen Ebene die Betrachtung beginnen, die von den Maximen des Tantra über die letzte Wirklichkeit handelt, und dann hernieder steigen zu seiner Vorstellung der Schöpfung und der Bausteine der sichtbaren Welt, und schließlich beim Verstehen des menschlichen Körpers und seiner Beschaffenheit enden. Umgekehrt können wir mit dem erfahrbaren Selbst beginnen und in Stufen durch Mensch-Welt-Kosmos aufsteigen, gipfelnd im Wesen der letzten Wirklichkeit. Diese Betrachtung zeigt uns die verschiedenen Stufen des tantrischen Denkens, um die sich verschiedene Rituale und Kunstformen gruppieren. Die Tantriker haben eine systematische Methode entwickelt, indem die ›kosmischen Schnittpunkte‹ auf eine relative Ebene übertragen werden, auf der das Individuum dem Numinosen nun begegnen kann. Diese kosmischen Schnittpunkte können entweder durch die Arbeit an sich selbst, mittels des menschlichen Körpers (→ *kundalini-yoga*), erreicht werden, in der Begehung von Riten und Ritualen, in der Schau von Formen und Figuren wie → Yantras, → Mandalas und Gottheiten (dies sind die wichtigsten Ausdrucksformen der tantrischen Kunst), oder im Laut durch die Wiederholung von Keimsilben *(mantras)*.« (Ajit Mookerje/Madhu Khannu 1978)

Die hinduist. und buddhist. Tantra basieren auf dem → Dualismus der Manifestation von Erscheinungsformen des Absoluten oder reinen Bewusstseins *(purusha)* und der kosmischen Kraft der Natur *(prakriti)*. In der → Samkhya-Philosophie, die zu den sechs Schulen (→ Darshanas) der hinduist. Philosophie gehört und das Tantra maßgeblich beeinflusst hat, ist das Absolute der »Zuschauer«, der den Wandlungen in der Urmaterie der Prakriti zuschaut, deren Struktur sich aus den drei Gunas (Tamas = träge Kraft, Rajas = Bewegungskraft und Sattva = ausgleichende Kraft) bestimmt (→ Trinität).

Purusha und Prakriti sind gleichzeitig die kosmologischen Übersetzungen der Erscheinungsformen des männlichen und weiblichen Prinzips, die sich zwar in ihren Qualitäten unterscheiden, aber untrennbar voneinander sind, die höchste Einheit. Im tibet. Tantra gilt umgekehrt zum hinduist. das männliche Prinzip jedoch als aktiv und das weibliche als passiv. Das Tantra stellt die weibliche Kraft in den Mittelpunkt seines Weltbilds und seines Rituals, weil das weibliche Prinzip die eigentlich bewegende Kraft des Bewusstseins ist. Das geht bis zur Auffassung, dass bei der höchsten Vereinigung Shiva-Shakti die Kraft der Shakti die des Shiva transzendiert. Die universale Kraft der Shakti ist die Schöpferin und die Gebärmutter der Zyklen des Kosmos, sie ist die zeugende Kraft der ewigen Wiederholung.

Im Zentrum der tantrischen Lehren steht das nichtdualistische Bewusstsein der Wirklichkeit als unteilbares Ganzes, die höchste Vereinigung. Shakti und Shiva sind immer miteinander vereint, nur auf der Ebene der Relativität können beide als getrennte Qualitäten betrachtet werden. Die direkte Erkenntnis dieser Wirklichkeit ist das Ziel und die Verwirklichung des Einzelnen bzw. seine Erfüllung. Es versteht sich von selbst, dass dieser Weg alle Möglichkeiten ausschöpft, die zur höchsten Symbiose führen. Die sexuellen Übungen und Praktiken nutzen so den Dualismus, um ihn zu überwinden. Dabei gilt es, die Neigungen und Begierden, die den Menschen an die äußere Erscheinungswelt binden, aufzulösen und als Kraft für die Befreiung zu nutzen. »Durch die gleichen Taten, welche die dualistisch gesinnten Wesen binden, kann man auch von den Banden dieser Welt befreit werden. Das Hauptprinzip besteht darin, dass die Handlung von einem Nichtdualismus zwischen ›Kopf und Herz‹ begleitet sein muss.« (»Advayasiddhi« in: Nik Douglas/Penny Slinger 1985)

Tantra, rituelle Praxis

Bei einem tantrischen Ritual ist die rituelle Projektion *(nyasa)* von Vorstellungen der Göttinnen und Götter *(devata)* auf verschiedene Körperteile von besonderer Wichtigkeit, denn so wird der Übende vom Göttlichen und seinen Manifestationen durchdrungen und verbindet sich mit dem göttlichen Selbst. Die Ausübung von *nyasa* soll das Nervenzentrum reizen und die Shaktis des Körpers richtig verteilen. So wird Ablenkung während der Übung vermieden und der höchste Zustand leichter aufrechterhalten.

Die unterschiedlichsten Riten wie Gebärden (→ Mudras), das Berühren der Körperteile und die Vorstellungen haben nicht nur symbolische Bedeutung. Mit diesen Methoden soll das Einfühlungsvermögen vergrößert, die Konzentration vertieft und das Bewusstsein erweitert werden. Der Gebrauch von → Mantras ist ebenfalls unerlässlicher Bestandteil des → Tantra-Weges. Die fortwährende Wiederholung *(japa)* soll ein Wellenmuster erzeugen, das die Kraft der Shakti weckt. Manche Autoren meinen, dass die Wirkung der Mantras nicht so sehr auf der »Schwingung« beruht, sondern eher auf dem damit verbundenen geistigen Vorstellungsbild. Die Wurzelmantras *(bija)* werden meistens vom Lehrer weitergegeben, weil es nicht nur auf die richtige Aussprache und das Begreifen der Bedeutung ankommt, sondern auch auf die Kraft, die damit verbunden ist.

Der Geschlechtsakt ist dabei eine meditative Körperhaltung (Asana), in der der Geist sich von der äußeren Welt zurückzieht und sich frei von Begierden und Wünschen macht. Dabei wird die sexuelle Energie konzentriert und der Akt längere Zeit ausgedehnt, sodass ein starker innerer Druck aufgebaut wird, der die höchste Glückseligkeit durch das Aufsteigen der → Kundalini-Kraft auslöst. Hier unterscheiden sich jedoch buddhist. Tantras von hinduist. Agehananda Bharati betont, dass »der hinduistische Tantriker sein Sperma ausstößt, der buddhist. *Vajrayana*-Eingeweihte jedoch nicht« (das buddhist. Hevajra-Tantra jedoch deutet keine Notwendigkeit an, das Sperma zurückzuhalten).

»Als allgemeine Regel kann jedoch sicherlich gelten, dass der hinduistische Tantriker das *bija* mit dem abschließenden *svaha* entlässt – die Formel, die alle Opfer und Trankopfer in der indischen Tradition beschließt –, der buddhist. Vajrayana-Eingeweihte es aber zurückhält und zurück in den Körper transformiert, wobei er auf die drei Edelsteine – Atem, Denken und Samen – in einem simultanen Akt abzielt, der, wenn er erfolgreich ist, den Zustand der Einheit in Zweiheit schenkt, dessen bildliche Darstellung das *yab yum* ist.« (Agehananda Bharati 1977; → Tibet-Tantra, → Tao-Yoga)

Für den Hindu ist der Begriff des rituellen → Opfers absolut bedeutend. Bei jeder Gelegenheit führt er Opferrituale durch. Die Idee des Opfers *(yajna)* ist entsprechend auch im Tantra wichtig. Das rituelle Ideal liegt im Loslösen, Entsagen, Aufgeben aller verwendeten Ingredienzen, sogar in der Aufgabe des eigenen Lebens. »Nichts wird zurückbehalten«, schreibt A. Bharati, »und sei es noch so lieb und teuer. ... Wenn dem so ist, dann folgt daraus, dass kein rituelles Ingrediens einschließlich des *maithuna* [die sexuelle Vereinigung] zurückgehalten werden kann – auch dies muss dem Opferfeuer überlassen werden« (1977). Zumindest im asketischen Tantra wird die sexuelle Hingabe als Opfer verstanden und tatsächlich im puritanischen Indien nie so eingesetzt, wie es im Westen propagiert wird.

Selbstverständlich wird der »linkshändige« Pfad auch in Indien praktiziert. Eine ausführliche Beschreibung und Anleitung lieferte das Autorenteam Nik Douglas und Penny Slinger in ihrem Werk »Das große Buch des Tantra«. In ihrem Vorwort betonen sie:

»Das Kern-Erlebnis von Tantra sind die sexuellen Geheimnisse. Tantra ist eine Philosophie, eine Wissenschaft, eine Kunst und eine Lebensart, wo sexuelle Energie bewusst und kreativ genutzt wird. Die mystischen Abhandlungen, allgemein als Tantras bezeichnet, enthalten ein breites Spektrum praktischer Techniken zur Erhöhung des sexuellen Bewusstseins mit dem Ziel, Transzendenz zu erreichen.« (Nik Douglas/Penny Slinger 1985)

Es ist allerdings so, dass dieses Wissen meist den oberen Schichten vorbehalten war, die es auch ausgiebig praktizierten – während das Volk so mit dem Überleben zu kämpfen hatte, dass es nicht in der Lage war, sich auf tantrische Rituale überhaupt vorzubereiten, geschweige denn die Zutaten dafür bezahlen zu können.

Grundsätzlich müssen wir davon ausgehen, dass die wörtlichen, sexuellen Tantra-Lehren nicht die übliche Praxis waren und hauptsächlich in aristokratischen Häusern ausgeübt wurden. Schriften wie das Kamasutra oder das »Ananga Ranga« sprechen natürlich eine direktere Sprache als die religiösen Tantra-Texte. In den Tantras selbst gibt es so auch eine Vielzahl frommer Ermahnungen zu asketischen Übungen und einem enthaltsamen Leben, die ganz im Sinne der üblichen Weltentsagung des Hinduismus sind.

»Diese Ermahnungen werden meiner Meinung nach aber nur gemacht, um dem indischen Publikum die Lehre ein bisschen schmackhafter zu machen. Die tantrische Methode steht eben dem offiziellen ›Klima‹ völlig entgegen. Die Tantras lehren nicht, die Sinne auszuschalten, sondern ihre Kraft zu steigern und sie dann einzusetzen, eine anhaltende Enstase [ein Begriff von Mircea Eliade, der die Erfahrung des Samadhi von Ekstase abgrenzen möchte] zu erlangen. Das Ziel dieser Methoden ist also dasselbe wie das der Orthodoxen.« (Agehananda Bharati 1977)

Tantra, in Europa

Heutzutage werden in Europa vielfach Tantra-Seminare angeboten, die allerdings völlig auf unsere Kultur und Bedürfnisse abgestimmt sind; das traditionell hinduist. Tantra gibt es natürlich nach wie vor in Indien, ist jedoch nicht leicht zugänglich. Die aktivsten Tantristen sind bei uns meist frühere Schüler des verstorbenen → Osho. Am bekanntesten ist Margo Naslednikov, eine Therapeutin, die bereits seit Jahren Ausbildungskurse leitet und mehrere Bücher zum (sexuellen) Tantra veröffentlicht hat.

Ein bekannter Lehrer des »weißen« Tantra ist der Begründer der 3HO (3HO = Healthy, Happy, Holy Organization) Yogi Bhajan. Er lehrt eine Mischung von → Kundalini-Yoga verbunden mit Körperhaltungen (Asanas, → Hatha-Yoga) und → Atemübungen (Pranayama) und anderen Meditationsübungen einschließlich des Singens von Mantras. Yogi Bhajan ist der spriritueIle Führer des Sikh-Dharmas im Westen (→ Sikhismus).

Gopi Krishna, 1903 in Kashmir geboren und 1984 dort gestorben, wurde durch seine Kundalini-Erfahrung weltbekannt. Es gelang ihm, die Gesetze der uralten Geheimlehre in heutiger Sprache zu formulieren. Inzwischen gibt es von ihm initiierte Research Centers for Kundalini in aller Welt.

Tanz als spirituelle Methode

Inzwischen weiß man, dass schon die Frühmenschen Musik und Tänze kannten. Der Tübinger Professor für Ur- und Frühgeschichte Hansjürgen Müller-Beck schreibt dazu: »Wahrscheinlich klopften ein paar von ihnen den Takt mit Ästen oder Knochen, dafür sprechen rhythmische Kerbungen, die wir auf Knochen gefunden haben« (*PM-Magazin* 08/2004). In der Geißenklösterle-Höhle auf der Schwäbischen Alb wurde sogar eine Flöte aus Schwanenknochen entdeckt, die 32 000 bis 36 000 Jahre alt ist.

Die meisten indigenen Gemeinschaften entwickelten kultische und rituelle Tänze für verschiedene Zwecke. Der rituelle Tanz, der die Elemente von Bewegungsformen, Rhythmus, Klang und Stimme in sich vereint, gehört immer noch zu den Instrumenten, um gestörte Ordnungen ins Gleichgewicht zurückzubringen. Durch rituelle Tänze, die auf exakten Gesetzmäßigkeiten von Zahl und Rhythmus beruhen, wird auch heute noch in vielen lebendigen Traditionen die »Ordnung der Welt« immer wieder neu in die Harmonie gebracht und die Wirklichkeit unserer Welt immer wieder neu erschaffen.

Jeder Tanz ist eine fließende oder rhythmische Bewegung, die nur erreicht wird, wenn das Zentrum des Bewusstseins geweckt ist, das die verschiedenen Teile des Körpers koordiniert. Der Körper bzw. das motorische Zentrum muss sich von selbst bewegen, jeder Gedanke behindert den Fluss. Aus diesem Grund haben Tänze in vielen Traditionen einen Bewusstseinseffekt. Viele rituelle Tänze

Felszeichnung, die einen Mann und zwei Frauen tanzend und musizierend zeigt. Die Töne und Rhythmen sind durch Ideogramme über ihren Köpfen bildlich dargestellt. Valcamonika, Alpengebiet, ca. 2000 v. u. Z.

sind choreografiert, d. h. bestimmte festgelegte Bewegungsabläufe müssen gemeistert werden:

»Im Kunsttanz ist das Unwillkürliche durch Körperbeherrschung gebannt. Im Volkstanz schwingt noch die intuitive Kenntnis von der therapeutischen Wirkung des Tanzrausches mit und lässt im Rahmen der Stilisierung das Unwillkürliche bedingt zu. Es hängt von der didaktischen Vermittlung ab, inwieweit den Tanzbewegungen eine energetische Erfahrung beigemessen wird.« (Kaye Hoffman 1986)

G. I. → Gurdjieff verband diese beiden Elemente zu seinen »Movements«, rituellen Tänzen, die Körperbeherrschung und Intuition schulen und gleichzeitig etwas von kosmischen Gesetzen vermitteln. Aber auch bei klassischen Volkstänzen kommt die »Stilisierung des Unwillkürlichen« zum Ausdruck. Kaye Hoffman zeigt dies anhand eines kroatischen Volkstanzes:

»Eine Bewegungsfolge einfacher, sehr rhythmischer Tanzschritte wird abgelöst von einer Choreografie, die die Gruppe in Paare aufteilt und den Paaren eine getanzte Annäherung vorschreibt, bis es zum Händedruck kommt. In dieser Phase der Annäherung geht ein anhaltendes Zittern durch die Tänzer, gerade so, als würde sie die Scheu, die Scham oder auch die Erregung nur so beuteln. Hier überlagert sich die dargestellte Form mit der Darstellung eines energetischen Zustands und ruft beim Zuschauer eine heitere Reaktion hervor, denn in der Überlagerung erkennt er sich selbst, wie er sich zu beherrschen versucht und doch ab und zu aufgeben lassen muss – und will!« (Kaye Hoffman 1986)

Beim Drehtanz der Mevlevi-Derwische (→ Sufismus) gibt es – obwohl man scheinbar nur die drehenden Tänzer sieht – auch eine Choreografie: Die Bewegungen der Tänzer stellen eine Bewegung der Planeten um die Sonne (der Meister in der Mitte) dar. Gleichzeitig drehen sich die Tänzer wie Planeten um sich selbst. Um nicht schwindelig zu werden, muss der Tänzer sich um eine vorgestellte innere Achse in wachem Bewusstseinszustand drehen. Das gesamte Tanzritual führt in eine andere Bewusstseinsebene. Deshalb reicht es nicht, die Drehung zu lernen, was ja für sich allein schon recht interessant ist. Die tiefe Wirkung des Tanzes entsteht erst durch das Gesamtritual.

Dasselbe gilt, wie oben beschrieben, auch für »Volkstänze«, die oft schamanische oder religiöse Wurzeln haben, wobei es hier unterschiedliche Anlässe gibt. Ein interessantes Beispiel sind die engl. Morris-Tänze (»Morris« ist mit unserem Wort »Mauren« verwandt und verweist auf afrikanische Ursprünge). Die choreografierte Kombination von Tanzschritten und Bewegungsabläufen zusammen mit einer lebensfrohen, rhythmischen Musik lässt selbst die Zuschauer nicht unberührt. Dasselbe gilt sicherlich auch für die indianischen, tibet. oder balinesischen Maskentänze. Tänze sind immer ein gemeinschaftliches Ritual, in dem Tänzer wie Zuschauer zugleich einbezogen sind. Eine gesteigerte Form dieser Tänze ist der Tanz in → Trance bei indigenen Völkern:

»Die Shoshonen nennen den Sonnentanz ›Tanz-trocken-stehend‹, und das stellt schon die zwei wichtigsten Merkmale dar, den langen Tanz und das Nichttrinken. Mit Schlaf- und Ruhepausen, meistens in der Nacht, wird drei bis vier Tage lang getanzt. Während der ganzen Zeit zwingt man die Tänzer, nichts zu essen und zu trinken. Die Füße werden auf dem steinigen Grund bald wund; die Hitze untertags, der Durst und die Kühle der Nacht sind sehr fordernd. Dieses Leiden ist nach Ansicht der alten Prärieindianer wichtig und bedeutungsvoll: es soll die übernatürlichen Kräfte auf die Tanzenden aufmerksam machen ...« (Åke Hultkrantz).

Es steht zu erwarten, dass bei so intensiven Tänzen ohne Flüssigkeitszufuhr Dehydrierungsprobleme auftreten. Eine Nachahmung ist daher nicht zu empfehlen.

Leider beschreibt der Autor keine Bewegungsabläufe. Diese sind genauso wichtig wie das Fasten. Denn auch beim Trance-Tanz gibt es bestimmte Fußschritte und Haltungen, die durch ihre dauernde Wiederholung zusammen mit dem gleichmäßigen Trommelrhythmus von drei bis vier Schlägen in der Sekunde zum gewünschten Ergebnis, zur Ekstase, führen. Ich erlebte einen solchen Tanz in einem Pueblo in New Mexico, bei dem ich allein durch die Beobachtung der Tanzbewegungen und das Erleben des Trommelrhythmus plötzlich in einen Trancezustand fiel.

Die → Trance kann einen Verlust der willentlichen Bewegungskontrolle einschließen sowie mit Halluzinationen und Visionen einhergehen, die häufig wieder vergessen werden. Ein Tanzritual in Marokko ist die *hadra* der Hamadsa-Derwische (→ Derwische). Die Hamadsa kennen zwei Trancezustände, *hal* und *gidba*. *Hal* ist ein Zustand der Verzückung, der von anderen Sufis auch als *wagd,* Ekstase, bezeichnet wird. *Gidba* ist eine mehr rasende Trance. »Sie ist eine strukturierte Erfahrung, bei der der Akteur über relativ komplexe Verhaltensweisen verfügt, aber nicht die gleiche Selbstbeherrschung wie beim *hal* beweist. Sie lässt sich einem Zustand extremer Raserei vergleichen«, schreibt der Ethnologe Vincent Crapanzano (1981). »Männer und Frauen unterscheiden sich deutlich in den Grundfiguren ihres In-Trance-Verfallens und Tanzens.«

Interessant ist die Anmerkung des Forschers, dass männliche tanzende Transvestiten zwischen den charakteristischen Tanzschritten für Männer und Frauen hin und her wechselten, »offenbar unfähig, sich für den ihnen gemäßen Tanzstil zu entscheiden«:

»Einige der jungen männlichen Tänzer treten in den *hal* auf dieselbe Weise wie die Frauen ein, besonders wenn sie zum ersten Mal in Trance verfallen. Aber die meisten männlichen Verzückten arbeiten sich langsam in die Trance hinein. Sie reihen sich freiwillig bei den Tänzern ein und steigern sich dann mit Hilfe der Atem- und Tanztechniken in den *hal*. Wenn sie im *hal* sind, können sie dem Rhythmus und den Tanzschritten der *hadra* [die Gruppe] folgen; ihre Bewegungen sind möglicherweise vereinfacht und wirken anmutig und geradezu traumwandlerisch.« (Vincent Crapanzano 1981)

Diese Aussage ist sicherlich für die meisten der choreografierten Trance-Tänze gültig, wobei die Zustände und ihre Auswirkungen (die Hamadsa sind bekannt für Selbstverstümmelung, meistens am Kopf, wenn sie in »Raserei« sind) bei unterschiedlichen Kulturen und Trance-Tänzen natürlich verschieden sind. Während die Hamadsa manchmal von einem Dschinn (→ Geister) befallen werden, kommt bei → Voodoo-Tänzen häufig eine so genannte Besessenheit durch einen der Götter vor. Die Erfahrung in der → Trance scheint in dieser Hinsicht religiös und soziokulturell bedingt.

Kaye Hoffman beschreibt eine Erfahrung mit dem Candomblé (→ Voodoo):

»Die Trommler, die auf der Seite bereit saßen, begannen auf einen Wink der *mae* erneut zu spielen. Die Runde der Tänzerinnen schloss sich zum Kreis, die Trommeln drängten sich auf und schienen in ihrer Nerven zerreißenden Wirkung nur durch die Kreisform erträglich. Der einfache Tanzschritt des einmal rechts, einmal links ausgestellten Spielbeins, das sich jedoch zum Schwingen des Oberkörpers, dem Pumpen der Ellenbogen und dem Nicken des Kopfes merkwürdig verschoben verhielt und dennoch oder gerade deshalb den Eindruck filigranhaft durchgestalteter Harmonie machte, führte nahtlos von einer Halbkreisdrehung über in die andere, an die unablässige Hin- und Herbewegung einer Spule erinnernd. Die Tänzerinnen bewegten sich auf einer Kreisbahn ... Dann fällt die erste in Trance. Ich sehe es nicht, aber ich spüre, dass etwas los ist. In der Mitte der Tänzerinnen hat sich eine Art Strudel gebildet, eine Bewegung, die die Monotonie der Schritte unterbricht und ein Loch reißt ...« (Kaye Hoffman 1986)

Der hl. Tanz ist ein großartiges Instrument, innere Bilder wiederzuerwecken, die Bewegungen der Seele mit dem Körper auszudrücken. »Mit der Bewegung werden die Lebensströme wieder neu geweckt und beginnen wieder zu fließen«, erläutert Walburga Sprang in einem Zeitschriftenartikel. Denn »Lebensfreude ist nichts, was mit äußeren Dingen zusammenhängt, sondern sie ist der Fluss der Energie im Körper« *(Cosmopolitan* 12/1992).

Tao (Dao)

Der philosophische Taoismus wurde von dem Weisen Dschuang-Ze (Chuang Tzu, 369–286 v. u. Z.) gemeinsam mit Lao-tzu/Laotse (Lao-ze, vermutlich 200 v. u. Z.) begründet. Auf Dschuang-Ze geht die Aussage zurück: »Versuche nicht, am Dao festzuhalten, hoffe nur, dass es dich festhält.« Die daoistische Weltanschauung besticht durch ihre grundlegende Einfachheit, die darauf beruht, dem Lauf der Dinge zu folgen, dem sinnvollen Weg. In aktuellen Büchern unter Titeln wie »Ein Taoist an der Wall Street« oder »Das Tao der Politik« wird diese Lebensweisheit auch für das heutige, komplexe Leben als praktische Philosophie nutzbar gemacht. »Zur Meisterung dieses Lebens wird keine einzige Fähigkeit gefordert, die nicht bereits bei uns vorhanden ist. Allerdings haben die meisten Menschen verlernt, mit der einen oder anderen dieser Fähigkeiten umzugehen«, erklärt Theo Fischer das Leben im »Geiste des Tao«.

Das Geheimnis der Lebenskunst wird im Gedanken des *wu wei* ausgedrückt, der Identität von Handeln und Nichthandeln. Das Nichthandeln bedeutet dabei nicht Untätigkeit, sondern vielmehr »wirken, ohne zu streiten«, also nicht gegen den Fluss der Dinge anzukämpfen. Darin ist die Vorstellung enthalten, dass es bei aller Verschiedenheit der Manifestationen eine Einheit gibt. Dieser Gedanke ist auch dem Zhan (Ch'an)-Buddhismus zu eigen (→ Zen), der in seiner höchsten Ausprägung, der chines. Huayan (→ Hua-Yen)-Philosophie des Fazang (Fa-tsang, 643–712) die Vorstellung ausdrückt, dass das Universum eine riesige Bühne ist, auf der ein Schauspiel voll unendlich komplizierter Wechselwirkungen aller Kräfte aufgeführt wird: So ist Eins auch Alles, und Alles ist Eins. Daraus ergibt sich das spontane Handeln im Augenblick, in der Übereinstimmung mit der jeweiligen Notwendigkeit. Dieser Gedanke findet sich auch im indischen Advaita-Vedanta (→ Vedanta) und der modernen Idee, das Universum sei eine Art Hologramm, in dem der kleinste Teil das Ganze in sich enthält.

Der Weg – das Dao *(tao)* – hat die Kraft, Gegensätze auf einer höheren Ebene des Bewusstseins vereinen zu können. Das Verstehen von Dao ist eine innere Erfahrung, in der die Unterscheidung von Subjekt und Objekt verschwindet. Es ist eher eine intuitive, unmittelbare Bewusstheit als ein vermittelnder, schlussfolgender oder intellektueller Prozess. Dao öffnet sich nicht in lebendige Bewusstheit, bevor nicht alle Unterscheidungen zwischen Selbst und Nichtselbst verloren gehen.

Die Daoisten betonen, dass Mensch, Natur und Kosmos eine Einheit sind. Das Dao ist die Ordnung dieser Ganzheit, das Gesetz, das in allem wirkt. Deshalb wird auch nicht zwischen Geist und Materie unterschieden – Himmel, Erde und Mensch stehen in Wechselwirkung zueinander und sind voneinander abhängig. Die tiefe Erkenntnis dieser Zusammenhänge geht aus dem uralten magischen Weltbild der Schamanen (→ Schamanismus) hervor, die den Weg der Natur, des Menschen und des Himmels als Manifestation der einen, nichtmanifestierten Kraft ansahen. Diese Nichtkraft wird symbolisch als Kreis (0) dargestellt, Wuji (Wu-Chi), der Urgrund, in dem alle Unterschiede noch ungeschieden nebeneinander vorhanden sind. Aus diesem absoluten Nichtsein geht das Taiji (Tai-Chi), der Uranfang, das Eine (1) hervor, das sich dann in die zwei (2) Prinzipien, die aktive, lichte Kraft des Yang und die passive, verhüllende Kraft des Yin, wandelt. Aus ihrer Vereinigung entstehen die fünf → Elemente, die wiederum die 10 000 Dinge hervorrufen (→ Yin und Yang).

Im Daodejing (Tao-Te-King) heißt es: »Der Sinn erzeugt die Eins. Die Eins erzeugt die Zwei. Die Zwei erzeugt die Drei. Die Drei erzeugt alle Dinge« (Laotse, Tao te king, 1978, Vers 42). In anderen Übersetzungen wird der »Sinn« auch mit »Tao« oder der »Null« wiedergegeben. Bei Laoze (Lao-Tse) ist das Dao der Ursprung aller Wesen; seine Kraft ernährt sie, sein Wesen gestaltet sie, und sein Wirken vollendet sie. Indem das Dao zu einer Vielheit wird, treten in der Welt Gegensätze auf.

Auf das Reich des Himmels bezogen ist Yin für die Chinesen »dunkel« und Yang »licht«, auf das Reich der Erde bezogen ist Yin »schwach« und Yang »stark«. Dazwischen, auf das Reich der Menschen bezogen, ist Yin »Liebe und Zuwendung« und Yang »Gerechtigkeit«, in dem Sinne, dass jedes Wesen seinen Platz finden möge. Yin, die weibliche Naturkraft, wird mit der Erde und dem Kalten verglichen. Wenn beide Naturkräfte, die weibliche und die männliche (Yang), zusammen genannt werden, steht Yin immer an erster Stelle.

Die Daoisten sehen im Yijing (→ I Ging) einen genauen Führer zur menschlichen und gesellschaftlichen Entwicklung. Der große Philosoph Kongze (Konfuzius, 551–479 v. u. Z.) und Zeitgenosse von → Buddha und Laoze (Laotse) begründete eine Weisheitsschule, die ebenfalls auf dem Yijing basiert. Seine bedeutende Grundlage ist die Menschlichkeit, womit er den modernen Humanismus lange vorweggenommen hat. »Was du selbst nicht wünschst, das füge auch den anderen Menschen nicht zu« war die Devise, die er im Lunyu (Lun-yü), seinen Lehrgesprächen, äußerte. Menschlichkeit umfasst die Tugenden der Gewissenhaftigkeit und der Gegenseitigkeit.

Der bekannteste Daoist im Westen ist Laoze (Laotse, um 570–ca. 490 v. u. Z.), der angeblich das Daodejing (Tao-Te-King) verfasst haben soll.

Richard Wilhelm, der unübertroffene Übersetzer des Yijing (I Ging), erläutert:

> »Das Taoteking in seiner epigrammatischen Kürze ist als Weisheitsbuch beinahe ebenso unerschöpflich wie das Tao, der Sinn, von dem es handelt. Die starke und unmittelbare Wirkung, die es auch heute, nahezu dreitausend Jahre nach seiner Entstehung, noch auf uns hat, beruht darauf, dass Laotse seinen Erkenntnissen in ganz elementaren, ja fast archetypischen Bildern Ausdruck gibt.« (Richard Wilhelm 1978, 8)

Tao-Yoga

Der Taoismus nutzt viele Übungselemente, die auch beim Yoga (→ Hatha-Yoga) und → Tantra vorkommen, viele davon sind Hunderte Jahre früher entstanden. Der Schwerpunkt liegt dabei auf der Umwandlung von inneren Energien, um zur menschlichen Vollendung zu gelangen, eine Technik, die sich in der europ. Esoterik wieder findet (→ Energie).

»Um aber die wahre Natur daoistischen Strebens zu verstehen, ist es unerlässlich, die Bedeutung der ›Unsterblichkeit‹ in jenem Sinn zu erfassen, die sie für ganz in das Geheimnis der Kultivierung des Weges eingeweihte Mystiker und Adepten hat: Ein Unsterblicher ist jemand, der durch völlige Entwicklung seiner körperlichen und geistigen Fähigkeiten und durch Abschütteln seiner Leidenschaften und Ausrottung aller Begierden ein freies, unmittelbares Dasein erreicht hat.« (Frieder Anders 1985)

Eine der bedeutendsten Persönlichkeiten in der Gründerzeit der »Schule der Vollkommenen Wirklichkeit« war Zhang Boduan (Chang Po-Tuan), ein Gelehrter aus dem 11. Jh.

»Zhang Boduan stammte aus einer Familie konfuzianischer Gelehrter und setzte diese Tradition fort, bis er schließlich seine Interessen auf andere Gebiete wie Astronomie, Mathematik und Medizin ausweitete. Wie sein Werk ›Über das Begreifen der Wirklichkeit‹ bezeugt, verfügte er auch über ein profundes Wissen über den Zhan-Buddhismus [→ Zen] und betrieb umfassende Studien über alchemistische Literatur ... Obwohl Zhang viele Jahre unter Anleitung von Buddhisten und Daoisten nach spiritueller Erfahrung suchte, traf er seinen wahren Meister erst im Alter von über achtzig Jahren. Von ihm wurde er in die daoistischen Geheimnisse der Wiederherstellung der Lebenskraft und Energie eingeweiht, bis er schließlich spirituelle Meisterschaft erlangte.« (Frieder Anders 1985)

Zhang starb im Alter von 99 Jahren. Sein bedeutendstes Werk, das »Geheimnis des Goldenen Elixiers«, stellt eine Zusammenfassung der alchemistischen Praxis im Taoismus dar. »Die eigentliche Schulung zur Wirklichkeit ist eine Sache des Arbeitens mit der Wirklichkeit«, erklärt Zhang.

Die daoistische Lehre von der physischen Unsterblichkeit meint nicht, dass es eine Methode gebe, den Tod zu überwinden. Die Chinesen sind viel pragmatischer. Es geht ihnen vielmehr darum, einen substanziellen spirituellen Körper zu entwickeln. Während im Westen von einer »unsterblichen Seele« gesprochen wird, sind die Daoisten der Überzeugung, dass dies einer besonderen Konzentration und Ansammlung innerer Energien bedarf. »Die praktisch gesinnten Daoisten gingen davon aus, dass der Mensch mit der ihm am leichtesten zugänglichen Energie beginnen sollte, nämlich der sexuellen Anziehung zwischen Mann und Frau, um diese als Sprungbrett in feinstofflichere Bereiche zu benutzen«, schreibt Michael Winn im Vorwort zu »Tao Yoga der Liebe« (Mantak Chia 1984, 21).

»Anders als jene Schulen, die lehren, dass man das individuelle Ego in der Glückseligkeit der kosmischen Einheit auflösen muss, um zu einem Heiligen zu werden, bestehen die Taoisten darauf, dass jeder Adept seine individuelle Natur in einem Körper bewahren soll, physischer und geistiger Art. Nur so kann er die Entwicklung seiner Seele verfolgen bis zur endgültigen Vereinigung mit *Wuji (Wu-Chi)*, dem Nichts, aus dem die Einheit des → Tao entspringt. Dieses ›Im-eigenen-Körper-Bleiben‹ bewahrt den Adepten davor, sich einem Guru, einem göttlichen Wesen oder einer sonstigen religiösen Autorität völlig zu unterwerfen. Niemand kann Ihnen Ihre spirituelle Arbeit abnehmen.«

Die taoistischen Sexualtechniken sind vergleichbar mit den tantrischen, wobei das → Tantra durch seine Rituale viel fremdartiger für uns ist, während die Chinesen das Ganze als praktische Methode der Energietransformation betrachten. Das »Tao der Liebe« ist natürlich nur ein Teil eines umfassenden Übungssystems des Tao-Yogas.

Tatsächlich ist das meditative → Atmen in die inneren Energiezentren, die im → Tantra zu den → Chakras wurden, bereits in medizinischen Werken des 3. und 4. Jh. v. u. Z. ausführlich beschrieben. Im medizinischen Klassiker Ling-shu werden die inneren Zentren erklärt und der Kreislauf des Atems durch die Nervenbahnen des Sympathikus.

»Im taoistischen Atemsystem ist die Grundbedingung für die frühen Stadien der Übung ein langsames, tiefes und rhythmisches Ein- und Ausatmen. Beim Einatmen muss die Luft tief in den Leib hinab gesandt werden. Aus diesem Grund wird das Nierenzentrum unterhalb des Nabels das Meer des Atems genannt. Beim Ausatmen hebt sich das Zwerchfell, und der Unterleib wölbt sich nach innen, ganz im Gegensatz zur Brustatmung. ... Das einfache Einziehen und Ausstoßen von Luft jedoch erfüllt noch nicht die Bedingungen meditativer Atmung. Um die Atmung wirksamer zu machen, wird Konzentration empfohlen. Man muss mit der Bewegung des Atems einen baren Gedanken in die Kreisbahn schicken.« (Chang Chung-yuan 1980, 133)

Diese Chakra-Atem-Technik soll den Prozess der Umwandlung von *jing* (»Essenz«) in *qi* (»Atem« bzw. »Energie«) und dann in *shen* (»Geist«) fördern. Es geht um die Transformation von Energien zur Bildung eines → Energiekörpers. »Philosophisch ausgedrückt ist das chines. meditative Atmen der Blick in das Nichts auf der Suche nach Erleuchtung« (Chang Chung-yuan 1980, 145). Bei dieser Übung saß man zunächst auf Knien und Fersen; die indische Sitzhaltung mit verschränkten Beinen kam erst später auf. Es wird auch empfohlen, aufrecht auf dem Stuhl zu sitzen, weil man so durch die Energiepunkte in den Füßen Erdenergie aufnehmen kann.

Das Tao-Yoga kennt mehr Energiezentren als das → Tantra (→ Chakras):

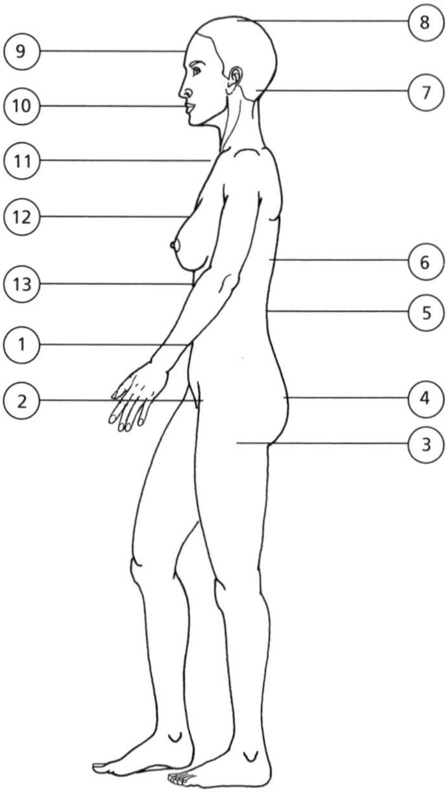

Die chinesischen Energiezentren.

1. Tan-Tien, die Quelle, liegt hinter dem Bauchnabel.
2. Kuan-Yuan, Ovar-Palast, bzw. Jing-Gong, Samen-Palast, liegt im Bereich der Eierstöcke bzw. Keimdrüsen (im Tantra: Svadhistana-Chakra).
3. Hui-Yin, das Tor des Lebens und des Todes, liegt in der Mitte des Perineum (im Tantra: Muladhara-Chakra).
4. Chang-Chiang, der Durchgang zum Tor von Leben und Tod, liegt direkt am Steißbein.
5. Ming-Men, das Tor des Lebens, liegt in der Rückenkuhle gegenüber dem Nabel.
6. Chi-Chung liegt im Rücken gegenüber dem Solarplexus.
7. Yu-Chen, das Jadekissen, liegt in der Halskuhle am Hinterkopf.
8. Pai-Hui, der Kompass des Menschen, liegt in der Kopfmitte unterhalb des Scheitels (im Tantra: Sahasrara-Chakra).
9. Yin-Tang, das Himmelstor, liegt in der Stirnmitte (im Tantra: Ajna-Chakra).
10. Hsuan-Ying, der Himmlische Teich, liegt in der Gaumenplatte.
11. Hsuan-Chi, die Zwölf Geschichten, liegt im Bereich der Schilddrüse (im Tantra: Visuddha-Chakra).
12. Shuan-Chung, das Herz (im Tantra: Anahata-Chakra).

13. Chung-Kung, der Solarplexus (im Tantra: Manipura-Chakra).

Das Energieleitgefäß an der Vorderseite des Rumpfes wird als Yin, weiblich-kalt, die Rückseite als Yang, männlich-heiß, betrachtet. Eine wichtige Technik im Tao-Yoga besteht in der Aktivierung des Kreislaufs der Energie durch diese Zentren um den Körper herum. Dieser Kreislauf wird in Verbindung mit Atemübungen (→ Atem, Atemtechniken) und Vorstellungskraft durchgeführt.

Die → Yin-Yang-Terminologie ist eines der Grundelemente der spirituellen → Alchemie (→ Feng Shui). In den chines. alchemistischen Texten werden die Begriffe Yin und Yang hauptsächlich symbolisch durch andere umschrieben. Der berühmte taoistische Lehrer Zhang Sanfeng, der als Erfinder des → Taijiquan (Tai-Chi-Chuan) gilt, sieht diese Dualität nicht als endgültig an, da sie durch Übung überwunden werden kann. Die taoistischen Meister haben eine Reihe von bedeutenden Körper- und Heilübungen wie z. B. das Taijiquan (Tai-Chi-Chuan) oder das → Qigong (Chi Kung, Atem- und Bewegungsübungen) hervorgebracht. Techniken des Sammelns und Kreisenlassens der inneren Kraft Qi (Chi) in den lebenswichtigen Organen helfen, den Körper gesund zu halten. Auch Übungstechniken wie das Gongfu (Kung-Fu) nutzen ebenfalls solche Methoden.

»Zuerst musste man für das Kung-Fu die innere Kraft entwickeln ... erst dann lernte der angehende Kung-Fu-Schüler, wie er seine Vitalorgane kräftigen und durch die Praxis des ›Eisenhemdes‹ von äußeren Schäden schützen konnte. Erst dann ging es an die eigentliche Kampfpraxis, da die verschiedenen Kampfstile nur dann wirkungsvoll entwickelt werden konnten, wenn die innere Kraft voll entwickelt worden war.« (Mantak Chia 1985, 203)

Da all diese Bewegungsübungen am besten in der Praxis gelernt werden können, sollte der Sucher am besten die vielen Angebote prüfen, die es heute auch in Europa gibt. Leider wird Gongfu (Kung-Fu), das übersetzt »harte Arbeit« heißt, im Westen meistens nur als → Kampfsport und nicht im Zusammenhang mit der taoistischen Lehre vermittelt. Auch das »sanfte« Taiji wird häufig nur als meditative Bewegungsübung gelehrt.

Eine ganzheitliche Ausbildung indes müsste vielmehr auf der Linie der »Meister des Augenblicks« durchgeführt werden. Daran zeigt sich wahre Meisterschaft:

»Wenn Menschen das Tao üben, um ihren Charakter zu entwickeln, und im Umgang mit Menschen und Ereignissen immer hart vorgehen, werden sie heftig, aggressiv und extrem ungeduldig, sodass ihrem Handeln Beharrlichkeit fehlt und sie abstumpfen. Andererseits sind Menschen, die immer weich vorgehen, schwankend und ängstlich, und sie bewirken nichts ... Wenn Menschen in ihrer Entscheidung fest und bei ihrer Durchführung biegsam sein können, ohne zu hasten oder zu trödeln, ohne aggressiv oder schwach zu sein, sind Härte und Weichheit in Balance.« (Thomas Cleary 1989)

Tariqa (arab.) → Sufismus, Sufi-Orden

Tarot

Das Tarot (auch Tarock genannt) ist ein Satz von 78 Karten. Die 22 Karten einer Bilderreihe werden Große Arkana (»große Geheimnisse«) genannt. Die weiteren 56 Karten der so genannten Kleinen Arkana wurden später zu den heute üblichen Spielkarten (für Poker, Bridge usw.).

Wir wissen nicht, wer die Spielkarten erfand oder in Italien einführte. Als Gutenberg um 1445 die Druckerpresse erfand, war jedoch die Möglichkeit geschaffen, Informationen, die zuvor durch den Filter der Kirche gegangen waren, jetzt frei und vielfältig zu veröffentlichen.

Da bis dahin nur wenige Menschen lesen konnten, wurden Informationen in Bilder gelegt, und da Menschen gern spielen, konnten sich nun die Bilder durch Spielkarten tausendfach vervielfältigt über ganz Europa ausbreiten. Aber auch die Nutzung der Karten als Wahrsagesystem trug zu ihrer Verbreitung bei.

Man nimmt an, dass die ersten *tarocchi* für die Familie Visconti-Sforza entworfen wurden. Woher der Begriff, der im Französischen zu Tarot und im Deutschen zu Tarock wurde, stammt und was er ursprünglich bedeutete, ist unklar. Einige Autoren führen ihn auf die hebr. Thora (das Alte Testament) zurück, was die spätere Verbindung zur → Kabbala herstellt. Einige der Bilder der Visconti-Sforza-Karten sind auch im 50-Bilder-Set von Andrea Mantegna zu finden, das man auf 1470 datiert.

Die Kleinen Arkana der 56 Spielkarten bestehen aus den so genannten Hofkarten (König, Dame, Ritter, Knappe) und den vier mal zehn Zahlenwerten (jeweils von eins bis zehn). Die Zehnerreihe geht mit großer Sicherheit auf die pythagoreische Tetraktys (→ Pythagoras) zurück, die in der Renaissance populär wurde. Die Hofkarten scheinen damit nicht ganz zusammenzupassen. Doch die Erklärung liegt nahe: Im Spiel zählt der König vier Punkte, die Dame drei, der Ritter (heute Bube) zwei und der Knappe einen Punkt. Diese Zählweise ist eine Illustration der berühmten Tetraktys, in der diese Zahlen mit Kieselsteinen in einem Dreieck angeordnet wurden. 1 + 2 + 3 + 4 ergibt zusammen 10, und dies sind auch die inneren Zahlen der Dreiheit, symbolisch der »Hof«.

Die vier »Farben« des Tarot – Stäbe, Kelche, Schwerter und Münzen – entsprechen den vier → Elementen. In den

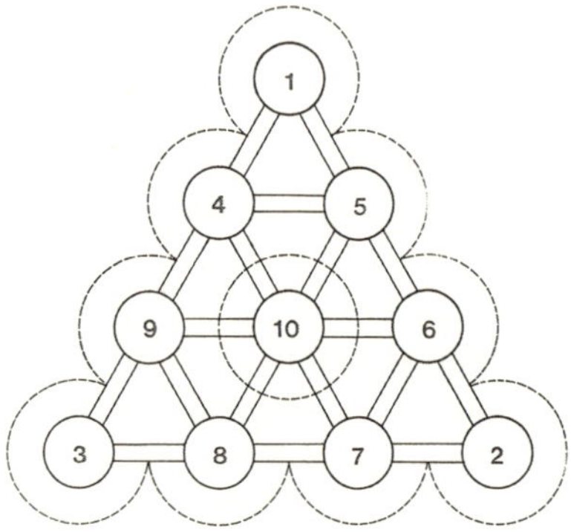

Pythagoreische Zahlenpyramide »Tetraktys«.

gewöhnlichen Spielkarten ist dieses Prinzip noch gewahrt: Die Münze (Scheibe, Karo) entspricht dem Element Erde; das Schwert (Blatt) dem Element Feuer; der Kelch (Herz) dem Element Wasser; der Stab (Kreuz) dem Element Luft.

Die 22 Karten der Großen Arkana haben im Tarot symbolische oder archetypische Bedeutung. Es sind dies die folgenden Karten: Welt, Gericht, Mond, Sonne, Sterne, Turm, Teufel, Tod, Mäßigkeit, Einsiedler, Gerechtigkeit, Gehenkter, Schicksalsrad, Kraft, Triumphwagen, Liebende, Hohepriester (Papst), Herrscher, Herrscherin, Hohepriesterin, Magier und Narr.

Die Zeit der Renaissance war eine große Zeit für Künstler, deshalb ähneln die Bilder in vielen Fällen Bildern, die schon früher gemalt wurden. Ausgaben von Dantes »Göttlicher Komödie« wurden schon im 14. Jh. illustriert, so die Darstellungen des Todes, der Hölle, des Paradieses oder des Jüngsten Gerichts. Alle späteren Kartensätze sind Abwandlungen der Bilder des Visconti-Sforza-Spiels, jedoch ist ihre Symbolik wesentlich ausgefeilter, was auf einen möglichen Einfluss alchemistisch oder kabbalistisch beeinflusster Zeichner hinweist.

Tarotkarte »Die Welt«, Tarot de Marseille.

Einige der Bilder können durchaus als archetypische Symbole gelten, was einige Psychologen der Schule C. G. Jungs betonen. Beinahe jedes Bild kann archetypischen Gehalt haben (→ spirituelle Bilder). Während im Mittelalter Bilder wie Papst oder König durchaus zeitgemäß und tief im Unbewussten verankert waren, lösen derartige Bilder beim heutigen Menschen kaum noch Erkenntnisprozesse aus. Aus diesem Grund haben sich immer wieder moderne Künstler daran versucht, neue Bilder zu entwerfen.

Interessant ist auch ein anderer Zusammenhang: 13 Bilder der 50 Mantegna-Karten sind auch im Visconti-Tarot enthalten. Diese sollen in Florenz hergestellt worden sein, was eine Nähe zur neuplatonischen Akademie annehmen lässt, die der Bankier Cosimo de' Medici (1389–1464) finanzierte. Diese neuplatonische Akademie förderte die Übersetzung und Verbreitung der Schriften von Platon, Aristoteles, Pythagoras u. a. und war damit maßgeblich an der Geburt der Renaissance beteiligt. Sie sichtete auch die esoterischen Wissenschaften, die → hermetische Philosophie und Kabbala und entwickelte sie weiter.

Die Mantegna-Karten, die aus fünf Zehnerreihen bestehen, waren nach bestimmten Ideen zusammengestellt: So illustrieren die Bilder eins bis zehn die menschliche Gesellschaft vom Bettler bis zum Papst; elf bis 20 stellen die Musen dar, die Symbole der Kreativität; 21 bis 30 bilden alle freien Künste bzw. Wissenschaften ab, von der Grammatik bis hin zur Theologie; 31 bis 40 geben die kosmischen oder geistigen Prinzipien wieder, darunter Hoffnung, Barmherzigkeit, Mäßigkeit, Genialität. Die letzte Reihe besteht aus den Planetenbildern und den oberen Sphären. Diese Bildkarten unternahmen offenbar den Versuch, abgeleitet von der Verbindung der Prinzipien Ramon → Llulls und seinen Suchregeln, mit beweglichen und anschaulichen Bildern diese Ideen nachzuvollziehen und neu zu kombinieren. Da jedoch die Komplexität der Ideen Llulls damals keineswegs wirklich nachzuvollziehen war, konnten sich die Mantegna-Karten als »Lernspiel« auch nicht durchsetzen. Diese Ausführungen über die Philosophie, auf deren Hintergrund das Tarot entstand, sind von nicht geringer Bedeutung, wenn die Denkmaschine Llulls tatsächlich der Entwicklung der Karten zugrunde lag.

Ein anderer bedeutender Philosoph dieser Zeit, Nikolaus von → Kues (1401–1464), erfand zur gleichen Zeit das »Globusspiel«, das auch eine Art philosophische »Maschine« ist. Er benutzt eine Kugel, die nicht ganz rund ist, und wirft sie in ein Feld von zehn konzentrischen Kreisen. Daraus ergeben sich gewisse philosophische Erkenntnisse. Man ver-

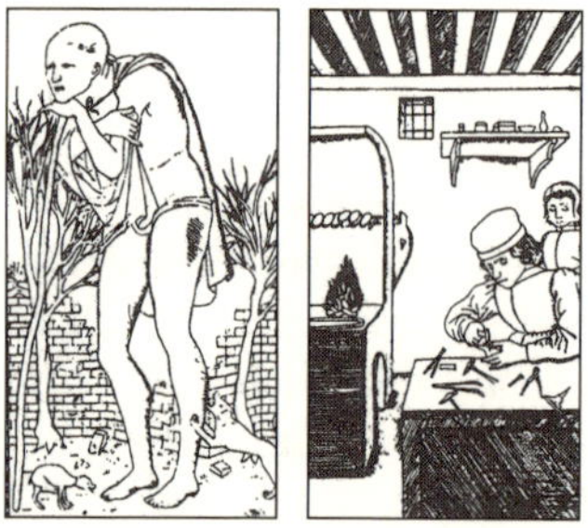

»Der Magier« und »Der Narr« aus dem Set von Carla Mantegna.

mutet, dass das Kegeln davon abgeleitet wurde.

All diese Umstände drücken aus, dass Spiele zur Unterhaltung und zur Erkenntnis viele geistvolle Köpfe beschäftigt haben und dass das Tarot ein Ergebnis dieser Experimente war. Die Verbindung des Tarot, das sich als Wahrsagesystem (→ Orakel) insbesondere durch die Zigeuner in Europa verbreitet hatte, mit der Esoterik und → Magie kam indes erst im 19. Jh. durch den französischen Arzt und Okkultisten Papus (Dr. Gérard Encausse, 1865–1916) zustande, der sich wiederum von Eliphas → Lévi inspirieren ließ. Beide schrieben den Kartensymbolen eine esoterische Bedeutung zu, insbesondere auch in Verbindung mit den Zeichen des hebr. Alphabets. Papus sah auch die Bedeutung der »Denkmaschine« von Ramon Llull und ordnete die Tarotkarten entsprechend kreisförmig an. Dabei brachte er die alchemistische Idee der Verwandlung der Dreiheit in die Vierheit (→ Vierter Weg) in Beziehung zum Tetragrammaton, dem hebr. Gott Jahwe: Iod, He, Vau, He (→ Kabbala).

Eine weitere mögliche Parallele der Kartenbilder des Tarot und der hebr. Schriftzeichen sieht man in deren Ursprung aus den altägyptischen Hieroglyphen und dem esoterischen Wissen der ägyptischen Priester, dem »Buch des Thoth«. Thoth, der Gott der Weisheit, wurde in der → hermetischen Philosophie zu Hermes Trismegistos.

Beim Legen der Karten zur Voraussage (→ Orakel) werden meistens alle Karten benutzt, auch die 56 der Kleinen Arkana, denen man entsprechend der Zahlenwerte und Farben Bedeutungen zuschreibt, auf welchen die Interpretationen beruhen. Viele Tarotdecks sind demgemäß gestaltet. So versah die Künstlerin Pamela Colman Smith auf Anregung von Arthur Edward Waite im populärsten Kartensatz (Rider-Waite, weil Rider & Co. diese Karten 1910 herausbrachte) den Bedeutungen gemäß alle Karten mit symbolhaften »magischen« Bildern. Ein weiteres populäres Deck ist das von Frieda Harris, einer Freundin von Aleister → Crowley, die nach seinen Vorstellungen malte. Diese Karten sind vom Expressionismus inspiriert, was ihnen eine starke Dynamik verleiht. Aber es wurden und werden auch immer wieder andere schöne Tarotkarten v. a. von Frauen geschaffen.

Templerorden (gegründet 1118, aufgelöst 1313)

Zeitgleich mit den Albigensern (→ Gnosis) und den Troubadouren (→ Katharer) verbreitete sich der Templerorden. Seine Begründer sollen Ritter während der Kreuzzüge gewesen sein, die ihr Wissen auf Geheimnisse aus dem Tempel Salomons zurückführten.

Als man sie verbot und verfolgte, wurde die Anklage erhoben, sie beteten einen Kopf an, »Baphomet« genannt. Das Wort kommt möglicherweise aus dem Arab. und bedeutet »Vater des Erkennens«, was einerseits auf die Tradition der Gnostiker (→ Gnosis) verweist, andererseits auf die Sufis (→ Sufismus), die islamischen Erben einer Strömung der Gnosis. Es kann auch aus dem

Griech. kommen und bedeutet dann übersetzt »Taufe der Weisheit« (ein Hinweis auf die Täufersekten).

Der Templerorden hatte großen Einfluss, da er ein verzweigtes Bankwesen unterhielt, das unter anderem den Bau der gotischen Kathedralen (→ Chartres) finanzierte, deren Baumeister über außerordentliches technologisches Wissen verfügten (→ Bauhütten).

Teufel (ahd. tiufal)

Das Wort steckt auch im lat. *diabolus;* Gott heißt *deus* und hat dieselbe Wurzel. Die heutige Vorstellung vom Teufel wurde durch die christl. Kirche geprägt und stellt das Böse in Person dar. Wahrscheinlich geht das Bild des Teufels auf → Beelzebub zurück, einen alten phönizischen Naturgott, es hat aber auch große Ähnlichkeit mit dem griech. Wald- und Weidegott Pan. Möglicherweise ist hier ein Einfluss auf unseren Teufel zu sehen, denn Pan verschmolz bei den Römern mit Faunus, dem altitalischen Gott der Fruchtbarkeit, und wurde durch die röm. Invasion auch in → Germanien bekannt. Pan stellte man stets als lüsternes Wesen mit → Hörnern und den Beinen eines Ziegenbocks dar. Die Vermengung von Pan, Teufel, → Satan und dem Bösen an sich in Gestalt eines Ziegenbocks mit Hörnern wurde im Christentum auch dazu genutzt, die alten heidnischen Naturreligionen und Reste des → Schamanismus zu »verteufeln« (→ Hexen).

Mittelalterliche Darstellung von Teufeln.

Der dt. Jesuit und Dämonologe Peter Binsfeld (1540–1603) ordnete die verschiedenen Teufel den sieben Todsünden zu: Luzifer = Hoffart, Mammon = Geiz, Asmodeus = Unkeuschheit, → Satan = Zorn, → Beelzebub = Unmäßigkeit, Leviathan = Neid und Belphegor = Trägheit. Das Werk dieses Mannes hatte einen gewaltigen Einfluss auf den aufkommenden Hexenwahn (→ Hexen).

Thankas

Rollbilder, die besonders in Nepal und Tibet eine lange Tradition haben und ähnlich wie die → Ikonenmalerei spirituelle Motive aus dem → Buddhismus (und ursprünglich dem → Schamanismus) darstellen.

»Anders als die Kunst Europas ist die Thanka-Malerei stilistisch von zeitübergreifender Dauer. Schulen, Stile und Epochen wechselten sich nicht ab. Sie veralten nicht. Bis heute pflegt man Stile vergangener Zeiten. Ein wichtiges Kriterium zur Beurteilung der religiösen Rollbilder ist nicht die Epoche, der Stil oder die Originalität, sondern die Qualität.« (Claudia Müller-Ebeling/Christian Rätsch 2000, 89)

An vielen Thankas arbeiten mehrere Künstler. Der künstlerische Genius des Individuums ordnet sich der religiösen Aufgabe dieser als Meditationshilfe gedachten Rollbilder unter.

Theosophie

»Das göttliche Leben ist der Geist in allem Bestehenden, vom Atom angefangen bis zum Erzengel [→ Engel]; das Staubkörnchen könnte nicht vorhanden sein, wäre Gott nicht in ihm, und der erhabenste Seraph ist nichts als nur ein Funken des göttlichen Feuers, welches Gott ist. Und so bilden wir eine Bruderschaft, die wir an dem einen Leben in Gott teilnehmen. Das Durchdrungensein von Gott und das Wohnen in Gott sowie die Solidarität der Menschen, das sind die Grundwahrheiten der Theosophie.« (Annie Besant)

Theosophie ist das Wissen vom Göttlichen und in diesem Sinne gnostischer Natur (→ Gnosis). Man kann sagen, dass die westliche Gnosis sich als Theosophie über die Ideen der → Neuplatoniker, die → Kabbala und → Alchemie weiterentwickelte. So nannte der Mystiker Jakob → Böhme (1575–1624) seine Gedankenwelt »Theosophie«.

In ihrer zeitgenössischen Ausprägung ist diese eng mit Namen wie Helena → Blavatsky (1831–1891) und Alice → Bailey (1880–1949) verknüpft. Auch wenn die Theosophische Gesellschaft, die 1875 von Helena Blavatsky zusammen mit Henry S. Olcott in New York gegründet wurde, heute längst nicht mehr ihre ursprüngliche Bedeutung hat, kann man doch behaupten, dass ihr Weltbild und ihre Begriffe von der New-Age-Bewegung geradezu aufgesaugt wurden.

Die Existenz »vollkommener« Menschen und die Möglichkeit, mit ihnen in Kontakt zu kommen und von ihnen zu lernen, ist eine der wesentlichen Grundideen der Theosophie. Ihre verschiedenen Werke sprechen von einer geistigen »Hierarchie«, welche die Menschheit unsichtbar führt (→ Meister, unsichtbare). Die Gedankenwelt der Theosophen ist so komplex, dass es anzuraten ist, einige der Hauptwerke zu lesen. Die Theosophie versteht sich nicht als neue Religion, sie nimmt Einflüsse aus dem → Buddhismus, → Hinduismus, dem → Yoga und den westlichen Traditionen wie den → Rosenkreuzern und magischen Eingeweihten auf. In diesem Sinne bildet sie eine synkretistische Lehre. Die genannten östlichen Wege sollte man allerdings besser anhand der Originalquellen studieren, auch wenn die Theosophen wichtige Impulse für ihre Verbreitung gaben. Übrigens ist ein wichtiges Zentrum der Theosophischen Gesellschaft noch heute im indischen Madras zu finden.

Als Geisteswissenschaft versucht die Theosophie, die Gesetzmäßigkeiten zu verstehen, die sich in der Schöpfung und dem menschlichen Leben verbergen. Sie geht davon aus, dass zu jeder Zeit ein → Avatar oder göttlicher Sendbote im Auftrag der geistigen Hierarchie den Menschen zu seiner Vollkommenheit leitet und sich diese Evolution auch in der Evolution der Menschheit niederschlägt. Mit jedem Avatar wurde ein anderer Aspekt der göttlichen Weisheit« fokussiert, was von Alice Bailey als die Lehre der sieben Strahlen formuliert wird. Sowohl die sieben Hauptplaneten als auch die sieben Weltebenen stehen zu den sieben Strahlen in einer engen Beziehung. Die Strahlen werden auch »Erzengel« genannt (Michael, Gabriel usw., → Engel). Die sieben Strahlen setzen sich aus den drei göttlichen Hauptaspekten Kraft, Liebe und Weisheit zusammen. Strahl eins entspricht der Willenskraft, Strahl zwei der Liebe, Strahl drei dem schöpferischen Denken, Strahl vier der Kunst, Strahl fünf dem Verstand, Strahl sechs der Mystik, Strahl sieben dem Ritual und der Übung.

Der Suchende kann heute noch viele inspirierende Theosophen finden, besonders in England, wo die Theosophie immer stark verankert war. In Deutschland wurde sie von der → Anthroposophie verdrängt, die in vielerlei Hinsicht aus der Theosophie hervorgeht.

Ebenso aus der Theosophie kam der indische Lehrer Jiddu → Krishnamurti (1895–1986), der von Annie Besant als »Messias« unserer Zeit verkündet wurde, sich dann aber selbstständig machte und alle Kulte, organisierten Religionen und Ideologien verwarf. Er lehrte einen direkten Weg der Erkenntnis im Sinne eines nichtdualistischen → Vedanta. Der Sucher soll zu seinem eigenen, inneren Guru aufwachen und nicht einem äußeren folgen, was ihn nur weiter im Schlaf halten würde.

Ein praktisches → New-Age-Experiment ist die bekannte Lebens- und Lehrgemeinschaft in Findhorn, die von den Theosophen Eileen Caddy, Peter Caddy und Dorothy Maclean begründet wurde. Die heutigen Theosophen sind offen und nicht dogmatisch, da sich ihre Lehre aus vielen Quellen speist.

Theravada (Pali)

Der südasiatische → Buddhismus stützt sich auf den buddhist. Pali-Kanon, wie er von Missionaren nach Sri Lanka (Ceylon), Kambodscha, Thailand und Burma gebracht wurde. Sie pflegen eine mönchische Lebensweise gemäß dem Achtfachen Pfad und legen das Gewicht auf die → Meditation. Eine der inspirierenden Erfahrungen des Praktizierenden ist das Nichtvorhandensein des Selbst, das auch das Nichtvorhandensein von Gott ist.

Theravada ist die einzige bis heute überlebende Schule des ursprünglichen Buddhismus. Sein in Pali verfasster Kanon stammt nach Auffassung der Theravadins direkt aus dem Munde des → Buddha. Die Lehre besteht im Wesentlichen aus den Vier Edlen Wahrheiten, den Zwölf Kettengliedern der progressiven Bedingtheit (beginnend mit der Erfahrung der Unvollkommenheit), dem Achtfachen Pfad (→ Buddhismus), dem Lehrsatz vom Abhängigen Entstehen und der → Anatman-Lehre.

Theresia von Ávila (1515–1582)

Der spanischen Heiligen wurde einst in einer allegorischen Vision die Seele als eine kristallene Burg mit »sieben Wohnungen« offenbart, deren Schönheit, Weite und Würde sie mit nichts anderem aus der geschaffenen Welt zu vergleichen wusste.

Die Ringmauer der Burg ist gleichsam der Körper, ihr Inneres birgt reiche Schätze, und in ihrer strahlenden Mitte wohnt der »höchste König«, das Göttliche. Das Tor und der Schlüssel jedoch, durch welche der Mensch in sich selbst einzudringen vermag, war für Theresia das Gebet, »jene absolute Hinkehr zum Höchsten in der Tiefe des eigenen Wesens«. Siehe auch: → christliche Mystik.

Thich Nhat Hanh (geb. 1926)

Vietnamesischer buddhist. Mönch und Lehrer. Während des Vietnamkriegs (1964–1975) engagierte er sich für die Opfer des Krieges, trat als Wortführer gegen die Verletzung der Menschenrechte in aller Welt auf und verurteilte das atomare Wettrüsten. Thich Nhat Hanh zählt zu den profiliertesten Vertretern der buddhist. Friedensbewegung. Seinen Wohnsitz hat er im westlichen Exil, in Frankreich, wo er das Zentrum Plum Village gründete, und in den USA. Von dort ausgehend wurde er besonders in der westlichen Welt bekannt.

In seinem Schaffen verknüpft er in origineller Weise Elemente des → Zen-Buddhismus mit solchen des → Theravada-Buddhismus (→ Vipassana). Der Begriff der Achtsamkeit nimmt in seinen Werken eine zentrale Stellung ein und meint das bewusste Erleben jedes gegenwärtigen → Augenblicks, ein Verweilen im Jetzt, eine klare Bewusstheit bei allen Handlungen. Auch die buddhist. Ethik hat er in seinen »Fünf Achtsamkeitsübungen« für den Westen übersetzt. Er hat viele Bücher mit seinen Lehren veröffentlicht.

Tibetischer Buddhismus, auch Tibet-Tantra

»Wenn jemand im eigenen Geist sich besinnt auf den ursprünglichen Zustand seines Geistes, lösen sich alle trügerischen Gedanken von selbst auf in das Reich der letzten Wirklichkeit. Niemand ist mehr zu finden, der Leiden verursacht, und niemand, der leidet« (Milarepa 1985).

Durch den heutigen Dalai Lama, das geistige Oberhaupt der tibet. Buddhisten, ist dieser Weg in den westlichen Ländern sehr populär geworden. Die Aussagen und Bücher des 14. Dalai Lama, seine herzliche und fröhliche Art, sich in der Öffentlichkeit zu präsentieren, haben ihm viele Sympathien auch der Nichtbuddhisten eingebracht. Dabei ist der tibet. Buddhismus vielen Menschen hier im Westen doch recht fremd. Auch die Organisation der meisten Tibet-Buddhisten in klösterlichen Gemeinschaften mit vielfältigen Geboten und → Ritualen ist nicht unbedingt für jeden geeignet. Dennoch – oder vielleicht gerade deshalb – bildeten sich in Europa und den USA viele Klöster, die in dieser Tradition lehren. Ein Unterschied zum alten Tibet ist, dass in diesen westlichen Klöstern Frauen und Männer zusammenleben, während es in Tibet getrennte Abteilungen gab.

→ Lama (tibet. *bla-ma)* bedeutet »Höherstehender«, er ist ein religiöser Meister, dem von den Schülern Verehrung entgegen gebracht wird, da er in seiner körperlichen Gestalt die unverfälschte Lehre weitergibt. Daher nannte man früher den tibet. Buddhismus auch Lamaismus. Der Lama ist nicht nur ein Guru im hinduist. Sinne, sondern er verkörpert den Buddha. Er hat auch die Kompetenz, Rituale zu lehren und auszuführen, und er unterzieht sich einer jahrelangen Ausbildung in allen spirituellen Disziplinen.

Auf den spirituellen »Wert« des Lama weist der besonders qualifizierten Meistern verliehene Ehrentitel Rinpoche (»außerordentlich Kostbarer«) hin. Ein Tulku (»Körper der Verwandlung«) ist ein Mensch, der nach bestimmten Prüfungen als Reinkarnation einer verstorbenen Persönlichkeit angesehen wird. In der Kagyüpa-Schule wurde das Prinzip der bewussten Wiedergeburt zuerst in all ihren Möglichkeiten ausgeschöpft. Auch der Dalai Lama ist eine Wiedergeburt. Der heutige 14. Dalai Lama ließ jedoch verlauten, dass er nicht mehr wiedergeboren würde, was bedeuten kann, dass er diese Form der Weitergabe des Wissens möglicherweise in Frage stellt.

Der tibet. Buddhismus wird auch Tibet-Tantra genannt, weil er sich auf dieselben Quellen wie das hinduist. Tantra stützt, allerdings verwoben mit anderen Wurzeln wie der vor dem Lamaismus vorherrschenden schamanistischen → Bön-Lehre. Buddhist. Lehrwerke werden im Allgemeinen *sutra* genannt, was in Sk. »Faden« bedeutet. Ein Buch, das aus einigen Sutras besteht, ist gleichsam ein aus Fäden gewirktes Gewebe. *Tantra* ist die Bezeichnung für »Kette«, »Gewebe«. Beide Wörter stehen also für Werke, deren Inhalte auf einen Faden gereiht oder miteinander verwoben, d. h. detailliert abgehandelt sind.

Tantra ist eigentlich überhaupt kein buddhist., nicht einmal ein religiöser Begriff. Das Wort taucht im Titel von Werken aller Richtungen auf, in medizinischen wie in spirituellen. Wenn damit jedoch eine bestimmte Art religiöser Texte gemeint ist, sind die Tantras den Sutras ähnlich, weil sie Mischungen aus Dialogen und Lehrreden darstellen. Im Allgemeinen sind die Tantras jünger als die Sutras. Das berühmte »Kalachakra-Tantra«, welches das »Rad des Lebens« beschreibt, wird auf das 10. Jh. datiert.

Das Erscheinen jedes einzelnen Tantras als Schrifttext ist mit dem Namen eines oder mehrerer Meister verknüpft, die auf die Praxis seiner Lehren spezialisiert waren und daher seine Verbreitung in einem Kreis eingeweihter Schüler fördern konnten. Diese Meister werden die 84 Mahasiddhas genannt. Anfänglich wurden die Lehren mündlich überliefert, weshalb man behauptet, eine ununterbrochene Linie der Lehre bis zum historischen Buddha zurückverfolgen zu können.

Als Begründer des tibet. Tantra gilt allgemein Padmasambhava, der »Lotosgeborene«; er richtete auch die erste buddhist. Klosteruniversität in Tibet ein, Samye. Zu seiner Zeit wurden die ersten Tantras ins Tibet. übertragen. Der tibet. Buddhismus übernahm dann Einflüsse aus der tibet.-schamanistischen *Bön*-Religion und der Heimat Padmasmabhavas.

Das heute allgemein bekannte Erscheinungsbild des tibet. Buddhismus ist geprägt von den Übungen und Ritualen des → Vajrayana, des Diamantenen Weges, der »dritten Drehung des Rades der Lehre«. Das Symbol des Vajra (diamantenes Zepter oder Donnerkeil), das für das Vajrayana steht, war ursprünglich das Zeichen des vedischen Gottes Indra (→ magische Symbole). Im Tibet-Tantra steht es als Sinnbild für das unerschütterliche männliche Prinzip, das den Weg symbolisiert.

Das Tibet-Tantra beruft sich auf die Bewusstseinslehre eines berühmten Philosophen aus dem 2. Jh., Nagarjuna, der wiederum mit dem »Sutra der transzendenten Weisheit« (Prajnaparamita) in Verbindung gebracht wird. Außerdem gibt es eine Reihe anderer Tantra-Schriften wie das »Hevajra-Tantra«, das »Kalachakra-Tantra« und das »Vajradata-Tantra«. Beim Tibet-Tantra gelten Geist und Materie nicht als Gegensätze, sondern als immer gleichzeitig existent und gleichwertig. → *Shunyata,* die »Leere« bzw. der unsichtbare formlose Geist, und *rupa,* die Form bzw. die Welt der stofflichen und feinstofflichen Formen, sind nur verschiedenartige Erscheinungsweisen des einen ursprünglichen Bewusstseins. Der Mensch kann → Bewusstsein gestaltet und ungestaltet erfahren, es erscheint ihm aber so, als ob es zweierlei Bewusstsein gäbe.

Im Tantra benutzt man das Relative, also das Weltliche, die materiellen Erscheinungen, um das Fortschreiten auf dem Pfad zu fördern, der letztlich die absolute Befreiung aus jeglicher Dualität anstrebt, jenseits von → Samsara (der Welt der Erscheinungen) und → Nirwana (der Welt des Geistes). Auch wenn die asketische Haltung im → Mahayana-Buddhismus (→ Zen) dasselbe erreichen will, unterscheidet sich das Tantra durch das Konzept der Energietransformation (→ Energie). Leidenschaften und Verhaftungen sind Mittel zur Erkenntnis. Für den tantrischen Praktiker gibt es nichts Unreines, sondern nur Energiephänomene, die für die Übung genutzt werden. Deshalb spielt im Tibet-Tantra auch die sexuelle Energie eine wichtige Rolle, doch mehr auf einer inneren Ebene als Vereinigung der inneren männlichen mit der inneren weiblichen Energie (→ Tantra).

Zwar gibt es im tibet. Tantra auch eine Yoga-Übung mit Namen Karmamudra, bei der die sexuelle Vereinigung dazu genutzt wird, um die Vereinigung (Yab-Yum) der »solaren und lunaren« Kräfte, der Leere und Energie zu vollziehen, doch setzt diese eine sehr hohe Entwicklungsstufe der Meditationserfahrung voraus. Naropa (1016–1100) sagt dazu: »Jener glücklich Übende, der wie ein Heruka Chakrasamvara ist, sollte, ohne an der Dualität festzuhalten, ihre sexuelle Umarmung suchen und sich tummeln in weltlichem sowie überweltlichem Entzücken« (in: Glenn Mullin 1997, 48).

Folglich ist die sichtbare Welt auch nicht nur Schein, → Maya, sondern ihre Wirklichkeit hängt von der eigenen Entwicklung und von der inneren Wahrnehmung ab. »Eine geeignete geistige Einstellung wandelt alle Tugenden und Laster des Schülers in Bausteine zur geistigen Vollendung«, erklärt John Blofeld, einer der frühen Westler, die das Tantra direkt an der Quelle gelernt haben:

> »Nichts kann ihn ängstigen oder Abscheu in ihm erregen, denn der schmutzigste Unrat wird in reine geistige Wesenheit verwandelt. Die ›tierischen‹ Vorgänge, Ausscheidung, Essen, Trinken, Geschlechtsverkehr, Atmen und Pulsieren des Blutes, werden in göttliche Funktionen umgewandelt. Alle Töne, das Lärmen der Bahn unter dem Schlafzimmerfenster, das Dröhnen eines Bohrers beim Zahnarzt oder das Heulen der Dämonen erklingen lieblicher als die Musik des Windes ... Diejenigen, die den Diamant-Pfad beschreiten, holen Frieden und Schönheit aus ihrem eigenen Inneren hervor.« (John Blofeld 1970)

Wer die verschleiernde Kraft der Maya (der falschen Vorstellung, die sich der Mensch von der Welt macht), durchschaut, kann sie als Gestaltungskraft schöpferisch nutzen. Diese schöpferische Kraft wird bei den Übungen zur Konzentration und Meditation eingesetzt. Hilfsmittel sind → Mandalas (Geist), → Mantras (Rede = Seele) und → Mudras und Asanas (Körper, → Hatha-Yoga).

In der durch die spirituelle Praxis herbeigeführten Umwandlung von Körper, Rede und Geist ist das Mantra der Rede zugeordnet, und seine Aufgabe liegt in der Sublimierung der Schwingungen, die im Akt des Sprechens freigesetzt werden. Das Rezitieren des Mantras vollzieht sich immer in Verbindung mit detaillierten → Visualisationen und den Körperhaltungen (Mudras). Das Mantra wird im Vajrayana auch als »Fahrzeug« oder »Geist-Schutz« betrachtet: Es schützt den Geist vor allen gewöhnlichen Erscheinungen und Begriffen:

> »In der Übung des Mantra gibt es zwei Faktoren – der Stolz, selbst eine Gottheit zu sein und die lebhafte Erscheinung dieser Gottheit. Der göttliche Stolz schützt vor Gewöhnlichkeit, und die lebhafte göttliche Erscheinung schützt vor gewöhnlichen Erscheinungen. Alles, was den Sinnen erscheint, betrachtet man als das Spiel einer Gottheit. So werden z. B. alle gesehenen Formen als die Hervorbringungen einer Gottheit gesehen, und jeder Ton, den man hört, wird als ihr Mantra betrachtet. Dies schützt vor gewöhnlichen Erscheinungen, und durch den Wandel der Einstellung entsteht der Stolz, eine Gottheit zu sein. Einen solchen Schutz des Geistes, zusammen mit den begleitenden Versprechen und Gelübden, nennt man die Übung des Mantra.« (Jeffrey Hopkins 1988; → Mantra)

→ Mandala heißt einfach »Kreis« oder »Ring«. Die Konzentration auf ein derartiges Bild zentriert den Meditierenden. Der Schüler, der sich ständig die Symbolik des Mandalas vor Augen hält, wird so auf sanfte Weise davon beeinflusst und vollzieht seine Wandlung in allen menschlichen Bereichen, körperlich, seelisch und geistig. Zum geistigen Zentrum des Mandalas gelangt der Meditierende durch drei äußere Ringe und einen Wall. Als Erstes muss er den großen Flammenring der Sinneswelt (→

Geist) durchschreiten, dann den Diamantring, der die seelische Welt, den Wesenskern, symbolisiert. Durch den Lotosblumenring – der Lotos, der mit seinen Blüten im Sumpf über die Wasseroberfläche ins Licht ragt, symbolisiert die Lichtwelt, die feinstoffliche Welt des Geistes – gelangt der Meditierende an eine Mauer, die aus vierfarbigen Linien gebildet ist. Hier muss er auch die psychomentalen Anteile hinter sich lassen. Schließlich öffnen sich die vier Tore, die nach den vier Himmelsrichtungen ausgerichtet sind. Wer durch diese ins Zentrum voranschreitet, hat Raum und Zeit transzendiert. Er befindet sich jetzt in einem Hofraum, der wiederum aus vier Dreiecken gebildet wird, in deren Mitte das eigentliche Zentrum liegt, das »Juwel« oder der tausendblättrige Lotos. Die verschiedenen Schaubilder, die → Thankas, symbolisieren ebenfalls den inneren Kosmos. Meistens sind auf den Thankas die fünf überirdischen Buddhas abgebildet. Sie verkörpern die fünf abstrakten Aspekte der Buddhaschaft, entweder als Dhyani-Buddhas (Meditationsbuddhas), Jinas (Sieger) oder als Tathagatas (Vollkommene) dargestellt. In der Mitte ist Vairocana, im Osten Akshobhya, im Süden Ratnasambhava, im Westen Amitabha und im Norden Amoghasiddhi. Die Buddhas symbolisieren verschiedene Bewusstseinsaspekte wie Liebe, universelle Wahrheit oder Unerschütterlichkeit. Der Adibuddha *(adi,* »übersinnlich«) Vajrasattva wird v. a. in Nepal als sechster Dhyani-Buddha und als Essenz der Buddhaschaft abgebildet.

Im Laufe der Jahrhunderte hat man diese Personifizierungen mystischer Weisheit in ein umfangreiches System eingeordnet. Jeder der transzendenten Buddhas repräsentiert eine Familie, spezifische Eigenschaften und sogar eine Windrichtung. So wird veranschaulicht,

Innerer Kosmos der Thankas: In der Mitte ist Vairocana, im Osten Akshobhya, im Süden Ratnasambhava, im Westen Amitabha und im Norden Amoghasiddhi.

wie sich die Aspekte der Persönlichkeit umsetzen lassen. Die Darstellung der sexuellen Umarmung (Tantra-Haltung Yab-Yum) ist immer das Symbol für die vollkommene Vereinigung der Gegensätze. Während in manchen hinduist. Abbildungen eine Vereinigung von → Shiva und → Shakti die höchste Vereinigung der kosmischen Energien darstellt, stellen buddhist. Thankas die Vereinigung der Qualitäten Mitgefühl und Weisheit dar. Letztlich kommt es aber darauf an, alle Bilder durch ein einziges zu ersetzen: das des vollkommenen Menschen, wie er in einem Buddha in Erscheinung tritt.

Der Begriff → Yantra, im Hindu-Tantra für die grafischen Meditationssymbole der göttlichen Kräfte verwendet, wird im Vajrayana auch – und das ist seine wesentliche Bedeutung – für ein Übungssystem ähnlich dem Hatha-Yoga gebraucht. Während der körperliche Yoga in den anderen buddhist. Formen kaum eine Rolle spielt, ist er im Tantra von großer Bedeutung. So werden im Yantra-Yoga des Vajrayana Körper, Stimme, Geist und deren Funktionen nicht zur Ruhe gebracht, sondern als innere Qualitäten des Zustandes akzeptiert, der sich als Energie offenbart.

Da Energie ständig in Bewegung ist, ist Yantra-Yoga dynamisch und arbeitet mit einer Reihe von Bewegungen, die mit dem Atem verknüpft ist. Die Hauptaufgabe des Yantra-Yoga besteht darin, Prana, die Lebensenergie, zu aktivieren und beherrschen zu lernen (→ Raja-Yoga, → Qi). Die Verbindung von Bewegung, Haltung (Asana, Mudra) und Atmung konzentriert die feinstofflichen Energien zu einem Diamant-Körper (den man auch »zweiten Körper« nennen könnte, → Energiekörper).

»Das Zusammenwirken von dynamischen Methoden, die Haltung, Benehmen und Übung einschließen, soll im Schüler einen Diamant-Körper (Vajra-Körper) schaffen, der wiederholte Eintritte in ekstatische Zustände des Bewusstseins ertragen kann und nicht von dem Einstrom außergewöhnlicher Kräfte verbrannt wird. Mit einem solchen Körper und den neuen Kräften der Intuition kann er auf mystische Weise die Wirklichkeit erfahren und dadurch unmittelbar Befreiung erlangen.« (John Blofeld 1970)

Da Prana und Bewusstsein miteinander verbunden sind, kann Prana durch Konzentration dorthin gelenkt werden, wo es vom Bewusstsein hingeführt wird (→ Atem, Atemtechniken). So kann die innere Stimmung durch die Arbeit mit Prana ausgeglichen werden. Solange Prana in den verschiedenen Kanälen des physischen und feinstofflichen Körpers zirkuliert, bleibt das dualistische Denken bestehen. Wird es in den Hauptkanal gebracht, so wird seine wesentliche Natur, tibet. *tigle,* Sk. → *kundalini,* aktiviert und fließt in die Kanäle. So wird das dualistische Denken überwunden und Erleuchtung erlangt. Die verschiedenen Tantras nennen unterschiedliche Chakras, bei denen Prana in den Hauptkanal eingeführt werden soll. Das geschieht durch besondere Übungen, die mit Körperhaltung und rhythmischem Atmen durchgeführt werden. Eine andere Art von Körperübungen wird Kum-mNye genannt. Tarthang Tulku (1980) hat ein Kum-mNye-System im Westen bekannt gemacht, das aus den Medizin-Tantras stammt.

Tibetischer Buddhismus, Schulen

Im tibet. Buddhismus gibt es außer den vier bekannten Hauptrichtungen, die zu unterschiedlichen Zeitpunkten entstanden sind, noch eine Fülle von kleineren Schulen bis hin zu Familientraditionen. Daraus entstand eine große Vielfalt der Praxis.

Die älteste unter den vier größten Schulen ist die Nyingma-Tradition, die Überlieferung der Alten – eine Sammelbezeichnung für all jene Übertragungslinien, die auf die Zeit der ersten Verbreitung des Buddhismus in Tibet im 8. Jh. zurückgehen. Als Begründer des tibet. Tantra gilt allgemein Padmasambhava, der »Lotosgeborene«. Charakteristisch für die Nyingma-Schule ist ihre starke yogische Tradition, die so genannte »Weiße Sangha« *(sangha* = »Schule«, »Gemeinschaft«) der Einsiedler, Nomaden und »Haushälter«, die sich in dieser Schule neben dem Mönchtum (der »Roten Sangha«) entwickelt hat.

Die Nyingma-Praxis kennt viele magische und archaische Elemente, die jedoch gerade in unserer Zeit teilweise erstaunlich »zeitgemäß« wirken. Die Hauptlehre dieser Schule ist Dzogchen (»Große Vollendung«), ein Übungsweg, der in den letzten Jahren in der westlichen Welt immer bekannter wird. Typisch für die Dzogchen-Sicht ist die Anschauung, dass die Erleuchtung bereits da ist und es nur gilt, sich dessen bewusst zu werden. Diese Art der Übung wird manchmal auch Ati-Yoga genannt, »außergewöhnlicher Yoga«. In dieser Tradition wird auch die Übungsmethode des Kum-mNye gelehrt, das Teil der Überlieferung spiritueller und medizinischer Theorien und Übungen ist, die die tibet. Medizin mit der Medizin Indiens und Chinas verbindet. Es sind Sitz- und Bewegungsübungen, die in vielerlei Hinsicht dem → Qigong gleichen bzw. daher stammen.

Die zweite im Westen verbreitete Schule ist die Kagyüpa-Linie. Im Zentrum ihrer Lehren steht das Große Siegel, → Mahamudra, und die Tilopa zugeschriebenen »Sechs Yogas«, Naro Chödrug. Diese Meditationstechniken entsprechen teilweise denen im »Tibetischen Totenbuch« (»Bardo Thödol«), in dem die Erfahrungen des Klaren Lichts und der so genannten Zwischenzustände (→ Bardo) beschrieben werden. Außerdem gibt es eine reichhaltige Praxis der magischen (→ Siddhi) Beherrschung des Körpers und anderer Gegenstände, darunter die Entwicklung der inneren Hitze, das Verlassen des Körpers oder die Unsichtbarkeit.

Diese Linie wurde begründet von Tilopa (988–1069), dem Naropa, Marpa, Milarepa und Gampopa nachfolgten. Seit dem 12. Jh. ist der Karmapa geistiges Oberhaupt der Karma-Kagyüpa-Linie (Sk. *karma,* »Tat«). Er trägt die Schwarze Krone, ein Kraftfeld, das die tiefsten Zustände der Offenheit in seinen Anhängern erwecken kann.

Gyalwa Karmapa gilt als erster bewusst wiedergeborener Lama Tibets. Der 16. Karmapa Rangjung Rigpe Dorje (1924–1981) verließ 1959 Tibet infolge der chines. Besatzung und ging nach Indien. Er lehrte weltweit und sorgte dafür, dass das buddhist. Wissen über die Natur des Geistes in die moderne Welt kommen konnte. Seine Wiedergeburt, der 17. Karmapa Thaye Dorje, wurde 1983 in Tibet geboren und konnte 1994 ausreisen. Heute lebt er im nordindischen Kalimpong. Dort durchläuft Karmapa eine intensive buddhist. Ausbildung mit Hilfe seiner Lehrer wie Künzig Schamarpa, Khenpo Chödrak und Sempa Dorje. Er studiert philosophische Texte, die tibet. Sprache und Englisch. Außerdem verbringt Karmapa mehrere Stunden täglich mit Meditationsübungen. Gelegentlich macht er unter Anleitung verschiedene Retreats.

Das → Mahamudra wird besonders bei den Kagyüpa gelehrt. Mahamudra ist von der Essenz her tibet. → Zen – beide stammen aus derselben Quelle. Der Unterschied zwischen den beiden Schulen liegt in der Nutzbarmachung der Lehre vom Begreifen der wahren Natur des Geistes. Dies hat zu unterschiedlichen »Praktiken« oder »Stilen« geführt, wobei die tibet. Linie des Zen entsprechend ihrer kulturellen Eigenheiten die »farbenprächtigste« ist.

Im Westen weniger stark repräsentiert sind die Gelugpa- und die Sakyapa-Schule. Die Gelugpa-Linie, die von Tsong-Ka-pa begründet wurde, legt besonderen Wert auf die Einhaltung der Mönchsregeln. Seit der Institution der Dalai Lamas hat die Gelugpa-Schule seit dem 17. Jh. die politische Führung in Tibet inne. Die Sakyapa-Schule bemühte sich um eine systematische Ordnung des Tantra-Schrifttums, wandte ihre Aufmerksamkeit aber auch Problemen der buddhist. Logik zu.

Mittlerweile gibt es in vielen Ländern der westlichen Welt Meditationszentren tibet. Schulen, darunter sehr viele der Kagyüpa- und der Gelugpa-Schule. Der gegenwärtige Dalai Lama hat durch seine weltpolitischen und religiösen Aktivitäten viel zur Verbreitung des tibet. Buddhismus in aller Welt getan.

Einer der ersten Vertreter der Nyingma-Tradition war Tarthang Tulku, der in Kalifornien ein großes Meditations- und Studienzentrum gegründet hat und der v. a. durch seine Bücher über Kum-mNye, ein tibet. System von Körperübungen, bekannt geworden ist. Auch → Sogyal Rinpoche, ein anderer Nyingma-Lama, hat mittlerweile eine Sangha westlicher Schüler um sich versammelt. Einer der ersten Vertreter der nichtmönchischen Sangha der Nyingmapa ist Ngakpa Chögyam Rinpoche, der sich bemüht, mit seinen Schülern diese besonders dynamische und direkte Tradition im Westen bekannt zu machen.

Ein weiterer wichtiger tibet. Lehrer im Westen, der sich jedoch keiner der genannten Traditionen zugehörig fühlt, ist Namkhai Norbu Rinpoche, der bekannteste Vertreter des Dzogchen.

Tierkreis → Asgard, → Astrologie, → Weltzentrum

Tod und Wiedergeburt

Die Erfahrung des Todes und der Wiedergeburt ist ein Motiv, das in vielen Kulturen und Religionen zu finden ist. Insbesondere im → Schamanismus werden solche Erfahrungen weithin als Voraussetzung für die schamanische Meisterschaft gewertet. Sie treten meistens spontan auf und werden als deutliches und tatsächlich erlebtes körperliches Geschehen in der Trance erfahren. Der Schamane erlebt dabei häufig, dass sein Körper von menschlichen oder tierischen Geistwesen zerstückelt und wieder neu zusammengesetzt wird. Er *fühlt* sich dann nicht nur als »neuer Mensch«, sondern *ist* ein neuer Mensch und kann sich seinen Aufgaben als Schamane stellen.

Durch diese Erfahrung werden Konditionierungen, Konflikte, Gewohnheiten und alte Strukturen beseitigt und eine neue Identität gewonnen. Auch in der europ. → Alchemie gibt es diese Vorstellung. Dort ist auch von den Riten der Zerstückelung und Auferstehung der Metalle die Rede, die an den ägyptischen Osiris-Mythos, an orphische und dionysische Kulte erinnert. Siehe auch: → Reinkarnation.

Trance

Veränderter Bewusstseinszustand. Die Trance kann durch eine Anzahl von Techniken hervorgerufen werden, die das Bewusstsein von der äußeren Welt der Sinne in die innere Welt versetzt. Im Erleben ist die Welt der Geister außerhalb – es handelt sich um parallele Welten: die der gewöhnlichen und die der »anderen« Wirklichkeit. Schlaflosigkeit, Entzug der Sinnesreize, Fasten, Atemübungen oder die Einnahme psychoaktiver Pflanzen können einen solchen Trancezustand auslösen. Eine häufig gebrauchte Methode zur Veränderung der Bewusstseinslage wird in Form eines Rituals angewandt, das aus Körperhaltung oder Tanz und rhythmischer Anregung besteht, die zu einer Überreizung des Gehörs führt.

Zur Methode der »ekstatischen Trance« (→ Ekstase) nach Dr. Felicitas Goodman wurden bisher mehrere neurophysiologische Untersuchungen durchgeführt. Dabei stellte man fest, dass die Neurotransmitter, die bei Stress auftreten, wie Adrenalin, Noradrenalin und Cortisol, abnahmen, das Gehirn aber gleichzeitig Beta-Endorphine, die körpereigenen Opiate, freisetzte. Endorphine wirken normalerweise schmerzstillend, sind aber auch für intensive Freude und Erregung bzw. Euphorie verantwortlich. Die begleitenden EEG-Messungen zeigten Thetawellen (4–7 Hz) an, während der Puls stark erhöht war und der Blutdruck gleichzeitig fiel.

Die Trancezustände, die Dr. Felicitas Goodman untersucht hat, beruhen auf ihrer Entdeckung alter schamanischer Körperhaltungen, die auf Felszeichnungen oder als Statuen zu finden sind. Die rituelle Körperhaltung »funktioniert« indes nur in Verbindung mit einem relativ gleichmäßigen Rassel- oder Trommelrhythmus (ca. drei bis vier Schläge in der Sekunde, ca. 210 in der Minute), der die Trance hervorruft.

Schamanen benutzen auch die Trommel oder Rassel, die für sie jedoch mehr das »Vehikel« für die Reise ist als eine tatsächliche Induktion. Bei nepalesischen Schamanen (→ Schamanismus, Nepal) wechselt der Rhythmus des Trommelns immer wieder. Schamanen können sich dank langjähriger Übung direkt – meist mit Hilfe eines → Mantras – in eine andere Bewusstseinsebene begeben.

Ob sich die Messungen bei einer Trance-Induktion durch Tanz oder andere Bewegungen in Verbindung mit Rhythmen (z. B. Technotrance-Musik) unterscheiden, ist bisher noch nicht untersucht worden. Dr. Goodman und ihre Mitarbeiter haben inzwischen ca. 70 Körperhaltungen erforscht, die unterschiedliche innere Erfahrungen hervorrufen. Es gibt Haltungen, welche die Selbstheilungskräfte aktivieren, Haltungen, die für eine schamanische Reise in die Unterwelt geeignet sind, Wahrsagehaltungen, Verwandlungshaltungen usw. Es ist üblich, sich eine halbe Stunde Zeit für die Arbeit mit einer Haltung zu nehmen. Mit einiger Übung führen die Haltungen zu ekstatischen Körpergefühlen, denn die → Vision, die der Übende in diesem Zustand hat und bei der alle Sinne beteiligt sind, bildet das ekstatische Erlebnis in der Trance. Auch wenn diese Haltungen in Ruhe ausgeführt werden, entstehen im Gegensatz zur → Meditation innere Erregungszustände: die Ekstase.

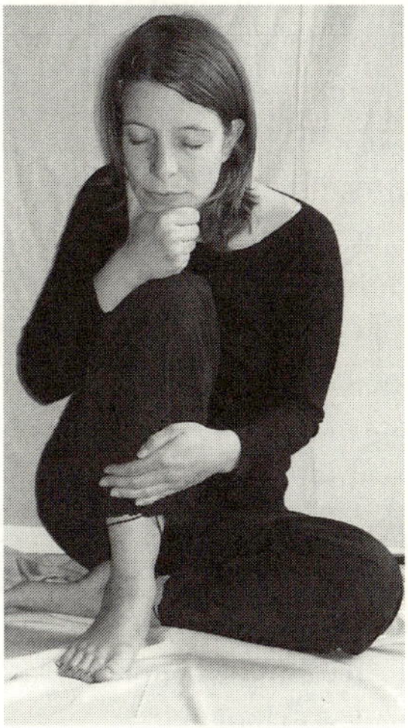

Rituelle Körperhaltung nach der Figur der Moche-Seherin, ca. 400 n. u. Z., Nordwestküste Peru.

Ein offenbar wichtiger Faktor, um in einen Trancezustand zu gelangen, ist die Überreizung des Gehörs, die durch lautes, monotones Trommeln, Rasseln, gemeinsames Rezitieren von → Mantras und Phonemen, das monotone Singen von hl. Texten (→ mantrische Gesänge), Händeklatschen und beim → Tanz oder einer Bewegung auch das Stampfen der Tänzer herbeigeführt wird. Ein weiterer Aspekt der rituellen Trance ist die Atmosphäre, in der die Zeremonie stattfindet. Dabei sind Gruppenerregung, Erwartung, religiöse Überzeugung und andere Faktoren von Bedeutung.

Bei einer anderen wissenschaftlichen Untersuchung wurde die direkte Wirkung akustischer Reize auf das Gehirn untersucht. Es zeigte sich,

»dass die Empfänglichkeit für rhythmische Reizeinwirkung durch Stress und Stoffwechselstörungen (Hypoglykämie, Erschöpfung usw., die man alle als Bestandteil des schamanischen Rituals wiederfindet) erhöht wird. Der Forscher kam zu der Ansicht, dass akustische Reize, die mit 4–7 Schwingungen pro Sekunde auftreten, für die rituelle Arbeit am geeignetsten wären, da sie die in den temporalen Hörregionen der Hirnrinde vorkommenden Thetarhythmen anregen.« (Jean Achterberg 1990, 63)

Trance-Erfahrungen sind durch bestimmte Charakteristika gekennzeichnet, die sich von denen der Meditationserfahrung unterscheiden. Im → Zazen und anderen yogischen Meditationen maß man überwiegend Alphawellen, während in einer sehr tiefen Meditation auch Deltawellen vorkommen. In der Trance treten vorwiegend Thetawellen und in bestimmten Gehirnarealen auch Deltawellen auf. Alpha bezeichnet eine wache Entspannung, während Theta einen Halbschlafzustand anzeigt, der allerdings auch ein kreativer, visionärer Zustand sein kann. Das Problem der EEG-Messung ist allerdings, dass die gemessenen Rhythmen »nur das Klappern einer Schreibmaschine« anzeigen und nichts über psychische Vorgänge aussagen. »Im Falle der durch Biofeedback bewussten Herbeiführung eines Theta-Rhythmus ergab sich das merkwürdige zwiespältige Phänomen, dass der Yogi wach war und alles aus der Umwelt wahrnahm, aber somatisch ›schlief‹, d. h. nicht in der Lage war, sich zu rühren oder zu sprechen«, bemerkt Dietrich Ebert, der umfangreiche Forschungen zu den physiologischen Aspekten des Yoga durchführte (1989, 103).

Gehirnmessungen während der Trance.

Wenn wir uns an die Erscheinungsformen der Trance halten, können wir deutlich sehen, dass Trancezustände immer eine innere Erregung hervorrufen. Zu spezifischen Merkmalen der schamanischen Reise in einer Trance zählt meistens eine → außerkörperliche Erfahrung, die zumindest als solche erlebt wird. Möglicherweise kommt diese Empfindung dadurch zustande, weil das Energiefeld des Schamanen sich kurze Zeit vom physischen Körper dissoziieren muss, um tiefer in die Welten des → Bewusstseins einzudringen. Allerdings bleibt durch die körperliche Aktivität – Körperbewegung, Körperhaltung und Trommeln – immer eine körperliche Verbindung gewahrt. Weitere Kennzeichen sind, dass die Sinne selten ausgeschaltet, sondern intensiv am Erlebnis beteiligt sind. Geübte Trance-Reisende haben auch die Fähigkeit, mit der Außenwelt zu kommunizieren. Die Konzentration ist fließend und nicht unbeweglich wie bei der Meditation.

Zusammenfassend kann man sagen, dass Trance Welten öffnet, die dem Bewusstsein sonst nicht zugänglich sind. Ihr Ziel ist jedoch nicht der Rückzug in einen Bewusstseinszustand der ungeteilten Wahrnehmung, sondern vielmehr die visionäre Erfahrung anderer Welten (→ Schamanismus, → Bewusstseinszustände). Am ehesten kann man die Trance-Erfahrung mit der → Vipassana-Erfahrung vergleichen – mit dem Unterschied, dass die Vipassana-Erfahrung ein fein differenziertes Gewahrsein der Außenwelt entwickelt, während bei einer Trance-Erfahrung die Innenwelt in ihrer Vielfalt bewusst erlebt wird.

Trance im → Schamanismus

Der Schamane ist ein Spezialist für die Induktion einer Trance. Dabei erfolgt die Veränderung der Bewusstseinslage meistens innerhalb eines Rituals, das aus Körperhaltung oder Tanz und rhythmischer Anregung besteht. Außer Rasseln verschiedenster Art werden meist Trommeln dafür eingesetzt.

Für viele Schamanen sind auch → Mantras und Gesänge die Transportmittel in andere → Bewusstseinszustände. Geübte Schamanen können sich auch direkt in einen veränderten Bewusstseinszustand versetzen. Sibirische, mongolische und nepalesische → Schamanen arbeiten häufig mit der doppelseitig bespannten Trommel. Doppelseitig, weil sie mit der männlichen und der weiblichen Kraft arbeiten: Beide müssen immer vertreten sein, sonst gerät alles aus dem Gleichgewicht. Die rhythmischen Trommelschläge sind bei ihnen das »Pferd«, auf dem sie in ihre Trance »reiten«. Begleitet wird ihr Trommeln von Wiederholungen bestimmter → Mantras, die verschiedene → Geister anrufen:

»Der Schamane sorgt im Ritual immer wieder auf unterschiedliche Weise dafür – durch einen Wechsel im Rhythmus, ein Pfeifen, die Veränderung der Stimme und die Verstellung der Stimme –, die Ritualteilnehmer zu irritieren. So schafft der Schamane nicht nur neue Aufmerksamkeit, durch die kleine akustische ›Aufrüttelung‹ wird auch eine zusätzliche Endorphinausschüttung angeregt, die ein tieferes Eintauchen in den Zustand einer veränderten Wahrnehmung erleichtert.« (Nana Nauwald 2002, 125)

»Trance ist die biologische Tür zu anderen Wirklichkeiten« sagt die Anthropologin Dr. Felicitas Goodman (→ Trance). Im Trancezustand kann der Schamane seine Aufmerksamkeit auf die parallelen »Anderswelten« konzentrieren. Die → Vision, die er in diesem Zustand hat und bei der alle Sinne beteiligt sind, bildet das ekstatische Erlebnis in der Trance. Er erfährt die Einheit von Welt, Universum, Natur, Tieren, Pflanzen und v.a. mit sich selbst, seinem transpersonalen Selbst. Er ist so die Brücke zwischen der Welt der Menschen und den geistigen Welten, den Feldern des Bewusstseins.

Der Kontakt mit den anderen Wirklichkeiten ist für den Schamanen nicht einseitig, sondern kommunikativ. Er kann mit den Geistern und Wesenheiten »sprechen«, erhält von ihnen Hilfe und Wissen. Die Erinnerung an den »anderen Zustand« ist auch nach der Reise sehr klar. Bei seinen gezielten Reisen in die schamanischen Bewusstseinswelten stellt der Schamane einen Kontakt zu Geistern, Energien, Kräften her und transportiert sein in Visionen erlangtes Wissen in die Alltagswirklichkeit, insbesondere zur Behandlung von Krankheiten seiner Klienten.

Transpersonale Psychologie

Die transpersonale Psychologie hat das Ziel, die Verwirklichung des höchsten Zustands des Menschen zu fördern. Dazu dient die Übung in Verbindung mit einem »Pfad«, einem → spirituellen Weg, der zum Zweck der Selbstverwirklichung beschritten wird.

Die transpersonale Psychotherapie kümmert sich um die psychologischen Prozesse, die mit der Verwirklichung von Zuständen wie → Erleuchtung, mystischer Einheit (→ Mystik) oder anderen transzendentalen → Bewusstseinszuständen zu tun haben. Deshalb beschäftigt sie sich auch mit den psychologischen Bedingungen oder psychodynamischen Prozessen, die direkt oder indirekt Hindernisse für die transpersonalen Verwirklichungen darstellen.

Diese Psychotherapie geht einen Schritt weiter als andere Psychotherapien. Sie bezieht nicht nur Methoden zur Entspannung und Stressreduktion ein, sondern auch Techniken der Energiesteigerung oder Energietransformation (→ Energie), Sensibilitätstraining und → Meditation. Siehe auch: → Psychologie, spirituelle.

Transzendenz (lat. transcedere, »hinübersteigen jenseits, außerhalb des Bewusstseins«)

In der → christlichen Mystik wird von zwei Arten der Erfahrung gesprochen: der transzendenten und der immanenten Erfahrung.

Transzendenz bedeutet in diesem Zusammenhang: Gott als Einheit jenseits aller möglichen Erscheinungen und Bezeichnungen und gleichzeitig als das Erscheinende beinhaltend zu erfahren: der Begriff Gottes als »der unaussprechliche Name«. Es ist eine transzendente Qualität, die für den Menschen in keiner Weise fassbar ist.

Immanent heißt, Gott als in allem innewohnend zu erfahren und zu erkennen, dass alles Erschaffene durch Gott belebt ist und es – obwohl die Formen unterschiedlich sind – keine Trennung gibt. Alles ist durch das Sein in Einheit verbunden. Siehe auch: → Bewusstseinszustände.

Traum, Traumwelten

Als Traum bezeichnet man Wahrnehmungen und Bilder während des Schlafes, speziell während der REM-Phasen (REM: *rapid eye movement)*, bei denen schnelle Augenbewegungen auf eine lebhafte Gehirnaktivität hinweisen. Inzwischen hat man jedoch herausgefunden, dass auch in anderen Phasen, die zwischen Delta- und Thetawellen schwanken, Traumbilder vorkommen, die meisten sich jedoch kaum daran erinnern können.

Im Traum befinden wir uns in einer anderen Wirklichkeit, was verschiedene Ursachen hat. Meistens werden körperliche oder emotionale Prozesse verarbeitet und in Bilder oder Gedanken umgesetzt, die zudem noch verschlüsselt sind. Inzwischen weiß man, dass viele so genannte Träume erhöhte Gehirnaktivitäten sind, die Denk- und Gefühlsprozesse neu ordnen. Wenn Sie ein Problem lösen möchten, können diese Gehirnaktivitäten zu Lösungsansätzen verhelfen.

Manchmal sind Träume chaotisch und assoziativ, manchmal erleben wir auch ganze Geschichten, die wie ein Film ablaufen. Träume gehorchen ihren eigenen Gesetzen, die nicht mit den Erfahrungen im Wachzustand identisch sind, besonders was die Raum-Zeit-Wahrnehmung anbelangt. Insofern sind Träume Bilder aus der zweiten Welt (→ Geist), wenn auch ohne »Substanz« oder Energie.

Außer den Träumen, die unbewusst ablaufen, gibt es die luziden Träume (Klarträume), bei denen es Gestaltungsmöglichkeiten geben soll. Die träumende Person wird zum Regisseur einer Inszenierung. Im Klartraum wird sich der Träumer gewahr, dass er träumt. Wer hat nicht schon einmal erlebt, dass er in einem Alptraum »aufwacht« und sich sagt: »Jetzt will ich aufwachen, das möchte ich nicht erleben. Ich muss aus der Situation heraus.« Auch eine Erinnerung an den Traum fällt leichter. Der Traumforscher Stephen LaBerge erklärt den luziden Traum so:

> »Der luzide Träumer ist sich bewusst, dass er im Traum befangen ist, erkennt den Traum als Produkt seiner Imaginationen und transzendiert so die Traumwelt und ihre Inhalte ... Obwohl luzide Träumer in ihren Traumspielen zumeist auch weiterhin eine Hauptrolle übernehmen, identifizieren sie sich nicht zur Gänze mit dem Part, den sie spielen. Sie sind

im Traum, aber nicht ganz und gar.« (Stephen LaBerge 1987)

Ein Kennzeichen für einen Klartraum ist, dass er eine starke emotionale und körperliche Erfahrung darstellt, die auch im Wachzustand anhält.

»Manche Träume wirken aufgrund ihrer Intensität und Plastizität wesentlich realer als unsere gewohnte, alltägliche Realität. Schon deshalb sollten wir die Möglichkeiten unseres Bewusstseins nicht unterschätzen und Unterscheidungen zwischen *real* und *virtuell* möglichst vermeiden« (Ernst Meckelburg 1991, 142).

Traumzeit

Die australischen Ureinwohner werden Aborigines genannt, was ein europ. Kunstbegriff ist wie das Wort »Indianer«. Die Ureinwohner selbst bezeichnen sich natürlich mit ihren Stammesnamen wie Yaralde oder Kakadu-Leute usw.

Die spirituelle Überlieferung der Aborigines ist sehr komplex und für uns schwer zu verstehen. Die australischen Ureinwohner denken vielmehr in Metaphern, Geschichten, Landschaften usw. und weniger in Begrifflichkeiten wie wir. Die geistige Tradition der Aborigines weist viele Ähnlichkeiten mit dem traditionellen → Schamanismus vieler Völker auf. Deshalb seien hier nur zwei typische Phänomene ihrer Weltanschauung herausgegriffen: die Traumreise und die Traumzeit.

Die Basis der Traumreise ist für den australischen Ureinwohner eine rituelle Kooperation mit der Natur. Das Leben ist ein Gewebe interaktiver Teilchen, bei der Menschheit und Natur gleiche Partner sind. Deshalb besteht die Rolle der Menschheit darin, den ewigen Augenblick des Träumens durch Rituale und Zeremonien wiederzuerschaffen. Die Traumreise ist ein Weg, die heiligen Pflichten gegenüber der Landschaft zu erfüllen. Sie wird jedes Jahr in einer Zeremonie durchgeführt und ist eine Wiederholung der Ereignisse der Welterschaffung, die zur Zeit des Traums stattfanden.

Es gibt zwei Ebenen der Traumreise: Die erste ist hauptsächlich eine soziale Aktivität, die zweite ist eine persönliche, die vom Einzelnen unternommen wird, um ein tieferes Verständnis der eigenen heiligen Natur zu gewinnen. In beiden Fällen gibt es Rituale, die so angelegt sind, dass ein neues Bewusstsein der Umwelt im Reisenden entstehen kann. Beide Reisen überlappen sich jedoch, weil viele der Geschichten, mythischen Geschehnisse, → heiligen Orte *(hot places)* und Höhlengemälde beiden gemeinsam sind (→ Songlines).

Bei jeder Traumreise wird die gesamte Vergangenheit zur Gegenwart. Die metaphysische Landschaft wird so in eine ideale Landschaft umgewandelt, in eine Geschichte über die Ursprünge der Menschen, ihren Überlebenskampf und darüber, wie und vom wem sie ihre Kulturgüter erhielten, wie die Fähigkeit zu tanzen, Lieder zu singen, Speere zu machen und zu jagen. Dies geschieht während des zeitlosen Augenblicks, der als Traumzeit bekannt ist. Dieser Bewusstseinszustand ist eine Rückkehr zur Quelle. Die Begegnung mit dem Land ist eine Begegnung mit der spirituellen Schöpfung, der persönlichen und kollektiven.

Der Traum wird ausgedehnt auf jeden Aspekt der Schöpfung. Alles hat zuerst im Traum existiert, alles hat einen eigenen Traum. Im Traum verschmelzen Subjekt und Objekt. Die Ureinwohner sehen eine untrennbare Beziehung zwischen dem Tatsächlichen und dem Möglichen.

Hier treffen sich altsteinzeitliche Vorstellungen mit den neuesten Erkenntnissen der Quantenphysik. Denn im Akt der Beobachtung verändert sich die scheinbar objektive Wirklichkeit der Atome. Der Beobachter erschafft auf diese Weise eine neue Realität. Die Wirklichkeit ist ein Gitter paralleler Welten, die über veränderte Zustände des Bewusstseins zugänglich sind. So taucht die Idee paralleler Realitäten auch immer häufiger in Sciencefiction-Geschichten auf.

Ist das ein Hinweis darauf, dass unser kollektives Bewusstseinsfeld langsam an die andere Wirklichkeit herangeschoben wird? Alle diese Vorstellungen deuten jedenfalls an, dass unsere rationale Trennung von Mensch und Welt eine Illusion ist, nicht die Traumzeit der archaischen Menschen. Wir erschaffen auch ständig Traumwelten, ohne uns dessen bewusst zu sein. Jede Kulturform, jede politische Anschauung, jede Religion ist in diesem Sinne ein kollektiver Traum, und – da er uns nicht bewusst ist – die Ideologie einer Scheinwelt. Siehe auch → Bewusstsein.

Trikaya

Lehre im → Buddhismus, die die drei Körper des Buddha bezeichnet: Dharmakaya, das wahre Wesen Buddhas (→ Seele), Sambhogakaya, den Körper des Entzückens (→ Energiekörper) oder die verkörperte Wahrheit und Nirmanakaya, den Körper der Verwandlung, den irdischen Körper, in dem die Buddhas (oder → Bodhisattvas) alle Wesen zur Erlösung führen.

Im → Zen sind es die drei Ebenen der Wirklichkeit, die in wechselseitiger Beziehung zueinander stehen und ein Ganzes bilden.

Trinität, Triade

In vielen Religionen und spirituellen Lehren existiert die Vorstellung von einer → Kosmogonie, die ihre Ursache in der Einheit oder einem Absoluten → Nichtsein hat. Nachdem aus der Einheit die Schöpfung ausgeströmt ist, manifestiert sich die Gottheit oder die schöpferische Kraft als ursprüngliche Trinität, die im christl. Glauben als Vater, Sohn und Hl. Geist dargestellt wird.

Im »Apokryphon Johannis«, das 1945 im ägyptischen Nag Hammadi gefunden wurde, heißt es jedoch: »Ich bin der Vater, ich bin die Mutter, ich bin der Sohn.« Dem christl. Hl. Geist wird von vielen → Gnostikern oft eine weibliche Eigenschaft zugeschrieben. Das erklärt sich sehr leicht daraus, dass in griech. Texten »Hl. Geist« als Neutrum, *pneuma,* übersetzt wird, während hebr. Texte von *ruach,* einem weiblichen Wort, sprechen. In der → Kabbala finden wir denn auch Weisheit und Bewusstsein in der obersten Dreiheit des → Lebensbaums – dies vermutlich eine Reminiszenz an die drei Welten der idg. und schamanischen Vorstellungen (→ Weltenbaum).

Im → Brahmanismus manifestiert sich das absolute Göttliche (→ Brahman) in Form von drei Gottheiten, → Brahma, Vishnu (→ Bhakti-Yoga) und → Shiva, den schöpferischen, erhaltenden und zerstörenden (oder auch transzendierenden) Prinzipien. Eine Darstellung dieser Dreiheit, die alle diese Prinzipien in sich verkörpert, ist → Dattatreya. In der Lehre des → Samkhya ist Prakriti, manchmal mit »Natur« übersetzt, das ewige, sich immer ändernde unbewusste Prinzip, das der Schöpfung zugrunde liegt. Sie ist aus drei Bestandteilen, den Gunas, zusammengesetzt: → Sattva, dem feurigen, aktiven Prinzip, → Rajas, dem versöhnenden, neutralen Prinzip, und → Tamas, dem Trägheitsprinzip. Die

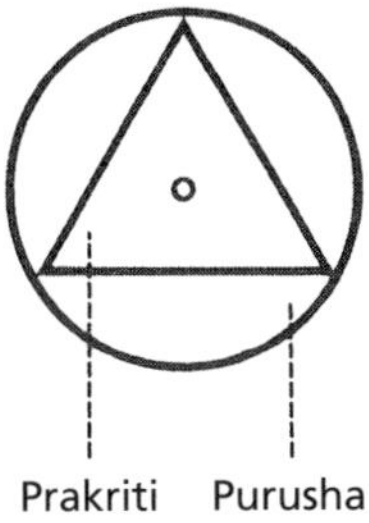

Die drei Linien des Dreiecks symbolisieren die Qualitäten des Pakriti (gunas), der Punkt in der Mitte (bindu) enthält alles in sich selbst. Der äußere Raum symbolisiert die Ausdehnung des Purushas.

Gunas sind untrennbar, eines allein kann nichts hervorbringen. Jeder Effekt ist im ursprünglichen Grund schon enthalten, genauso wie jeder Aspekt der Erscheinungswelt in seiner ursprünglichen Matrix Prakriti enthalten ist.

In der Kosmogonie von → Gurdjieff teilt sich der ursprüngliche Schöpfungswille in drei Kräfte auf, in eine aktive, eine rezeptive und eine synergetische Kraft, die immer wieder danach streben, sich zu vereinigen. Daraus leitet er das Triaden-Gesetz ab (→ Zahlen).

Tulku (tibet. »Körper der Verwandlung«)

Ein Mensch, der nach bestimmten Prüfungen als → Reinkarnation einer verstorbenen Persönlichkeit angesehen wird. Siehe auch: → tibetischer Buddhismus.

U

Ur-Rune

Da das U ein Vokal ist wie A oder O, hat es im Hebr., aber auch im Griech. keine Entsprechung. Als Rune und in der dt. Sprache hat das Ur die vielfältige Bedeutung, die immer mit dem Ursprung einhergeht. Im Urgrund stehen die Wurzeln des → Weltenbaums (auch → Lebensbaum) in der altnord. Mythologie. Hier spinnen die Nornen – Urd (Vergangenheit), Skuld (Gegenwart) und Werdandi (Zukunft) – am individuellen Schicksal des Menschen. Siehe auch: → Germanen, → Holle.

Upanischaden

Der Begriff besteht aus *upa*, was »zusätzlich« oder »Hinzufügung« bedeutet, und *ni-sad*, »sich bei einem Lehrer niederlassen«, der esoterisches Wissen vermittelt. Die Upanischaden selbst machen deutlich, dass das Wissen, das in ihnen enthalten ist, esoterisch ist und nur im Geheimen weitergegeben wird. Allerdings enthalten nur 13 oder 14 der 200 Upanischaden esoterisches Wissen; die Chandogya-Upanischad z. B. ist der Ursprung der Krishna-Verehrung. Spätere Kompositionen repräsentieren nach den Forschungen des Indologen Moritz Winternitz die Ansichten der Vaishnavas (→ Vishnu), Shaivas (→ Shiva) und Shaktas (→ Shakti). Er teilt sie in sechs Klassen ein, die sich mit folgenden Aspekten beschäftigen:

1. Vedanta-Lehre (→ Vedanta),
2. Yoga (→ Raja-Yoga, → Samkhya),
3. das asketische Leben (→ Sannyasa),
4. Vishnu (→ Bhakti-Yoga),
5. → Shiva (→ Tantra),
6. andere Kulte.

Dennoch bleibt die Tatsache bestehen, dass die Upanischaden im Allgemeinen eine objektive Sicht des Universums und einen rationalen Zugang zur Wirklichkeit vermitteln, welche in mancher Hinsicht weit über die intuitiven Lichtblicke der Veden und Brahmanas hinausgehen (→ Brahmanismus). Viele Lehren der → Rishis nehmen modernste wissenschaftliche Erkenntnisse vorweg bzw. kommen zu gleichen Ergebnissen. Die Entdeckung der Upanischaden war es, die Einheit von → Atman, dem menschlichen → Selbst, mit → Brahman, dem Absoluten, zu postulieren. Demzufolge war es jedem Menschen möglich, durch Erkenntnis *(jnana*, → »Gnosis«) die geistige Welt zu durchdringen, d. h. Unsterblichkeit zu erreichen.

Uroboros → Ouroboros

V

V
Entspricht dem → U oder → W.

Vaishnava → Bhakti-Yoga

Vajrayana
Als die höchste Form des → Mahayana-Buddhismus gilt das tibet. Vajrayana, meistens als »Diamantener Weg« übersetzt. Nach der Überlieferung ist *vajra* (tibet. *dorje)* jedoch ein himmlischer Edelstein, der jeden anderen massiven Gegenstand durchschneidet, also absolut unzerstörbar ist. Vajra-Weisheit wird auch die spiegelgleiche Weisheit genannt, die Schärfe der Selbsterkenntnis. In ihrer jeweils höchsten Ausprägung gleichen sich → Zen und Vajrayana, die beide das Ziel der absoluten Befreiung aus jeglicher Dualität anstreben, jenseits von Samsara und → Nirwana.

Diamantzepter, Vajra(Sk.)

Valentinus
Einer der einflussreichsten → Gnostiker war Valentinus (110–175). Er lehrte, dass die Geschichte ein Prozess sei, worin der Geist sich seiner Verwandtschaft mit der Gottheit bewusst werde, und dass das All seinen Ursprung in einem göttlichen Unbekannten finde.

Valentinus erklärte die Erschaffung der Welt damit, dass der Geist im Laufe der Geschichte zum Bewusstsein komme, sodass der Kosmos, wenn er seinen Sinn erfüllt habe, aufgehe ins Nichts, weil der Geist in voller Gnosis Gott schauen könne.

Vedanta
»Die Unterscheidung von Erkennendem, Erkenntnis und dem Ziel der Erkenntnis hat im alles transzendierenden Selbst keinen Bestand. Weil dieses die Natur jener Seligkeit hat, die Reines Bewusstsein ist, leuchtet es aus sich selbst« (Chandogya-Upanischad).

Vedanta heißt wörtlich »Ende der Vedas«, womit vollständiges Wissen der Veden gemeint ist. Er ist keine bloße Hinzufügung zu bestimmten Abschnitten des Veda wie die Brahmanas, sondern eine Reinterpretation der grundlegenden Wahrheit. Der Vedanta ist mit der Uttara-Mimamsa-Schule verbunden. Die Weltanschauung der Vedantisten ist monistisch und wurde nicht wie die der anderen → Darshanas von einem besonderen Lehrer formuliert, sondern leitet sich von den Lehren der Upanischaden her. Daher lassen sich drei vedantische Richtungen unterscheiden:

1. *advaita,* die Lehre des reinen Monismus, die Jnana-Yoga, den Weg der direkten Erkenntnis oder spirituellen Disziplin, befürwortet;
2. *dvaita,* die Lehre des gemäßigten → Dualismus, die → Karma oder physische Disziplin betont und
3. *visisthadvaita,* der → Bhakti oder rechtes Verhalten, also ethische Disziplin lehrt.

Der erste Exponent des Advaita-Vedanta war Badarayana, der die Vedanta- oder Brahmasutras formulierte (zwischen 200 und 450 n. u. Z.) Es gibt kaum Zweifel daran, dass die buddhist. Theorie des *sunya* (des Wirklichen) von den Ansichten Gaudapas (um 500) beeinflusst wurde. Er war der erste große Vertreter des Advaita-Vedanta. Shankara (798–830) gründete seine Überlegungen auf die berühmte Textstelle in der Chandogya-Upanischad: *tat tvam asi* – »Das bist du«. »In dem, was dieses unsichtbare Wesen ist, hat alles sein Bestehen. Das ist die Wahrheit. Das ist das Selbst. Und das, o Svetaketu, das bist du!« (Übersetzung Frank Dispeker 1951)

Er erklärte, dass »du« und »das« nicht als Objekt und Subjekt unterschieden werden können, sondern identisch seien. »Das« ist Brahman und »du« ist Atman. Daher seien Körper, Verstand *(manas),* Intellekt *(buddhi)* und Ego *(ahankara)* Gegenstände des Wissens und veränderlich und deshalb nicht der Atman. »Der Atman ist unteilbar, ewig, das Eine ohne ein Zweites. Ewig offenbart es sich durch die Kraft seines eigenen Wissens.« An anderer Stelle sagt er: »Der Atman ist verschieden von Maya, der ersten Ursache und von ihrer Wirkung, dem Weltall. Das Wesen des Atman ist reines Bewusstsein. Der Atman enthüllt das ganze Weltall von Bewusstsein und Materie.«

Der Kosmos ist ein Ergebnis des Nichtwissens und auch der Vorstellung, die wir uns davon machen. → Maya ist die Illusion oder der Schleier vor der Wirklichkeit der höchsten Erkenntnis. Die Täuschung wird beseitigt durch → Samadhi, den außergewöhnlichen Bewusstseinszustand: »Durch Unterscheidung kann er die wahre innere Bedeutung der Begriffe → Brahman und Atman erkennen und ihre absolute Identität erfahren. Erkenne die Wirklichkeit in beiden und du wirst sie als Einheit sehen« (Shankara 1981).

Der Yoga Shankaras ist Jnana-Yoga, der Weg der direkten Erkenntnis. »Er ist der Yoga der reinen Unterscheidung, der den Intellekt mit Hilfe des Intellekts überwindet. Er benötigt weder *Ishvara* (Gott) noch Altar, weder Bild noch Ritual, sondern sucht einen unmittelbaren Zugang zu dem unpersönlichen Brahman« (Prabhavananda).

Shankaras Gegenspieler war Ramanuja, der im 10. Jh. lebte. Er behauptete, dass Atman und Brahman relative Begriffe seien – wie der Teil und das Ganze *(vishistadvaita).* Als → Vaishnava führte er den → Bhakti-Gedanken in den Vedanta ein. Die späteren Vedantasara, Leitfaden des Vedanta (15. Jh.), unterstreichen, dass der Mensch sein Ego nur durch Hingabe an das Göttliche überwinden kann. Um vom Nichtwissen *(avidya* oder *ajnana)* zum Wissen *(vidya* oder *jnana)* zu gelangen, muss der Übende mit Hilfe seines Gurus eine Reihe von Übungen durchführen:
1. Das erste Übungsstadium ist *shravana,* Studium, Anhören des Lehrers und gründliches Lernen der vedischen Schriften.
2. Das zweite Stadium der geistigen Entwicklung heißt *manana,* Denken, Verstehen und Überlegen (→ Meditation).
3. Das dritte Stadium ist *nididhyasaman,* die Konzentration auf die innere → Vision, über das Denken hinaus. Das →

Bewusstsein nimmt dabei die Form des → Brahman an, indem es darin aufgeht. 4. Die vierte Stufe ist das vollständige Verschmelzen mit dem Wesen des Selbst, → Samadhi.

Vom vedantischen Schüler wird ein strenges, asketisches Leben gefordert, das darauf hinausläuft, auf die Welt zu verzichten. Das Ziel ist, → Nirwana zu erreichen, die Verwirklichung des Selbst im Leben, um aus dem Strom der Wiedergeburt und des Leidens auszutreten.

Der Zustand des befreiten Menschen, des »schon zu Lebzeiten Erlösten« *(jivanmukta)*, wird in vielen Texten der Vedanta-Richtungen beschrieben. Er stellt das Ideal des »göttlichen Menschen« auf Erden dar. Wer das Absolute (Brahman) in seinem eigenen Geist (Atman) erfahren hat, wird frei von der Verhaftung an die Welt der Erscheinungen (Maya) und ihre illusionären Formen. Er hat die Unwissenheit überwunden und Wissen *(jnana)* erworben. Er erlebt als unbeteiligter Zeuge seine eigene Person und alles, was mit ihm in Berührung kommt, identifiziert sich aber nicht mit der Welt und hat das Karma aufgelöst.

Für radikale Nichtdualisten ist selbst das Wort »Befreiung« relativ. Gaudapa formuliert diese Position folgendermaßen: »Da gibt es keine Auflösung, keinen Anfang, keine Fesseln, auch keinen Anwärter, da gibt es keinen, der sich nach Befreiung sehnt, noch gibt es eine befreite Seele. Das ist die letzte Wahrheit« (zitiert nach H. Zimmer 1973, 408).

Die Lehre des Advaita-Vedanta erregte zwar die Aufmerksamkeit vieler Europäer, doch in Indien wurde sie nie wirklich populär. Viele bekannte Advaita-Vedanta-Lehrer modifizierten die Lehre mit religiösen hinduist. Elementen. Besonders die Meister der Neuzeit, wie Ramakrishna (1836–1886) und dessen Schüler Vivekananda (1863–1902), bezogen den → Bhakti-Yoga in ihr vedantisches Weltbild mit ein. Ramakrishna verehrte Gott v. a. in Gestalt der göttlichen Mutter → Kali, deren segnende und schützende Erscheinung auf den Unwissenden Schrecken erregend wirkt. Für ihn war Kali jedoch die Kraft, die das Vergängliche zerstört, um den unsterblichen Geist und die All-Liebe in jedem Wesen freizusetzen.

Später praktizierte Ramakrishna sämtliche Disziplinen der Tantra-, Vaishnava- und Advaita-Vedanta-Lehre. Er ließ sich von einem Sufi (→ Sufismus) in den Islam einführen und hatte Visionen von Christus. Mit diesen nichthinduist. Einweihungen wollte er die Universalität des → Bhakti-Weges zeigen. Die Ramakrishna-Missionen in Indien sind heute darüber hinaus auch in ganz praktischer Entwicklungshilfe tätig. Siehe auch: → Ramana Maharshi, → Nisargadatta Maharaj, → Ganapati Saccidananda, Jiddu → Krishnamurti, → Maharishi Mahesh Yogi, → Swami Rama.

Vierter Weg

Der »Vierte Weg« geht auf G. I. → Gurdjieff zurück. Im Allgemeinen wird er so bezeichnet, weil er die Wege des Fakirs (Körper), des Mönches (Seele) und des Yogi (Geist) vereint und somit auf alchemistische Weise einen vierten, integralen Weg erschafft (Sri → Aurobindo). Alle praktischen Methoden, die zur »harmonischen Entwicklung des Menschen« führen sollen, müssen mit dem Geist des Weges verbunden sein, damit sie wirksam werden und ihr Ziel erreichen.

Warum ein neuer Weg, ein neues »System«, wie es manchmal auch genannt wird? Ist diese Suche nach Wissen um die Einheit nicht auch auf den klassischen spirituellen Wegen möglich?

Theoretisch ja, doch praktisch sind sie für Gurdjieff nach seinen jahrelangen Forschungen für den heutigen Menschen kaum noch gangbar. Es sollte zudem eine Fähigkeit geweckt werden, den inneren Impuls der Wahrheit (den Gurdjieff »Gewissen« nennt, d. h. direktes Wissen) so wahrzunehmen, dass der Mensch grundlegend mit allen seinen Teilen – Körper, Gefühl und Denken – in die Wirklichkeit aufwacht.

Aber nicht nur das: Die menschliche Willenskraft (→ Wille, freier) ist meistens zu schwach, sich absichtsvoll gegen Hindernisse durchzusetzen. Wenige Menschen handeln bewusst, die meisten handeln unbewusst, was Gurdjieff »mechanisch« nennt. Deshalb bringt Gurdjieff folgenden Vergleich: Im unerwachten Stadium ist der Mensch nichts anderes als eine »Mensch-Maschine« – ein Androide, wie man heute sagen würde. Der unbewusste, schlafende Mensch ist ein chaotisches Bündel aus einer Vielzahl konkurrierender »Ichs«, von denen sich bald dieses durchsetzt und bald jenes. Nur der erwachte Mensch ist frei (→ Erleuchtung). Nur er kann aus eigenem Entschluss handeln, nur er ist verantwortlich. Erst mit der harmonischen Ent- wicklung aller Zentren und der Weckung des »wirklichen Ichs« (→ Selbst) stellt der Mensch eine in sich einheitliche Person dar.

Der Vierte Weg ist ganzheitlich – oder wie Gurdjieff sagt – »der Weg des schlauen Menschen«. Während der Fakir oder Asket im Wesentlichen seine körperliche Verhaftung zu überwinden sucht (→ Hatha-Yoga), der Mönch hauptsächlich mystische Hingabe praktiziert, um sich mit dem Göttlichen zu vereinigen (→ Bhakti-Yoga, → christliche Mystik), und der klassische Yogi sich in Versenkung übt, um so zur Erkenntnis der Einheit zu gelangen (→ Raja-Yoga, → Vedanta), hat der Vierte Weg zum Ziel, körperliche Übung, seelische Reifung und geistige Einsicht mit allen ihren Aspekten gleichmäßig auszubilden und harmonisch zu integrieren (integraler Yoga, Sri → Aurobindo). Gurdjieffs praktische Lehre besteht in Methoden, mit denen seine Schüler lernen können, an allen drei Zentren, die er einfach »westlich zeitgemäß« nur als Körper, Fühlen und Denken bezeichnet, gleichzeitig zu arbeiten und diese drei Teile zu integrieren und zu harmonisieren. Mit der Einführung dieser Begriffe beschreibt Gurdjieff lange vor der Entwicklung der Gehirnforschung, dass der Mensch drei Hauptgehirne hat – Kortex (Denken), limbisches System und Zwischenhirn (Fühlen) sowie Stammhirn (das motorische Gehirn) – und diese oft nicht synchron geschaltet sind.

Darüber hinaus unterscheidet sich der Vierte Weg von manchen Wegen v. a. dadurch, dass er am Verstehen arbeitet:

> »Ein Mensch darf nichts tun, was er nicht versteht. Je mehr er versteht, was er tut, desto größer wird das Ergebnis seiner Anstrengungen sein. Dies ist das Grundprinzip des vierten Weges. Das Ergebnis der Arbeit steht im Verhältnis zur Bewusstheit der Arbeit. Auf dem vierten Weg ist kein ›Glaube‹ nötig; im Gegenteil, jede Art Glaube steht im Widerspruch zum vierten Weg. Auf dem vierten Weg muss sich ein Mensch von der Wahrheit dessen, was ihm gesagt wird, überzeugen.« (G. I. Gurdjieff in: P. D. Ouspensky 1966, 70)

Ein Motto Gurdjieffs war: »Sich immer in Frage stellen. Frage sein.« Und darüber hinaus: Gurdjieffs System ist offen, er ermuntert die Menschen, selbst nach der Erkenntnis zu suchen und zu forschen.

Die Psychologie des Vierten Wegs kann als → transpersonale Psychologie bezeichnet werden. Ihr Ziel ist die harmonische Entwicklung aller Anlagen und Fähigkeiten eines Menschen. Auch hier spielt eine andere Variante der Dreiheit – Persönlichkeit, Wesen und Ich – eine große Rolle. Durch Selbststudium und Selbstbeobachtung soll die Kraft der Persönlichkeit mit all ihren Automatismen und → Identifikationen mit der materiellen Welt überwunden werden. Dadurch kann das eigentliche Wesen des Menschen sich stärker entfalten, sodass der Mensch »sich selbst« wird. Das Ich ist in dieser Triade die dritte, kosmische Kraft des individuellen schöpferischen Willens, der erst wirksam werden kann, wenn das Ego der Persönlichkeit sich auf seine Rolle in der Welt beschränkt und nicht den Platz des wirklichen Ichs besetzt hält (→ Selbst). Nur durch die Integration eines aktiven Ichs im Wesen des Menschen kann er bewusst und selbstständig denken und handeln, während die Identifikationen der Persönlichkeit den Menschen in einem Schlafzustand halten. Ein erhöhter, wirklich wacher → Bewusstseinszustand ist nur durch die harmonische Entfaltung von Wesen und Ich möglich.

Ein entscheidender Teil von Gurdjieffs »alchemistischer« Psychologie (→ Alchemie) ist die Transformation von → Energien. Während die klassische Psychoanalyse und Tiefenpsychologie gestörte, unterbewusste Aspekte aufzuarbeiten versucht, um den Menschen schließlich wie bei C. G. Jung zur »Individuation« zu führen, geht Gurdjieffs Ansatz weiter: Durch Auflösung der Identifikationen der Persönlichkeit und anderer Methoden werden Energien frei, die zur Bildung eines → Energiekörpers genutzt werden können. Eine Reihe von Übungen zu → Wahrnehmung, → Atem und → Energie helfen, physische Energie zu bewussten Energien zu transformieren. Weitere meditative Übungen sollen eine innerseelische Öffnung bewirken, damit der individuelle schöpferische Wille im Wesen des Menschen verankert wird. Ziel aller Methoden Gurdjieffs ist es, dass der Mensch ein »Bewusstsein seiner selbst«, ein »Selbst-Innewerden« erreicht, das auch als »Selbsterinnerung« bezeichnet wird.

Vipassana

Vipassana, Einsicht oder Weisheit, ist die Fähigkeit, die Dinge so zu sehen, wie sie sind. Einsicht ist ein intuitives Verstehen. Die buddhist. Einsichtsmeditation (→ Buddhismus) Vipassana schult eine genaue und vollständige Wahrnehmung von allem, was im → Augenblick geschieht. Sie dient dazu, eine unvoreingenommene, uneingeschränkte Erfahrung des Augenblicks zu machen und angemessen darauf zu reagieren. Bei der Einsichtsmeditation ist der Körper entspannt, der Geist aber sehr aktiv. Die Buddhisten erlernen sie ich ganzheitlich durch die »fünf spirituellen Fähigkeiten« – Glaube, Anstrengung, → Achtsamkeit, Sammlung und Weisheit.

Anstrengung ist auf die Entwicklung der Achtsamkeit gerichtet. Die Achtsamkeit hat mehrere Stufen: Achtsamkeit auf den Körper, Achtsamkeit auf die Empfindungen, Achtsamkeit auf die Geistzustände bzw. Gefühle, Achtsamkeit auf den → Dharma, die Lehre (→ Buddhismus). Danach kommt die Sammlung, die bei der Einsichtsmeditation in beständiger Aufmerksamkeit »auf den Fluss der sich unentwegt verändernden Objekte richtet« (Joseph Goldstein). Die letzte Stufe ist die Einsicht (Vipassana) oder Weisheit, die Fähigkeit, die Dinge so zu sehen, wie sie sind. Einsicht ist intuitives Verstehen: »Wenn die Einsicht in die Vergänglichkeit und in das Leiden tiefer wird, taucht der dritte Aspekt der Weisheit auf: Gewahrsein der selbstlosen Natur der Phänomene ... Wir sind dieser sich von Augenblick zu Augenblick verändernde Prozess. Es gibt niemanden dahinter, dem all dies zustößt« (Joseph Goldstein 1989).

Eine ähnliche Form der Übung hat G. I. → Gurdjieff entwickelt. In seinem Übungssystem werden die Begriffe Selbstbeobachtung (der inhaltlich der Achtsamkeit bzw. der Kontemplation entspricht) und Selbsterinnerung (der der Sammlung entspricht) gebraucht. Besser verständlich wäre der Begriff »Selbst-Innewerden«, denn dieser Zustand ist ein gleichzeitiges Gewahrsein und Integrationserlebnis sämtlicher Zentren des Menschen, von Körper, Gefühl und Denken, zusammen mit der Erweckung und Beteiligung des »wirklichen Ichs« im Menschen. Der Bewusstseinszustand, der dem Vipassana entspricht, wird von Gurdjieff als »Zustand des objektiven Bewusstseins« bezeichnet. Auf dieser Stufe kann ein Mensch die Dinge sehen, wie sie wirklich sind. In der Einsichtsmeditation ist dies die Stufe der Weisheit. Siehe auch: → Achtsamkeit, → Meditation.

Vision (lat. »Schau«)

Einblick in andere Wirklichkeiten, ausgelöst durch veränderte → Bewusstseinszustände. In diesen Zuständen können die geschauten Bilder sehr stark an reale Wahrnehmungen erinnern oder sich wie im Traum in Form von Metaphern, mythischen Figuren, archetypischen Bildern oder kosmischen Strukturen zeigen. In den meisten Fällen gehen sie mit einem außergewöhnlich tiefen, emotionalen Erleben einher.

Visionäre Einsichten und Erlebnisse können sich auf alle erdenklichen Formen von Zeiträumen beziehen. Bei → schamanischen Heilritualen kann der Schamane über diese Einsichten direkt oder indirekt die Entstehungsursachen oder Hintergründe von Krankheiten und auch mögliche Behandlungsweisen »sehen«. Erfahrene Schamanen oder Heiler vermögen in diesem veränderten Bewusstseinszustand auch durch Gesang oder energetische Manipulation das Energiefeld des Patienten zu harmonisieren oder in Ordnung zu bringen. Visionäre Erlebnisse können auch eine Veränderung der Vergangenheit eines Menschen bewirken.

Visionserfahrung

Der → Schamanismus ist für diese Erforschung besonders interessant, denn seine Techniken können ohne starken kulturellen Überbau eingesetzt werden. Seine visionären Berichte entsprechen vielen Berichten von Mystikern (→ Mystik), Psychedelikern (→ psychedelische Erfahrung) sowie → Nahtod- und → außerkörperlichen Erfahrungen.

Die Grundmethode, um in einen veränderten Wachbewusstseinszustand zu kommen, ist die schamanische → Trance, die zumeist mit Trommeln und Rasseln induziert wird (bestimmte Rhythmen haben den Effekt, das Bewusstsein nach innen zu führen bzw. in eine bewusste Trance zu versetzen). In der »ekstatischen Trance« nach der Anthropologin Dr. Felicitas Goodman werden verschiedene Körperhaltungen eingesetzt, die Steuerungshilfen darstellen und zu unterschiedlichen Visionen bzw. Erfahrungen führen.

Manche Schamanen benutzen → psychedelische Pflanzen wie → Ayahuasca. Eine andere Technik ist die schamanische Reise. Die schamanische Reise nach Dr. Harner greift auf Visualisationstechniken zurück, z. B. auf die Vorstellung, man reise durch einen Eingang (Tunnel, Loch, Höhle) in eine andere Realitätsdimension. Das Problem mit dieser gesteuerten Technik ist, dass durch die → Visualisation bereits bestimmte Parameter vorprogrammiert sind, sodass es schwierig wird, zwischen »realer« und »vorgestellter« Erfahrung zu unterscheiden.

Eine schamanische Reise in Unter-, Mittel- oder Oberwelt (→ Weltenbaum) hat Ähnlichkeiten mit der → Nahtoderfahrung. Ein Schamane nimmt Kontakt auf mit seinem → Geisttier oder einem spirituellen Führer, das oder der ihn dann auf der Reise führt. Auf der Reise trifft er Geistwesen (→ Geister) und andere mythische Wesen, er macht die Erfahrung des Fliegens wie bei einer außerkörperlichen Erfahrung oder erlebt eine Art Einweihung in den Tod und die psychospirituelle Wiedergeburt. Die meisten Reisen werden mit dem Ziel unternommen, etwas – Wissen, Heilmittel usw. – aus der »anderen Realität« zu holen.

Es gibt drei Kennzeichen für eine schamanische Erfahrung:

1. Ein Dialog mit Wesenheiten im außerordentlichen Bewusstseinszustand ist nicht nur möglich, sondern geradezu erwünscht;
2. die Erinnerung an die Reise und an die wesentlichen Informationen ist sehr klar;
3. nur der Reisende kann den Inhalt der Reise verstehen und die Informationen in der alltäglichen Wirklichkeit umsetzen.

Der schamanische Bewusstseinszustand verändert sich kontrolliert und absichtlich: »Die Visionen bewirken, dass sich der Schamane gut an das Vorgefallene erinnern kann. Er ist in der Lage, in der Trance zweckmäßig zu handeln, und unterscheidet sich dadurch deutlich vom Medium in seiner Besessenheit, das im veränderten Zustand die Kontrolle verliert und sich häufig an nichts erinnern kann« (Nevill Drury 2003, 21). Gleichzeitig wird die persönliche Identität aufrechterhalten und verschmilzt nicht mit dem inneren Kosmos.

Nach der Anthropologin Dr. Felicitas Goodman ist der veränderte Bewusstseinszustand der »ekstatischen Trance« durch körperlich wahrnehmbare Phänomene gekennzeichnet. Im Gegensatz zu Bewusstseinszuständen, die bei geübten Zen-Buddhisten gemessen wurden und hauptsächlich Alphawellen (8–13 Hz) im Gehirn zeigen, treten bei einer rituellen schamanischen Körperhaltung in einer ekstatischen Trance vermehrt Thetawellen (4–7 Hz) auf, obgleich von einer starken Bildhaftigkeit der Innenwahrnehmung berichtet wird. Die höhere Wachheit wurde durch eine Erhöhung des Gleichstrompotenzials um 1000 Mikrovolt festgestellt (während es im Schlafzustand nach Prof. Dr. Guttmann, Universität Wien, abnimmt).

Es ist problematisch, mit der schamanischen Reise einen einzigen Bewusstseinszustand zu verbinden. Nach Berichten von Menschen, die mehrere »Reisen« unternommen haben,

> »kann sich der Bewusstseinszustand von einem Erlebnis zum nächsten merklich wandeln und manchmal tief, manchmal seicht, manchmal nebelhaft, manchmal klar sein. Auch von einem Schamanen zum anderen mag es Unterschiede geben ... Damit soll nicht bestritten werden, dass diese zahlreichen Zustände und Erfahrungen vieles gemeinsam haben. Es soll nur betont werden, dass beträchtliche Variationen vorkommen können und dass sich im Ausdruck ›Bewusstseinszustand‹ statisch kristallisiert, was in Wahrheit ein dynamischer Erfahrungsfluss ist.« (Roger N. Walsh 1992)

Visionssuche (engl. vision quest)

Die Visionssuche ist üblich im Rahmen der schamanischen Initiation. Soziale Deprivation (Isolation für längere Zeit), Nahrungs- und Schlafmangel, häufig auch psychologischer Stress bereiten darauf vor.

Bei den nordamerikanischen Ureinwohnern und auch bei sibirischen Schamanen bildet die Suche nach Visionen einen Schwerpunkt des → Schamanismus. Der Kandidat begibt sich dabei allein an einen einsamen Ort, fastet und lebt so eine Zeit lang (in Nordamerika meist vier Tage, in Südamerika oft über Wochen); bei einem kürzeren »Retreat« (Rückzug, wird auch in anderen Traditionen praktiziert) versucht er die ganze Zeit wach zu bleiben. Während dieser Zeit kann der Betreffende einen veränderten Bewusstseinszustand erreichen und eine innere Vision empfangen, die ihm große Medizinmacht oder schamanische Kräfte gibt.
Im tibet. Chöd muss sich der Kandidat an einen abgelegenen, wilden Ort begeben, meist einen Leichenplatz oder einen Friedhof. Die Idee dahinter ist, die falsche Vorstellung eines Ichs (Atman) abzuschneiden, indem man den eigenen Körper den Dämonen opfert. Diese Art der Visionssuche wird heute noch in der Kagyüpa-Tradition gelehrt (→ tibetischer Buddhismus). Siehe auch: → Schamanismus, Nordamerika.

Visualisation

Im Gegensatz zu einer → Vision, die durch einen veränderten → Bewusstseinszustand entsteht und nichts mit Vorstellungskraft zu tun hat, ist eine Visualisation oder eine Visualisierung eine absichtliche Vorstellung von einem Ablauf oder einer Sache. Wenn Visualisierungen in Verbindung mit den Strukturen des → Bewusstseinsfeldes gebracht werden, können sie dazu beitragen, Handlungsabläufe vor dem »geistigen Auge« durchzuspielen und sie mit einer bewussten Absicht zu verbinden. Visualisierungen können Einstellungen konkretisieren und Verbindungen auf feste Ziele hin aktualisieren.

Man kann Visualisation üben – z. B. mit einfachen Bildern wie etwa einer Kugel oder einem Quadrat, das vor dem »mentalen Auge« im Raum bewegt wird. Mit einiger Übung können auch Handlungsabläufe im Voraus durchgespielt werden. Wenn die Visualisation mit dem Willen zur Entscheidung, die vorgestellte Handlung auszuführen – auch zeitlich versetzt –, verbunden wird, kann Visualisation ein mächtiges Instrument der Verwirklichung sein.

Voodoo

Im Voodoo steckt mehr als Afrika. Der Schweizer Ethnologe Alfred Métraux (1902–1963) erwähnt → freimaurerische Elemente, und Joseph Campbell führt manches auf die griech. Götter zurück. Die täglichen Heiligenfeiern entsprechen dem, was die vorchristl. → Griechen »von Gott erfüllt sein« nannten, den wichtigsten Aspekt ihres Theaters. Campbell glaubt auch, dass im haitischen Voodoo »die gut erhaltenen Gesichtszüge einer Esoterik der gnostisch-hermetisch-kabbalistischen Art« wiederzuerkennen seien (Maya Deren 1992, Vorwort).

Voodoo gilt aufgrund der Übernahme von christl. Symbolen und Ausdrucksweisen als eine synkretistische Religion: Der Gläubige kennt Gebete, Heiligenbilder, Kruzifixe, bezeichnet seine Götter und Geister als *mysté* (»Mysterien«) oder *saints* (»Heilige«). Häufig wird übersehen, dass diese Götter »vodooisiert« wurden, nicht umgekehrt. Den Schöpfergott im christl. Sinne bezeichnet der Voodoo-Gläubige als *Bon Dieu*. Die alltäglichen Belange der Menschen berühren diesen Bon Dieu nicht mehr, der sich nach dem Schöpfungsakt zurückzog (→ Gnosis). Die Verantwortung für das irdische Dasein übertrug er den Göttern und Geistern. Das erinnert stark an die gnostische Kosmologie, in der die → Demiurgen für die Schöpfung verantwortlich sind. Diesem entrückten Gott widmen die Gläubigen keine Zeremonie.

»Die afrikanische Form des Voodoo ist Ursprung und vorläufiger Endpunkt einer religiösen Evolution, die weltweit ihresgleichen sucht«, meint Gert Chesi, der einige Bücher über Afrika veröffentlichte. Er beschreibt in seinem Werk über Voodoo (1979) folgende wesentliche Elemente, die diese Religion ausmachen:

Der Fetisch: Der Fetisch ist nicht Gott, nicht Mensch, nicht Stein oder Pflanze, aber er hat von allen einen Anteil. Es kommt immer darauf an, in welchem Zusammenhang Fetische gebraucht werden. Das jeweilige Ritual hat die Aufgabe, die gewünschten Anteile zu aktivieren oder zu verstärken.

Die Trance: Im Zustand der → Trance verwirklicht sich auch der menschliche Anteil Gottes. Wenn durch das Ritual ein Gott herbeigezwungen wird, dann verliert der Tänzer im Augenblick der Trance seine Identität zugunsten des Gottes, der von ihm Besitz ergreift.

Die Voodoo-Götter: Diese sind identisch mit den Fetischen. Voodoo-Götter sind Abkömmlinge des Schöpfergottes Mawu, der ganzheitlich begriffen wird, ohne Trennung von Gut und Böse, während einzelne Voodoo-Götter eine starke Eigendynamik haben und den Menschen helfen oder schaden können. Exu oder Eshu ist der Götterbote, der die Nachrichten verbreitet und die Opfergeschenke überbringt. Ohne ihn geht nichts. Ogun ist der Wegbereiter und Krieger, Oshun die Göttin der Schönheit, Oxossi ist der Jäger, Ossain der Zauberer, Shango der Herr des Feuers und Nana die Göttin der Zeit – um nur einige zu nennen.

Das Opfer: Um mit den Voodoo-Göttern ein gutes Verhältnis zu pflegen, ist das → Opfer erforderlich. Voodoo-Götter haben einen menschlichen Aspekt, deshalb verlangen sie nach Speisen und Getränken, nach Tabak und Parfum. Einige von ihnen fordern auch das Blut von Opfertieren, andere sind derart vergeistigt, dass sie sich mit Gesängen und Tänzen »begnügen«. Das Opfer ist Teil des Rituals und beginnt mit der Anrufung der Götter, die man auch als »Energien« oder »Kräfte« verstehen kann. Jeder von ihnen hat eine spezifische Farbe. Die inzwischen weltweit bekannte brasilianische Friedensfahne mit ihren Regenbogenfarben kündet von dieser Vorstellung.

Die Magie: Magie ist ein wichtiger Bestandteil des Voodoo. Der Voodoo-Priester bedient sich magischer »Medizinen«, um Götter zu rufen oder böse Geister zu vertreiben. Weiße → Magie dient zur Herbeiholung der Götter, schwarze Magie kann zur Verwünschung oder Tötung eingesetzt werden.

Das Ritual: Die weiblichen Aspekte der Götter werden durch Erzulie repräsentiert, ihre Priesterin ist *mam'bo,* den männlichen Aspekt stellt Legba, sein Priester ist *houn'gan.* Die → Rituale werden im Allgemeinen mit Musik vollzogen – dem Trommeln der Rada, Pethro oder Conga –, mit Gesängen und Anrufungen, → Tanz, → Gebeten, → Besessenheit durch die Loas oder Mystères (Götter), auch mit Opferungen von Vieh oder anderen Tieren, bis die ganze Zeremonie in ein Fest mündet.

»Es gibt eine eigene Sprache der Besessenheit«, sagt der Kunst- und Musikhistoriker Robert Farris Thompson, »einen eigenen Ausdruck, eine eigene Körpersprache für jeden Gott.« Im Voodoo-Ritual, im Trance-Tanz, kann ein Gott sofort an seinen Bewegungen erkannt werden. »Das setzt einen Reichtum an Bewegung voraus, eine psychische Beweglichkeit, die uns Bewohnern des Westens den Atem verschlagen muss«, meint Michael Ventura (1985, 114). Denn jeder der Gläubigen verkörpert im Laufe seines Lebens viele dieser archetypischen Götter. »Etwas von Theater, ja von Zirkus haben solche Feste an sich, die den Göttern die Gelegenheit geben, herabzusteigen, in den Körpern zu wohnen, durch die Körper sich auszudrücken, Fleisch zu werden«, schreibt Kaye Hoffman (1986).

Aus den Rhythmen des Voodoo entwickelten sich in Amerika der → Rock 'n' Roll, der Boogie und der Jazz – also jene Musik, die den heutigen Westen und eigentlich sogar die meisten asiatischen Länder dominiert. Insofern könnte man sogar behaupten, dass die synkretistische Religion der Afrikaner heute die größte Weltreligion ist, v. a. da sie auch immer in der Lage war, Neues aufzunehmen und zu assimilieren. Wenn Menschen heute zu Beat, Rock oder Techno tanzen, feiern sie die Voodoo-Götter und werden von ihnen mehr oder weniger in Besitz genommen. »Wenn die Musik und die Tänze den Geistern so sehr gefallen, dass sie vielleicht sogar gegen ihren Willen angezogen werden, dann, weil sie selbst Tänzer sind, weil sie sich selbst gestatten, von der übernatürlichen Macht des Rhythmus davongetragen zu werden« (Alfred Métraux 1994).

In Südamerika gibt es heute mehrere afrikanische Kulte, die sich meistens eklektizistisch mit katholischen Heiligen und Ritualen vermischt haben. Die brasilianische Volksreligion Macumba etwa besteht aus drei Richtungen: Candomblé, Umbanda und Quimbanda. Am bekanntesten ist der Candomblé, der in Bahia de Salvador beheimatet ist. Candomblé leitet sich vom portugiesischen Candombe ab, einem Tanz der Sklaven auf den Kaffeeplantagen. Im Candomblé, der in Brasilien wohl am stärksten die alte Götterwelt der westafrikanischen Yoruba bewahrt hat – stärker noch als der Santeriá, sein kubanischer Bruder –, sind die liturgische Sprache und die Gesangstexte weitestgehend »afrikanisch«. V. a. die Mythologie, die bei öffentlichen religiösen Handlungen eine komplexe Verwirklichung erlebt, zeigt, wie stark die afrikanische Vergangenheit und ihr spirituelles Erbe weiterleben: Trommelrhythmen und Gesänge rufen die *orixás* herbei, die dann von eingeweihten Töchtern und Söhnen in einer religiösen Trance verkörpert werden und sich so der Gemeinde gegenüber durch ihren Tanz manifestieren.

Der → theosophisch geprägte Umbanda fügt der afrikanischen Götterwelt noch hinduist., buddhist. und indianische Elemente hinzu und praktiziert → spiritistische Feiern. Im Quimbanda wird so genannte schwarze → Magie angewandt. In magischen Ritualen beschwört man hierbei den Zauberer Exu und seine Gehilfen. Weit verbreitet ist auch der Mambo, der nach der Hauptgöttin benannt ist: Ihre Musik wurde zur Grundlage für den berühmten Mambo-Tanz.

W

Waw (hebr. »Knauf, Haken«)

Zahlenwert 6. Die Hieroglyphe stellte ursprünglich eine Schlange dar. Das Waw ist das Bindeglied zwischen den Welten. Es wird auch als das »Siegel Salomons« mit zwei verschlungenen Dreiecken dargestellt (→ magische Symbole). Es ist sicherlich kein Zufall, dass uns das »www« des Internets mit der Welt verbindet – auch wenn manche Verschwörungsfanatiker darin die Zahl 666, die »Zahl des Tieres« aus der Apokalypse sehen, ohne zu wissen, was dies bedeutet. Im Runenalphabet mit 24 Zeichen sieht das W dem P ähnlich. Die Worte, die damit gebildet werden, wie »Welt, Weisheit → Wille«, weisen ebenfalls auf die verbindende Kraft zwischen Himmel und Erde hin.

Wachbewusstseinszustand

Im Alltagsbewusstsein bewerten Menschen ihre → Wahrnehmung entsprechend ihrer Ausbildung und den Vorlieben, Schwächen oder Stärken der jeweils handelnden »Persönlichkeit« bzw. der vielen »Ichs«, die sich im Laufe des Lebens ausgeprägt haben – im Sinne des Gehirnforschers Robert Ornstein, der den Menschen als »Multimind« (1990) beschreibt, als »Mensch mit vielen Persönlichkeiten«. Je umfangreicher das gespeicherte Wissen und unsere Erfahrung sind, desto schärfer können wir unterscheiden. Demgemäß wird unser »maximales« Wachbewusstsein potenziell dann verfügbar, wenn unsere defensive Verengung gelöst ist und die Verzerrungen der Wahrnehmung beseitigt sind.

Die psychotherapeutische Arbeit oder eine Arbeit des Selbststudiums kann helfen, die verschiedenen Konditionierungen, Fantasien, → Identifikationen usw. aufzudecken, und die Dinge, die wir verdrängt oder vergessen haben und die uns im Alltag behindern, bewusst zu machen. Dadurch verbessert sich in den meisten Fällen die Realitätsorientierung. Je mehr wir die Abhängigkeit von der äußeren, physischen Welt, aber auch unseren Emotionen und Wünschen erkennen und beobachten, sind wir in der Lage, in die »Welt des Bewusstseins aufzuwachen« (→ Geist). Verschiedene Übungen helfen dabei, den Zustand des erweiterten Wachbewusstseins zu festigen. Deshalb ist es besser, davon zu sprechen, dass das

> »Bewusstsein uns hat, als dass wir es hätten ... Bewusstsein ist nicht personalisiert oder an einen bestimmten Platz gebunden. Es ist überall ... Wir sind so beschäftigt mit den äußeren Dingen, dass wir gar nicht wahrnehmen, dass allen Dingen Bewusstsein innewohnt. Es ist in verschiedenen Dingen unterschiedlich konzentriert und es wirkt unterschiedlich in ihnen.« (John G. → Bennett 1984, 86)

Viele Übungen und Methoden, die uns von verschiedenen transpersonalen oder spirituellen Richtungen angeboten werden, haben mit dem Aufwachen in die zweite Welt der → Energien (→ Geist) zu tun. Da wir gewöhnlich in einem verengten Wachzustand leben, ist das Aufwachen ins Bewusstsein eine intensive Erfahrung, d. h. blockierte Bewusstseinsenergie wird freigesetzt.

»Obwohl Bewusstsein nichts ist, was man kontrollieren könnte oder an- und ausschalten wie ein Lampe, so können wir doch lernen, uns selbst auf die bewusste Erfahrung einzustellen. Es ist das Bewusstsein, das uns wahrnehmen lässt, was wir sind, und uns befähigt zu denken, was wir denken wollen, und zu fühlen, was wir fühlen wollen, und unseren Körper so zu bewegen, wie wir es beabsichtigen.« (John G. Bennett 1984, 87)

Das »wirkliche« Wachbewusstsein ist normalerweise ein intensiver Bewusstseinszustand, der allerdings nur mit einer Übung der → Aufmerksamkeit längere Zeit aufrechterhalten werden kann:

»Wenn der Übergang stattfindet, sind wir uns auch der zweiten Welt bewusst. Daher ist alles anders. *Wir werden fähig, mit unseren Augen zu sehen.* Das kommt daher, weil die zweite Welt aus dem Stoff des Sehens, Hörens, Fühlens und Denkens gemacht ist. Wenn wir uns nicht in dieser Welt befinden, geschehen alle diese Dinge ohne uns.« (John G. Bennett 1984, 332)

Auch im gewöhnlichen alltäglichen Wachzustand leben wir in beiden Welten, allerdings besteht keine direkte Verbindung zur zweiten Welt, die ohne Arbeit am Wachzustand nur als Traumzustand erfahren wird. Wenn wir in die zweite Welt aufwachen, wird unser Sehen zum eigentlichen Wahrnehmen, das Denken wird wirkungsvoll, es bleibt nicht an der Oberfläche.

Darüber hinaus gibt es noch andere, so genannte veränderte Wachbewusstseinszustände, die gezielt angestrebt werden können, manchmal aber auch zufällig erfahren werden. Es sind Erfahrungen mit der »inneren« Seite des Bewusstseins (→ Bewusstseinszustände).

Wahrnehmung

Aristoteles unterschied die sinnliche Wahrnehmung *(aistesis,* »Ästhetik«) und die geistige Wahrnehmung *(noesis,* »Intellekt«). Dabei ist die sinnliche Wahrnehmung – da in ihr die sinnlichen Wahrnehmungsobjekte empirisch gegeben sind – die Grundlage der geistigen Wahrnehmung, in der diese mit Hilfe der Vorstellung *(phantasia)* in ihrer verständlichen Form und ihrem Wesen nach erfasst werden. Der mittelalterliche Philosoph Nikolaus von → Kues sagt: »Die höchste Seligkeit besteht in der Wahrnehmung der Wahrheit.« Für den Begriff »Wahrnehmung« benutzt er auch »Schau« *(visio)* und »Spekulation«. Damit ist jedoch nicht der heute übliche Begriff gemeint, der sogar das Gegenteil davon darstellt. Für Nikolaus von Kues ist Spekulation die wesentlichere, tiefere Wahrnehmung. Sie bedeutet eindringliches geistiges Erfassen der Wirklichkeit.

Schon Aristoteles benutzt das griech. Wort *theoria* für diese beglückende Wahrnehmung. Auch dieses Wort ist inzwischen zu einem beinahe abwertenden Begriff geworden. Dabei ist seine ursprüngliche Bedeutung die Schau oder Wahrnehmung der Wirklichkeit.

Die Etymologie des Wortes »wahrnehmen« zeigt, dass dieses Wort keinen Bezug zur Wortbedeutung von »Wahrheit« hat (mhd. *war,* ahd. *wara* »Aufmerksamkeit«, Acht«, »Aufsicht«). Wahrnehmung hat vielmehr mit → Achtsamkeit, mit → Aufmerksamkeit zu tun. Ohne wache und absichtliche Aufmerksamkeit kann nicht wahrgenommen werden. Die »beglückende Wahrnehmung« in Kues' Sinn, in der indischen Philosophie *satchidananda* (»Sein-Bewusstsein-Seligkeit«), ist ein → Bewusstseinszustand, der die Wirklichkeit in sich aufnimmt, denn das Bewusstsein benötigt auch Nahrung. Nach Nikolaus von Cues vollzieht sich das »Leben in der Wahrheit« in der Struktur eines Weges der Aufmerksamkeit, d. h. der Wahrnehmungsstufen. Er spricht von einem »Weg zur Schau der Wahrheit«. Diese Schau des Ursprungs bedeutet Nahrung und Freude.

In einem solchen Zustand wird die sinnlich wahrgenommene Wirklichkeit auf eine vertiefte Weise erreicht. Es kommt nicht darauf an, rein geistige Dinge zu sehen. Es geht um verschiedene Wahrnehmungsweisen. Eine solche »Spekulation« der »tieferen« Erfassung der Wirklichkeit ist uns eigentlich vertraut: Wer ein Musikstück hört oder ein Gemälde betrachtet, kann zuerst nur die aufeinander folgenden Töne oder die einzelnen Farben wahrnehmen. Doch hört oder sieht man genauer hin, so nimmt man eine Melodie oder eine Bildkomposition wahr. Wenn man die Melodie oder die Komposition darüber hinaus noch als »schön« empfindet, dann ist man der Wirklichkeit, der Qualität des Musikstücks oder des Bildes noch näher. Echte Wahrnehmung stellt so einen Kontakt mit einer Qualität, einem geistigen Erlebnis her.

Wazifa (arab.)

Aufgabe, eine Art »innere Arbeit« durch die stille Rezitation der 99 Namen Allahs, von Koranversen, Gebeten und anderen hl. Texten in arab. Sprache. Der Schüler einer Sufi-Gruppe vollführt dieses Wazifa häufig mit Hilfe der Gebetskette, weil er eifrig zählen muss, da für jedes Wazifa eine bestimmte Anzahl von Wiederholungen vorgeschrieben ist.

Weibliche Spiritualität → Göttin, → Hexe

Weil, Simone (1909–1943)

Herausragende moderne → Mystikerin. Sie wurde 1909 als Tochter agnostischer jüdischer Eltern in Paris geboren. Nach dem Abitur verdingte sie sich eine Zeit lang als Akkordarbeiterin, Fräserin und Landarbeiterin. Dann arbeitete sie als Lehrerin und schloss sich der Gewerkschaftsbewegung an. 1934 nahm sie sich politischer Flüchtlinge aus Deutschland an und ging 1936 in den Spanischen Bürgerkrieg, wo sie die Republikaner unterstützte.

Nach einem Unfall holten ihre Eltern sie nach Frankreich zurück. Dort wandte sie sich immer mehr spirituellen Lehren zu und lebte zeitweise auch in einer Benediktinerabtei. Danach engagierte sie sich in der christl. Arbeiterjugend. Nach schwerer Krankheit starb sie 1943 im engl. Exil.

Ihr langjähriger Weggefährte Gustave Thibon schreibt: Ihre

> »Mystik hatte nichts gemein mit jenen religiösen Spekulationen ohne Einsatz der Persönlichkeit, wie sie nur allzu häufig das einzige Zeugnis der Intellektuellen sind, die sich göttlichen Dingen zugewandt haben. Sie kannte, sie lebte den verzweiflungsvollen Abstand zwischen ›wissen‹ und ›von ganzer Seele wissen‹, und ihr Leben hatte kein anderes Ziel als die Überwindung dieses Abstandes.« (Gustave Thibon in: Simone Weil 1981, 242)

Welten, kabbalistische → Sefiroth

Welten, neun

Die Überlieferung der neun Welten rührt von alteurop. Glaubensvorstellungen (→ Schamanismus) her und kehrt in vielen Mythen und Philosophien wieder (→ Enneagramm, → Kabbala).

In der nord. Mythologie hing der um Wissen ringende Odin-Wotan neun Tage am Baum. So wie im Schamanismus aus den neun Welten später drei Welten wurden, hing schließlich Jesus nur noch drei Tage am Kreuz. Das → Kreuz ist auch Symbol für die Verbindung der Welten (→ Weltenbaum).

Weltenbaum

Das für den → Schamanismus typische Weltbild der Gliederung in drei Welten –

Unter-, Mittel- und Oberwelt – ging in die späteren nord. Glaubensvorstellungen ein. Die Schamanenreise in die Oberwelt und Unterwelt führt in eine andere Raum- und Zeitdimension, in einen Bereich zeitlosen Wissens.

Der sibirische Schamane klettert auf einen Baum in der natürlichen Welt, um von dessen Wipfel aus seine Reise in die Oberwelt anzutreten. Dort schlüpft er durch einen »Zeittunnel« in die parallele Bewusstseinswelt. Da das Universum aus sich ihrer selbst bewussten Formen und aus Wechselwirkungen dieser Formen gebildet ist, die durch gegenseitige Informationen zustande kommen, ist es dem Schamanen möglich, wirksames Wissen aus der Anderswelt in unsere Welt zu bringen.

Als Zusammenhalt von Oben und Unten ist der Weltenbaum auch das Symbol für die erste Informationslinie (→ Sefiroth, → Lebensbaum).

Die Vorstellung von einem »Baum des Lebens«, dessen Krone den Himmel stützt, der in die jenseitige Welt ragt oder sie selbst ist und aus unsichtbaren Wurzeln wächst, ist wohl eine der ältesten Vorstellungen von der menschlichen Beziehung zu den anderen Wirklichkeiten. Von der jüngeren Steinzeit an gibt es viele Zeugnisse nicht nur für den »Weltstützerkult«, sondern auch dafür, dass der Weltenbaum – wie die Säule – zugleich als Gottmensch oder Baumgott verehrt wurde.

So wie die Menhire (→ Megalithbauten, → Carnac, → heilige Orte), die Großsteine, manchmal Gesichter zeigen, trägt auch der Weltenbaum gelegentlich einen Kopf und ein aus dem Holz herausgeschnitztes Gesicht. Die geschnitzten Totempfähle der Ureinwohner an der kanadischen Nordwestküste entspringen einem ähnlichen Weltbild. Die Baumsäulen oder Maibäume, die in Deutschland aufgestellt werden, weisen heute noch auf diese Vorstellung hin. Der biblische → Lebensbaum im Zentrum des Gartens Eden ist ein weiteres Beispiel für dieses ursprüngliche → Weltzentrum. Der Weltenbaum trägt nicht nur das Universum, er ist auch Mittler zwischen den drei Ebenen der → Wahrnehmung. Aber er verbindet nicht nur die Welten, er hält das Weltall auch im Gleichgewicht.

Die Reisen der Schamanen in die Oberwelt und Unterwelt führen in parallele Bewusstseinswelten. Diese Bewusstseinswelten sind Bereiche von zeitlosem Wissen, aus denen der Schamane Informationen in unsere Welt trägt. Reisen in der Mittleren Welt finden auf der Ebene unsere Weltenwirklichkeit statt. Der schamanische Weltenbaum ist eine Informationslinie, die alle Schichten der menschlichen Entwicklung und Psyche mit den Bewusstseinswelten anderer – oder keiner – Raum- und Zeitdimensionen (→ Schamanismus) verbindet.

In den nord. → Mythen fungiert die Esche Yggdrasil als Weltenbaum. Der Name Yggdrasil bedeutet »Odins Reittier«, denn Yggr ist ein Beiname Odins. An einer der drei Wurzeln Yggdrasils sprudelt die Quelle der Erinnerung, die von dem Riesen → Mimir gehütet wird.

Weltzentrum

Ein Vorstellungsbild, das auf ein geistig verstandenes Weltzentrum (→ heilige Orte) hinweist, ist der Omphalos (»Nabel der Welt«). Der Omphalos von → Delphi ist wohl der bekannteste, doch auch im kelt. Irland spielte der Omphalos eine bedeutende Rolle; die »redenden« Steine sind heute noch in der irischen Volksmythologie von Bedeutung. Die Minoer setzten den weiblichen Urschoß in Form eines steinernen Wasserkrugs an den Anfang ihres Schöpfungsberichts. Hügel, Konus (→ Shiva) und Omphalos, aber auch Grabhügel und Gräber sind Symbole der Erdmutter (→ Megalithbauten). Silbury Hill, in den Wiltshire Downs in Großbritannien gelegen, ist größer als die ägyptischen Pyramiden und weltweit das größte symbolische Bild der → Göttin.

Der Omphalos stellte immer einen Fixpunkt in Raum und Zeit dar. Es ist ein Kreuzungsort von Kräften, und für die → Geomanten früherer Zeiten war es immer ein schwieriges Unterfangen, genau diesen Mittelpunkt zu fixieren.

Der konische Urstein leitet sich vom Berg als Sinnbild für das Zentrum der Welt ab, in das ein Sucher durch Umrunden, durch Besteigen oder durch die → schamanische Reise über eine Öffnung oder Höhle im Berg gelangt. Kultsteine, die Menhire, wurden oft in Kreisen angeordnet (→ Avebury, → Stonehenge, → heilige Orte). Dies ist die Verbindung von der Vorstellung eines unendlichen Zentrums mit den Steinkreisen der Megalithkultur. Der Kreis stellt wiederum das unendliche → Nichtsein dar, aus dem die Schöpfung hervorgeht, manchmal auch dargestellt als labyrinthischer Kreis (→ Labyrinth).

Wicca → Hexen

Wille, freier

Die meisten Menschen glauben, dass es in ihnen eine Kraft gibt, die ihnen – zumindest manchmal – erlaubt, frei zu wählen, was sie tun oder nicht tun wollen. Sie würden sagen, dass sie von ihrem »Willen« Gebrauch machen. Doch nur jene Forscher, die das Problem des Willens sorgfältig untersucht haben, wissen, wie komplex die Sache ist.

Die Willensfrage ist so verwirrend, dass viele Philosophen und Psychologen sich hinter der Behauptung versteckt haben, eine solche Kraft gäbe es überhaupt nicht. Sie sagen, das Gefühl der Freiheit sei eine Illusion, denn es sei ja nie möglich, mit Gewissheit zu sagen, ob eine Person einen Willensakt vollbracht hat oder ob ihr Verhalten automatisch oder durch Gehirnfunktionen bedingt war.

Nach John G. → Bennett (2004) ist der Wille allgegenwärtig und nicht von außen bedingt, also auch nicht durch irgendwelche neurologischen Faktoren. Er ist ein unteilbares Ganzes, das immer gleich bleibt und dennoch aus einer unendlichen Anzahl von »Willenspartikeln« zusammengesetzt ist. Diese Willenspartikel können nicht in Wechselwirkung mit irgendeinem Teil der existenziellen Welt treten; kommen sie aber mit einem Behältnis, z. B. dem menschlichen Körper, in Berührung, so können sie »Druck« auf das Gefäß ausüben, d. h. eine Entscheidung veranlassen. Der Wille ist nach Bennett zeit- und raumlos und hat weder Potenzial noch Wechselwirkung – das gilt jedoch nur, wenn er keinen Kontakt mit der Existenz hat. Tritt er indes in Kontakt mit der Existenz, dann kann er sehr wohl Ergebnisse hervorbringen, die jedoch nur in der existierenden Welt zu beobachten sind. Der Wille an sich kann nicht beobachtet werden.

Mit dem Begriff »Wille« bezeichnet Bennett eine Kraft, die von den vier bestimmenden Bedingungen der Existenz – Raum, → Zeit, → Ewigkeit und Hyparxis (die »Fähigkeit zu sein«, → Zeit) – frei ist, aber dennoch nicht isoliert davon besteht. Dieses Modell kann das Rätsel des freien Willens lösen, wenn man annimmt, dass Existenz von diesen vier bestimmenden Bedingungen geregelt wird. Wenn wir den Willen als »unbedingt«, d. h. ohne die bestimmenden Bedingungen der Existenz definieren, schließen wir ihn zwar aus der existierenden Welt aus und bringen ihn in die »essenzielle«

oder geistige Welt, aber wir sagen nicht, dass er nichts sei. Darüber hinaus lassen wir eine Tür für eine Wechselwirkung oder den Informationsaustausch zwischen der bedingten und unbedingten Welt offen; diese Tür ist der → Risikofaktor, der eine Bedingung für die Freiheit ist.

Dieser Ansatz (den Bennett bereits vor nahezu 50 Jahren erstmals vorgebracht hat) wird von den neuen Entwicklungen der philosophischen Diskussion bestärkt. Der amerikanische Philosoph John R. Searles (2004) behandelt das Thema in seinem Werk »Freiheit und Neurobiologie«:

»Die Begrifflichkeit des Mentalen und Physischen, von Materialismus und Dualismus, von Geist und Fleisch, enthält eine falsche Voraussetzung, nämlich dass diese Begriffe sich gegenseitig ausschließende Kategorien der Wirklichkeit bezeichnen müssen – dass unsere bewussten Zustände als subjektive, private, qualitative etc. Zustände nicht gewöhnliche, physische, biologische Eigenschaften unseres Gehirns sein können.« (John R. Searles 2004)

Er führt aus, dass ein Mensch nur dann begründet handeln könne, wenn seine Entscheidung nicht im Voraus kausal determiniert ist. Es bedürfe einer Lücke in der Kette kausaler Erklärungen von Ereignissen, wenn man Handlungen zu diesen Ereignissen zählt. Diese Lücke liegt im Indeterminismus (dem Unbestimmtheitsfaktor) der Quantenphysik. Nach Searles gibt es auch eine mentale Verursachung, d.h. einen freien Willen, und deshalb sind mentale Vorgänge keine bloßen Begleiterscheinungen der Neuronen im Gehirn.

Wenn die Willenspartikel analog zu den Atomteilchen Leben und Universum durchdringen, dann geschieht eine intelligente Entscheidung bereits »zeitlich« bevor die neurologische Aktion des Gehirns aktiviert wird. Das bedeutet, dass das Gehirn erst »später« eine Handlung oder Gedanken formt und der Mensch diese Aktion dann ausführt. Eine Voraussetzung für eine »freie« Willenshandlung ist dabei, dass der Mensch bereits »Willenspartikel« in sich konzentriert hat, die auf die universale Intelligenz ansprechen. Sonst ist eine Handlung tatsächlich unfreiwillig durch Gehirnassoziationen bedingt.

Y

Ypsilon (griech.)

Entspricht als Zeichen dem hebr. *ajin* (Auge), Zahlenwert 70. Ein typisch semitischer Laut, der in unserer Phonetik schwer wiederzugeben ist. Er ähnelt einem Ü oder einem kurz ausgestoßenen O, weshalb das Griechische diesen Laut teils als Omikron (kleines O), teils als Ypsilon (kleines Ü) in seine Lautreihe übernahm.

Das Wort existiert im Sk. als *ajna* und bezeichnet dort als Ajna-Chakra das so genannte »dritte Auge« (→ Chakras). Auch in der → Kabbala ist es das mystische Symbol für das »Auge Gottes«, das ursprünglich auch in der Triade der göttlichen Ureinheit eingezeichnet war (→ Trinität). Aus diesem Auge drangen mehrere Strahlen, um die Kraft der göttlichen Wahrnehmung anzudeuten: das Sehen der Gottheit durch ihre Allgegenwart in jedem Teil der Schöpfung (→ Oktavengesetz).

Yantra

Ein Yantra ist die Visualisierung eines → Mantras und unterliegt keiner Geheimhaltung. Es ist ein geometrisches Diagramm, ein Abbild des kosmischen Geschehens, ein Symbol des Göttlichen sowie seiner Aspekte und Kräfte. Es wird v. a. im → Tantra benutzt.

»Das erste aller Yantren ist das Sri-Yantra. Es ist eine magische Waffe *(shastra)* der Schamanen und ein wirkungsvolles Modell der tantrischen → Meditation. Es wird aus neun Dreiecken konstruiert, die insgesamt 42 (= 6 x 7) Dreiecke ergeben« (Claudia Müller-Ebeling/Christian Rätsch 2000, 195). Ein Yantra hat Ähnlichkeit mit einem Fraktalen (Selbstgleichheit in vielen Abstufungen, Entdeckung des Mathematiker Benoit Mandelbrot). Das Sri-Yantra ist ein Diagramm von miteinander verbundenen Linien, in denen sich sichtbar gemachte Energien konzentrieren. Es gibt verschiedene Arten von Yantras, z. B. das OM-Yantra oder das Kali-Yantra.

Das Sri-Yantra-Symbol.

Yin und Yang

Die beiden Urkräfte im daoistischen und chines. Denken (→ Tao, → Feng Shui). Die ursprüngliche Nichtkraft Wuji (Wu-Chi), der Urgrund, in dem alle Unterschiede noch ungeschieden nebeneinander vorhanden sind, wird symbolisch als Kreis (0) dargestellt. Aus diesem absoluten Nichtsein geht das Taiji (Tai-Chi), der Uranfang, das Eine (1) hervor, das sich dann in die zwei (2) Prinzipien, die aktive, lichte Kraft des Yang und die passive, verhüllende Kraft des Yin wandelt. Aus ihrer Vereinigung entstehen die fünf → Elemente, die wiederum die 10 000 Dinge hervorrufen. Siehe auch → Tao.

Das Yin und Yang Symbol.

Yoga, Yoga-Wege

»Du hast ein Recht auf Handeln, aber nur auf das Handeln an sich, niemals auf dessen Früchte. Lass nicht die Früchte zum Beweggrund deines Wirkens werden! Und sei nicht der Untätigkeit verhaftet. Fest gegründet im Yoga, vollbringe deine Taten als einer, der jegliche Haftung aufgegeben hat und gleichmütig geworden ist hinsichtlich Misslingen und Erfolg! Denn Ausgeglichenheit ist der Sinn des Yoga.« (Bhagavadgita, Sri Aurobindo 1981, 19)

Die meisten Menschen verbinden heutzutage den Begriff »Yoga« mit dem → Hatha-Yoga, der als Gesundheitstraining des Körpers weit verbreitet ist. Der klassische Yoga indes besteht aus eigenständigen Erfahrungs- und Erkenntnismethoden, die unter diesem Begriff gesammelt werden. Das Wort leitet sich von der Wurzel *yuj* her, was »anjochen« bedeutet, womit die Harmonisierung und Vereinigung von Körper und Geist gemeint ist. Dem dt. Yogaforscher J. W. Hauer zufolge soll der Begriff schon in den Veden gebraucht worden sein, doch erst in den → Upanischaden wird er weiter definiert.

Der so genannte klassische Yoga, der auf Patanjali (→ Raja-Yoga) zurückgeht (der es jedoch nicht erfand, sondern in den Yoga-Sutras »nur« systematisierte), ist mehr eine philosophische Begründung als eine reine Methodik, weshalb er zu den philosophischen Schulen gezählt wird. Die Lehre des → Buddha ist dagegen eine pragmatische Yoga-Praxis, die im Grundsatz die Philosophie über die »letzten Dinge« ablehnt.

»Der Yoga ist die Technik der Bewusstseinseinung par excellence. Darin besteht seine einzigartige Bedeutsamkeit. Was immer auch die weltanschauliche Färbung dieser oder jener Schule bzw. Richtung des Yoga sein mag, ihr innerstes Anliegen ist stets ohne Fehl die Einung des Normalbewusstseins und seine letztliche Überformung in die transzendente Bewusstheit des ›Sich‹ *(atman)*.« (Georg Feuerstein 1981)

Und mit Mircea Eliade kann man hinzufügen:

»Die Ansiedelung der Yoga-Technik mitten im Herzen des Hinduismus geschah in einem Moment der Krise der Orthodoxie, und zwar genau in dem Moment, wo diese die mystischen, ›sektiererischen‹ Bewegungen en bloc zur Gültigkeit erhob. Im Lauf seiner Ausbreitung musste der → Brahmanismus – wie übrigens jede siegreiche Religion – viele Elemente akzeptieren, die ihm zuerst fremd, wenn nicht feindlich waren ... Auf jeden Fall aber war eine der Hauptursachen dieser Wandlung das Bedürfnis der Massen des Volkes nach einem konkreten religiösen Erleben, nach einer leicht zugänglichen, intimen, persönlichen mystischen Frömmigkeit. Nun boten aber die traditionellen yogischen Praktiken ... genau ein mystisches Erlebnis dieser Art; unter Nichtachtung der Rituale und der theologischen Wissenschaft hielten sie sich fast ausschließlich an die unmittelbaren, konkreten, von ihrem physiologischen Substrat noch kaum abgehobenen Gegebenheiten.« (Mircea Eliade 1977, 152)

Im Wesentlichen weisen alle Lehren auf die Einheit der Yogas hin, wofür in neuester Zeit Sri → Aurobindos integraler Yoga ein Beispiel ist. Der integrale Yoga kann als eine Zusammenfassung der verschiedenen Yoga-Wege bezeichnet werden. Das Wort »integral« bezieht sich darauf, dass »alles Leben Yoga« ist, also eine Integration von spirituellen und von weltlichen Lebensäußerungen enthält, was für Menschen im Westen wohl am zugänglichsten ist.

Das Konzept eines integralen Yoga ist übrigens nicht neu; er wird schon in den tantrischen Lehren (→ Tantra) oder in der → Samkhya-Philosophie explizit vertreten, die Aurobindo auch in gewisser Hinsicht weiterentwickelt hat. Siehe auch: → Bhakti-Yoga, → Karma-Yoga, → Kriya-Yoga, → Raja-Yoga.

Yogananda, Paramahansa (1893–1952)
Verbreitete schon in den zwanziger Jahren den → Yoga im Westen, insbesondere in den USA. Mit 21 Jahren trat er einem Mönchsorden bei. Sein Guru Sri Yukteswar (1855–1936) weihte ihn in das Yoga-Wissen ein und verlieh ihm den Titel Paramahansa (Sk. »der höchste Schwan«), eine Bezeichnung für den höchsten Stand des → Sannyasin.

1925 gründete er in Los Angeles ein Yoga-Institut, das noch heute von seinen Schülern fortgeführt wird. Später entstanden weitere Zentren, die seine Lehre des → Kriya-Yoga weitergeben. Sein Leben und seine Lehre beschrieb Yogananda ausführlich in der »Autobiographie eines Yogi«, seinem bekanntesten Buch, das viele Menschen stark beeinflusst hat und zu den populärsten Büchern über indische Spiritualität gehört.

Z

Zeta (griech.), Zajin (hebr.)

Zahlenwert 7. *Zajin* spricht sich wie ein stimmhaftes, weiches S und bedeutet wörtlich »Waffe, Pfeil«. Die Sieben ist in der Zahlenmystik von großer Bedeutung (→ Zahlen, → Oktavengesetz). Vom Schreibzeichen her entspricht es am ehesten der Gibor-Rune (→ G), die wie ein Z mit einem kleinen Strich in der Mitte geritzt wurde. Das G ist auch der siebte Buchstabe im lat. Alphabet.

Zahlen, Zahlenmystik

»Eine Zahl und die ihr innewohnenden Kräfte zu kennen, ermöglichte es dem Menschen, sich der mit ihr zusammengehörigen Macht zu bedienen, zu zaubern oder seinen Gebeten stärkere Wirkungskraft zu verleihen. Die Kenntnis geheimer Bedeutungen der Zahlen spiegelt sich im Volksglauben ebenso wider wie in der hohen Literatur und kann in der mittelalterlichen Architektur ebenso entdeckt werden wie in der Musik, in der die Harmonie der Welt hörbar eingefangen ist«,

schrieb die 2003 verstorbene Islamforscherin Annemarie Schimmel (1984). So verwundert es nicht, dass in allen Kulturen Zahlenqualitäten von Bedeutung sind. Da nun auch in allen Naturerscheinungen Zahlen und Zahlenverhältnisse eine so große Rolle spielen, entstand bei vielen Mathematikern und Philosophen die Frage, ob Zahlen nicht nur Mengen, sondern auch Qualitäten ausdrücken, die einen »Sinn« haben und darüber hinaus – und das ist die wichtigste Bedeutung – als Grundlage für eine neue ganzheitliche Erkenntnistheorie dienen können und die auch ganz praktisch in allen Lebensbereichen wesentliche Fragen oder Probleme lösen helfen.

Der Unterschied zwischen Quantität und Qualität ist für eine systemische oder vernetzte Erkenntnisweise enorm wichtig. Eine einfache Analogie macht den Unterschied deutlich: Komponieren wir ein Bild aus den drei Grundfarben Blau, Rot, Gelb, so können wir sagen, das Bild bestehe aus der Menge von drei → Farben. Die Qualität und die Schönheit des Bildes zeigen sich aber durch die Farbkomposition. Wenn sie in sich stimmig ist, entsteht für den Betrachter der Eindruck, dass die Farben unabhängig von ihrer Menge miteinander harmonieren. Es macht jedoch auch einen Unterschied, ob mehr oder weniger Farben verwendet werden. So besticht z. B. die Farbgebung der Künstlergruppe des Bauhauses (→ Kunst) durch die unvermischte Verwendung dieser Grundfarben. Hinzu kommt, dass alle anderen Farben, die noch verwendet werden könnten, nur »Zwischentöne« sind und nichts an der Grundkomposition ändern. Zahlenwerte drücken so gesehen eine Information über bestimmte Qualitäten und Gesetzmäßigkeiten aus. Sie sind »sinnvoll«. Jede Struktur hat Eigenschaften, die sich aus der Eigenschaft ihres Zahlenwerts ergeben, genauso wie ein Bild aus drei Grundfarben eine andere Wirkung hat als ein Bild aus nur zwei Grundfarben. Da der menschliche Körper und sein Gehirn physikalischen, chemischen und biologischen Strukturelementen entsprechen, ist es nicht verwunderlich, dass die menschliche Denkweise ebenfalls mit Zahlenwerten operiert. Wir können nichts verstehen, das keine Entsprechung in unserer Erfahrung und den vielfältigen Strukturen hat, die uns umgeben.

Die Menschen müssen schon früh entdeckt haben, dass die Erscheinungen der Natur auf den Wiederholungen von Formen beruhen (→ Mantra). Der menschliche Körper mit zwei Armen und zwei Beinen, die zweigeteilten fünf Sinnesorgane, die fünf Finger, fünf Fußzehen, die harmonischen Körperproportionen und vieles mehr machen deutlich, dass die Natur gleichmäßige Muster hervorbringt. Da man die Erscheinungen der Natur abzählen und ordnen kann, bezeichnet man die Zahlen eins, zwei, drei usw. als »natürliche« Zahlen.

Aber nicht nur die Extremitäten und die Sinnesorgane sind zweifältig, auch das Gehirn besteht aus zwei sich ergänzenden Hemisphären. Diese Zweiheit ist bis zu den Erbanlagen feststellbar, der DNS, die durch zwei Basenpaare in einer sich ergänzenden Doppelspirale organisiert ist. Auf der atomaren Ebene finden wir die drei Kräfte des Atoms, wobei sich die Dreiheit in den kleineren Teilchen wie den Quarks wiederholt. Das Zusammenwirken der drei unterschiedlichen Gehirne im Menschen (Kortex, limbisches System, Stammhirn) ist ein weiteres Beispiel für die dynamische Wechselwirkung der Dreiheit.

Vier → Elemente sind grundlegend für den chemischen Aufbau aller anderen Elemente wie Kohlenstoff, Sauerstoff, Wasserstoff und Stickstoff – die alten »Elemente« Erde, Luft, Wasser, Feuer. Vier »Buchstaben« begründen den genetischen Code. Der Zahlenwert der Fünf steht z. B. für den Menschen, denn seine Proportionen folgen dem goldenen Schnitt, der ebenso in der Konstruktion des Fünfecks vorkommt (→ Chartres, → magische Symbole). Die arithmetische Progression der Blätter am Stiel einer Pflanze folgt ebenfalls den ganzzahligen Verhältnissen. Viele Blüten und Blätter sind fünfzackig.

Eiskristalle wiederum kommen in unzähligen verschiedenen Sechseckstrukturen vor, dem Kohlenstoffmolekül liegt eine sechseckige Struktur zugrunde, die Bienen bauen sich Platz sparende sechseckige Wabenstrukturen.

All diese und andere Formen erinnern uns täglich an die Organisationsstrukturen der Natur. Die neueren Entdeckungen physikalischer Gesetze zeigen ebenfalls sich wiederholende Muster. Lichtquanten schwingen nach bestimmten Zahlenverhältnissen, selbst die Ladungen der Partikel weisen ganzzahlige Werte auf, wobei auch die Brüche ganzzahlig sind. Das für die Gesundheit wichtige Drüsensystem des Menschen besteht aus sieben Drüsen, die in der indischen Lehre den → Chakras entsprechen.

Die Zahlen an sich geben noch keine Erklärung für diese Phänomene. Man könnte jedoch sagen, dass die Zahlenstruktur das Spielerische und Künstlerische der Natur mit dem Gesetzmäßigen, Rationalen verbindet. Die geometrische Symmetrie weist auf Struktureigenschaften hin. Stabile Strukturen sind in der Regel geradzahlig, dynamische Strukturen ungerade. Die DNS mit ihrer Doppelhelix ist eine äußerst stabile Struktur, während die dreiheitliche Atomstruktur ständig in Bewegung ist.

Warum aber bildet die Natur ihre Strukturen nach erkennbaren Zahlenwerten? Es sieht so aus, als ob sie damit spielt, wie sie auf einfachste Weise immer neue Muster aus anderen Mustern gestalten kann. Und warum sind geradzahlige Muster stabiler als ungeradzahlige? Darauf sollten wir mit Johann Wolfgang von Goethe antworten: »Man suche nichts hinter den Phänomenen, sie selbst sind die Bedeutung.«

Wie entstehen aus den Zahlenwerten Denksysteme, mit denen wir Mensch und Welt verstehen können? Der menschliche Geist besitzt die Fähigkeit, Strukturen und Prozesse zu simulieren, ohne diese Ereignisse auch körperlich nachvollziehen zu müssen. Die Fähigkeit, sich die Welt auf eine vereinfachte Weise bildhaft vorzustellen, war für die Evolution und das Überleben des Menschen von großer Bedeutung.

Wenn wir an die Qualität einer Einheit denken (→ Pythagoras), dargestellt durch die Zahl eins, sind die Inhalte dieser Einheit nicht unterschieden, und dennoch ist eine Vielfalt von Informationen darin enthalten, vergleichbar mit dem »durchsichtigen« Licht, das durch eine Brechung im Prisma plötzlich Regenbogenfarben zeigt (→ Farben). Manche geistigen Denkmodelle wie der nichtdualistische → Vedanta versuchen den Menschen zu dieser ununterschiedenen Einheit zu führen. Es stellt sich jedoch die Frage, ob man dadurch der Vielheit der Erscheinungen, die aus dieser Einheit entstanden ist, gerecht wird. Sind die Erscheinungen der Welt und des Universums tatsächlich nur »Schleier«, → Maya, wie der indische Begriff besagt? Oder ist die Schöpfung aus der Einheit eine Notwendigkeit, damit die Einheit bewahrt bleibt (→ Kabbala)?

Mit der Zweiheit wird eine Unterscheidung eingeführt (→ Dualismus). Wir haben es nun mit zwei Grundeinheiten zu tun – mit »farblosem« Licht und Farben, um beim Farbbeispiel zu bleiben. Diese Zweiheit weist im übertragenen Sinne auf viele Zweiheiten hin, mit denen wir umgehen und die Ergänzungen oder Gegensätze aufzeigen wie z. B. null und eins, Energie und Materie, → Yin und Yang, Frau und Mann, Gott und Mensch, kalt und heiß, hungrig und satt usw. Diese Trennung einer Einheit in zwei ergänzende Elemente ist eine gedankliche Unterscheidung. Die ursprüngliche Einheit ist nicht verloren gegangen, sie hat sich nur differenziert und ist konkreter geworden.

Im alten chines. Denken wurden die komplementären Eigenschaften der Zweiheit mit der Dreiheit von Himmel, Mensch und Erde verbunden. Daraus entstand das komplexe Denksystem des → I Ging (→ Orakel), das alle Gesetzmäßigkeiten des menschlichen Schicksals zu ergründen sucht.

»Die heiligen Weisen wollten den Ordnungen des inneren Gesetzes und des Schicksals nachgehen. Darum stellten sie den Sinn des Himmels fest und nannten ihn: das Dunkle und das Lichte. Sie stellten den Sinn der Erde fest und nannten ihn: das Weiche und das Feste. Sie stellten den Sinn des Menschen fest und nannten ihn: die Liebe und die Gerechtigkeit.« (I Ging 1984)

Die Zahlenqualität der Dreiheit, die in der Unterscheidung der drei Begriffe Himmel, Mensch und Erde im alten China implizit ist, weist auf einen systemischen Zusammenhang von drei Grundkräften hin (→ Trinität). Wenn wir drei Kräfte in einem Wechselspiel sehen, erweitert sich die Erkenntnismöglichkeit und verändert die Sichtweise, weil die Dualität von Himmel und Mensch durch das dritte Element Erde erweitert wird. Die polare oder ergänzende Wechselwirkung zwischen zwei Elementen wurde auf eine Wechselwirkung von drei eigenständigen Elementen ausgedehnt. Die Dreiheit bringt eine dritte Dimension in das Gefüge von Kräften genauso wie die drei Dimensionen des Raums.

Das Dreieck ist so auch die erste geometrische Figur, die eine Fläche ist. Die Räumlichkeit benötigt ebenfalls drei Faktoren wie Höhe, Breite und Tiefe. Daraus kann man die Entsprechung ableiten, dass ein System mit drei Elementen eine komplexere Vernetzung der

Systemelemente bedeutet als eine Zweiheit aus Länge und Breite. Eine Wechselwirkung von drei Kräften bringt eine dynamische Beweglichkeit hervor – wie beim Flug der Vögel, die alle drei Raumdimensionen nutzen können.

Ein Denken mit Zahlensystemen entfaltet die Komplexität der Ganzheit, so wie aus dem farblosen Licht sieben Farben entstehen. Die Einheit wird dabei nicht auf ihre Teile reduziert, denn wenn man die sieben Farben umgekehrt wieder miteinander vermischt, erhält man kein reines Licht. Zugleich ist jedes komplexere Zahlensystem in der Lage, eine entsprechend komplexe Wechselwirkung innerhalb einer Struktur oder von mehreren Strukturen untereinander zu erkennen und annähernd zu verstehen.

Eine Ganzheit kann unendlich viele Teile haben, sie ist nie erschöpfend zu erfassen. Durch die Unterscheidung in eine neue Organisationsstruktur kann man jedoch einen »Sinnzusammenhang« unter den vielen Teilen der Ganzheit finden. So werden die Teile der Ganzheit lebendig und verständlicher. »Mit objektivem Bewusstsein ist es möglich, die Einheit von allem zu sehen und zu fühlen. Für das subjektive Bewusstsein ist jedoch die Welt in Millionen gesonderter und unzusammenhängender Erscheinungen gespalten« (G. I. Gurdjieff in: P. D. Ouspensky 1966, 205).

Vermutlich hat jeder Mensch den Wunsch, die Sinnzusammenhänge zwischen den Strukturen des täglichen Lebens, den universalen Gesetzmäßigkeiten und den eigenen individuellen Bedürfnissen und Wünschen zu verstehen. Diese Erkenntnis ist notwendig, um die eigenen Vorstellungen entsprechend zu korrigieren und anzupassen. Dasselbe gilt für größere Organisationsstrukturen. Immer wieder sind Anpassungen an andere Strukturen notwendig, welche die eigene Struktur berühren und beeinflussen.

Eine solche Sichtweise jedoch hat nichts mit magischem Denken zu tun. Die vielfältigen zahlenmagischen Systeme, die im Laufe der Jahrhunderte entstanden sind, können so heute auf neue Weise interpretiert werden. Sie werfen auch ein Licht auf die Möglichkeiten, verschiedene spirituelle Denksysteme besser einzuordnen und zu verstehen.

Zarathustra → Zoroaster

Zazen (japan.)

Meditationsübung. Eigentlich *zenna* (japan.), abgeleitet von *dhyana* (Sk.). In Dhyana steckt die Sprachwurzel *dhi,* »wahrnehmen«, »nachdenken«, »kontemplieren«, »den Geist auf einen Gegenstand richten«. Dhyana bedeutet also den Geist sammeln, die Gedanken nicht abschweifen lassen.

→ Aufmerksamkeit geht im Zen nur zusammen mit bewusster, entschlossener Anstrengung. Aufmerksamkeit ist das besondere Instrument des Willens zur direkten Wahrnehmung von allem, was ist und so, wie es ist, ohne irgendeine Bewertung. Aufmerksame → Wahrnehmung ist das »Organ« des Geistes. Der Schluss, den der große Zen-Meister des 7. Jh., Hui-neng, der Begründer der »Schule der plötzlichen Erweckung«, daraus zieht, ist, dass Zen eigentlich nichts mit Sitzen in → Meditation zu tun hat, sondern vielmehr Handeln, Bewegung, Vollbringen von Taten, Sehen, Hören, Denken und Erinnern ist. Dhyana – also Zen – wird mitten im Leben erlangt, denn Einsicht und Handeln sind gleich.

Zeit

»Zeit« ist ein Phänomen, das Schamanen, Philosophen, spirituelle Denker und Naturwissenschaftler schon immer beschäftigt. Auch dieses Lexikon kann keine Antworten geben, aber einige Fragen aufwerfen. Zeit kann nicht wahrgenommen werden (→ Wahrnehmung), auch wenn die Menschen ein Konzept davon haben und Uhren, um sie zu »messen«. Zeit ist kein Bestandteil der Existenz, d. h. der existierenden Welt, sondern eine Voraussetzung für die existierende Welt.

Ihre einzige unabänderliche wissenschaftliche Charakteristik ist die Nichtumkehrbarkeit. Das bedeutet jedoch nicht, dass ein subjektives »Zeitgefühl«, eine Ausdehnung, Verkürzung oder sogar ein Kreislauf der Zeit wahrgenommen werden kann. Außerdem hat die spezielle Relativitätstheorie von Einstein gezeigt, dass man Raum und Zeit nicht voneinander trennen kann, auch wenn der wesentliche Charakter beider davon unberührt bleibt. In vielen alten Glaubenssystemen jedoch gibt es die Möglichkeit, durch bestimmte → Rituale die Zeit zu »erneuern«. Dabei wird die Weltschöpfung jedes neue Jahr wiederholt. Die Phasen des Mondes – erstes Erscheinen, Wachsen, Abnehmen und Verschwinden und das Wiedererscheinen nach drei finsteren Nächten – hatten einen starken Einfluss auf die zyklische Vorstellung der alten Völker, sodass die Zeit von ihnen nicht als linearer Vorgang, sondern als Kreis und Erneuerung wahrgenommen wurde.

Die Quantenphysik hat Möglichkeiten aufgezeigt, wie die Zeit überwunden werden kann, ohne sie auszulöschen. Die vierdimensionale Raum-Zeit-Welt hat ihre Begrenzungen, auch wenn diese Welt es ermöglicht, Erfahrungen in ihr zu machen. Wenn Menschen immer wüssten, welche Konsequenzen ihre Handlungen in der Zukunft haben, dann könnte manches Leid im Ansatz verhindert werden (→ Karma). Menschen mit spirituellen Vorstellungen möchten gern in eine zeitlose Welt kommen, in der es weder Veränderung noch Tod oder Verfall gibt (→ Nirwana). In dieser Idee liegt eine gewisse Selbsttäuschung, denn wer verzichtet schon gern auf Erfahrungen! In dem Moment, in dem Teile der Erfahrungen verschwinden, verschwinden sie auch aus dem Bewusstsein, wie es etwa bei Alzheimerkranken der Fall ist.

Tatsächlich kann das Potenzial für Erfahrungen erhalten werden; ein Beispiel dafür sind eingefrorene Embryos. Werden sie irgendwann aufgetaut, so haben sie das Potenzial zum Leben. Erinnerungen lassen sich ebenfalls »einfrieren«. Sie werden an irgendeinem Platz in unserem Körper oder Gehirn gespeichert und können wieder aufgeweckt werden. Vielleicht gibt es auch einen außerkörperlichen Ort für »starke« Erinnerungen, der in der Idee des → morphogenetischen Feldes enthalten ist (→ außerkörperliche Erfahrungen, → Synchronizität). Es sind zeitlos aufbewahrte Erfahrungen.

Im Gegensatz dazu können sich gewöhnliche Erinnerungen verändern. Jeder weiß, welche Streiche Erinnerungen spielen können. Man denkt, es sei so und so gewesen, um dann von jemand anderem, der dabei war, etwas völlig anderes zu erfahren. Oder ein Foto stellt die Sachlage klar – doch das Foto kann auch retuschiert sein ...

J. G. → Bennett (2004) geht davon aus, dass es so etwas gibt wie »unvergängliche Erinnerungen«, die auch nach dem Tod eines Menschen bleiben. Er benutzt dafür den Begriff → »Ewigkeit«. Diese Erhaltung von Erinnerungen in einer fünften Dimension ist nicht dasselbe wie die Vernichtung der Zeit. Es hört sich schon seltsam an, wenn man sich vorstellt, dass Potenziale aus der Zeit genommen werden können, um sie dann wieder in der Zeit zu verwirklichen! Der Künstler und Dichter William Blake (1757–1827) schrieb dazu den schönen Satz: »Die Ewigkeit ist verliebt in die Hervorbringung der Zeit.«

Zeit stellt eine Mauer mit potenziellen Öffnungen im Feld der Möglichkeiten auf. Sie teilt das, was sein wird, von dem, was sein könnte. Niemand hat je Zeit oder Raum tatsächlich »gesehen«. Wir sehen nur die Dinge, die gerade geschehen. Ohne eine Erfahrung gibt es auch keine Zeit. Man könnte sagen, dass Zeit das Innere, das Sein eines Menschen ist und Raum das Äußere. Wir denken, dass Zeit vergeht oder dass die Zeit fließt. Doch was fließt? Wie kann etwas, das nicht »existiert«, fließen oder etwas geschehen lassen?

Es muss aber noch etwas Weiteres geben, das die Möglichkeit eröffnet, sich zwischen der Welt der Möglichkeiten und der Welt der Verwirklichungen zu bewegen. Bennett nannte diese Dimension Hyparxis, eine Art »vertikale« Zeit, die er an einer Stelle als »Fähigkeit zu sein« umschreibt. Es ist aber auch die Fähigkeit, bewusste Erfahrungen zu machen, etwas zu gestalten, das eine bleibende Qualität bewahrt. Diese Fähigkeit liegt im → Willen. Freiheit ist nur möglich, wenn ein → Risiko eingegangen wird.

Wie können wir die Zeit überwinden oder die Zukunft verändern, wenn wir Entscheidungen treffen, bevor die Ereignisse als harte Fakten eingetreten sind? Wir gehen dabei der Zeit voran, um etwas vorzubereiten, das noch nicht geschehen ist. Wir »gehen irgendwo hin, wo überhaupt noch nichts ist« (John G. Bennett 1966, Bd. 4, 51ff.).

Die »hyparchische Zukunft« besteht aus nichtverwirklichten und doch wirklichen Ereignissen. Sie sind nicht potenziell im Sinne von Mustern dessen, was sein könnte. Dieser Zustand könnte eher mit einer kreativen Aktivität beschrieben werden, die vollständig virtuell ist.

Zen-Buddhismus

Der klassische Buddhismus (→ Theravada) wurde bereits im 6. Jh. n. u. Z. in Japan eingeführt und beeinflusste im Laufe der Jahrhunderte die ganze intellektuelle, ästhetische und spirituelle japan. Kultur. Das Zen, das sich aus dem → Mahayana-Buddhismus entwickelt hatte, gelangte über China – wo er sich mit dem → Taoismus verband – erst im 12. Jh. nach Japan.

Im engeren Sinne ist Zen keine Religion und auch nicht an den Buddhismus gebunden; er ist vielmehr die Lehre der direkten Schau oder Einsicht in die absolute Wirklichkeit (→ Shunyata). Zen gilt als »besondere Überlieferung außerhalb der orthodoxen Lehre«. Der Legende nach soll der Buddha Shakyamuni bei einer berühmten »Nichtpredigt« nur schweigend eine Blüte in die Höhe gehalten haben. Nur sein Schüler Kashyapa begriff diese Darlegung und erlangte die Erleuchtung. Deshalb spielt die plötzliche Erleuchtung *(tongo)* im Zen seither eine wichtige Rolle.

Chinesischer Zen-Buddhismus, Ch'an: Als der Buddhismus nach China gelangte, nahm er gemäß der chines. Men-

Der unvollendete Zen-Kreis.

talität andere Formen an als in Indien, Südostasien oder Tibet. In China vermischte er sich mit taoistischem Gedankengut. Auch wenn die Schule des Zen im 6. Jh. mit → Bodhidharma ihren Ursprung hatte, wurden ihre Fundamente tatsächlich vom großen Meister Huineng (638–713), dem sechsten Patriarchen, gelegt. Er entwickelte aus der Verbindung der geistigen Essenz des Mahayana-Buddhismus mit der kongenialen Lehre und Lebensart des Taoismus die Form der geistigen Schulung, die heute als Zen bezeichnet wird. Die von Hui-neng begründete Südliche Schule betont die plötzliche Erleuchtung *(tongo)*, während die Nördliche Schule, die von Shen-hsiu begründet wurde, die allmähliche Erleuchtung *(zengo)* betont.

Der wesentliche Unterschied besteht darin, dass die Südliche Schule die Auffassung vertrat, → Erleuchtung geschehe ganz plötzlich. Es komme weniger auf intellektuelle Schulung als auf die Schulung der Intuition oder der direkten Einsicht an. Der Weg der allmählichen Erleuchtung hingegen betont, dass das Studium der hl. Schriften notwendig sei. Die Südliche Schule setzte sich jedoch durch und blühte unter großen Meistern wie Ma-Tsu, Shih-T'ou, Nan Ch'uan, Pai Chang, Huang Po und Chao-Chou auf. Im 9. Jh. verzweigte sich der chines. Zen-Buddhismus in verschiedene Äste.

Zen ist eine → Schule des Augenblicks, die in jeder Situation und jeder Zeit immer wieder von kreativen Geistern neu belebt wird. Meister → Basho (1644–1694) sagte dazu: »Suche nicht den Weg der Vorfahren, suche das, was auch sie gesucht haben.« Diese Idee wird durch eine der drei »großen Qualitäten« des Zen-Schulungswegs ausgedrückt, den Großen Zweifel. Er besagt, dass das Leben immer als Frage zu verstehen ist, die noch der Antwort harrt. Wir sollen das Geheimnis unseres Lebens und des Kosmos zwar anerkennen, aber dieses Geheimnis unermüdlich und mit fester Absicht enthüllen. Dazu gehört die zweite Qualität der Großen Entschlossenheit, des Willens, regelmäßig und mit bewusster Entschlossenheit zu üben und hart daran zu arbeiten, alle Hindernisse aus dem Weg zu räumen, die unsere Erkenntnis verstellen. Es ist auch die Entschlossenheit, sich für die Bedürfnisse aller Mitwesen zu sensibilisieren und Mitgefühl für sie zu entwickeln. Das alles wird möglich durch die dritte Qualität des Großen Glaubens daran, dass allen Wesen die Buddha-Natur innewohnt, dass wir Erleuchtung erfahren und unsere wahre Natur »sehen« können.

Auch wenn die Worte Zen oder Ch'an eine Übersetzung des Sk.-Wortes *dhyana* sind (→ Zazen), sind doch das indische Dhyana und Zen wesentlich verschieden. Dhyana bezeichnet eine konzentrierte und methodische → Meditation, während Zen, so wie die Gründungsväter der chines. Schulen es verstanden, den direkten Einblick in die Realität, die blitzartige → Erleuchtung sucht. Selbstverständlich reicht eine Erleuchtung nicht dazu aus, ein Meister zu werden. Es geht vielmehr darum, sich immer wieder von allen vorherigen Erkenntnissen frei zu machen und die materiellen und geistigen Welten immer wieder neu zu erforschen und neu zu sehen.

In gewisser Weise brachte Zen eine Dynamik hervor, die zu einer Wiedergeburt des ursprünglichen → Taoismus führte. So kann man sagen, dass die wahren Erben des »Geistes« Dschuang-Zes (eines der Begründer des chinesischen Taosimus, 369–286 v. u. Z.) die chines. Zen-Buddhisten der T'ang-Periode (618–906) sind, des goldenen Zeitalters des Zen in China.

Es gibt mehrere Übereinstimmungen zwischen dem chines. → Taoismus und dem chines. Zen. Seng-chao (384–414) schreibt, dass »Handeln und Nichthandeln nicht voneinander geschieden sind, sondern eine Einheit bilden. Dinge in Aktion sind gleichzeitig immer in Nichtaktion; Dinge in Nichtaktion sind immer in Aktion. Nichthandeln bedeutet also nicht Ruhe, nachdem Aktion zu Ende gegangen ist, sondern Ruhe, die immer auch Aktion ist« (Chang Chung-yuan 1980, 13). Dschuang-Ze stellt ebenfalls die Identität aller Dinge dar: »Dies ist auch Das; das ist auch Dies. Es gibt weder Zerstörung noch Aufbau. Beide verschmelzen in Eins.« Interessant ist der Vergleich mit dem aus der Physik bekannten Gedanken, dass immer eine potenzielle Energie vorhanden sein muss, um sich als aktualisierte Energie manifestieren zu können (→ Ewigkeit).

Ein weiterer Gedanke, den Buddhismus und Taoismus gemeinsam vertreten, ist die Idee der Einheit in der Verschiedenheit, ebenso von Teil und Ganzem. Dieser Gedanke wird in der → Hua-Yen-Philosophie ausgedrückt.

Hui-nengs Zen-Philosophie ist ebenfalls nichtdualistisch und vergleichbar mit der Advaita-Vedanta-Vision Shankaras (→ Vedanta) und der taoistischen des Dschuang-Ze. Hui-neng über die Versenkung:

»Verblendete mögen zwar mit bewegungslosem Körper sitzen, aber wenn sie den Mund aufmachen, reden sie nur über Richtig und Falsch von anderen, über Stärken und Schwächen, Vorlieben und Abneigungen. Dies ist ein Abweichen vom Weg. Wenn man am Geist oder der Reinheit haftet, wird das im Gegenteil lediglich zum Hindernis auf dem Weg. ... Das Wesentliche ist das Gehen und nicht die Fußabdrücke.« (Hui-neng)

Es geht zwar um die plötzliche Erleuchtung, die unvorhersehbare Öffnung des Geistes, doch der Weg dorthin besteht in der regelmäßigen Übung der Öffnung des Geistes für diese plötzliche Einsicht, in der jegliche dualistische Unterscheidung zwischen Subjekt und Objekt, zwischen Innen und Außen aufgehoben ist.

Japanischer Zen-Buddhismus (Zen): Der Überlieferung nach soll der Zen-Buddhismus im 6. Jh. mit der Reise des → Bodhidharma von Indien nach China zum ersten Mal nach Osten gezogen sein. 600 Jahre später, im 12. Jh., wanderte er weiter nach Japan. Nach weiteren 600 Jahren kam Zen über den Pazifik nach Westen und fasste zuerst in Kalifornien Fuß. Ende des 20. Jh. erreichte er auch Deutschland; hier wird die Zen-Meditation sogar in christl. Klöstern gelehrt (Willigis → Jäger).

Der wichtigste Exponent im Westen war der 1966 verstorbene D. T. → Suzuki, dessen »Essays in Zen-Buddhism« schon 1927 als Ereignis angesehen wurden (und erst in den neunziger Jahren in vollständiger dt. Übersetzung erschienen). Auch wenn Zen der Weg der direkten Erleuchtung ist, wird Gelehrsamkeit keineswegs für gering erachtet. Deshalb gibt es auch hoch gelehrte Zen-Bücher, die jedoch immer auf ihre Art den Weg zur direkten Erkenntnis fördern, weil sie paradoxe Gedanken ausdrücken.

»Zen, könnten wir sagen, ist radikaler Empirismus. Deshalb ist Raum keine ausgedehnte objektive Gegebenheit und Zeit keine Linie mit einem Verlauf namens Vergangenheit, Gegenwart und Zukunft. Das Zen kennt keinen solchen Raum, keine solche Zeit, und so gelten ihm Vorstellungen wie Ewigkeit und Unendlichkeit als bloße Träume. Zen lebt nur in und als Erfahrungstatsachen.« (D. T. Suzuki 1987)

Ein gutes Beispiel dafür ist die folgende Geschichte:

»Ein Mönch fragte den Meister: ›Es ist schon eine Zeit lang her, seit ich zu Euch kam, um über den heiligen Pfad des Buddha unterrichtet zu werden. Aber Ihr habt mir niemals nur einen Wink gegeben. Ich bitte Euch, habt mehr Mitgefühl mit mir!‹ Darauf lautete die Antwort: ›Was meinst du, mein Sohn? Jeden Morgen entbietest du mir deinen Gruß, habe ich ihn nicht erwidert? Brachtest du mir eine Schale Tee, habe ich sie nicht angenommen und mich nicht gefreut, als ich sie austrank? Welcherlei Unterricht wünschest du außerdem von mir?‹« (D. T. Suzuki 2003, 115)

Die Zen-Meister sind Meister des Augenblicks (→ Schulen des Augenblicks). Zen ist Leben in der »Geistes-Gegenwart«, Leben in wacher Aufmerksamkeit. Das gängige Klischee vom Zen, zurückgezogen in einem Kloster in den Bergen stundenlang zu meditieren oder → Koans (paradoxe Fragen) zu lösen, ist nur eine Seite des ganzen Bildes. Im Sinne des Wechselspiels der kosmischen Grundkräfte → Yin und Yang sind Ruhe und Bewegung, Entspannung und Anspannung die zwei Pole des Übungsweges.

Die alten chines. Weisen haben früh erkannt, dass außer den konzentrierten Stille- und Meditationsübungen auch innere und äußere aktive Übungen wichtig sind, um eine innere Transformation zu erreichen. Eine solche »Energietransformation« arbeitet mit drei grundlegenden Energien bzw. Kräften: Jing, der vitalen Essenz (Körperenergien), Qi, dem Atem des Lebens, der die bewusste Energie trägt, und Shen, der geistigen Kraft. Mit Hilfe von Bewegung und Atem (bewusste Aktivierung des Qi) kann die vitale Essenz zu einer geistigen Kraft umgewandelt werden.

Der zentrale Gedanke für den Alltag sowie bei Übungen ist deshalb, in jedem Augenblick so wach zu sein, dass eine Handlung entsteht, die dem Fluss der Bewegung der Natur folgt. Wang Wei (5. Jh.) betont noch eine andere Vorstellung: »Wenn der Geist nicht durch die Form offenbar wird, dann ist das von der Form Dargestellte leblos.« Wenn der Geist nicht in Bewegung ist, dann ist er eine nichtoffenbarte Wirklichkeit in der Form. Ist er in Bewegung, dann lebt er in der Schau des Betrachters auf. Heute würde man von manifestierter und potenzieller Energie sprechen.

Meister Hakuin (1686–1769) kommentierte den zentralen philosophischen Gedanken des Zen »Form ist Leere, Leere ist Form« mit den Worten: »Schund! Was für ein nutzloser Haufen Schrott! Versucht nicht, Affen beizubringen, wie man auf Bäume klettert! Diese Ware liegt seit zweitausend Jahren in den Regalen und eignet sich nur als Staubfänger« (zitiert in: D. T. Suzuki 1973). Heute würde man sagen: Materie ist Energie, Energie ist Materie und beides nicht voneinander zu trennen. Doch was bedeutet das für den Menschen?

Zen ist radikal. Es fordert die Menschen auf, die Welt immer wieder auf neue Weise zu sehen. Gerade die chines. Linie des Ch'an war sehr geerdet. Das Leben eines Mönches bestand aus harter körperlicher Arbeit. Er schlief und meditierte auf derselben Matte, flickte seine Robe und pflanzte Gemüse an. Seine Lehrer teilten die Arbeit mit ihm. Die Verehrung von Buddha-Figuren und komplexen Ritualen wurde vollkommen abgelehnt; gelegentlich ging dieses Verhalten sogar so weit, dass hl. Schriften verbrannt wurden, denn nicht das auswendig gelernte Wissen zählte, sondern die eigene Erkenntnis.

Zen und Kampftechniken

Das chines. Zen wird zudem auch in Form von Übungen und → Atemtechniken praktiziert, die gemeinhin unter dem Oberbegriff → Qigong (alte Schreibweise: Ch'i-kung) laufen. Übersetzt heißt der Begriff: »Arbeit mit Energie«. Aus den ursprünglichen Bewegungsformen entwickelte sich das Wu-shu als Selbstverteidigungstechnik, die sich zu Kung-Fu, zum Schwertkampf und anderen Formen der Kampftechnik weiterentwickelten.

In Japan entstanden die Kunst des Bogenschießens (Kyudo), der Schwertweg (→ Kendo), der aus der Kampftradition der Samurai hervorging, und der Weg der Selbstverteidigung (Judo) sowie andere Formen der Kampftechnik (→ Kampfsport).

Zen-Philosophie und Gesellschaft

»Man gestatte mir zum Abschluß einige Worte über die praktische Anwendung der → Hua-Yen-Lehre des *Shih-shih Wu-ai* in unserem gesellschaftlichen Zusammenleben«, führt D. T. Suzuki aus, der wie kein anderer das Wesen des Zen zu vermitteln vermochte:

> »Die Gesellschaft ist ein Organismus, dessen einzelne Teile oder Grundeinheiten *(Shih-shih)* aufs engste miteinander verwoben sind. Wenn einer der Teile in irgendeiner Weise Schaden erleidet, so ist es sicher, dass die anderen Teile früher oder später auf die eine oder andere Weise ebenfalls daran teilhaben werden ... Das Gefühl der Zusammengehörigkeit ist für das Wohlergehen der ganzen Gemeinschaft von absoluter Notwendigkeit, und dieses Zusammengehörigkeitsgefühl ist am stärksten, wenn es auf Gleichheit und Freiheit gegründet ist. Und all das, dessen müssen wir uns eingedenk sein, lässt sich nur verwirklichen, wenn es seine Wurzeln im fruchtbaren Boden des Großen Mitfühlenden Herzens hat.« (D. T. Suzuki 1983, 126)

Zen, die Schulen

Die Übertragungslinie der Südlichen Schule des chines. Zen fächerte sich in die »Fünf Häuser, Sieben Schulen« auf, die sich in Details voneinander unterscheiden. Von diesen Linien gelangten die Rinzai-Schule und die Soto-Schule nach Japan. Einer der herausragenden Meister des japan. Zen war Hakuin Ekaku (1685–1768), der das Rinzai-Zen im 18. Jh. reformierte. In der Rinzai-Schule wird v. a. die → Koan-Praxis – die Arbeit mit unlösbaren paradoxen Ideen oder Geschichten – als besonders schneller Weg zur Verwirklichung der Erleuchtung (→ Satori) gelehrt, während in der Soto-Schule das »Zen der schweigenden Erleuchtung« *(mokusho)* geübt wird, die Praxis des → Zazen ohne Hilfsmittel. Wie im → tibetischen Buddhismus wird dabei auch über → Mandalas oder abstrakte Eigenschaften meditiert. In seiner reinsten Form ist Zazen das Sitzen in einem Zustand gedankenfreier, hellwacher Aufmerksamkeit ohne Konzentration auf ein Objekt. Sitzen in Versunkenheit ist wesentlicher Bestandteil jeder Zen-Schule, da es um die unmittelbare Erfahrung des eigentlichen Wesens geht.

In der Traditionslinie der Rinzai-Schule richtet man sich nach genauen Regeln, um die Qualifikation eines Lehrers zu erkennen. Es gibt derzeit in Deutschland einige Lehrer, die von dieser Linie ihre Lehrbefugnis erhalten haben, während andere über andere Wege gelernt oder sich selbst autorisiert haben.

> »Wollt ihr die Dinge richtig sehen können, dann lasst euch von niemandem verwirren. Wer immer euch begegnet, außerhalb oder innerhalb von euch, den tötet sofort. Trefft ihr Buddha, dann tötet ihn. Trefft ihr einen alten Meister, tötet ihn. Befreit euch von allem, dann wird nichts mehr euch behindern. Löst euch von allem los und seid unabhängig.« (Lin-chi/Rinzai, in: Oliver Bottini 2002, 200)

→ Mahamudra, das tibet. Zen, wurde begründet von Tilopa (988–1069), dem Naropa, Marpa, Milarepa und Gampopa nachfolgten. Vermutlich wurde durch Naropa das chines. Ch'an mit dem tibet. Buddhismus verbunden. Seit dem 12. Jh. ist der → Karmapa geistiges Oberhaupt der Karma-Kagyüpa-Linie (→ Tibet-Tantra). Zen wie Mahamudra bezeichnen ihre Lehre als »Geistdoktrin« (tibet. *nao-ba)*, bei der es um die Ergründung der wahren Natur des Geistes geht. Im Gegensatz zur analytischen Betrachtungsweise der indischen Yogacara-Schule betonen Zen und Mahamudra wie andere → Tantra-Traditionen die Übung. Mahamudra jedoch geht im Gegensatz zum japan. Zen der Südlichen Schule Schritt für Schritt vor und ist dadurch in mancher Hinsicht für einen Schüler leichter nachvollziehbar.

Die Faszination des Zen ist aber v. a. durch jene großen Meister begründet, deren unkonventioneller Lebensweg und Lebensstil sie zu Beispielen des ungebundenen, freien Zen-Geistes werden ließ. Das ist das »Zen der verrückten Wolke«, nach dem literarischen Namen, den der berühmte Zen-Dichter, Maler, Kalligraph und wandernde Lehrer Ikkyu annahm. Die »Verrückten Wolken«, vom weltlichen Leben losgelöste innovative Reformer, Rebellen und Radikale des Zen, waren meist wandernde Sucher und Weise, deren einzigartiger Weg die traditionelle Übung der Meditation sowie die spirituelle, soziale und politische Haltung des Zen-Buddhismus bis in die heutige Zeit hinein beeinflusste.

Zirbeldrüse (Hypophyse)

Meist mit dem »dritten Auge« (→ Chakras) in Verbindung gebracht. Der amerikanische Arzt Dr. Rick Strassman erforschte die Zirbeldrüse über lange Jahre. Nach seinen Forschungen hat nicht nur Melatonin eine Wirkung auf diese Drüse, sondern auch die psychoaktive Substanz DMT (der Hauptwirkstoff von → Ayahuasca; → psychedelische Erfahrung).

Zoroaster (griech. »ein Besitzer alter Kamele«, auch: Zarathustra, selten: Zarduscht; um 630 – um 550 v. u. Z.)

Persischer Prophet, der in einer Familie von Viehzüchtern und Nomaden aufwuchs. Daher finden sich in seiner Lehre auch Elemente des → Schamanismus (z. B. die Vorstellung von → Geistern) und der frühen polytheistischen Religion des indischen → Brahmanismus.

Im Bereich von Religionsausübung, Mythologie und Kult lassen sich viele Übereinstimmungen zwischen »Avesta« (die Überlieferung seiner Lehren) und »Rigveda« finden. Der Übergang vom Nomadentum zum Ackerbau, den Zoroaster erlebte, wird mit dem Beginn der »Zivilisation« gleichgesetzt. Daher ist die Verehrung der guten Kräfte der Natur auch ein zentrales Motiv seines Glaubens.

Mit 20 Jahren verließ Zoroaster seine Heimat und lebte als Eremit. Aus den »Gathas«, den wahrscheinlich von Zoroaster verfassten Versen, lässt sich entnehmen, dass er von den Priestern des Mithraskults verfolgt wurde und fliehen musste. Mithras war eine iranische Lichtgottheit, dessen Kult sich von Persien über Rom bis nach Britannien ausbreitete. Im Alter von 30 Jahren offenbarte sich Zoroaster der höchste Gott, Ahura Mazda. Zwölf Jahre lang versuchte Zoroaster vergeblich, Anhänger für seine Lehre zu finden. Das änderte sich erst, als es ihm gelang, den Fürsten Vishtaspa, dessen Gattin und schließlich den Hofadel zu bekehren. Zoroaster starb im Alter eines gewaltsamen Todes. Der Zoroastrismus ist wohl die erste bekannte »Offenbarungsreligion« der Welt, d. h. durch prophetisch gehörte Mitteilungen Gottes geoffenbart (→ Channeling). Es war die Staatsreligion dreier großer iranischer Reiche vom 6. Jh. v. u. Z. bis zum 7. Jh. n. u. Z. Judentum,

→ Manichäismus, → Gnosis, Christentum und Islam übernahmen Teile dieses Glaubenssystems, insbesondere das dualistische Weltbild (→ Dualismus) und die Lehre von den → Engeln.

Die Lehre Zoroasters ist im »Avesta« (»Wissen«, dieselbe Wurzel wie im indischen Veda) niedergelegt. Er besteht aus gleichnishaft-lyrischen Psalmen, »Gathas« genannt. Der Avesta wurde kommentiert; die exegetische Fassung nennt man »Zend-Avesta«, d. h. »Wissen der Tradition«. Der ursprüngliche Text des Avesta soll zur Zeit Alexanders des Großen verloren gegangen sein. Aus den Resten stellten die Priester im 3. bis 4. Jh. n. u. Z. den Kanon der »wahren Lehre« zusammen.

Charakteristisch für die Lehre Zoroasters ist der universale → Dualismus: das Gute und das Böse. Der Gott des Guten (der Reinheit, der Wahrheit, des Lichts) ist Ahura Mazda, der Gott des Bösen, der Lüge, der Finsternis ist Ahriman (→ Anthroposophie). Letztlich wird das Böse vernichtet. Die Auseinandersetzung dauert bis zum Weltende, dann erst werden das Böse und die Lüge überwunden und völlig vernichtet sein und die Wahrheit wird gesiegt haben.
Ahura Mazda ist der »andere« Gott, sein Wesen ist Menschen nicht vermittelbar, er ist auch nicht erfahrbar, außer durch Beschreibungen der Negation. Er ist der Einsame und Erhabene. Ahura Mazda entspricht der Idee des vedischen → Brahman oder auch dem »nichtseienden Gott« der → Gnostiker. Möglicherweise floss das Konzept von hier in die Gnosis ein, wie ja auch viele andere zoroastrische Ideen die Religionen des Nahen Ostens beeinflusst haben.

Die Anhänger Zoroasters legten Wert darauf, gute und ehrliche Menschen zu sein, nie zu betrügen und Wohltätigkeit zu üben. Reinigung, → Opfer und → Gebet waren ihre zentralen Forderungen. Zoroaster duldete weder Tempel noch Götzen; Altäre wurden auf Hügeln, in Palästen oder im Zentrum der Stadt errichtet. Auf diesen Altären wurden Feuer, das Symbol der Leben spendenden Sonne, zu Ehren Ahura Mazdas unterhalten, weshalb die Zoroaster-Anhänger »Feueranbeter« genannt wurden. Auch der Herd im Haus galt als hl. Altar; hier durfte das Feuer niemals ausgehen.

Zwei mazdaische Priester und der Baum des Lebens mit dem Symbol von Ahura Mazda (Flügel und Sonne).

In der zoroastrischen Lebensweise oder spirituellen Methode ist das Erreichen der Harmonie mit dem Kosmos eine lebenslange Aufgabe des Menschen. Jeder ist für seine Taten selbst verantwortlich. Diese Verantwortung sowie Achtung vor Andersdenkenden führte dazu, dass im Vergleich zu anderen spirituellen Lehren der missionarische Eifer bei den Anhängern Zoroasters weniger ausgeprägt war.

In der Lehre Zoroasters wurde auch Sklavenhaltung abgelehnt. Trägheit, Faulheit und ein Leben auf Kosten anderer wurde im höchsten Maße verachtet, und jeder war verpflichtet, durch eigene Arbeit sein Leben zu bestreiten.

Das Zentrum dieses Glaubens bilden 16 natürliche und kosmische Kräfte oder

Eigenschaften, die jeden Aspekt des Lebens einbeziehen. Aber offenbar war es nicht beabsichtigt, diese Kräfte in eine starre oder künstliche Ordnung zu bringen, sie sind vermutlich nur die »Eckwerte« für die Lebenseinstellung.

Ahura Mazda ist der Gott des Zoroastrismus. Er ist umgeben von → Engeln und → Geistern. Die sieben obersten Engel heißen Amesha Spenta und sind übernommene Gottheiten älterer Götter- und Mythenwelten. Die sieben Erzengel, die in seiner unmittelbaren Nähe sind, heißen »die gute Gesinnung« (Vohu Manah), »die Gerechtigkeit und Wahrheit« oder »beste Frömmigkeit« (Asha Vahista), »der göttliche Wille« oder »gewünschte Herrschaft« (Kshatra Vairya), »Demut und Frömmigkeit« oder »hl. Ergebung« (Spenta Armaiti), »die Vollkommenheit« oder »das Heil« (Haurvatat), »die Unsterblichkeit« (Ameretat) und »der Gehorsam« (Sraosha).

Unter den sieben Erzengeln stehen die Fravashi, das sind die unsterblichen Seelen aller Lebewesen. Sie sind Urbilder der einzelnen Lebewesen und beschützen diese. Man kann auch sagen, dass diese die Lebenskräfte der Erde symbolisieren wie Gesundheit, Wasser, Luft, Nahrung, Sonne und Freude. Selbst Ahura Mazda hat ein solches Urbild, das als geflügelter Mensch dargestellt wird.

Die Begleiter des Bösen, Ahrimans, sind eine endlose Schar von Teufeln und → Dämonen, die die Menschen heimsuchen. Hinter den Teufeln stehen alte Naturdämonen und -götter als Urbilder. Nach Dr. Edmond Bordeaux Székely entstand aus diesem Weltbild das Schachspiel mit seinen 16 weißen und 16 schwarzen Figuren, die gegeneinander antreten (→ Orakel). Ahura Mazda ist als Schöpfer heute noch die Figur des »Königs«. Die 64 Spielfelder des Schachs entsprechen der Idee des → I Ging, ebenso wie die acht Trigramme, im Schach die Hauptfiguren, die im »Avesta« die Erzengel darstellen. So ist es durchaus möglich, dass auch Vorstellungen aus dem I Ging in den Zoroastrismus einflossen.

Die von Ahura geschaffenen Gottheiten erschufen andere wohltätige Wesen, welche dem alten iranischen Pantheon entsprechen: die Yazata (»Verehrungswürdige«) oder auch Amesha Spenta, »hl. Unsterbliche«. Die Zeitalter sind auf die Vollendung hin angelegt, auf ein Ende der Geschichte und des Werdens. Die Doktrin eines Jüngsten Gerichts, von Himmel und Hölle, der Auferstehung und des ewigen Lebens danach wurde hier vermutlich zum ersten Mal gelehrt.

Heute gibt es noch rund 200 000 Anhänger der zoroastrischen Glaubensform; die meisten davon sind die so genannten Parsen, die in Indien leben. Der im Westen bekannteste Parse war Freddie Mercury, Leadsänger der Rockgruppe Queen.

Literatur

Literaturangaben beziehen sich auf das jeweils behandelte Gebiet (z. B. im weitesten Sinne »Kunst« und alle damit zusammenhängenden Einträge), sehr häufig wird ein Buch auch kurz kommentiert, wenn der Buchtitel das inhaltliche Thema nicht genau oder ausreichend wiedergibt. Zitate in Lexikoneinträgen mit Jahreszahl sind aus dem entsprechenden Buch entnommen. Manche Titel können vergriffen sein oder sind neu bei einem anderen Verlag erschienen. Die meisten Bücher sind auch antiquarisch erhältlich. Hier sei v. a. das Internetportal www.zvab.com empfohlen. Außerdem sind ausgewählte Internetseiten angegeben, auf denen Sie weitere Informationen finden, insbesondere zu Gruppen- und Seminarangeboten.
Zu vielen weiteren Aspekten der Einträge hält das Internet ein umfangreiches Informationsangebot bereit. Geben Sie einfach den entsprechenden Begriff in einer der zahlreichen Suchmaschinen ein. Die genannten Internetangebote sind erste Einstiegsorte zur weiteren Suche im Internet.

Lexika, Nachschlagewerke und Wörterbücher

Bauer, Wolfgang und Clemens Zerling: *Das Lexikon der Orakel.* München 2004.

Bottini, Oliver: *Das große O. W. Barth-Buch des Buddhismus.* Frankfurt 2004.

Bottini, Oliver: *Das große O. W. Barth-Buch des Zen.* Bern und München 2002.

Drury, Nevill: *Magie. Vom Schamanismus und Hexenkult bis zu den Technoheiden.* Aarau und München 2003.

Duden: *Das Fremdwörterbuch.* Mannheim 2001.

Jansen, Eva Rudi: *Die Bildersprache des Hinduismus.* Havelte 1999.

Keyserling, Arnold: *Geschichte der Denkstile.* Wien 2000.

Lexikon der östlichen Weisheitslehren. Buddhismus, Hinduismus, Taoismus, Zen. München 1988 (neu: Düsseldorf 2005).

Miers, Horst E.: *Lexikon des Geheimwissens.* München 1993.

Puhle, Annekatrin: *Das Lexikon der Geister.* München 2004.

Rätsch, Christian: *Enzyklopädie der psychoaktiven Pflanzen.* Aarau 2001.

Roob, Alexander: *Alchemie und Mystik.* Köln 1996.

Schumann, Hans Wolfgang: *Buddhistische Bilderwelt. Ikonographisches Handbuch des Mahayana- und Tantrayana-Buddhismus.* Köln 1986.

Walker, Barbara: *Das geheime Wissen der Frauen.* Frankfurt 1993.

Werner, Helmut: *Lexikon der Esoterik.* Dreieich 1991.

Wieland, Helmtrud: *Das Spektrum des Yoga.* Gladenbach 1992.

Internet:
Ein gutes allgemeines und kostenloses Lexikon im Internet ist www.wikipedia.de.

Afrika, Brasilien, Rock 'n' Roll, Voodoo

Chesi, Gert: *Die Medizin der schwarzen Götter. Magie und Heilkunst Afrikas.* Wien 1989 (ausführliche Darstellung der Naturmedizin und afroschamanististischer Techniken).

Chesi, Gert: *Voodoo. Afrikas Geheime Macht.* Wörgl 1979 (Bildband über Voodoo in Afrika und seine Rituale).

Deren, Maya: *Der Tanz des Himmels mit der Erde.* Wien 1992 (Grundlagenwerk über Voodoo).

Hohenstein, Erica Jane de: *Das Reich der magischen Mutter.* Frankfurt 1991 (hervorragende wissenschaftliche Untersuchung zum Candomblé).

Jahn, Janheinz: *Muntu. Die neoafrikanische Kultur. Blues, Kulte, Négritude, Poesie und Tanz.* Köln 1986 (die »Bibel« der afroamerikanischen Musiker).

Métraux, Alfred: *Voodoo in Haiti.* Vastorf 1995 (der Klassiker).

Neimark, Philip J.: *Die Kraft der Orisha.* München 1996 (Traditionen und Rituale afrikanischer Spiritualität).

Oliveira Pinto, Tiago de: »Candomblé. Eingeweihte sprechen«, in: *Ausstellungskatalog »Afrika in Amerika«*, Hamburgisches Museum für Völkerkunde 1992.

Rosny, Eric de: *Heilkunst in Afrika.* Zürich 2002 (Verfahren und Traditionen afrikanischer Medizin, Zauberei und Hexerei).

Somé, Malidoma Patrice: *Vom Geist Afrikas. Das Leben eines afrikanischen Schamanen.* München 1996 (Erfahrungsbericht über ein afrikanisches Initiationsritual bei den Dagara in Burkina Faso).

Ventura, Michael: *Vom Voodoo zum Walkman* (Pieper Medienexperimente, Löhrbach), aus:

Shadow Dancing in the USA. New York 1985 (ausgezeichnete, lebendige Darstellung der Entwicklung der afrikanischen Musik zur amerikanischen Rockmusik einschließlich der Voodoo-Elemente).

Alchemie

Chia, Mantak: *Tao Yoga der Liebe*. Interlaken 1984 (die alchemistische Transformation der sexuellen Kräfte zu einem starken »zweiten Körper«).

Coudert, A.: *Der Stein der Weisen*. München 1982 (Einführung und Geschichte der Alchemie).

Evola, Julius: *Die hermetische Tradition*. Interlaken 1989.

Eliade, Mircea: *Schmiede und Alchemisten*. Stuttgart 1980.

Fulcanelli: *Master Alchemist. Le Mystère des Cathedrales. Esoteric Interpretation of the Hermetic Symbols of the Great Work*, engl. Ausgabe 1984 (Das klassische Werk eines neuzeitlichen Alchemisten von 1926 in engl. Übersetzung).

Gebelein, Helmut: *Alchemie*. München 1991 (gelehrte und ausführliche Darstellung aller Aspekte der Alchemie).

Grof, Stanislav: *Geburt, Tod und Transzendenz*. Reinbek 1991 (alchemistische Transformation als psychologische Wandlung).

Jung, C. G.: *Psychologie und Alchemie* (Bd. 12 der *Gesammelten Werke*), *Studien über alchemistische Vorstellungen* (Bd. 13) und *Mysterium Coniunctionis* (Bd. 14), Freiburg 1972.

Junius, M.: *Praktisches Handbuch der Pflanzenalchemie*. Interlaken 1982 (Junius lebt in Australien und praktiziert die alchemistische Herstellung von Heilmitteln, Spagyrik).

Ouspensky, P. D.: *Auf der Suche nach dem Wunderbaren. Fragmente einer unbekannten Lehre*. Weilheim 1966 (enthält die Lehre Gurdjieffs über die innere Transformation, d. h. die Erschaffung eines »zweiten« Körpers).

Paracelsus, Theophrastus: *Die Geheimnisse. Ein Lesebuch aus seinen Schriften*, Einleitung und Kommentar von Will-Erich Peuckert. München 1990 (der Alchemist und Arzt Paracelsus lebte von 1494 bis 1541).

Paracelsus, Theophrastus: *Vom Licht der Natur und des Geistes*. Leipzig 1993.

Shah, Idries: *Die Sufis*. Köln 1976 (Herkunft der spirituellen Alchemie aus den Sufi-Lehren).

Anthroposophie

Steiner, Rudolf: *Mein Lebensgang*. Dornach 1962.

Steiner, Rudolf: *Die Philosophie der Freiheit*. Dornach 1962.

Steiner, Rudolf: *Wie erlangt man Erkenntnisse höherer Welten*. Dornach 1981.

Steiner, Rudolf: *Die Geheimwissenschaft im Umriß*. Dornach 1981.

Steiner, Rudolf: *Das Christentum als mystische Tatsache und die Mysterien des Altertums*. Dornach 1977.

Steiner, Rudolf: *Der Orient im Lichte des Okzident*. Dornach 1977.

Schiller, Paul Eugen: *Der anthroposophische Schulungsweg*. Dornach 1980.

Wehr, Gerhard: *Der innere Weg*. Reinbek 1983

Wehr, Gerhard: *Rudolf Steiner*. München 1985 (Biographie).

Internet:
www.anthroposophy.com
www.rudolf-steiner.de

Astrologie

Lehrbücher

Greene, Liz: *Kosmos und Seele*. Frankfurt 1978.

Keyserling, Wilhelmine: *Anlage als Weg. Theorie und Methodik der philosophischen Astrologie*. Wien 1991.

Meyer, Hermann: *Astrologie und Psychologie*. Reinbek 1986.

Riemann, Fritz: *Lebenshilfe Astrologie*. München 1976.

Ring, Thomas: *Astrologische Menschenkunde*. Bd. 1-3. Freiburg 1969.

Rudhyar, Dane: *Die Astrologie der Persönlichkeit*. München 1981.

Rudhyar, Dane: *Das astrologische Häusersystem*. Reinbek 1992.

Sakoian, Frances und Louis S. Acker: *Das große Lehrbuch der Astrologie*. München 1979.

Geschichte der Astrologie

Knappich, Wilhelm: *Geschichte der Astrologie*. Frankfurt 1967.

Parker, Derek und Julia: *Astrologie. Ursprung, Geschichte, Symbolik*. München 1984.

Wissenschaftliche Kontroverse

Eberlein, G. L. (Hrsg.): *Schulwissenschaft. Parawissenschaft. Pseudowissenschaft*. Stuttgart 1991.

Eysenck, Hans Jürgen und David Nias: *Astrologie. Wissenschaft oder Aberglaube?* München 1982.
Niehenke, Peter: *Kritische Astrologie. Zur erkenntnistheoretischen und empirisch-psychologischen Prüfung ihres Anspruchs.* Freiburg 1987 (Buchversion der Dissertation gleichen Titels).
Wiesendanger, Harald (Hrsg.): *Der Streit ums Horoskop. Astrologen im Dialog.* Freiburg 1990.

Hintergrund

Loye, David: *Die Sphinx und der Regenbogen. Das Potential unseres Bewußtseins, die Zukunft vorauszusehen.* Reinbek 1988.

Internet:

www.dav-astrologie.de (Astrologenverbände)
www.lexikonderastrologie.at (Lexikon)
www.niehenke.de (Buch des Autors)
www.schuledesrades.org (Keyserling)

Bewusstsein, Geist, Gehirn, psychoaktive Pflanzen

Bennett, John G.: *Die inneren Welten des Menschen.* Südergellersen 1984.
Blake, William: *Zwischen Feuer und Feuer. Poetische Werke.* München 2000.
Davies, Paul: *Mehrfachwelten – Entdeckungen der Quantenphysik.* Köln 1981.
Deutsch, David: *Die Physik der Welterkenntnis.* München 2000.
Drury, Nevill: *Der Schamane und der Magier.* Basel 1989.
Ebert, Dietrich: *Physiologische Aspekte des Yoga.* Leipzig 1989.
Franz, Marie-Louise von: *Träume.* Zürich o. J.
Gehirn und Geist. Dossier Nr. 1. *Spektrum der Wissenschaft* 2003.
Goodman, Felicitas und Nana Nauwald: *Ekstatische Trance. Das Arbeitsbuch.* Havelte 2004 (Enthält ein ausführliches Kapitel zu wissenschaftlichen Messungen der Wirkung von Trance).
Goodman, Felicitas: *Meine letzten 40 Tage.* Düsseldorf 1996 (Vision einer Nachtoderfahrung).
Grof, Stanislav: *Topographie des Unbewussten.* Stuttgart 2002 (LSD und psychologische Forschung).
Guénon, René: *Stufen des Seins.* Freiburg 1987
Hayward, Jeremy W.: *Die Erforschung der Innenwelt.* München 1990.
Jakoby, Bernard: *Geheimnis Sterben.* München 2004.
LaBerge, Stephen: *Hellwach im Traum.* Paderborn 1987.
Leadbeater, Charles W.: *Das höhere Selbst.* Grafing 2004.
Meckelburg, Ernst: *Zeittunnel. Reisen an den Rand der Ewigkeit.* München 1991.
Meckelburg, Ernst: *Wir alle sind unsterblich.* München 1977.
Mindell, Arnold: *Schlüssel zum Erwachen.* Düsseldorf 2003.
Nauwald, Nana: *Bärenkraft und Jaguarmedizin. Die bewusstseinsöffnenden Techniken der Schamanen.* Aarau 2002.
Pauen, Michael: *Das Rätsel des Bewusstseins.* Paderborn 2001.
Rätsch, Christian: *Enzyklopädie der psychoaktiven Pflanzen.* Aarau 2001.
Resch, Andreas: *Veränderte Bewusstseinszustände.* Salzburg 1990.
Sheldrake, Rupert und Matthew Fox: *Die Seele ist ein Feld.* Bern, Wien, München 1999.
Strassman, Rick: *DMT. Das Molekül des Bewusstseins.* Baden und München 2004.
Tart, Charles: *Altered States of Consciousness.* New York 1969.
Tart, Charles: *Hellwach und bewusst leben.* München 1988.
Varela, Franciso und Evan Thompson: *Der Mittlere Weg der Erkenntnis.* München 1992.
Vollmar, Klausbernd: *Handbuch der Traumsymbole.* Klein-Königsförde 1992.
Vollmar, Klausbernd: *Lexikon der Symbole.* Klein-Königsförde 2004.
Walch, Sylvester: *Dimensionen der menschlichen Seele.* Düsseldorf 2002 (Transpersonale Psychologie und holotropes Atmen).
Walsh, Roger N.: *Der Geist des Schamanismus.* München 2003.
Weber, Renée: *Wissenschaftler und Weise. Gespräche über die Einheit des Seins.* Reinbek 1992.
Wilber, Ken: *Spektrum des Bewusstseins.* München 1991.

Buddhismus

Allgemeine Literatur zu den Hauptströmungen

Bottini, Oliver: *Das große O. W. Barth-Buch des Buddhismus.* Frankfurt 2004.
Karin Breyer: *Rendezvous mit Buddha. Buddhistische Klöster und Zentren in Deutschland, Österreich und der Schweiz.* Krummwisch bei Kiel 2001.

Chang, Garma C.: *Die buddhistische Lehre von der Ganzheit des Seins.* München 1979.

Conze, Edward: *Eine kurze Geschichte des Buddhismus.* Frankfurt 1986.

Conze, Edward: *Der Buddhismus. Wesen und Entwicklung.* Stuttgart 1986.

Lama Karta: *Buddhismus. Eine Einführung in die Lehre Buddhas.* München 1999.

Schumann, Hans Wolfgang: *Der historische Buddha.* Köln 1982.

Theravada

Goldstein, Joseph und Jack Kornfield: *Einsicht durch Meditation.* München 1989 (Vipassana Meditation).

Govinda, Lama Anagarika: *Die Dynamik des Geistes. Die psychologische Haltung der frühbuddhistischen Philosophie.* München 1992 (Abidharma).

Khema, Ayya: *Meditation ohne Geheimnis.* München 2001 (Ayya Khema war eine buddhistische Nonne, die in Deutschland geboren wurde und 1997 starb).

Maha Thera, Sri Gnanawimala: *Das Licht der Lehre.* Wien 1977 (Von einem praktizierenden Mönch gesammelte Vorträge, die die wesentlichen Aspekte des buddhistischen Theravada-Weges beleuchten; ausgezeichnete und praktische Einführung).

Mahathera, Nyantiloka (Hrsg./Übers.): *Die Lehrreden des Buddha aus der angereihten Sammlung.* Freiburg 1984 (dieses wichtige Werk enthält einen großen Teil des Pali-Kanons, der in der dreibändigen Ausgabe von Neumann nicht enthalten ist).

Neumann, Karl Eugen: *Also sprach der Erhabene. Reden Gotamo Buddhos.* Zürich und Wien 1962, 3 Bde.; eine Auswahl davon: Zürich 1986 (etwas antiquierte Übersetzung eines Teils des Pali-Kanons, dennoch eine schöne deutsche Übertragung wichtiger Texte des Theravada).

Nyananponika, Mahathera: *Die Wurzeln von Gut und Böse. Buddhistische Texte.* Aus dem Pali übersetzt und kommentiert. Konstanz 1984.

Nyananponika, Mahathera: *Geistestraining durch Achtsamkeit.* Konstanz (wichtiges Buch zur Satipatthana-Meditation).

Rahula, Walpola: *Was der Buddha lehrt.* Bern 1984 (klare Darstellung der buddhistischen Lehre, wie sie nach den Texten der Theravadins überliefert ist; große Auswahl von sorgsam übersetzten Texten ergänzt die Ausführungen des Autors).

Trungpa, Tschögyam: *Jenseits von Hoffnung und Furcht.* Wien 1978 (Gespräche über Abhidharma).

Varela, Francisco J. und Evan Thompson: *Der Mittlere Weg der Erkenntnis.* München 1992 (Kognitionswissenschaft und Buddhismus).

Mahayana

Govinda, Lama Anagarika: *Lebendiger Buddhismus im Abendland.* München 1986.

Kalu Rinpoche: *Den Pfad des Buddha gehen.* München 2001 (Einführung in die meditative Praxis des tibetischen Buddhismus).

Mehlig, Johannes: *Weisheit des alten Indien.* Bd. 2: *Buddhistische Texte.* Leipzig 1987 (neue Übersetzung der kanonischen Palliteratur, der nichtkanonischen Pali-Literatur und Sanskrit-Mahayana-Literatur; umfangreiches Register und Bibliographie).

Muralt, Raoul (Hrsg.): *Meditationssutras des Mahayana-Buddhismus.* 2 Bde. Bern 1984, Bd. 1: *Diamant-Sutra. Vertrauenserweckung. Dhyana für Anfänger.* Bd. 2: *Die Lehre des Huang Po vom Universalbewußtsein. Dialoge des Huang Po mit seinen Schülern. Der Weg der blitzartigen Erleuchtung von Hui Hai.* (die zwei Bände dieser Sammlung enthalten einige der wichtigsten Texte des Mahayana-Buddhismus).

Suzuki, D. T.: *Urerfahrung und Urwissen. Die Quintessenz des Buddhismus.* Wien 1983.

Suzuki, D. T.: *Satori. Der Zen-Weg zur Befreiung.* München 1987 (Erleuchtungserfahrung im Buddhismus und im Zen).

Thich Nhat Hanh: *Kein Werden, kein Vergehen. Buddhistische Weisheit für ein Leben ohne Angst.* München 2003.

(Weitere Literatur unter den jeweiligen Einträgen Tibetischer Buddhismus, Zen-Buddhismus.)

Internet:

www.dharma.de (Seite der Deutschen Buddhistischen Union mit weiteren Links).

Channeling, Hellsehen, Trance, Spiritismus

Browne, Sylvia: *Engel an deiner Seite.* München 2004 (Erfahrungen und Lebensweisheiten einer Hellsichtigen, die seit 50 Jahren als Medium tätig ist).

Goodman, Felicitas: *Wo die Geister auf den Winden reiten.* Freiburg 2001 (über die Erforschung der »ekstatischen Trance«).

Goodman, Felicitas, Neil Sussmann, L.M. Konopka und J. W. Crayton: *Private Untersuchung von »Ekstatischer Trance« und »Besessenheit«.* Chicago 1998.
Goodman, Felicitas: *Speaking in Tongues. A Cross-Cultural Study of Glossolalia.* Chicago 1972 (Grundlagenwerk zur Glossolalie, »dem Sprechen in Zungen«).
Haeusler, Martin und Klausbernd Vollmar: *Der letzte Schrei aus dem Jenseits.* Berlin 1988 (kritische Betrachtung des Channeling-Phänomens).
Klimo, Jon: *Channeling. Der Empfang von Informationen aus paranormalen Quellen.* Freiburg 1988 (enthält umfangreiche Literaturangaben zur Literatur über Channeling und gechannelte Bücher).
Nauwald, Nana: *Bärenkraft und Jaguarmedizin.* Aarau 2002 (über Schamanismus und Trance)
Walsch, Neale Donald: *Gespräche mit Gott.* 3 Bde. München 1998/99.

Christliche Mystik

Allgemein

Behn, Irene: *Spanische Mystik.* Düsseldorf 1957 (dieses 800 Seiten starke Werk stellt das Wesentliche der spanischen Liebesmystik heraus, weitgehend anhand der Originalliteratur der Mystiker selbst. Diese werden kommentiert und erläutert. Außerdem wird das Leben der bekanntesten Mystiker dargestellt: Ramon Llull, Johannes vom Kreuz, Theresia von Ávila u. a.).
Gieraths, Gundolf: *Deutsche Mystiker.* Zürich und Köln 1977 (Einführung in die deutsche Mystik, die Entstehung, Merkmale, Wege und Ziel dieser religiösen Strömung untersucht).
Nicoll, Maurice: *Vom Neuen Menschen. Deutung der Gleichnisse im Neuen Testament.* Boltersen 1990.
Peers, Allison (Hrsg): *Die spanischen Mystiker,* Zürich 1956.
Ruhbach, G. und J. Sudbrack (Hrsg.): *Große Mystiker. Leben und Wirken.* München 1984.

Mittelalterliche Mystiker, Originaltexte

Anonym: *Die Wolke des Nichtwissens.* Neu übersetzt und eingeleitet von W. Riehl. Einsiedeln 1980 (dieser anonyme christliche Text aus dem England des späten 14. Jh. ist eine meisterhafte Einführung in die geistige Versenkung).
Assisi, Franz von: *Die Demut Gottes.* Zürich und Köln 1980 (eine Sammlung von Meditationen, Liedern und Gebeten des großen Heiligen und eine kurze Biographie).
Hildegard von Bingen: *Das Buch vom Wirken Gottes. Liber divinorum operum. Die erste vollständige Ausgabe.* Hrsg. von Mechthild Heieck. Augsburg 1998.
Böhme, Jakob: *Christosophia.* Freiburg 1975.
Böhme, Jakob: *Mysterium Pansophicum.* Freiburg 1980.
Bunyan, John: *Pilgerreise zur seligen Ewigkeit.* Lahr 1922 (John Bunyan [1628–1688] war ein englischer Priester, der mit der Kirche und dem Staat in Konflikt kam. Die Pilgerreise ist eine allegorische Darstellung der Schwierigkeiten und Hindernisse – innen wie außen – auf dem Weg).
Caterina von Siena: *Gespräch von Gottes Vorsehung.* Einsiedeln 1993.
Flüe, Nikolaus von: *Erleuchtete Nacht.* Freiburg 1982 (fasst das Leben des Schweizers Nikolaus von Flüe [1417-1487] zusammen und beschäftigt sich vor allem mit seinen Visionen, jenen inneren Bildern, in denen sich seine Gotteserfahrungen spiegeln und die tief aus der Seele steigen).
Haas, Alois M.: *Mystik im Kontext.* München 2004 (Studien zu allen bedeutenden europäischen Mystikern).
Hasselmann, Varda u. a. (Hrsg.): *Wege der Seele.* München 2003 (Texte von Franz von Assisi, Nikolaus von Flüe, Hildegard von Bingen)
Hildegard von Bingen: *Scivias. Wisse die Wege.* Freiburg 1992 (eine Schau von Gott und Mensch in Schöpfung und Zeit).
Johannes vom Kreuz: *Im Dunkel das Licht.* Hrsg. und eingel. von J. Behn. Zürich und Köln 1978.
Kempen, Thomas von: *Nachfolge Christi.* München 1966 (berühmtes Werk, in dem es um das rechte Verhalten und Leben geht).
Meister Eckhart: *Mystische Predigten und Traktate.* München 1999.
Teresa von Avila: *Die innere Burg.* Frankfurt 1966.
Walter, Reinhold von (Übers.): *Russische Mystik. Eine Anthologie.* Düsseldorf 1957 (Pilger, Gebet, Mysterium).

19. und 20. Jahrhundert

Biegling, Heinz: *Den Weg des Herzensgebets gehen.* Petersberg 2000 (Herzensgebet, Herzensmeditation, christliche Spiritualität).
Boulay, Shirley du: *Überwindung der Dunkelheit.* Petersberg 2001 (das Leben des Mystikers Bede Griffiths).

Enomiya-Lasalle, Hugo M.: *Zazen und die Exerzitien des heiligen Ignatius*. Köln 1975.
Enomiya-Lasalle, Hugo M.: *Meditation als Weg zur Gotteserfahrung*. Köln 1972.
Griffiths, Bede: *Die Hochzeit von Ost und West*. Salzburg 1983.
Iding, Doris: *Kloster Stille. Spiritualität und Ruhe in den Alltag bringen*. München 2004 (Klosterführer).
Jäger, Willigis: *Suche nach der Wahrheit*. Petersberg 2001.
Lewis, Clive S.: *Die große Scheidung. Oder: Zwischen Himmel und Hölle*. Einsiedeln 1980 (C. S. Lewis war ein zutiefst christlicher Autor, der auch Sciencefiction-Romane geschrieben hat, die zu den Klassikern des Genres gehören).
Merton, Thomas: *Meditation eines Einsiedlers*. Zürich und Köln 1976 (Über Meditation und Gebet aus christlich-mönchischer Sicht).
Stein, Edith: *Ein neues Lebensbild in Zeugnissen und Selbstzeugnissen*. Freiburg 1983.
Steindl-Rast, David: *Fülle und Nichts. Die Wiedergeburt christlicher Mystik*. München 1988.
Weil, Simone: *Schwerkraft und Gnade*. München 1981.

Enneagramm

Almaas, A. H.: *Facetten der Einheit*. Bielefeld 2004 (Enneagramm der »heiligen Ideen«).
Blake, Anthony: *Das intelligente Enneagramm Gurdjieffs*. Südergellersen 1993 (ausführliche Darstellung des prozessorientierten Enneagramms auf der Grundlage von Gurdjieffs Ideen).
Briggs, John und F. David Peat: *Die Entdeckung des Chaos*. München und Wien 1990 (anschauliche Einführung in die Chaostheorie).
Gurdjieff, G.I.: *Beelzebubs Erzählungen für seinen Enkel*. 3 Bde. München 2000 (beschreibt ausführlich das Gesetz der Drei und das Gesetz der Sieben).
Keen, Sam: »Breaking the Tyranny of the Ego« (1973), in: *Interviews with Oscar Ichazo*. New York 1982.
Martin, Bruno: *Auf einem Raumschiff mit Gurdjieff*. Bad Bevensen 2000 (Gurdjieffs Kosmologie, die Oktavenlehre und das Enneagramm).
Naranjo, Claudio: *Erkenne Dich selbst im Enneagramm*. München 1994.
Neue Wiener Schule (Hrsg.) mit Arnold Keyserling: *Das Jahr des Uranus*. Südergellersen 1986 (enthält den Beitrag »Das Rad als Entfaltungsweg«, der eine Typologie nach Planeten entwirft).
Nicoll, Maurice: *Psychological Commentaries on the Teaching of Gurdjieff and Ouspensky*. Bd. 2. London 1980.
Ouspensky, P. D.: *Auf der Suche nach dem Wunderbaren*. Weilheim 1966 (machte die Lehren Gurdjieffs und des Enneagramms im Westen 1950 publik; Gurdjieff selbst hat es in seinen eigenen Schriften nicht benutzt).
Palmer, Helen: *Das Enneagramm*. München 2000 (beschreibt die Typenlehre, die am weitesten auf Ichazos und Gurdjieffs Ideen basiert).
Rohr, Richard und Andreas Ebert: *Das Enneagramm. Die neun Gesichter der Seele*. München 1989.
Vollmar, Klausbernd: *Das Arbeitsbuch zum Enneagramm*. München 1989.
Vollmar, Klausbernd: *Das Enneagramm. Praktische Lebensbewältigung mit Gurdjieffs Typenlehre*. München 1993.
Zuercher, Susanne: *Neun Wege zur Ganzheit*. Celle 2003, Ökumenischer Arbeitskreis Enneagramm.

Internet:
www.enneaforum.de (Verschiedene Diskussionsbeiträge)
www.motivatoren.de (dort unter dem Button »Management« ein umfangreicher Beitrag zu allen Aspekten des Enneagramms mit weiterführenden Links)

Europäische Spiritualität

Bates, Brian: *Wyrd. Der Weg eines angelsächsischen Zauberers*. München 1984 (Wyrd ist ein Werk der psychologischen Archäologie).
Beck, Andreas: *Der Untergang der Templer*. Freiburg 1992.
Bennett, John G.: *Die inneren Welten des Menschen*. Südergellersen 1984.
Bennett, J.G.: *Gurdjieff. Der Aufbau einer neuen Welt*. Freiburg 1976 (mehr als eine Biographie, denn es stellt auch die wesentlichen Aspekte der Lehre Gurdjieffs dar).
Bennett, J. G: *Das Durchqueren des großen Wassers*. Pittenhardt 1984 (Bennetts Autobiographie).
Boron, Robert de: *Merlin, der Künder des Grals*. Stuttgart 1975.
Brumlik, Micha: *Die Gnostiker. Der Traum von der Selbsterlösung des Menschen*. Frankfurt 1992

Bruno, Giordano: *Von der Ursache, dem Prinzip und dem Einen.* Hamburg 1983.
Bulwer-Lytton, E.: *Zanoni.* Darmstadt 2004. (spiritueller Rosenkreuzerroman, der auf spannende Weise die Erkenntnisse und Lehren der Rosenkreuzer in die Handlung einwebt).
Campbell, Joseph: *Die Kraft der Mythen. Bilder der Seele im Leben des Menschen.* Zürich 1989.
Charpentier, Louis: *Macht und Geheimnis der Templer.* Freiburg 1978.
Charpentier, Louis: *Die Geheimnisse der Kathedrale von Chartres.* Köln 1972.
Das Barnabas-Evangelium. Wahres Evangelium Jesu. Bonndorf 1994.
Devereux, Paul: *Das Gedächtnis der Erde. Die Erdmysterien und die Entschlüsselung der Rätsel heiliger Kultstätten der Menschheit.* Aarau 2000.
Devereux, Paul: *Schamanische Traumpfade. Geheimnisvolle Spuren in der Landschaft.* Aarau 2001.
Diederichs, Ulf (Hrsg.): *Germanische Götterlehre. Nach den Quellen der Lieder- und Prosa-Edda.* Köln 1984 (vollständige Wiedergabe der Texte, auf die sich die nordische Mythologie hauptsächlich gründet).
Dietzfelbinger, Konrad (Hrsg.): *Die Nag-Hammadi-Texte.* 3 Bde. Andechs 1992.
Drury, Nevill: *Magie. Vom Schamanismus und Hexenkult bis zu den Technoheiden.* Aarau 2003 (sehr schön illustrierter Bild- und Textband, der alle Facetten gnostischer Einflüsse wie Gnostik, Magie, Schamanismus usw. bis in die heutige Zeit beleuchtet und erläutert).
Eisenmann, Robert und Michael Wise: *Jesus und die Urchristen. Die Qumran-Rollen entschlüsselt.* München 1993.
Eschenbach, Wolfram: *Parzival.* Göppingen 1977.
Evola, Julius: *Das Mysterium des Grals.* Interlaken 1978 (Evola zeigt die Grundzüge einer immer gültigen Überlieferung als Initiationsweg).
Frick, Karl: *Die Erleuchteten.* 3 Bde. Graz 1973/75/78 (dieses umfangreiche Werk verfolgt die gnostischen Ideen bis hin zur Gegenwart; ausgezeichnet zusammengefasste Beschreibungen der wesentlichen Ideen und historischen Querverbindungen; unzählige bibliographische Angaben).
Frick, Karl: *Licht und Finsternis.* Graz 1975/78.
Graichen, Gisela: *Das Kultplatzbuch.* München 1991.
Gurdjieff, G. I.: *Beelzebubs Erzählungen für seinen Enkel. Erste Serie der Trilogie »All und Alles«.* Kreuzlingen 2000.
Gurdjieff, G. I: *Begegnungen mit bemerkenswerten Menschen.* München 1997.
Hantl, Otto: *Der Urglaube Alteuropas. Die Edda als Schlüssel zur Steinzeit.* Tübingen 1983 (ganze Geschichte der indogermanischen Götter anhand der Edda, Externsteinen, Runen und anderen Abbildungen; konservativer Ansatz, aber Fundgrube an Informationen).
Hermes Trismegistos: *Die siebzehn Bücher.* München 1984.
Heinsohn, Gunnar und Otto Stenger: *Die Vernichtung der weisen Frauen.* München 1989.
Holtorf, Jürgen: *Die Logen der Freimaurer.* München 1992.
Jonas, Hans: *Gnosis und spätantiker Geist.* München 1964.
Kalweit, Holger: *Das Totenbuch der Germanen.* Aarau 2001.
Karsten, T. E.: *Die Germanen.* Wiesbaden 2004 (Sprache und Kultur).
Keyserling, Arnold: *Weltbild des ganzheitlichen Lebens.* Wien 1990.
Keyserling, Arnold: *Vom Eigensinn zum Lebenssinn.* Wald 1984.
Lengyel, Lancelot: *Das geheime Wissen der Kelten.* Freiburg 1981 (ausgezeichnetes Werk, das aufgrund von Kunst auf Münzen und Ideogrammen den Glauben und das Wissen der Kelten rekonstruiert).
Lenhoff, Eugen, O. Posner und D. A. Binder: *Internationales Freimaurerlexikon.* München 2001 (über 7000 Stichworte).
Lincoln, H., M. Baigent und R. Leigh: *Der Heilige Gral und seine Erben.* Bergisch Gladbach 2004 (Vererbungstheorie von Jesus).
Lussi, Kurt: *Im Reich der Geister.* Aarau 2002
Markale, Jean: *Die keltische Frau. Mythos, Geschichte, soziale Stellung.* München 1984 (komplexe Studie von Quellenmaterial, die zeigt, dass ursprünglich die keltische Frau eine matriarchale Position einnahm, mit einer Lichtgöttin als oberster Gottheit, wichtiges Kapitel über den Gral).
Martin, Bruno: *Auf einem Raumschiff mit Gurdjieff.* Bad Bevensen 2000 (ausführliche Einführung, Überblick und Interpretation von Gurdjieffs Lehre und Praxis).
Merz, Blanche: *Orte der Kraft.* Aarau 1999.
Merz, Blanche: *Die Seele des Ortes.* Aarau 2000.
Matthews, Caitlin und John: *Der westliche Weg.* 2 Bde. Reinbek 1989 (praktischer und

informativer Führer zu den westlichen Traditionen).
Matthews, John (Hrsg.): *Der Gralsweg.* München 1989 (Sammlung unterschiedlicher, interessanter Interpretationen).
Matthews, John: *Der Gral. Die Suche nach dem Ewigen.* Braunschweig 1992.
Metzner, Ralph: *Der Brunnen der Erinnerung.* Braunschweig 1994 (über die schamanischen Ursprünge der europäischen Kultur).
Müller-Karpe, Hermann: *Geschichte der Steinzeit.* Augsburg 1998.
Nasr, Seyyed Hossein: *Die Erkenntnis und das Heilige.* München 1990.
Nauwald, Nana: *Bärenkraft und Jaguarmedizin. Die bewusstseinsöffnenden Techniken der Schamanen.* Aarau 2002 (enthält ein sehr schönes Kapitel über den Mythos von Frau Holle und schamanische Ursprünge in Europa).
Nauwald, Nana: *Der Flug des Schamanen. Schamanische Märchen und Mythen.* Havelte 2004 (Weltbild des Schamanismus, dargestellt an den europäischen wie außereuropäischen schamanischen Geschichten, die einen anderen Zugang zu den Vorstellungen der »Alten« öffnen).
Nerval, Gérard de: *Die Tempellegende.* Stuttgart 1982.
Nola, Alfonso di: *Der Teufel. Wesen, Wirkung, Geschichte.* Erftstadt 2004.
Ouspensky, P. D.: *Auf der Suche nach dem Wunderbaren.* München 1966 (Gurdjieffs Lehre).
Ouspensky, P.D.: *Der Vierte Weg.* Basel 1983 (Wiedergabe von Gesprächen mit Schülern Ouspenskys; jeder Aspekt der »Werk-Ideen« wird ausführlich behandelt).
Pagels, Elaine: *Versuchung der Erkenntnis. Die gnostischen Evangelien.* Frankfurt 1981.
Palmer, Harry: *Avatar. Die Kunst, befreit zu leben.* Bielefeld 1995.
Pennick, Nigel: *Das Geheimnis der Labyrinthe.* München 1992 (alles über Labyrinthe und ihre Beziehung zum Aufstieg der Seele).
Pennick, Nigel: *Heidnisches Europa.* Uhlstädt 2003.
Plotin: *Sämtliche Werke.* 12 Bde. Neubearbeitung und Übersetzung von Harder/Beutler. Hamburg 1971.
Plotin: *Studienausgabe* (Auswahl, 2 Bde). Hamburg 1960/68.
Pogačnik, Marko: *Erdsysteme und Christuskraft.* München 2000.
Preiss, Horst Frithjov: *Orte der Kraft in Deutschland.* Aarau 2001
Quispel, G.: *Gnosis als Weltreligion.* Bern 1972.
Rätsch, Christian: *Die Wurzeln unserer Kultur.* Basel 1990 (über den Gebrauch psychedelischer Pflanzen bei unseren Ahnen).
Regardie, Israel: *Die Elemente der Magie.* Reinbek 1991 (Grundzüge eines »magischen« Weges).
Roché, Déodat: *Die Katharerbewegung.* Stuttgart 2000 (Ursprung und Wesen).
Russell, Peter: *Quarks, Quanten und Satori. Wissenschaft und Mystik. Zwei Erkenntniswege treffen sich.* Bielefeld 2002.
Schäfer, Martina: *Die magischen Stätten der Frauen.* München 2003.
Schonfield, Hugh: *Die Essener. Das Geheimnis des wahren Lehrers.* Südergellersen 1985.
Sede, Gérard de: *Das Geheimnis der Goten. Von den Runen zu den Kathedralen.* Olten/Freiburg 1980 (die Goten, die von einem nordischen Volk abstammen, hatten maßgeblichen Einfluss auf unsere westliche Kultur).
Shah, Idries: *Die Sufis.* Köln 1976.
Spiesberger, Karl: *Runenmagie.* Berlin 1968.
Storl, Wolf-Dieter: *Naturrituale.* München und Baden 2004.
Suchla, Beate Regina, Günter Heil und Martin Ritter: *Pseudo-Dionysios Areopagita.* Gesamtwerk in 4 Bden. Berlin 1991.
Sutin, Lawrence: *Philip K. Dick. Göttliche Überfälle. Eine Biographie.* Zürich 1994 (Dick beeinflusst als Sciencefiction-Autor noch über 20 Jahre nach seinem Tod die neuen Mythologien, die zunehmend auch in Hollywood-Filmen thematisiert werden, siehe »Total Recall«, »Minority Report« u. a.).
Thomas: *Evangelium nach Thomas. Koptischer Text.* Leiden 1959.
Troyes, Chrestien de: *Perceval oder die Geschichte vom Gral.* 4 Bde. Stuttgart 1980.
Walker, Barbara G.: *Die Weise Alte. Kulturgeschichte, Symbolik, Archetypus.* München 1986 (Studie über die dreifältige Göttin).
Walker, Benjamin: *Gnosis. Vom Wissen göttlicher Geheimnisse.* München 1992 (hervorragende Zusammenstellung aller gnostischen Glaubensvorstellungen und Richtungen).
Walsh, Roger N.: *Der Geist des Schamanismus.* Freiburg/Olten 1992.
Wehr, Gerhard: *Die Bruderschaft der Rosenkreuzer.* Köln 1984 (mit den Biographien von J. V. Andreae und allen Rosenkreuzertexten).
Wehr, Gerhard: *Auf den Spuren urchristlicher Ketzer.* Schaffhausen 1983.
Wilson, Robert Anton: *Der neue Prometheus.* Reinbek (die Evolution unserer Intelligenz).

Wood, Juliette: *Die Kelten. Geschichte, Kunst, Mythen*. Köln 2004.
Yates, Francis: *Aufklärung im Zeichen des Rosenkreuzes*. Stuttgart 1975.

Internet:
www.gnostik.de
www.gurdjieff-internet.com

Göttin, Hexen, Tarot

Abraham, H. und I. Thinnes: *Hexenkraut und Zaubertrank*. Greifenberg 1996.
Achterberg, Jean: *Die Frau als Heilerin*. München 1991.
Bolen, Jean Shinoda: *Göttinnen in jeder Frau. Psychologie einer neuen Weiblichkeit*. Basel 1986.
Crowley, Vivianne: *Wicca. Die alte Religion im neuen Zeitalter*. Aachen 2001 (die drei Initiationen).
Dalichow, Irene: *Zurück zur weiblichen Weisheit*. Freiburg 1990.
Donner, Florinda: *Die Lehren der Hexe*. München 1985.
Francia, Lucia: *Berühre Wega. Kehre zur Erde zurück*. München 1986.
Francia, Lucia: *Mond. Tanz. Magie*. München 1982.
Göttner-Abendroth, Heide: *Das Matriarchat. Geschichte seiner Erforschung*. Stuttgart 1988.
Hämmerling, Elisabeth: *Mondgöttin Inanna. Ein weiblicher Weg zur Ganzheit*. Stuttgart 1990.
Hoffman, Kaye: *Play Ecstasy. Durch Bewegung zur Ekstase*. Löhrbach 1997.
Iglehart, Hallie: *Weibliche Spiritualität. Traumarbeit, Meditationen und Rituale*. München 1987.
Kaplan, Stuart R.: *Klassischer Tarot. Geschichte, Deutung, Legesysteme*. Neuhausen 1998.
Lussi, Kurt: *Im Reich der Geister und tanzenden Hexen*. Aarau 2002.
Monaghan, Patricia: *Lexikon der Göttinnen*. München 1997.
Mulack, Christa: *Die Weiblichkeit Gottes*. Stuttgart 1983.
Mulack, Christa: *Maria. Die geheime Göttin im Christentum*. Stuttgart 1985.
Nauwald, Nana, Felicitas Goodman: *Ekstatische Trance. Das Arbeitsbuch*. Havelte 2004.
Perera, Sylvia Brinton: *Der Weg zur Göttin der Tiefe*. Interlaken 1990 (der Inanna-Mythos im Rahmen der Jungschen Tiefenpsychologie)
Rätsch, Christian, Claudia Müller-Ebeling und Wolf-Dieter Storl: *Hexenmedizin*. Aarau 2003.
Starhawk: *Der Hexenkult als Ur-Religion der großen Göttin. Magische Übungen, Rituale und Anrufungen*. Freiburg 1983.
Walker, Barbara G.: *Die Geheimnisse des Tarot*. Südergellersen 1985.
Walker, Barbara G.: *Die Weise Alte. Kulturgeschichte, Symbolik, Archetypus*. München 1986.
Walker, Barbara G.: *Das geheime Wissen der Frauen*. München 1995.
Wisselinck, Erika: *Hexen*. München 1987.
Woodman, Marion: *Leben aus der Kraft der Göttin*. Interlaken 1996 (Körperarbeit, Träume, weibliche Initiationsriten).
Wosien, Maria-Gabriele: *Sakraler Tanz. Der Reigen im Jahreskreis*. München 1994.
Wosien, Maria-Gabriele: *Tanz. Symbole in Bewegung*. Mit CD. München 1994.

Kabbala

Bischoff, Erich: *Die Elemente der Kabbalah*. Berlin o. J. (Nachdruck der Erstausgabe Berlin 1913)
Bodenstein, Helmut: *Das Alphabet des Lebens*. Südergellersen 1987 (faszinierende kabbalistische Aufschlüsselung des genetischen Codes als allumfassendes Gesetz des Lebens und Ebenbild Gottes).
Buber, Martin: *Die Erzählungen der Chassidim*. 2 Bde. Zürich 1949.
Buber, Martin: *Des Baal-Schem-Tow Unterweisung im Umgang mit Gott*. Heidelberg 1979.
Corbin, Henry: *Die Smaragdene Vision. Der Lichtmensch im persischen Sufismus*. München 1989.
Guénon, René: *Die Symbolik des Kreuzes*. Freiburg 1987.
Hocke, Gustav René: *Manierismus in der Literatur. Sprach-Alchemie und esoterische Kombinationskunst*. Reinbek 1959.
Kaplan, Aryeh: *The Bahir Illumination*. New York 1979 (das Buch »Bahir«).
Langer, Georg: *Die Erotik der Kabbala*. München 1989 (alles über Erotik und geschlechtliche Liebe in kabbalistischen Schriften und der Thora).
Luginbühl, Max: *Das Geheimnis des Dreikräftespiels*. Pfullingen 1961 (Ägyptisches Tarot).
Love, Jeff: *Die Quantengötter, Ursprung und Natur von Materie und Bewusstsein*. Reinbek 1987.
Mandel, Gabriele: *Gezeichnete Schöpfung*. Wiesbaden 2003 (Einführung in das hebräische Alphabet und die Mystik der Buchstaben).

Müller, Ernst (Hrsg.): *Der Sohar. Das heilige Buch der Kabbala*. Köln 1982.
Parfitt, Will: *Die Kabbala*. Braunschweig 1993 (praktische Bewusstseinsarbeit mit dem Baum des Lebens).
Scholem, Gershom: *Die jüdische Mystik in ihren Hauptströmungen*. Frankfurt 1967.
Scholem, Gershom: *Zur Kabbala und ihrer Symbolik*. Frankfurt 1981.
Scholem, Gershom: *Das Buch Bahir*. Darmstadt 1980.
Sefer Jesirah: *Das Buch der Schöpfung*. Mit kritisch redigiertem Originaltext und deutscher Übersetzung. Neuauflage. Darmstadt 1969.
Suarès, Carlos: *The Cipher of Genesis*. New York 1973.
Suarès, Carlos: *The Sepher Yetzirah*. Boulder 1979.
Weinreb, Friedrich: *Der Göttliche Bauplan der Welt*. Zürich 1966.
Weinreb, Friedrich: *Die Symbolik der Bibelsprache*. Zürich 1969.
Weinreb, Friedrich: *Wunder der Zeichen, Wunder der Sprache*. Berlin 1979.

Karma, Reinkarnation

Aurobindo, Sri: *Das göttliche Leben*. 2. Buch, Teil 2, Kapitel XXII (aus dem alle Zitate im Text stammen). Gladenbach 1974.
Bennett, John G.: *Die inneren Welten des Menschen*. Südergellersen 1984.
Blavatsky, Helena Petrowna: *Die Geheimlehre*. Graz 1984.
Eliade, Mircea: *Yoga. Unsterblichkeit und Freiheit*. Frankfurt 1977.
Fleming, Beatrice: *Das theosophische Weltbild*. 3 Bde. München 1976.
Hanson, Virginia, Rosemarie Stewart und Shirley Nicholson: *Karma. Wie unser Tun zum Schicksal wird*. München 1992 (sehr gute Anthologie verschiedener Autoren und Richtungen zum Thema).
Meckelburg, Ernst: *Zeittunnel*. München 1991.
Meckelburg, Ernst: *Wir alle sind unsterblich*. München 1997.
Michel, Peter: *Karma und Gnade*. Grafing 1999.
Ring, Kenneth: *Den Tod erfahren – das Leben gewinnen*. München 1985.
Stevenson, Ian: *Reinkarnationsbeweise*. Grafing 1999.
Walker, Barbara G.: *Die Geheimnisse des Tarot*. Südergellersen 1985.

Kunst, Klang, Musik, Architektur

Behrendt, Joachim-Ernst: *Nada Brahma. Die Welt ist Klang*. Reinbek 1988.
Blofeld, John: *Mantra. Die Macht des heiligen Lautes*. Weilheim 1978 (zum Verständnis der Mantra-Praxis).
Charpentier, Louis: *Die Geheimnisse der Kathedrale von Chartres*. Köln 1972.
Chernoff, John Miller: *Rhythmen der Gemeinschaft. Musik und Sensibilität im afrikanischen Leben*. München 1994.
Clottes, Jean und David Lewis-Williams: *Schamanen. Trance und Magie in der Höhlenkunst der Steinzeit*. Sigmaringen 1997.
Cousto, Hans: *Klänge, Bilder, Welten. Musik im Einklang mit der Natur*. Berlin 1989.
Elsner, Reijo: »Are Icons a Form of Objective Art?«, in: *Gurdjieff Internet Guide Newsletter* Nr. 18.
Felmy, Karl Christian und Eva Haustein-Bartsch (Hrsg.): *Die Weisheit baute ihr Haus. Untersuchungen zu hymnischen und didaktischen Ikonen*. München 1999.
Godwin, Joscelyn: *Musik und Spiritualität. Quellen der Inspiration in der Musik*. Bern, München, Wien 1989.
Hidveghy, Agnes: *Der Isenheimer Altar*. Wasen 2002 (unveröffentlichtes Manuskript)
Hoover, Thomas: *Die Kultur des Zen*. München 1983.
Klug, Sonja: *Kathedrale des Kosmos. Die Heilige Geometrie von Chartres*. München 2001.
Martin, Bruno: *Auf einem Raumschiff mit Gurdjieff*. Bad Bevensen 2000.
Nachtigall, Werner und Kurt G. Blüchel: *Das große Buch der Bionik. Neue Technologien nach dem Vorbild der Natur*. Stuttgart 2000.
Nauwald, Nana: *Bärenkraft und Jaguarmedizin. Die bewusstseinsöffnenden Techniken der Schamanen*. Aarau 2003.
Ouspensky, P. D.: *Auf der Suche nach dem Wunderbaren*. Weilheim 1966.
Roob, Alexander: *Alchemie und Mystik*. Köln 1996.
Shah, Idries: *Die Sufis*. Köln 1976.
Suzuki, Daisetz T.: *Shunyata. Essays über den Geist des Zen in Kunst, Kultur und Religion des Fernen Ostens*. Bern, München, Wien 1991.

Magie

Ashcroft-Nowicki, Dolores: *Magische Rituale*. Freiburg 1990

Crowley, Aleister: *Das Buch der Gesetze.* Basel 1985.
Crowley, Aleister: *Das Buch Thoth* (plus Kartenset). München 1985.
Drury, Neville: Magie. *Vom Schamanismus und Hexenkult bis zu den Technoheiden.* Aarau 2003.
Hartmann, Franz: *Mysterien, Symbole und magisch wirkende Kräfte.* München o.J.
Laarss, R. H.: Eliphas Lévi. *Der große Kabbalist und seine magischen Werke.* Wiesbaden o. J.
Lévi, Eliphas: *Transzendentale Magie.* 2 Bde. Basel 1981.
Lévi, Eliphas: *Der Schlüssel zu den Großen Mysterien.* Weilheim 1966.
Matthews, Caitlin und John: *Der westliche Weg.* 2 Bde. Reinbek 1988.
Nettesheim, Agrippa von: *Magische Werke.* Interlaken 1979.
Peukert, Will-Erich: *Pansophie.* Bd. 1: *Ein Versuch zur Geschichte der weißen und schwarzen Magie.* Berlin 1976.
Regardie, Israel: *Das magische System des Golden Dawn.* Freiburg 1987/88.
Regardie, Israel: D*ie Elemente der Magie.* Reinbek 1992.
Shah, Idries: *Magie des Ostens.* Basel 1984.
Schimmel, Annemarie und Franz Carl Endres: *Das Mysterium der Zahl.* Köln 1984.
Sperandio, Eric Pier: *Weiße Magie. Rituale, Rezepte, Sprüche.* München 2003.
Symonds, John: *Aleister Crowley. Das Tier 666.* Basel 1983.
Tegtmeier, Ralph: *Aleister Crowley. Die tausend Masken des Meisters.* München 1989.

Internet:
www.sphinx-suche.de (mit vielen weiterführenden Links, Stichwort »Magie«)
www.hexenwelt.de

Mystik, Mysterien

Besant, Annie und Peter Michel: *Giordano Bruno.* Grafing 2000.
Borchert, Bruno: *Mystik.* Königstein 1994 (alles über Mystik, ihre Geschichte und neue Wege).
Deikman, Arthur J.: *Therapie und Erleuchtung.* Reinbek 1986.
Ernst, J. W.: *Die musische Kunst. Schlüssel der Kultur.* Malsch 1980 (über die griechischen Mysterien).
Hämmerling, Elisabeth: *Orpheus' Wiederkehr. Der Weg des heilenden Klanges.* Interlaken 1984.
James, William: *Die Vielfalt religiöser Erfahrung.* Frankfurt 1997.
Merkelbach, Reinhold: *Mithras.* Königstein 1984.
Nauwald, Nana: *Der Flug des Schamanen. Märchen und Mythen.* Havelte 2004.
Plassmann, J.O.: *Orpheus. Altgriechische Mysterien.* Köln 1982.
Rätsch, Christian und Roger Liggenstorfer: *Pilze der Götter.* Aarau 1998.
Russell, Peter: *Quarks, Quanten und Satori. Wissenschaft und Mystik.* Bielefeld 2002
Schuon, Frithjof: *Das Ewige im Vergänglichen.* München 1984.
Wasson, Gordon R., Albert Hofmann, Carl A. P. Ruck: *Der Weg nach Eleusis. Das Geheimnis der Mysterien.* Frankfurt 1984.
Wehr, Gerhard: *Die deutsche Mystik.* Bern und München 1988.

Naturwissenschaften, Gehirnforschung

Brockmann, John: *Die Geburt der Zukunft.* München 1987.
Capra, Fritjof: *Das Tao der Physik.* München 1984.
Deutsch, David: *Die Physik der Welterkenntnis.* München 2000.
Dürr, Hans-Peter (Hrsg.): *Physik und Transzendenz.* München 1986.
Gleick, James: *Chaos, Ordnung des Universums.* München 1988.
Holler, Johannes: *Das Neue Gehirn.* Paderborn 1997.
Kast, Bas: *Revolution im Kopf. Die Zukunft des Gehirns.* Berlin 2003.
Prigogine, Ilya und Isabelle Stengers: *Dialog mit der Natur. Neue Wege wissenschaftlichen Denkens.* München 1980.
Sheldrake, Rupert: *Das Gedächtnis der Natur.* München 1990.
Wilber, Ken (Hrsg.): *Das holographische Weltbild.* München 1986.

Orakel, Tarot, Synchronizität

Bauer, Wolfgang und Clemens Zerling: *Das Lexikon der Orakel.* München 2004 (mit vielen Abbildungen, einem Führer zu alten Orakelstätten und allen wichtigen Orakelverfahren)
Bennett, John G.: *Risiko und Freiheit.* Zürich 2004 (über den Risikofaktor).
Bennett, John G.: *The Dramatic Universe.* 4 Bde. London 1956/66 (Bd. 2 enthält eine systemische Betrachtung der Synchronizität).
Combs, Allan und Mark Holland: *Die Magie des Zufalls.* Reinbek 1992

Ekeland, Ivar: *Das Vorhersehbare und das Unvorhersehbare*. München 1985.
Franz, Marie-Louise von: *Zahl und Zeit*. Stuttgart 1970.
Jung, C. G. und Wolfgang Pauli: *Naturerklärung und Psyche*. Zürich 1952 (enthält Jungs Abhandlung »Synchronizität als ein Prinzip akausaler Zusammenhänge«, auch in *Gesammelte Werke*, Bd. 8: *Die Dynamik des Unbewussten*).
Loye, David: *Die Sphinx und der Regenbogen*. Reinbek 1988.
Peat, F. David: *Synchronizität. Die verborgene Ordnung*. München 1989 (ausführliche Darstellung der Ideen C. G. Jungs und der quantenphysikalischen Hintergründe der Synchronizität).
Reiser, Oliver: *Cosmic Humanism*. Cambridge/Massachusetts 1966 (mehr zu Oliver Reisers Gesamtwerk: www.earthportals.com).
Sheldrake, Rupert: *Der siebte Sinn des Menschen*. München 2003.
Sheldrake, Rupert: *Das schöpferische Universum*. München 1983 (theoretische Grundlage der morphogenetischen Felder, ausführliche Informationen zu Rupert Sheldrake und seinen Werken: www.sheldrake.org).

Schamanismus, Trance, Rituale

Andritzky, Walter: *Schamanismus und rituelles Heilen im alten Peru*. Berlin 1989.
Braem, Harald: *Die magische Welt der Schamanen und Höhlenmaler*. Köln 1994.
Duerr, Hans Peter: *Traumzeit. Über die Grenze zwischen Wildnis und Zivilisation*, Frankfurt 1978.
Findeisen, Hans und Heino Gehrts: *Die Schamanen*. München 1996.
Halifax, Joan: *Die andere Wirklichkeit der Schamanen*. Freiburg 1999 (Sammlung von Erfahrungsberichten von Magiern, Medizinmännern und Visionären).
Hoppal, Mihaly: *Das Buch der Schamanen. Europa und Asien*. München 2002 (sehr schöner Bildband mit ausgezeichneten Informationen).
Hultkrantz, Åke, Michael Ripinsky-Naxon und Christer Lindberg: *Das Buch der Schamanen. Nord- und Südamerika*. München 2002 (sehr schöner Bildband mit ausgezeichneten Informationen).
Johnston, Basil: *Großer Weißer Falke. Der Lebenskreis eines Ojibwa*. Köln 1982 (Rituale, Zeremonien und Visionssuche in der Erzählung der Ojibwas).
Lawlor, Robert: *Am Anfang war der Traum*. München 1995 (über die Kulturen der australischen Ureinwohner).
Liggenstorfer, Roger und Christian Rätsch: *Pilze der Götter*. Aarau 2000 (über die mexikanische Heilerin Maria Sabina und andere Pilzexperten).
Müller, Klaus E.: *Der sechste Sinn*. Bielefeld 2004.
Müller-Ebeling, Claudia, Christian Rätsch und Surendra Bahadur Shahi: *Schamanismus und Tantra in Nepal. Heilmethoden, Thankas, Rituale*. Aarau 2000 (hervorragendes Werk über den nepalesischen Schamanismus und tantrische Rituale).
Nauwald, Nana: *Bärenkraft und Jaguarmedizin. Die bewusstseinsöffnenden Techniken der Schamanen*, Aarau 2002 (ausgezeichneter Überblick über alle schamanischen Methoden aus eigener Erfahrung der Autorin, auch unter Berücksichtigung der alten europäischen Überlieferungen).
Nauwald, Nana: *Der Flug des Schamanen*. Havelte 2004 (Darstellung aller Aspekte des Weltbilds der Schamanen anhand schamanischer Märchen und Mythen).
Nauwald, Nana: *Sonnenhirsch und Schlangenfrau. Die Geisttiere der Schamanen*. Aarau 2005.
Oppitz, Michael: *Schamanen im Blinden Land*. Frankfurt 1981 (Bildband, der unmittelbaren Kontakt zu den Lehren und Mythen von Schamanen herstellt, die im westlichen Zentral-Himalaya leben).
Rytchëu, Juri: *Der letzte Schamane. Die Tschuktschen-Saga*. Zürich 2002.
Reichel-Dolmatoff, Geranto: *Das schamanische Universum*. München 1996.
Schenk, Amélie: *Schamanen auf dem Dach der Welt*. Graz 1994.
Schwarzer Hirsch: *Die Heilige Pfeife*. Bornheim 1982 (das indianische Weisheitsbuch der sieben geheimen Riten).
Tedlock, Dennis und Barbara: *Über den Rand des tiefen Canyons*. Köln 1978 (Lehren indianischer Schamanen. Eine Zusammenstellung über wesentliche Aspekte der Visionssuche und anthropologisch-wissenschaftliche Erklärungen).
Vitesby, Piers: *Schamanismus. Glaube und Rituale*. Köln 2001 (alle Aspekte des Schamanismus weltweit in ausgezeichneter Darstellung und mit vielen Fotos und Bildern).
Walsh, Roger N.: *Der Geist des Schamanismus*. Olten/Freiburg 1992 (hervorragende wissenschaftliche Studie über den Schamanismus).

Internet:
www.ekstatische-trance.de
www.schamanismus-forschung.de

Schulen des Augenblicks, Meister

Bennett, John: *Die Meister der Weisheit*. Singhofen 1997.
Chang, Garma C. C.: *Mahamudra-Fibel*. Wien 1979.
Dervish, H.B.M.: *Journeys with a Sufimaster*. London 1982.
Feild, Reshad: *Schritte in die Freiheit*. Reinbek 1988.
Feild, Reshad: *Wissen, dass du geliebt wirst*. Zürich 2003.
Feuerstein, Georg: *Heilige Narren*. Frankfurt 1996.
Gurdjieff, G. I.: *Begegnungen mit bemerkenswerten Menschen*. München 1997.
Millman, Dan: *Der Pfad des friedvollen Kriegers*. Interlaken 1990.
Notobé, Inazo: *Bushido*. Interlaken 1985.
Reps, Paul: *Ohne Worte, ohne Schweigen. 101 Zen-Geschichten*. München 1983.
Shah, Idries: *Die Sufis*. Köln 1983.

Spirituelle Methoden (Meditation, Mantra, Yoga usw.)

Ashcroft-Nowicki, Dolores: *Magische Rituale. Ein praktischer Lehrgang*. Freiburg 1990.
Berendt, Joachim-Ernst: *Nada Brahma. Die Welt ist Klang*. Reinbek 1985.
Berufsverband Deutscher Yogalehrer: *Der Weg des Yoga. Handbuch für Übende und Lehrende*. Petersberg 2001.
Blofeld, John: *Mantra. Die Macht des heiligen Lautes*. Weilheim 1978 (zum Verständnis der Mantra-Praxis).
Carrington, Patricia: *Das große Buch der Meditation*. Bern und München 1982 (Kompendium sämtlicher Meditationstechniken).
Christmann, Volker: *Dynamisches Yoga*. Düsseldorf 1994 (praktisches Yoga-Handbuch für Anfänger und Fortgeschrittene mit zahlreichen Übungen).
Crapanzano, Vincent: *Die Hamadsa. Eine ethnopsychiatrische Untersuchung in Marokko*. Stuttgart 1981 (wissenschaftliche Untersuchung über spezielle Trance-Formen).
Ebert, Dietrich: *Physiologische Aspekte des Yoga*. Leipzig 1988 (ausführlichste deutsche Untersuchung der Wirkung von Yoga und Meditation auf Gehirn und Gesundheit).
Fiereder, Richard: *Lohan Gong – Qi Gong für Körper, Geist und Seele*. Aarau und München 2003 (dynamische Qi-Gong-Übungen, ausgezeichnete Abbildungen und medizinischer Hintergrund).
Gawler, Ian: *Die Mitte finden. Meditation leicht gemacht*. München 1990 (alles über Meditation und ihre verschiedenen Formen mit Übungsanleitungen).
Godwin, Joscelyn: *Musik und Spiritualität*. München 1989 (alle Aspekte der Wirkung von Musik und Klang).
Goldstein, Joseph und Jack Kornfield: *Einsicht durch Meditation*. München 1989 (Meditationshandbuch für die Vipassana-Meditation).
Goldstein, Joseph: *Vipassana-Meditation*. Freiamt 2003.
Hackl, Monnica: *Hui Chun Gong*. München 1992 (ausgezeichnete Qi-Gong-Übungen mit guten Abbildungen).
Harf, Anneliese: *Yoga. Wege zur Harmonie*. Niedernhausen 1989/1991.
Hirschi, Gertrud: *Mudras für Körper, Geist und Seele*. Neuhausen 2004.
Hoffman, Kay: *Das Arbeitsbuch zur Trance*. München 1996.
Hong Li Yuan: *Qi Gong*. Kreuzlingen 1996 (gutes Praxisbuch für sanftes Qigong).
Huber, Gudrun und Doris Iding: *Mit Yoga zum Wohlfühlgewicht. Balance finden und lustvoll abnehmen*. Reinbek 2003.
Iglehart, Hallie: *Weibliche Spiritualität*. München 1987 (ausführliche Darstellungen von Meditation und Ritual für Frauen).
Iyengar, B. K. S.: *Licht auf Yoga. Das grundlegende Lehrbuch des Hatha-Yoga*. München 2003.
Jansen, Eva Rudy: *Bildersprache des Hinduismus*. Havelte 1999 (Gottheiten, Symbole und Mudras).
Jansen, Eva Rudy: *Das Buddha-Buch*. Havelte 2001 (Erklärung der buddhistischen Symbolik, buddhistische Mudras).
Lysebeth, André von: *Die große Kraft des Atems*. Weilheim 1972 (Schule des Pranayama).
Martin, Bruno: *Auf einem Raumschiff mit Gurdjieff*. Bad Bevensen 2000 (enthält eine ausführliche Darstellung der rituellen Tänze Gurdjieffs).
Meister Takuan: *Zen in der Kunst des kampflosen Kampfes*. München 1993 (Klassiker der Kampfkunst).
Nakamura, Takashi: *Das große Buch vom richtigen Atmen*. München 1987 (Übungsanleitungen zur Entspannung und Atemtherapie).

Nauwald, Nana, Felicitas Goodman und Freunde: *Ekstatische Trance. Das Arbeitsbuch.* Havelte 2004 (Übungsbuch für rituelle Körperhaltungen und ekstatische Trance, zusätzlich gibt es eine CD mit den entsprechenden Rhythmen zum Selbstmachen).

Nauwald, Nana: *Bärenkraft und Jaguarmedizin. Die bewusstseinsöffnenden Techniken der Schamanen.* Aarau 2002 (ausführliche und lebendige Darstellung basierend auf eigener Erfahrung über die ekstatische Trance und die wichtigsten schamanischen Bewusstseinstechniken).

Olvedi, Ulli: *Das Stille Qi Gong.* München 1997.

Prabhavananda Swami: *Gotterkenntnis. Die Yoga-Sutras des Patanjali.* München 1998.

Rault, Lucie: *Vom Klang der Welt.* München 2000 (sehr schöner Bild- und Textband zu allen Aspekten von Klang und Musik seit der Urzeit).

Ruiter, Dick de: *Harmonische Obertöne. Magische Schwingungen mit Stimme und Musik.* Havelte 2003 (Buch mit CD und Übungs-CD).

Storl, Wolf-Dieter: *Naturrituale. Mit schamanischen Ritualen zu den eigenen Wurzeln finden.* Baden 2004.

Trökes, Anna: *Das große Yoga Buch. Das moderne Standardwerk zum Hatha-Yoga.* München 2000.

Weck, Ursula: *Mantra. Heilige Formeln und Gesänge.* Berlin 2004.

Yogashaki, Ma und Swami Satyananda: *Dynamik des Yoga.* Südergellersen 1994 (ausgezeichnete Einführung, Asanas, Pranayamas, Mudras und Techniken der Meditation).

Internet:

www.spiritvoyage.com (spezialisiert auf CDs mit Mantras, Kirtans, Bhajans)

www.yoga.de (Seite des Berufsverbands Hatha-Yoga, BDY)

www.ekstatische-trance.de (Nana Nauwald; alles über Ekstatische Trance und Seminare)

www.gurdjieff-movements.de auch www.gurdjieff-movements.net (über die Gurdjieff-Tänze)

www.linc.de (Qigong, Daiqi, Kampfsport, viele Links)

Sufismus

Arabi, Ibn: *Fusus-ul-Hikham* (das Buch der Siegelringsteine der Weisheitsprüche). Hrsg. und übers. von Hans Kofler. Graz 1970.

Arabi, Ibn: *Reise zum Herrn der Macht.* Hrsg. und Vorwort von Scheich Muzaffer Ozak al Jerrahi. Freiburg 1984.

Attar, Farid ud-din: *Das Meer der Seele. Gott, Welt und Mensch in den Geschichten des Faruddin Attar.* Übers. von H. Ritter. Leiden 1977 (repräsentativer Querschnitt durch das Gesamtwerk Fariduddins Attars. Mit vielen übersetzten Originaltexten).

Attar, Farid ud-din: *Vogelgespräche.* Interlaken 1988 (Übers. von Annemarie Schimmel. Dieser Text beschreibt den ganzen Pfad der Verwirklichung, beginnend mit den Schwierigkeiten der Verpflichtung, der Ausdauer und des Überwindens der Einbildung und Selbsttäuschung).

Attar, Farid ud-din: *Frühislamische Mystiker.* Amsterdam 1984.

Bennett, J. G.: *Subud.* Remagen 1958.

Bennett, J. G.: *Die Meister der Weisheit.* Südergellersen 1984 (einzige, wichtige Darstellung des Wirkens der Meister in Turkestan).

Bennett, J. G.: *Der grüne Drache. Das Herz der Sufi-Lehre.* Südergellersen 1993 (die große Bedeutung des sufischen Mantras HU und die Transformation *fana* und *baqa* werden ausführlich behandelt).

Chisti, Moin-ud-din: *Die Tafeln der Wahrheit.* Heilbronn 1984 (Aphorismen und Ratschläge für den mystischen Weg).

Corbin, Henry: *Die smaragdene Vision. Der Lichtmensch im persischen Sufismus.* München 1989.

Corbin, Henri: *Creative Imagination in the Sufism of Ibn Arabi* (meisterliche Studie über Ibn Arabis Vision, Hinweise auf den Kidhr, den unsichtbaren Lehrer der Sufis).

Diewald, Susanne: *Arabische Philosophie und Wissenschaft in der Enzyklopädie, Kitab Ikhwan as-safa (III), Die Lehre von Seele und Intellekt.* Wiesbaden 1975 (eines der bedeutendsten Werke einer unbekannten Sufigruppe, der »Enzyklopädisten von Basra«, die manchmal als »Lautere Brüder« bezeichnet werden).

Faruqi, I. H. Azad: *Sufismus und Bhakti, Maulana Rumi und Sri Ramakrishna.* Gladenbach 1990 (interessante Vergleichsstudie).

Frembgen, Jürgen: *Derwische. Gelebter Sufismus.* Köln 1993 (umfangreiches, schön bebildertes Werk über alle Sufi- und Derwischrichtungen).

Feild, Reshad: *Die Alchemie des Herzens.* München 1990.

Feild, Reshad: *Schritte in die Freiheit.* Zürich 2003.

Feild, Reshad: *Wissen, dass du geliebt wirst.* Zürich 2003.

Gibran, Kahlil: *Der Prophet. Wegweiser zu einem sinnvollen Leben*. München 2003.
Hafis: *Gedichte aus dem Diwan*. Köln 1979.
Halis, Abdullah: *Risalet ul-Hatm. Über die gute Sitte des Hatm-Zikr*. Berlin 1981 (in diesem Büchlein wird besonders das Ritual der Rifai-Derwische beschrieben; sehr interessant die Verbindung des Zikr mit den Latifas, den feingeistigen Zentren im Menschen).
Kaiser, Annette: *Der Weg hat keinen Namen. Leben und Vision einer Sufi-Lehrerin*. Berlin 2003.
Khan, Hazrat Inayat: *Musik*. Weinstadt 1998.
Khan, Hazrat Inayat: *Musik und kosmische Harmonie aus mystischer Sicht*. Heilbronn 1984.
Khan, Hazrat Inayat: *Gesundheit und geistige Entfaltung*. Bad Bevensen 1996.
Khan, Pir Vilayat Inayat: *Erwachen. Eine Sufi-Erfahrung*. München 2003 (Meditationstechniken).
Khan, Pir Vilayat Inayat: *Das, war durchscheint durch das, was erscheint*. Bad Bevensen 1998.
Kubra, Al und Fritz Meier (Übers. und Kommentar): *Fawa'ih al-jamal* ... (Blüten der Schönheit und die Parfüme der Herrlichkeit). Wiesbaden 1957.
Rumi, Dschelaluddin: *Das Masnawi*. München 1998 (das große Werk des Mystiker-Poeten)
Rumi, Dschelaluddin: *Von Allem und vom Einen. Fihi ma fihi*, übers. von Annemarie Schimmel. München 1992.
Suhrawardi, S.: *Awarif-ul-Maarif. Die Gaben der Erkenntnisse des 'Umar as-Suhrawardi*. Übers. und Einl. von Richard Gramlich. Wiesbaden 1978 (einer der wichtigen Texte der Schule der persischen Illuministen).
Shah, Idries: *Die Sufis*. Köln 1983 (das Grundlagenwerk; von Shah gibt es einige Bücher im Deutschen, unter anderem die Geschichten des Mulla Nasruddin).
Schimmel, Annemarie: *Mystische Dimensionen des Islam*. Köln 1985 (umfassende Arbeit über die praktischen Seiten der Sufi-Praktiken).
Topper, Uwe: *Die Sufis im Maghreb*. Köln 1984/91.
Tweedie, Irina: *Der Weg durchs Feuer*. Interlaken 1990 (der Weg mit einem Sufi-Meister von einer westlichen Frau).
Vaughan-Lee, Llewellyn: *Die Transformation des Herzens. Die Lehre der Sufis*. Frankfurt 1996. (Nachfolger von Irina Tweedie. Sufismus, Hintergrund, Entwicklung im Westen).

Internet:
www.sufismusweb.de (mit Links zu Mevlevi, Bektashi u. a.)
www.centrum-universel.com (Sufi-Orden, Pir Vilayat Khan)
www.goldensufi.org (Llewellyn Vaughan-Lee)
www.ridhwan.org (Almaas)
www.chalice-verlag.de (Reshad Feild)
www.naqshbandi.org (traditionelle Naqschibandi-Linie)

Tantra, Chakra, Mantra, Shiva, Shakti

Anand, Margot: *Magie des Tantra*. München 2003 (die hohe Schule der Erotik).
Avalon, Arthur: *Shakti und Shakta. Lehre und Ritual der Tantras*. München 1998 (Klassiker der Tantra-Literatur, bereits in den dreißiger Jahren verfasst).
Avalon, Arthur: *Die Schlangenkraft*. Weilheim 1953 (klassisches Werk zur Kundalini-Kraft mit tantrischen Übungen).
Avalon, Arthur: *Die Girlande der Buchstaben*. Weilheim 1968 (gelehrte Erläuterung der tantrischen Mantra-Techniken und Mantra-Philosophie).
Bharati, Agehananda: *Die Tantra-Tradition*. Freiburg 1977 (Vergleich von buddhistischen und hinduistischen Tantraformen aufgrund von textkritischen und semantischen Analysen; wissenschaftliches Quellenstudium).
Blofeld, John: *Die Macht des heiligen Lautes*. Weilheim 1978 (leichte Einführung in die Bedeutung mantrischer Übungen und ihre Tradition im Hinduismus und Buddhismus).
Chia, Mantak: *Tao Yoga der Liebe*. Interlaken 1985 (die Geheimnisse der Umwandlung der Energie durch sexuelle Vereinigung).
Dam, Jyotishman: *Shiva-Yoga. Indiens großer Yogi Gorakshanatha*. München 1998.
Das Tantra der Befreiung. Vijnana Bhairava Tantra. Übers. von Wilhelmine Keyserling. Südergellersen 1994 (einer der klassischen Texte des Tantra mit der Chakra-Lehre).
Douglas, Nik und Penny Slinger: *Das Große Buch des Tantra. Sexuelle Geheimnisse und Alchemie der Ekstase*. Basel 1985 (das umfangreichste Buch zum »roten« Tantra. Alle Überlieferungen, auch japanische, chinesische, und buddhistische, werden untersucht und ihre erotischen Grundlagen aufgezeigt; umfasst alle Bereiche der tantrischen und nicht-tantrischen erotischen Philosophie und Praxis; durchgehend mit erotischen Motiven illustriert; Übersetzungen von Grundlagen-

texten wie »Gheranda-Samhita«, »Shiva-Samhita« usw.).
Eliade, Mircea: *Yoga. Unsterblichkeit und Freiheit.* Frankfurt 1977 (Grundlagenwerk über die gesamte indische Philosophie des Yoga).
Gunturu, Vanamali: *Der Kamasutra-Ratgeber.* München 2004 (Sex, Lust und die Kunst der Verführung. Geist und Philosophie des Kamasutra).
Iyengar, B. K. S.: *Licht auf Yoga.* München 1983 (der Yoga-Klassiker; Iyengar lehrt in Poona, Indien, und die meisten Hatha-Yoga-Schulen in Deutschland gehen auf seine Schule zurück; mit einer großen Anzahl von Asanas).
Iyengar, B. K. S.: *Licht auf Pranayama. Die Atemschule des Yoga.* München 1984 (das umfassendste Buch über Pranayama, die Atemschule des Yoga; alle medizinischen und physiologischen Aspekte, ein Übungsprogramm und grundlegende theoretische Erläuterungen).
Johari, Harish: *Das große Chakra-Buch.* Freiburg 1979.
Khanna, Madhu: *Das große Yantra-Buch.* Freiburg 1980 (erste wissenschaftlich exakte und vollständige Symbolstudie zur Arbeit mit Yantras, den geometrischen Meditationsbildern).
Kinsley, David: *Hindu Goddesses. Visions of the Divine Feminine in the Hindu Religious Tradition.* Delhi 1986.
Leadbeater, Charles W.: *Die Chakras.* Grafing 2004 (15. Auflage des Klassikers).
Mookerjee, Ajit und Madhu Khanna: *Die Welt des Tantra in Bild und Deutung.* München 1978/87 (ein Überblick in Text und Bild über Wesen, Entwicklung und Praxis des Tantra; brauchbares Nachschlagewerk).
Muktananda, Swami: *Kundalini.* Freiburg 1979 (kurze, aber brauchbare und praktische Einführung über die verschiedenen Möglichkeiten, die Kundalini-Shakti zu wecken).
Muktananda, Swami: *Das Mantra So'Ham.* Freiburg 1978 (für Muktananda ist die Wiederholung eines Mantras die Verbindung mit Gott selbst. So'ham bedeutet »Ich bin« und weckt durch seine Rezitation in Verbindung mit einer Atemtechnik das höchste Selbst).
Odier, Daniel: *Tantra. Eintauchen in die absolute Liebe.* Grafing 2003 (authentische Geschichte über eine Einweihung im Himalaya durch eine tantrische Meisterin).
Rieker, Hans Ulrich: *Das klassische Yogalehrbuch Indiens. Hathayoga Pradipika.* Zürich 1957.
Sacharow, Boris: *Das große Geheimnis.* München 1980 (die klassische »Sammlung Gherandas« in der Urfassung aus dem Sanskrit übersetzt, mit Erläuterungen; die »Gheranda-Samhita« ist einer der wichtigsten tantrischen Originaltexte).
Unbescheid, Günter: *Kanphata. Untersuchungen zu Kult, Mythologie und Geschichte shivaistischer Tantriker in Nepal.* Wiesbaden 1980.
Wieland, Helmtrud: *Das Spektrum des Yoga.* Gladenbach 1992 (ausführliches Tantra-, Hatha-Yoga und Chakra-Kapitel).

Internet:
www.Tantra-Info.de (Kurse und Links)

Tao, Tao-Yoga, Tai-Chi, I Ging, Qigong

Adrian, Franciscus: *Die Schule des I Ging.* 2 Bde. München 1994 (die Bücher enthalten die erste Biographie Richard Wilhelms, die Wurzeln des I Ging, Symbolik und Motive, Anleitung und Hilfe zum Studieren und Praktizieren, Förderung des Textverständnisses, die Sprache der Hexagramme).
Anders, Frieder (Hrsg.): *Taichi. Chinas lebendige Weisheit.* Köln 1985 (Grundlagentexte über Taoismus und Taiji).
Blofeld, John: *Selbstheilung durch die Kraft der Stille.* München 1981 (mit einem Kapitel über taoistische Theorie und Praxis).
Chang, Chung-yuan: *Tao, Zen und schöpferische Kraft.* Köln 1980 (eines der wichtigsten und inspiriertesten Bücher über den Taoismus; vergleichendes und gelehrtes Werk, in dem der Leser Einblick in die taoistische Alchemie bekommt).
Chia, Mantak: *Tao Yoga der Liebe.* Interlaken 1985 (das ausführlichste und praktischste Werk über taoistische Sexualtechniken, mit speziellen Übungen für den Mann).
Chia, Mantak und Maneewan: *Tao Yoga der heilenden Liebe.* Interlaken 1987 (Übungen und Methoden des Liebes-Tao für die Frau).
Chia, Mantak: *Tao Yoga.* Interlaken 1985 (praktisches Lehrbuch zur Erweckung des Chi).
Cleary, Thomas: *Das Tao des I Ging.* München 1989 (taoistische Übertragung des I Ging).
Cleary, Thomas (Hrsg.): *Das Tao der weisen Frauen.* München 1993 (die geheimen Lehren und Praktiken bedeutender weiser Frauen des Taoismus, Weg der inneren Alchemie für Frauen).
Cooper, J. C.: *Was ist Taoismus.* München 1992 (Einführung in den Taoismus).

Dschuang Dsi: *Das wahre Buch vom südlichen Blütenland*. Köln 1979 (der Dschuang Dsi ist neben dem Taoteking die wichtigste Quelle des philosophischen Taoismus, ein großes Weisheitsbuch mit Geschichten und Lehren, die in mancher Hinsicht den Sufi- und Zen-Geschichten ähnlich sind).

Fazzioli, Edoardo: *Gemalte Wörter. 214 chinesische Schriftzeichen vom Bild zum Begriff*. Wiesbaden 2004.

Foen Tjoeng Lie: *Chinesisches Schattenboxen Tai-Ji-Quan*. Niedernhausen 1987 (die Peking-Form des Tai-Chi von einem Meister, der in Hamburg lehrt).

Foen Tjoeng Lie und Christa Proksch: *Tai-Ji-Quan Yang-Stil*. Norderstedt 1991 (einziges Taiji-Buch in deutscher Sprache mit der alten, langen Yang-Form).

Glasenapp, Helmuth von: *Die fünf Weltreligionen*. Teil 3: *Der chinesische Universismus*. Köln 1982 (wissenschaftliche Darstellung der chinesischen Weltanschauung und des Taoismus).

Granet, Marcel: *Das chinesische Denken. Inhalt, Form, Charakter*. München 1963 (Klassiker).

Hackl, Monnica: *Hui Chun Gong. Die Verjüngungsübungen der chinesichen Kaiser*. München 1991

Hackl, Monnica und K. K. Wu: *Qi Gong für jeden Tag*. München 1994 (Atemtechniken zur Selbstheilung verschiedener Krankheiten).

Hoff, Benjamin: *Tao Te Puh*. Essen 1987 (erklärt, warum Pu, der Bär, so genial ist)

Hua-Yang, Liu: *Das Große Werk. Anleitungen zur taoistischen Meditation*. Bern 1984 (vollständige Übersetzung des *Chin-hsien chen-lun*, datiert 1790, gibt einen wesentlichen Einblick in die taoistischen Meditationstechniken).

Lu K'uan Yü: *Geheimnisse der chinesischen Meditation*. Freiburg 1984 (Klassiker, der chinesiche Meditationstechniken aus den taoistischen Schulen in China, des Mahayana-Buddhismus und des Ch'an ausführlich beschreibt; in keinem anderen Buch so detailliert beschrieben).

Laotse: *Tao Te King*. Übersetzt von Richard Wilhelm. München 2004 (mehrere dt. Übersetzungen, die poetischste ist die von Richard Wilhelm, die schönste von Günther Debon; jeder sollte sich mehrere Übersetzungen ansehen).

Liä Dsi: *Das wahre Buch vom quellenden Urgrund*. Köln 1980 (ein weiteres chinesisches Weisheitsbuch mit sehr schönen Geschichten; taoistischer Klassiker)

Milne, A. A.: *Pu der Bär*. Hamburg 1986 (geniales taoistisches Buch).

Miyuki, Mokusen: *Die Erfahrung der goldenen Blüte*. München 1984 (Basistext taoistischer Meditation aus dem 12. Jh. mit ausführlichem Kommentar. Das Kreisen der goldenen Blüte ist eine echte esoterische Übung, die zur Entwicklung des Energiekörpers beiträgt).

Needham, Joseph: *Wissenschaftlicher Universalismus*. Frankfurt 1979 (Klassiker zum Verständnis chinesischen Denkens).

Po-Tuan, Chang = Zhang Boduan: *Das Geheimnis des Goldenen Elixiers*. Übers. und hrsg. von Thomas Cleary. München 1990 (Standardwerk der spirituellen Alchemie aus dem 11. Jh.).

Walter, Katya: *Chaos, I Ging und genetischer Code*. München 1992 (I Ging und modernste Mathematik, Chemie und Physik).

Watts, Alan: *Der Lauf des Wassers*. München 1976 (sehr schöne und verständliche Einführung in den Taoismus).

Wei Wu Wei: *Die einfache Erkenntnis*. Freiburg 1996 (bedeutendes Werk des nichtdualistischen Tao-Zen-Vedanta).

Wilhelm, R. und C. G. Jung: *Das Geheimnis der goldenen Blüte*. Freiburg 1971 (Das Geheimnis der goldenen Blüte erschien in Deutschland schon 1930 und wurde mehrmals nachgedruckt. Es ist nicht nur ein taoistischer Text des chinesischen Yoga, sondern zugleich auch ein alchemistisches Traktat. Mit Nachwort und Kommentar von C. G.Jung).

Wilhelm, Richard (Übers.): *I Ging. Das Buch der Wandlungen*. München 2004 (die klassische Übersetzung des chinesischen Weisheits- und Orakelbuchs).

Zöller, Josephine: *Das Tao der Selbstheilung*. Berlin 1989 (jahrtausendealte Heilkunst des Qi Gong, der »Übungen zur Aktivierung der Lebenskraft«, wird hier ausführlich mit zahlreichen Übungsprogrammen beschrieben und gelehrt; ausgezeichnetes Übungsbuch, das die Erkenntnisse westlicher und neuer chinesischer Medizin einbezieht).

Internet:

www.linc.de (Taoismus, Taiji, Kampfkünste usw. mit weiteren Links)

Theosophie

Bailey, Alice: *Initiation. Menschliche und solare Einweihung*. Genf 1970.

Bailey, Alice: *Die Strahlen und die Einweihungen*. Bd. V: *Sieben Strahlen*. Genf 1970.

Besant, Annie: *Der Pfad zum Tempel der Weisheit*. Grafing 2003 (die Stationen der seelischen Entwicklung).
Besant, Annie und Peter Michel: *Giordano Bruno*, Grafing 2000 (Leben und Werk des großen Mystikers, der 1600 auf dem Scheiterhaufen verbrannt wurde).
Blavatsky, Helena Petrowna: *Der Schlüssel zur Theosophie*. Grafing 1995.
Blavatsky, Helena Petrowna: *Die Geheimlehre*. Studienausgabe. Grafing 2003 (sorgfältige Neuübersetzung, gekürzte Ausgabe).
Caddy, Eileen: *Spuren auf dem Weg zum Licht*. Kimratshofen 1983.
Flemming, Beatrice: *Das Theosophische Weltbild*. 3 Bde. München 1976.
Krishnamurti, Jiddu im Gespräch mit David Bohm: *Vom Werden zum Sein*. München 1987.
Krishnamurti, Jiddu: *Einbruch in die Freiheit*. Berlin 1978.
Leadbeater, C. W.: *Die Lehre des Wachstums*. München 1980.
Leadbeater, C. W.: *Das höhere Selbst*. Forstinning 1983.
Leadbeater, C. W.: *Die Chakras*. Freiburg 1983
Maclean, Dorothy: *Du kannst mit Engeln sprechen*. Forstinning 1984
Michel, Peter: *Die Botschafter des Lichtes*. 2 Bde. Forstinning 1983 (Aussagen der wichtigsten Theosophen zu unterschiedlichen Aspekten der Lehre).
Sinnett, A. P.: *Die Mahatma-Briefe*. 3 Bde. Graz 1982.
Steiner, Rudolf: *Theosophie*. Stuttgart 1973.

Internet:
www.theosophie.de
www.theosophie-in-bewegung.de

Tibetischer Buddhismus

Asshauer, Egbert: *Tulkus. Die großen Meister Tibets*. Grafing 2003 (Begebenheiten aus dem Leben der bedeutendsten tibetischen wiedergeborenen Rinpoches).
Blofeld, John: *Der Weg zur Macht*. Berlin 1981 (guter Überblick über Lehre und Praxis des tantrischen Buddhismus).
Blofeld, John: *Mantra. Die Macht des heiligen Lautes*. Weilheim 1978 (zum Verständnis der Mantra-Praxis).
Berzin, Alexander: *Kalachakra. Das Rad der Zeit*. München (Geschichte, Wesen und Praxis des tantrischen Initiationsrituals).
Brucker, Karin und Christian Sohns: *Tibetischer Buddhismus. Handbuch für Praktizierende im Westen*. München 2003 (Geschichte, Lehre und Praxis, Feste, Rituale, Feiertage).
Dalai Lama: *Ohne Anfang, ohne Ende*. München (Interpretation des bedeutendsten klassischen Lehrtextes der tibetischen Überlieferung).
David-Néel, Alexandra: *Der Weg zur Erleuchtung*. Grafing 2002 (hervorragende Einführung in den tibetischen Buddhismus).
David-Néel, Alexandra: *Die Geheimen Lehren des Tibetischen Buddhismus*. Satteldorf und Grafing 1998 (die Madhyamaka-Meditations- und Erleuchtungsmethode).
David-Néel, Alexandra: *Wanderer mit dem Wind*. Wiesbaden 1983.
Dowman, Keith: *Die Meister des Mahamudra. Leben und Legenden und Lieder der 84 Erleuchteten*. München 1991 (die Einleitung enthält eine gute Einführung in Entstehung und Bedeutung des tibetischen Tantra).
Evans-Wentz, W. Y.: *Milarepa. Tibets großer Yogi*. München 1984.
Fremantle, Francesca und Chögyam Trungpa: *Das Totenbuch der Tibeter*. München.
Gäng, Peter: *Tantrischer Buddhismus. Experimentelle Mystik, radikale Sinnlichkeit*. München 2001.
Govinda, Lama Anagarika: *Der Weg der weißen Wolken*. München 1984 (Lama Govinda ging als Österreicher nach Tibet und schildert seinen Weg zu den tibetischen Lamas).
Govinda, Lama Anagarika: *Buddhistische Reflexionen*. München 1983 (besondere Beachtung verdienen die Kapitel über die Meister des mystischen Pfades, damit einhergehend der Nachweis, dass der Buddhismus nicht aus der vedischen Religion stammt, sowie seine geniale Auslegung des tibetischen Totenbuches)
Govinda, Lama Anagarika: *Grundlagen tibetischer Mystik*. München 1984 (die Mandala-Tradition, die Lehre vom schöpferischen Laut, die Chakrenlehre, das Wesen der Meditation, und die Symbolik des tibetischen Totenbuches; Grundlagenwerk für Fortgeschrittene).
Hopkins, Jeffrey: *Tantra in Tibet*. Köln 1980 (gelehrte Studie des geheimen Mantras des Tsong Ka-pa; grundlegendes Werk zum tieferen Studium für alle, die sich mit den höchsten Aspekten des Vajrayana beschäftigen).
Hopkins, Jeffrey und Khetsün Sangpo Rinpoche: *Die Praxis des Tantra. Vorbereitung und Hinführung zur Großen Vollendung*. München 1988.

Jansen, Eva Rudy: *Das Buddha-Buch*. Havelte 2002 (kurze Erklärung aller wichtigen Buddhas, Mudras und Symbole).

Karma Lingpa: *Die Befreiung durch Hören im Zwischenzustand. Das tibetische Totenbuch*. Elmshorn 1999.

Lavizzari-Raeuber, Alexandra: *Thangkas. Rollbilder aus dem Himalaya. Kunst und mystische Bedeutung*. Köln 1984.

Mullin, Glenn: *Geheimlehren tibetischer Meditation*. Grafing 2000 (Einführung in den tantrischen Buddhismus anhand der sechs Yogas von Tilopa und Naropa).

Ngakpa, Chögyam Rinpoche: *Der fünffarbige Regenbogen*. Freiburg (grundlegende Meditationsmethoden, Dzogchen, Arbeit mit Gefühlen nach der Elementenlehre des tibetischen Tantra).

Ngakpa, Chögyam Rinpoche: *Reise in den inneren Raum*. Paderborn 1996 (Übungsbuch tibetischer Meditationstechniken).

Norbu, Namkhai: *Der Kristallweg*. München 1989 (Dzogchen-Praxis und Theorie, gute Einführung ins Tantra).

Rabten, Geshe: *Mahamudra*. Zürich 1984 (der Weg zur Erkenntnis der Wirklichkeit).

Schumann, Hans Wolfgang: *Buddhistische Bilderwelt. Ikonographisches Handbuch des Mahayana- und Tantrayana-Buddhismus*. Köln 1986.

Trungpa, Chögyam: *Feuer trinken, Erde atmen. Die Magie des Tantra*. Köln 1982 (tiefgründige Abhandlung darüber, wie man alle neun Stufen des tantrischen Weges durchgeht, um zur höchsten Erkenntnis, Maha Ati, zu gelangen).

Trungpa, Chögyam: *Spirituellen Materialismus durchschneiden*. München 1989.

Trungpa, Chögyam: *Der Mythos Freiheit*. Berlin 2001.

Tulku, Tarthang: *Selbstheilung durch Entspannung (Kum Nye)*. München 1980.

Wangchug, Dorje Karmapa: *Das Diamantlicht des gewöhnlichen Geistes. Mahamudra-Praxis*. Wien 1989.

Yeshe, Lama: *Wege zur Glückseligkeit. Einführung in Tantra*. Arnstorf 2004.

Internet:

www.dharma.de (die Seite der Deutschen Buddhistischen Union mit weiteren Links)

www.karmapa-in-europa.de

www.tashi-verlag.de

Yoga-Wege

Überblick über die Philosophie

Aurobindo, Sri: *Die Grundlagen der indischen Kultur und die Renaissance in Indien*. Gladenbach 1984 (zusammengefasste Aufsätze über die indische Kulturgeschichte auf den Gebieten Religion und Spiritualität, Kunst und Literatur sowie Politik. Dabei werden die dem indischen Wesen eigentümlichen Strukturen freigelegt und als Basis einer von allen anderen Zivilisationen wesentlich verschiedenen, eigenwüchsigen Kultur herausgearbeitet.

Aurobindo, Sri: *Bhagavadgita*. Gladenbach 1981 (meiner Meinung nach eine der klarsten Übersetzungen).

Eliade, Mircea: *Yoga. Unsterblichkeit und Freiheit*. Frankfurt 1982 (der bedeutende religionsphilosophische Wissenschaftler Mircea Eliade erläutert in diesem einführenden Grundlagenwerk die verschiedenen Arten des Yoga, ihre Technik und ihre Geschichte).

Glasenapp, Helmuth von: *Die Philosophie der Inder*. Stuttgart 1960 (Helmuth von Glasenapps Bedeutung für die Indologie, die in besonderem Maße auf seinen zusammenfassenden und enzyklopädischen Darstellungen der indischen Kultur und Geschichte beruht, ist unumstritten. Dieses Grundlagenwerk fasst seine Erkenntnisse der indischen Philosophie für westliche Menschen zusammen).

Glasenapp, Helmuth von: *Ausgewählte kleine Schriften*. Wiesbaden 1980 (einige wichtige Essays über die indische Philosophie, den Jainismus, Buddhismus und das Yogavashista).

Hauer, J. W.: *Der Yoga*. Südergellersen 1983 (der bedeutende Indologe J. W. Hauer, ein Schüler Helmuth von Glasenapps, stellt in diesem Grundlagenwerk die Entwicklung des Yoga von seinen schamanistischen Quellen über die Veden [besonders den Arthava-Veda], die Upanischaden bis zur Bhagavadgita dar).

Lexikon der Östlichen Weisheitslehren. München 1986 (Hinduismus, Buddhismus und Taoismus).

Patanjali: *Die Wurzeln des Yoga*. München 2003 (klassischen Lehrsprüche, die Grundlagen aller Yoga-Systeme).

Valmiki: *Das Ramayana*. Köln 1981 (neue Übersetzung des indischen Volksepos, die der englischen Ausgabe von Hari Prasad Shastri folgt; gilt als das »Evangelium« des Hinduismus mit der Geschichte des menschgewordenen Gottes Vishnu und seiner Inkarnationen).

Yogavasistha. Die Lehren des Weisen Vasistha. Interlaken (Vashista gilt als einer der sieben Maha-Rishis, die maßgeblich an der Entstehung der *brahmanas* beteiligt waren).

Wieland, Helmtrud: *Das Spektrum des Yoga.* Gladenbach 1992 (Gesamtdarstellung und Zusammenfassung sämtlicher Yogalehren einschließlich des Buddhismus).

Zimmer, Heinrich: *Philosophie und Religion Indiens.* Frankfurt 1973 (der Indologe Heinrich Zimmer verstand es, aus einem umfangreichen Material zur indischen Kultur und Philosophie ein überaus lesenswertes Buch zu machen, das jedem ernsthaften Sucher ein differenziertes Bild der indischen Glaubensströmungen vermittelt).

Brahmanismus, Hinduismus, verschiedene Yoga-Wege

Anandamayi Ma: *Worte der glückseligen Mutter Anandamayi Ma.* Stühlingen 1982.

Aurobindo, Sri: *Essays über die Gita.* Gladenbach 1977 (umfangreichster spiritueller Kommentar zur Gita; Aurobindo arbeitet besonders die philosophisch ewig gültigen Ideen heraus).

Aurobindo, Sri und Heinz Kappes: *Bhagavadgita.* Gladenbach 1981 (der umfangreichste spirituelle Kommentar zur Gita. Aurobindo betont besonders die philosophischen, ewig gültigen Ideen).

Bennett, J.G.: *Eine lange Pilgerreise. Leben und Lehre des Shivapuri Baba.* Südergellersen 1985 (Shivapuri Baba starb 1961 im Alter von 137 Jahren in Nepal. Seine Lehren, zumeist auf Grundlage der Bhagavadgita in allen ihren Aspekten, sind zeitlos und religionsübergreifend).

Bhaktivedanta, Swami Prabhupada: *Die Lehren Sri Krishna Caitanyas.* Berlin, Bhaktivedanta Trust 1974.

Blume, Michael: *Satyagraha. Yoga und Widerstand bei Gandhi.* Gladenbach 1987.

Dam, Jyotishman: *Shiva-Yoga. Indiens großer Yogi Gorakshanatha.* München 1998.

Eidlitz, Walther: *Krisna-Caitanya. Sein Leben und seine Lehre.* Stühlingen 1984.

Faruqi, Azad I. H.: *Sufismus und Bhakti. Maulana Rumi und Sri Ramakrishna.* Gladenbach 1990.

Hariharananda, Swami: *Kriya Yoga.* München 1983.

Maharishi Mahesh Yogi: *Bhagavad Gita.* Aus dem Sanskrit übers. und neu komment. Stuttgart 1971.

Narada: *Bhakti-Sutras.* Stühlingen 1980 (klassisches Werk mit den 84 Aphorismen des altindischen Weisen Narada über den Pfad der Hingabe an das Göttliche).

Sathya Sai Baba: *Sadhana. Der Weg nach innen.* Planegg 1981.

Sathya Sai Baba: *Githa Vahini.* Bonn 1984 (erklärende Ausführungen Sathya Sai Babas zur Bhagavadgita).

Sivananda, Swami: *Sadhana.* Lautersheim 2003 (umfassendes Lehrbuch).

Vivekananda: *Karma- und Bhakti-Yoga.* Freiburg 1983.

Yogananda: *Religion als Wissenschaft.* München 1982 (Weg des Verstandes, Weg der Hingabe, Weg der Meditation und der Weg der Wissenschaft, den Yogananda als Kriya-Yoga beschreibt).

Yogananda, Paramahansa: *Autobiographie eines Yogi.* München 1950 (klassisches Werk über den Yoga-Weg).

Yogananda, Paramahansa: *Die Reise in den inneren Kosmos.* München 1997.

Yukteswar, Sri: *Die heilige Wissenschaft.* München 1984 (Darstellung des Kriya-Yoga).

Vedanta, Upanischaden

Avadhuta Gita. Die Lehrreden von Dattatreya. Freiburg 1996 (großartiges Buch des Nondualismus).

Balsekar, Ramesh: *Erleuchtende Gespräche.* Freiburg 1995.

Boyd, Doug: *Swami Rama.* München 1985.

Deussen, Paul: *60 Upanishads des Veda.* Bielefeld 1980 (umfassendste Übersetzung der Upanischaden des »Rigveda«, »Samaveda«, »Yajurveda« und »Atharvaveda«).

Hopkinson, T. und D.: *Viel Schweigen. Meher Baba, sein Leben und sein Werk.* Berlin 1982 (Biographie des ungewöhnlichen Meisters [1894–1969], der angeblich eine Inkarnation Dattatreyas war; die Phase seiner Schweigezeit, die dennoch eine sehr intensive Lehrphase war).

Krishnamurti, Jiddu: *Das Netz der Gedanken. Reden in Saanen 1981.* Hopferau-Heimen 1984.

Krishnamurti, Jiddu: *Gespräche über das Sein.* München 1977.

Loye, David: *Nondualität. Über die Natur der Wirklichkeit.* Frankfurt 1998 (umfassendste Werk über alle Schattierungen der nichtdualistischen Philosophie).

Mehlig, Johannes (Hrsg. u. Übers.): *Weisheit des alten Indien.* Bd. 1: *Vorbuddhistische und nichtbuddhistische Texte.* Leipzig 1987

(repräsentative Quellentexte von der »Rigveda« über die Upanischaden und das Mahabarata bis zum Mokshadharma und Yoga des Patanjali).
Nikhilananda, Swami (Hrsg. und Übers.): *Die Katha-Upanishad. Von der Unsterblichkeit des Selbst*. Mit Kommentaren von Shankara. München 1989 (eine der bedeutendsten Upanischaden).
Nisargadatta Maharaj: *Ich bin*. 3 Bde. Bielefeld 2003.
Ramakrishna: *Das Vermächtnis*. München 1981 (Darstellung der wichtigsten Lebens- und Lehrperiode Ramakrishnas und einer der Haupttexte spiritueller Erfahrung der Neuzeit).
Ramakrishna: *Leben und Gleichnis*. München 1983 (Kurzbiographie und Sammlung von Gleichnissen in der Art der Sufi-Geschichten).
Ramana Maharshi: *Gespräche des Weisen vom Berge Arunchala*. Interlaken 1984 (umfangreiche Sammlung der Lehren des Weisen).
Ramana Maharshi: *Sei, was du bist!* Hrsg. von D. Godman. München 1990 (Kompendium der wichtigsten Lehren und Unterweisungen des großen Lehrers).
Richter-Ushanas, Egbert: *Im Wandel das Bleibende. Acht Upanishads*. Bremen 1981 (neue Originalübersetzung wichtiger Upanischaden)
Salvesen, Christian: *Advaita. Vom Glück, mit sich und der Welt eins zu sein*. München 2003 (umfassende Darstellung der Vedanta-Lehre).
Schroeder, Leopold von: *Bhagavadgita/Aschtavakragita*. Köln 1978 (die einzige deutsche Übersetzung der »Aschtavakragita«, eines klassischen Textes der höchsten spirituellen Schule Indiens, die die fundamentale Einheit des Selbst lehrt).
Shankara: *Das Kleinod der Unterscheidung*. München 1981.
Shankaracharya. Übers. von Mohini Chatterji, erläutert von Franz Hartmann. *Drei Schriften über Yoga: Viveka Chudamani, Tattwa Boddha, Atma Boddha*. Calw (die grundlegenden Schriften zur vedantischen Philosophie Shankaras).
Singh, Jaideva: *Siva Sutras. The Yoga of Supreme Identity*. Delhi 1979.
Tripura Rahasya. *Die geheime Botschaft der Göttin Tripura*. Interlaken 1994 (eines der grundlegenden Werke mit den Lehren des Sadgurus Dattatreya).
Troll, Pyar: *Poesie der Stille. Tanz des Lebens*. Bielefeld 2003.
Vivekananda, Swami: *Karma- und Bhakti-Yoga*. Freiburg 1983.
Zimmer, Heinrich: *Philosophie und Religion Indiens*. Frankfurt 1973.

Internet:
www.himalaya-institut.de (Ausbildungen in Yoga)
www.yoga.de (BDY)
www.amma.de (über Amma und Termine)
www.relinfo.ch (Fundgrube für Sucher, mit objektiven und kritischen Darstellungen über viele spirituelle Wege, Gruppierungen und Gurus)
www.pyar.de (Seite von Pyar Troll)
www.gangaji.org (Gangajis Seite)

Samkhya, Raja-Yoga, Osho
Anirvan, Sri und Lizelle Reymond: *To live within. Teachings of a Baul*. High Burton 1984.
Aurobindo, Sri: *Das göttliche Leben*. 3 Bde. Gladenbach (Essenz des integralen Yogas).
Aurobindo, Sri: *Die Synthese des Yoga*, Gladenbach 1976 (Grundlegung eines integralen Yoga mit sämtlichen Darlegungen der Hauptströmungen wie Jnana-Yoga, Bhakti-Yoga und Raja-Yoga; ausführliches und wichtiges philosophisches Werk des großen Meisters von 900 Seiten).
Feuerstein, Georg: *Der Yoga im Lichte der Bewusstseinsgeschichte der indischen Kultur*. Schaffhausen 1981 (gute Einführung ins Grundverständnis des Yoga).
Maharishi Mahesh Yogi: *Die Wissenschaft vom Sein und die Kunst des Lebens*. Stuttgart 1968.
Osho: *Meditation. Die große Freiheit*. München 2003.
Osho: *Begegnungen mit bemerkenswerten Menschen*. München 2003 (anschauliche Darstellung der Lehren großer geistiger Weltbeweger wie Buddha, Dschuang-Ze, Dionysios, Gurdjieff u. a.).
Patanjali: *Die Wurzeln des Yoga*. München 2003 (die klassischen Lehrsprüche, die Grundlagen aller Yoga-Systeme).
Richter-Ushanas, Egbert: *Raja-Yoga. Patanjalis Yoga-Sutra*. Bremen 1984 (Übersetzung mit Kommentar).
Satchidananda, Swami: *Erkenne dein Selbst. Die wesentlichen Lehren von Swami Satchidananda*. Gladenbach 1986.
Satprem: *Mutter oder der göttliche Materialismus*. 3 Bde. Gladenbach 1992 (Biographie und Lehren der außergewöhnlichen Gefährtin und Nachfolgerin Sri Aurobindos).

Taimni, I. K.: *Die Wissenschaft des Yoga*. München 1982 (die Yoga-Sutras des Patanjali sind äußerst konzentriert und knapp verfasst, sodass es ein schwieriges Unterfangen ist, ihre vielschichtige Bedeutung zu verstehen. Taimni arbeitete im Rahmen der theosophischen Philosophie einen brauchbaren Kommentar zu Patanjalis Yoga-Sutras aus).

Weiss, Hartmut: *Quellen des Yoga*. München 1986 (Übersetzung klassischer Yoga-Texte, einschließlich Hatha-Yoga-Pradipika und Yoga-Sutra).

Wieland, Helmtrud: *Das Spektrum des Yoga*. Gladenbach 1992 (Summarische Darstellung aller indischen Philosophien und Yogas).

Zimmer, Heinrich: *Philosophie und Religion Indiens*. Frankfurt 1973 (eines der wichtigsten philosophischen Grundlagenwerke über die gesamte indische Philosophie einschließlich Samkhya und Yoga).

Internet:
www.himalaya-institut.de
www.osho.de

Sikhismus

Kapur, Dagailal: *Gespräche mit Sawan Singh*. Freiburg 1982 (Gespräche, die der Autor über lange Zeit mit dem Meister führte).

Singh, Sant Kirpal: *Die Krone des Lebens*. Bern 1985 (Lehrbuch des geistigen Yogaweges mit eingehender Analyse des Ashtang-Yoga-Systems und Studien über alle Yogas; vergleichende Studie der Weltreligionen auf dem Hintergrund der universalistischen Lehre Sant Mats).

Singh, Sant Kirpal: *Von der Gottsuche zur Selbstverwirklichung*. Bern 1977 (Lebensbeschreibung und Darstellung der Lehren Baba Jaimal Singhs).

Singh, Sant Kirpal: *Naam oder Das Wort*. Bonn 1970 (ausführliche und vergleichende Abhandlung über den Tonstrom und die Wirkung von Mantras).

Singh, Darshan: *Das Geheimnis der Geheimnisse*. Stuttgart 1981 (Darshan Singh ist der Nachfolger von Kirpal Singh).

Zahlen, Geometrie, Geomantie, Feng Shui

Adrian, Franciscus: *Die Schule des I Ging. Die Praxis*. München 1995.

Adrian, Franciscus: *Die Schule des I Ging. Hintergrundwissen*. München 1994.

Bennett: *Elementary Systematics. A Tool for Understanding Wholes*. Santa Fe 1993 (Darstellung, wie Zahlenwerte zu einer systemischen, vernetzten Weltsicht führen können, mit Anwendungsbeispielen).

Bindel, Ernst: *Die geistigen Grundlagen der Zahlen*. Stuttgart 2003.

Bodenstein, Helmut: *Das Alphabet des Lebens*. Südergellersen 1987 (ausführliche Darstellung des kabbalistischen Alphabets aller genetischen Pläne auf Basis der Zahlenwerte).

Endres, Franz Carl: *Das Mysterium der Zahl*. Köln 1984.

Gehringer, Petra: *Geomantie. Wege zur Ganzheit von Mensch und Erde*. Saarbrücken 2003 (auch über Feng Shui).

Jordan, Harald: *Räume der Kraft schaffen*. Baden 2003 (der westliche Weg ganzheitlichen Wohnens und Bauens).

Pickover, Clifford A.: *Die Mathematik und das Göttliche*. Spektrum 2003.

Roob, Alexander: *Alchemie und Mystik*. Köln 1996 (700-Seiten-Werk mit wunderbaren schwarzweißen und farbigen Bilddokumenten über alle Aspekte der Zahlenmagie und Kosmologie).

Too, Lillian: *Die Grundlagen des Feng Shui*. München 2000.

Wilhelm, Richard: *I Ging. Das Buch der Wandlungen*. München 1993.

Zen-Buddhismus

Bessermann, Perle und Manfred Steger: *Verrückte Wolken. Zen Meister, Zen Rebellen*. Berlin 1999 (über die großen Meister und Reformer).

Bottini, Oliver: *Das große O.W. Barth-Buch des Zen*. München 2002 (Grundbegriffe und Lehrsysteme aller großen Ch'an- und Zen-Schulen, Geschichte, Meister, Quellen; ein sehr guter Überblick und Einstieg ins Thema).

Chang, Garma C. C.: *Die Praxis des Zen*. Freiburg 1977 (Zen mit Hilfe eines Buches zu vermitteln, ist eine Kunst. Nur wenigen ist das gelungen. Chang gehört in den Kreis der großen Zen-Meister, die es fertigbrachten: »Es gibt kein besseres Buch über Zen, vor allem für den westlichen Studenten.« [Evans-Wentz]).

Das Lexikon des Zen. München 1992 (die »Schule der Erleuchtung« von A bis Z, ein Teilband des »Lexikons der östlichen Weisheitslehren«).

Dogen Zenji: *Shobogenzo*. 2 Bde. Zürich 1989 (die Ursprungstexte der japanischen Soto-Linie gesammelt; für Dogen basiert die Selbstverwirklichung auf dem klassischen Schulungsweg, der Verbindung von körperlicher Arbeit, Alltag und Meditation).

Deshimaru-Roshi (Übers. und Kommentar): *Hokyo Zanmai. Das Samadhi des Schatzspiegels*. Berlin 1980 (Deshimaru-Roshi, der in Frankreich lehrte, hat wesentliche Zen-Werke kommentiert und übersetzt; das *Hokyo Zanmai* des Meisters Tozan ist eines der grundlegendsten Werke über Zen).

Dürckheim, Karlfried Graf: *Hara. Die Erdmitte des Menschen*. München 2004 (Dürckheim, der im Alter von über 90 Jahren starb, war einer der ersten, der seine Zen-Erfahrung mit westlicher Psychologie verbunden hat. In *Hara* beschreibt er wesentliche Methoden zur Entfaltung des Nabelzentrums, der Mitte des Menschen, wo die Lebenskraft zentriert ist. Die Entwicklung von Hara ist das Fundament aller asiatischen Kampftechniken).

Dürckheim, Karlfried Graf: *Die wunderbare Katze*. München 2001 (wichtige Zen-Lehrgeschichten).

Fontana, David: *Einführung in die Zen-Meditation*. München 2003 (kurze, übersichtliche Einführung mit Übungen).

Feuerstein, Georg: *Heilige Narren. Über die Weisheit ungewöhnlicher Lehrer*. Frankfurt 1996 (nicht nur über unkonventionelle Zen-Lehrer, aber eine sehr gute Darstellung des Aspektes nichtorthodoxer Lehren).

Glassman, Bernhard: *Das Herz der Vollendung*. Berlin 2003 (Unterweisung eines westlichen Zen-Meisters).

Gundert, Wilhelm: *BI-YÄN-LU. Die Niederschrift von der smaragdenen Felswand*. München 1964 (Meisterleistung der Übersetzung, die hilft, einen direkten Kontakt mit den Lehren der großen Meister herzustellen; ein klassischer Text, der im 13. Jh. aufgeschrieben wurde).

Herrigel, Eugen: *Zen in der Kunst des Bogenschießens*. Frankfurt 2004 (Herrigels fünfjährige Ausbildung bei einem Bogenmeister. Die Art der Übung lässt sich allgemein auf den ganzen Weg übertragen; ein kleines, klassisches Werk, das einige Grundlagen des Zen und der Kampfsportarten vermittelt).

Huang-Po: *Der Geist des Zen. Die Zen-Lehre des chinesischen Meisters Huang-Po*. Hrsg. von John Blofeld. München 1983 (die vollständige Übersetzung eines Textes des chinesischen Buddhismus aus dem 9. Jh., des *Huang-Po Ch'uan Hsin Fa Yao*. Es sind die zusammengefassten Aufzeichnungen eines Meisters in der Linie von Hui-Neng. *Huang-Po* ist als Vorläufer der japanischen Rinzai-Schule zu sehen. »Der Geist ist Buddha. Es gibt keinen anderen Buddha oder irgendeinen anderen Geist.«).

Hui-neng: *Das Sutra des Sechsten Patriarchen. Das Leben und die Zen-Lehre des chinesischen Meisters Hui-neng mit Erläuterungen*. München 1989.

Kapleau, Philip: *Die drei Pfeiler des Zen*. München 1979 (Verbindung von Philosophie und Praxis, ein hilfreiches Werk für den Suchenden, der mehr über Zen-Meditation und -Praxis erfahren möchte).

Lu K'uan Yu: *Geheimnisse der chinesischen Meditation*. Freiburg 1978 (verschiedenste Meditationstechniken des chinesischen Mahayana-Buddhismus, des Ch'an und auch des Taoismus vertraut).

Martin, Bruno: *Zen der plötzlichen Erleuchtung. Ein Übungsweg zu sich selbst*. Meente 2004 (»Alltagstaugliches« Zen-Übungsbuch für den Menschen im Westen).

Musashi, Miyamoto: *Das Buch der fünf Ringe*. München 1984 (Buch über den Weg des Kriegers, der zugleich ein Weg der Befreiung von jeglicher Anhaftung bedeutet; die Prinzipien des Weges können heute genauso gelebt werden wie vor 500 Jahren).

Reps, Paul: *Ohne Worte. Ohne Schweigen*. München (101 Zen-Geschichten und andere Zen-Texte aus vier Jahrhunderten; kein Buch über Zen, sondern ein echtes Zen-Lesebuch, das das Wesen des Zen enthüllt).

Suzuki, Shunryu: *Zen-Geist, Anfänger-Geist*. Berlin 2002 (ein japanischer Roshi – »Meister« – bringt amerikanischen Schülern erste Schritte bei. Auf Shunryu Suzuki geht die große Zen-Gemeinschaft in Kalifornien zurück).

D. T. Suzuki: *Urerfahrung und Urwissen. Die Quintessenz des Buddhismus*. Wien 1983 (D. T. Suzuki war eine der herausragendsten Persönlichkeiten auf dem Gebiet des Zen. Dieses Werk enthält die Hua-Yen-Lehre)

Suzuki, D. T.: *Shunyata. Die Fülle in der Leere*. München 1991 (Essays über den Geist des Zen in Kunst, Kultur und Religion).

Suzuki, D. T.: *Satori. Der Zen-Weg zur Befreiung*. München 1987 (Erleuchtungserfahrung im Buddhismus und Zen).

Suzuki, D. T.: *Erfülltes Leben aus Zen.* Weilheim 1973 (mit einer Einführung in die Texte von Hui-neng).
Watts, Alan: *Zen. Stille des Geistes.* Berlin 2001 (Einführung in die Meditation, die auch »Spaß machen soll«; ein westlicher Klassiker).

Internet:
www.zen.de
www.zensite.de
www.zensatori.de

Namenregister

Dieses Register führt alle im Lexikon vorkommenden Namen auf, also auch diejenigen,zu denen es keinen Haupteintrag gibt. Liegt ein Haupteintrag vor, ist die betreffende Seitenzahl kursiv gesetzt.

Stichwortregister

Dieses Register führt alle wesentlichen im Lexikon vorkommenden Stichwörter auf, also auch diejenigen,zu denen es keinen Haupteintrag gibt. Liegt ein Haupteintrag vor, ist die betreffende Seitenzahl kursiv gesetzt.

Bildnachweis

Seite 86: Mit freundlicher Genehmigung von Klausbernd Vollmar, Cley, England.
Aus: Klausbernd Vollmar, »Das Enneagramm«, München, 1993.

Seite 126: Mit freundlicher Genehmigung von Doris Iding, München.
Fotograf: Andreas Brücklmaier, Augsburg.
Aus: Doris Iding/Katja Kaiser, »Yoga der Gegenwärtigkeit«, Bielefeld, 2005.

Seite 146: Aus: Sheila Paine, »Amulette«, Baden 2004.
Seite 239: Aus: Richard Fiereder, »Lohan Gong«, Aarau 2003.

Seite 327: Mit freundlicher Genehmigung von Nana Nauwald, Südergellersen.
Aus: Nana Nauwald, »Ekstatische Trance«, Südergellersen, 2005.

Alle übrigen Abbildungen aus dem Archiv des Autors.

Der Autor konnte trotz eingehender Bemühungen leider nicht in jedem Fall den Inhaber der Rechte an den Abbildungen in diesem Buch ausfindig machen; sollte sich jemand mit Ansprüchen, die sich auf die Urheber- und Nutzungsrechte der abgedruckten Abbildungen beziehen und sich als berechtigt erweisen, an den Verlag wenden, dann ist der Verlag gerne bereit, diese im branchenüblichen Umfang zu honorieren.

Nevill Drury
Magie für den Alltag
Wie Sie die magischen Traditionen für Ihr Leben nutzen können
Aus dem Englischen von Dietrich Ruhn
208 Seiten, mit Abbildungen und Tabellen, Hardcover
ISBN 3-86533-023-1

Magie zu Hause und am Arbeitsplatz – Geldzauber, Liebeszauber Gesundheitszauber: Dieses Buch stellt traditionelle Übungen vor und gibt wertvolle Hinweise für die eigene magische Praxis der Leser.

Nevill Drury führt in die Ziele und in die Zeremonien der großen magischen Zirkel und Orden ein wie auch in die Lehren der Kabbala und des Tarot, der Alchemie und des Schamanismus. Bei seinen Anleitungen zum magischen Handeln geht es ihm vor allem um die Kraft der visionären Magie: um Visualisierungen der Sinne und von Farben, um rhythmisches Atmen und um die Aktivierung der Energiezentren im Körper. Drury erklärt beispielsweise, wie man einen heiligen Raum aufbaut oder wie man die Macht des heiligen Wortes nutzt, und schlägt vielerlei Rituale zur Magie im Alltag vor.

Ein wegweisendes Buch für Einsteiger in das Thema »Magie«. Und zugleich ein wertvolles Buch für alle, die sich schon länger für Magie interessieren und weitere Inspirationen und Impulse suchen.

Atmosphären Verlag

Nevill Drury
Magie
Vom Schamanismus und Hexenkult
bis zu den Technoheiden

240 Seiten, mit über 200 farbigen und
schwarzweißen Abbildungen,
Hardcover mit Schutzumschlag,
ISBN 3-85502-930-X

Fast jeden Tag stößt man auf das Wort »Magie« oder etwas, das man für magisch hält. Doch was ist Magie eigentlich – gibt es so etwas wirklich oder ist es nur eine Einbildung oder eine Art, etwas zu umschreiben, das man sich vernünftig nicht erklären kann?

Dieses Buch klärt darüber auf, was Magie ist – welche Rolle sie in der Geschichte gespielt hat und was sie heute noch für die Völker dieser Welt bedeutet. Es zeigt, wie die Menschen sich erklärt haben, was magische Zusammenhänge sind, welche Kräfte dahinter stecken und wie man sie als Magier, Schamane oder Hexe für die eigenen Zwecke einsetzen kann.

Einleuchtend und klar wird die Geschichte und das Wesen der Magie in allen Facetten dargestellt: von Animismus, Geisterglaube und Schamanismus über die Aspekte der monotheistischen Weltreligionen wie Gnosis und Kabbala bis hin zur modernen Ritualmagie, den Konzepten des Neuheidentums oder der Göttinnen- und Wicca-Kulte.